Die schönsten Märchen aus 1001 Nacht

Die schönsten Märchen aus 1001 Nacht

Nach der Übersetzung von Gustav Weil
ausgewählt von Hans-Jörg Uther

Diederichs

Die Deutsche Bibliothek – CIP-Einheitsaufnahme
Die schönsten Märchen aus 1001 Nacht / hrsg. von
Hans-Jörg Uther. Nach der Übers. von Gustav Weil. -
Kreuzlingen ; München : Hugendubel, 2002
(Diederichs)
Einheitssacht.: Alf laila wa-laila < dt. >
ISBN 3-7205-2319-5

Umschlaggestaltung: Ute Dissmann, München
Produktion: Maximiliane Seidl
Satz: EDV-Fotosatz Huber/Verlagsservice G. Pfeifer,
Germering
Druck und Bindung: GGP Media, Pößneck
Printed in Germany

ISBN 3-7205-2319-5

Inhalt

Eingang

Bei dem Namen Gottes, des Gnädigen und Barmherzigen, Friede und Heil über unsern Herrn Muhammed, den Obersten der Gesandten Gottes, auch über seine Familie und seine Gefährten insgesamt; Friede und Heil immer fortdauernd bis zum Tage des Gerichts! Amen, o Herr der Welten! Das Leben der Früheren ist eine Lehre für die Späteren – dazu, daß der Mensch die Lehren, welche andern zuteil geworden sind, schaue und sich daran belehre und die Geschichte der älteren Völker lese und sich daraus unterrichte [...]. Zu dieser Art von Belehrung gehören nun auch die Erzählungen, »Tausendundeine Nacht« genannt. Es wird nämlich von dem, was bei früheren Völkern geschehen, berichtet.

Es regierte einst in den ältesten Zeiten und verflossenen Äonen ein König von den Sassaniden auf den Inseln Indiens und Chinas, der viele Truppen und Verbündete, Diener und zahlreiches Gefolge besaß. Auch hatte er zwei wackere Söhne, von denen der ältere noch tapferer war als der jüngere; er herrschte über viele Länder und war so gerecht gegen seine Untertanen, daß ihn alle sehr liebten. Sein Name war Scheherban; sein jüngerer Bruder hieß Schahseman und war König von Samarkand in Persien. Beide hatten ihre Heimat nicht verlassen, und jeder regierte höchst glücklich zwanzig Jahre lang in seinem Reiche. Da sehnte sich der ältere König nach seinem jüngeren Bruder und befahl seinem Vezier, hinzureisen und ihn zu ihm zu bringen. Der jüngere Bruder gehorchte, machte Anstalten zur Reise und ließ Zelte, Kamele, Maultiere, Diener und Gefolge herbeikommen. Die Regierung war indes dem Vezier übertragen, und der König reiste ab nach dem Lande seines Bruders. Um Mitternacht erinnerte er sich, etwas im Schlosse vergessen zu haben; als er dahin zurückkam, fand er seine Frau in vertrautem Umgang mit einem schwarzen Sklaven; bei diesem Anblick wurde die ganze Welt schwarz in seinen Augen; er dachte, wenn dies schon vorfällt, ehe ich kaum die Stadt verlassen habe, was wird diese Verruchte tun, wenn ich erst weit entfernt bin? Er zog sein Schwert und erstach beide; dann ließ er sogleich wieder aufbrechen und reiste, bis er in die Nähe der Hauptstadt seines Bruders kam. Dort ließ er seinem Bruder durch Boten seine Ankunft melden. Dieser erschien sehr erfreut, um ihn zu begrüßen, ließ die Stadt beleuchten, setzte sich zu ihm und unterhielt sich aufs angenehmste mit ihm. Aber der König Schahseman dachte an die Begebenheit mit seiner Gemahlin, und dieses kränkte ihn so tief, daß er bleich wurde und sein Körper an Kraft abnahm. Als sein Bruder ihn in diesem Zustande sah, dachte er, dies ist gewiß, weil er von seinem Lande und Königreiche entfernt lebt; er ließ ihn deshalb in Ruhe und fragte nach nichts. Doch eines Tages sagte er zu ihm: »O mein Bruder! Ich sehe, dein Körper wird immer schwächer und deine Farbe bleicher.« Jener antwortete ihm: »Ich habe eine innere Krankheit«; aber er sagte ihm nicht, was er von seiner Frau gesehen. Hierauf versetzte der ältere: »Ich möchte, daß du mit mir auf die Jagd gingest, vielleicht wird dich dies zerstreuen«; da jener sich aber weigerte, ging er allein fort. Nun waren im Schlosse, das der jüngere Bruder bewohnte, Fenster, die auf den Garten seines Bruders gingen. Hier sah er auf einmal die Türe des Schlosses sich öffnen und zwanzig Sklavinnen und zwanzig Sklaven herauskommen; in ihrer Mitte ging die Frau seines Bruders, schön und von bewundernswertem Wuchse. Als sie und die Sklavinnen zu einem Teiche gelangt waren, entkleideten sie sich und setzten sich zu den Sklaven. Da rief die Königin: »Masud!«, und es kam ein schwarzer Sklave und umarmte sie, und sie umarmte ihn. Die übrigen Sklaven taten dasselbe mit den Sklavinnen, und so verbrachten sie den ganzen Tag mit Küssen und Umarmungen. Als der Bruder des Königs dies sah, dachte er bei sich: Bei Gott! mein Unglück ist geringer als dieses; dies ist mehr, als mir geschehen ist!

Als hierauf sein Bruder von der Reise zurückkam und sie einander begrüßten, da sah der König Scheherban, daß sein Bruder Schahseman sein einstiges Aussehen erlangt hatte und mit Appetit aß, während er früher nur wenig gegessen hatte, und er sagte zu ihm: »O mein Bruder, ich sah dich ganz gelb, und nun siehst du wieder gut aus, sage mir doch, was ist der Grund dafür?« Worauf ihm jener antwortete: »Ich will dir zuerst sagen, warum ich übel aussah, und dann, wie ich wieder meine vorige Farbe bekam. Wisse, mein Bruder, als du deinen Vezier schicktest, um mich zu dir zu holen, machte ich mich reisefertig und ging zur Stadt hinaus; da erinnerte ich mich, daß ich etwas im Schlosse vergessen hatte; ich kehrte allein zurück und fand einen schwarzen Sklaven bei meiner Frau; ich erschlug sie beide und kam zu dir her und dachte immer an diesen Vorfall. Dies ist die Ursache, warum sich meine Farbe veränderte und ich so schwach geworden war. Was aber das wiedererlangte gute Aussehen betrifft, so erlasse mir, es zu erwähnen!« Als sein Bruder dies hörte, sprach er: »Ich beschwöre dich bei Gott, sage mir alles.« Da erzählte jener ihm, was er gesehen hatte. Und als hierauf Scheherban seinem Bruder Schahseman sagte: »Ich will mich mit meinen eigenen Augen überzeugen«, entgegnete ihm dieser: »Verkünde, du wollest auf die Jagd gehen, und verbirg dich bei mir, dann wirst du dich überzeugen können.«

Der König ließ darauf bekanntmachen, er wolle eine Reise machen; es zogen Truppen mit Zelten zur Stadt hinaus. Der König begab sich auch ins Lager und sagte seinen Pagen: »Laßt niemanden zu mir hereinkommen!« Er verkleidete sich dann und ging heimlich in seines Bruders Schloß, setzte sich dort ans Fenster, das den Garten beherrschte, und nach einer Weile kamen die Sklavinnen mit ihrer Gebieterin und den Sklaven in den Garten und taten wieder alles, so wie es der Bruder erzählt harte, so lange, bis das Nachmittagsgebet ausgerufen wurde. Als Scheherban dies gesehen hatte, verließ ihn die Besinnung, und er sprach zu seinem Bruder Schahseman: »Komm, wir wollen unsers Weges gehen; wir wollen nichts mit der Regierung zu schaffen haben, bis wir jemanden finden, dem es ebenso geht wie uns; wenn nicht, so sei uns Tod besser als Leben.« Sie gingen hierauf zu einer verborgenen Türe des Schlosses hinaus und reisten Tag und Nacht, bis sie in eine liebliche Ebene kamen, wo neben dem Meere eine süße Wasserquelle sprudelte. Sie tranken von dieser Quelle und ruhten aus; nach einer Weile fing das Meer an zu toben, es stieg eine schwarze Säule zum Himmel empor, die ihre Richtung gegen die Ebene nahm. Als sie dies sahen, fürchteten sie sich sehr und stiegen auf einen Baum, erwartend, was es wohl geben möchte.

Da kam ein Geist, von denen unsers Herrn Salomo (Friede sei mit ihm!), von langer Statur, großem Kopfe und breiter Brust; er hatte einen gläsernen Kasten auf dem Kopfe, an dem vier Schlösser von Stahl waren. Er setzte sich unter den Baum, auf welchen die Brüder gestiegen waren, legte den Kasten ab, nahm vier Schlüssel aus dem Schoß, öffnete die Schlösser und zog ein Mädchen heraus, vollkommen gewachsen, mit gewölbtem Busen, süßem Munde und mit einem Gesicht wie der Vollmond. Der Geist sah sie liebevoll an und sprach: »O Herrin aller freien Frauen! o du, die ich entführt, ehe sie jemand außer mir gekannt! o Geliebte meines Herzens! laß mich ein wenig in deinem Schoße schlafen.« Hierauf legte er den Kopf auf ihre Knie und schlief und schnarchte wie der Donner. Als das Mädchen nun aber den Kopf in die Höhe hob und Scheherban und seinen Bruder erblickte, legte sie langsam den Kopf des Geistes auf den Boden und bat sie, sie möchten doch herunterkommen. Jene antworteten: »Bei deinem Leben, o Herrin! entschuldige uns, wenn wir nicht kommen!« Da erwiderte sie: »Wenn ihr nicht kommt, so rufe ich den Geist, meinen Gemahl, daß er euch auffresse.« Sie winkte ihnen dann noch einmal freundlich zu, und sie stiegen zu ihr herunter. Jetzt verlangte sie, daß sie ihr beide zu Willen sein sollten. Sie antworteten aber: »Bei Gott, Herrin! verschone uns damit, wir fürchten uns zu sehr vor diesem Geiste.« Sie sprach jedoch: »Ihr müßt mir gewähren, oder ich schwöre bei dem, der die Himmel gewölbt hat, wenn ihr meinen Wunsch nicht erfüllt, so wecke ich den Geist, daß er euch töte! Ihr dürft mir nicht widerstehen!« Da taten beide Brüder, was sie verlangte. Darauf zog sie einen Beutel aus ihren Gewändern hervor und zählte 98 Siegelringe und sprach: »Wißt ihr wohl, was dies für Ringe sind? Sie kommen von 98 Männern, die sich mir gefällig zeigten. Gebt mir also auch die eurigen, so sind es hundert

Männer, die mir dann verhalfen, diesen häßlichen, abscheulichen Geist zu hintergehen, der mich in diesen Kasten eingesperrt und in diesem tobenden Meere wohnen läßt und so streng bewacht, damit ich tugendhaft bleibe und mich nur ihm hingebe. Dieses Scheusal weiß nicht, daß die Bestimmung sich nicht ändern läßt und daß das Wollen der Frauen sich von niemandem abhängig macht.«

Als die beiden Könige dies hörten, wunderten sie sich sehr und sagten: »Gott! Gott! Es gibt keinen Schutz und keine Macht, außer beim erhabenen Gott! Wir wollen deshalb bei Gott gegen die List der Frauen Hilfe suchen, denn sie ist wahrlich zu groß.« Hierauf sprach sie zu ihnen: »Geht nun eures Weges!« – Und als sie hierauf weggegangen waren, sprach Scheherban zu seinem Bruder: »Mein Bruder! Sieh, dies Abenteuer ist noch bedeutungsvoller als das unsrige. Hier ist ein Geist, der sein Mädchen in der Hochzeitsnacht raubte und es in einen gläsernen Kasten gesperrt hat, der mit vier Schlössern geschlossen ist. Er hat ihr das Meer zur Wohnung gegeben, weil er glaubte, sie so der Bestimmung und dem Schicksal zu entreißen, sie aber hat doch, wie wir gesehen, hundertfache Untreue geübt. Laß uns also jetzt getrost in unser Königreich zurückkehren und den Beschluß fassen, nie mehr zu heiraten: ich will dir schon sagen, wie ich es machen will.« Sie kehrten also wieder um und gingen, bis die Nacht hereinbrach, und am dritten Tage kamen sie wieder in ihre Heimat, traten unter die Zelte, setzten sich auf den königlichen Thron, und es kamen die Intendanten, Adjutanten, Fürsten, Großen und andre Leute. Sogleich wurde befohlen, in die Stadt zu ziehen. Der König begab sich in das Schloß, ließ den Vezier kommen und befahl ihm, sogleich seine Gemahlin zu töten. Der Vezier brachte sie um. Alsdann ging der König zu den Sklavinnen, zog sein Schwert, erschlug sie alle, ließ dann andere kommen und schwur, daß er jede Nacht eine andere sich erwählen wolle, die er des Morgens hinrichten lassen werde, denn es gäbe auf der ganzen Erde kein tugendhaftes Weib. Schahseman machte sich auf, um abzureisen, nachdem ihm sein Bruder das Nötige zur Reise gegeben hatte, und kehrte in sein Land zurück. Sultan Scheherban befahl indessen seinem Vezier, ihm die Sklavin für die Nacht zu bringen. Dieser führte ihm eine der Fürstentöchter zu. Der König verfügte sich zu ihr, aber am Morgen befahl er dem Vezier, ihr den Kopf abzuschneiden. Dieser mußte den Befehlen des Sultans gehorchen und sie umbringen. Dann schaffte er ihm eine andere Tochter der Großen des Landes, die ebenfalls am Morgen umgebracht wurde. Und so ging es lange fort; jede Nacht erhielt er ein Mädchen, und des Morgens ließ er sie dann hinrichten, bis es zuletzt kein Mädchen mehr gab und die Mütter und Väter weinten und seufzten und dem König den Tod wünschten und dem Schöpfer der Himmel klagten und den Erhörer der Gebete zu Hilfe riefen.

Nun hatte der oberste Vezier, dem er stets den Befehl gegeben hatte, die Frauen umzubringen, zwei Töchter. Die ältere hieß Schehersad und die jüngere Dinarsad. Jene hatte viele Bücher gelesen, unter andern auch philosophische und medizinische Werke; sie hatte Gedichte auswendig gelernt und kannte Geschichten, Volkstraditionen und Reden der Weisen und der Könige; sie war sehr gelehrt und gebildet. Einst sprach nun Schehersad zu ihrem Vater: »Mein Vater! Ich will dir mein Geheimnis anvertrauen; ich wünsche, daß du mich mit dem Sultan Scheherban verheiratest; denn ich will entweder die Welt von diesen Mordtaten befreien oder selbst sterben wie die andern.« Als ihr Vater, der Vezier, dies hörte, sagte er: »Du Törin, weißt du nicht, daß der König geschworen hat, jeden Morgen sein Mädchen töten zu lassen? Wenn ich dich also zu ihm führe, so wird er mit dir dasselbe tun.« Sie antwortete: »Ich will zu ihm geführt werden, mag er mich auch umbringen.« Da erwiderte der Vater: »Was fällt dir ein, daß du dich selbst so in Gefahr bringen willst?« Sie antwortete: »Führe mich nur zu ihm!« Der Vezier sagte hierauf zornig: »Wer nicht mit Klugheit zu Werke geht, stürzt sich ins Verderben, und wer nicht die Folgen einer Sache berechnet, hat keinen Freund in der Welt; wie man sprichwörtlich sagt: ich saß in Wohlbehagen, da ließ mir mein Übermut keine Ruhe. Ich fürchte sehr, es möchte dir gehen wie dem Ochsen und dem Esel mit dem Bauern.«

Da fragte sie: »Was ist das für eine Geschichte?«, und der Vezier erzählte:

»Wisse! Es war einmal ein reicher Kaufmann, der viele Güter, Diener, Kamele und anderes Vieh besaß; er hatte Frau und Kinder, wohnte auf dem Lande und beschäftigte sich mit Ackerbau; er kannte die Sprache der Tiere, doch war über ihn verhängt, daß, sobald er dies Geheimnis einem mitteilen würde, er sogleich sterben müsse. Er hatte in seinem Hause einen Ochsen und einen Esel an einer Krippe nahe aneinander festgebunden. Eines Tages setzte sich der Kaufmann in ihre Nähe mit seiner Frau und seinen Kindern, die vor ihm spielten. Da hörte er, wie der Stier dem Esel sagte: »Ich wünsche dir Glück in deiner Ruhe, zu der Bedienung, die du hast, indem man unter dir kehrt und spritzt und dir gesiebte Gerste und klares Wasser bringt, während man mich Armen von Mitternacht an fortführt und mich ackern läßt; man legt auf meinen Hals etwas, das man Joch und Pflug nennt, und so arbeite ich den ganzen Tag, durchfurche die Erde, werde unerträglich müde, werde noch von den Bauern geschlagen, meine Seiten werden zerschunden, an meinem Halse wird die Haut abgerieben, man läßt mich von einer Nacht zur andern arbeiten, dann bringt man mich in den Kuhstall, wirft mir Bohnen, mit Unrat vermischt, und Spreu vor; ich liege im Kot, wie in einer Pfütze, die ganze Nacht, während du dich in einem gekehrten, bespritzten und abgeputzten Stall befindest; deine Krippe ist rein und mit Stroh gefüllt; du ruhst immer aus; nur selten gibt es für unsern Kaufmann ein Geschäft, zu dem er auf dir reitet, und auch dann kehrt er bald wieder nach Hause zurück. Du ruhest, während ich mich abmühe, du schläfst, während ich wache, ich hungre, wenn du satt bist.« Als der Stier ausgeredet hatte, wendete sich der Esel zu ihm und sagte: »O Dummkopf! Wer dich den Vater der Einfältigen genannt hat, hat nicht gelogen; du hast weder Verstand noch Schlauheit; du weißt dir nicht zu raten und bringst dich allmählich durch deinen innern Groll ums Leben; hast du noch nie das Sprichwort gehört: wer keine Leitung annimmt, verfehlt den rechten Weg? Höre mich drum an, Stier! Wenn der Landmann dich anbindet, so stampfe mit den Füßen, stoße mit den Hörnern und schreie so lange, bis man dir Bohnen vorwirft. Dann friß nichts davon, rieche nur so daran herum und schiebe sie zurück und koste sie nicht, begnüge dich mit dem Stroh und der Spreu. Tust du dies, so wirst du sehen, daß es dir gut bekommt und deiner Ruhe zuträglich wird.« Als der Stier dies hörte, dankte er dem Esel in seiner Sprache, wünschte ihm viel Gutes zum Lohne, hielt seinen Rat für gut und sprach zu ihm: »Mögest du vor allem Übel bewahrt sein, o Vater der Gescheiten!« – Dies alles, meine Tochter, geschah, während der Kaufmann es hörte und verstand.

Als nun am folgenden Tag der Bauer kam, um den Ochsen herauszuführen und ihn an den Pflug zu spannen, damit er arbeite, da fand er den Ochsen nachlässig in seiner Arbeit, denn er befolgte den Rat des Esels; als der Bauer aber anfing ihn zu schlagen, fiel der Ochs aus List auf den Boden, so wie es ihn der Esel gelehrt, bis es Nacht geworden war. Da ging der Bauer mit ihm nach Hause und band ihn an die Krippe; aber der Ochs fing an mit den Füßen zu stampfen und laut zu brüllen und suchte sich von der Krippe loszureißen. Der Bauer wunderte sich darüber und brachte ihm Bohnen und Futter, der Ochse roch daran herum, ging zurück, legte sich weit davon nieder und kaute an dem Stroh und der Spreu bis des Morgens. Als der Bauer kam und die Krippe voll mit Bohnen und Stroh fand und den Ochsen mit aufgeblasenem Leibe; ausgestreckten Füßen und fast ohne Atem, wurde er sehr betrübt und sprach: »Bei Gott, der Ochs muß heute krank sein, darum konnte er auch gestern nicht arbeiten.« Er ging zum Kaufmann und sagte ihm: »Herr! Der Ochs ist krank, er hat diese Nacht nichts von seinem Futter gefressen.« Da aber der Kaufmann die Sache wohl wußte, so sprach er zum Bauer: »Geh, nimm den listigen Esel, spanne ihn an den Pflug und zwinge ihn zur Arbeit, daß er des Ochsen Stelle versieht.« Der Bauer spannte den Esel ein, führte ihn aufs Feld, schlug ihn und quälte ihn, bis er pflügte; er schlug ihn so lange, bis er ihm fast die Rippen zerbrochen und die Haut vom Halse abgeschunden hatte; als er ihn des Abends wieder nach Hause führte, konnte der Esel keinen

Fuß mehr rühren und trug seine Ohren niederhängend. Der Ochs hingegen hatte den ganzen Tag ausgeruht, die ganze Krippe geleert und für den Esel gebetet und seinen Rat gelobt. Als abends der Esel zu ihm kam, stand er vor ihm auf und sprach: »Guten Abend, o Vater der Gescheiten! Du hast mir bei Gott eine unbeschreibliche Wohltat erwiesen, Gott belohne dich dafür statt meiner, o Vater der Aufgeweckten!«

Aber vor Zorn antwortete ihm der Esel nichts; denn er dachte: Dies alles ist mir wegen meines unseligen Rats widerfahren; es ging mir gut, da ließ mir mein Übermut keine Ruhe; bringe ich ihn nun nicht durch irgendeine List in seinen früheren Stand zurück, so gehe ich dabei zu Grunde. Er schlich hierauf müde zur Krippe. Der Ochs aber streckte sich und kaute wieder und wünschte ihm viel Gutes.

Ebenso, meine Tochter, wirst du verderben durch deinen schlimmen Entschluß; bleibe also ruhig und stürze dich nicht selbst ins Verderben; ich rate dir aus Mitleid für dich.« Sie aber erwiderte: »Ich will zum Sultan gehen, um ihn zu heiraten.« Der Vater sagte noch einmal: »Tue dies nicht!« Aber sie erwiderte: »Es muß geschehen.«

Da sprach der Vater: »Wenn du nicht ruhig bleibst, so werde ich mit dir verfahren wie der Kaufmann mit seiner Frau.« – »Was tat denn der Kaufmann mit ihr?« fragte die Tochter, und der Vezier antwortete: »Wisse, nachdem dies zwischen dem Ochsen und dem Esel vorgefallen war, ging der Kaufmann einmal nachts beim Mondschein in den Stall; da hörte er, wie der Esel zum Ochsen sagte: »O Vater der Ochsen! Was wirst du wohl morgen tun, wenn der Bauer das Futter bringt?« Jener antwortete: »Was anderes, als du mich gelehrt hast? Das werde ich stets tun, ich werde mich krank stellen, auf den Boden werfen und meinen Leib aufblasen.« Da schüttelte der Esel seinen Kopf und sagte: »Tue dies nicht, o Vater der Ochsen! Weißt du, was ich von unserm Herrn, dem Kaufmanne, gehört habe und was er dem Bauern gesagt hat?« – »Nun, was hat er gesagt?« fragte der Ochs. »Er sagte«, antwortete der Esel, »wenn heute der Ochs nicht aufsteht und sein Futter nicht frißt, so laß ich ihn gleich beim Metzger schlachten; laß ihm die Haut abziehen, und ich verteile dann sein Fleisch unter den Armen. Folge mir daher, ich fürchte für dich; wenn man dir das Futter bringt, so friß alles auf, damit man dich nicht schlachte.« Der Ochs fing an zu schreien und zu blasen, und der Kaufmann machte sich auf und lachte laut über diesen Vorfall. Da fragte ihn seine Frau: »Warum lachst du? Spottest du meiner?« Er sagte: »Nein.« – »So sage mir, warum du lachst?« – »Ich kann dir's nicht sagen, denn ich habe ein Unglück zu befürchten, wenn ich ausplaudre, was die Tiere in ihrer Sprache reden.« Sie fragte hierauf noch einmal: »Wer hindert dich, mir es zu sagen?« – »Ich weiß, daß ich dann sterben muß.« – »Bei Gott, du lügst! Das ist nur eine Ausrede, und, bei dem Herrn des Himmels, wenn du mir's nicht sagst, bleibe ich keinen Augenblick mehr bei dir, du mußt es mir sagen.«

Sie ging ins Haus und weinte bis zum andern Morgen. Der Kaufmann fragte sie: »Was meinst du also? Fürchte Gott! Geh in dich! Nimm deine Frage zurück und laß mich in Ruh!« – »Ich lasse davon nicht ab, du mußt es mir sagen.« – »Wie? Du bestehst darauf, obwohl ich dir sage, daß ich sterben muß?« – »Du mußt mir's sagen, und solltest du auch sterben.« – »So will ich vorerst deine Familie und Verwandten rufen.«

Er ging nun und holte ihren Vater, ihre Verwandten und noch einige Nachbarn. Er sagte ihnen, sein Tod wäre nahe, sie weinten alle, so wie auch die Kinder und der Bauer: es war eine große Trauer um ihn. Jetzt ließ er die Zeugen und Gerichtsleute kommen, gab seiner Frau, was ihr gebührte, machte ein Testament für seine Kinder, schenkte seinen Sklavinnen die Freiheit und nahm von den Seinigen Abschied. Nun weinten sogar die Zeugen; die Kinder liefen zur Frau und sprachen: »Laß doch ab von deinem Willen! Denn wüßte dein Mann nicht ganz gewiß, daß er sterben muß, wenn er sein Geheimnis offenbart, so würde er alles dies nicht tun«; da sie sich aber nicht davon abbringen ließ, so weinten und trauerten alle.

Nun aber, meine Tochter Schehersad, waren in diesem Hause fünfzig Hühner und ein Hahn; der Kaufmann saß da, betrübt über seine Trennung von der Welt, von seiner Familie und seinen Kindern. Während er so nachdachte und schon das Geheimnis entdecken wollte, da hörte er, wie sein Hund in seiner Sprache zum Hahn sagte, der eben die Flügel übereinander schlug und auf ein Huhn sprang, dann sogleich wieder auf ein anderes: »O Hahn! Schämst du dich nicht vor deinem Herrn, dich heute so zu betragen?« – »Was gibt's denn heute?« fragte der Hahn; da antwortete der Hund: »Weißt du nicht, daß unser Herr heute in Trauer ist, weil seine Frau durchaus sein Geheimnis wissen will, worauf er sogleich sterben muß? Es handelt sich darum, daß er ihr die Sprache der Tiere erkläre, weshalb er sehr betrübt ist; und du schlägst mit deinen Flügeln und springst umher mit Freuden, schämst du dich nicht?« – Da hörte der Kaufmann, wie der Hahn antwortete: »O der einfältige, närrische Mann! Wie doch unser Herr so wenig Verstand hat! Ich habe fünfzig Hühner und stelle sie alle zufrieden, und mein Herr hat nur eine Frau und glaubt außerdem Verstand zu haben. Weiß er sich nicht mit ihr zu helfen?« Da sagte der Hund: »Aber was sollte er mit ihr beginnen?« Und der Hahn antwortete: »Er sollte einen Eichenstock nehmen, mit ihr in sein Zimmer gehen, die Türe schließen, über sie herfallen und sie so lange prügeln, bis er ihre Hände und Füße zerschlagen hat; sie würde dann bald schreien: ›Ich will keine Worte und keine Erklärung.‹ Er solle sie aber so lange weiterprügeln, bis sie von ihrer Verrücktheit abläßt, und er soll nicht aufhören, bis sie ihm in nichts mehr widerspricht. Tut er dies, so hat er Ruhe, bleibt leben und macht der Trauer ein Ende.«

Als der Kaufmann die Rede des Hahns mit dem Hunde hörte, stand er schnell auf, nahm einen Stock von Eichenholz, führte seine Frau auf sein Zimmer, riegelte die Türe zu, angeblich um ihr die Erklärung zu geben, und fiel dann über ihre Rippen und Schaltern mit Schlägen her; er prügelte sie in einem fort; sie schrie um Hilfe und sagte: »Ich will dich nach nichts mehr fragen.« Zuletzt, als er müde war vom Schlagen, öffnete er die Türe, die Frau ging hinaus, den Vorfall bereuend, und durch den guten Rat des Hahns wurde die Trauer in Freude verwandelt. – »Nun, meine Tochter, werde ich mit dir auch so verfahren, wenn du nicht abläßt.« Aber sie antwortete: »Ich werde nie zurücktreten, auch wird diese Geschichte meinen Entschluß nicht ändern, und führst du mich nicht zum Sultan, so werde ich allein zu ihm gehen und gegen dich klagen, daß du einem Manne seines Standes mich verweigerst und ein Mädchen wie mich deinem Herrn entziehst.« Der Vater fragte wieder: »Es muß also sein?« – »Ja«, antwortete sie. Nun, als er sich lange mit ihr abgemüht und geplagt hatte, ging er zum König Scheherban und wünschte ihm Glück, küßte die Erde vor ihm und sagte ihm, daß er ihm in der nächsten Nacht seine Tochter bringen werde. Der Sultan fragte ganz erstaunt: »Was ist dies? Da ich doch bei dem, der die Himmel gewölbt hat, dir morgen befehlen werde, sie umzubringen? Und tust du es nicht, so werde ich ohne weiteres dich umbringen lassen.« Er antwortete: »O König der Zeit! Sie hat es gewünscht, ich habe ihr alles gesagt, sie wollte nicht hören, sondern diese Nacht bei dir sein.« Der König sprach: »Gut, geh, mache Vorbereitungen zu ihrer Ankunft und bring sie diese Nacht zu mir!« Der Vezier ging, brachte seiner Tochter die Botschaft und sagte: »Gott gebe mir keine Sehnsucht nach dir!« Schehersad freute sich sehr, machte alle ihre Sachen zurecht, ging zu ihrer jüngern Schwester Dinarsad und sprach zu ihr: »Höre, meine Schwester, was ich dir anempfehle: Wenn ich bei dem Sultan bin, werde ich nach dir schicken, wenn du dann kommst und siehst, daß der Sultan sich nicht mehr mit mir beschäftigt, so sage zu mir: O Schwester! wenn du nicht schläfst, so erzähle uns von deinen schönen Geschichten, damit wir die Nacht dabei durchwachen! Dies wird meine und der Welt Rettung von diesem Unheil verursachen und den König von seiner unseligen Gewohnheit abbringen.« Jene sagte zu, und als es Nacht war, begab sich Schehersad zu dem König. Dieser empfing sie in zärtlicher Weise und begann mit ihr zu scherzen, sie aber weinte. Als er sie fragte, warum sie weine, antwortete sie: »O König der Zeit! ich habe eine Schwester, von der ich diese Nacht noch Abschied nehmen möchte.« Der König schickte nach Dinarsad. Diese wartete, bis der Sultan sich an ihrer Schwester ergötzt und etwas geschlafen hatte, dann seufzte sie und sagte: »O meine Schwester! wenn du nicht schläfst, so erzähle uns von deinen schönen Geschichten, daß wir die Nacht dabei durchwachen; vor Tagesanbruch will ich dir dann Lebewohl sagen, denn ich weiß ja nicht, wie es morgen mit dir enden wird.« Schehersad fragte den Sultan um Erlaubnis, und als er diese erteilte, freute sie sich sehr und begann ihre erste Erzählung.

Geschichte des Fischers mit dem Geiste

Man erzählte mir, daß es einmal einen Fischer gegeben habe, der schon hochbejahrt war. Er hatte eine Frau und drei Töchter, war arm und besaß nicht einmal seine tägliche Nahrung. Er war gewohnt, sein Netz nur viermal am Tage auszuwerfen.

Einst ging er bei Mondesschein zum Dorfe hinaus an das Ufer des Stromes; er legte seinen Korb ab, schürzte sein Hemd auf, watete bis zur Hüfte ins Wasser, warf das Netz aus und wartete, bis es untersank; dann zog er es an sich und wollte es langsam zusammenlegen, aber er fand es durch etwas zurückgehalten und zog daher mit größerer Gewalt daran. Da er es dennoch nicht von der Stelle brachte, so ging er ans Land, befestigte das Ende des Seils, an dem das Netz war, entkleidete sich, tauchte in der Nähe des Netzes unter und arbeitete sich so lange ab, bis er es endlich ans Ufer gezogen hatte; hier fand er einen toten Esel darin, der das Netz ganz zerrissen hatte. Als der Fischer dies sah, war er sehr betrübt und niedergeschlagen und sprach: »Es gibt nur Schutz und Kraft beim erhabenen Gott. Mit dem Lebensunterhalte geht es wunderbar zu.« Hierauf sagte er folgende Verse:

> »O du, der du untertauchest in das Dunkel der Nacht und der Gefahr, bemühe dich nicht so sehr, denn der Lebensunterhalt kommt nicht durch die Anstrengung; siehst du das Meer mit dem Fischer, der darin steht, um seinen Lebensunterhalt zu suchen, während die Sterne der Nacht sich verbergen? Er taucht unter bis zur Hüfte und läßt sich von den Wellen schlagen: sein Auge hört nicht auf, das Netz zu beobachten. Und wenn endlich die tödliche Angel einem Fische die Kiemen spaltet, dann ist er mit seiner Nacht zufrieden. Den Fisch

aber kauft ihm einer ab, der die Nacht im
schönsten Wohlbehagen, nicht in der Kälte
zugebracht hat. Gelobt sei mein Herr, er
gibt dem einen und versagt dem andern;
der eine fängt Fische, und der andere ißt
sie.«

Als der Fischer den Esel aus seinem Netze befreit hatte, setzte er sich auf die Erde und besserte es wieder aus. Als er damit fertig war, drückte er es tüchtig aus, ging wieder ins Wasser, rief den Namen Gottes an, warf es aus und wartete, bis es untertauchte. Jetzt zog er die Schnur langsam an sich, fand sie aber wieder anhängend, und das noch fester als zuvor. Er glaubte, es sei ein Fisch und freute sich darüber, zog seine Kleider aus und tauchte unter, um es loszumachen. Langsam zog er es ans Land und fand diesmal einen großen irdenen Topf voll Sand und Kot darin. Als er dies sah, weinte er und war sehr betrübt und sprach: »Dies ist ein wunderbarer Tag; ich gehöre Gott und vertraue auf ihn.« Hierauf sagte er folgende Verse:

»O quälendes Schicksal, höre auf! Glaubst
du mich noch nicht gehörig verfolgt zu
haben? Verschone mich doch aus Gnade!
Ich ging aus, meinen Lebensunterhalt zu
suchen, und jetzt weiß ich's: Er ist für mich
dahin. Ich werde weder vom Glücke
begünstigt, noch nützt mir meiner Hände
Arbeit. Wie mancher Unwissende ist bei
den Sternen, und mancher Gelehrte bleibt
im Staube verborgen.«

Er warf dann den Topf weg, drückte das Wasser aus dem Netze, breitete es aus, bat Gott um Verzeihung, ging wieder ans Meer, warf das Netz zum dritten Male aus und wartete, bis es untertauchte. Dann zog er es wieder an sich und fand es voll Scherben, Steine, Knochen und anderem Unrat. Der Fischer weinte vor Müdigkeit, Anstrengung und wegen seines Mißgeschicks; er gedachte auch seiner Frau und Kinder, die zu Hause ohne Nahrung waren, schlug sich ins Gesicht und sprach folgende Verse:

> »Der Lebensunterhalt ist so, daß du ihn weder lösen noch binden kannst; weder Bildung noch Kunst können dir ihn verschaffen. Glück und Unterhalt sind nur Bestimmung; so herrscht Fruchtbarkeit in einem Lende und Mangel in einem andern. Die Wechsel des Schicksals erniedrigen jenen edlen Menschen und erheben den, der keinen Wert hat. Hole mich daher heim, o Tod, denn das Leben ist abscheulich, wenn Falken erniedrigt und Enten erhöht werden. Es ist kein Wunder, wenn du einen Tugendhaften arm siehst und einen lasterhaften mit reichen Gütern. Unser Lebensunterhalt ist uns vorausbestimmt, und im Schicksalsbuche sind wir wie Vögel, die bald hier, bald dort etwas aufzulesen finden. Ein Vogel umfliegt die Erde nach Osten und Westen, und ein anderer erhält das Wertvolle, ohne die Flügel zu bewegen.«

Der Fischer hob sein Auge zum Himmel, die Morgenröte war schon angebrochen, und der Tag fing an zu leuchten; da sprach er: »O Gott, du weißt, daß ich mein Netz an einem Tage nur viermal auswerfe; schon habe ich es dreimal getan, mir bleibt also nur noch einmal es zu tun übrig. Tue mir ein Wunder, o Herr, wie du es Moses im Meere getan!« Hierauf flickte er das Netz wieder, warf es ins Meer, wartete, bis es untersank und hängenblieb, um es dann an sich zu ziehen; allein er konnte es nicht, denn es war ganz zerzaust und auf dem Grunde verwickelt. »Es gibt keinen Schutz und keine Macht, außer bei dem erhabenen Gott!« rief er aus; dann entkleidete er sich, tauchte unter und gab sich viele Mühe, es loszumachen. Als er damit ans Land gegangen war, fand er etwas Schweres darin, und als er es nach vieler Mühe entwirrte, fand er eine gefüllte messingne Flasche, oben mit Blei geschlossen und unsers Herrn Salomos Siegel darauf eingegraben. Als der Fischer dies sah, freute er sich und dachte: Dies verkaufe ich dem Kupferschmied, es ist gewiß zwei Malter Weizen wert. Er schüttelte die Flasche und bemerkte, daß sie mit etwas angefüllt war. Da dachte er: Ich will doch einmal sehen, was in der Flasche ist; ich will sie erst öffnen und dann verkaufen. Er zog ein Messer aus der Tasche, durchstach damit das Blei und arbeitete so lange, bis er die Flasche geöffnet hatte; hierauf nahm er sie, setzte sie an den Mund und schüttelte sie; aber es kam nichts heraus. Der Fischer war darüber sehr erstaunt. Nach einiger Zeit aber stieg Rauch aus der Flasche empor, der sich über die Erde verbreitete und so zunahm, bis er das ganze Meer bedeckte, dann stieg er gegen die Wolken des Himmels. Der Fischer wunderte sich, als er dies sah. Als schließlich aller Rauch aus der Flasche war, verdichtete und vereinigte er sich und ward zu einem Geiste, dessen Füße auf der Erde waren und dessen Haupt bis in die Wolken ging. Er hatte einen Kopf wie ein Brunnenloch, Vorderzähne wie eiserne Haken, einen Mund wie eine Höhle, Zähne wie Felsensteine, Nasenlöcher wie Trompeten, Ohren wie große Schilde, einen Schlund wie eine Gasse, Augen wie Laternen; mit einem Worte: er war abscheulich häßlich. Als der Fischer ihn sah, zitterte er am ganzen Körper, seine Zähne klapperten, und sein Hals wurde trocken. Da sagte der Geist: »O Salomo, Prophet Gottes! Verzeihe, verzeihe! Ich will dir nie mehr ungehorsam sein und deinen Befehlen nimmer zuwider handeln.«

Darauf erwiderte der Fischer: O Geist, was sagst du von unserm Herrn Salomo, dem Propheten Gottes, der vor achtzehnhundert und einigen Jahren gestorben ist, während wir jetzt in einer viel späteren Zeit leben? Was ist dir widerfahren? Wie bist du in diese Flasche hineingeraten?« Als der Geist dies hörte, sagte er: »Vernimm eine gute Nachricht!« Da dachte der Fischer bei sich: O Tag der Glückseligkeit! Der Geist aber fuhr fort: »Ich bringe dir die Nachricht, daß du sogleich umgebracht werden sollst.« Hierauf sprach der Fischer: »Du verdienst für die Botschaft, daß dir der Schutz und die Gnade Gottes entzogen werde; warum willst du mich umbringen, da ich dich doch befreit, aus der Tiefe des Meeres herausgezogen und auf die Erde gesetzt habe?« Der Geist antwortete: »Bitte dir etwas aus von mir!« Der Fischer fragte freudig: »Was sollte ich mir von dir ausbitten?« Und der Geist antwortete: »Bitte dir eine Todesart aus, damit ich dich nach deiner Wahl töte.« – »Was habe ich verbrochen?« wiederholte der Fischer. »Ist das der Lohn dafür, daß ich dich befreit habe?«

Darauf sprach der Geist: »Höre meine Geschichte!« – »Erzähle!« erwiderte der Fischer, »doch mach's kurz, denn ich gehöre zu den Heiligen.« Der Geist sprach: »Wisse, ich gehöre zu den widerspenstigen und abtrünnigen Geistern, ich war mit dem Geiste Sacher Salomo, dem Propheten Gottes, ungehorsam. Er sandte mir Asaf, Sohn des Berachja, welcher gegen meinen Willen zu mir kam und das Urteil über mich aussprach und vollzog. Er fesselte mich auf eine demütigende Weise mit Gewalt und brachte mich zu Salomo, dem Propheten Gottes. Als dieser mich sah, nahm er zu Gott seine Zuflucht, sich vor mir und meiner Gestalt fürchtend. Er sagte mir, ich solle ihm gehorsam werden; aber als ich mich das zu sein weigerte, ließ er diese messingne Flasche bringen, sperrte mich hinein, schloß sie mit Blei, drückte den Namen des erhabenen Gottes darauf und befahl dann einem Geiste, mich wegzutragen und in die Mitte des Meeres zu versenken. Nachdem ich zweihundert Jahre darin geblieben war, beschloß ich, den reich zu machen, der in den ersten zweihundert Jahren mich befreien würde. Die zweihundert Jahre verflossen aber, ohne daß mich jemand befreite. Es vergingen dann weitere zweihundert Jahre, und ich beschloß nunmehr, dem, der mich befreien würde, alle Schätze der Erde zu öffnen; es vergingen aber vierhundert Jahre, und niemand befreite mich. In den folgenden zweihundert Jahren beschloß ich, meinen Befreier zum Sultan zu machen, selbst sein Diener zu werden und ihm täglich drei Wünsche zu gewähren. Aber auch in diesen zweihundert

Jahren befreite mich niemand. Nun wurde ich böse, stampfte, tobte, schnarchte und beschloß, den zu töten, der von nun an mich befreien würde, ihn entweder den schrecklichsten Tod sterben oder ihn selbst wählen zu lassen, wie er sterben wolle. Kurz nach diesem Beschlusse kamst du, um mich zu befreien. Sage mir jetzt also, auf welche Weise ich dich umbringen soll!«

Als der Fischer diese Worte des Geistes gehört, sprach er: »Ich gehöre Gott an und kehre zu ihm zurück; mußte ich gerade in diesen unglücklichen Jahren dich befreien, so ist mein Schicksal verflucht; doch verzeihe mir, Gott wird auch dir verzeihen, töte mich nicht, sonst wird Gott jemandem die Kraft verleihen, auch dich zu töten.« – »Es hilft alles nichts«, erwiderte hierauf der Geist; »sage mir nur, wie du sterben willst.« Als der Fischer sah, daß er wirklich umgebracht werden sollte, war er sehr betrübt und rief weinend aus: »O meine Kinder! Gott lasse mir nicht das Herz weich um euch werden!« Hierauf wandte er sich wieder zum Geiste und sagte: »Bei Gott, verzeihe mir als Dank, daß ich dich aus dieser messingnen Flasche befreit habe.« Da antwortete der Geist: »Gerade weil du mich gerettet hast, will ich dich umbringen.« – »Wie«, sagte der Fischer, »ich habe dir eine Wohltat erzeigt und du willst mir dafür Böses tun? Wahrlich, das Sprichwort lügt nicht, welches sagt:

> Wir haben ihm Gutes erwiesen, man hat
> mit Bösem uns vergolten; so, bei meinem
> Leben, handeln alle ruchlosen Menschen.
> Wer Gutes tut dem, der es nicht verdient,
> dem wird es gehen wie einem, der einer
> Hyäne Obdach gibt.«

Der Geist versetzte darauf: »Zaudere nicht lange, du wirst umgebracht, wie ich dir es gesagt habe.« Da dachte der Fischer bei sich selbst: Dieser ist ein Geist und ich bin ein Mensch; Gott hat mich durch Verstand über ihn erhoben, ich will mit meinem Verstande ihn überlisten! Er überlegte eine Weile und sagte dann zu dem Geist: »Willst du mich denn durchaus töten?« Und als der Geist diese Frage bejahte, sprach er weiter: »Bei der Wahrheit des höchsten Namens, der auf Salomos, Sohn Davids, Siegel gestochen war, wirst du mir die Wahrheit sagen, wenn ich dich um etwas befrage?« Der Geist zitterte und bebte, als er den erhabenen Namen erwähnen hörte und antwortete: »Frage, doch mach's kurz.«

Da sagte der Fischer: »Bei dem Namen des erhabenen Gottes frage ich dich: Warst du in dieser Flasche eingesperrt?« – »Ich war darin eingesperrt, beim erhabenen Gotte«, antwortete der Geist. »Du lügst«, versetzte der Fischer, »diese Flasche kann nicht einmal deine Hand fassen und würde schon durch deine Füße gesprengt werden; wie soll sie dich ganz fassen können?« Der Geist aber sagte: »Bei Gott, ich war in ihr; willst du es nicht glauben?« – »Nein«, antwortete der Fischer. Da löste sich der Geist nach und nach auf, wurde ganz Rauch, der in die Höhe stieg und sich über das Meer und das Land ausbreitete. Er zog sich wieder zusammen und stieg nach und nach in die Flasche. Darauf schrie er: »Siehst du nun, Fischer, wie ich in der Flasche bin? Glaubst du mir jetzt?« Aber der Fischer nahm sogleich das Blei, mit dem die Flasche verschlossen gewesen war, und drückte es wieder auf sie. Dann rief er: »O Geist! Wähle nun du, wie du sterben willst und wie ich dich wieder ins Meer werfen soll; dann werde ich hier ein Haus bauen lassen und allen Fischern, die hier fischen wollen, sagen: Hier liegt ein Geist, der den umbringt, der ihn heraufzieht und befreit.« Als der Geist dies hörte und sich wieder eingesperrt sah und heraus wollte und nicht konnte, weil Salomos, des Sohnes Davids Siegel ihn zurückhielt, merkte er wohl, daß der Fischer ihn überlistet hatte, und er sprach zu ihm: »Guter Fischer, tu doch das nicht; ich habe nur meinen Scherz mit dir gemacht.« – »Du lügst«, sagte der Fischer, »du schändlichster und niedrigster aller Geister!« Der Fischer rollte die Flasche gegen das Meer, während der Geist schrie: »Nicht doch, nicht doch!« Aber der Fischer sagte: »Ja doch, ja doch!« Der Geist wurde nun sehr demütig und sprach in bittendem Tone: »Was willst du tun, guter Fischer?« – »Dich ins Meer werfen«, antwortete dieser, »und hast du beim erstenmal achthundert Jahre im Meer bleiben müssen, so werde ich dich diesmal bis zur letzten Stunde darin lassen! Ich habe dir gesagt: Laß mich leben, Gott wird auch dich erhalten, du wolltest aber durchaus treulos gegen mich werden und mich umbringen: nun werde ich ebenso gegen dich verfahren.« Da sprach der Geist: »Öffne, o Fischer! ich will dich reich machen und dir viel Gutes erweisen.« – »Du lügst«, sagte der Fischer. »Weil du mich durchaus töten wolltest, werde ich dich wieder in den Abgrund des Meeres werfen.« Der Geist schrie: »O Fischer, tu dies nicht! Befreie mich und bestrafe mich nicht! Der Menschen Handlungen müssen immer edler sein als die eines Geistes; habe ich auch schlecht gehandelt, so tu du doch Gutes! Laß mich diesmal wieder frei; ich verspreche, dir gar nichts zu Leid zu tun, vielmehr dir nützlich zu sein. Du sollst reich werden!« Als er darauf einen Eid geleistet und bei seinem erhabenen Namen geschworen, der auf Salomos Siegel stand, da öffnete der Fischer die Flasche, aus der wieder Rauch in die Höhe stieg, und es bildete sich ein Geist daraus; er zertrat hierauf die Flasche mit den Füßen und flog gegen das Meer hin. Als der Fischer dies sah, fürchtete er etwas Schlimmes; er verunreinigte seine Kleider und sah den Tod schon nahe, denn er hielt das Zertreten für ein böses Zeichen. Endlich faßte er aber wieder Mut und sprach: »O Geist! Du hast einen Eid geschworen, darfst also nicht treulos gegen mich werden, sonst wird es Gott auch gegen dich.« Der Geist lachte und sagte: »Folge mir, Fischer!« Dieser folgte ihm nun erschrocken, denn er glaubte, nicht mit dem Leben davonzukommen. Sie gingen durch die Wüste bis zu einem Berge; dort fanden sie mitten in einer großen Einöde vier kleine Hügel und zwischen diesen einen See. Der Geist blieb hier stehen und sagte dem Fischer, er solle nun sein Netz auswerfen. Dieser sah im See rote, weiße, blaue und gelbe Fische und war sehr erstaunt darüber. Dann warf er sein Netz aus, und als er es an sich zog, brachte er vier Fische heraus: einen roten, einen weißen, einen blauen und einen gelben; als er dies sah, freute er sich sehr. Der Geist sagte darauf: »Gehe damit hin zu deinem Sultan, er wird dich reich machen; aber fische nicht mehr als einmal am Tage. Entschuldige mich, wenn ich dich jetzt verlasse; ich weiß mir, nachdem ich so lang in der Tiefe des Meeres gelebt habe, auf der Oberfläche der Erde nicht mehr zu raten. Allah stehe dir bei!«

Hierauf stampfte der Geist mit den Füßen; die Erde öffnete sich und verschlang ihn, und der Fischer ging freudig in die Stadt zurück, verwundert über das, was ihm mit dem Geiste widerfahren, und über die farbigen Fische. Er begab sich in den Palast des Sultans und brachte sie ihm.

Der Vezier brachte sie diesem Mädchen und sagte: »Backe sie recht gut, denn es hat sie jemand dem König zum Geschenk gemacht.« Auch ließ der Sultan dem Fischer vierhundert Dinare geben; dieser lief damit nach Hause und fiel und stand auf und stolperte und glaubte, es sei nur ein Traum. Er kaufte seiner Familie, was sie bedurfte.

Dies ist's, was den Fischer angeht. Was aber die Köchin betrifft, so nahm sie die Fische und spaltete sie und salzte sie, setzte die Pfanne aufs Feuer, goß Öl hinein und wartete, bis es heiß war, warf dann die Fische hinein, ließ sie darin, bis sie auf der rechten Seite gebacken waren und drehte sie um. Da spaltete sich auf einmal die Mauer, und es kam aus der Öffnung ein schönes Mädchen heraus, von hübschem Wuchse, oval gebildeten Wangen, ohne Tadel, die Augen mit Kohle bemalt; sie hatte ein Oberkleid von blauem Atlas an mit Kreisen aus ägyptischen Blumen, kostbare Ringe an den Ohren und am Arme, und in der Hand trug sie ein indisches Rohr. Sie steckte das Rohr in die Pfanne und sagte mit wohltönender Stimme: »O Fisch, hältst du dein Versprechen?«

Als die Köchin dies sah und hörte, fiel sie in Ohnmacht. Das Mädchen wiederholte noch einmal seine Frage, und die Fische hoben ihre Köpfe auf und sagten ebenfalls in klarer Sprache: »Jawohl, jawohl, wenn du wiederkehrst, so kehren auch wir wieder, bist du treu, so sind auch wir treu, fliehst du uns, so haben wir doch das Unsrige getan.« Sie stürzte darauf die Pfanne um und ging weg, wie sie gekommen war; und die Wand schloß sich wieder. Als die Köchin wieder zur Besinnung gelangt war und die Fische ganz verbrannt und in

Kohlen verwandelt fand, war sie sehr betrübt, fürchtete sich vor dem König und sagte das Sprichwort: »Dem König ist bei seinem ersten Kriegszug der Lanzenschaft zerbrochen.« Während sie in diesem Zustand war, kam der Vezier und forderte die Fische und sagte ihr, der Sultan warte darauf. Die Köchin fing an zu weinen und erzählte dem Vezier, was ihr mit den Fischen geschehen. Der war sehr erstaunt, ließ sogleich den Fischer holen und sagte zu ihm: »Du mußt uns sogleich andere Fische, die den ersten gleichen, bringen, denn sie gefallen uns sehr.« Der Fischer nahm seine Gerätschaften, ging zu den vier Hügeln an den See, warf sein Netz aus und zog vier ähnliche Fische heraus; die brachte er dem Vezier. Dieser gab sie der Köchin und sagte ihr: »Backe sie nun in meiner Gegenwart, ich will die Geschichte mit ansehen.« Die Köchin reinigte die Fische, stellte die Pfanne auf und warf sie hinein. Als sie gebacken waren, öffnete sich die Wand wieder, das Mädchen kam wieder in derselben Kleidung, mit einem Rohr in der Hand, steckte es in die Pfanne und sagte: »O Fisch, hältst du dein Versprechen?« Die Fische streckten ihre Köpfe in die Höhe und sagten: »Wohl, wohl, kehrst du wieder, kehren auch wir wieder, bist du treu, so sind auch wir es, fliehst du uns, so haben wir doch das Unsrige getan.«

Als die Fische das gesagt hatten, stürzte das Mädchen die Pfanne um und verschwand durch die Spalte der Wand, und diese schloß sich wieder. Da sagte der Vezier: »So etwas kann man dem König nicht verbergen.« Er ging daher zu ihm und erzählte ihm, was sich mit den Fischen zugetragen hatte. Der Sultan rief voller Verwunderung: »Ich muß das mit meinen Augen sehen«, und schickte sogleich nach dem Fischer, zu dem er sagte: »Hole mir noch vier Fische wie die ersten, eile aber damit.« Der Fischer ging, nahm seine Gerätschaften mit an den See, fischte vier Fische von verschiedener Farbe wie die ersten und brachte sie dem Sultan. Dieser gab ihm wieder vierhundert Dinare, zugleich ließ er ihn streng bewachen und sprach zum Vezier: »Geh und backe du selbst diese Fische in meiner Gegenwart!« Der Vezier setzte die Pfanne aufs Feuer, nachdem er die Fische zurecht gelegt hatte, goß Schmalz hinein und warf die Fische darauf, als es heiß geworden war. Sobald aber die Fische gebacken waren, spaltete sich wieder die Wand der Küche, und es kam ein schwarzer Sklave heraus, gerade als wäre es ein Berg oder ein Überbleibsel vom Stamme Aad. Der König und der Vezier fürchteten sich vor ihm, denn er war sehr lang und breit und hatte einen grünen Ast in der Hand. Er sagte in deutlicher Sprache: »O Fische, bleibt ihr beim Versprechen?« Sie hoben ihre Köpfe auf und riefen: »Wohl, wohl, kehrst du wieder, kehren auch wir wieder, bist du treu, so sind auch wir es, fliehst du uns, so haben doch wir das Unsrige getan.« Hierauf stürzte der Sklave die Pfanne um, die Fische verbrannten und wurden zu Kohlen. Dann verschwand der Sklave durch die Wand, die sich sogleich wieder zusammenfügte. Der Sultan erschrak über diesen Vorfall und sagte: »Ich kann mich unmöglich mehr niederlegen, bis ich herausgebracht habe, was es mit diesen Fischen auf sich hat.« Er ließ schnell den Fischer holen; und als dieser kam, sprach er zu ihm: »Wo hast du diese Fische her?« – »Aus einem See«, antwortete der Fischer, »außerhalb der Stadt zwischen vier Bergen.« Der Sultan fragte den Vezier: »Kennst du diesen See?« Der antwortete: »Ich gehe schon dreißig Jahre lang auf die Jagd, durchstreiche die Ebenen und die Gebirge und habe nie diesen See gefunden.« Da fragte der Sultan den Fischer: »Wie weit ist's nach diesem See?« – »Zwei Stunden«, antwortete der Fischer. Der Sultan befahl hierauf einigen Soldaten, mit ihm zu reiten, auch den Vezier nahm er mit, und der Fischer mußte vorangehen. Der fluchte dem Geiste. Sie gingen bis zum Berge hin und sahen den See mit Fischen von allen Farben. Der Sultan war sehr erstaunt darüber und sagte: »Ist's möglich, daß noch niemand diesen Ort gesehen hat, da dieser See doch so nahe bei der Stadt liegt?« Er fragte die Soldaten, ob einer von ihnen diesen Ort gekannt habe; aber alle antworteten, sie sähen ihn jetzt zum erstenmal. Da schwur der Sultan: »Beim erhabenen Gott! Ich gehe nicht in die Stadt zurück, bis ich weiß, was das für ein See ist und für bunte Fische sind.« Er befahl, abzusteigen und die Zelte aufzuschlagen, dann stieg er selbst ab und blieb bis zur Nacht.

Jetzt rief er seinem Vezier, der ein sehr erfahrener und vielwissender Mann war; er ging heimlich zu ihm, ohne daß die Soldaten es merkten, und sprach: »Ich will etwas tun, das ich dir mitteilen will; ich will mich nämlich von den übrigen absondern, um zu sehen, was dies für Fische sind. Ich gehe nun fort. Morgen sagst du den Truppen und hohen Beamten: ich sei krank, und es könne niemand vorgelassen werden; du wohnst indes in meinem Zelt, und ich bleibe drei Tage lang weg, nicht länger.« Der Vezier sagte: »Es soll alles so besorgt werden.« Dann umgürtete sich der Sultan mit seinem Schwerte, ging fort und schlug den Weg jenseits des Berges ein, bis der Morgen zu leuchten anfing. Als die Sonne aufging, sah er in der Ferne etwas Schwarzes; er freute sich und dachte, vielleicht finde ich jemanden, der mir Auskunft geben kann. Er ging darauf zu und siehe da, es war ein Schloß, aus schwarzen Steinen gehauen und mit eisernen Platten belegt, das unter einem glücklichen Gestirne gebaut war.

Das Schloß hatte ein Tor, von welchem ein Flügel durch den andern Flügel geschlossen war. Der König freute sich und klopfte leise, hörte aber keine Antwort; er klopfte noch einmal etwas stärker, hörte wieder nichts und erblickte auch niemanden. Da dachte er, ohne Zweifel ist dieses Schloß unbewohnt; er machte sich dann Mut, ging in einen Gang und schrie: »O Bewohner des Schlosses! Hier ist ein fremder, bittender und hungriger Reisender; habt ihr wohl etwas Lebensmittel? Der Herr aller Sklaven wird euch reichlich dafür belohnen.« Er wiederholte dies zum zweiten- und drittenmal, hörte aber keine Antwort. Da faßte er stärkern Mut, schritt durch den Gang ins Innere des Schlosses, drehte sich rechts und links um und sah niemanden, bemerkte aber, daß das Schloß mit seidenen Teppichen, worauf goldene Sterne gestickt waren, bedeckt war, er sah auch schöne Vorhänge und Polster und Sofas. Mitten im Saale war ein großer Raum, ringsherum Divane und Nischen und Nebenzimmer; auch war ein Springbrunnen da mit vier goldenen Löwen, die aus dem Rachen Wasser spieen, das so klar wie Perlen und Edelsteine war. Es flogen allerlei Vögel im Saale herum, die ein goldnes Netz nicht entwischen ließ. Der König war sehr erstaunt, niemand hier zu finden, den er ausfragen konnte; er setzte sich auf die Seite des Saals. Da hörte er eine seufzende Stimme aus traurigem Herzen, welche sang:

> »O Schicksal, du schonst mich nicht und
> hast kein Erbarmen; mein Leben schwebt
> ja zwischen Qualen und Gefahr. Habt ihr
> nicht Mitleid mit einem Großen seines
> Volks, der im Bunde der Liebe erniedrigt
> wurde, mit dem Reichsten unter seinem
> Volke, der verarmte? Ich war eifersüchtig
> auf die Lust, die euch anwehte, aber wo
> das Schicksal niederfällt, da verdunkelt
> sich das Gesicht. Was nützt die Kunst des
> Schützen, wenn er dem Feinde begegnet,
> die Sehne aber in dem Augenblick zerreißt,
> da er den Pfeil schleudern will? Wenn dann
> ganze Scharen sich um den Tapfern häufen,
> wie sollte er dem Schicksal entfliehen?
> Wie entfliehen?«

Als der König diese Verse und ein lautes Weinen gehört hatte, ging er der Stimme nach und fand einen Vorhang an der Türe eines Zimmers hängen, hob ihn auf und sah darin einen Jüngling auf einem eine Elle hohen Throne sitzend. Er war ein hübscher Jüngling von regelmäßigem Wuchs, klarer Sprache, leuchtender Stirne, frischen Haarlocken, roten Wangen.

Der König freute sich und grüßte den Jüngling, der einen seidenen Mantel mit goldnen ägyptischen Stickereien anhatte; auf seinem Haupte trug er eine ägyptische Krone. Man merkte ihm aber an, daß er traurig war und geweint hatte; er erwiderte freundlich des Königs Gruß und sagte: »Du verdienst mehr, als daß ich vor dir aufstehe, drum entschuldige mich.« – »Ich entschuldige dich, o Jüngling!« sprach der Sultan; »ich bin hier dein Gast und komme in einer wichtigen Angelegenheit zu dir. Du sollst mir nämlich über den See und die farbigen Fische Auskunft geben, über dieses Schloß, das du allein bewohnst, ohne daß dir jemand Gesellschaft leistet, sowie auch über die Ursache deines Weinens.« Als der Jüngling dies hörte, flossen seine Tränen auf seine Wangen und überschwemmten seine Brust; er sprach dann folgende Verse:

»Sagt denen, die vom Schicksal mißhandelt
worden, wie viele Unglücksfälle hat es
schon verbreitet! Wenn du auch schläfst,
so schläft das Auge Gottes nicht; wem
waren wohl die Zeiten immer günstig?
Wem dauerte die Welt ewig?«

Er weinte heftig, und der König wunderte sich darüber und fragte nochmals: »O Jüngling, warum weinst du?« Da antwortete er: »Wie soll ich nicht über meine Lage weinen?« Er hob den Saum des Kleides auf, und der König sah, wie er halb Mensch und halb schwarzer Stein war.

Der König war sehr betrübt und niedergeschlagen über diesen Anblick und sagte: »O Jüngling, du hast meinen eigenen Kummer noch vermehrt, ich wünschte über die Fische Nachricht zu bekommen, nun muß ich auch noch nach deiner Geschichte mich erkundigen; es gibt keinen Schutz und keine Macht außer bei Gott. O Jüngling, erzähle mir schnell.« Da sagte der Jüngling: »Leihe mir dein Gesicht und dein Gehör, denn es hat sich eine wunderbare Geschichte mit mir und diesen Fischen zugetragen; wenn sie mit einer Nadel in den Augenwinkel gestochen wäre, so würde sie eine Belehrung für jeden abgeben, der sich belehren möchte.«

Geschichte des versteinerten Prinzen

Wisse, o Herr! Mein Vater war König dieser Stadt, sein Name war Sultan Mahmud, er regierte ungefähr siebzig Jahre lang über die Inseln dieser Berge. Als er starb, regierte ich an seiner Stelle und heiratete meine Muhme, die mich so sehr liebte, daß, wenn ich nur einen Tag von ihr abwesend war, sie weder aß noch trank, bis ich wieder bei ihr war; sie lebte auf diese Weise fünf Jahre mit mir. Eines Tages ging sie ins Bad, ordnete ein Nachtessen an, dann kam ich in dieses Schloß und schlief hier an dem Orte, wo du jetzt dich befindest; ich ließ zwei Sklavinnen zu mir kommen, mich zu beräuchern. Eine saß mir zu Häupten und die andere zu Füßen. Es war mir nicht recht wohl, ich konnte nicht schlafen, obschon meine Augen geschlossen waren, ich atmete schwer. Da hörte ich, wie eine Sklavin zur andern sagte: »O Masuda! Sieh unsern armen Herrn! Schade für seine Jugend, die er mit unsrer verfluchten Herrin zubringen muß.« – »Schweige!« sagte die andere, »Gott verdamme die Verräterinnen und Buhlerinnen. Es paßt wirklich ein junger Mann, wie unser König, nicht zu dieser Metze, die keine Nacht zu Hause schläft.« – »Aber unser Herr ist sehr dumm«, versetzte die erstere wieder, »er sollte es doch merken, wenn er nachts erwacht und sie nicht neben sich findet.« – »Wehe dir«, sagte die zweite, »Gott verdamme die Metze, unsere Gebieterin, die gibt ihm einen Schlaftrank, daß er wie ein Toter schläft, dann geht sie aus, bleibt bis morgens weg, ehe sie ihren Mann aufweckt mit Räucherwerk, das sie ihm vor die Nase hält. Schade um ihn!« – »Als ich«, sagte der Jüngling, »dies Gespräch der beiden Sklavinnen hörte, wurde ich sehr aufgebracht. Wie nun meine Frau aus dem Bad kam, konnte ich die Nacht nicht erwarten; wir ließen den Tisch bereiten, aßen ein wenig, gingen dann zu Bett; sie reichte mir wieder einen Schlaftrank, ich tat, als wenn ich tränke, goß ihn aber aus, dann stellte ich mich, als wenn ich schliefe, und streckte mich auf dem Lager aus. Da sprach sie: »Schlafe! O möchtest du nie mehr erwachen! Bei Gott, du ekelst mich an, ich habe dich satt.« Sie stand auf, kleidete sich an, beräucherte sich, umgürtete mein Schwert, öffnete die Türe und ging hinaus; ich stand auf und folgte ihr durch die ganze Stadt bis ans Tor, ohne daß sie mich bemerkte; sie sagte am Tor etwas, das ich nicht verstand, die Riegel fielen, und das Tor öffnete sich von selbst, sie ging zum Tor hinaus, ich folgte ihr, bis sie zwischen einigen Schutthaufen an eine kleine Hütte aus Ziegelsteinen kam; ich stellte mich auf das Dach der Hütte und belauschte sie, und siehe da, meine Frau stand vor einem alten schwarzen Sklaven, der auf einem Bündel Rohr saß, ganz in Lumpen gekleidet. Sie küßte die Erde vor ihm. Der Sklave hob seinen Kopf zu ihr auf und sagte: »Wehe dir, wo bleibst du so lange? Soeben waren unsere schwarzen Vettern da und haben sich jeder mit seinem Liebchen vergnügt und haben getrunken; ich wollte nichts trinken, weil du abwesend warst.« Da sagte meine Frau: »O mein Herz! Geliebter meines Herzens! Weißt du nicht, daß ich mit meinem Vetter verheiratet bin? Daß ich die Welt hasse, weil ich ihn sehen muß? Wenn ich nichts für dich fürchtete, so ließe ich die Sonne nicht aufgehen, ehe ich seine Stadt verwüstet hätte, daß Nachteulen und Raben darin herumschrien und Füchse und Wölfe darin wohnten; ich würde ihre Steine hinter den Berg Kaf werfen.« – »Du lügst«, sagte der Schwarze, »du Verdammte! Ich schwöre dir bei der Ehre der Schwarzen, daß wir von dieser Nacht an nicht mehr mit unsern Vettern zusammenkommen, ich werde gar nicht mehr dein Freund sein und dich nicht mehr berühren. Du Verdammte spielst nur so mit uns; sind wir denn nur für deine Lust da, du Übelriechende!« Als ich hörte, wie er mit ihr umging, wurde die Welt schwarz vor mir; ich wußte nicht mehr, wo ich war. Meine Frau fing an zu weinen und sagte zu dem Schwarzen: »O Geliebter meines Herzens! Was bleibt mir, wenn du mir zürnst? Wer nimmt mich auf, wenn du mich verjagst? O mein Geliebter! Mein Herz! Mein Augenlicht!« Sie hörte nicht auf zu weinen und zu flehen, bis er wieder gut war; da freute sie sich, legte einige Kleider ab und sagte: »Mein Herr! Hast du nichts zu essen für deine Sklavin?« Er antwortete: »Decke dieses Becken auf!« Sie deckte es auf und fand darin ein Stück von einer Maus; das aß sie. Dann sagte er ihr: »In diesem Topfe ist noch Bier, trinke es!« Sie trank, wusch ihre Hand, setzte sich dann zu ihm auf das Bündel Rohr mitten unter den Lumpen. Ich stieg vom Dach herunter, nahm das Schwert, mit dem meine Frau gekommen war, und schwang es, um beide zu töten; ich schlug zuerst den Schwarzen auf den Hals und glaubte schon mit ihm fertig zu sein, aber ich durchschlug nur die Haut, das Fleisch und die Kehle, die Halsadern waren nicht durchschnitten. Ich glaubte aber, ihn getötet zu haben, er schrie laut auf, und meine Frau fiel seitwärts so, daß sie hinter mir war; ich legte das Schwert nieder an seine Stelle, kehrte zur Stadt zurück, ging ins Schloß, begab mich in mein Bett und blieb bis zum Morgen liegen. Als meine Frau zurückkam, sah ich, daß sie ihre Haare abgeschnitten und Trauerkleider angezogen hatte; sie sagte mir: »O mein Vetter, wirst du dich wohl dem, was ich tue, widersetzen wollen? Wisse, ich habe Nachricht erhalten, daß meine Mutter gestorben und daß mein Vater im heiligen Kriege umgekommen ist, daß einer meiner Brüder durch einen Schlangenbiß und ein anderer durch einen Sturz das Leben verloren hat; ich muß daher weinen und trauern.« Als ich dies hörte, ließ ich sie gehen und sagte ihr: »Tue, was du willst; ich werde dich nicht hindern.« Sie verharrte nun ein volles Jahr in Weinen und Trauern. Nach diesem Jahr sprach sie zu mir: »Ich möchte, daß du mir im Hause eine Grabstätte mit einem Zimmer bauen ließest, damit ich darin allein trauern könnte; ich würde es das Trauergebäude nennen.« Ich sagte ihr wieder: »Tue, was dir gut dünkt!« Jetzt erteilte sie sogleich Befehle, ließ das Trauerhaus bauen und in dessen Mitte eine Kuppel errichten. Den Sklaven aber brachte sie in die Grabeshöhle. Diesem war nicht mehr zu helfen. Er lebte zwar, denn seine Zeit war nicht abgelaufen, auch konnte er noch trinken; aber von diesem Tag an, da ich ihn verwundet hatte, konnte er nicht mehr sprechen. Meine Frau besuchte ihn nun morgens und abends und weinte und brachte ihm Wein und Fleischsuppen. So verging ein ganzes Jahr, in dem ich dies alles mit Geduld ertrug. Nach diesem Jahr ging ich ihr einmal nach, ohne daß sie es merkte; ich hörte, wie sie weinte und sagte: »O mein Geliebter! O mein Herz! Warum muß ich das von deiner Liebe erfahren? Warum sieht dich mein Auge nicht immer und warum in einem solchen Zustand? Warum sprichst du nicht mit mir, o sage mir doch etwas!« Dann fügte sie noch folgende Verse hinzu:

> »Ein Tag der Wunscherfüllung ist der, an welchem ich eure Nähe gewonnen, ein Tag des Unheils der, an welchem ihr euch von mir trennt. Wenn ich in der größten Angst und Furcht übernachte, so ist mir eure Nähe doch süßer als die gewisseste Sicherheit. Lebte ich im schönsten Wohlbehagen und besäße ich die ganze Welt, das Reich der Chosroen, so würde ich es doch nicht so hoch als den Flügel einer Mücke anschlagen, wenn mein Auge dich nicht sähe.«

Als sie dies vollendet hatte, sagte ich zu ihr: »Muhme, hör endlich auf zu trauern! Du hast genug vergebens geweint.« Sie antwortete mir: »Widersetze dich meinem Willen nicht, sonst bringe ich mich um.« Ich schwieg und überließ sie ihrem Zustande; sie aber fuhr wieder ein Jahr fort zu trauern und zu weinen. Nach dem dritten Jahre, an einem Tage, wo ich gerade eines unangenehmen Ereignisses willen im Zorne war, ging ich ihr wieder nach, denn nun dauerte mir diese Qual doch zu lange; ich fand sie bei der Grabeshöhle unter der Kuppel und hörte, wie sie sagte: »Werde ich denn, o mein Herr, kein einziges Wort mehr von dir vernehmen? Nun gibst du mir schon drei Jahre keine Antwort.« Auch hörte ich folgende Verse von ihr:

> »O Grab! O Grab! Haben seine Reize aufgehört zu sein? Ist seine blühende Gestalt von dir gewichen? O Grab, du bist ja doch kein Himmel und kein Lustgarten, wie kann Sonne und Mond sich in dir vereinigen?«

Mein Zorn nahm überhand, als ich dies hörte, und ich rief: »Wehe! Wie lange wird noch dieser Schmerz dauern!« Ich sprach folgende Verse:

»O Grab! O Grab! Haben seine Unvoll-
kommenheiten noch nicht aufgehört?
Hat sein abscheulicher Blick sich von dir
gewandt? O Grab! Du bist ja doch kein
Teich und kein Topf, wie kann Schmutz
und Ruß sich in dir vereinigen?«

Als sie meine Verse hörte, stand sie auf und sagte: »Wehe dir! Du Hund! Du hast mir das angetan, du hast den Geliebten meines Herzens verwundet und hast mich um seine Jugend durch seinen Tod gebracht! Nun ist er schon drei Jahre weder tot noch lebendig.« Ich antwortete: »O du abscheulichste, du schmutzigste Dirne unter allen, die Schwarze lieben! Freilich habe ich dies getan.« Ich entblößte mein Schwert und ging auf sie zu, um sie umzubringen; als sie dies sah, rief sie lachend: »Ziehe dich zurück wie ein Hund! Was vorüber ist, kehrt nicht mehr wieder, bis die Toten wieder belebt werden. Gott hat mir Macht gegeben über den, der mir etwas getan, worüber in meinem Herzen ein unauslöschliches Feuer entbrannte.« Sie stellte sich aufrecht auf die Füße, sprach etwas, das ich nicht verstand, und rief: »Werde durch meine Kraft und meinen Zauber halb Stein und halb Mensch!« – Ich wurde darauf, wie du mich jetzt siehst, o Herr! Betrübt und niedergeschlagen, kann ich weder stehen noch sitzen, noch schlafen; ich bin nicht tot bei den Toten und lebe nicht mit den Lebendigen.

Nachdem sie mir das angetan hatte, erhob sich meine Frau, verzauberte die Stadt mit allen Gärten und Marktplätzen, und dies ist der Ort, wo jetzt deine Zelte mit den Truppen sind. Die Bewohner der Stadt waren Muselmänner, Christen, Juden und Feueranbeter. Sie verzauberte nun die Muselmänner in weiße Fische, die Feueranbeter in rote, die Christen in blaue und die Juden in gelbe; die Inseln verwandelte sie in vier Berge, die sie mit einem See umgab. Aber das genügte ihr noch nicht. Nun kommt sie außerdem jeden Tag, entkleidet mich, gibt mir hundert Streiche, bis mein Blut fließt und meine Schultern wund sind; dann umkleidet sie meinen Oberleib mit einem härenen Stoffe und hüllt darüber dies Ehrenkleid.«

Der junge Mann weinte und sprach folgende Verse:

»Ich trage standhaft deinen Beschluß und
dein Urteil, o Gott! Ich habe Geduld,
wenn du an diesem Zustand Wohlgefallen
hast; man hat mir Unrecht und Gewalt
angetan, doch wird vielleicht das Paradies
mir meinen Verlust ersetzen. Gewiß, mein
Herr, entgeht deinem Auge kein Übeltäter;
ich bete daher zu dir, schätze mich gegen
das Unrecht meiner Quäler.«

Der Sultan sprach zu dem verzauberten Mann: »Du hast zwar meine Wißbegierde gestillt, doch meinen Kummer nur noch vermehrt: wo, junger Mann, ist sie, und wo ist der Sklave?« – »Mein Herr«, antwortete der junge Mann, »der Sklave liegt in der Grabstätte unter der Kuppel, und sie ist in dem Saal, dieser Tür gegenüber; sie besucht den Sklaven täglich bei Sonnenaufgang, und wenn sie dann zurückkommt, gibt sie mir die hundert Prügel; ich schreie und weine, kann mich aber nicht bewegen, um sie zu bändigen, ich habe keine Kraft, mich zu verteidigen, weil die eine Hälfte meines Körpers aus Stein und nur die andere Hälfte aus Fleisch und Blut ist. Nach meiner Züchtigung geht sie dann wieder zum Sklaven, gibt ihm Wein und Fleischbrühe zu trinken, und erst am Morgen früh kehrt sie wieder zurück.« Da sprach der König: »Bei Gott! Junger Mann, ich werde hier etwas tun, was lange nach mir überall erzählt werden wird.« Er setzte sich nieder und unterhielt sich mit dem jungen Manne bis zur Nacht. Sie schliefen dann bis zum Morgen; da machte sich der König auf, legte einen Teil seiner Kleider ab, zog sein Schwert aus der Scheide und ging zur Grabstätte. Hier gewahrte er viele Wachskerzen und Lampen, Weihrauch, wohlriechende Öle und andere Duftstoffe; er schritt auf den Sklaven zu, tötete ihn und warf ihn in einen Brunnen, der im Schlosse war. Dann zog er des Sklaven Kleider an, legte sich tief in die Grabeshöhle, behielt aber sein bloßes Schwert unter den Kleidern. Nach einer Weile kam die verruchte Zauberin, und das erste, was sie tat, war, ihren Vetter zu entkleiden und ihn tüchtig durchzuprügeln. Der schrie: »O wehe, Muhme, habe Mitleid mit mir, ich habe genug gelitten; der Zustand, in dem ich mich befinde, genüge dir!« Sie aber antwortete: »Hast du wohl mit meinem Geliebten Mitleid gehabt?«

Als die Zauberin ihren Vetter geschlagen hatte, bis sie müde war und das Blut von seinen Seiten herabfloß, kleidete sie ihn in ein härenes Kleid, legte ein linnenes darüber und ging dann zum Sklaven. Sie nahm, wie gewöhnlich, Wein und Fleischbrühe mit, und als sie unter die Kuppel trat, fing sie an zu weinen und zu schreien: »O Geliebter, es war doch sonst deine Gewohnheit nicht, mir deine Nähe zu versagen; o stoße mich nicht länger zurück! Besuche mich wieder, denn dein Besuch gibt mir Leben. O nahe dich mir! Die Trennung ist doch nicht deine Gewohnheit: bleibe nicht fern von mir, denn unsere Feinde frohlocken über uns! O mein Herr, sprich mit mir!« Sie fügte den Klagen folgende Verse hinzu:

»Wie lange noch diese Zurückhaltung?
Diese Pein? Habe ich noch nicht genug
Tränen vergossen?«

»O mein Geliebter! Sprich doch mit mir! Sage mir doch etwas! O meine Seele, antworte mir doch!« Da sprach der König mit schwerer Zunge und tiefer Stimme, so wie die Schwarzen reden: »Ach! Ach! Ach! Es gibt keinen Schutz und keine Macht, außer bei dem erhabenen Gott.« Als sie ihn sprechen hörte, freute sie sich so sehr, daß sie in Ohnmacht fiel; als sie wieder zu sich gekommen war, sprach sie: »O mein Herr! Hast du wirklich mit mir gesprochen? Ist es wahr, daß du mich angeredet hast?« Da erwiderte der König: »Du Verfluchte! Verdienst du wohl, daß jemand dich anrede?« Sie fragte: »Weshalb?« und er antwortete: »Du quälst deinen Gemahl den ganzen Tag, er schreit immer um Hilfe, so daß ich gar nicht schlafen kann, er weint und klagt von abends bis morgens und flucht dir und mir. Nun ist mir dies schon längst zum Überdruß und höchst lästig; und wäre dies nicht, ich wäre längst wieder genesen; das ist die Ursache, warum ich dir so lange nicht geantwortet und nichts mit dir gesprochen habe.« Sie antwortete: »Mit deiner Erlaubnis, mein Herr, will ich ihn befreien«; und da er zu ihr sagte: »So befreie ihn, daß wir Ruhe vor ihm bekommen«, so ging sie hinaus, nahm eine Schüssel voll Wasser, sprach etwas darüber, bis es zu kochen und aufzuwallen anfing wie ein Topf am Feuer, hierauf bespritzte sie ihren Gemahl damit und sprach: »Bei der Wahrheit dessen, was ich eben gelesen und gesprochen habe: Hat dich Gott so geschaffen oder aus Zorn dir diese Gestalt gegeben, so verändere dich nicht, bist du aber durch meine Zauberkunst so geworden, so nimm durch die Kraft des Schöpfers der Welt deine frühere Gestalt wieder an!«

Sogleich erhob sich der junge Mann ganz aufrecht, freute sich über seine Befreiung und daß er lebte und rief: »Gott sei gelobt!« Die Frau aber sagte ihm: »Geh von mir hinweg und kehre nicht zurück; sobald ich dich wiedersehe, töte ich dich.« Als er weggegangen war, kehrte sie zur Kuppel zurück, trat in die Grabeshöhle hinunter und sagte: »O mein Herr, komme doch heraus, damit ich deine schöne Gestalt wiedersehe.« Der König antwortete wieder in einer Sprache, die der eines Schwarzen glich: »Wohl hast du jetzt mir vor einem Zweige Ruhe verschafft, nun aber schaffe mir auch Ruhe vor dem Stamme!« Sie antwortete: »O mein Herr! Was ist denn der Stamm?« – »Wehe dir!« versetzte er, »du Verruchte, es sind die Bewohner der Stadt der vier Inseln! Denn jede Nacht um Mitternacht strecken die Fische ihre Köpfe in die Höhe, schreien um Hilfe und fluchen mir; darum kann ich nicht gesund werden. Geh also schnell hin und befreie sie, kehre dann wieder zurück, gib mir die Hand und hilf mir aufstehen, denn schon sehr nahe bin ich wieder der Genesung.« Als sie dies hörte, freute sie sich über die gute Botschaft und sprach: »Recht gern, mein Herr! Im Namen Gottes, mein Herz!« Sie machte sich auf, ging zum See, schöpfte ein wenig Wasser aus ihm und sprach etwas über das Wasser; da fingen die Fische an zu tanzen, ihr Zauber löste sich, und die Stadtbewohner standen wieder da, kauften und verkauften, gaben und nahmen. Sie kehrte darauf wieder zur Kuppel zurück und sprach: »O mein Herr! Gib mir deine edle Hand und steh auf!« Da sagte der König mit tiefer Stimme: »Komm näher!« Sie trat zu ihm hin. »Komm noch näher!« rief er wieder. Als sie hierauf so nahe zu ihm trat, bis sie ihn berührte, sprang er auf, spaltete sie mit dem Schwert in zwei Teile und warf diese auf den Boden; dann ging er hinaus und fand den entzauberten Mann, der ihn erwartete und den er zu seiner Rettung beglückwünschte. Der junge Mann küßte die Hand des Sultans, dankte ihm und wünschte ihm viel Gutes. Der König fragte ihn: »Willst du in deiner Stadt bleiben oder willst du mit mir in meine Stadt kommen?« Da erwiderte der junge Mann: »O Herr der Zeit und Meister deines Jahrhunderts, weißt du wohl, wie weit von meiner Stadt zu der deinigen ist?« – »Eine halbe Tagreise«, antwortete der König. Aber der junge Mann antwortete: »Erwache doch! Man braucht ein volles Jahr von deiner Stadt zur meinigen; als du hierher kamst, war die Stadt verzaubert und der Weg deshalb so nahe. Jetzt kann ich dich keinen Augenblick verlassen.« Da sagte der König: »Gelobt sei Gott, der dich mir beschert, du sollst nun mein Sohn werden, da ich noch mit keinem Sohne beschenkt worden bin.« Sie umarmten sich, küßten sich, dankten einander und freuten sich. Als sie miteinander ins Schloß kamen, sagte der entzauberte König den Großen und Ausgezeichneten seines Reichs, daß er nun eine Reise machen wolle; dann packte er ein, was er für die Reise brauchte. Die Fürsten und Kaufleute der Stadt brachten ihm alles, was er bedurfte, und er traf zehn Tage lang seine Vorbereitungen zur Reise. Dann reiste er ab mit dem Sultan, dessen Herz sich nach seiner Residenz sehnte, von der er so lange abwesend war. Er nahm fünfzig Sklaven mit und hundert Ladungen an Geschenken, Vorräten und Gütern. Die Sklaven mußten sie auf der Reise bedienen, die sie ein ganzes Jahr lang, Tag und Nacht, fortsetzten.

Gott hatte ihnen eine glückliche Reise bestimmt. Sie kamen in der Stadt an und ließen dem Vezier sagen, daß der Sultan glücklich angekommen ist. Der Vezier, alle Truppen und die größte Zahl der Einwohner zogen höchst erfreut dem Sultan entgegen, denn schon hatten sie alle Hoffnung verloren, ihn jemals wiederzufinden. Sie schmückten die Häuser der Stadt und breiteten seidene Teppiche auf dem Boden aus. Nachdem alle Truppen vorübermarschiert waren, blieb der Vezier beim Sultan; es verbeugten sich alle vor dem Sultan und brachten ihm ihre Glückwünsche dar. Der König setzte sich auf den Thron und sagte seinem Vezier alles, was dem jungen Manne widerfahren, er erzählte ihm auch, was er selbst dessen Muhme getan und wie er dadurch jenen und die ganze Stadt befreit habe, weshalb er ein ganzes Jahr abwesend gewesen sei. Der Vezier wandte sich hierauf zu dem jungen Manne und wünschte ihm Glück zu seiner Rettung. Der König bestätigte dann die Verweser und Adjutanten, verteilte Ehrenkleider und machte viele Geschenke; er schickte auch nach dem Fischer, der die Ursache der Befreiung des jungen Mannes und der Einwohner gewesen war. Als jener erschien, beschenkte er ihn und fragte ihn, ob er Kinder habe. Nachdem dieser geantwortet hatte, er habe einen Sohn und zwei Töchter, mußte er sie gleich holen, der König heiratete die eine und der junge Mann die andere. Hierauf machte der König den Fischer zu seinem Schatzmeister. Dem Vezier verlieh er eine Ehrenkette und schickte ihn als Sultan in die Stadt der schwarzen Inseln, nachdem er ihn hatte schwören lassen, daß er ihn besuchen wolle. Die fünfzig Sklaven, die er mitgebracht hatte, gab er ihm mit und viel Volk, und die übrigen Großen und Statthalter wurden reichlich beschenkt. Der Vezier verabschiedete sich, küßte dem König die Hand und reiste ab; der Sultan und der junge Mann blieben in der Stadt; und der Fischer wurde einer der reichsten Leute jener Zeit, und seine Töchter waren alle mit Königen verheiratet.

Geschichte Nureddins mit Enis Aldjelis

Es herrschte zu Baßrah ein König, der hieß Muhammed Suleiman. Er war ein Vater der Armen und Bedürftigen; mit Weisheit und Milde regierte er seine Untertanen. Seine Hände waren so freigebig wie das Meer; seine Sklaven lebten wie freie Leute. Nacht und Tag dienten ihm; seines Lebens Freude bestand darin, seine Sklaven und seine Truppen zu beschenken. Ein Dichter beschrieb ihn so:

> »Es war ein König, der, wenn feindliche Scharen auf ihn einstürmten, sie mit schneidenden Waffen besiegte.
> Wenn er am Schlachttage auf die feindlichen Reiter einhieb, schien er mit Schwert und Lanze und Pfeil zu schreiben, indem er den feindlichen Linien Vokale und Punkte beifügte; die Vokale schrieb er mit Säbelhieben, die Punkte mit Lanze und Pfeil.
> Die Reiterei schwamm wie in einem Meere, dessen Wellen unzählige Scharen und dessen Quellen das aus den Wunden der Feinde strömende Blut waren.
> Dieses Meer schien mit einem Wald von Schiffen bedeckt; die Lanzen waren die Mastbäume, die Fahnen die Segel.
> Die Zeit hatte geschworen, einen ihm Ähnlichen wieder hervorzubringen; aber, o Zeit! Du warst meineidig, denn du wirst deinen Schwur nicht halten können; bereue daher und tu Buße!«

Suleiman hatte zwei Veziere; der eine hieß Muin, Sohn Sawis, der andere Vadhl, Sohn Chakans.

Vadhl war einer der freigebigsten Männer seiner Zeit. Er war gutmütig und von reinem Lebenswandel und wußte sich überall Freunde zu erwerben, sogar die Frauen beteten in ihren Häusern für sein langes Leben, denn er war der Förderer alles Guten und der Schutz gegen alles Böse, wie ein Dichter ihn beschreibt:

»Er ist ein Mann, dessen Charakter aus
Gottesfurcht und Hoheit besteht, so daß
die Zeit sich mit ihm freut und stolz auf
ihn ist.
Nie nahte sich ihm vertrauensvoll ein
Unglücklicher, der nicht an seinen Türen
Trost fand.«

Muin aber war geizig, schmutzig, verschmitzt, boshaft und dumm zugleich. Er suchte nur Böses zu tun; nie ging ihm ein schönes Wort aus dem Munde. Er war listiger als ein Fuchs und raubgieriger als ein Hund. Ein Dichter sagt von ihm:

»Er ist ein Auswürfling; er ist ein schlech-
ter Sohn des Schattens.
Ein Vagabund, der seinen Ursprung
Hin- und Herreisenden verdankt.
Kein Haar an seinem Leibe wächst, das
nicht das Gepräge seiner Abstammung
trüge.«

So sehr Vadhleddin geliebt wurde, ebensosehr haßte man Muin. Als einst der König Muhammed auf seinem Throne saß und von seinen beiden Vezieren und den Großen des Reichs umgeben war, sagte er zu Vadhl: »Ich möchte ein Mädchen besitzen, das an Schönheit des Körpers sowie auch an Verstand und Tugend alle anderen übertreffe.« Da sagten die Großen des Reichs und die Staatsräte: »Ein Mädchen von solch ausgezeichneten Eigenschaften wird sich wohl schwerlich für weniger als zehntausend Dinare finden lassen.« Der König rief hierauf sogleich seinen Schatzmeister und befahl ihm: »Gib Vadhleddin aus meinem Schatze zehntausend Dinare.« Der holte das Geld, und Vadhleddin nahm es in Empfang.

Vadhleddin, um dem Befehle seines Herrn zu gehorchen, begab sich jeden Tag auf den Markt und beauftragte alle Makler, die schönste und gebildetste Sklavin für ihn auszusuchen und keine verkaufen zu lassen, wenn sie zehntausend Dinare oder mehr koste, bevor sie ihm vorgestellt worden sei.

Kein Makler verkaufte eine Sklavin, ohne sie vorher dem Vezier vorzustellen, aber an jeder hatte er etwas auszusetzen. Einmal, als er gerade auf dem Weg zum Palast war, begegnete ihm ein Makler, der zu ihm trat, den Steigbügel erfaßte und ihn anredete:

»O Vezier, der du das vermoderte Reich
wieder belebt hast und der du immer
siegreich bleiben mögest, du hast alles Edle
wieder vom Tode erweckt und das Reich
vor Verfall bewahrt.«

Dann fuhr er fort: »O Vezier! Was wir nach deinem hohen Befehle für dich gesucht haben, hat sich nun gefunden.« Der Vezier antwortete: »Bringe sie her!« Der Makler entfernte sich und kam nach einer Weile wieder mit einer Sklavin an seiner Seite, welche von schlankem Wuchse, feingeformtem Busen, glühend schwarzen Augen, feiner Taille, frischem Aussehen, süßem Atem, wohlgeformten Füßen und zarter Stimme war. Ein Dichter sagt von ihr:

»Sie ist wunderbar, die Schönheit ihres
Gesichts gleicht Mond und Sternen;
sie ist die Erste und Vornehmste aus ihrem
Stamme und verdunkelt alle, die mit ihr
aufwuchsen.
Gott, der erhabene Besitzer des Himmels-
throns, hat ihr die schönsten Güter des
Lebens geschenkt: Hoheit, Anmut und
schönen Wuchs.

An dem Himmel ihres Angesichts prangen
sieben Sterne gleich den Wächtern ihrer
Wangen.
Wenn ihr jemand durch begehrendes
Anschauen Blicke entlocken will,
so versengt sie ihn durch die Glut eines
ihrer Sterne wie einen bösen Geist.«

Als der Vezier die Sklavin sah, bewunderte er sie sehr. Er wendete sich daher zu dem Makler und fragte ihn, welchen Preis der Kaufmann für sie fordere. Der Makler antwortete: »Herr! Er verlangt zehntausend Dinare und hat geschworen, daß sie allein für so viel junge Hähnchen gegessen und Wein getrunken habe und daß diese Summe nicht einmal die Geschenke bezahle, die ihren Lehrern gemacht worden seien. Sie hat schön schreiben und zierlich reden gelernt; die arabische Sprache und ihre Regeln, die Erklärung des Korans, die Heilkunde, die Grundlehren der Theologie sind ihr bekannt; dazu spielt sie allerlei Instrumente.« Der Vezier ließ den Kaufmann rufen.

Da kam ein Perser, der schon manches Jährlein hinter sich hatte; die Zeit schien ihn hart mitgenommen und sein Glücksstern ihm nicht viel übriggelassen zu haben; er glich einem alten Adler oder einer dem Einsturz nahen Mauer, und auf ihn paßten die Worte eines Dichters:

»Wie heftig hat mich die Zeit erschüttert,
die gewaltige, ernste Zeit! Einst konnte ich
laufen, ohne zu ermüden; jetzt bin ich
müde, ohne mich von der Stelle gerührt
zu haben.«

Der Vezier sagte zu ihm: »Willst du diese Sklavin dem Sultan Suleiman für zehntausend Dinare verkaufen?« Der Perser antwortete: »Wenn sie für den Sultan bestimmt ist, so wäre es meine Pflicht, sie ihm ohne Geld als ein Geschenk zu überlassen.« Der Vezier ließ aber sogleich das Geld holen und dem Perser zehntausend Dinare vorwiegen.

Nachdem der Kaufmann mit seinem Gelde weggegangen war, wandte sich der Makler zum Vezier und sagte: »Ist es mir vergönnt, vor den Ohren unsers großen Veziers ein Wort zu reden?« Vadhleddin forderte ihn auf zu sagen, was er habe, und der Makler fuhr fort: »Herr! Da, wie ich vernommen habe, die Sklavin für den König bestimmt ist, so bin ich der Meinung, daß du sie ihm heute noch nicht vorführst: denn sie kommt eben angegriffen von der Reise, auf welcher sie ungünstigen Wind gehabt hat, und man sieht ihr die Ermüdung an. Behalte sie daher lieber vierzehn Tage in deinem Palaste, bis ihre Reize wieder aufgefrischt sind; alsdann läßt du sie ins Bad führen, legst ihr die schönsten Kleider an und gehst mit ihr zum König. Dann wirst du große Ehre bei ihm einlegen.«

Der Vezier überlegte die Worte des Maklers und fand sie gut. Er ließ daher die schöne Perserin in seinen Palast bringen, wies ihr mitten in ihm ein besonderes Zimmer an. Er sorgte dafür, daß sie Tag für Tag Wein, Hähnchen und verschiedene schöne Kleider erhielt; und so verging einige Zeit.

Der Vezier hatte aber einen Sohn, der dem Rund des Mondes glich, mit leuchtendem Gesicht, roten Wangen, einem Mal darauf und jugendlichem Flaum wie Ambra, er entsprach dem Bilde, das ein Dichter von ihm entwarf:

> »Er entzückt wie der Mond mit seinen
> Blicken; er ist schmiegsam wie ein Baum-
> zweig, verführerisch, wenn er sich hin und
> her schaukelt.
> Er glänzt wie Gold; nur seine Haare sind
> schwarz.
> Süß ist sein ganzes Wesen; sein Wuchs
> gleicht einer Lanze.
> So hart sein Herz ist, so zart ist die
> Bewegung seiner Glieder. Oh, warum
> wechselt ihr nicht miteinander?
> Wäre die Zartheit der Bewegung in seinem
> Herzen, er würde niemals eine Liebende
> grausam behandelt haben.

O du, der mich tadelt, weil ich ihn liebe,
entschuldige mich doch; schon hat die
Liebe einen zu festen Wohnsitz in meinem
Herzen.
Niemand ist schuldig, als mein Blick und
mein Herz; doch, wen klage ich an?
Bin ich es nicht selbst?«

Der Jüngling wußte nicht, wozu die Sklavin bestimmt war. Zu dieser aber hatte sein Vater gesagt: »Wisse, ich habe dich für den König Muhammed gekauft, aber ich habe einen Sohn, der ein wahrer Satan ist und jedes Mädchen in unserm Stadtviertel zu verführen sucht. Nimm dich also wohl in acht vor ihm, hüte dich, ihm dein Gesicht zu zeigen oder ihn deine Stimme hören zu lassen, und bedenke, wofür du bestimmt bist.«

Die Sklavin versicherte ihn ihres Gehorsams, und er verließ sie wieder. Nun wollte aber das Schicksal, daß die Sklavin eines Tages ins Bad ging, welches im Hause war; eine Sklavin begleitete sie dahin, um sie zu bedienen. Das Bad goß das Gewand der Anmut über sie und erhöhte den Glanz ihrer Schönheit. Als sie herauskam, reichte man ihr ein Kleid, welches einer jungen Schönheit würdig war. Sobald der Anzug vollendet war, beeilte sich die schöne Perserin, sich ihrer Herrin vorzustellen. Diese begrüßte sie mit den Worten: »Das Bad bekomme dir wohl, o Enis Aldjelis!«, worauf ihr die Sklavin die Hand küßte und erwiderte: »Gott vermehre deine Freude und dein Glück, o Herrin!« Als die Frau des Veziers hierauf fragte, ob ein Bad jetzt angenehm wäre, antwortete die Sklavin: »Das Wasser ist ganz herrlich und sehnt sich nach deiner Jugend.« Da wandte sich die Frau zu ihren Mädchen und sagte: »Laßt uns auch baden, wir haben schon mehrere Wochen kein Bad genommen.« Die Mädchen antworteten: »Du bist uns zuvorgekommen, wir haben schon daran gedacht.« – »Nun«, rief sie. »Laßt uns im Namen Gottes gehen!« Bevor sich jedoch die Gemahlin des Veziers entfernte, gebot sie zwei kleinen Sklavinnen, vor der Türe des Zimmers von Enis Aldjelis Wache zu halten, und sagte zu ihnen: »Gebet wohl acht, daß niemand sich nähere und hineingehe!«

Während nun die Gemahlin Vadhleddins im Bade war und Enis Aldjelis in ihrem Zimmer, vom Bade verschönert, ausruhte, erschien Nureddin Ali, der Sohn des Veziers, in den Gemächern seiner Mutter. Als er diese hier nicht fand, ging er rasch auf das Zimmer der schönen Perserin zu, vor dessen Türe er die zwei zurückgelassenen Sklavinnen traf. Er fragte sie, wo seine Mutter und die Sklavinnen seien.

Die beiden Sklavinnen antworteten Nureddin auf seine Frage, sie seien alle im Bad. Als Enis Aldjelis die Stimme Nureddins hörte, sagte sie bei sich selber: Ich möchte doch wissen, wie der junge Mann aussieht, der da draußen spricht; ob es vielleicht der ist, vor dem man mich gewarnt hat? Mit diesen Worten erhob sie sich von dem Polster, auf welches sie sich niedergelassen hatte, trat unter den Eingang des Zimmers und erblickte Nureddin. Er erschien ihr wie der Vollmond, und ein einziger Blick war hinreichend, sie ganz für den schönen Jüngling einzunehmen, und als sein Blick auf die Sklavin fiel, war auch sein Schicksal entschieden. Das Herz eines jeden von ihnen fiel in das Liebesnetz des andern. Nureddin wandte sich zu den beiden Sklavinnen und schrie sie an, daß sie aus Furcht zurücktraten und in der Ferne stehen blieben, um zu sehen, was er tun werde. Er trat in das Gemach der Enis Aldjelis und sagte zu ihr: »Bist du die Sklavin, die mein Vater für mich gekauft hat?« Die Sklavin rief: »Bei Gott, mein Herr, ich bin's!« Da stürzte er wonnetrunken auf sie zu, und sie schlang sich fest um seinen Hals und kam ihm mit glühenden Küssen entgegen.

Als die beiden Sklavinnen dies sahen, erhoben sie ein großes Geschrei, während Nureddin, die schlimmen Folgen seiner Tat fürchtend, davonlief. Seine Mutter, zu welcher das Jammergeschrei der Sklavinnen drang, verließ sofort das Bad, um zu sehen, was vorgefallen sei. Als sie den Sklavinnen nahe kam, rief sie: »Wehe euch! Was gibt es?« Sie antworteten, Nureddin sei in das Zimmer der schönen Perserin gedrungen und habe sie mit Gewalt von dem Eingang vertrieben, das Mädchen in seine Arme geschlossen; was weiter geschehen, wüßten sie nicht, sie hätten nur gesehen, wie er davongelaufen sei. Die Frau eilte sogleich in das Gemach der Enis Aldjelis und fragte sie, was vorgefallen? Enis Aldjelis antwortete: »Meine Herrin! Ich saß hier, ohne an etwas Schlimmes zu denken. Plötzlich kam ein schöner Jüngling auf mich zu und fragte mich: Bist du wohl das Mädchen, das mein Vater mir gekauft? Und, bei Gott! Herrin, ich glaubte, er redete wahr, und sagte zu ihm: Ich bin's. Da stürzte er auf mich zu und umarmte mich.« – »Sonst hat er nichts von dir gewollt?« forschte die Gemahlin des Veziers weiter. Als die Sklavin betroffen schwieg, fuhr sie fort: »Wehe dir, möge es nicht dein Unglück sein!«

Nach diesen Worten fing die Gemahlin des Veziers an bitterlich zu weinen, und ihre Sklavinnen weinten sämtlich mit und zerschlugen sich Brust und Angesicht: denn sie fürchteten sich sehr vor dem Zorne des Veziers, der gewiß seinem Sohne den Kopf abschlagen lassen werde.

Während sie so jammerten, kam Vadhleddin nach Hause und fragte: »Wehe euch! Was hat sich zugetragen?« Niemand wagte ihm das Vorgefallene zu erzählen. Als er keine Antwort erhielt, trat er vor seine Frau und sagte zu ihr: »Ich verlange, daß du mir die Wahrheit sagst!«

Die Frau erwiderte: »Ich werde dir nichts erzählen, bevor du mir schwörst, alles, was ich dir sagen werde, ruhig anzuhören.« Als er dies getan hatte, erzählte sie ihm, wie Nureddin, während sie im Bade war, in das Gemach der Sklavin getreten sei und sie verführt habe. Als der Vezier dies hörte, schlug er sich auf die Wangen, daß ihm das Blut aus der Nase floß, dann faßte er seinen Bart und riß so viele Haare aus, daß ein ganzes Büschel in seinen Fingern blieb. Da sagte ihm die Gemahlin: »Mein Herr, willst du dich selber umbringen? Ich will dir von meinem Gelde zehntausend Dinare geben, die sie dich gekostet hat.«

Vadhleddin hob sein Antlitz gegen sie auf und erwiderte: »Meinst du denn, daß ich mich über den Verlust von zehntausend Dinaren so betrüben könnte? Was liegt mir an dem Werte der Sklavin? Es ist hier die Rede von dem Verluste meines Lebens und aller meiner Güter.« – »Wieso?« fragte die Frau. Der Vezier antwortete: »Weißt du nicht, daß dieser Muin unser Todfeind ist? Er wird, sobald er diesen Handel erfährt, hingehen und dem König sagen: Du sprichst immer nur von der Ergebenheit und der Liebe Vadhleddins. Hat er nicht zehntausend Dinare empfangen, um dir eine Sklavin zu kaufen? Er hat auch wirklich eine gekauft, und noch niemals hat man eine schönere gesehen; aber als sie ihm so wohl gefiel, hat er es für geeigneter gehalten, seinem Sohn ein Geschenk damit zu machen. Mein Sohn, hat er zu ihm gesagt, nimm diese Sklavin, sie ist dein: Du verdienst sie eher als der König. Sein Sohn, wird er fortfahren, hat sie genommen und ergötzt sich nun mit ihr. Der Sultan wird zwar solche Reden nicht glauben, aber Muin wird dann sagen: Wenn du es erlaubst, mein Herr, werde ich die Sklavin herbringen! Der Sultan wird ihm den Befehl dazu erteilen, man wird mit Gewalt in mein Haus dringen und die Sklavin wegführen. Der König wird sie ausfragen, und sie wird nichts leugnen können. Muin aber wird zum König sagen: Siehst du nun, Herr!, daß ich es gut mit dir meine und dir langes Leben wünsche? Aber ich habe kein Glück, und alle Leute sind eifersüchtig auf mich. Der König wird hierauf mein Vermögen konfiszieren und mir das Leben nehmen lassen.«

Als die Gemahlin des Veziers ihn so reden hörte, sagte sie: »Kennst du nicht Gottes unsichtbare Gnade? Überlaß ihm deine Sache: er wird sie zu deinem Besten lenken. Ich hoffe, der ganze Vorfall mit der Sklavin wird geheim bleiben. Derjenige, dem nichts verborgen ist, wird dies Geheimnis nach seinem Willen leiten.« Bei diesen Worten beruhigte sich der Vezier. Man reichte ihm einen Becher Wein, und er trank ihn.

Nureddin blieb aus Furcht vor den schlimmen Folgen seiner Tat bei seinen Freunden und belustigte sich mit ihnen den ganzen Tag. Erst sehr spät am Abend kam er heim und klopfte an die Türe des Hauses, welche ihm von den Frauen seiner Mutter geöffnet wurde. Er legte sich schlafen, und vor dem Morgengebet ging er wieder aus. Zwei Monate lang lebte er so, ohne seinem Vater zu begegnen. Die Gemahlin des Veziers aber sagte zu ihrem Gatten: »Willst du die Sklavin und deinen Sohn verderben? Wenn das so fortdauert, wird er bald das Weite suchen.« Der Vezier erwiderte: »Was soll ich tun?« Da sagte die Frau: »Warte heute abend auf ihn, bis er um Mitternacht kommt; ergreif ihn und tue, als ob du ihn töten wolltest. Ich eile dann herbei und reiße ihn von dir los, und du söhnst dich mit ihm aus und gibst ihm die Sklavin, denn er liebt sie und sie liebt ihn, und ich bezahle dir, was sie gekostet hat.«

Vadhleddin befolgte diesen Rat. Als die Zeit herankam, wo Nureddin nach Hause kam, verbarg er sich an einem dunklen Orte. Bald darauf klopfte es an der Türe; eine Sklavin öffnete geräuschlos nach gewohnter Weise, und sowie der Jüngling eintrat, wurde er ergriffen und zu Boden geworfen. Nureddin drehte den Kopf herum, um zu sehen, wer ihm dies getan hatte. Da erkannte er in dem unerwarteten Gegner seinen eigenen Vater.

Vadhleddin setzte seinem Sohne Nureddin, nachdem er ihn unter seine Füße geworfen, ein Knie auf die Brust, zog einen Dolch aus seinem Gürtel und hielt ihn seinem Sohne an die Kehle. In diesem Augenblicke kam Nureddins Mutter dazu und rief aus: »Was willst du tun?« Der Vezier antwortete: »Ich will ihn töten.«

Nureddin rief: »Mein Vater, wird es dir so leicht, mich zu töten?« Da bemerkte er, daß Vadhleddins Augen in Tränen schwammen und die höhere Macht des Gefühls und des Mitleids in ihm sich regte. Drauf erwiderte der Vezier: »War es dir so leicht, mein Leben und mein Gut aufs Spiel zu setzen?« Nureddin versetzte:

»Erlaß mir meine Schuld: denn die
Verständigen vergeben immer den
Schuldigen ihr Vergehen.
Wenn ich auch alle Arten von Untugend
in mir vereinige, so verbinde doch du alle
Tugenden mit der schönsten derselben,
der Großmut!

Bedenke, daß, wer Verzeihung hofft von
dem, der über ihm ist, auch jenen ihre
Schuld vergeben muß, die unter ihm sind.«

Da stand der Vezier von der Brust seines Sohnes auf, denn er hatte Erbarmen mit ihm, und Nureddin küßte ihm Hände und Füße. Der Vezier warf ihm einen freundlichen Blick zu und sagte: »Ich würde dir die schöne Perserin geben, wenn ich wüßte, daß du sie gut behandeln wolltest.« – »In welcher Weise?« fragte Nureddin.

»Du darfst«, fuhr Vadhleddin fort, »sie niemals verkaufen oder kränken; auch darfst du keine andere neben ihr heiraten.« Er erwiderte: »Ich will dies beschwören«, und leistete den verlangten Schwur und brachte ein ganzes Jahr in vollkommenstem Glück mit ihr zu, denn Gott hatte den Sultan die ganze Geschichte mit der Sklavin vergessen lassen.

Muin hatte zwar erfahren, was vorgegangen war; da er aber sah, daß Vadhleddin in hoher Gunst beim König stand, so wagte er nicht, ihm etwas davon zu sagen.

Nach Verlauf eines Jahres geschah es, daß der Vezier ins Bad ging, ganz erhitzt heraustrat und die kalte Luft ihm auf die Brust schlug und ein heftiges Fieber verursachte, das ihn zwang, sich zu Bett zu legen; nachdem er manche schlaflose Nacht zugebracht hatte und immer schwächer wurde, ließ er seinen Sohn Nureddin rufen und sagte:

»Der Lebenslauf ist vom Schicksal bestimmt, und des Lebens Ende von Gott
beschlossen. Jeder Mann muß den Todeskelch leeren.
Ich fühle meinen Tod; erhaben ist nur der,
der nie stirbt; ich aber kann dem Tod nicht
entgehen.
Wahrlich, in der Hand des Todes hört ein
König auf, König zu sein; ein König aller
Könige ist nur der, der nie stirbt.

Ich weiß dir nichts weiter ans Herz zu legen als Gott zu fürchten, die Folgen deiner Handlungen im voraus zu erwägen und deinen Schwur, was die Perserin betrifft, zu halten; ich hoffe, daß Gott mich gnädig aufnehmen wird.« Dann verschied er. Sein Palast war mit dem Jammergeschrei der Frauen erfüllt, und die Kunde von seinem Tode verbreitete sich bald in der ganzen Stadt bis zum Sultan. Die kleinen Kinder weinten in den Schulen, die Männer in den Bethäusern und die Frauen in ihren Harems. Nureddin bereitete alles zu seiner glänzenden Bestattung vor und wich nicht von der Leiche seines Vaters; bis die Erde sie bedeckte.

Als der Leichnam beerdigt war, sprach einer der Anwesenden folgende Verse:

»Am Donnerstage nahm ich von meinen
Freunden Abschied, und man wusch mich
auf dem Waschgerüste.
Man zog mir die Kleider aus, mit denen ich
bedeckt war, und legte mir ein Gewand an,
welches nicht das meinige war.
Auf vier Schultern trug man mich nach
dem Betorte, und einige beteten für mich
ein Gebet, wobei kein Niederfallen ist.
Gott sei euch gnädig, ihr alle, die ihr meine
Freunde waret!
Endlich brachte man mich in ein gewölbtes
Gemäuer, an welchem die Zeit vorüber-
geht, ohne daß dessen Türe geöffnet wird.«

Als die Begleitung sich entfernt hatte und Nureddin, von Schmerz zerknirscht, wieder nach Hause ging, beschrieben folgende Verse seinen Zustand:

»Am Donnerstag abends ist er geschieden,
und wir haben einander auf immer Lebe-
wohl gesagt.
Auch seine Seele folgte ihm, und als sie
entfloh, rief ich ihr nach: Kehre in ihn
zurück, o teure Seele!

Wie soll ich, war ihre Antwort, in meinen
Leib zurückkehren, dem es an Fleisch und
Blut gebricht, an dem sich nichts als
trockene Gebeine finden?
Dessen Augen häufige Tränen blind ge-
macht haben, und dessen nun taube Ohren
einst so viel Tadel hören mußten?«

Nureddin gab sich längere Zeit der Trauer über den Verlust seines Vaters hin. Eines Tages, als er im Hause seines Vaters saß, klopfte jemand an der Tür. Nureddin erhob sich und öffnete. Es war einer seiner alten Freunde, der, nachdem er ihm die Hand geküßt hatte, sagte: »Wer einen Sohn hinterläßt, wie du einer bist, der stirbt nicht, drum erheitere dein Herz, laß das Trauern und sei fröhlich!«

Nureddin ließ die Wohnung, wo er sonst mit seinen Bekannten zusammenzukommen pflegte, wieder mit allem Erforderlichen versehen und bildete sich allmählich eine Gesellschaft von zehn Freunden, sämtlich Kaufleute.

Mit diesen verlebte er die Zeit in Festen und Lustbarkeiten, auch wurde jeder von ihnen außerdem noch mit einem reichen Geschenk von Nureddin entlassen; manchmal ließ er auch die Perserin vor ihnen erscheinen.

Einst kam der Verwalter zu ihm und sagte: »Kennst du nicht das Sprichwort, welches sagt: Wer immer ausgibt, ohne zu rechnen, der kommt zuletzt an den Bettelstab, ohne zu wissen, wie. Deine Schätze können solche Ausgaben und solche Geschenke nicht aushalten und wären sie auch so groß wie Berge.«

»Geh«, antwortete Nureddin, »von all dem, was du mir eben gesagt hast, will ich kein Wort mehr hören! Weißt du nicht, wie der Dichter sagt:

Wenn ich Reichtümer besitze und damit
nicht freigebig bin, so möge meine Hand
sich nie öffnen und mein Fuß nie aufrecht
stehen!

> Zeige mir einen Geizigen, der mit seinem
> Geize Ruhm erworben hätte, oder einen
> Freigebigen, der in Verachtung gestorben
> wäre!

Alles, was ich von dir fordere, ist: So lange du noch hast zum Frühstück, so mache dir keine Sorgen um das Abendessen.« Auf die Frage des Verwalters, ob dies seines Gebieters bestimmter Wille sei, antwortete Nureddin mit einem Ja, und der Verwalter ging seines Weges.

Nureddin fuhr fort, sich's wohl sein zu lassen, und so oft einer seiner Freunde ihm sagte: O mein Herr! Du hast da einen schönen Garten!, schenkte er ihm ihn, indem er unverzüglich eine schriftliche Schenkungsurkunde ausstellte. Wenn andere ihm ein Haus oder ein Bad priesen, so machte er es ihnen auch zum Geschenk. Zugleich bewirtete er sie des Morgens, des Mittags und des Abends, jedesmal an einem andern Ort. Dies dauerte ein ganzes Jahr.

Eines Tages sang ihm Enis Aldjelis folgende Verse vor:

> »Wenn deine Tage schön sind, so bist du
> fröhlichen Mutes und fürchtest nicht das
> Böse, womit das Geschick dich bedroht.
> Wenn deine Nächte ruhig sind, so lassest
> du dich tauschen; aber bedenke, daß in der
> heitersten Nacht oft plötzlich Finsternis
> entsteht!«

Als sie so gesungen hatte, klopfte es auf einmal an der Türe. Einer von Nureddins Freunden, der das Klopfen gehört hatte, machte ihn darauf aufmerksam; Nureddin ging zu öffnen, und einer der Gäste folgte ihm, ohne daß er es bemerkte. Als Nureddin hinaustrat, erblickte er seinen Verwalter. Er fragte ihn: »Was ist vorgefallen?« Jener erwiderte: »Mein Herr und Gebieter, was ich seit langer Zeit voraussah, ist eingetroffen.« – »Wie soll ich deine Worte verstehen?« fragte Nureddin. – »Herr!« fuhr der Verwalter fort, »es ist nicht ein Dirham mehr übrig von den Summen, die du mir übergeben hast. Hier ist die Bescheinigung meines Herrn über alles, was ich zu verwalten hatte.« Als Nureddin dies hörte, ließ er sein Haupt sinken und rief: »Gottes Wille geschehe! Es gibt keine Macht und keinen Schutz außer bei Gott.« Indessen trat der Freund, welcher die Unterhaltung zwischen Nureddin und seinem Verwalter belauscht hatte, wieder herein und sagte den andern: »Nureddin ist ein Bettler; überlegt nun, was ihr tun wollt.« Da erwiderten sie: »Wenn dem so ist, so bleiben wir nicht länger bei ihm.«

In diesem Augenblick kehrte Nureddin mit betrübtem Gesichte wieder zur Gesellschaft zurück. Er hatte sich kaum wieder auf seinen Platz gesetzt, als einer der Freunde aufstand und zu ihm sagte: »Herr, ich bitte dich, nicht übelnehmen zu wollen, wenn ich mich entferne.« – »Was ist es, das dich nötigt, uns zu verlassen?« fragte Nureddin. »Herr«, antwortete jener, »meine Frau ist ihrer Entbindung nahe; du weißt wohl, daß in solchen Fällen der Mann nicht zu lange von zu Hause wegbleiben darf.«

Kaum hatte ihm Nureddin die Erlaubnis erteilt, sich zu entfernen, da stand ein zweiter auf und verabschiedete sich unter einem andern Vorwand. Die übrigen taten desgleichen, einer nach dem andern, bis kein einziger von den zehn Freunden mehr übrigblieb. Als Nureddin allein war, rief er Enis Aldjelis zu sich und sagte ihr: »Siehst du, was mir zugestoßen ist?« und erzählte ihr, was ihm der Verwalter gesagt hatte. Sie versetzte: »Deine Freunde und deine Familie haben dir oft Vorwürfe gemacht, und du hast ihnen kein Gehör geschenkt. Auch ich wollte dir längst Vorstellungen machen, aber ich schwieg wieder, als ich folgende Verse von dir hörte:

> Wenn das Glück dich begünstigt, so teile
> von seinen Geschenken aller Welt mit,
> bevor es entflieht.
> Freigebigkeit wird es nicht erschöpfen,
> wenn es dir wohl will, und Geiz wird dich
> nicht schützen, wenn es sich wegwendet.«

Nureddin antwortete: »Weißt du nicht, daß ich mein Gut für meine zehn Freunde verschwendet habe? Ich glaube nicht, daß sie mich hilflos lassen werden.« – »Herr!« entgegnete Enis Aldjelis, »sie werden dir, bei Gott, nichts nützen.« Nureddin sagte: »Ich will sie gleich alle besuchen, vielleicht erhalte ich doch so viel von ihnen, daß ich ein Handlungsgeschäft gründen kann, denn ich werde keinen Zerstreuungen mehr nachgehen.«

Nureddin machte sich sogleich auf den Weg, um das Quartier der Stadt aufzusuchen, in welchem seine zehn Freunde wohnten. Als er an der Tür des ersten anklopfte, erschien eine Sklavin und fragte, wer er sei, der Einlaß begehre. »Sage deinem Herrn«, antwortete Nureddin, »Nureddin Ali, der Sohn des verstorbenen Veziers Vadhleddin, läßt ihm seinen Gruß vermelden und küßt ihm die Hand.«

Die Sklavin meldete Nureddin. Ihr Herr schrie sie an: »Geh, sag ihm, ich sei nicht zu Hause.« Die Sklavin kam zurück und sagte Nureddin, ihr Herr wäre nicht zu Hause. Nureddin murmelte vor sich hin: »Ha, der schändliche Mensch läßt sich vor mir verleugnen! Sie werden nicht alle sein wie dieser Verworfene.« Er ging weiter und klopfte an die Tür eines andern Freundes. Abermals kam eine Sklavin heraus und fragte ihn um seinen Namen. Nachdem sie ihn erfahren hatte, ging sie hinein, ihn zu melden. Bald darauf kam sie wieder zurück, und abermals mußte er hören: »Mein Herr ist nicht zu Hause.«

Ali fand die Sache lächerlich und sagte: »Nun, unter den acht übrigen wird doch gewiß einer sein, bei dem ich Hilfe finde.« Aber auch an der dritten Tür wurde er mit denselben Worten abgewiesen.

Jetzt erst ging Nureddin in sich und erkannte seine Torheit; laut jammernd und mit Tränen in den Augen sprach er folgende Verse:

»Der Mensch zur Zeit seines Glücks
gleicht einem Baume: solange er Früchte
hat, sammeln sich die Leute um ihn.

Sind aber diese abgenommen, so gehen sie
davon und überlassen ihn den Stürmen
und dem Staube.
Pfui über die Menschen dieser Zeit! Sie
sind alle gemein und schlecht; unter zehn
ist nicht einer gut.«

Als Nureddin mit verdoppeltem Schmerze bei der schönen Perserin eintrat, sagte sie »Nun, Herr! Bist du jetzt von der Wahrheit dessen überzeugt, was ich dir vorausgesagt habe?« – »Ach«, rief er aus, »nicht einer hat mich erkennen, mich sprechen wollen!« – »Nun«, sagte die Sklavin, »verkaufe von den Gerätschaften des Hauses, bis Gott der Erhabene uns anderes beschert.« Nureddin verkaufte allerlei Mobilien und Hausgerätschaften, bis ihm endlich nichts mehr übrigblieb. Da ging er zu seiner Sklavin und sagte: »Was bleibt uns jetzt noch zu verkaufen übrig?« – »Mein Herr!« erwiderte die Sklavin. »Ich rate dir, auf den Bazar zu gehen und mich zu verkaufen. Du weißt ja, daß dein seliger Vater mich für zehntausend Dinare gekauft hat; vielleicht wirst du mit Gottes Hilfe eine ähnliche Summe für mich lösen; und will die göttliche Bestimmung, daß wir uns wieder vereinigen, so wird auch das geschehen.« – »O Enis Aldjelis!« rief Nureddin, »bei Gott, mir fällt es schon schwer, nur eine Stunde getrennt von dir zu leben.« – »Mir geht es nicht anders«, versetzte die Sklavin, »aber die Not hat ihre bestimmten Gesetze, wie ein Dichter gesagt:

Die Not treibt den Menschen oft auf
Wege, die sonst dem feinen Leben nicht
ziemen.
Wer sich zu etwas zwingen muß, tut es nur,
wenn ein schwerwiegender Grund dazu
vorhanden ist.«

Da machte er sich auf, nahm Enis Aldjelis an die Hand; Tränen rollten über seine Wangen wie Regentropfen, und er sprach folgende Verse:

»Noch einmal, ehe du dich trennest, beglücke mich mit einem Blick von dir, um mein Herz zu stärken, welches die Trennung von dir dem Tode nahe bringt. Doch sollte dies zu sehr dich schmerzen, so unterlaß es: gern will ich sterben vor Liebesgram, kann ich dadurch dir diesen Schmerz ersparen.«

Als er zum Bazar kam, wandte er sich an einen Ausrufer namens Hadschi Hasan und sprach zu ihm: »Hadschi Hasan, hier ist eine Sklavin, die ich verkaufen will; sieh zu, wie du sie ausbieten kannst.« Hadschi Hasan sprach: »Ich werde deine edle Abstammung nicht vergessen.« Dann fuhr er fort: »Wie? Ist dies nicht die Sklavin, welche der selige Vezier, dein Vater, für zehntausend Dinare gekauft hat?« Nureddin versicherte, daß es die sei. Er ging hierauf herum, die Kaufleute aufzusuchen; da sie aber da und dort zerstreut waren, wartete er noch, bis die Bazare mit Kaufleuten angefüllt waren und allerlei Sklavinnen: Nubierinnen, Europäerinnen, Griechinnen, Türkinnen, Tartarinnen, Cirkassierinnen und Georgierinnen, verkauft wurden, dann trat er mitten unter sie und sprach zu den Kaufleuten: »Ihr Männer von großen Reichtümern! Nicht alles, was rund, ist eine Nuß, nicht alles, was länglich, ist eine Banane; alles, was rot, ist noch kein Fleisch. O ihr Kaufleute! Meine Sklavin ist die Perle unter den Sklavinnen der Welt! Ihr selber sollt mir bestimmen, zu welchem Preise ich sie zuerst ausrufen soll.«

Da sagte ein Kaufmann: »Rufe sie zuerst für viertausend Dinare aus!« Als sie so ausgerufen wurde, kam der Vezier Muin vorüber und dachte, als er Nureddin auf dem Marktplatz erblickte: Was hat wohl der Sohn Vadhleddins auf dem Markte zu tun? Sollte dem Verschwender wohl noch so viel übriggeblieben sein, daß er Sklavinnen kaufen könnte? Er wandte hierauf seinen Blick nach dem Ausrufer, der mitten auf dem Bazar stand, von vielen Kaufleuten umringt, und sagte zu sich selber: Wenn meine Vermutung richtig ist, so ist er zum Bettler geworden und will nun seine Sklavin verkaufen! Wie wohl tut dies meinem Herzen! Er rief hierauf den Ausrufer herbei, der kam und die Erde vor ihm küßte, und sagte ihm: »Zeige mir die Sklavin, die du zum Verkauf ausrufst!« Der Ausrufer, der diesem Befehl nicht zuwiderhandeln konnte, stellte die Sklavin dem Vezier vor. Dieser fand die Sklavin sehr schön und fragte den Ausrufer, wie teuer sie wäre. Jener erwiderte: »Das erste Angebot ist viertausend Dinare.« Muin sagte sogleich: »Ich nehme sie für diese Summe.« Als die Kaufleute dies hörten, wagte es niemand mehr zu bieten, denn sie kannten die Gewalttätigkeit und Hinterlist des Veziers.

Nun war es nicht Brauch, sobald die Kaufleute eine Sklavin gesehen hatten und darum handelten, sie sonst jemand sehen zu lassen. Aber sie hatten nicht den Mut, ihr Recht gegen das Ansehen des Veziers geltend zu machen. Und was sollte Hadschi Hasan anders tun als gehorchen? Während er noch unschlüssig dastand, warf ihm plötzlich Muin einen grimmigen Blick zu und schnaubte ihn an: »Wehe dir! Was besinnst du dich? Geh zu dem Verkäufer und schließe den Handel mit ihm ab.« Der Ausrufer ging zu Nureddin und sagte ihm: »O mein Herr! Deine Sklavin wird dir umsonst entrissen.« – »Wieso?« fragte Nureddin. Da sagte der Ausrufer: »Wir haben deine Sklavin zuerst um viertausend Dinare ausgerufen, da kam der gewalttätige Muin, der Sohn Sawis, vorüber, und da ihm das Mädchen gefiel, sagte er mir, geh zu ihrem Herrn und sage ihm, ich nehme sie für viertausend Dinare. Ich glaube, er weiß, daß sie dir gehört, und es wäre noch so übel nicht, wenn er dir die viertausend Dinare bar bezahlte; aber ich schließe aus seinen früheren Gewalttaten, daß er dir nur eine Anweisung auf irgendeinen seiner Verwalter geben und ihm sagen wird: ›Zieh Nureddin hinaus, solang es dir möglich ist, und hüte dich wohl, ihm seine Forderung zu bezahlen!‹ Sooft du dann kommst, dein Geld zu holen, wird es heißen: Heute kann ich nicht bezahlen, komm morgen! So wird man dich von einem Tag zum andern herumziehen, bis du über ein solches Verfahren empört bist und vor Zorn und Ärger die Anweisung zerreißest. Dann ist dein Geld verloren.«

Nureddin fragte, was er tun könne, um dieses zu verhindern. »Herr«, erwiderte Hadschi Hasan, »ich will dir einen Rat geben; wenn du ihn befolgst, so kann alles noch gut gehen. Stelle dich, als hättest du im Zorn deiner Sklavin geschworen, sie auf den Markt zu führen, aber nicht die Absicht gehabt, sie wirklich zu verkaufen, sondern dies nur getan, um deinen Eid zu halten. Das wird aller Welt genügen, und Muin wird nichts dagegen einwenden können. Komm denn; und in dem Augenblick, wo ich sie Muin zuführe, als wenn es mit deiner Einwilligung geschähe und der Handel geschlossen wäre, reiße sie zurück, gib ihr einige Streiche und führe sie wieder nach Hause.« – »Dein Rat scheint mir gut zu sein«, antwortete Nureddin. Hadschi Hasan verließ Nureddin, stellte sich in die Mitte des Bazars, faßte die Sklavin an der Hand, blickte nach dem Vezier Muin hin und sagte: »Hier kommt der Besitzer der Sklavin.«

Hadschi Hasan hatte diese Worte noch nicht ausgesprochen, als Nureddin hervortrat, die schöne Perserin ergriff und ihr einen Backenstreich gab.

»Hierher, du Unverschämte!« sprach Nureddin zu der Sklavin, »geh nach Hause, ich habe dich nur auf den Markt geführt, um meinem Eid zu genügen. Sei fortan nicht wieder ungehorsam. Wehe dir, ich brauche das Geld nicht, das man mir für dich bietet, ich könnte Gerätschaften verkaufen, die viel mehr wert sind als du.« Der Vezier Muin trat zu Nureddin vor und sagte: »Wehe dir! Willst du mir einreden, daß dir noch etwas anderes zu verkaufen übrigbleibt als deine Sklavin?« Muin wollte hierauf Nureddin am Kragen fassen. Dieser warf einen Blick auf die umstehenden Kaufleute, Aufrufer und Käufer, welche insgesamt ihm zugetan waren, und sagte: »Bei Gott! Wenn ihr nicht wäret, ich würde ihn auf der Stelle töten.« Die Anwesenden gaben ihm aber durch Zeichen zu verstehen, er könne sich rächen, wie es ihm behebe, es werde ihm niemand in den Weg treten. Nureddin, der ein junger, kräftiger Mann und durch den Beifall der Umstehenden ermutigt war, packte den Vezier, zog ihn vom Sattel herunter, warf ihn in die Gosse, die voll Kot war, und prügelte ihn tüchtig durch. Dann gab er ihm noch einen tüchtigen Faustschlag auf den Mund, daß das Blut herausfloß. Zehn Mamelucken, welche Muin begleiteten, wollten mit gezogenem Säbel über Nureddin herfallen, als sie ihren Herrn in diesem Zustande sahen, aber die Kaufleute traten dazwischen und hinderten sie daran. »Was wollt ihr tun?« sagten sie zu ihnen. »Seht ihr nicht, daß der eine Vezier, der andere Sohn eines Veziers ist? Vielleicht vertragen sie sich nach einigen Tagen wieder; ihr aber, wenn ihr Hand angelegt hättet, würdet gehaßt bleiben; auch könntet ihr Nureddin umbringen, und das würde für euch selbst die schlimmsten Folgen haben, darum mischt euch nicht in ihre Händel!«

Nureddin war es endlich müde, auf den Vezier loszuschlagen; er nahm die schöne Perserin und kehrte mit ihr nach seinem Hause zurück. Muin erhob sich mit vieler Mühe, und sein weißer Anzug war mit Kot und Blut besudelt. Als er sich in diesem Zustande sah, nahm er eine Matte um den Nacken und zwei Bündel Gras in die Hand und ging gerade nach dem königlichen Palast und rief: »O König seines Jahrhunderts! Mir ist Gewalt geschehen!«

Der König gab Befehl, den Mann heraufzuführen, der da unten schreie; und als man ihn vor ihn brachte, erkannte er seinen Vezier und fragte: »Wer hat dich so zugerichtet?« Da stürzten dem Vezier die Tränen in die Augen, während er seine Klage mit folgenden Versen anhob:

»Soll mir Unrecht geschehen in der Zeit,
da du lebst? Sollen mich Wölfe fressen,
da du doch ein Löwe bist?
Soll ich, während an den Quellen deiner
Wohltaten jeder Durstige Erholung
schöpft, allein unter deinem Schutze
verschmachten, da du doch einem
erquickenden Regen gleichest?

Herr!« fuhr Muin fort, »man darf nur zeigen, daß einem deine und des Reiches Wohlfahrt am Herzen liegt, um auf so unwürdige Weise behandelt zu werden.« Der König sagte: »Du darfst versichert sein, daß mir deine Ehre nicht minder teuer ist als meine eigene; sage mir daher ohne Umschweife, wie sich die Sache verhält und wer der Schuldige ist.«

Muin erzählte: »Herr, ich verließ mein Haus und ritt auf den Sklavenmarkt, um mir eine Köchin zu kaufen; als ich dahin kam, hörte ich eine Sklavin für viertausend Dinare ausrufen. Ich ließ mir die Sklavin vorführen, und siehe, es war die schönste, die man je gesehen hat und noch sehen kann. Nachdem ich sie hinlänglich betrachtet hatte, fragte ich, wem sie gehöre. Da nannte man mir den Verkäufer Nureddin, den Sohn des verstorbenen Veziers Vadhleddin. Du weißt, mein Herr und König, daß du diesem Vezier zehntausend Dinare auszahlen ließest mit dem Auftrage, dir für diese Summe eine Sklavin zu kaufen. Er hat auch wirklich eine dafür gekauft; anstatt sie aber dir zuzuführen, achtete er dich ihrer nicht würdig, sondern machte seinem Sohn ein Geschenk damit. Seit dem Tode des Vaters hat nun der Sohn alles verkauft, und es blieb ihm zuletzt nichts mehr übrig als diese Sklavin, welche er sich endlich auch zu verkaufen entschlossen hatte und die man wirklich in seinem Namen verkaufte. Ich sagte ihm daher, überlaß mir die Sklavin für die viertausend Dinare; ich will sie kaufen, um dem König, unserm Herrn und Meister, ein Geschenk damit zu machen, dem sie eher gebührt und der schon einmal zehntausend Dinare für sie ausgegeben hat. Nureddin sah mir frech ins Gesicht und sprach zu mir: ›Nichtswürdiger Alter! Lieber wollte ich meine Sklavin an einen Juden oder Christen als an dich verkaufen!‹ – ›Aber, Nureddin‹, fuhr ich fort, ›lohnst du es so dem Sultan, durch dessen Huld dein Vater und ich selbst groß geworden sind?‹ Diese Vorstellung reizte ihn nur noch mehr: Er stürzte sogleich auf mich los und, ohne Rücksicht auf mein Alter, riß mich von meinem Pferd herunter, schlug mich mit Hand und Faust und versetzte mich in den Zustand, in dem du mich hier siehst. Dies alles ist mir zugestoßen, weil ich dir eine Freude machen wollte.« Mit diesen Worten warf sich der Vezier auf den Boden, weinte und zitterte und gebärdete sich, wie wenn er die Besinnung verlöre und ohnmächtig wurde.

Als der König Muin in diesem Zustand sah und seine Worte hörte, da schwoll die Ader des Zorns zwischen seinen Augen. Er wandte sich zu den Großen des Reichs, die ihn umgaben; und siehe, da standen vierzig Bewaffnete von seiner Leibwache vor ihm. Diesen befahl er, sich in die Wohnung Nureddin Alis zu begeben, alles auszuplündern, ihn selbst aber samt seiner Sklavin zu ergreifen und sie gebunden vor sein Angesicht zu schleppen.

Die Soldaten beeilten sich, den Befehl des Königs zu vollziehen, als ein Türhüter, der alles mit angehört hatte, ihnen zuvorkam. Dieser hieß Alam Eddin Sandjar und war vormals Sklave des Veziers Vadhleddin gewesen, der ihn in den Palast des Königs gebracht hatte, wo er allmählich so emporgestiegen war. Als er jetzt sah, wie die Feinde seines frühern Herrn sich anschickten, dessen Sohn zu töten, fiel es ihm schwer aufs Herz; er entfernte sich daher, bestieg sein Pferd und trieb es mit aller Kraft nach der Wohnung Nureddins, klopfte so stark an die Türe, daß Nureddin ungesäumt selber kam und öffnete. Als er den ehemaligen Diener seines Vaters erblickte, grüßte er ihn. Sandjar sagte: »Es ist jetzt weder Zeit zur Begrüßung noch zu andern vielen Worten; es ist eine Zeit, auf welche die Verse des Dichters passen:

Fürchtest du eine Gewalttat, so suche dein
Leben zu retten, und lasse die Wohnung
den Verlust ihres Erbauers verkünden.
Denn leicht kannst du ein Land mit dem
andern vertauschen; für dein Leben gibt's
aber kein zweites.
Sende keinen Boten in einer ernsten Angelegenheit: Wo es das Leben gilt, kann
keiner den andern vertreten.
Nur daher kommt es, daß des Löwen
Nacken so stark ist, weil er selbst
abschüttelt, was ihn drückt.«

Als Nureddin hierauf fragte, was denn vorgefallen wäre, sagte Sandjar: »Mache dich auf, mein Herr, und rette dich mit deiner Sklavin, denn Muin hat dir eine Falle gestellt, in die du stürzst, wenn du säumst. Der Sultan hat vierzig Bewaffneten den Befehl erteilt, dein Haus auszuplündern und dich und die Sklavin gebunden vor ihn zu bringen; ich rate dir daher, sofort mit der Sklavin die Flucht zu ergreifen, ehe die Soldaten kommen.« Er griff hierauf in seinen Gurt, zog vierzig Dinare heraus und reichte sie Nureddin mit den Worten: »Da, nimm diese vierzig Dinare; gern würde ich dir mehr geben, wenn ich es könnte; aber jetzt ist keine Zeit zu weiteren Erklärungen.«

Nureddin eilte zu Enis Aldjelis und setzte sie von allem in Kenntnis, und sie war sehr bestürzt darüber. Beide verließen alsbald die Stadt unter Gottes Schutz; und als sie das Ufer des Flusses erreichten, fanden sie ein Fahrzeug, das eben im Begriff war, die Anker zu lichten. Gerade, als sie anlangten, stand der Schiffshauptmann mitten unter den Reisenden und rief mit lauter Stimme: »Hat noch jemand einen Einkauf zu machen, Abschied zu nehmen oder sonst etwas im Lande vergessen? Er beeile sich, denn wir reisen bald ab.« Als er die einstimmige Antwort erhielt, sie hätten nichts mehr zu besorgen, rief er seinen Matrosen zu: »Das Seil ab und die Anker auf!« Nureddin fragte den Hauptmann, wohin die Reise gehe. »Nach Bagdad, der Wohnung des Friedens!« war die Antwort.

Er stieg mit Enis Aldjelis ein; hierauf wurde das Schiff flottgemacht, die Segel wurden gespannt, und das Schiff bewegte sich wie ein Vogel mit seinen Flügeln, wie ein Dichter sich ausdrückt:

> »Sieh dieses Schiff und erstaune über den
> wunderbaren Anblick: es kommt in seinem
> Laufe dem Winde zuvor.
> Es gleicht einem Vogel, der seine Flügel
> ausbreitet und plötzlich aus der Luft über
> das Wasser dahinstreicht.«

Ein frischer Wind begünstigte die Fahrt. In Baßrah geschah aber folgendes: die bewaffnete Wache kam in Nureddins

Haus und pochte an die Türe. Da niemand öffnete, schlug man sie ein, und die Soldaten drangen hinein: sie durchzogen alle Gemächer, fanden aber weder Nureddin noch seine Sklavin. Da zertrümmerten sie das Haus und kehrten zum Sultan zurück und setzten ihn von allem in Kenntnis. »Man suche sie überall, wo sie sich versteckt haben könnten«, sagte der König. Die Bewaffneten gingen auf neue Nachforschungen aus, und der König entließ den Vezier Muin, nachdem er ihn beruhigt und mit einem Ehrenkaftan beschenkt hatte. »Geh«, sagte er zu ihm, »sei unbesorgt wegen Nureddins Bestrafung.« Muin wünschte ihm ein langes Leben und entfernte sich.

Der König ließ durch die öffentlichen Ausrufer in der ganzen Stadt bekanntmachen: derjenige sollte ein Ehrenkleid und tausend Dinare erhalten, der ihm Nureddin brächte, derjenige aber sein Leben und sein Vermögen verlieren, der ihn etwa verborgen hielte. Allein, welche Sorgfalt er auch anwenden ließ, es war nicht möglich, irgendeine Kunde von ihm zu erhalten.

Nureddin und die schöne Perserin vollendeten unterdessen mit Gottes Hilfe ihre Fahrt. Sie erreichten glücklich Bagdad; der Schiffshauptmann rief den Reisenden zu: »Hier ist Bagdad, die Stadt des Friedens und der Sicherheit. Der Winter mit seiner Kälte hat ihr den Rücken gewendet, und der Frühling mit seinen Rosen ist eingekehrt. Die Bäume stehen in Blüte, und die Bäche rieseln.« Nureddin zahlte dem Hauptmann fünf Dinare für seine Überfahrt und verließ das Schiff mit Enis Aldjelis. Sie schlenderten eine Weile aufs Geratewohl miteinander umher, und das Schicksal führte sie zwischen die Gärten. Bald kamen sie an einen Platz, der gut begossen und reinlich gekehrt war, mit langen Ruhebänken und hängenden Töpfen mit Wasser gefüllt; darüber wölbte sich ein Gitterwerk aus Rohr, das sich längs einem Gang hinzog und nach der Türe des Gartens hinführte, die aber verschlossen war. »Bei Gott«, sagte Nureddin zu Enis Aldjelis, »das ist ein schöner und lieblicher Ort!« Die Perserin entgegnete: »Hier sind ja Ruhebänke, komm, laß uns ein wenig ausruhen.« Sie stiegen auf die Bänke, wuschen sich Hände und Gesicht, der Wind wehte ihnen sanfte Kühlung zu, und so entschlummerten sie. Gepriesen sei der, dessen Auge nie schläft!

Der Garten gehörte dem Kalifen Harun Arraschid und hieß der Garten der Belustigung. Mitten in ihm stand ein Schloß, welches der Palast der Zerstreuung und der Bilder genannt wurde. Dieses Schloß hatte achtzig Fenster, mit einer Lampe an jedem, und in der Mitte stand ein großer goldener Kronleuchter. Harun Arraschid besuchte dieses Schloß, wenn ihn irgendein Gram drückte. Er ließ dann seinen Gesellschafter Abu Ishak und mehrere Sklavinnen singen, bis sein Herz fröhlich wurde und Sorge und Kummer aus ihm wichen.

Es wohnte in diesem Garten niemand als ein alter Aufseher namens Scheich Ibrahim. Wenn dieser ausgegangen war, um in der Stadt etwas zu besorgen, so fand er häufig bei seiner Rückkehr Leute, welche in der Nähe des Gartens sich mit verdächtigen Frauen belustigten und die Ruhe des Ortes störten. Dies verdroß den alten Mann, und er machte endlich dem Kalifen Anzeige davon. Harun Arraschid gab ihm die Erlaubnis, mit jedem, den er vor der Türe des Gartens träfe, zu verfahren, wie es ihm gutdünke.

An diesem Tage nun hatte ein Geschäft den Aufseher wieder genötigt auszugehen, und als er zurückkehrte, sah er die beiden Personen, die unter einem Tuche schliefen. »Gut«, sagte Scheich Ibrahim bei sich selber, »da sind Leute, die nicht wissen, daß mir Vollmacht gegeben ist, jeden zu töten, den ich hier treffe; ich will ihr Leben schonen, aber durchprügeln will ich sie derart, daß es sobald niemand mehr einfallen wird, sich der Gartentüre zu nähern.«

Hierauf ging er in den Garten und schnitt sich einen grünen Palmenstock. Er erhob seine Hand mit dem Stock und holte so gewaltig aus, um auf sie loszuschlagen, daß man das Weiße seiner Achselgrube sehen konnte; plötzlich aber hielt er inne und überlegte bei sich: Was willst du tun?

Wie magst du diese Leute schlagen, ohne zu wissen, ob es nicht Fremdlinge sind oder welch Schicksal sie hierhergeworfen hat; es wird doch besser sein, ihr Gesicht aufzudecken, um zu sehen, wer sie sind. Als er das Tuch, mit dem sie verhüllt waren, aufhob und einen so wohlgebildeten Jüngling und ein so schönes Mädchen erblickte, rief er: »Bei Gott, das sind zwei hübsche Personen!« und deckte ihr Gesicht wieder zu. Dann rieb er den jungen Mann an den Füßen, um ihn aufzuwecken. Nureddin öffnete die Augen, und als er einen ehrwürdigen Greis vor sich erblickte, richtete er sich, die Füße aneinanderschließend, verschämt empor, faßte die Hand des Greises und küßte sie. »Mein Sohn«, sagte Scheich Ibrahim, »wer seid ihr? Wo kommt ihr her?« – »Wir sind Fremde«, antwortete Nureddin, und Tränen schossen ihm in die Augen. »Wisse«, versetzte Scheich Ibrahim, »daß der Prophet (Gottes Friede sei mit ihm!) geboten hat, Fremden Achtung und Ehre zu erweisen. Wollt ihr nicht ein wenig im Garten lustwandeln und euch an seinem Anblick ergötzen?« – »Und wem gehört dieser Garten?« fragte Nureddin. »Mir gehört er«, antwortete Ibrahim, um sie nicht zu beunruhigen und dadurch vom Eintritt abzuhalten; »es ist ein Erbteil meiner Väter.«

Nureddin dankte ihm und machte sich mit der Sklavin auf, um dem Scheich Ibrahim in den Garten zu folgen. Und was war das für ein Garten! Den Eingang bildete ein Gewölbe, über und über mit Reben bedeckt, welche rote und schwarze Trauben trugen, die roten glichen Rubinen und die schwarzen dem Ebenholz; hierauf traten sie in eine Laube, in welcher Früchte in Gruppen und einzeln standen. Die Vögel sangen ihre verschiedenen Lieder auf den Zweigen, die Nachtigallen stimmten süße Melodien an, und die Turteltauben füllten den Garten mit ihrem Gegirre, der Gesang der Amsel glich einer Menschenstimme und der der Ringeltaube einem im Genusse des Weines Jauchzenden. Die Bäume waren mit reifen Früchten beladen und fanden sich paarweise von jeder Sorte. Von Aprikosen waren drei Arten da: Kampfer-, Mandel- und Chorasan-Aprikosen. Die Pflaumen glichen den Schönen, die Kirschen erheiterten jeden Menschen, weiße Feigen wechselten mit roten ab. Die Blumen des Gartens waren wie Perlen und Korallen, die Röte der Rosen beschämte die Wangen der Schönen, die Veilchen glichen ans Feuer gebrachtem Schwefel, die Myrte, die Nelke und der Lavendel standen zwischen Anemonen, die Blätter waren von den Tränen der Wolken geschmückt, die Kamille öffnete lächelnd den Mund, die Narzisse blickte mit ihren schwarzen Augen nach der Rose hin, die Orangen glichen runden Bechern und die Zitronen silbernen Kugeln, der Boden war mit allerlei Blumen bedeckt, Frühlingspracht schmückte den ganzen Garten, der Bach murmelte, die Vögel zwitscherten, und der Zephir seufzte bei milder Temperatur. Scheich Ibrahim führte sie in einen auf Säulen ruhenden Saal, und als Nureddin ihn mit seinen vielen Lichtern an den Fenstern bewunderte, fielen ihm seine früheren Gesellschaften ein, und er rief. »Bei Gott, das ist ein schöner Ort!« Er ließ sich mit der Sklavin nieder, und Ibrahim brachte ihnen etwas zu essen. Als sie gegessen und ihre Hände gewaschen hatten, trat Nureddin an ein Fenster, rief auch die Sklavin herbei und ergötzte sich an den mit Früchten beladenen Bäumen; dann fragte er Ibrahim, ob er nicht etwas zu trinken habe, da man doch nach dem Essen auch zu trinken pflege. Ibrahim brachte frisches süßes Wasser. Da sagte Nureddin: »Ein solches Getränk meinte ich nicht.« – »Verlangst du etwa Wein?« fragte Ibrahim. »Allerdings«, versetzte Nureddin. Da rief Ibrahim: »Gott stehe mir bei! Ich habe seit dreizehn Jahren nichts damit zu tun, denn der Prophet, dem Allah gnädig sei, hat den verflucht, der Wein trinkt, keltert und herbeiträgt.«

»Willst du zwei Worte von mir hören?« fragte Nureddin. »Sprich«, antwortete Ibrahim. Da sagte Nureddin: »Wenn ein Esel verflucht wird, glaubst du wohl, daß dich von seinem Fluch etwas treffen werde?« – »Ich denke nicht«, antwortete Ibrahim. »Nun«, sprach Nureddin weiter, »hier sind zwei Dinare: Nimm einen Esel und reite zu der ersten besten Schenke, ohne dich ihr weiter zu nähern als dir beliebt; gib dann einem Vorübergehenden zwei Dirham und bitte ihn, dort für zwei Dinare Wein zu kaufen und auf den Esel zu laden. Auf diese Weise hast du den Wein weder gekeltert noch gekauft, noch getragen: kurz, nichts getan, was dir Unglück bringen konnte.« Scheich Ibrahim sagte lächelnd zu Nureddin – »Mein Sohn! Bei Gott, ich habe noch keinen feinern und beredtern Mann als dich gesehen«, und er verließ sie, um seinen Auftrag auszurichten.

Als er zurückkam, sagte ihm Nureddin: »Wir übernehmen jede Verantwortlichkeit, du hast nur unsere Wünsche zu erfüllen; gib uns nun auch, was wir zum Trinken brauchen.« – »Mein Sohn«, sagte Ibrahim, »hier ist meine Speisekammer, es war das Vorratszimmer des Fürsten der Gläubigen.« Nureddin trat in das Vorratszimmer und fand darin eine Menge Gefäße von Gold, Silber und Kristall, mit allen möglichen Edelsteinen besetzt; er wählte einige, goß den Wein in Krüge und Flaschen. Mittlerweile war auch Scheich Ibrahim wiedergekommen und stellte seinen Gästen allerlei Arten wohlschmeckender Früchte und wohlriechender Blumen vor, dann ließ er sich in einiger Entfernung nieder, während die beiden tranken und sich vergnüglich miteinander unterhielten. Der Wein blieb nicht ohne Wirkung, er rötete ihre Wangen; sie blickten liebevoll eines in des andern Auge, und ihre Haare fielen über die Schultern herab. Da dachte Ibrahim: Warum sitze ich so weit von ihnen weg? Warum nähere ich mich ihnen nicht? Wann werde ich wieder ein solches junges Paar, das dem Monde gleicht, bei mir sehen? Er machte sich also auf und setzte sich an das äußerste Ende des erhöhten Teils des Saales. Nureddin beschwor ihn bei seinem Leben, doch näher zu kommen. Als er näher kam, füllte Nureddin einen Becher und sagte zu Ibrahim, ihn anblickend: »Trinke, nur um zu sehen, wie Wein schmeckt.« Ibrahim wiederholte, daß er seit dreizehn Jahren keine solche Sünde begangen habe. Nureddin beschäftigte sich nicht weiter mit ihm, sondern trank den Becher aus, warf sich zur Erde und stellte sich betrunken. Da sagte Enis Aldjelis zu Ibrahim: »Sieh einmal, wie dieser hier gegen mich verfährt, stets trinkt er, bis ihn der Schlaf überwältigt und läßt mich ohne Gesellschaft beim Becher.« Ibrahim, dessen Mitleid und Zuneigung zu ihr durch diese Worte sich zu regen begannen, versetzte: »Bei Gott, das ist nicht recht.« Das Mädchen füllte den Becher wieder, blickte Ibrahim an und sagte: »Ich beschwöre dich bei meinem Leben, nimm und trinke und stärke mein Herz.« Ibrahim ergriff den Becher und trank ihn aus. Das Mädchen füllte hierauf den Becher wieder, hielt ihn an das Licht und sagte: »Nun, mein Herr, bleibt dir noch dieser.« Er versetzte: »Bei Gott, ich habe genug, ich kann nicht mehr trinken.« Sie drang aber in ihn, bis er auch den zweiten Becher annahm und ihn leerte. Hierauf reichte sie ihm einen dritten Becher; als er aber trinken wollte, erhob sich Nureddin und sagte: »O Scheich Ibrahim! Habe ich dich nicht vor kurzem beschworen zu trinken, und du hast dich geweigert und gesagt, du habest seit dreizehn Jahren diese Sünde nicht mehr begangen?« Ibrahim antwortete beschämt: »Mich trifft keine Schuld, diese hier hat mich überredet.« Nureddin lachte und sie fuhren fort zu zechen. Die Sklavin sagte leise zu ihrem Herrn: »Trinke du und nötige Ibrahim nicht weiter zu trinken, du wirst deinen Spaß an ihm haben.« Sie füllte dann einen Becher und reichte ihn ihrem Herrn, und als er getrunken hatte, füllte er einen Becher und reichte ihn ihr. Als sie dies mehrmals wiederholt hatten, sagte Scheich Ibrahim: »Was ist das für eine Art zu zechen? Gott verdamme ein solches Verfahren in unserm Hause! Warum gibst du mir nicht zu trinken? Was ist das für ein Zustand, o Gesegneter?« Als er so zu Nureddin sprach, lachten beide, bis sie beinahe bewußtlos hinsanken; dann begannen sie wieder zu trinken und schenkten auch dem Scheich Ibrahim ein. Nachdem sie so, bis ein Dritteil der Nacht vorüber war, miteinander gezecht hatten, sagte die Sklavin zu Ibrahim: »Mit deiner Erlaubnis zünde ich eine der Wachskerzen an, die hier aufgestellt sind.« Ibrahim erwiderte: »Geh und zünde eine an, aber nicht mehr!« Die Sklavin zündete aber alle der Reihe nach an, so daß achtzig Lichter brannten, dann setzte sie sich wieder zu den beiden. Hierauf sagte Nureddin: »Was gelte ich wohl bei dir! Wirst du nun auch mir erlauben, eine der Lampen anzuzünden?« – »Geh und zünde eine an«, antwortete Ibrahim, »damit du nicht verdrießlich werdest.« Er erhob sich, zündete eine Lampe nach der andern an, bis alle achtzig brannten, so daß der ganze Saal zu tanzen schien. Ibrahim, den der Wein immer mehr betäubte, sagte: »Ihr seid kecker als ich.« Er öffnete alle Fenster, setzte sich wieder und fuhr fort mit den beiden zu trinken und Verse zu rezitieren, und der ganze Platz schien an ihrer Fröhlichkeit teilzunehmen.

Nun hatte der allmächtige Gott, der jedem Ereignis einen Grund bestimmt, gewollt, daß sich der Kalif Harun Arraschid um diese Zeit an einem Fenster seines Palastes, der an den Tigris stieß, befand, um den klaren Mondschein zu genießen. Als er nach der Richtung des Stromes sah, bemerkte er den Widerschein der Lichter, der Wachskerzen und Lampen, und als er hierauf einen Blick nach dem Schlosse im Garten warf und bemerkte, wie es im Glanze vieler Lichter strahlte, ließ er den Barmekiden Djafar rufen, und als der vor ihm erschien, schrie er ihn an: »Du Hund unter den Vezieren! Man nimmt mir Bagdad weg, und du gibst mir keine Kunde davon?« Djafar fragte nach dem Sinn dieser Worte, und der Kalif fuhr fort: »Wäre nicht Bagdad in fremder Hand, so wäre der Bilderpalast nicht mit Lampen und Lichtern beleuchtet, und die Fenster wären nicht geöffnet. Wehe dir! Wer könnte so etwas wagen, wenn mir nicht das Kalifat entrissen wäre!« Da erwiderte Djafar, dessen Muskeln vor Furcht zitterten: »Wer sagt dir, daß der Bilderpalast beleuchtet und daß seine Fenster geöffnet sind?« Der Kalif versetzte: »Komm her und sieh selbst!« Djafar näherte sich dem Kalifen und blickte nach der Richtung des Gartens, und der Palast erschien ihm wie eine große Feuerflamme in dunkler Nacht. Djafar wollte Ibrahim entschuldigen, denn er sah wohl, daß Fremde bei ihm eingekehrt waren, und sagte daher zum Kalifen: »O Fürst der Gläubigen! Ibrahim ist in der vergangenen Woche zu mir gekommen und hat mir gesagt, er wünsche, bei dem Leben des Fürsten der Gläubigen und bei meinem Leben, seinen Kindern eine Freude zu machen, und ersuche mich daher, ihm vom Kalifen die Erlaubnis zu erwirken, das Beschneidungsfest im Bilderpalast zu feiern. Ich sagte ihm: Geh und halte dein Fest; wenn ich vor den Kalifen komme, will ich es ihm melden; nun, o Fürst der Gläubigen, habe ich aber, da er mich rasch wieder verließ, vergessen, dich von seinem Anliegen in Kenntnis zu setzen.« – »Djafar«, erwiderte der Kalif, »zuerst glaubte ich dich nur *eines* Fehlers schuldig; nach dem aber, was du mir soeben gesagt, hast du *zwei* Fehler begangen. Nicht nur, daß du mir nichts gesagt hast; dein zweiter Fehler ist, daß du nicht den Wunsch Ibrahims erfüllt hast: denn ich bin überzeugt, daß er keine andere Absicht gehabt hat, als zu sehen, ob er nicht ein Gnadengeschenk als Beisteuer zu den Kosten dieses Festes erlangen könnte, und du hast ihm nichts gegeben.« – »Auch daran habe ich nicht gedacht«, erwiderte Djafar. Da schwur der Kalif bei dem Grabe seiner edlen Väter und Ahnen, den Rest der Nacht in Gesellschaft Ibrahims zuzubringen, der habe ohne Zweifel die Scheichs und die Derwische zu sich geladen für diese Nacht, vielleicht würde das Gebet eines von ihnen Glück in dieser und jener Welt bringen und vor allem: Scheich Ibrahim würde sehr vergnügt sein. Der Vezier Djafar hielt ihm vor, daß es schon spät sei und die Gesellschaft auseinandergegangen sein würde, bevor sie hinkämen. Der Kalif erwiderte ihm aber: »Es bleibt dabei: ich will es so haben!« Djafar geriet in höchste Verzweiflung über diesen Entschluß; er schwieg aber und wußte nicht, was er tun sollte.

Der Kalif Harun Arraschid verließ also, im Gewande eines Kaufmanns, mit dem Großvezier Djafar und Masrur seinen Palast und ging durch die Straßen der Stadt nach dem Garten. Als sie dahin gekommen waren, ging der Kalif voran und fand die Gartentür offen. Der Kalif erstaunte darüber und sagte zu dem Großvezier: »Djafar, was sagst du, daß das Tor so spät offen steht? Das ist doch nicht Scheich Ibrahims Gewohnheit.« Der Kalif trat in den Garten und ging auf den Saal zu. Als sie davor standen, sagte der Kalif zu dem Vezier: »Djafar, ich höre weder das Geräusch von einer großen Gesellschaft noch vernehme ich einen Fakir, der Gott preist. Ehe ich hinaufgehe, will ich doch zuvor verborgen lauschen, was sie treiben.« Damit blickte er um sich her und gewahrte einen hohen Nußbaum in der Nähe. Nachdem er ihn genauer betrachtet hatte, sprach er zu Djafar: »Ich habe Lust, auf diesen Baum zu steigen, dessen Äste gerade nahe genug bis an die Fenster des Saales reichen, um sehen zu können, was im Innern vorgeht.«

Er stieg also auf den Baum und kletterte so lange fort, bis er auf einen Ast kam, welcher einem Fenster gegenüber war. Er setzte sich nieder und erblickte nun ein Mädchen von unvergleichlicher Schönheit neben einem noch schöneren jungen Manne; sie glichen dem Vollmonde. (Gepriesen sei der, welcher sie geschaffen und so wohl gebildet hat!)

Scheich Ibrahim hielt eben die Schale in der Hand und sagte zu der schönen Perserin: »Meine schöne Herrin, wenn nicht fröhliche Stimmen das Trinken begleiten, so ist es nicht schön. Ich habe einmal einen Dichter sagen hören:

> Reichet ihn herum in großen und kleinen
> Gefäßen, und nehmet ihn aus der Hand
> eines Schenken, der wie der leuchtende
> Mond strahlt.
> Doch trinke nicht ohne Gesang, denn auch
> das Pferd wiehert, wenn es sich mit einem
> Trunk erquickt.«

Als der Kalif dies von Ibrahim sah, schwoll die Ader des Zornes zwischen seinen Augen an. Er stieg von seinem Baume herab und sagte zu Djafar: »Noch nie habe ich gottesfürchtige Leute in einem solchen Zustand gesehen! Steige auf den Baum, Djafar, und sieh dich um, damit dir der Segen dieser Frommen nicht entgehe!«

Djafar geriet über diese Worte in Verwirrung, er stieg auf den Baum, sah Nureddin, seine Sklavin und Ibrahim, welcher einen Kelch in der Hand hielt. Dieser Anblick versetzte ihn in Todesangst. Als er wieder herabgestiegen war, sprach Harun Arraschid: »Gelobt sei Gott, der uns zu diesen Frommen kommen ließ!« Djafar konnte vor Scham und Verlegenheit kein Wort hervorbringen. »Wer hat diese Leute«, fuhr der Kalif fort, »in meinen Garten und in meinen Palast gebracht? Doch habe ich nie ein schöneres Paar gesehen.«

Djafar, der den Zorn des Kalifen abzulenken hoffte, erwiderte: »Du hast recht, großer Sultan!« – »Komm«, sagte Harun Arraschid, »wir wollen noch einmal miteinander auf den Zweig steigen, um zu sehen, was sie machen.« Sie stiegen hinauf und hörten, wie Scheich Ibrahim zu der schönen Perserin sagte: »Nun, meine Herrin, läßt dieser Ort noch etwas zu wünschen übrig?« – »Bei Gott!« erwiderte Enis Aldjelis, »wenn wir auch noch ein Musikinstrument hätten, das ich spielen könnte, so wäre unser Vergnügen vollkommen.« Scheich Ibrahim stand auf und entfernte sich, als er dies hörte.

»Was wird er wohl jetzt beginnen?« fragte der Kalif den Großvezier. »Das weiß ich nicht«, antwortete Djafar.

Nachdem Scheich Ibrahim eine Weile weg gewesen war, kam er wieder und hatte eine Laute in der Hand. Der Kalif sah aufmerksamer hin und erkannte, daß es die Laute seines Gesellschafters Abu Ishak war, und sagte zu jenem: »Djafar, das Mädchen wird auf der Laute spielen und singen: spielt und singt sie schlecht, so laß' ich euch alle zusammen hängen; macht sie ihre Sache gut, so will ich verzeihen, dich aber laß' ich aufknüpfen.« – »Beherrscher der Gläubigen!« erwiderte der Großvezier, »wenn das geschehen soll, so bitte ich Gott, daß sie schlecht singen möge.« – »Warum das?« fragte der Kalif. – »Je mehr wir sind«, entgegnete der Großvezier, »desto leichter werden wir uns trösten können, in guter Gesellschaft zu sterben.« Der Kalif lachte über diese Antwort. Da nahm aber schon das Mädchen die Laute, stimmte die Saiten und brachte Töne hervor, welche aller Herzen zu ihr hinzog; der Inhalt des Liedes war folgender:

> »O ihr, die ihr armen Unglücklichen Hilfe
> und Beistand gewährt, wir sind des Guten
> nicht unwürdig, das ihr uns erweiset.
> Wir haben uns in euern Schutz begeben:
> darum handelt nicht schlecht gegen uns.
> Es brächte euch wirklich keinen Ruhm,
> wenn ihr diejenigen ermorden wolltet,
> welche unter euer Dach sich geflüchtet
> haben; darum werdet nicht schadenfroh
> über uns.«

»Das ist bei Gott schön«, rief der Kalif aus. »Zeit meines Lebens habe ich keine schönere Stimme gehört.« – »Also ist dein Zorn vorüber?« fragte Djafar. »Mein Zorn ist vorüber«, antwortete der Kalif. Er stieg hierauf mit Djafar vom Baum herunter; dann sagte er: »Ich will in den Saal hinaufgehen, um das Mädchen aus der Nähe singen zu hören.«

»Beherrscher der Gläubigen!« erwiderte der Großvezier, »wenn du hinaufgehst, wirst du sie stören. Scheich Ibrahim wird vor Schrecken des Todes sein.« Der Kalif versetzte: »Nun, es soll deine Aufgabe sein, eine List zu ersinnen, welche mir die Erreichung meiner Absicht möglich macht.«

Djafar entfernte sich gegen den Tigris hin und sah einen Fischer unter den Fenstern des Palastes. Der Kalif hatte zwar schon früher, als er das Geräusch der Fischer vor dem Palaste vernahm, Ibrahim den Befehl erteilt, nicht zu gestatten, daß vor dem Palaste gefischt werde. Als nun in eben dieser Nacht der Fischer Kerim das Gartentor offen sah, hatte er gedacht: Heute wird niemand auf mich achten. Ich will die Zeit nützen und einen guten Fang tun. Er warf sein Netz aus, während er diese Verse sprach:

»O du, der du in der Dunkelheit mit Gefahr das Meer befährst, gib dir nicht so
viele Mühe; denn der Lebensunterhalt
kommt nicht durch Treiben und Jagen.
Siehst du nicht das Meer und den Fischer,
der die ganze Nacht aufrecht steht,
während die Sterne verhüllt sind?
Er dehnt weiter den Strick, und die Wellen
benetzen seine Füße; aber sein Auge wendet sich nicht von der Mitte des Netzes.
Dann nur ist er froh und vergnügt, wenn
der Tod ein lüsternes Fischlein hineinlockt.
Derjenige aber kauft seinen Fisch, der
die Nacht in schönster Behaglichkeit,
vor Kälte bewahrt, zugebracht hat.
Gelobt sei Gott, der dem einen gibt, dem
andern versagt: der eine fängt die Fische,
und der andere ißt sie.«

Eben hatte der Fischer seine Verse vollendet, als Djafar und der Kalif vor ihm standen. Dieser rief ihn beim Namen. Als er sich rufen hörte und den Fürsten der Gläubigen erblickte, zitterten seine Muskeln, und er sagte: »Bei Gott, o Beherrscher der Gläubigen, nicht aus Geringschätzung gegen deinen Befehl habe ich hier gefischt; meine Kinder und die bitterste Armut haben mich dazu bewogen.«

Da sprach der Kalif: »Kerim! Fische einmal auf mein Glück!« Der Fischer warf freudig sein Netz aus und wartete, bis es lang genug im Wasser war und am Grund blieb, dann zog er es an sich und fand mehrere Sorten Fische darin. Der Kalif freute sich sehr darüber. Er sagte zu dem Fischer: »Kerim, zieh deine Kleider aus!« Der Fischer gehorchte augenblicklich und zog seinen Rock aus, welcher mehr als hundert grobe wollene Flecke hatte, auf welchen abscheuliches Ungeziefer hauste. Dann nahm er von seinem Haupte eine Binde, die in drei Jahren nicht aufgemacht worden war und auf die er jeden Fetzen, den er in dieser Zeit gefunden, aufgebunden hatte. Der Kalif zog dagegen seidene Kleider von alexandrinischer und baalbekischer Arbeit und zwei Unterkleider aus und sagte zu dem Fischer: »Nimm diese Kleider und ziehe sie an!« Der Kalif aber legte das Kleid und die Binde des Fischers an und sagte zu dem Fischer: »Geh jetzt deiner Arbeit nach.«

Der Fischer küßte dem Kalifen die Füße und dankte ihm mit folgenden Strophen:

»Du hast mir eine Gnade erzeigt, die würdig ist, aller Welt gelobt zu werden: du hast mich auf einmal mit allem versehen.
Ich werde dir danken, so lange ich lebe, und nach meinem Tode werden meine Gebeine im Grabe dich preisen.«

Der Fischer hatte noch nicht ausgesprochen, als der Kalif wegen des Ungeziefers mit beiden Händen nach seinem Nacken fuhr. »Wehe dir, Fischer!« rief er aus; »dein Kleid ist reich an Ungeziefer!« – »Mein Herr!« antwortete der Kerim, »das fühlst du nur jetzt; ehe eine Woche vergeht, wirst du nichts mehr fühlen und nicht mehr daran denken.« Der Kalif versetzte lächelnd: »Meinst du, ich werde deinen Rock so lange auf dem Leibe behalten?« Da sprach der Fischer: »Ist es mir vergönnt, Herr, dir ein Wort zu sagen?« Nachdem ihm der Kalif das erlaubt hatte, fuhr er fort: »Mir scheint, Beherrscher der Gläubigen, daß du das Fischen lernen willst, um ein nützliches Handwerk zu verstehen; mag dich daher dieser Rock vortrefflich kleiden!« Der Kalif lachte über die Rede des Fischers. Nachdem Kerim weggegangen war, nahm der Kalif den Fischerkorb und legte etwas Grünes obendrauf. Dann kehrte er zu Djafar zurück und blieb vor ihm stehen. Dieser hielt ihn für den Fischer Kerim und sagte zu ihm: »Geh deines Weges, Kerim, und mache, daß du mit dem Leben davonkommst!« Als der Kalif diese Worte Djafars hörte, fing er an zu lachen. Djafar ging auf ihn zu und sagte: »Bist du etwa der Beherrscher der Gläubigen?« – »Ich bin es«, antwortete der Kalif, »und du bist mein Vezier und hast mich doch nicht erkannt, als ich auf dich zukam. Wie soll der betrunkene Scheich Ibrahim mich erkennen? Bleibe also hier, bis ich zurückkomme.«

Der Kalif ging nun bis an das Tor des Palastes und klopfte leise. Nureddin sagte. »Scheich Ibrahim, man klopft an der Türe des Saales.« Scheich Ibrahim stand auf und fragte, wer draußen sei. »Ich bin's, mein Herr Scheich Ibrahim«, antwortete Harun Arraschid. Scheich Ibrahim rief: »Wer bist du?« – »Ich bin der Fischer Kerim«, antwortete der Kalif. »Da ich vernommen habe, daß du Gäste bewirtest, und eben einige schöne Fische gefangen habe, so komme ich, sie dir zu bringen.«

Nureddin und die schöne Perserin freuten sich, als sie von Fischen reden hörten, und ersterer sagte sogleich: »Scheich Ibrahim, ich bitte dich, öffne die Türe und laß ihn mit den Fischen hereinkommen.« Scheich Ibrahim öffnete, und der Kalif trat grüßend in den Saal. Scheich Ibrahim rief ihm zu: »Willkommen, du Dieb, du Gauner, komm her und zeig einmal, was du hast.« Der Kalif trat herzu und ließ seine Fische sehen, welche noch lebendig waren und sich bewegten. »Das sind sehr schöne Fische«, sagte Enis Aldjelis; »wenn sie nur gebacken wären.« – »Meine Herrin hat recht«, sagte Scheich Ibrahim; »was sollen wir mit deinen Fischen, wenn sie nicht gebacken sind? Geh, richte sie selber zu und bringe sie uns dann wieder.« Der Kalif entgegnete: »Das soll rasch geschehen sein, ich will sie selbst backen.« – »Mache nur hurtig«, rief man ihm nach.

Der Kalif entfernte sich und rief den Großvezier. »Was gibt's Gutes, Beherrscher der Gläubigen?« fragte Djafar. Der Kalif antwortete: »Sie verlangen die Fische gebacken.« – »Gib her«, sagte Djafar, »ich will sie zurichten.« – »Bei dem Grabe meines Vaters und meiner edlen Vorfahren!« entgegnete der Kalif, »ich will sie mit eigener Hand backen.« Mit diesen Worten nahm er den Weg nach der Hütte des Gartenaufsehers, und er fand alles darin, was er zum Kochen brauchte, bis auf das Salz und den Safran. Der Kalif näherte sich dem Herde, stellte die Pfanne auf und buk die Fische. Als sie fertig waren, legte er sie auf ein Bananenblatt, nahm im Garten Limonen, ging mit diesen und den Fischen wieder zu den dreien hinauf und stellte alles vor sie hin. Sie aßen mit großer Lust, und als sie fertig waren, wuschen sie ihre Hände. Nureddin sagte: »Bei Gott, Fischer, du hast uns diese Nacht eine große Wohltat erwiesen.« Dann griff er in den Busen und nahm von dem Gelde, das ihm Sandjar, der Türhüter des Königs von Baßrah, vor seiner Abreise gegeben hatte, drei Dinar heraus. »Nimm«, sagte er, »und entschuldige, daß ich dir nicht mehr gebe! Hätte ich dich früher gekannt, als ich noch in besseren Umständen war, so würde ich die Bitterkeit der Armut aus deinem Herzen gerissen haben; nimm indes dies Wenige, womit mich Gott gesegnet hat.« Mit diesen Worten warf er dem Kalifen die drei Dinar hin. Dieser nahm sie, küßte sie und steckte sie ein. Da aber seine Absicht war, das Mädchen singen zu hören, sagte er zu Nureddin: »Herr! Ich kann dir nicht genug danken für deine Freigebigkeit. So reichlich du mich aber beschenkt hast, so habe ich doch noch eine Bitte an dich, die nämlich, daß mir gestattet werde, dieses Mädchen singen zu hören.«

»Enis Aldjelis!« sagte sogleich Nureddin, indem er sich zu ihr wandte, »ich beschwöre dich bei meinem Leben, singe etwas diesem Fischer zulieb, der dich hören möchte.« Als Enis Aldjelis die Worte ihres Herrn vernahm, ergriff sie die Laute, und nachdem sie sie gestimmt hatte, sang sie folgende Strophen:

»Sie ergreift die Laute, ihre Finger gleiten
durch die Saiten hin, und jeder Ton reißt
die Seele mit sich fort.
Sie singt, und ihre Stimme heilt die Tauben;
und selbst der Stumme ruft ihr zu: Du hast
es gut gemacht.«

Nach einem wundervollen, entzückenden Zwischenspiel fuhr die Sängerin fort:

»Wir werden geehrt, wenn ihr in unserem
Land euch niederlasset: sein Duft wird
Ambra, und strahlend wird die dunkle
Nacht.
Betretet ihr meine Wohnung, so ziemt
sich's, daß ich mit Moschus, Rosenöl und
Kampfer sie beräuchere.«

Als die Sklavin geendet hatte, rief der Kalif vor Liebe und Entzücken außer sich: »Bei Gott, schön, bei Gott, schön!« Nureddin fragte: »Gefällt sie dir, Fischer?« – »Jawohl, bei Gott«, rief der Kalif aus. Nureddin sagte darauf: »Sie ist dein; ich mache dir ein Geschenk damit, ein Geschenk eines Edlen, der seine Gabe nicht zurücknimmt.« Zu gleicher Zeit stand er auf, nahm sein Kleid, das er abgelegt hatte, und warf es dem Kalifen, den er nur für einen Fischer hielt, zu und sagte ihm, er möge sich nur mit der Sklavin auf den Weg machen. Enis Aldjelis sagte zu ihm, indem sie ihn anblickte: »Herr, willst du ohne Abschied von mir gehen? Wenn ich durchaus dich verlassen muß, so gestatte mir wenigstens, dir Lebewohl zu sagen.« Sie sang hierauf folgende Verse:

»Bist du auch fern von mir, so ist doch dein
Platz in meinem Herzen, das ganz von dir
erfüllt ist.
Ich hoffe zu dem Vater der Barmherzig-
keit, daß er uns wieder vereinigen wird:
dies erflehe ich als eine Gnade von Gott,
der sie gewähren kann, wenn er will.«

Als sie geendet hatte, antwortete ihr Nureddin mit folgenden Strophen:

»Am Trennungstage hat sie mit weinenden
Augen von mir Abschied genommen und
mich gefragt, was ich nach ihrer Entfer-
nung tun werde?
Da hab' ich geantwortet: frage dies den,
der noch am Leben bleibt!«

Der Kalif, von Mitleid gegen die beiden ergriffen, wandte sich Nureddin zu und sagte: »Herr, fürchtest du dich vor jemanden oder hat jemand eine Forderung an dich?« – »Bei Gott, o Fischer!« erwiderte Nureddin, »mir und diesem Mädchen sind wunderbare Dinge begegnet. Es wäre wohl der Mühe wert, sie jedem zur Warnung und Belehrung mit der Nadel in die Tiefe des Auges zu stechen.« – »O Herr«, versetzte der Kalif, »erzähle mir deine Geschichte, vielleicht wird dir Gott dadurch Erleichterung verschaffen, denn Gottes Hilfe ist überall nahe.«

Nureddin fragte den Kalifen, ob er die Erzählung in ungebundener Rede oder in Versen hören wolle. Der Kalif antwortete: »Prosa ist nur einfaches Gerede, Poesie aber eine Perlenschnur.« Nureddin sprach hierauf folgende Verse:

»Mein Teurer! Mich flieht der Schlaf, und
mein Gram nimmt mit jedem Tage zu, weil
ich von der Heimat ferne bin.
Ich hatte einen Vater, dessen Liebling ich
war; da schied er von mir und nahm das
dunkle Grab zur Wohnung.

Seitdem ist mir vieles widerfahren, das mein Herz verwundet und mein Inneres zerrissen hat.

Er hatte das feinste Mädchen mir gekauft, dessen Wuchs den schlanksten Baumzweig beschämte.

Da verlor ich alles, was ich geerbt hatte: denn ich war freigebig gegen wackere Menschen.

Als die Not zu groß wurde, führte ich die Sklavin mit widerstrebendem Herzen auf den Markt.

Ein Ausrufer bot sie aus, und ein nichtswürdiger Alter steigerte sie: da entbrannte mein Zorn, und ich riß das Mädchen zurück.

Der Schurke geriet in Wut, und sein Gesicht zeigte Lust, Gewalt zu gebrauchen.

Aber ich verteidigte meine Ehre durch Schläge mit beiden Händen, bis ich meinem Herzen Luft gemacht hatte.

Voll Besorgnis wegen der Folgen dieser Tat kam ich in mein Haus zurück und fürchtete die Bosheit des Feindes.

Da befahl der König des Landes, mich zu greifen; aber ein ehrlicher Türhüter gab mir einen Wink und hieß mich in die Ferne ziehen, weit weg, um die bösen Menschen zu ärgern.

So flohen wir unter dem Flügel der Nacht von der Heimat, um uns nach Bagdad zu begeben.

Ich habe nichts mehr, als was ich dir, o Fischer, gegeben; dir schenke ich die Geliebte meines Herzens, und es ist, als schenkte ich dir mein Herz.«

Als Nureddin geendigt hatte, bezeigte der Kalif sein Verlangen, auch die näheren Umstände von dem zu erfahren, was er soeben in der Kürze gehört hatte. Nureddin kam seinem Wunsch nach und verschwieg nichts von allem, was ihm begegnet war von Anfang bis zu Ende.

Als der Kalif von seiner Lage unterrichtet war, fragte er Nureddin: »Und wohin willst du jetzt gehen?« Nureddin antwortete: »Gottes Erde ist breit und weit.« – »Ich will dir«, fuhr der Kalif fort, »ein paar Zeilen an den König Muhammed, Suleimans Sohn, mitgeben; sobald er sie gelesen hat, wird er dir nichts zuleid tun und in keiner Weise dir entgegentreten.« Nureddin entgegnete: »Wo hat man je gehört, daß ein Fischer, wie du, mit einem König in Briefwechsel steht?« Der Kalif erwiderte: »Wir sind zusammen bei demselben Lehrmeister in die Schule gegangen, und ich war sein Unterlehrer; das Glück hat ihn dann zum König und mich zum Fischer gemacht; aber ich habe ihm noch nie in irgendeiner Angelegenheit geschrieben, ohne daß er meinen Wunsch nicht erfüllt hätte.« Als Nureddin dies hörte, sagte er: »Gut, so schreibe; ich will dann sehen.« Der Kalif nahm Tinte und Feder und schrieb nach der gewöhnlichen Formel: »Im Namen des allbarmherzigen Gottes! Harun Arraschid, Mahdis Sohn, sendet diesen Brief an Muhammed, Suleimans Sohn, der durch meine Huld zum Herrn über einen Teil meines Reichs gesetzt ist. Sobald Nureddin Ali, des Veziers Vadhleddin Sohn, dies mein eigenhändiges Schreiben Dir übergeben und Du es gelesen hast, lege auf der Stelle die königliche Würde ab und räume ihm Deine Stelle ein. Ich versehe mich Deines Gehorsams gegen diesen meinen Befehl. Gott befohlen.« Der Kalif übergab Nureddin den Brief. Nureddin nahm den Brief, steckte ihn in seinen Turban und machte sich auf den Weg.

Das ist's, was Nureddin angeht. Folgendes aber ereignete sich zwischen dem Kalifen und Scheich Ibrahim. Dieser sah den Kalifen an und sagte zu ihm: »Höre, du elendester aller Fischer, du bist hergekommen und hast uns ein paar Fische gebracht, die höchstens zwanzig halbe Dirham wert sind, und hast dafür drei Dinare zum Geschenk bekommen.

Denkst du nun auch noch, die Sklavin für dich zu behalten?«

Als der Kalif diese Worte hörte, schrie er ihn an und gab Masrur einen Wink, dieser trat heran und drang auf Scheich Ibrahim ein. Djafar hatte inzwischen einen Gartendiener zu dem Pförtner des Palastes geschickt, um einen Anzug für den Fürsten der Gläubigen zu holen. Der Diener kam und brachte den Anzug und küßte dem Kalifen die Hand. Der Kalif kleidete sich um und schenkte dem Diener seine abgelegten Kleider und setzte sich auf einen Stuhl. Scheich Ibrahim stand vor ihm und sah dem allem zu, er wurde verblüfft, biß sich in die Finger und dachte: Schlafe ich oder wache ich? Der Kalif warf ihm dann einen Blick zu und sagte: »Scheich Ibrahim! In welchem Zustand befindest du dich?« Jetzt erwachte Scheich Ibrahim aus seinem Rausch, warf sich nieder und rezitierte die Verse:

»Vergib mir den Fehltritt, den mein Fuß
getan: oft fordern ja Untertanen Nachsicht
von ihrem Herrn.
Ich habe eine Schuld auf mich geladen, der
ich geständig bin; doch was vermag nicht
Gnade und Großmut?«

Der Kalif verzieh ihm. Dann ließ er die Sklavin in seinen Palast bringen, wo ihr ein eigenes Gemach und die erforderliche Bedienung angewiesen wurde. Er sagte ihr auch, daß er Nureddin als Sultan nach Baßrah geschickt habe und daß er mit Gottes Willen ihm ein Ehrenkleid und sie selbst wiederschenken werde.

Nureddin setzte inzwischen seine Rückkehr nach Baßrah fort und ging gerade nach dem königlichen Palast und schrie so laut, daß der Sultan ihn hörte und vortreten ließ. Als er in den Audienzsaal gelangte, warf er sich nieder, zog seinen Brief hervor und überreichte ihn. Als der König die Überschrift von der Hand des Kalifen sah, erhob er sich und küßte das Schreiben dreimal und sagte: »Ich gehorche Gott und dem Beherrscher der Gläubigen. Man rufe die vier Kadi der Hauptstadt, auch alle Fürsten und Großen des

Reichs, damit ich der Regierung entsage.« Als unter andern auch der Vezier Mann erschien, überreichte ihm der Sultan das Schreiben. Als er es gelesen hatte, zerriß er es in Fetzen, steckte sie in den Mund, kaute sie und spie sie wieder aus. Als der König dies sah, rief er ihm voll Zorn zu: »Was ist das, Muin? Wie kommst du dazu, so etwas zu tun?« – »Mein Herr und König!« antwortete Muin, »Nureddin ist niemals mit dem Beherrscher der Gläubigen, nicht einmal mit einem seiner Veziere zusammengekommen; er ist ein listiger Betrüger, ein junger Teufel. Vielleicht hat er irgend etwas vom Kalifen Geschriebenes gefunden und sich unterstanden, seine Handschrift nachzuahmen. Er hat keinen Chat Scherif, keinen Firman. Wie kannst du glauben, daß der Kalif ihn schickt, um dir die Regierung abzunehmen? Wäre dem so, er hätte ihm gewiß einen Kammerherrn oder einen seiner Veziere mitgegeben; aber er ist ganz allein gekommen.«

Der Sultan fragte hierauf, was zu tun sei? Muin antwortete: »Ich will ihn mit einem Kammerherrn nach Bagdad senden: ist seine Behauptung wahr, so wird er mit einem Firman und einem Investiturdiplom vom Kalifen zurückkommen, wenn nicht, so will ich die Strafe über ihn verhängen, welche sein Vergehen gegen mich verdient hat.« Der König übergab Nureddin der Willkür des Veziers, der ihn in sein Haus führte. Dort angelangt, rief er seine Diener herbei, ließ ihn knebeln und so lange schlagen, bis er wie tot dalag. Dann ließ er ihn mit einer schweren Kette fesseln und schickte ihn ins Gefängnis; er schickte nach dem Gefängniswärter, welcher Katit hieß, und befahl diesem, Nureddin in eines seiner unterirdischen Gefängnisse zu werfen. Dabei schärfte er ihm ein, ihn bei Tag und Nacht zu peinigen. Der Gefängniswärter versprach zu gehorchen. Er sperrte Nureddin ein und riegelte die Türe hinter ihm zu, aber er ließ eine Bank hinter der Türe sauber abkehren, bereitete ihm ein gutes Lager von Teppichen und Polstern, nahm ihm die Fesseln ab und war äußerst liebreich gegen ihn, obschon der Vezier täglich zu ihm schickte und ihm befahl, seinem Gefangenen jeden Tag die Bastonade geben zu lassen.

So vergingen vierzig Tage. Am einundvierzigsten kam ein Geschenk vom Kalifen, das dem Sultan wohl gefiel. Er beriet sich mit seinen Vezieren darüber, und einer derselben sagte: »Es ist vielleicht ein Geschenk an den neuen Sultan.« Da sagte Muin: »Das beste wäre gewesen, ihn gleich bei seiner Ankunft zu töten.« Der Sultan erwiderte hierauf: »Bei Gott, du erinnerst mich wieder an ihn, geh, bring ihn her, ich will ihn enthaupten.« Der Vezier antwortete: »Ich gehorche, auch will ich in der Stadt ausrufen lassen, wer die Enthauptung Nureddins, des Sohnes Chakans, sehen will, der komme in das Schloß, so wird alle Welt herbeilaufen und ich finde Gelegenheit, meine Rachgier zu stillen und meine Feinde zu beschämen.« Der Sultan versetzte: »Tu, was du willst!«

Voll Schadenfreude begab sich Mann zu dem obersten Polizeibeamten und befahl ihm zu tun, was er soeben dem König vorgeschlagen hatte. Die Verkündigung des Ausrufers erfüllte die ganze Stadt mit Trauer über Nureddin.

Alles strömte herbei, um die besten Plätze einzunehmen. Viele hatten sich vor dem Gefängnis aufgestellt, um ihn zum Richtplatz zu begleiten. Endlich erschien der Vezier mit zehn Mamelucken und forderte von dem Gefängniswärter die Herausgabe des gefangenen Verbrechers. »Mein Herr!« antwortete dieser, »ich habe ihn so geschlagen, daß er sich im erbärmlichsten Zustande befindet.« Als der Vezier sich hierauf dem Kerker näherte, hörte er Nureddin folgende Strophe hersagen:

»Wer hilft mir in meinem Elend! Wie meine Krankheit wächst, so schwindet die Möglichkeit meiner Heilung.
Die Trennung von ihr hat mein Herz gebrochen, und die Zeit meine Freunde in Feinde verwandelt.
O mein Volk, ist keiner unter dir, der sich meines Zustandes erbarmt und meinen Klagen antwortet?

> Der Tod ist mir willkommen mit allen seinen Schrecken; denn meine Hoffnung ist von des Lebens Glück abgeschnitten.
> O Herr, ich beschwöre dich bei dem Auserkorenen, dem Verkünder, dem Führer zum Heil, dem Inbegriff aller Wissenschaften und dem Ausbund der Beredten!
> Erlöse mich, hebe mich empor aus meiner Erniedrigung und wende von mir alle Pein und Qual!«

Inzwischen zog ihm der Gefängniswärter seine reinlichen Kleider aus und legte ihm schmutzige an und führte ihn vor den Vezier.

Als Nureddin sich seinem Feinde gegenüber sah, der ihm das Leben nehmen wollte, weinte er und sagte zu ihm: »Bist du sicher gegen das Schicksal? Hast du nicht gehört, was ein Dichter sagt:

> Sie richteten ungerecht; aber nicht lange dauerte ihr Richteramt, bald war es, als hätten sie nie Gewalt in Händen gehabt.«

Und er fuhr fort: »Bedenke, daß der erhabene Gott tun kann, was ihm gefällt.«

Muin erwiderte: »Willst du mir vielleicht mit deiner Rede Furcht einjagen? Mag geschehen, was da will, wenn ich dir nur ganz Baßrah zum Trotze den Kopf habe abhauen lassen. Ein anderer Dichter hat gesagt:

> Wer seinen Feind auch nur einen Tag überlebt, hat seinen höchsten Wunsch erreicht.«

Hierauf befahl er seinen Dienern, ihn auf dem Rücken eines Maultiers vor ihm herzuführen. Die Diener, denen dies wehe tat, sagten zu Nureddin: »Erlaube uns, ihn mit Steinen totzuwerfen und in Stücke zu zerhauen, wenn es auch unser

Leben kostet.« Nureddin sagte aber: »Tut dies nicht, ein Dichter hat gesagt:

Mir ist eine Zeit bestimmt, die ich gewiß
erreiche, und diese Bestimmung ist längst
beschlossen und gesiegelt.
Ist diese Zeit vorüber, so muß ich sterben.
Wollten mich auch Löwen in ihren Wald
schleppen, so könnten sie die mir be-
stimmte Lebensdauer nicht abkürzen.«

Man rief dann vor Nureddin aus: »Das ist die Strafe, und zwar die geringste Strafe für jeden, der es wagt, dem König gegenüber Briefe zu fälschen.« Ganz Baßrah folgte ihm, bis er endlich unter den Fenstern des Palastes auf die Blutmatte hingeworfen wurde. – Der Scharfrichter näherte sich ihm und sprach: »Herr! Ich bin nur ein Sklave und kann mich der Ausübung meiner Pflicht nicht entziehen; wenn du noch etwas begehrst, so will ich es dir besorgen, denn du hast nicht mehr Zeit übrig, als der König dazu braucht, um aufzustehen und sein Gesicht am offenen Fenster zu zeigen.«

Da sprach Nureddin, indem er das Haupt zur Rechten und zur Linken, nach vorne und hinten drehte:

»Schon seh' ich den Henker, das Schwert
und die Matte bereit und rufe Wehe über
meine Schmach, über die Größe meines
Elends!
Ist einer unter euch, der Mitleid mit mir
fühlt, o so zeige er mir's und antworte auf
meinen Jammerruf!
Mein Leben schwindet dahin, mein
Schicksal naht heran.
Erbarmt sich jemand meiner, um Gottes
Lohn zu verdienen, will jemand meinen
Zustand betrachten und meine Qual mit
einem Trunke Wassers erleichtern?«

Alle Leute weinten, und der Scharfrichter brachte ein Gefäß mit Wasser und reichte es Nureddin. Allein Muin erhob sich von seinem Platz, zerschlug das Gefäß und rief dem Scharfrichter zu: »Hau zu!«

Nureddin wurden die Augen verbunden. Während dies geschah, ertönte der ganze Platz von lauten Verwünschungen gegen den Vezier. Es entstand ein großes Geschrei, und es wurde viel hin und her gefragt. Auf einmal aber erhob sich in der Ferne eine große Staubwolke, und als der König sie von seinem Palast aus erblickte, befahl er, mit der Hinrichtung zu warten und nachzusehen, was dies bedeute. Muin, der wohl ahnte, was es sein könnte, drang in den König, dem Scharfrichter das Zeichen zu geben. »Nein«, erwiderte der König, »zuvor will ich wissen, was es Neues gibt.« Unterdessen hatte sich die Staubwolke genähert. Es war der Großvezier Djafar mit seinem Gefolge.

Die Ursache seiner Ankunft war folgendes: der Kalif hatte dreißig Tage lang nicht mehr an Nureddin gedacht, und niemand hatte ihn an ihn erinnert, bis er endlich eines Abends vor das Gemach der Enis Aldjelis kam; da vernahm er folgende Verse:

> »Bist du nah oder fern, so schwebt dein
> Bild vor meiner Seele, und dein Andenken
> wird nie von meiner Zunge weichen.«

Die Sängerin weinte nach Beendigung ihres Gesanges so heftig, daß Harun Arraschid sich nicht enthalten konnte, die Türe zu öffnen und hineinzutreten. Als sie ihn erblickte, warf sie sich vor ihm zur Erde, küßte sie dreimal und sprach:

> »O du, von reinem Stamm und edler Geburt, blühender Sprößling des erhabensten Hauses, ich erinnere dich an das huldreiche Versprechen deines Edelmuts, ferne sei von dir, es zu vergessen!«

Der Kalif fragte sie, wer sie sei. Sie antwortete: »Ich bin die Sklavin, welche dir Nureddin Ali, Vadhleddins Sohn, zum Geschenk gemacht hat, und wünsche, daß du das mir gegebene Versprechen hältst, mich mit den Ehrengeschenken Nureddin nachzusenden: denn seit dreißig Tagen hat der Schlaf meine Augen geflohen.« Der Kalif ließ unverzüglich seinen Vezier zu sich rufen. Als Djafar kam, sprach der Kalif zu ihm: »Dreißig Tage sind vorüber, ohne daß ich etwas von Nureddin gehört habe. Ich fürchte sehr, er ist hingerichtet worden; aber bei meinem Haupte und bei dem Grabe meiner Väter, wenn ihm ein Leid widerfahren ist, so vernichte ich den Schuldigen, und sollte er mir noch so teuer sein! Reise daher sofort nach Baßrah; wenn du länger verweilst, als man braucht, um den Weg zu machen, so laß ich dir den Kopf abschlagen. Du erzählst meinem Vetter, dem König, wie ich Nureddins Geschichte kennengelernt habe und daß ich ihn mit einem Brief an ihn abgesandt habe. Findest du, daß er meinen Befehlen zuwider gehandelt hat, so führe ihn her zu mir samt dem Vezier, wie du sie findest und bleibe ja nicht länger aus, als zur Reise nötig ist.« Djafar machte sich sogleich reisefertig und legte den Weg nach Baßrah ohne Aufenthalt zurück. Der König war schon von seiner Reise im voraus unterrichtet. Als Djafar bei seiner Ankunft die hin und her wogende, aufgeregte Volksmenge sah, fragte er, was es denn gebe. Man erzählte ihm, was mit Nureddin geschehen sollte. Da beeilte er sich, zum König zu gelangen. Er grüßte ihn und eröffnete ihm die Ursache seiner Ankunft und die Befehle des Kalifen. Der Sultan ließ sofort Muin festnehmen und Nureddin losbinden. Dieser bat Djafar, ihn vor den Fürsten der Gläubigen zu führen. Hierauf bedeutete Djafar dem König, er möchte sich bis am folgenden Morgen nach dem Morgengebet bereit halten, die Reise nach Bagdad anzutreten. Nach dem Morgengebet brach Djafar auf und führte den jetzt reuigen Muin, den König von Baßrah und Nureddin mit sich.

In Bagdad angekommen, stellte er sie dem Kalifen vor, und nachdem er den Zustand, in welchem er Nureddin gefunden, ausführlich geschildert hatte, ging der Kalif auf Nureddin zu und sagte zu ihm: »Nimm dieses Schwert und schlage damit deinem Feinde den Kopf ab!« Nureddin nahm das Schwert und trat auf Muin zu. Muin aber sah ihn mit einem durchdringenden Blick an und sagte: »Wie ich an dir gehandelt habe, lag in meiner Natur; handle du jetzt nach der deinigen!« Auf diese Worte warf Nureddin das Schwert weg, wandte sich gegen den Kalifen und sagte: »Beherrscher der Gläubigen! Er hat mich mit diesen Worten überlistet. Er rezitierte folgenden Vers:

> Gebrauche List gegen ihn, wenn er naht;
> der Edle ist leicht durch ein gutes Wort zu
> hintergehen.«

Der Kalif sagte zu Nureddin: »Lasse du es sein.« Er rief aber Masrur herbei und befahl ihm, das Urteil an Muin augenblicklich zu vollstrecken.

Der Kalif forderte Nureddin auf, seine Wünsche zu äußern. Er versetzte: »Ich sehne mich nicht nach dem Fürstentum Baßrah, ich wünsche in deiner nähern Umgebung zu bleiben und deiner Person meine Dienste zu widmen.« Der Kalif willigte gern ein und nahm ihn in die Zahl seiner vertrautesten Gesellschafter auf. Dann ließ er die schöne Perserin holen und wies dem reichlich beschenkten Paar einen prächtigen Palast in Bagdad zur Wohnung an. Nureddin führte das angenehmste Leben in der Nähe des Kalifen, bis ihn der Tod erreichte, der jeder Freude und jeder Vereinigung ein Ende macht. –

»Das ist die Geschichte Nureddins«, schloß Schehersad, und dann begann sie mit einer neuen Erzählung.

Geschichte vom Zauberpferde

Herr! Man erzählt: Es herrschte einmal vor undenklichen Zeiten ein König in Persien namens Sabur, der war der größte und mächtigste unter allen Herrschern seiner Zeit und besaß unermeßliche Länder und Reichtümer, die von einer zahllosen Armee verteidigt wurden. Er war aber ebenso berühmt wegen seiner schönen Tugenden als wegen seiner furchtbaren Macht und Größe, denn er war nicht allein ein Mann von großen Kenntnissen, gewandt und voll Unternehmungsgeist, sondern sein Herz war auch weich und teilnahmsvoll, sein Verstand scharf und durchdringend; seine Hand war mildtätig und freigebig gegen die Armen, gegen die Bösen aber furchtbar und strafend. Er war ein Trost für den Unglücklichen und Beladenen, und der Verstoßene und Verfolgte fand stets eine Freistätte bei ihm. Seine Verwandten liebte er zärtlich, gegen die Fremden war er milde, und nie wurde ein Fall bekannt, daß ein Unterdrückter ihn vergebens um Recht gegen die Gewalt angefleht hätte. Er war Vater von drei Mädchen und einem Sohn. Dieser König feierte jährlich zwei Feste, Niradj und Mihrdjan. An diesen Festtagen pflegte er alle seine Paläste zu öffnen, Geschenke zu machen, Amnestien zu veröffentlichen, Pförtner und andre Aufseher zu entfernen, so daß alle seine Untertanen freien Zutritt zu ihm hatten, um ihn zu begrüßen, zu beglückwünschen und Geschenke darzubringen. Der König war ein großer Liebhaber von Philosophie und Geometrie. Nun traf es sich an einem dieser Festtage, daß drei äußerst gelehrte und erstaunlich weise Männer mit kostbaren, bewundernswerten Geschenken in seine Stadt kamen. Sie waren aus verschiedenen Ländern und sprachen auch verschiedene Sprachen. Der eine war ein Inder, der andere ein Grieche und der dritte ein Perser. Der Inder ging zuerst zum König, warf sich vor ihm nieder und übergab ihm, indem er zum Feste Glück wünschte, ein höchst bewunderungswürdiges Geschenk. Es war eine mit kostbaren Edelsteinen verzierte goldene Bildsäule, die ein goldenes Horn in der Hand hielt. Nachdem der König es von allen Seiten genau betrachtet hatte, sagte er zu dem Inder: »Weiser Mann, zu welchem Zweck soll dies dienen?« – »Herr«, erwiderte der Inder, »dies Bildnis hat die Eigenschaft, daß, wenn ein Spion in die Stadt kommt, es sogleich in das goldene Horn stößt. Der Spion wird dann zu zittern anfangen und tot niederfallen.« Der König, im höchsten Grade überrascht von den Worten des Inders, sagte zu ihm: »O Weiser! Bei Gott! Wenn du wahr sprichst, so werde ich alle deine Wünsche erfüllen.« Hierauf trat der griechische Weise vor, warf sich dem König zu Füßen und überreichte ihm ein silbernes Becken, in dessen Mitte ein goldener Pfau saß, rundherum umgeben von vierundzwanzig Jungen. Nachdem der König es betrachtet hatte, fragte er den Weisen, was der Zweck dieses Werkes sei. »Herr!« erwiderte der Grieche, »dieser Pfau hier wird nach Verlauf jeder Stunde eines seiner Jungen picken und so die Tageszeit anzeigen. Nach einem Monat aber wird er jedesmal den Schnabel öffnen, und in dem wird der Mond erscheinen.« Als der König das hörte, sagte er: »O Weiser, sprichst du wahr, so soll jeder deiner Wünsche erfüllt werden.« Sodann trat der persische Weise hervor, beugte sich zur Erde und überreichte dem König ein Pferd aus Ebenholz, mit Gold und Edelsteinen beschlagen, vollkommen ausgerüstet, mit prächtigem königlichem Sattel, Zaum und Steigbügeln, und dem nur die Sprache fehlte. Der König war sehr erstaunt beim Anblick dieses kunstreich gebildeten Pferdes und fragte, wozu dieses leblose Pferd diene. »Mein Gebieter!« antwortete der Weise, »dieses Pferd legt mit seinem Reiter in einem Tag eine Strecke von einem Jahre zurück, denn es fliegt durch die Luft!« Der König war im höchsten Grade erstaunt über das Zusammentreffen dieser drei Wunderwerke an einem Tage und sagte zu dem Perser: »Bei dem erhabenen Gott, dem Schöpfer und Erhalter der Menschen durch Getränke und Nahrung, wenn du die Wahrheit gesprochen hast und deine Rede sich bewährt, so gewähre ich dir im voraus jede Bitte, die du an mich stellen magst.« Er bewirtete die Weisen drei Tage lang, um ihre Gaben zu prüfen. Jeder brachte sein Werk mit und machte den König mit dessen Bewegungen bekannt. Das Bildnis stieß alsbald ins Horn, der Pfau pickte die Jungen, und der Weise schwang sich aufs Pferd, stieg in die Höhe und ließ sich wieder herunter. Der König geriet beinahe außer sich vor Freude und sagte zu den Weisen: »Ihr habt eure Versprechen erfüllt und die Wahrheit eurer Worte durch die Tat bewiesen; nun ist es an mir, auch mein Versprechen in Erfüllung gehen zu lassen. Fordere jeder von mir, was er will, er soll es auf der Stelle haben.« – Die Weisen hatten aber schon von den drei Prinzessinnen gehört, sie sagten daher: »Wenn der König, unser Herr, mit uns zufrieden ist, unsere Geschenke annimmt und uns erlaubt, etwas zu erbitten, so möchten wir, daß der König, der doch gewiß sein Wort nicht brechen wird, uns seine drei Töchter gebe und uns zu seinen Schwiegersöhnen annehme.« Der König sagte: »Ich werde eure Bitte erfüllen«, und er ließ sogleich beim Kadi die Ehekontrakte abfassen.

Die Prinzessinnen hatten aber hinter einem Vorhange dem Schauspiel zugesehen, und als die jüngste ihren künftigen Gemahl, den Perser, betrachtete, entdeckte sie, daß er ein hundertjähriger Greis war, mit einer Stirn voll Runzeln und Falten, mit borstigem Haupthaare, während die Haare der Augenbrauen und des Bartes ausgefallen waren. Seine Augen waren rot und triefend, und seine Wangen so abscheulich gelb und eingefallen, daß man jeden Knochen seines Gesichts sehen konnte. Er hatte eine Nase wie Bedindjan; seine paar Zähne waren teils ausgefallen, teils locker; seine Lippen blau und lappig wie Kamelnieren und seine ganze Haut eingeschrumpft und lederfarben. In der Tat, er war ein Wunder von Häßlichkeit und von einer ganz unbekannten Rasse; der abscheulichste unter allen Menschen, glich er ganz und gar einem Teufel, so daß selbst die Vögel vor ihm in ihr Nest flohen. Das Mädchen aber war das schönste und liebenswürdigste ihrer Zeit; niedlicher als eine Gazelle, zarter als ein Zephyr, übertraf sie den Mond an Glanz und milder Schönheit; sie beschämte alle Baumzweige, wenn sie sich sanft wiegte, und keine Gazelle kam ihr gleich in der Geschwindigkeit und Kühnheit der Wendungen. Sie war schöner und anmutiger als ihre Schwestern.

Als diese Prinzessin nun ihren Bräutigam sah, eilte sie in ihr Gemach, streute Erde auf ihr Haupt, zerriß ihre Kleider und fing an, unter lautem Weinen und Wehklagen sich Gesicht und Brust zu zerschlagen. Ihr Bruder, der sie weit mehr als seine andern Schwestern liebte, kam eben von der Reise zurück. Wie er nun ihr Geschrei und Weinen hörte, eilte er zu ihr hinein, schlug sich an die Brust und fragte sie, was ihr denn zugestoßen sei, sie solle ihm die Wahrheit sagen und nichts verschweigen. Sie brach in die Worte aus: »Mein teurer Bruder! Gewiß, wenn deinem Vater durch mich das Schloß zu eng geworden, will ich es gerne verlassen. Hat er an mir etwas seiner Tochter Unwürdiges gesehen, will ich mich von ihm entfernen, oder will er nicht länger mehr für mich sorgen, so gibt es für mich ja einen Gott, der mich führen und nicht verlassen wird.« Ihr Bruder, der den Sinn dieser Reden nicht recht begreifen konnte, bat sie, ihm das alles deutlicher zu sagen, denn noch wisse er den Grund nicht, warum sie so bewegt und betrübt sei. Sie antwortete: »Wisse, teurer Bruder, mein Vater hat mich mit einem Zauberer verlobt, der ihm ein schwarzes hölzernes Pferd geschenkt und ihn mit seiner Zauberkunst überlistet hat. Ich aber mag diesen Alten nicht, ich will nicht seinetwillen auf die Welt gekommen sein.« Ihr Bruder sprach ihr Trost und Mut ein, verließ sie dann und eilte zu seinem Vater, den er fragte: »Wer ist der Zauberer, mit welchem du meine jüngste Schwester verlobt hast, und was hat er dir für ein Geschenk gebracht, daß du seinetwillen deine Tochter vor Gram sterben lassen willst? Das soll nicht sein!« Der Weise, der diese Rede mit anhörte, ergrimmte in seinem Herzen über den Prinzen. Der König aber sprach zu seinem Sohne: »Wenn du das Pferd und seine Kunst gesehen haben wirst, so wirst du vor Erstaunen fast den Verstand verlieren.« Er befahl den Dienern, es herbeizuführen, und als der Prinz es sah, gefiel es ihm, und da er ein guter Reiter war, schwang er sich sogleich in den Sattel und stieß ihm die Steigbügel in den Leib. Als sich aber das Pferd nicht von der Stelle bewegte, sprach der König zu dem Weisen: »Geh und zeige ihm, wie man es in Bewegung setzt, dann wird er sich wohl deinem Wunsche nicht mehr widersetzen.« Der Weise, der schon einen tödlichen Haß auf den Prinzen geworfen hatte, ging zu ihm und zeigte ihm einen Wirbel an der rechten Seite des Pferdes, welcher dazu diente, das Pferd steigen zu machen, und verließ ihn. Der Prinz rieb den Wirbel, und nun stieg das Pferd mit ihm in die Höhe und flog mit so reißender Schnelligkeit dahin, daß er bald gar nicht mehr gesehen werden konnte. Der König wurde besorgt um seinen Sohn und fragte den Weisen: »Wie kann er nun aber das Pferd wieder zur Erde lenken?« – »Herr«, versetzte der Weise, »diese Kunst besitze ich nicht, auch ist's seine und nicht meine Schuld, wenn du ihn bis zum Auferstehungstag nicht mehr wiedersiehst. Aus Dünkel und Hochmut verschmähte er, mich zu fragen, auf welche Weise das Pferd dahin gebracht wird, wieder niederwärts zu fliegen, und ich selbst dachte im Augenblick nicht daran, es ihm zu sagen.« Der König geriet über diese Worte in so heftigen Zorn, daß er den Weisen schlagen und einsperren ließ. Er selbst riß die Krone von seinem Haupte, schlug sich ins Gesicht und auf die Brust, jammerte und weinte. Die Tore des Palastes wurden geschlossen und alle Festlichkeiten eingestellt; nicht allein der König, seine Gemahlin und Töchter waren von diesem großen Unglück so schmerzlich berührt, sondern auch alle Stadtbewohner teilten ihren Kummer über den Verlust des Prinzen. So war auf einmal Lust in Trauer und Glück in Unglück verwandelt und aus einem Freudentage ein Trauertag geworden.

Der Prinz wurde indessen von dem Pferd bis in die Nähe der Sonne emporgetragen; er war dem Tode nahe und darauf gefaßt, zwischen den Himmelskörpern umzukommen. Da dachte er: Wenn ich ohnehin sterben muß, so will ich wenigstens sehen, ob der, welcher den Wirbel zum Aufsteigen gemacht, nicht auch einen gemacht hat, durch welchen das Pferd dazu gebracht wird, daß es sich wieder herablasse. Der Prinz war nämlich ein kluger, scharfsinniger und entschlossener Mann. Er streckte daher seine Hand nach der linken Seite des Pferdes aus und fand tatsächlich einen zweiten

Wirbel, den er sogleich rieb. Augenblicklich bemerkte er auch, daß das Pferd sich niedersenkte: und als er wieder rieb, erblickte er bald die Erde wieder; und so näherte er sich der Erdoberfläche immer mehr, und er war außer sich vor Freude und dankte Gott für seine Rettung. Dann rieb er wieder den rechten Wirbel ein wenig und flog in geringer Höhe weiter. Als es Abend war, erblickte er ein hohes Schloß mitten in einer blühenden Ebene, durch die murmelnde, silberklare Bäche flossen, wo herrliche Blumen standen und muntere Gazellen umhersprangen. Gleich darauf sah er eine große Stadt, mit einer festen Zitadelle, Türmen und hohen Mauern, und auf der andern Seite der Stadt war ein sehr hohes, großes und festes Schloß, um das vierzig bepanzerte Sklaven, mit Schwertern, Bogen und Lanzen bewaffnet, umhergehen sah. Er dachte bei sich selbst: O wüßte ich doch nur, in welchem Lande ich mich befinde! Nach einigem Nachdenken aber entschloß er sich, die Nacht auf der Terrasse des Schlosses zuzubringen und sich nach und nach mit seinen Bewohnern zu befreunden. Sogleich bemühte er sich nun, das Pferd nach dem Schlosse hinzulenken und es auf die Terrasse niederzulassen. Die Nacht war schon hereingebrochen, als ihm dies gelang und er, äußerst hungrig und durstig, abstieg. Er untersuchte die Terrasse von allen Seiten, bis er endlich eine Treppe fand, die in das Innere des Schlosses hinabführte. Er stieg die Treppe hinunter und kam auf einen Platz vor der Türe des Schlosses, dessen Boden, mit weißem Marmor gepflastert, vom Monde beleuchtet war; hier sah er sich überall um und bemerkte ein Licht, das aus dem Innern des Schlosses schimmerte. Als er darauf zuging, kam er an eine Türe, vor welcher ein Sklave schlief, gleich einem von Solimans Geistern, lang wie ein Baum und breit wie eine steinerne Bank. Zu seiner Seite brannte ein Licht und lag ein Schwert, das wie eine Feuerflamme funkelte; nebenan aber stand ein Tischchen mit steinernen Pfeilern. Der Prinz zauderte einige Augenblicke, bald aber faßte er sich und sprach: »Ich rufe Gott um Hilfe an! Du, o Gott, der du mich soeben vom Untergange befreit hast, gib mir nun auch die Kraft, mir über dieses Schloß Auskunft zu verschaffen.« Mit diesen

Worten streckte er die Hand nach dem Tischchen aus, ergriff es und ging damit auf die Seite, hob die Decke weg und fand herrliche Speisen und aß und trank, bis er satt war. Dann ruhte er ein wenig aus, trug das Tischchen wieder an seinen vorigen Platz, näherte sich dann auf den Zehen dem Schlafenden und zog ihm das Schwert aus der Scheide. Damit ging er vorwärts, ohne zu wissen, was die Bestimmung über ihn verhängen werde; bald erblickte er wieder eine Türe, welche mit einem Vorhang bedeckt war. Er ging darauf zu, hob den Vorhang auf und trat in das Zimmer, wo ein Thron aus weißem Elfenbein stand, mit Perlen, Rubinen und andern Edelsteinen besetzt, und an dem Fuße des Throns lagen vier schlafende Sklavinnen; er näherte sich dem Throne, um zu sehen, wer auf ihm liege, und fand ein schlafendes Mädchen, schön wie der leuchtende Mond, von ihren langen Haaren umwallt. Er bewunderte ihre Schönheit und Anmut, ihren Wuchs und ihr Ebenmaß. Ihre Stirn leuchtete wie der Mond, ihre Wangen, von einem zarten Male angehaucht, glichen Anemonen. Als der Prinz sie sah, kümmerte er sich nicht mehr um Gefahr und Tod. Er näherte sich ihr zitternd und bebend und küßte sie auf die rechte Wange. Sie erwachte, öffnete ihre Augen und blickte den Prinzen an, der ihr zu Häupten stand, und sagte zu ihm: »Wer bist du, Jüngling, und wo kommst du her?« Er antwortete: »Ich bin dein Sklave und dein Geliebter.« – »Wer aber hat dich hierhergebracht?« fragte die Prinzessin weiter. »Mein Gott und mein Schicksal«, erwiderte der Prinz.

Die Prinzessin, die ihr Vater mit einem der vornehmsten Männer der Stadt verlobt hatte, glaubte, der Prinz sei ihr Verlobter. Sie betrachtete ihn näher, und da er schön wie der leuchtende Mond war, breitete sich über ihr Herz das Netz der Liebe wie ein flammendes Feuer aus, und sie begann sich mit ihm herzlich zu unterhalten. Plötzlich erwachten die Sklavinnen, und als sie den Prinzen neben ihrer Herrin sitzen sahen, riefen sie: »O Herrin! Wer ist denn der junge Mann, der bei dir ist?« – »Ich weiß es nicht«, antwortete die Prinzessin; »ich habe ihn so bei mir gefunden, als ich erwachte. Ohne Zweifel ist es mein Verlobter.« Die Sklavinnen aber sagten: »O Herrin, beim erhabenen Gott! Dein Verlobter kann nicht einmal dieses Mannes Diener sein.« Und mit diesen Worten gingen sie zu dem noch immer schlafenden Sklaven, weckten ihn auf und riefen ihm zu: »So bewachst du das Schloß, daß Leute hereinkommen, während wir schlafen?« Als der Sklave dies hörte, sprang er erschrocken auf und wollte nach seinem Schwert greifen, da er es aber nicht fand, ging er voll Angst und Betäubung zu seiner Herrin. Sowie er den Prinzen neben der Prinzessin sitzen sah, rief er ihm entgegen: »Wer hat dich hierhergebracht, du Betrüger!, du Dieb!, du Niedriggeborener!« Bei diesen Schimpfreden sprang der Prinz mit dem Schwerte in der Faust wie ein Löwe auf; aber der Sklave entfloh und eilte zitternd und bebend in die Gemächer des Königs und erzählte ihm, was vorgefallen war. Der König erschrak, machte sich auf, ergriff sein Schwert und sagte zu dem Sklaven: »Wehe dir, du Hund, was ist das für eine schlimme Nachricht?« – »Herr«, erwiderte der Sklave, »der Schlaf hat uns überwältigt, und als wir erwachten, sahen wir auf einmal einen Mann von vornehmem Aussehen und schöner Gestalt neben meiner Gebieterin sitzen; weder ich noch eine der Sklavinnen konnten begreifen, wie er hereingekommen ist, ob von oben oder von unten.« Der König eilte selbst mit dem Schwerte in der Hand in die Gemächer der Prinzessin, um diesen Vorfall zu untersuchen. Als er in ihr Zimmer trat und den Prinzen neben seiner Tochter sitzen sah, geriet er in eine unglaubliche Wut; er zog sein Schwert, drang auf ihn ein und wollte ihm den Kopf spalten. Der Prinz aber erhob sich von dem Throne, streckte ihm sein Schwert entgegen und sagte: »Beim erhabenen Gott! Wäre mir dies Haus nicht durch meinen Eintritt heilig, so würde ich dich denen, die in deiner Väter Gruft liegen, nachsenden!«

Der König sagte: »Wer bist du, Betrüger? Und wer ist dein Vater, daß du es wagen darfst, in solchem Ton mit mir zu reden und meine Tochter in ihrem Schlosse zu überfallen? Weißt du nicht, daß ich der größte König der Erde bin? Bei dem erhabenen Gott, ich will dich der Welt zum Beispiel und Schrecken den martervollsten Tod sterben lassen, du

Dieb! Du Niedriggeborener!« Der Prinz lächelte und sagte: »Herr! Du setzest mich in Erstaunen durch deinen schwachen Verstand und dein grobes Benehmen! Könntest du dich auch meiner bemächtigen und mich umbringen lassen, was würde es dir nützen? Würden da die Leute nicht sagen: Der König hat einen jungen Mann bei seiner Tochter gefunden und ihn töten lassen? So würde Spott und Schande über dich kommen und kein Mensch mehr Ehrfurcht vor dir haben. Übrigens sind wir auch Könige und Söhne von Königen, und wenn wir wollten, wäre es uns ein leichtes, dich vom Throne ins Verderben zu stürzen! Doch Gott verhüte, daß je etwas Böses von mir bekannt werde. Kannst du übrigens deiner Tochter einen bessern Mann wünschen? Und wenn sie Prinzessin ist, so bin ich ein Sohn des Königs von Persien!« Der König fragte ihn: »Warum aber bist du nicht, wie es Sitte ist, zu mir gekommen und hast um sie angehalten?« Der Prinz erwiderte: »Was geschehen ist, ist geschehen. Doch will ich dir einen Vorschlag machen. Laß von deinen Truppen versammeln, so viel du willst, und ich will ganz allein gegen sie kämpfen; werde ich besiegt, so geschieht es, weil ich eine Schuld begangen, schlage ich sie aber in die Flucht, so wird man mich wohl nicht mehr mit Geringschätzung behandeln. Menschen kann man nicht wie Korn abmähen und messen.« Der König war sehr zufrieden mit dem Vorschlag, der ihn aus der Verlegenheit riß, wie er den Prinzen töten lassen solle, ohne sich und seine Tochter in Schande zu bringen. »Es sei so!« sprach er, versammelte, sobald der Tag anbrach, seine Truppen und stellte sie in Schlachtordnung und befahl, den Prinzen herbeizuführen und ihm ein Pferd und Waffen zu bringen. Der Prinz aber sagte: »Ich will mein eigenes Pferd besteigen; befehle nur, daß man es von der Terrasse, wo es angebunden ist, herabhole.« Als das Pferd herbeigeführt wurde, bewunderte der König die Schönheit und künstlerische Arbeit des Tieres. Der Prinz bestieg es, und die Truppen umringten ihn von allen Seiten, um ihn zu erschlagen. Der Prinz drehte den Wirbel an der rechten Seite des Pferdes, und augenblicklich erhob es sich in die Luft wie ein Vogel. Der König rief immer: »Ergreift ihn.« Die Soldaten aber sagten: »O König, wen sollen wir ergreifen? Bei dem erhabenen Gotte! Der ist ein Teufel, ein abtrünniger Geist! Gelobt sei Gott, der dich von ihm befreit hat.«

Der König und seine Truppen kehrten verwirrt und betäubt ins Schloß zurück. Der König ging in die Gemächer der Prinzessin und erzählte ihr das Vorgefallene; dann schimpfte er über den Prinzen und sagte: »Gott verdamme diesen schlechten, betrügerischen Zauberer!« Der König glaubte nämlich, durch solche Reden seine Tochter trösten zu müssen, und ahnte nicht, daß ihr Herz für den Prinzen in Liebe entbrannt war. Als er aber die Tränen sah, die ihren Augen entquollen, suchte er sie zu beruhigen und verließ sie. Die Prinzessin aber brach nun in lautes Weinen und Jammern aus und konnte weder essen noch trinken, noch schlafen.

Der Prinz Kamr al Akmar (Mond der Monde, so hieß er) durchflog indessen die Luft, bis er in das Land seines Vaters kam. Er ließ sich auf der Terrasse seines väterlichen Schlosses nieder und stieg vom Pferde; wie er die Treppen in das Schloß hinunterging, fand er Asche auf die Pfosten des Schlosses gestreut, so daß er glauben mußte, es sei jemand von seinen Verwandten gestorben; er eilte in die innern Gemächer nach seiner Gewohnheit, und hier fand er seinen Vater, seine Mutter und Schwestern in Trauerkleider gehüllt, mit bleichen, schmerzentstellten Gesichtern. Sein Vater sah ihn zuerst; er stieß einen lauten Schrei aus und fiel in Ohnmacht; und als er nach einer Weile wieder zu sich kam, drückte er seinen Sohn an seine Brust. Die Königin und die Prinzessinnen, die dies vernahmen, stürzten auf ihn zu, umarmten und küßten ihn und fragten ihn unter Tränen, wie es ihm ergangen sei. Er erzählte ihnen alles, was ihm begegnet war, von Anfang an bis zum Ende. Als er seine Erzählung beendet hatte, sagte sein Vater: »Gelobt sei Gott, der Erhabene, für deine Rettung, du Freude meines Auges und Leben meines Herzens!« Die Nachricht durchflog schnell die Stadt und verbreitete überall Jubel und Freude; man schlug Trommeln und Pauken und vertauschte die Trauerkleider mit

Freudenkleidern; die Stadt wurde festlich geschmückt, und die Leute drängten sich herbei, um dem König Glück zu wünschen. Dieser ordnete große Festlichkeiten an, erließ alle Strafen, ließ alle Gefangenen frei und gab sieben Tage und sieben Nächte lang Mahlzeiten, bei denen jedermann essen und trinken und sich ergötzen konnte. Dann ritt der König mit seinem Sohne durch die Straßen, damit alle Leute ihn sehen und sich seiner erfreuen konnten. Als die öffentlichen Festlichkeiten zu Ende waren, gingen die Stadtbewohner wieder nach Hause, der König aber begab sich mit seinem Sohne ins Schloß. Da sie nun so bei Tische saßen und aßen und tranken und sich belustigten, ergriff eine schöne Sklavin, die Meisterin im Lautenspiel war, die Laute, schlug die Saiten und sang folgende auf die Trennung verfaßte Verse:

»Glaube nicht, daß ich in der Ferne deiner
vergesse; denn was könnte ich noch
denken, wenn ich dich vergäße? Die Zeit
vergeht, aber meine Liebe zu dir ist ewig.
Mit ihr werde ich sterben, und mit ihr
werde ich wiederauferstehen!«

Als der Prinz diese Verse hörte, wurde sein Herz entzündet von der Flamme der Sehnsucht; Schmerz und Trauer überwältigten seine Seele, und er verließ seinen Vater heimlich, bestieg das Pferd aus Ebenholz und flog auf ihm, bis er das Schloß der Prinzessin erblickte. Er ließ sich wieder auf der Terrasse nieder und stieg dieselbe Treppe wie früher hinab, wo er den Sklaven, wie das erstemal, schlafend fand; leise ging er an ihm vorbei auf den Vorhang zu, der die Türe des Schlafgemachs der Prinzessin bedeckte, blieb ruhig hinter dem Vorhang stehen und lauschte. Er fand sie laut weinend und jammernd und Verse rezitierend. Die Mädchen wurden durch das laute Schluchzen und Weinen der Prinzessin aus dem Schlaf aufgeweckt und sagten zu ihr: »O Gebieterin, warum grämst du dich so über einen, der deinen Gram nicht mit dir teilt?« Die Prinzessin aber sagte: »O ihr unverständigen Mädchen, ist das ein Mann, den man wieder vergessen kann?« Und nun brach sie wieder von neuem in Jammern und Weinen aus, bis sie endlich einschlief. Der Prinz hörte und sah das alles von der Türe aus mit an, und sein Herz pochte heftig, und seine Brust war beklommen. Er trat in das Zimmer und ging zu dem Throne, wo die Prinzessin lag, und zog sie an der Hand. Die Prinzessin erwachte bei dieser Berührung, und wie sie die Augen aufschlug, sah sie den Prinzen vor sich stehen. Der Prinz sagte zu ihr: »Warum weinst du und bist so traurig?« Als sie ihn erkannte, sprang sie auf, fiel ihm um den Hals, küßte ihn und sagte: »Deinetwegen, weil ich von dir getrennt bin.« Der Prinz sagte: »Laß das Geschehene; ich bin jetzt sehr hungrig und durstig.« Sie ließ sogleich Speisen und Getränke auftragen und unterhielt sich mit ihm bis tief in die Nacht hinein. Als der Morgen anbrach, stand er auf, um Abschied von ihr zu nehmen, ehe der Sklave erwachte. Schems ulnahar (so hieß sie) fragte ihn: »Wohin gehst du?« – »Zu meinem Vater«, sagte er; »doch ich verspreche dir, jede Woche einmal zu dir zu kommen.« Sie aber sagte: »Ich beschwöre dich bei dem erhabenen Gott, nimm mich mit dir, wohin du auch gehen magst, und laß mich nicht ein zweites Mal die Bitterkeit der Trennung kosten.« Der Prinz fragte: »Willst du mit mir ziehen?« Und als sie mit einem Ja antwortete, sagte er: »So erhebe dich, daß wir abreisen.« Schems ulnahar eilte sogleich nach einer Kiste und zog die kostbarsten, mit Gold und Juwelen besetzten Gewänder an. Dann gingen sie leise, ohne daß die Mädchen etwas merkten, hinaus und kamen so auf die Terrasse und stiegen beide auf das Ebenholzpferd. Der Prinz rieb den Wirbel, worauf das Pferd wie ein Vogel durch die Lüfte flog, bis sie sich über der Hauptstadt des Königs von Persien befanden. Der Prinz ließ das Pferd in einem Garten außerhalb der Stadt langsam nieder, hob die Prinzessin herab und führte sie in ein Lusthaus und sagte: »Bleibe du einstweilen hier, ich will zu meinen Eltern gehen und sie von deiner Ankunft benachrichtigen. Die Veziere und die ganze Armee sollen dir entgegeneilen und mit Pracht und Glanz vor dir herziehen.« Hierauf eilte er zu seinem Vater und erzählte ihm sein ganzes Abenteuer. Der König und die Königin freuten sich sehr, und er gab sogleich Befehl, alles zusammenzurufen, und alle Leute strömten hinaus in den Garten.

Der persische Weise, den der König bei der ersten Rückkehr des Prinzen wieder in Freiheit gesetzt hatte, hielt sich gewöhnlich beim Gärtner auf und ging oft in dem Garten ein und aus. So traf es sich denn, daß er an dem Tage, da der Prinz mit der Prinzessin ankam, sie sah und den Prinzen erkannte. Er näherte sich dem Lusthause und fand ein Mädchen, schöner als die leuchtende Sonne, und neben ihr stand das Pferd von Ebenholz. Da dachte er: Bei dem erhabenen Gott, dieser junge Mann hat mein Herz in Flammen gesetzt wegen seiner Schwester, ich will ihm jetzt Gleiches mit Gleichem vergelten und dieses Mädchen zugleich mit meinem Pferde entführen. Er klopfte an die Türe des Gemaches, und als die Prinzessin fragte, wer da sei, antwortete er: »Dein Sklave und dein Diener. Dein Herr schickt mich zu dir und läßt dich bitten, mir zu folgen; ich soll dich auf dem Pferd der Stadt näher bringen, weil meine Herrin, die Königin, nicht so weit gehen kann und sich doch so sehr darauf freut, dich zu sehen und zu begrüßen, daß sie sich niemand zuvorkommen lassen will.« Die Prinzessin zweifelte nicht an der Wahrheit dieser Botschaft und öffnete die Türe; wie sie aber seine häßliche Gestalt, seine abscheuliche Gesichtsfarbe und Züge sah, sagte sie: »Hat meine Herrin keinen feinern Diener als dich, um mich zu ihr zu bringen?« Der Perser antwortete: »Meines Herrn Sklaven sind einer schöner als der andere, aber aus Eifersucht wählte er mich, denn ich bin einer seiner ältesten Diener.« Die Prinzessin fand dies wahrscheinlich. Sie schwang sich aufs Pferd, und der Perser saß hinter ihr auf, rieb den Wirbel, und schon schwang sich das Pferd in die Lüfte und nahm die Richtung nach China.

Zu gleicher Zeit, da der Weise die Prinzessin entführte, brach der Zug zu ihrem Empfang von dem Palast auf. Unter dem Schall von Trommeln, Pauken und Trompeten zog der Prinz mit seinem Vater, seiner Mutter, den Vezieren an der Spitze der Truppen in den Garten ein. Der Prinz trat zuerst in das Lusthaus, um seine geliebte Prinzessin zu holen; als er aber das Gemach leer fand, warf er seinen Turban auf die Erde und schlug sich ins Gesicht und auf die Brust. Als er den Gärtner bemerkte, schrie er ihn an: »Du Betrüger, wo ist die Prinzessin, was hast du mit ihr begonnen? Sage mir die Wahrheit, oder ich schlage dir den Kopf vom Rumpfe!« Der Gärtner, der in der größten Verlegenheit war, sagte: »Mein Herr! Du sprichst da von etwas, wovon ich gar nichts weiß. Bei meinem Leben und dem geehrten Barte deines Vaters! Ich weiß nicht, was du meinst und habe nichts gesehen von dem, weshalb du mich in Verdacht hast.« Er fragte schließlich den Gärtner, wer heute in den Garten gekommen sei. Der antwortete: »Nur der persische Weise.« Der Prinz wußte, als er dies hörte, daß der die Prinzessin entführt hatte; er geriet ganz außer sich und schämte sich auch vor den Leuten. Nach einigem Nachdenken sagte er zu seinem Vater: »Gehe du mit den Truppen in die Stadt zurück, ich weiche nicht von hinnen, bis ich diese Sache aufgeklärt habe.« Sein Vater schlug sich weinend auf die Brust und sagte: »Mein Sohn! Fasse dich und tröste dein Herz und wähle dir eine Prinzessin zur Gattin von allen Prinzessinnen der Erde.« Der Prinz aber antwortete nicht darauf, sondern ließ ihn allein in die Stadt zurückkehren. Und so wurde die Freude wieder in Trauer verwandelt.

Um aber wieder auf den persischen Weisen zurückzukommen: Dieser lenkte das Zauberpferd in China zur Erde und stieg mit der Prinzessin in einer grünen Ebene unter einem Baum an einer Quelle ab. Als sie sich hier niedergelassen hatten, fragte die Prinzessin: »Wo ist dein Herr, und wo sind sein Vater und seine Mutter?« Er antwortete: »Gott verdamme sie alle; jetzt bin ich dein Herr. Dies Pferd hier gehört mir, ich habe es gemacht. Glaube nur nicht, daß du den Prinzen je wiedersehen wirst, ich bin besser als er und werde jeden deiner Wünsche erfüllen und dich kleiden, wie du es verlangst; ich bin ein reicher Mann und besitze nicht nur viele Sklaven und Sklavinnen, sondern auch viele Güter, und mein Einkommen ist unermeßlich.« Er scherzte dann mit ihr und suchte sich bei ihr einzuschmeicheln, aber sie stieß ihn fünfhundert Meilen weit von sich weg und fing an zu seufzen und zu weinen. Der Weise legte sich auf den Boden und schlief ein. (Möge Gott ihn nie wieder aufrichten!) Durch die Bestimmung des erhabenen Gottes traf es sich nun, daß der König von China gerade in jener Gegend jagte, und da ihn große Hitze sehr durstig machte, suchte er diese Quelle unter dem Baume auf, um seinen Durst zu löschen und auszuruhen. Als er hier ein weinendes Mädchen sah mit einem Pferde an der Seite, während der Weise auf einer andern Seite hingestreckt lag, bewunderte er ihre Schönheit und wurde ganz entzückt von ihr. Als er sie eine Weile betrachtet hatte, stieß er den Weisen mit dem Fuße, bis der sich erhob; dann fragte er ihn, wer das Mädchen sei, das er mit sich führe? Der Weise antwortete: »Sie ist meine Frau.« Die Prinzessin sprang bei diesen Worten auf, küßte die Steigbügel des Königs und sagte: »Er lügt, o Herr!, er ist ein listiger Zauberer, der mich durch List und Verrat gestohlen hat.« Der König von China sagte: »Gebt diesem Alten die Bastonade und führt ihn gefesselt ins Gefängnis!« Die Diener des Königs vollstreckten diesen Befehl. Der König kehrte dann an der Seite der Prinzessin nach der Stadt zurück. Unterwegs fragte er sie, was denn das für ein Pferd sei. Die Prinzessin antwortete: »O Herr! Auf dem hölzernen Pferde ritt er vor den Leuten und machte allerlei Kunststücke darauf.« Wie der König das hörte, befahl er seinen Dienern, das Pferd in die Schatzkammer zu führen. Er gab die Jagd auf und sagte: »Wir sind ausgegangen, wilde Tiere zu jagen und haben dafür eine menschliche Gazelle gefangen.« Er war sehr heiter und vergnügt; als er in seinen Palast kam, ließ er der Prinzessin sein Gemach anweisen, und noch am selben Abend ging er zu ihr, um ihr seine Hand anzubieten. Die Prinzessin stellte sich aber wahnsinnig. Sie schlug die Hände zusammen, stampfte mit den Füßen und zerriß unter wildem Schreien ihre Kleider; der Sultan verließ, höchst verwirrt und betrübt über diesen Krankheitsanfall, das Gemach, stellte Frauen zu ihrer Bedienung an und verschwendete viel Geld an Ärzte und Astrologen, die die Prinzessin von ihrer Verstandesverwirrung heilen sollten.

Während das mit der Prinzessin geschah, wanderte der Prinz von einem Land zum andern und durchstreifte alle

Städte, bis ihn der Allwissende und Allhörende wie durch einen Zufall nach China führte. Er kam in die Hauptstadt, und als er die Bazare und öffentlichen Plätze besuchte, um zu hören, worüber man sich unterhielt, hörte er mehrere Leute auf dem Bazar von dem König und einem Mädchen sprechen, das man allgemein bedauerte. Er näherte sich den Leuten und ersuchte sie, auch ihm die Begebenheit mitzuteilen. »Wisse«, sagte der eine von ihnen, »unser König ging vor einiger Zeit auf die Jagd, da sah er ein schönes Mädchen mit einem alten Manne, und neben ihnen stand ein Pferd aus schwarzem Holz. Als der König den Alten nach dem Mädchen fragte, sagte dieser: ›Sie ist meine Frau.‹ Das Mädchen aber schrie: ›Bewahre Gott; er lügt und ist ein Zauberer, der mich listigerweise aus meines Vaters Hause entfernt hat.‹ Der König ließ den Alten ins Gefängnis werfen; das hölzerne Pferd befahl er in seine Schatzkammer zu führen; das Mädchen aber nahm er mit sich ins Schloß und wollte es heiraten. Da wurde das Mädchen plötzlich verrückt und besessen. Seit einem Jahre wendet der König alles für Ärzte und Astrologen auf, aber noch hat sich keiner gefunden, der ihr hätte helfen können.« Als der Prinz diese Erzählung hörte, war er außer sich vor Freude und rief: »Gott sei gelobt und gepriesen! Es bringt dir jemand Neuigkeiten, die du nicht gesucht hast.« Der Prinz kleidete sich als Astrologe, machte sich weite herabhängende Ärmel, setzte einen großen Turban auf, färbte seine Augenbrauen und kämmte seinen Bart. Dann nahm er eine Schachtel mit einer Handvoll Sand und ein altes Band von feinem Pergament unter den Arm; in die eine Hand nahm er einen Stock, in die andere einen Rosenkranz und ging, wie die Astrologen zu tun pflegen, die Perlen des Rosenkranzes abzählend, langsam einher und schrie: »Glück unserm Quartier und dem eurigen!« So kam er an das Tor des Palastes, wo er zu dem Pförtner sagte: »Ich möchte, daß du dem König sagst: Ein weiser Sterndeuter ist aus Persien gekommen, hat die Geschichte deiner Sklavin gehört und will sie heilen.« Der Pförtner eilte schnell ans Tor und führte den Prinzen zum König. Der Prinz benahm sich ganz wie ein echter Sterndeuter, sprach vieles Vernünftige und Verständliche und murmelte eine Menge Worte, die keiner der Anwesenden verstehen konnte; er grüßte den König und neigte den Kopf zur Erde. Der König sagte zu ihm: »O Weiser, ich habe ein Mädchen, das seit einem Jahr mit den Händen schlägt und mit den Füßen stampft; wenn du sie heilst, so gebe ich dir, was du begehrst.« Der Prinz sagte: »Laß mich zu ihr führen, daß ich die Ursache ihrer Krankheit erforsche und sehen kann, zu welcher Klasse von Geistern der gehört, der in ihr haust.« Der König befahl sogleich dem Oberstkämmerer, den verkleideten Prinzen in die Gemächer der Prinzessin zu führen, damit er ihren Zustand untersuche. Als der Prinz vor die Türe ihres Zimmers kam, hörte er, wie sie unter vielen Tränen Verse rezitierte. Sein Herz entbrannte um ihretwillen, und er trat schnell in das Zimmer, in welchem sie mit geschlossenen Augen, ganz entstellt von brennender Liebe, lag, und sagte: »Gott möge dich aus diesem Zustande retten, Schems ulnahar! Mit der Hilfe des Allmächtigen ist die Erlösung da! Ich bin Kamr al Akmar!« Als sie seine Stimme hörte und ihn erkannte, erhob sie sich, schlang ihre Arme um seinen Nacken und küßte ihn; dann fragte sie ihn, wie er denn zu ihr habe kommen können. Er aber antwortete ihr: »Es ist jetzt keine Zeit zu langen Gesprächen, denn der Oberstkämmerer steht im Vorgemach, und noch weiß ich nicht, auf welche Weise ich dich befreien soll. Ich will jedoch versuchen, ob es nicht durch List geschehen kann, ist das nicht möglich, so eile ich zu meinem Vater zurück und werde dann an der Spitze aller Truppen nach China kommen und Krieg mit ihm führen; Gott wird dann nach seinem Willen beschließen.« Er verließ sie, ging zu dem König zurück und sagte: »Herr! Ich will dir ein Wunder zeigen!« Der König erhob sich sogleich und ging mit Kamr al Akmar zu der Prinzessin. Diese fing wieder an zu schreien und zu schäumen, stampfte mit den Füßen und schlug mit den Händen. Da ging der Prinz auf sie zu, murmelte seine Beschwörungen und schäumte und blies ihr ins Gesicht, biß ihr ins Ohr und flüsterte ihr zu: »Stehe jetzt mit Würde auf, gehe zum König hin, küsse ihm die Hand und zeige dich ihm gefällig.«

Als der verkleidete Prinz das Ohr der Prinzessin losließ, sank sie wie ohnmächtig nieder und blieb einige Augenblicke so liegen, dann stand sie auf wie eine vom Schlaf Erwachte und näherte sich dem König, küßte voll Ehrerbietung seine Hand und sagte: »Willkommen mein Herr und König! Ich bin erstaunt darüber, daß du deine Sklavin heute besuchst.« Der König war außer sich vor Freude, als er diese Worte hörte, welche mit süßer Stimme gesprochen wurden. Er wandte sich zu dem Prinzen und sagte: »Wünsche dir etwas, ich gewähre dir deine Bitte im voraus.« Der Prinz entgegnete: »Herr! Die Zeit der Wohltat ist noch nicht da, denn ich fürchte sehr, daß die Krankheit des Mädchens wieder ausbreche. Ich wünschte«, fuhr er fort, »daß sie von zehn Sklavinnen ins Bad getragen werde; sie darf aber nicht mit dem Fuß den Boden berühren. Dann laß ihr den kostbarsten Schmuck von Edelsteinen umhängen, damit ihr Herz seinen Kummer vergesse und ihr Gemüt sich erfreue. Ist das alles geschehen, so laß sie außerhalb der Stadt an den Ort bringen, wo du sie gefunden hast; denn dort ist der böse Geist in sie gefahren.« Als der König diese Worte des Prinzen hörte, sagte er zu ihm: »Gott grüße dich, o Künstler, o Philosoph, ich habe noch keinen so geschickten Arzt gefunden; wie mochtest du nur wissen, daß ich das Mädchen außerhalb der Stadt gefunden habe?« Er ließ nun sogleich die Befehle des Prinzen vollziehen und kleidete sie mit einem Schmuck, der eine ganze Schatzkammer wert war; dann trug man sie unter den Baum, wohin sich auch der König mit den Vezieren und seinen Truppen sowie dem Prinzen begab. Dieser murmelte Beschwörungen, blickte bald gen Himmel, bald zur Erde und ließ Räucherwerk bereiten. Nach einer Weile hob er den Kopf in die Höhe, trat zu dem König und sagte: »Herr! Mir ist klar geworden, daß der Teufel, der in dieses Mädchen gefahren, seinen eigentlichen Sitz im Leibe eines Tieres aus schwarzem Ebenholz hat. Wird nun dieses Tier nicht gefunden, daß ich dem bösen Geiste auflauern kann, so wird das Mädchen jeden Monat von ihm befallen werden.« Bei diesen Worten des Prinzen sagte der König: »Du bist ein göttlicher Mann und Meister aller Weisen und Philosophen! Du hast bei Gott recht, denn ich sah mit eigenen Augen, wie neben dem Mädchen und dem alten Räuber ein Pferd aus schwarzem Ebenholz stand, das vielleicht das Tier ist, von dem du sprichst.« Der König gab sogleich die nötigen Befehle, und nach kurzer Zeit wurde das Pferd herbeigeführt. Der Prinz untersuchte es aufs genaueste, um sich zu überzeugen, daß es unbeschädigt sei; dann befahl er, das Räucherwerk anzuzünden. Hierauf zog er eine Handvoll zerschnittenes Papier aus seinem Turban und sagte: »Sobald ich auf dem Pferde sitze, so setzet das Mädchen hinter mich und werfet dies Papier in die Flammen. Wenn dem Pferde dieser Geruch in die Nase kommt, wird es das Maul und die Nüstern aufsperren, um ihn einzusaugen, und dann wird der Teufel aus seinem Leibe fahren, sobald ich diesen Wirbel drehe.« Man befolgte genau seine Befehle, und sobald das Mädchen hinter ihm saß, drehte er den Wirbel, und das Pferd erhob sich mit ihm und der Prinzessin wie ein Vogel. Der König rief seinen Leuten: »Haltet sie an! Haltet sie an!« Als sie ihn aber davonfliegen sahen, sagten sie: »O Herr! Was ist da zu tun, das ist ein Teufel oder ein böser Geist!« Der König aber, der noch in die Luft starrte, als schon längst jede Spur von dem Pferd verschwunden war, schrie laut auf und fiel in Ohnmacht. Als er wieder zu sich kam, sagte er: »Es gibt keine Macht und keinen Schutz, außer bei Gott, dem Erhabenen! Hat jemals einer einen Menschen fliegen sehen? Bei Gott, das ist höchst wunderbar!« Dann kehrte er mit seinen vor Erstaunen ganz erstarrten Vezieren und Truppen in die Stadt zurück, ließ den weisen Perser aus dem Gefängnis holen und schrie ihn an: »Elender Betrüger! Warum hast du mir die wunderbare Eigenschaft dieses hölzernen Pferdes nicht gesagt? Nun ist es einem nichtswürdigen Landstreicher gelungen, mir dieses Mädchen zu entführen, das noch einen ganzen Schatz am Körper hängen hat!« Als der Weise diese Worte hörte, schrie und weinte er laut und schlug sich in das Gesicht und sagte: »O Herr! Wisse, ich habe dieses kunstreiche Pferd gemacht und es Sabur, dem König von Persien, gebracht, der mir dafür die Hand seiner jüngsten Tochter versprach. Sein Sohn aber ist der Räuber des Mädchens und des Pferdes.« Hierauf erzählte er ihm seine ganze Geschichte von Anfang bis zu Ende, und der König geriet darüber in solchen Grimm, daß er dem Bersten nahe war; und er betrauerte sein ganzes Leben hindurch den Verlust des Mädchens und des Pferdes. Der Prinz aber durchflog die Luft, bis er der Residenz seines Vaters nahe war, dann ließ er sich im Schlosse seines Vaters nieder; denn das Sprichwort sagt: »Durch häufiges Fallen lernt man gehen«, und wäre er gleich anfangs so vorsichtig gewesen, so wären ihm alle Unglücksfälle nicht zugestoßen. Seine Eltern waren über seine Ankunft mit dem Mädchen und dem Pferde nicht wenig erfreut. Diese glückliche Nachricht durchflog schnell die ganze Stadt, und alle, die es hörten, lobten und dankten Gott dem Allmächtigen. Das ganze Volk, die Veziere und die Truppen versammelten sich, um dem König Glück zu wünschen. Auch dem großen König, dem Vater der Prinzessin, schickte man Boten mit Briefen, und dieser sandte die herrlichsten Geschenke an seine Tochter und an seinen Schwiegersohn. Nun ließ der König die Stadt festlich schmücken; sieben Tage und sieben Nächte dauerten die Festlichkeiten, und eine Menge Geld wurde unter die Armen ausgeteilt. Das Zauberpferd wurde in die Schatzkammer gestellt. Und ihr ganzes Leben war eine fortlaufende Kette der süßesten Annehmlichkeiten, bis auch sie der Zerstörer aller Freuden und der Trenner aller Bündnisse, der Tod, überfiel.

Schehersad begann hierauf folgende Erzählung:

Geschichte Sindbads, des Seefahrers

Man behauptet, o glückseliger und verständiger König!, daß unter der Regierung des Kalifen Harun Arraschid, Gott erbarme sich seiner!, in Bagdad zwei Männer lebten: der eine hieß Sindbad der Seemann und der andere Sindbad der Lastträger. Sindbad der Lastträger war ein sehr armer Mann, der eine große Familie und einen kleinen Verdienst hatte; Sindbad der Seemann hingegen war ein äußerst angesehener und weiser Kaufmann, der einen so ausgebreiteten Handel trieb, daß er am Ende gar nicht mehr wußte, wo er das viele gewonnene Gold und Silber und all die Waren aufbewahren sollte. Er kaufte Sklaven und Sklavinnen und besaß einen Palast, der einem Sultan zur Wohnung hätte dienen können. Die Wände waren mit den reizendsten Malereien und Zieraten bedeckt und glänzten von Gold und Edelsteinen; alle Zimmer wurden mit Ambra und mit Aloe vermischtem Rosenwasser besprengt, köstliche Räucherwerke vermengten sich mit dem Duft der Blumen, welche in den ans Haus grenzenden Gärten wuchsen, die alles enthielten, was sich das Herz nur wünschen kann. Viele Sklaven waren zur Bedienung aufgestellt, und fortwährend erscholl Gesang und Musik von Zymbeln, Harfen und andern Instrumenten. Während der Seemann dies alles besaß, war der andere ein armer Teufel, der um Lohn den Leuten ihre Lasten da- und dorthin trug. Eines Tages kam ein Mann auf ihn zu und sagte: »Willst du mir diese Last da tragen?« Sindbad erklärte sich bereit dazu, und nachdem ihm der Fremde den geringen Lohn gegeben und gesagt hatte, wo er den Pack hintragen solle, ging er fort. Sindbad lud sich die Bürde auf und verfolgte den ihm angegebenen Weg. Dieser führte an dem Hause Sindbad des Seefahrers vorüber, und da der Träger sehr ermüdet war, so legte er seinen Pack nieder, um ein wenig zu ruhen. Vor dem Hause war sauber gekehrt und gespritzt; der Ort war kühl und von Wohlgerüchen geschwängert, welche das Herz erquicken und die Müdigkeit verscheuchen.

Wie er nun so dasaß und den süßen Duft einatmete und sich abkühlte und ausruhte, hörte er aus dem Innern des Hauses muntere Vogelstimmen von Tauben und Nachtigallen, Töne der Laute und Harfe und entzückenden Gesang von Mädchen. Er sah in das Haus hinein und erblickte viele Diener und Sklaven und die feinsten Speisen und allerlei Gewürz, wie man es gewöhnlich nur bei Königen und Sultanen findet. Da hob er sein Auge zum Himmel empor und sagte: »O Schöpfer! O Erhalter! O allmächtiger Gott! Verzeihe mir meine Sünden, ich kehre von allen meinen Verirrungen zu dir zurück! O Herr! Niemand ist unter den Sterblichen, der etwas einwenden konnte gegen das, was du tust. Niemand darf dich fragen, warum du so handelst und nicht anders! Du weißt alle Geheimnisse und deine Macht kennt keine Grenze! Sei gelobt und gepriesen, o Herr! Wie groß und erhaben ist deine Herrschaft, du verteilst Armut und Reichtum, Glück und Unglück, wie es dir gefällt! Wie groß, o Herr!, wie erhaben ist deine Macht! Du hast diese Diener und diese Jungen und den Herrn dieses Ortes glücklich gemacht; sie leben Tag und Nacht in jeglicher Lust und Freude, dein Befehl wird an allen deinen Geschöpfen vollzogen, die einen führen ein reiches Leben, die andern, wie ich, ein mühevolles, freudloses.« Dann sprach er folgende Verse:

»Wie viele Qual ohne Ruhe! Während andere den Schatten des Glücks genießen. Ich lebe in täglichen Beschwerden und Sorgen, und übergroß ist meine Last. Andere sind selig ohne Leid, und nie gibt ihnen das Schicksal eine Last wie mir zu tragen. Sie sind immer vergnügt im Leben, haben Reichtum und Ansehen, Essen und Trinken. Und doch entstehen alle Geschöpfe aus einem Tropfen, und doch gleichen die andern mir, und ich bin wie sie. Aber unser Leben und Schicksal ist sehr verschieden, ihre Bürde gleicht der meinigen nicht!

Ich erfinde nichts, meine Worte gehen zu
dir, o gerechter Richter, dein Spruch ist
doch Gerechtigkeit!«

Kaum hatte Sindbad diese Verse gesprochen, da sah er einen sehr hübschen, reichgekleideten Jungen von feinem, schönem Ansehen zur Türe herauskommen und auf sich zugehen. Der Junge ergriff ihn an der Hand und sagte: »Mein Gebieter, der Eigentümer dieses Hauses, schickt mich zu dir; er will dich sprechen.« Der Träger sträubte sich anfangs einzutreten, doch fand er keinen Grund, sich zu weigern; so hob er denn seine Last auf, legte sie in die Vorhalle des Hauses zum Pförtner und folgte dem Jungen ins Haus, bis sie in einen großen Saal kamen. An seinen vier Seiten waren Erhöhungen mit kostbaren Divanen angebracht, in der Mitte sprang ein Springbrunnen, die Fenster gingen auf einen schönen Garten, ein erfrischender Zephyr führte den Duft der Blumen, den Gesang der Vögel und das Murmeln der Bäche durch die Fenster zu den Ohren der ehrwürdigen Versammlung, welche in weitem Kreise um den Hausherrn herumsaß. Dieser nahm den Ehrenplatz auf einer Erhöhung ein und war ein ehrwürdiger Greis. Als der Lastträger eintrat, grüßte er und küßte die Erde vor den Gästen und dem Hausherrn und dachte: Nur im Paradies gibt es einen solchen Ort! Dann blieb er wie ein wohlgebildeter, anständiger Mann ruhig stehen. Alle erwiderten seinen Gruß und hießen ihn willkommen. Der Hausherr aber grüßte und empfing ihn noch besonders, lud ihn ein, sich neben ihm niederzulassen und fragte ihn, wie er heiße, wo er her sei und was für ein Geschäft er treibe? Der Lastträger antwortete ihm: »Wisse, mein Herr! Ich heiße Sindbad der Landmann oder Lastträger, denn meine Beschäftigung besteht darin, den Leuten um Lohn ihre Lasten zu tragen. Dies ist das einzige Geschäft, das mich ernährt. Ich bin ein sehr armer Mann und weiß nichts anderes zu treiben, um mich vor dem Hungertod zu schützen.« Der Hausherr sagte zu ihm: »Sei nochmals willkommen, du Lastträger! Wisse, auch ich heiße Sindbad wie du, ich bin Sindbad der Seemann und du Sindbad der Lastträger. Ich heiße dich daher als meinen Bruder willkommen.« Er ließ ihm kostbare Speisen vorsetzen, und da er hungrig war, aß er, bis er satt war, worauf die Sklaven wieder den Tisch wegtrugen. Der Hausherr hieß ihn dann nochmals willkommen und versicherte ihm, daß ihm seine Gesellschaft sehr angenehm sei. Dann fuhr er fort: »Ich möchte nun, daß du die Verse wiederholst, die ich dich vorhin sprechen hörte, als ich zufällig am Fenster stand.« Bei diesen Worten senkte Sindbad, der sich schämte, voll Verlegenheit das Haupt und sagte: »Bei Gott, Herr! Nimm mir diese Worte nicht übel! Die große Müdigkeit und die Qual der Armut führt oft den Menschen zu törichten und unanständigen Reden!« – »Glaube ja nicht«, erwiderte der Hausherr, »daß ich dir darum böse bin! Ich betrachte dich nun als meinen Bruder, und du hast nichts von mir zu fürchten. Ich bitte dich daher, sage mir jene Verse noch einmal her.« Der Träger trug nun noch einmal die Verse vor, und sie gefielen dem Hausherrn ungemein. Nachdem er ihm seinen Beifall und Dank ausgedrückt hatte, sagte er zu ihm: »Wisse, o Bruder, man nennt mich Sindbad den Seemann; ich will dir alles erzählen, was mir widerfahren ist, ehe ich zu diesem Hause und zu einer solchen Gesellschaft gelangte. Denn erst nach schweren Verlusten, großen Mühseligkeiten und unendlichen Qualen habe ich solchen Wohlstand erreicht. Was habe ich nicht in früherer Zeit leiden müssen! Ich habe sieben Reisen gemacht, und jede bildet eine wunderbare Erzählung, die mit Gold geschrieben werden sollte, um jedermann zum Beispiel zu dienen!« Hierauf begann er: »Wisset, ihr geehrten Herren!, mein Vater, der ein sehr reicher Kaufmann war, starb, als ich noch ein kleiner Junge war, und hinterließ mir ein ungeheures Vermögen an liegenden Gütern, Geld und kostbaren Waren. Ich ließ mir wohl sein und verbrachte meine Zeit mit guten Speisen und Getränken und Gesellschaften, die ich meinen guten Freunden gab, und glaubte, das würde mir von Nutzen sein oder ewig so fortgehen. Jahrelang hatte ich so gelebt, bis ich zur Vernunft zurückkehrte und aus meinem Leichtsinn erwachte; da fand ich mein Vermögen geschwunden und meine Lage verändert. Ich war ganz betäubt und zerknirscht, als all mein Geld dahin war und ich einsah, daß ich dem Schicksal nicht entfliehen könnte. Da fielen mir die Worte ein, die ich als Kind oft von meinem Vater als einen Spruch von dem Herrn Suleiman, Friede sei mit ihm! sagen gehört hatte. »Drei Dinge sind drei andern vorzuziehen! Der Sterbetag dem Geburtstag, ein lebendiger Hund einem toten Löwen und ein Grab dem festesten Palaste!« Da ging ich mit mir zu Rate, was ich tun sollte. Nach einiger Überlegung verkaufte ich, was ich an Kleidungsstücken, Gerätschaften und liegenden Gütern noch besaß. Ungefähr dreitausend Dirham war der Erlös davon; mich trieb es, zu reisen, fremde Länder und Städte zu sehen, und ich gedachte da Verse eines Dichters, welcher sagt:

Wer hoch steigen will, muß manche Nacht
durchwachen. Wer Perlen wünscht, muß in
die Tiefe des Meeres tauchen; dann erst
kann er Ansehen und Reichtum erwerben.
Wer aber Hoheit und Ansehen wünscht,
ohne mit Kraft danach zu streben, der
verliert sein Leben in unerfüllbaren
Wünschen.«

Erste Reise Sindbads

Ich machte mich also auf, erzählte Sindbad, und kaufte allerlei Waren ein. Da ich besondere Lust zu einer Seereise hatte, ließ ich alles auf ein Schiff laden, das nach Baßrah ging. Das Schiff war sehr groß, und es waren viele Kaufleute auf ihm; wir reisten nun von einer Insel zur andern, von einem Meer ins andere, von einem Ufer ans andere. Überall, wo wir ankerten, verkauften oder tauschten wir unsere Waren. So ging es lange gut fort auf dem Meere, bis wir an eine schöne Insel kamen mit Bäumen, auf welchen viele Vögel herumflogen und die Einheit Gottes verkündigten. Diese Insel war herrlich grün und schien ein Lustgarten des Paradieses zu sein. Der Kapitän des Schiffes rief seinen Leuten zu, die Segel einzuziehen und vor dieser Insel Anker zu werfen. Nun verließ alles das Schiff und lief auf die Insel; es wurden Tische bereitet, Herde aufgerichtet, Pfannen darüber gehängt und Feuer angezündet. Der eine wusch seine Kleider, der andere kochte, der dritte ging auf der Insel spazieren, um Gottes Schöpfung zu bewundern. Alle waren munter, aßen und tranken. Während wir so in der größten Freude waren, schrie auf einmal der Kapitän ganz laut vom Schiffe aus uns zu: »Wehe, ihr Reisende! Kommt schnell auf das Schiff, laßt all eure Gerätschaften im Stich und rettet nur schnell euer Leben vor dem Untergang, denn die Insel, auf der ihr seid, ist nichts anderes als ein großer Fisch, der zu wenig Wasser hat und nicht auf dem Land leben kann. Auch hat der Wind den Sand von ihm weggeblasen, und da er jetzt das Feuer auf seinem Rücken spürt, fängt er an, sich zu bewegen und wird mit euch ins Meer tauchen; kommt daher schnell aufs Schiff und rettet euer Leben.« Aber noch ehe der Kapitän ausgeredet hatte, fing die Insel an sich zu bewegen und mitten ins stürmende Meer unterzutauchen, so daß alle, die darauf waren, untergingen. Auch ich sank in die schäumenden Wellen, aber Gott half mir durch ein großes Brett, auf dem die Reisenden gewaschen hatten. Mit leichtem Herzen bestieg ich es, und der Wind spielte mit mir mitten im Meere. Der Kapitän, der die Leute, die auf der Insel waren, untergehen sah, spannte die Segel auf und fuhr mit der Mannschaft, die bei ihm auf dem Schiff geblieben war, davon. Ich sah das Schiff von fern, konnte es aber nicht mehr einholen. Der Tag war schon vorüber, die Nacht brach herein mit ihrer Dunkelheit, und das Schiff entschwand schließlich ganz meinen Blicken. So blieb ich auf dem Brett die ganze Nacht hindurch. Am andern Morgen warf mich eine große Woge glücklicherweise auf eine Insel. Die Ufer aber waren so abschüssig, daß man nirgends hinaufsteigen konnte, und ich wäre untergegangen, wenn nicht einer der Bäume, welche längs der Küste standen, seine Äste so weit ausgestreckt hätte, daß ich sie ergreifen konnte. Ich klammerte mich mit aller Kraft und Anstrengung daran fest, kletterte auf den Baum hinauf und von da herunter auf die Insel. Als ich meine Füße betrachtete, sah ich, daß die Fische das Innere meiner Zehen abgefressen hatten, ohne daß ich es vor vieler Anstrengung bemerkt hatte. Ich warf mich auf den Boden nieder, denn ich war von meinen vielen Leiden bewußtlos wie ein Toter. So blieb ich vom ersten Nachmittag bis zum folgenden Morgen liegen und erwachte erst, als die Sonne sich schon über die Erde verbreitet und die Insel beschienen hatte. Ich richtete mich auf und versuchte zu gehen, was mir aber bei dem Zustande meiner Füße, die in der Nacht noch angeschwollen waren, sehr schwer wurde; trotzdem schleppte ich mich weiter, blieb dann wieder stehen und dachte über meine Lage nach, dann machte ich einige Schritte auf den Fersen, aß von den Früchten der Insel und trank aus den Bächen. Mitten in der Insel fand ich eine frische süße Wasserquelle, und ich blieb hier einen Tag und eine Nacht, und der Schlaf und die Ruhe, die ich hier fand, gaben mir meine Kräfte wieder, und ich konnte mich leichter bewegen; ich ging unter den Bäumen spazieren und schnitt mir einen Stock, um mich auf ihn zu stützen. Auf einmal leuchtete etwas von der Seite des Meeres her wie ein hoher Hügel; ich ging darauf los, mich immer an den Ästen festhaltend, und erblickte ein Pferd, welches an einen Baum gebunden war. Als es mich sah, wieherte und tobte es so heftig, daß ich erschrak. Dann rief auf einmal eine männliche Stimme und sagte: »Wie kommst du hierher, und woher kommst du? Aus welchem Lande bist du?« Ich sagte: »Wisse, Fragender!, ich bin ein fremder Mann, der auf einem Schiffe Schiffbruch erlitt und sich auf diese Insel rettete; nun weiß ich nicht, wohin ich mich wenden soll.« Als der Fremde, ein kräftiger, starker Mann, mich angehört hatte, kam er zum Vorschein, ergriff meine Hand und stieg mit mir in eine Höhle hinab, in welcher sich ein schönes, großes Zimmer befand, das mit Teppichen bedeckt war. Er ließ mich an der oberen Seite dieses Zimmers niedersitzen und brachte mir einige Speisen, von denen ich aß, bis ich satt war. Mein Geist erholte sich, und mein Schrecken ließ nach. Als er sah, daß ich meinen Hunger gestillt und mich ausgeruht hatte, erkundigte er sich nach meinem Zustand und nach meinen Abenteuern. Ich erzählte ihm meine ganze Geschichte von der frühesten Zeit bis jetzt. Er hörte mit Erstaunen zu, und ich sagte zu ihm: »Nimm mir nicht übel, mein Herr: da ich dir nun alles, was mich betrifft, erzählt habe, willst du mich wohl auch über deine Lage aufklären und mir sagen, wer du bist und warum du hier so abgeschlossen lebst?« Da antwortete er: »Wisse, ich bin der Oberstallmeister des Königs Mihrdjan und habe die Aufsicht über seine Stallknechte und andere Diener; wir züchten ihm echte Rassepferde. Zu dieser Zeit nämlich bringen wir eine Stute von echter Rasse hierher, binden sie an den Ort, den du gesehen hast, und verbergen uns dann in dieser Höhle. Sobald es nun still ist, kommt ein Meerhengst und bespringt die angebundene Stute, welche er dann mit sich ins Meer nehmen will, weil sie aber angebunden ist und ihm nicht folgen kann, zu zerreißen sucht; sobald er mit dem Maul nach ihr greift, um sie umzubringen, stürzen wir bewaffnet aus der Höhle hervor, so daß er sich fürchtet, entflieht und ins Meer zurückkehrt. Die Stute trägt dann von diesem Hengste, und die Jungen werden so gute Pferde, wie man sie nur bei den Sultanen der Inseln und des Meeres trifft. Wir warten eben, daß der Hengst komme, und sind wir mit unserer Arbeit fertig, so gehen wir nach Haus und nehmen dich mit. Es ist ein Glück für dich, daß du uns hier getroffen hast; sonst hättest du niemand gefunden, der dir einen Weg gezeigt hätte, und du wärst nie mehr in ein bewohntes Land gekommen, denn du bist weit davon entfernt. Du wärst hier in Trauer gestorben, und niemand hätte etwas von deinem Tod gewußt.« Während wir so sprachen, stieg ein Pferd aus den Meereswogen hervor wie ein reißender Löwe; es war höher und breiter als gewöhnliche Pferde und hatte stärkere Hufe. Es ging auf die Stute los, besprang sie und wollte sie mitnehmen, da schrie es aber der Mann mit seinem Gefolge an, und sie stürzten mit Lanzen aus der Höhle hervor, so daß es entfloh und wie ein wütendes Kamel ins Meer zurückkehrte. Der Mann band darauf die Stute los und ließ sie eine Weile auf der Insel springen. Es kamen noch viele andere dazu, die auch mit Stuten auf der andern Seite der Insel sich aufgehalten hatten. Als nun alle versammelt waren, nahmen sie die

Polster aus der Höhle und ließen, was noch von Lebensmitteln übrig war, zurück. Wir gingen lange Zeit, bis wir zur Stadt des Königs Mihrdjan kamen, der sich sehr freute, als er die Pferde ankommen sah. Man erzählte ihm mein Abenteuer und stellte mich ihm vor; er hieß mich willkommen, erkundigte sich nach meinem Wohle, und ich erzählte ihm alles, was mich betraf. Der König war sehr erstaunt und sprach: »Bei Gott, du betrittst nun ein neues Leben; gelobt sei Gott, der dich gerettet hat!« Er schenkte mir Kleider, zog mich in seine Nähe, und seine Großmut ging so weit, daß er mich zum Aufseher über die Küsten des Meeres machte. Lange genoß ich seine Freigebigkeit, wofür ich ihm seine Geschäfte besorgte, bei denen ich auch meinen eigenen Vorteil fand. Sooft Kaufleute oder andere Reisende uns besuchten, erkundigte ich mich nach Bagdad, denn ich hoffte immer, jemand zu finden, der dahin reisen würde; aber niemand war je dort gewesen, niemand wußte was von Bagdad. Das Heimweh kam über mich in der Fremde, nach einer so langen Entfernung vom Vaterlande und von meinen Leuten. Einmal kam ich zum König und grüßte ihn, da fand ich indische Kaufleute bei ihm; wir grüßten uns gegenseitig, sie fragten mich nach meinem Lande und erzählten mir dafür von Indien und wie seine Einwohner in verschiedene Stämme eingeteilt wären. Unter diesen seien die Schakirijeh die vornehmsten, weil sie nie ein Unrecht begehen noch jemand beneiden; dann das Völkchen der Brahmanen, das nie Wein trinkt, aber doch immer munter und heiter in Scherz und Freude lebt. In ihrem Lande gibt es Pferde, Kamele und Rindvieh. Sie sagten mir auch, daß die Inder sich in zweiundvierzig Sekten teilen. In dem Land des Königs Mihrdjan sah ich eine Insel, Kasel genannt, in der man Tag und Nacht Tamburin und andere Instrumente spielen hört; die Seeleute sagten mir, die Einwohner seien recht wackere und verständige Leute. Auch sah ich in jenem Meer zwei Fische, einen zweihundert Ellen lang, und einen andern, hundert Ellen lang, dessen Kopf dem einer Nachteule glich. Überhaupt begegnete mir auf dieser Reise so viel Wunderbares, daß ich gar nicht alles beschreiben kann. Nachdem ich einige Zeit in diesem Königreich zugebracht hatte, ging ich eines Tages nach meiner Gewohnheit ans Meeresufer, da landete ein Schiff sehr reich beladen. Ich blieb stehen, bis die ganze Ladung ausgeschifft war, um sie aufzunehmen. Da kam der Kapitän des Schiffes zu mir und sagte: »Herr! Wir haben noch Waren auf dem Schiff, deren Eigentümer wir auf einer Insel verloren haben, wir wissen nicht, ob er noch am Leben oder ob er umgekommen ist!« Ich fragte ihn nach dem Namen des Mannes, und er sagte: »Sein Name steht auf seiner Ladung, er heißt Sindbad der Seemann und war von Bagdad aus auf unser Schiff gekommen.« Der Kapitän erzählte mir alles, was vorgefallen, »und«, setzte er hinzu, »wir haben ihn nicht mehr gesehen. Wir wollen daher seine Ladung verkaufen, ihren Wert aufnehmen und das Geld seiner Familie bringen«. Nun erhob ich meine Stimme und sagte dem Kapitän: »Ich bin Sindbad der Seemann, den du aus deinem Schiff auf jene Insel ausgeschifft, und dieser und jener war mit uns; als der Fisch sich zu bewegen anfing, riefst du den Reisenden zu, sich zu retten; einige stiegen schnell aufs Schiff, andere blieben zurück, zu diesen gehörte auch ich.« Und so erzählte ich ihm alles, was mir widerfahren, von Anfang bis zu Ende. Er sagte: »Gelobt sei Gott für deine Rettung.«

Der Kapitän neigte jedoch nachdenkend seinen Kopf und schwieg, dann sagte er: »Es gibt keinen Schutz und keine Macht, außer bei Gott, dem Erhabenen. Es ist keine Redlichkeit und kein Glauben mehr unter den Menschen.« Ich fragte ihn, warum er dies sage? Und er antwortete: »Weil du mich den Namen Sindbads nennen hörtest und ich dir schon seine ganze Geschichte erzählt habe, gibst du dich für ihn aus, um dich dieser Ladung zu bemächtigen. Bei Gott, das ist eine Sünde; denn ich und alle, die mit auf dem Schiff waren, sahen ihn mit eigenen Augen ertrinken.« Ich sagte ihm: »O Kapitän! Hör meine Erzählung und merk wohl auf, denn Lüge ist nur Sache der Heuchler! Ich habe dir ja schon erzählt, wie es mir gegangen und wie ich gerettet worden bin.« Ich erinnerte ihn noch an das, was zwischen mir und ihm auf dem Schiff vorgefallen war, ehe wir zur Insel kamen, und an verschiedene Zeichen zwischen uns von dem Tage an, wo wir von Baßrah abreisten. Als er von mir diese Zeichen vernahm und meine Sache ihm klar wurde und er sich unsrer Gespräche erinnerte, überzeugte er sich, daß ich wirklich Sindbad sei, und er benachrichtigte davon alle, die auf dem Schiffe waren; sie versammelten sich um mich, grüßten mich, erkannten mich und glaubten mir, so daß nun auch der Kapitän von meiner Aufrichtigkeit überzeugt war. Ich erzählte den Kaufleuten alles, was ich gelitten und gesehen hatte und wie ich gerettet worden war, und sie waren sehr erstaunt darüber. Der Kapitän übergab mir alles, was mir gehörte. Ich öffnete sogleich einen Ballen, nahm einiges Kostbare heraus, schenkte es dem König Mihrdjan und sagte ihm, daß dieser Kapitän der Herr des Schiffes sei, auf dem ich war, und daß meine sämtlichen Waren angelangt seien, worauf er mich sehr ehrte und mir viele Geschenke machte. Ich aber verkaufte meine Ladung und gewann sehr viel daran; dann kaufte ich andere Waren von dieser Stadt, packte sie ein und brachte sie aufs Schiff. Nachdem ich vom König Mihrdjan, der mir noch viele Geschenke machte, Abschied genommen hatte, reisten wir mit Erlaubnis des erhabenen Gottes ab. Die Bestimmung begünstigte uns mit einem guten Wind, und wir reisten glücklich Tag und Nacht, von Insel zu Insel und von Meer zu Meer, bis wir in Baßrah ankamen. Freudig über unser Wohl, gingen wir in die Stadt, und nach einem kurzen Aufenthalt hier reisten wir nach Bagdad. Ich begab mich mit den vielen Waren, die ich mitgebracht hatte, in mein Stadtviertel, begrüßte meine Nachbarn und Freunde, kaufte mein Haus wieder und bewohnte es mit allen meinen Verwandten, die sich sehr über mein Glück freuten. Dann kaufte ich viele Sklavinnen und Sklaven, Häuser und Güter, schöner, als die früheren gewesen waren, die ich hatte verkaufen müssen. Ich schaffte mir alles wieder neu an, was ich früher vergeudet hatte. Alle meine Leiden vergaß ich in kurzer Zeit und lebte wieder ganz in der schönsten Freude, in angenehmster Gesellschaft, bei gutem Essen und Trinken. Das ist's, was meine erste Reise betrifft. Doch die Nacht umgibt uns schon; du hast uns durch deinen Besuch viel

Freude gemacht: bleibe daher noch bei uns zum Nachtessen. Komme dann morgen wieder, damit ich dir mit Gottes Segen erzählen kann, was mir auf der zweiten Reise begegnet ist. – Als das Nachtessen vorüber war, ließ Sindbad dem Lastträger hundert Dinare auszahlen. Der nahm sie an und ging mit seiner Last seines Weges, ganz erstaunt über das, was er gehört hatte; ebenso kehrten die Freunde Sindbads heim.

Der Lastträger konnte kaum den Tag erwarten, als er aufstand, sich wusch, sein Morgengebet verrichtete und zu Sindbad dem Seefahrer ging. Er wünschte ihm guten Morgen, küßte die Erde zu seinen Füßen und dankte ihm für seine Wohltaten. Drauf, da die übrigen Freunde auch schon da waren, bildeten sie einen Kreis um ihn, wie am ersten Tage. Sindbad der Seefahrer begrüßte den Lastträger und sagte zu ihm: »Deine Gesellschaft ist uns sehr angenehm.« Hierauf hieß er sie sich zum Tische setzen, der mit den köstlichsten Speisen bedeckt war, und sie ließen es sich wohl schmecken; dann wurde der Weintisch gebracht, auf dem es an auserlesenen frischen und trockenen Früchten, Leckerbissen, Wohlgerüchen von Blumen und allerlei Sorbetten nicht fehlte. Als sie sich satt gegessen und getrunken hatten, sprach der Seefahrer zu dem Lastträger: »Höre mir, Bruder, aufmerksam zu, was ich von den Abenteuern meiner zweiten Reise erzählen werde: Sie sind weit merkwürdiger als die der ersten, und ich habe noch Härteres auf ihr gelitten.« Er begann darauf, von seiner zweiten Reise zu erzählen.

Zweite Reise Sindbads

Nach meiner ersten Reise war ich, wie ich gestern erzählt habe, wieder zu meinem frühern Wohlleben in Gesellschaft von Freunden zurückgekehrt. Diese Lebensweise dauerte eine Weile. Eines Tages, als ich sehr vergnügt war, ergriff mich die Lust zu reisen und zu handeln wieder. Ich kaufte Waren, die sich zu einer Seereise eigneten, und schiffte mich auf einem guten Schiffe mit andern Handelsleuten ein. Nachdem wir uns den Segen Gottes erfleht hatten, lichteten wir die Anker und gingen unter Segel.

Wir fuhren von Insel zu Insel, von Land zu Land, von Stadt zu Stadt, sahen uns alles an und machten vorteilhafte Tauschgeschäfte. Eines Tages warf uns das Geschick, nach Gottes Willen, auf eine Insel, die reich an verschiedenen Fruchtgattungen, Blumen und Vögeln, aber so verlassen war, daß wir weder eine Wohnung noch überhaupt ein menschliches Wesen entdecken konnten. Der Kapitän ankerte vor dieser Insel, die Reisenden stiegen aus und ergötzten sich an den Bäumen, Bächen und Vögeln und bewunderten die Schöpfung Gottes. Auch ich verließ das Schiff, setzte mich an einer sprudelnden Quelle nieder und ließ mir von einem Sklaven kostbare Speisen auftragen. Nachdem ich gegessen und getrunken hatte, schickte ich den Diener wieder mit dem Tisch aufs Schiff zurück, ich aber erquickte mich an der klaren Luft, die mich umwehte, und schlief ein. Als ich erwachte, sah ich das Schiff nicht mehr und fand mich ganz allein; das Schiff war abgesegelt, und niemand hatte an mich gedacht. Da überfiel mich so großer Kummer und Ärger, daß mir fast die Galle zersprang, denn ich hatte keinerlei Lebensmittel noch sonst was bei mir, war innerlich und äußerlich erschöpft und verzweifelte am Leben. Ich gab mich allerlei Gedanken hin, seufzte und jammerte, schalt mich selbst, daß ich eine zweite Reise unternommen hatte, da ich doch zu Hause mit meiner Familie bei größtem Überflusse an Speisen, Getränken und Kleidung in Ruhe hätte leben können. Ich bereute es, Bagdad verlassen und mich nochmals auf die See begeben zu haben, nachdem ich das erstemal so viel gelitten und ohne Gottes besondere Gnade umgekommen wäre. Ich geriet fast von Sinnen.

Zuletzt ergab ich mich in den Willen Gottes, ging eine Weile gedankenlos umher; dann stieg ich auf einen hohen Baum, um von da aus nach allen Seiten zu spähen, ob ich einen Menschen entdecke. Meine Blicke schweiften über die Meeresfläche hin, konnten jedoch nichts als Himmel und Wasser entdecken.

Endlich erblickte ich auf der Insel etwas Weißes. Ich stieg vom Baum und wandte mich nach der Seite, wo ich den Gegenstand meiner Aufmerksamkeit wahrgenommen hatte.

Schon in einiger Entfernung bemerkte ich, daß es eine außerordentlich große weiße Kugel war. Näher gekommen, berührte ich sie und fand, daß sie zarter als Seide war. Ich ging um sie herum, um nach einer Öffnung zu sehen, ohne jedoch eine zu entdecken; ich hielt es auch für unmöglich, hinaufzusteigen, da sie sehr glatt war. Sie konnte fünfzig Schritte im Umfang haben. Als die Sonne sich zum Untergang neigte, verfinsterte sich auf einmal die Luft, wie wenn sie von einer dunklen Wolke bedeckt worden wäre. Großes Erstaunen über diese Erscheinung befiel mich, denn wir waren im Sommer, ich entdeckte aber, daß sie von einem Vogel von außerordentlicher Größe herrührte. Es fiel mir ein, daß mir die Matrosen oft von einem Vogel, den sie Roch nannten, erzählt hatten und daß die große Kugel, die mich in ein solches Erstaunen versetzt hatte, ein Ei dieses Vogels sein müsse. In der Tat, er schlug sein Gefieder auseinander und ließ sich auf ihr nieder, gleichsam um sie auszubrüten.

Als der Vogel auf dem Ei saß und seine Füße ausstreckte, erhob ich mich, band mich daran fest mit der Binde meines Turbans, denn ich dachte bei mir: Morgen wird der Vogel seinen Flug fortsetzen und könnte dich auf diese Weise von dieser verlassenen Insel auf bewohntes Land bringen; dann machst du die Binde wieder los, brauchst nicht mehr auf Inseln umherzuziehen und bist vor wilden Tieren sicher. So brachte ich die Nacht wachend zu. Am folgenden Morgen flog er, sobald der Tag anbrach, davon und trug mich tief in die Wolken hinein, daß ich nichts mehr unter mir sah; er schien das Gewicht, das an einem seiner Füße hing, durchaus nicht mehr zu spüren, wie wenn eine Feder an seinen Krallen hinge; darauf stieg er aus der schreckhaften Höhe wieder herab mit einer Schnelligkeit, die mir die Besinnung raubte. Als er wieder mit mir Boden gefaßt hatte, band ich schnell die Binde los, die mich an ihn gefesselt hatte. Kaum war mir dies jedoch gelungen, als er mit dem Schnabel eine Schlange von unerhörter Größe erfaßte und mit ihr davonflog. Darüber war ich sehr erstaunt und verlor meinen Mut. Nachdem ich mich wieder etwas gefaßt hatte, stellte ich Betrachtungen über meine Lage an. Der Ort, wo ich mich befand, war ein großer Hügel, unter mir war ein großes, weites Tal, von allen Seiten mit Bergen umgeben, deren Spitzen sich in den Wolken verloren, so daß kein Auge sie sehen konnte noch jemand imstande war, sie zu ersteigen. Ich machte mir Vorwürfe über das, was ich getan hatte, und sagte: Es gibt keinen Schutz und keine Macht, außer bei Gott, dem Erhabenen! Sowie ich einer Gefahr entgehe, gerate ich in eine andere.

Während ich im Tal umherging, entdeckte ich, daß dessen Boden aus Diamant bestand. Das ist ein sehr harter, fester Stein, den man weder mit Eisen noch mit Stahl brechen kann und der zum Zerschneiden von Porzellan, Perlen und Mineralien gekauft wird. In dem Tal gibt es auch eine große Anzahl Schlangen, so lang und dick wie ein großer Dattelbaum, so daß jede von ihnen einen Elefanten hätte verschlingen können. Während des Tages zogen sie sich in ihre Höhlen, aus Furcht vor dem Vogel Roch, zurück und kamen erst des Nachts zum Vorschein.

Ich ging im Tal umher, bis ich eine große Höhle erblickte, ich ging auf sie zu und trat hinein. Den Eingang, der niedrig und eng war, verstopfte ich mit einem großen Stein. Als ich mich aber in der Höhle umsah, entdeckte ich eine große Schlange, welche auf Eiern von der Größe eines Elefanten lag. Ich konnte die ganze Nacht vor Furcht nicht schlafen, denn ich erblickte bald noch andere von gleicher Art. Doch nahm ich mich zusammen und hielt mich wach, bis der Tag anbrach und einen Schein in die Höhle warf; da schob ich den Stein von der Höhle weg, ging hinaus und wandelte, vom langen Wachen und von Furcht wie eine Leiche aussehend, im Tal umher. Auf einmal fiel ein geschlachtetes Tier vom Berg herab. Als ich dies sah, fiel mir ein, was mir früher ein Kaufmann erzählt hatte: Es gibt einen Berg von Diamantstein, der so hoch ist, daß ihn niemand besteigen kann, die Kaufleute gebrauchen aber eine List, um sich Diamantsteine zu verschaffen. Sie schlachten ein Lamm, ziehen ihm die Haut ab und werfen das Fleisch in das Tal, so daß Steine an dem frischen Fleisch hängenbleiben. Wenn dann die Adler dieses Fleisch nehmen und damit in die Höhe fliegen, so gehen die Handelsleute auf die Adler los und zwingen sie durch starkes Geschrei, davonzufliegen und das Fleisch im Stich zu lassen, worauf die Kaufleute die Diamanten von den Fleischstücken lösen und mitnehmen und das Fleisch den Raubtieren überlassen. Sie bedienen sich dieser List, weil es kein anderes Mittel gibt, um Diamanten und Magnetsteine zu gewinnen.

Ich fing an, viele Diamanten zu sammeln und einzustecken. Ich nahm also das Stück Fleisch und band es mit dem Tuche meines Turbans an meiner Brust fest. Bald kam ein Adler und faßte mit seinen Krallen dasjenige Stück, in das ich mich hineingebunden hatte, und trug es auf den Gipfel des Berges und wollte es verzehren, aber die Handelsleute, die in der Nähe waren, schrien laut und machten großen Lärm mit Brettern, um den Adler von seiner Beute zu verscheuchen, was ihnen auch gelang.

Ich aber machte mich, sobald der Adler das Lamm verlassen hatte, los und blieb daneben stehen. Einer der Kaufleute näherte sich hierauf und suchte nach Steinen an dem Tier, und als er keine fand, schrie er: »Wehe! Wehe!, alle meine Mühe war vergebens, meine Reise bringt mir gar keinen Vorteil!« Als er dann seinen Blick auf mich warf, erschrak er. Ich sagte: »Fürchte nichts, mein Bruder, ich bin ein Mensch wie du, ich bin auf wunderbare Weise hierhergekommen. Auch sollst du keinen Schaden haben, ich besitze viele Diamantsteine und gebe dir mehr, als du an diesem Tier gefunden hättest, dem ich meine Rettung verdanke, da ich mit ihm auf diesen Berg gekommen bin; sei nur ohne Sorge!« Ich hatte kaum geendigt, als die andern Handelsleute, die mich bemerkt hatten, sich um mich versammelten und ihr Erstaunen, mich zu sehen, ausdrückten, das ich noch durch Erzählung meiner Geschichte vermehrte. Sie sagten mir, daß jeder von ihnen ein solches geschlachtetes Tier ins Tal werfe, und zeigten mir die Diamanten, die jeder gewonnen hatte. Da zog ich eine Handvoll aus meiner Tasche und gab sie dem

Kaufmann, mit dessen Lamm ich auf den Berg gekommen war, und da es mehr war, als er gefunden hätte, freute er sich sehr und dankte mir. Die übrigen Diamanten verkaufte ich den Kaufleuten und ließ mir einen Beutel geben und legte das übrige Geld in einen Gurt, den ich bei mir trug. Ich reiste dann mit ihnen von Land zu Land und von Stadt zu Stadt, machte überall Geschäfte, bis wir glücklich in Baßrah anlangten.

Unter vielen Inseln, die wir durchwanderten, war auch eine, auf welcher der Kampferbaum wächst, der so dick und voller Laub ist, daß hundert Menschen in seinem Schatten Platz haben. Die Flüssigkeit, die den Kampfer gibt, fließt aus einer Öffnung, die man mit einer langen Lanze oben am Baume macht. Sie sieht wie Milch aus, verdichtet sich wie Gummi und bildet den Saft des Baumes; nachdem die Flüssigkeit ausgelassen wurde, dörrt der Baum und stirbt ab.

Auf derselben Insel gibt es Rhinozerosse, Tiere, größer und stärker als der Elefant, sie weiden wie Büffel, deren es viele Sorten auf dieser Insel gibt, und wie Stiere bei uns frei umher; sie tragen ein zehn Ellen langes starkes Horn, so dick wie ein Dattelbaum. Man sieht darauf Umrisse, die einen Menschen vorstellen. Das Rhinozeros schlägt sich, wie mir ein Reisender erzählt hat, mit dem Elefanten, durchbohrt ihm den Leib mit dem Horn und trägt ihn auf seinem Kopfe, ohne eine Last zu spüren, umher, bis er tot ist; bald jedoch fließt im Sommer bei der Hitze das Fett des Elefanten über seine Augen und macht sie blind. Darauf kommt der Vogel Roch, umfaßt sie beide mit seinen Krallen, um sie in sein Nest zu tragen und seine Jungen damit zu füttern. Ich habe auf jener Insel noch andere Merkwürdigkeiten und Wunderdinge gesehen. Als wir nach Baßrah kamen, hielten wir uns einige Tage auf, dann reisten wir nach Bagdad. Meine Familie freute sich über meine glückliche Ankunft, und meine Freunde beglückwünschten mich, und ich machte ihnen sowohl als meinen Nachbarn viele Geschenke, setzte wieder mein Handelsgeschäft fort mit allerlei Waren und Edelsteinen, von denen ich nun mehr als früher besaß, schaffte mir schöne Diener an und ließ mir es wohl sein bei gutem Essen,

Trinken und allerlei Zerstreuungen. Ich wurde wegen meiner Abenteuer bewundert und von jedem, der eine große Reise unternehmen wollte, zu Rate gezogen.

Hiermit schloß Sindbad die Erzählung seiner zweiten Reise. Er gab noch hundert Zechinen dem Lastträger und lud ihn auf den folgenden Tag ein, die Erzählung der dritten Reise zu hören.

Der Lastträger ging nach Hause und kam den darauffolgenden Tag wieder. Man setzte sich zu Tische, Sindbad begann, nach genommener Mahlzeit, von seiner dritten Reise zu erzählen.

Dritte Reise Sindbads

Wisset, meine Freunde!, nachdem ich, wie ich euch gestern erzählt habe, einige Zeit in Bagdad mich dem Wohlleben hingegeben hatte, kam mir wieder die Lust zu Reisen und zu Erwerb, denn der Mensch sehnt sich immer nach etwas; ich packte daher viele Waren für eine Seereise zusammen, vergaß meine frühern Leiden, reiste nach Baßrah und ging am Ufer des Meeres umher. Da sah ich ein großes Schiff, auf welchem angesehene, rechtschaffene und fromme Kaufleute sich befanden, ich ließ meine sämtlichen Waren auf das Schiff bringen, und die Kaufleute freuten sich an meiner Gesellschaft. Wir reisten mit Gottes Segen ohne Zwischenfall und machten großen Gewinn. Eines Tages, als wir ganz vergnügt auf wogendem Meer waren, stieß der Kapitän ein Jammergeschrei aus, schlug sich ins Gesicht, riß sich Haare vom Bart aus und zerriß seine Kleider. Laut rief er: »O ihr Kaufleute! Wir sind alle verloren.« Als wir fragten, was es gebe, sagte er: »Wisset, daß die heftigen Stürme uns vom Weg abgeführt haben, und unser Mißgeschick hat uns an die Affeninsel gebracht, auf welcher Affen wie Heuschrecken umherspringen. Noch ist kein Mensch auf diese Insel gekommen, der nicht seinen Tod gefunden hätte.« Der Kapitän warf die Anker aus und ließ die Segel einziehen, aber sofort kamen die Affen von der Insel her auf uns zu, stiegen von allen Seiten her auf das Schiff in so großer Zahl, daß wir sie weder töten noch fortjagen konnten. Bald bissen sie mit ihren Zähnen das Ankertau und die Segelstricke durch, zogen das Schiff ans Land, ließen uns aussteigen und verschwanden mit dem Schiff samt allem, was darauf war. Diese Affen hatten gelbe Augen, schwarze Gesichter und klebrige Haare. Wir gingen, ohne zu wissen, was aus uns werden sollte, auf der Insel umher und nährten uns von Pflanzen. Da leuchtete uns eine Wohnung mitten in der Insel entgegen, und als wir uns ihr näherten, bemerkten wir ein großes, wohlgebautes, hohes Schloß mit einem großen Tor und zwei Flügeln aus Ebenholz. Wir traten hinein und befanden uns in einem großen Hof, in dem viele Gebeine umherlagen und viel grünes und trockenes Holz aufgespeichert war. Wir wunderten uns sehr darüber, blieben jedoch, da wir sehr müde und niedergeschlagen waren, im Schloß, in dem wir keinen Menschen sahen.

Während wir in diesem gräßlichen Zustand der Verzweiflung waren, bebte auf einmal die Erde mit uns, und mit einem Geräusch, ähnlich dem Brausen des Sturmwinds, trat eine schwarze Menschengestalt, groß wie ein Palmbaum, zu uns heran. Sie hatte rote Augen, ein schwarzes Gesicht, weite Nasenlöcher und einen großen Mund. Sie setzte sich auf eine Bank und ruhte ein wenig aus, dann heftete sie ihre Augen auf uns und trat näher. Beim Anblick dieses Riesen bebten und zitterten wir vor Angst. Er faßte mich dann, setzte mich auf seine Hand wie einen Sperling, drehte mich herum und befühlte mich, wie es ein Metzger mit einem Schlachttier tut und stellte mich dann auf die Seite, fern von meinen Reisegefährten. Er verfuhr mit diesen in gleicher Weise, bis er an den Kapitän kam, der der Fetteste von uns war. Den packte er am Nacken, warf ihn aufs Gesicht, setzte seinen Fuß auf das Genick und zerbrach es. Hierauf holte er viel Holz herbei und zündete ein Feuer an, und als das Holz zu Kohlen brannte, nahm er einen großen Bratspieß, durchbohrte damit den Kapitän, hob ihn über die Kohlen, drehte ihn rechts und links über ihnen, bis er gebraten war, legte den Leichnam vor sich hin, bis er kalt war; darauf riß er mit den Nägeln von ihm herunter, aß davon, bis er satt war, und warf die abgenagten Beine auf die Seite. Dann kehrte er nach seinem Platz zurück, legte sich auf die Bank und schnarchte wie ein Tier, das man schlachtet. Wir aber blieben voneinander getrennt stehen und wagten es nicht, uns wieder zu vereinigen, bis Gott den Morgen leuchten ließ und der Riese seines Weges ging, ohne daß wir wußten, wohin; dann traten wir wieder zusammen, bedauerten den Kapitän und dachten: Morgen wird es einem andern von uns ebenso ergehen, und wir werden alle hinsterben, ohne daß jemand etwas von uns erfährt. Wir beschlossen, auf der Insel ein Versteck zu suchen oder zu entfliehen. Wir fanden aber keinen sichern Ort und kehrten daher, nachdem wir einige Pflanzen als Nahrung zu uns genommen hatten, wieder in das Schloß zurück und setzten uns auf unsern frühern Platz. Kaum saßen wir, da erbebte die Erde, der Riese erschien, trat auf uns zu, nachdem er ein wenig auf der Bank ausgeruht hatte, drehte uns einen nach dem andern herum, ergriff dann einen von uns und verfuhr mit ihm wie mit dem Kapitän. Nachdem er ihn gebraten und verzehrt hatte, legte er sich wieder auf die Bank und schnarchte, wie wenn ein Sturmwind braust, die ganze Nacht durch; wir aber konnten vor Furcht nicht schlafen. Als der Tag leuchtete, verließ er uns; wir traten darauf zusammen, klagten über unsere Lage und dachten: Bei Gott, besser ertrinken als gebraten werden! Da sagte einer von uns: »Meine Freunde, laßt uns eine List ersinnen, diesen Verruchten zu töten und uns und allen Gläubigen Ruhe zu schaffen.« Die übrigen Kaufleute stimmten mit diesem Vorschlag überein, ich aber sagte: »Guter Rat ist noch besser als totschlagen, wollt ihr ihn durchaus töten, so laßt uns vorher von diesem Holz ein Floß bauen, das wir am Ufer bereithalten. Gelingt es uns, den Riesen zu töten, so mag daraus werden, was Gott will, wenn nicht, so steigen wir auf das Floß und rudern in die hohe See und vertrauen auf Gott. Werden wir gerettet, nun gut, ertrinken wir, so sterben wir als Märtyrer und werden nicht getötet und verbrannt.« Mein Rat wurde gutgeheißen; wir trugen also Holz nach dem Ufer, nahmen Stricke, die um das Schloß herumlagen und allerlei

Fetzen, die wir zusammenflochten, und banden damit das Floß fest, das wir am Ufer befestigten. Hierauf kehrten wir in das Schloß zurück, und kaum hatten wir unsern frühern Platz wieder eingenommen, so bebte die Erde, und jenes Ungeheuer kam wieder mit einem Getöse wie ein Sturmwind, faßte einen von uns und verfuhr mit ihm wie mit dem ersten. Als er ihn gebraten und verzehrt hatte, schlief er, wie gewöhnlich, wieder ein. Da nahmen wir den eisernen Spieß, an dem er die Menschen gebraten hatte, legten ihn auf die Kohlen, trugen noch mehr Holz hinzu und legten einen zweiten Spieß daneben. Als sie rot wie feurige Kohlen waren, gingen wir damit auf den verruchten Schwarzen zu, der wie der Donner schnarchte, und bohrten die Spieße in die Augen. Er stieß einen fürchterlichen Schrei aus, erhob sich von der Bank und ging im Hof umher, nach uns greifend; wir verbargen uns aber, doch überfiel uns große Angst, und wir sahen schon den Tod vor Augen. Indessen hatte er das Gesicht verloren und ging unter gräßlichem Geheul und Gestampf zur Türe hinaus, so daß die Erde unter uns bebte. Wir verließen das Schloß und begaben uns an das Ufer der Insel, wo wir unsere Flöße stehen hatten, und wir sagten zueinander: wenn der Verruchte bis nach Sonnenuntergang ausbleibt, so dürfen wir annehmen, daß er umgekommen ist, kehrt er aber wieder ins Schloß, so müssen wir uns auf die Flöße begeben und fortrudern und uns in den Willen Gottes ergeben. Während wir uns so besprachen, kam der Schwarze mit zwei andern, die noch stärker und greulicher waren als er und wie Werwölfe aussahen, mit Augen wie glühende Kohlen. Als wir ihn so, auf die Schultern seiner beiden Gefährten gestützt dem Schlosse zugehen sahen, begaben wir uns auf unsere Flöße, die wir so schnell als möglich vom Ufer wegzurudern suchten. Die Riesen bemerkten dies zeitig, bewaffneten sich mit großen Steinen, liefen auf das Ufer zu und warfen uns die Steine nach, von denen viele trafen und töteten, während andere ins Meer fielen. Da meine Kameraden und ich mit allen Kräften ruderten, so befanden wir uns bald auf der hohen See und wurden ein Spiel der Winde und Wellen, die uns hin und her warfen; wir waren nur noch unsrer drei, die übrigen waren umgekommen und wurden, als sie tot waren, von uns ins Meer geworfen. Trotz aller Hungerqual hörten wir doch nicht auf, mit aller Kraft zu rudern und uns gegenseitig zu ermutigen, bis wir vom Wind gegen eine Insel getrieben wurden, auf der wir Bäche, Bäume und Vögel fanden. Da wir vor Ermüdung, Hunger und Furcht wie Leichen waren, freuten wir uns über unsere Rettung und stärkten uns an den Früchten dieser Insel. Als der Abend nahte, legten wir uns nieder und schliefen ein. Auf einmal wurden wir von einem Geräusch, ähnlich dem eines Sturmwindes, geweckt, und groß war unsere Furcht, als wir uns von einer mächtig großen Schlange umzingelt sahen. Sie fuhr auf einen meiner Kameraden los und würgte ihn hinunter, man sah nur noch seine Schultern und seinen Kopf aus ihrem Rachen hervorstehen, er schrie laut, und die Schlange machte eine schnelle Bewegung, indem sie sich zusammen und gleich wieder auseinander rollte. Wir hörten seine Gebeine krachen, und verschlungen war der ganze Mann! Darauf ging die Schlange wieder ihres Weges. Wir beiden übrigen fürchteten, die Schlange möchte auch bald in ähnlicher Weise mit uns verfahren, und wir sagten: »Es gibt keinen Schutz und keine Macht außer bei Gott, dem Erhabenen. Schon fühlten wir uns glücklich, der Grausamkeit der Riesen und der Wut der Wellen entgangen zu sein; und jetzt befinden wir uns in einer Lage, die noch schrecklicher ist.«

Wir gingen auf der Insel umher, um eine Zuflucht zu suchen, fanden aber keine, wir aßen von den Früchten, die darauf wuchsen, mit der schrecklichen Vermutung, daß einer von uns von der Schlange noch diesen Abend aufgefressen werde. Endlich bemerkten wir einen hohen Baum, auf den wir stiegen, um uns die Nacht über in Sicherheit zu bringen. Gleich darauf nahte sich die Schlange dem Baum, auf dem wir waren. Sie legte sich an dessen Stamm und erreichte meinen Kameraden und würgte ihn hinunter, ich stieg auf die obersten Zweige und dachte, wenn ich herunterstürze und umkomme, so habe ich doch Ruhe vor dieser Angst, vor dem Hunger und den Strapazen in der Fremde. Indessen ging die Schlange, nachdem sie meinen Gefährten am Baum zermalmt hatte, wieder ihres Weges, und ich brachte die Nacht allein auf dem Baum zu, erschüttert von dem, was ich gesehen hatte, und entschlossen, mich vom Baum herunterzustürzen, falls die Schlange wiederkehren sollte, denn ich dachte, lieber so sterben, als von der Schlange verschlungen zu werden. Am folgenden Morgen wollte ich mich ins Meer werfen, aber mein Innerstes sträubte sich dagegen, denn der Mensch hängt doch am Leben. Ich machte mich daher auf, suchte verschiedenes Holz und trockenes Gesträuch zusammen, aus dem ich Stricke flocht, ich umgab mich von allen Seiten mit festgebundenen Brettern und Scheitern, so daß ich wie in einer Kiste lag und die Schlange mich nicht erreichen konnte. Die Schlange kam des Abends und schlich um mich herum. Sie konnte meiner jedoch nicht habhaft werden wegen des Walls, der mir zum Schutz diente, und trieb es so bis zum Tage, indem sie unter fortwährendem Gezische sich bald näherte, bald wieder entfernte; ich sah alles und war dem Tod nahe vor Furcht. Als der Tag nahte, zog sie sich zurück; ich machte mich sofort von dem Holz los, lief auf der Insel umher, aß einige Früchte und gelangte auf einen Hügel, von welchem ich ein Schiff mitten in den Meereswellen erblickte. Ich rief aus voller Kehle, winkte mit dem Zweig eines Baumes und wurde von der Schiffsmannschaft gesehen.

Das Schiff näherte sich dem Ufer, und die Leute fragten mich, wer ich sei. Ich antwortete: »Ich bin ein Mensch, nehmt mich auf, ich will euch erzählen, wie ich hierhergekommen bin.« Sie nahmen mich auf, brachten mir Proviant, und als ich mich gestärkt hatte, erzählte ich ihnen meine ganze Leidensgeschichte von meiner Abreise aus der Heimat an bis zum Augenblick, wo ich aufs Schiff kam, und sie waren sehr erstaunt über meine Abenteuer! Sie zogen mir meine zerfetzten und übelriechenden Kleider aus, warfen sie ins Meer, brachten mir andere, reine Kleider sowie auch verschiedene Lebensmittel und frisches Wasser. So wurde ich wieder neu belebt, nachdem ich schon der Verzweiflung preisgegeben war, und ich glaubte mich im Traum, als ich, nach so schweren Leiden, mich wieder in solchem Wohlbehagen sah.

Wir hielten eine Zeitlang das Meer bei günstigem Wind und landeten endlich bei Kalaset, woher man das Sandelholz bezieht, und gingen im Hafen dieser Insel vor Anker. Meine Reisegefährten und sämtliche Handelsleute fingen an, ihre Waren ausschiffen zu lassen, um sie zu verkaufen oder Tauschhandel zu treiben. Unterdessen rief mich der Schiffskapitän und sprach zu mir. »Höre, mein Herr! Du bist fremd und arm und hast uns erzählt, was du gelitten hast, darum will ich dir Gutes zuwenden und, um Gottes willen, Nutzen verschaffen.« Als ich hierauf antwortete, ich sei allerdings in größter Dürftigkeit, er möge tun, was ihm gut dünke, fuhr er fort: »Wisse! Auf dem Schiffe befinden sich Waren, die einem Handelsmann von Bagdad gehörten, der mehrere Jahre mit uns gereist ist und den wir dann verloren haben. Wir wollen seine Waren verkaufen, das Geld dafür nehmen und es nach Rückkunft seinen Erben zustellen, sowie sie sich als solche ausweisen werden. Du aber sollst sie verkaufen und einen entsprechenden Lohn dafür in Empfang nehmen, wovon du auf der Reise leben kannst.« Ich dankte Gott, sprach kein Wort und nahm mich zusammen, bis alle Waren ausgeladen waren und die Kaufleute sich miteinander unterhielten; da wandte ich mich zum Kapitän und bat ihn, mir Näheres über den Eigentümer dieser Waren zu berichten, und als er erzählte, wie sie ihn auf einer Insel zurückgelassen hatten, weil sie ihn ganz vergessen hatten, und dabei auch meinen Namen nannte, war meine Freude grenzenlos und ich rief laut: »O Kapitän, o ihr Kaufleute! Bei Gott, ich bin Sindbad der Seefahrer, die Waren gehören mir, alle Kaufleute werden es bezeugen.« Da sagte der Kapitän: »Wie kannst du dies behaupten?« Und er wollte nichts davon glauben. Bald versammelten sich die übrigen um uns; die einen glaubten mir, während mich die andern für einen Lügner hielten. Da trat auf einmal ein Handelsmann aus ihrer Mitte hervor, grüßte mich und sprach: »Du hast wahr gesprochen, Sindbad der Seemann; dieses Geld und diese Waren gehören dir.« Der Kaufmann sagte: »Ich erzählte euch vor kurzem das Wunderbarste, was mir jemals auf Reisen begegnet ist, daß ich einst Diamanten sammelte und vom

Diamantberge herab Fleischstücke auswarf und wie einmal ein Mensch daran festgebunden war. Dies war Sindbad, der mir dann viele Diamanten schenkte, von denen er die Taschen voll hatte. Wir reisten damals zusammen nach Baßrah, von wo er sich nach Bagdad begab; ich weiß nicht, was ihm inzwischen zugestoßen, danke aber Gott, daß er wieder bei uns ist, um euch zu überzeugen, daß ich euch die Wahrheit berichtet habe, und daß ihn der Herr wieder zu seinen Waren geführt hat.« Nachdem dieser Kaufmann so gesprochen hatte, gab ich dem Kapitän noch andere Zeichen, so daß er keinen Zweifel mehr hatte und mich aufs neue willkommen hieß und umarmte und sagte: »Gott sei für deine Rettung gepriesen.« Nachdem ich dann meine ganze Geschichte erzählt und noch andere Beweise angeführt hatte, wurden mir meine Waren ausgeliefert; ich handelte damit und machte ungewöhnlich großen Gewinn.

Von der Insel Kalaset segelten wir nach Indien, wo ich Gewürznelken, Ingwer und andere Spezereien einkaufte. Von hier segelten wir nach Sind, wo wir auch Handel trieben und uns das Land ansahen. Auf dieser Reise sah ich unzahlbare Merkwürdigkeiten, unter anderem Fische wie Stiere und Esel, auch Vögel, die aus einer Seemuschel hervorgehen und auf dem Wasser Eier legen und ausbrüten und nie das trockene Land betreten. Endlich kam ich, nach einer langen Reise von Insel zu Insel, in Baßrah an und erreichte schließlich wieder Bagdad mit mehr Geld und Waren, als ich selbst wußte. Ich machte meinen Freunden und Bekannten viele Geschenke, kleidete Waisen und Witwen, schaffte mir wieder Sklaven und Sklavinnen an und lebte in süßer Behaglichkeit, an guten Speisen und Getränken, an Musik, Gesang und schönen Mädchen mich ergötzend, froh und heiter und dachte nicht mehr an die ausgestandenen Leiden. Das ist der Schluß meiner dritten Reise.

Sindbad ließ darauf Speisen auftragen, gab dem Lastträger wieder hundert Goldstücke und sprach: »Komm morgen wieder, du sollst dann hören, was mir noch Merkwürdigeres auf der vierten Reise begegnet ist.« Der Lastträger versprach es und ging nach Hause, verwundert über das, was er von Sindbad gehört hatte, des andern Tags ging er wieder zu ihm. Als sie alle beisammen waren, schmausten sie wie am vorhergehenden Tag; später begann Sindbad, von seiner vierten Reise zu erzählen.

Vierte Reise Sindbads

Ich lebte einige Zeit allen Lebensgenüssen hingegeben und vergaß alle früheren Strapazen im Übermaße meines Glücks und meiner blühenden Geschäfte. Eines Tages besuchten mich vornehme Kaufleute, die durch ihr Gespräch über Handel und Reisen auch meine Wanderlust wieder weckten, so daß ich beschloß, mit ihnen zu reisen, um neue Länder zu sehen. Ich kaufte kostbare Waren für den Seehandel ein und begab mich mit meinen Freunden auf ein großes Schiff. Wir waren längere Zeit unterwegs, als wir eines Tages bei einer bisher außerordentlich günstigen Fahrt von einem Windstoße getroffen wurden, der den Kapitän zwang, die Segel einzuziehen und die Anker auszuwerfen; der Sturm kam aber dann von vorn, zerriß unsere Segel sowie das Ankertau und schlug den Mastbaum um, so daß das Schiff unterging und eine große Anzahl Handelsleute ertrank und die Ladung zu Grunde ging.

Ich und einige andere Handelsleute hatten das Glück, uns an einem Brette festhalten zu können, auf dem wir einige Zeit bei stillem Wind mit Händen und Füßen fortruderten. Dann erhob sich der Sturm wieder, und die Wellen trieben uns, nach Gottes Bestimmung, gegen eine große Insel. Wir stiegen ans Land, außer uns vor Erschöpfung, Hunger, Durst und Kälte und nährten uns von einigen Pflanzen. Die Nacht aber ruhten wir am Ufer aus. Am darauffolgenden Tag entfernten wir uns mit dem ersten Strahl der Sonne vom Ufer, drangen auf der Insel vor und bemerkten Wohnungen, denen wir uns näherten. Sogleich kam ein Schwarzer aus den Hütten uns entgegen. Ohne uns zu grüßen, ergriff er uns und führte uns zu ihrem Oberhaupt. Man stellte uns eine Speise vor, die wir nicht kannten. Meine Kameraden, an denen der Hunger gezehrt hatte, aßen davon. Ich aber hatte einen Ekel vor ihr und wollte trotz meines Hungers nicht einmal davon kosten; dies war mein von Gott beschiedenes Glück, denn kurz darauf bemerkte ich, daß meine Kameraden den Verstand verloren hatten und wie Rasende weiter aßen. Man reichte uns darauf Kokosnußöl; meine Kameraden, die schon von Sinnen waren, aßen auch davon und rieben sich damit ein. Ich erstaunte darüber und sah, daß es Magier waren, die jeden Fremden, der zu ihnen kam, mästeten und ihrem König, der ein Werwolf war, gebraten zu essen gaben. Dies geschah mit meinen Kameraden, die durch diese Speise ihren Verstand verloren hatten; ich aber blieb zwei Tage bei ihnen und enthielt mich aus Furcht und Angst jeder Speise und jeden Getränks. Ich zehrte sichtbar ab, und meine Haut dorrte aus; die Schwarzen bemerkten meinen krankhaften Zustand und ließen mich leben und kümmerten sich gar nicht um mich.

Auf diese Weise konnte ich mich eines Tages von den Wohnungen der Schwarzen entfernen und, mich von den Pflanzen der Insel nährend, fortstehlen. Da bemerkte ich in der Ferne einen Greis und ging auf ihn zu, um zu sehen, wer er sei. Er war der Hirt, der die Menschen auf die Weide führte, welche vom König verzehrt werden sollten. Er mußte sie, nachdem sie von der genannten Speise gegessen hatten, ins Freie führen, wo sie von den Früchten der Insel gemästet wurden, bis sie recht fett wurden. Als ich dies sah, fürchtete ich mich und wollte umkehren; der Greis, der merkte, daß ich verständiger als die andern war, gab mir durch ein Zeichen zu verstehen, daß ich den Weg nach rechts einschlagen sollte, um zu meinem Ziel zu gelangen. Ich folgte dieser Weisung, schlug den bezeichneten Weg rechts ein, fürchtete immer, verfolgt zu werden, lief bald, ging dann wieder langsam und ruhte aus, und endlich, als die Nacht hereinbrach und ich weit entfernt von dem Greis war, legte ich mich nieder, konnte aber vor Angst und Müdigkeit nicht schlafen. Ich stand wieder auf, ging die ganze Nacht durch; des Morgens ruhte ich wieder aus und stärkte mich an einigen Pflanzen und Früchten und setzte so meinen Marsch sieben Tage lang fort.

Am achten Tag bemerkte ich in der Ferne einen Greis; ich ging auf ihn zu und erreichte ihn erst beim Sonnenuntergang. Da fand ich bei ihm weiße Menschen, die beschäftigt waren, Pfeffer zu sammeln; sie kamen mir sogleich, als sie mich erblickten, entgegen und fragten mich, wer ich sei und woher ich komme. Ich erzählte ihnen, wie ich Schiffbruch erlitten, auf diese Insel gekommen und in die Hände der Schwarzen gefallen sei. Sie unterbrachen mich mit der Frage, durch welche Wunder ich den Schwarzen habe entkommen können, welche diese Insel beherrschten. Ich erzählte ihnen alles von Anfang bis Ende, und sie waren sehr verwundert darüber.

Sie brachten mir dann etwas zu essen, und als ich gegessen und mich ausgeruht hatte, schiffte ich mich mit ihnen ein, und wir begaben uns auf die Insel, woher sie gekommen waren. Sie brachten mich zu ihrem König, der mich begrüßte und begierig, meine Geschichte zu hören, sich sie genau erzählen ließ.

Nachdem ich alles erzählt hatte, beglückwünschte er mich, forderte mich auf, niederzusitzen und ließ mir zu essen geben; ich pries Gott, dankte ihm für seine Güte und blieb in seiner Hauptstadt, die sehr bevölkert war und großen Handel trieb. Dieser reizende Aufenthalt tröstete mich sehr über mein Unglück, und die Güte, die der König mir erwies, machte mich vollends zufrieden, und ich befreundete mich bald mit den Bewohnern der Stadt.

Ich bemerkte in diesem Lande etwas, das mir sehr ungewöhnlich schien. Jedermann ritt auf den besten Pferden ohne Steigbügel und ohne Sattel. Ich fragte eines Tages den König, warum er sich keines Sattels bediene. Seine Antwort war, ich spreche ihm von Dingen, deren Anwendung er nicht kenne. Ich bat um die Erlaubnis, einen Sattel zu verfertigen, und ging sogleich zu einem Schreiner und lehrte ihn einen Sattel nach einer Zeichnung bauen, die ich ihm gab.

Als derselbe fertig war, fütterte ich ihn mit Wolle aus und besetzte ihn mit Leder. Drauf ging ich zum Schmied, der mir eine Gebißstange und Steigbügel machte, wie ich es ihm zeigte.

Als alles dies aufs beste fertig war, ging ich hin zum König, suchte eines seiner besten Pferde aus, legte ihm Sattel und Zaum an und bat ihn, das Pferd zu besteigen. Der König bestieg es und hatte an der Erfindung solches Gefallen, daß er mir seine Freude durch die glänzendsten Geschenke zum Ausdruck brachte. Drauf machte ich verschiedene Sättel für die übrigen Großen des Reichs, die mir ebenfalls Dinge schenkten, die mich binnen kurzem zum reichen Mann machten. Auch bei den übrigen Einwohnern kam ich in großen Ruf und war allgemein geschätzt und geachtet, weil ich den Schreiner gelehrt hatte, das Gerippe zum Sattel zu verfertigen und den Schmied Zaum und Steigbügel zu schmieden. Eines Tages sagte mir der König: »Sindbad! Ich habe dich gern und weiß auch, daß alle meine Untertanen dasselbe tun. Ich habe eine Bitte an dich; du mußt mir versprechen, sie zu erfüllen, dann wirst du alles Gute erlangen.« – »König!« war meine Antwort, »was verlangst du von mir?« Der König erwiderte: »Mein Wunsch ist, du heiratest eine der vornehmsten Töchter meiner Stadt, damit sie dich fessle und du einer der Unsrigen werdest; ich will dir Einkünfte verschaffen, die dir gestatten, im Überfluß zu leben.« Da ich nicht wagte, dem Befehl des Königs zuwiderzuhandeln, so erwiderte ich: »Du hast zu gebieten, o König der Zeit!« Er ließ also den Kadi und die Gerichtszeugen rufen und verheiratete mich mit einer vornehmen, adeligen, sehr schönen Frau, die viel Geld und Güter besaß. Der König wies mir eine Wohnung an, schenkte mir Sklaven und gab mir Diener und bestimmte mir ein Gehalt und Rationen. Ich freute mich und dachte: Ich gebe mich der Fügung Gottes hin; will er mich einst wieder in meine Heimat zurückführen, so kann es niemand hindern, und es bleibt mir dann die Wahl, ob ich die Frau mitnehme oder entlasse. Indessen liebte ich bald meine Frau und wurde auch von ihr geliebt, so daß wir eine Zeitlang sehr glücklich lebten.

Eines Tages hörte ich ein Jammergeschrei aus dem Hause meines Nachbars, mit dem ich befreundet war. Ich fragte nach der Ursache dieses Jammers und vernahm, seine Gattin sei gestorben. Ich hielt es für meine Pflicht, ihn zu besuchen.

Ich ging zu ihm, um ihn zu trösten, und fand ihn tief bekümmert. »Gott stärke dich, vermehre deinen Lohn, erbarme sich der Verstorbenen und verleihe dir ein langes Leben!« war meine Anrede. »Ach!« rief er aus, »was können mir deine Wünsche nützen? Ich habe bloß noch eine Stunde zu leben! Ich sehe dich und alle meine Freunde nicht wieder bis zum Auferstehungstage.« Ich fragte: »Wieso dies?« – »Wisse«, erwiderte er, »man wird nun bald meine Frau waschen und in ein Totengewand hüllen und beerdigen und mich mit ihr begraben. Dies ist eine Sitte unseres Volks: der lebende Mann wird mit seiner gestorbenen Frau und die lebende Frau mit ihren gestorbenen Mann begraben, damit sie auch nach dem Tod vereinigt bleiben.« Ich sagte: »Bei Gott, das ist eine abscheuliche Sitte, der sich niemand gern unterwirft.« Während wir uns so unterhielten, kamen die meisten Stadtbewohner herbei, um die Trauernden zu trösten. Man legte die Frau in einen Sarg und ging damit ans Ende der Insel bis zu einem großen Stein, der eine große Zisterne bedeckte. Der Stein wurde aufgehoben, und der Leichnam sowohl als auch der lebendige Mann wurden an einem Strick hinabgelassen. Der Mann, dem man einen Krug Wasser und sieben Brötchen mitgab, löste den Strick ab, der wieder heraufgezogen wurde, worauf dann die Öffnung wieder mit dem Stein geschlossen wurde und jeder seines Weges ging. Als ich danach wieder zum König kam, sagte ich ihm: »O mein Herr!, wie mögt ihr Menschen lebendig begraben?« Er antwortete: »So ist es Sitte bei uns: stirbt ein Mann, so wird seine Gattin mit ihm begraben, stirbt eine Frau, so folgt ihr der Gatte ins Grab. So war es Sitte bei unsern Vätern und Ahnen und den Königen vor uns.« Ich sagte: »Das ist eine schlimme Sitte.« Dann fragte ich: »Gilt dieses Gesetz auch für Fremdlinge?« – »Allerdings«, erwiderte er, »sind sie nicht davon ausgenommen.« Die Furcht, daß meine Frau vor mir sterben könne und daß ich dann lebend mit ihr begraben würde, flößte mir sehr trübe Gedanken ein. Ich befand mich wie in einem Gefängnis durch die Worte des Königs und verabscheute meinen Aufenthalt in einer solchen Stadt. Am Ende beruhigte ich mich wieder und dachte: vielleicht sterbe ich vor meiner Frau, oder wird mir Gott helfen, daß ich vor ihrem Tod in meine Heimat zurückkehre. Aber nach einiger Zeit erkrankte sie, hütete das Bett und starb.

Mein Schmerz war groß, denn ich konnte nicht mehr entfliehen. Viele Leute kamen, um mich und die Verwandten der Frau zu trösten, und auch der König selbst erschien, um mir sein Beileid auszudrücken. Man stattete darauf meine Frau aus und trug sie in einem Sarg nach jenem Berg, hob den Stein von der Zisterne; dann sprach man mir Trost zu und verabschiedete sich von mir. Ich schrie: »Ist es erlaubt von Gott, einen Fremden lebendig zu begraben? Ich bin nicht von den eurigen, kannte eure Sitte nicht, hätte ich sie gekannt, so würde ich keine eurer Frauen geheiratet haben.« Sie hörten mich aber nicht an und hatten kein Mitleid mit mir. Sie banden mich fest, ließen mich in die Zisterne hinab und riefen mir zu: »Mache den Strick los!« Als ich dies nicht tat und fortwährend schrie, warfen sie den Strick auf mich herab und deckten die Öffnung wie gewöhnlich zu. Da sie gewohnt waren, den Verstorbenen die schönsten Kleider und den kostbarsten Schmuck anzuziehen, so geschah dies auch bei meiner Frau, die wertvolle Edelsteine an ihrem Schmuck hatte. Als die Leute fort waren, sah ich mich in der Zisterne um, die mit einem abscheulichen Gestank angefüllt war, und vernahm ein leises Stöhnen, das meine Angst noch vermehrte. Es kam von einem Manne, der wenige Tage vor mir hinabgelassen worden war. Ich wurde fast rasend vor Verzweiflung und dachte: Es gibt keinen Schutz und keine Macht außer bei Gott! Gottes Wille geschehe! Warum mußte ich mich in dieser Stadt verheiraten, ich war doch früher so vergnügt! Ich erinnerte mich an mein früheres glückliches Leben und dachte: Wäre ich doch wenigstens einen schönen Tod gestorben und gewaschen und beerdigt worden! Bei Gott, so wie ich einem Unheil entkomme, stürze ich in ein anderes, und am Ende soll ich so jämmerlich umkommen und lebendig begraben werden! Gott verdamme das Streben nach weltlichen Dingen, nur meine Gier hat mich in eine so verzweifelte Lage gebracht. Ich fuhr fort, mir selbst Vorwürfe zu machen und mir zu sagen, daß ich dies und noch mehr von Gott verdient habe, da ich ein freies, ruhiges Leben geführt und nicht geruht hatte, bis ich in eine dunkle Zisterne zu Leichen geworfen wurde. Ich wünschte mir den Tod, wandte mich dann vom Satan ab und flehte Gottes Schutz an. Ich hatte jedoch eine schlimme Nacht, war hungrig und durstig und befand mich in solcher Dunkelheit, daß ich den Tag nicht von der Nacht unterscheiden konnte. Ich streckte die Hand nach dem Brot aus und aß etwa die Hälfte eines Brötchens, nahm auch ein wenig Wasser aus dem Krug, denn ich dachte: Ich will wenig essen, vielleicht rettet mich Gott noch. Dann ging ich an den Seiten der Zisterne umher und sah, daß es eine große Höhle war, in welcher viele Leichen und Knochen umherlagen. Plötzlich ging die Öffnung der Zisterne wieder auf, es kam Licht von oben, und ich dachte: Es wird vielleicht wieder jemand begraben. Ich blickte hinauf, ohne gesehen zu werden, und bald ließ man einen toten Mann und eine hübsche lebendige Frau zu mir herab, der man, wie gewöhnlich, einen Krug Wasser und sieben Brötchen mitgab. Sobald die Leute sich von der Öffnung entfernt hatten, machte ich mich auf und gab ihr schnell mit einem der Knochen, die umherlagen, zwei Schläge auf den Kopf, so daß sie die Besinnung und das Leben verlor. Ich nahm dann ihr Brot und ihr Wasser und was sie an Schmuck und Edelsteinen an sich hatte und nährte mich, nahm aber nie zuviel zu mir, damit der Vorrat lange währte, denn ich hoffte immer noch auf Gottes Hilfe. So lebte ich längere Zeit, indem ich die Leute, die man lebendig herabließ, erschlug und ihren Vorrat verzehrte. Eines Tages, als ich so dasaß, hörte ich ein Rasseln an den Knochen, die an der Seite der Zisterne lagen. Ich stand auf, um zu sehen, was dies bedeute, denn ich fürchtete mich; da bemerkte ich, wie etwas vor mir herging, ich ergriff einen Knochen und verfolgte den Gegenstand, er lief aber vor mir weg. Ich verfolgte ihn so lange, bis ich ein Licht entdeckte, das in der Ferne einem Stern glich. Ich ging diesem Licht immer näher und dachte: Vielleicht hat die Zisterne eine zweite Öffnung, und zuletzt entdeckte ich, daß es von einer Öffnung des Felsens kam, die nach dem Meer ging und durch die Tiere kamen, um die toten Gebeine zu fressen. Als ich mich davon überzeugt hatte, beruhigte ich mich und sah wieder neues Leben vor mir, nachdem ich mich dem Tode verfallen geglaubt hatte; und mir war, als träumte ich. Ich gab mir Mühe, um durch die Öffnung zu gelangen und befand mich am Ufer des Meeres, durch einen hohen Berg von der Stadt getrennt, nach welcher gar kein Weg führte.

Ich dankte Gott für meine Rettung. Drauf ging ich in die Höhle zurück, um das Brot und Wasser zu suchen, das ich noch besaß; dann kehrte ich wieder zurück und nahm alle Diamanten, Perlen, Rubine, goldenen Armspangen mit den übrigen Goldstoffen, die sich in den Bahren befanden, weg, um sie ans Meeresufer zu tragen. Ich machte mehrere Pakete daraus und hüllte sie in Totengewänder ein. Ich ging täglich wieder in die Höhle, erschlug die Leute, die man lebendig herabgelassen hatte, und nahm ihr Brot und ihr Wasser. Nach einiger Zeit, als ich so am Ufer des Meeres saß, bemerkte ich ein Schiff, das vorübersegelte. Ich rief aus vollem Hals, damit man mich höre, und winkte mit einem Fetzen von einem Totengewand, das neben mir lag. Man bemerkte mich, und die Schaluppe wurde geschickt, um mich an Bord zu führen. Auf die Frage der Matrosen, wer ich sei und warum ich mich an diesem Orte befinde, wo sie vor mir noch keinen Menschen gesehen hatten, antwortete ich, ich sei ein Kaufmann und habe mich auf einem Schiff befunden, das untergegangen sei; dann habe ich mich mit großer Anstrengung hierher mit einigen Effekten und etwas Schmuck gerettet. Ich sagte ihnen aber nichts von dem, was mir in der Stadt und in der Höhle widerfahren war, weil ich fürchtete, es möchte jemand aus der Stadt auf dem Schiff sein.

Sie nahmen mich mit meinen Effekten auf, und als ich auf das Schiff kam, sammelte sich alles um mich herum, und als der Kapitän mich ausfragte, wiederholte ich, was ich den Matrosen erzählt hatte und bemerkte, daß ich meine ganze Ladung verloren habe, kein Geld besitze und nur einigen Schmuck aus dem Schiffbruch gerettet habe. Ich bot ihm einiges davon an, da er mich doch aufgenommen, er nahm aber nichts und sagte, daß er, Gott zu Ehren, jeden, der

Schiffbruch erlitten oder auf einer Insel verlassen sei, aufnehme und mit Proviant versorge und daß er sich freue, mich, aller Gefahr entronnen, auf seinem Schiff zu sehen. In der Tat versorgte mich der Kapitän unentgeltlich, bis wir glücklich nach Baßrah kamen, von wo ich, nach kurzem Aufenthalt, mich nach Bagdad begab. Ich teilte meine Schätze mit meiner Familie und mit meinen Freunden, beschenkte die Armen und Waisen und lebte wieder einige Zeit in Lust und Wonne mit meinen Freunden. Das sind die Abenteuer meiner vierten Reise. Komm aber morgen wieder, sagte er darauf zu Sindbad, dem Landmann, um die Geschichte meiner fünften Reise zu hören, die noch wunderbarer als die früheren ist. Er ließ ihm dann wieder hundert Dinare geben; und am folgenden Morgen, als er wiederkehrte und gegessen und getrunken hatte, begann der Seefahrer die Erzählung seiner fünften Reise.

Fünfte Reise Sindbads

Die Genüsse übten solche Gewalt auf mich aus, daß ich schnell die ausgestandenen Leiden und Strapazen vergaß. Aufs neue reizte mich der Trieb, fremde Länder zu sehen; ich kaufte Waren, ließ sie einpacken und reiste damit nach Baßrah. Als ich an das Ufer des Meeres kam, sah ich ein großes Schiff, auf dem viele Kaufleute waren. Ich kaufte es, nahm einen Kapitän und Matrosen in Sold und bestieg es mit einem Sklaven und Dienern. Wir lasen die erste Sure des Korans und reisten mit Gottes Hilfe Tag und Nacht, von Stadt zu Stadt und von Land zu Land, bis uns das Geschick auf eine verlassene Insel trieb, wo wir ein Ei des Vogels Roch fanden, das aus der Ferne einer Kuppel glich. Das Junge war gerade im Begriff auszuschlüpfen, und sein Schnabel war schon sichtbar.

Die Handelsleute, die sich mit mir eingeschifft und auch ans Land gestiegen waren, schlugen mit Steinen auf das Ei los, brachten eine Öffnung zustande, aus der sie das Junge des Vogels Roch herausnahmen. Sie schlachteten es und nahmen viel Fleisch davon. Ich schlief neben dem Schiff; als ich erwachte, rief ich ihnen zu, das Ei nicht zu berühren, da sonst der Vogel unser Schiff zertrümmern würde; aber sie hörten nicht auf meine Worte, so sehr ich sie auch anschrie. Da verfinsterte sich plötzlich die Atmosphäre, und die Sonne verhüllte sich, obgleich es Mittagszeit war. Die Sonne wurde wie von einer schwarzen Wolke überzogen, und als wir gen Himmel sahen, bemerkten wir, daß die vermeintliche Wolke die Flügel des Vogels Roch waren, der in der Luft über seinem Ei umherkreiste. Der Kapitän rief uns zu, so schnell als möglich das Schiff zu besteigen, um nicht vom Roch getötet zu werden. Wir eilten auf das Schiff und entfernten uns eilig vom Ufer. Der Vogel stieß inzwischen ein furchtbares Geheul aus, als er das Ei zerbrochen fand. Er verfolgte uns mit seinem Weibchen; und trotz aller Anstrengung, das Schiff so schnell als möglich in Bewegung zu setzen, befanden sie sich bald über uns, und wir bemerkten, daß jeder zwischen seinen Krallen ein Felsenstück von ungeheurer Größe hielt. Der Roch ließ das Felsenstück, das er hielt, über uns herfallen; der Steuermann konnte jedoch noch schnell genug dem Schiff eine andere Wendung geben, so daß es ins Meer fiel und das Wasser bis auf den Grund aufwühlte; das Schiff wurde in die Höhe gehoben und dann wieder niedergeworfen und ging beinahe unter. Kaum waren wir durch Gottes Hilfe dieser Gefahr entronnen, da ließ das Weibchen die noch größere Felsenmasse mitten auf das Schiff fallen, so daß es zerschmettert wurde. Die Matrosen und Reisenden ertranken. Ich selbst kam unter Wasser; glücklicherweise konnte ich mich aber an einem Stück der Schiffstrümmer halten. Indem ich mich so drei Tage mit der Hand hielt und mit den Füßen ruderte, wurde ich endlich mit günstigem Wind gegen eine Insel getrieben.

Ich war wie eine Leiche vor Hunger, Müdigkeit und Ärger, und ich machte mir wieder Vorwürfe, daß ich mein glückliches Leben aufgegeben und aus Übermut mich neuen Gefahren ausgesetzt hatte. Als ich indessen eine Weile geschlafen und mich gestärkt hatte, ging ich auf der Insel umher und fand sie reich an Vögeln, Bächen und Baumfrüchten. Ich aß und trank, bis ich gesättigt war, und legte mich des Abends nieder, in großer Furcht, weil ich keine Spur von einem menschlichen Wesen entdeckt hatte.

Als ich ein wenig auf der Insel zwischen Bäumen und Bächen vordrang, bemerkte ich einen Mann, der bei einem tätigen Wasserrad saß. Er war nackt, hatte nur eine Schürze aus Palmfasern und einen Gürtel aus geflochtenen Blättern an. Ich dachte, er ist vielleicht fremd wie ich, und näherte mich, ihn grüßend. Er erwiderte meinen Gruß mit Anstand und Freundlichkeit und hieß mich willkommen. Ich fragte ihn, wer er sei, woher er komme und an welchem Ort ich mich befände. Er gab mir durch Zeichen zu verstehen, daß ich ihn zu dem Brunnen des Wasserrads tragen sollte.

Anfangs schien es mir, daß sein Zustand wirklich diese Hilfe nötig mache; ich nahm ihn daher auf meinen Rücken und trug ihn an den bezeichneten Ort, dann hieß ich ihn absteigen und wollte ihn niedersetzen; ich konnte ihn aber nicht von den Schultern herunterbringen, denn er hatte mir die Beine um den Hals geschlungen, deren Haut der eines Büffels glich und die so schwer wie ein Berg waren. Als ich sah, in welch neues Unglück ich mich gestürzt, rief ich: »Es gibt keinen Schutz und keine Macht, außer bei Gott dem Erhabenen. Sooft ich von einem Übel frei bin, stürze ich in ein anderes!« Mein Herz war von Schrecken erfüllt, die Welt schwarz vor meinen Augen, und ich fiel wie eine Leiche zur Erde nieder. Er hob seine Beine ein wenig auf, und ich ruhte und sah, daß seine Beine meinen Hals noch arger zerschunden hatten, als wenn er mit einer Peitsche geschlagen worden wäre. Ich erhob mich und wollte davonlaufen, aber er rief mich zurück und befahl mir, ihn unter den Bäumen umherzutragen, und als ich mich nicht beeilte, sprang er wieder auf meine Schultern und stieß mich mit seinen Füßen, daß ich glaubte, er habe mir Brust und Rippen zerbrochen. So trug ich ihn dann mitten auf die Insel, denn so oft ich stehenblieb, schlug er mich; ich war sein Gefangener, so daß ich am Leben verzweifelte. Er aber aß von den Früchten der Bäume und verunreinigte mich und stieg weder bei Tag noch bei Nacht von meinem Rücken herunter; selbst wenn er schlief, hatte er seine Beine fest um meinen Hals geschlungen, so daß ich mich nicht losmachen konnte, und wenn ich nicht sofort nach seinem Wunsch aufstand oder weiterging, schlug er mich auf die Seiten und auf die Brust, und seine Schläge waren ärger als Peitschenhiebe, so daß ich aus Furcht vor ihm gehorsam sein mußte. Ich wünschte den Tod herbei und machte mir Vorwürfe, daß ich mich von meiner Leidenschaft aus der Ruhe in solche Qualen habe stürzen lassen; auch nahm ich mir vor, in Zukunft mich keinem Menschen mehr zu nähern, der mich um Hilfe angeht.

Eines Tages fand ich auf meinem Wege mehrere trockene Kürbisse; ich nahm einen ausgetrockneten, höhlte ihn schön aus und drückte den Saft mehrerer Trauben hinein. Als ich den Kürbis angefüllt hatte, schloß ich die Öffnung wieder, die ich am obern Teil angebracht hatte, und legte ihn einige Tage in die Sonne, bis der Traubensaft sich in starken Wein verwandelt hatte. Dann trank ich jeden Tag davon, und er gab mir Kraft und berauschte mich, daß ich keine Müdigkeit mehr fühlte. Eines Tages wurde ich vom Weine so munter, daß ich anfing zu singen, Verse zu rezitieren, die Hände zusammenzuschlagen und mit dem Greis hin und her zu hüpfen.

Als der Greis die Wirkung merkte, die das Getränk auf mich gemacht hatte, gab er mir zu verstehen, daß er auch davon trinken wolle; ich reichte ihm daher den Kürbis hin, den er darauf bis auf den letzten Tropfen leerte. Er wurde darauf sehr heiter, klatschte mit den Händen, hüpfte auf meinen Schultern, seine Beine fingen an, sich zu lockern, er zitterte an allen Gliedern und wurde ganz betäubt; da löste ich ihm die Beine von meinen Schultern, setzte ihn auf die Erde und freute mich sehr, als ich ihn bewußtlos sah. Ich holte einen großen Stein zwischen den Bäumen hervor, warf ihn mit aller Kraft auf seinen Kopf, so daß ich ihm den Hirnschädel zerschmetterte und sein Blut sich mit seinem Fleisch mischte. Gott eilte mit seiner Seele in die Hölle. (Möge er kein Erbarmen mit ihm haben!)

Ich ging dann wieder an das Ufer an die Stelle zurück, an der ich mich früher befunden hatte, und nährte mich von den Früchten der Insel und sah immer nach dem Meer hin. Groß war meine Freude, als eines Tages ein Schiff heransegelte und an dieser Insel ankerte. Ich ging auf die Mannschaft zu, grüßte sie, man erwiderte meinen Gruß, und bald sammelten sich alle Leute vom Schiff um mich, um zu hören, wie ich hierhergekommen war. Nachdem ich meine ganze Geschichte erzählt hatte, sagte der Kapitän: »Der Alte, den du erschlagen hast, wird der Scheich des Meeres genannt, niemand ist ihm noch lebendig entkommen, und wer unter ihm umgekommen ist, den hat er gefressen.« Man wünschte mir Glück zu meiner Rettung, schenkte mir Lebensmittel und Kleidungsstücke und nahm mich mit auf das Schiff, das nach wenigen Tagen gegen eine große Stadt getrieben wurde, die am Ufer des Meeres lag, mit einem großen, festen Schloß, das Mauern mit einem eisenbeschlagenen Tor umgaben. Durch dieses Tor begeben sich die Bewohner der Stadt des Abends an das Ufer und besteigen ihre Nachen, auf denen sie mitten im Meer die Nacht zubringen aus Furcht vor den Affen. Ich dachte mit Verwunderung darüber nach und erinnerte mich an meine früheren Abenteuer mit Affen und gedachte auch meiner Freunde. Während ich aber so, in Gedanken vertieft, in der Stadt umherging, segelte das Schiff weiter, und ich bereute es, mich davon entfernt zu haben, aber meine Reue konnte mir nichts mehr nützen. Als ein Mann aus dieser Stadt mich so nachdenklich sah, sagte er zu mir: »Du scheinst hier fremd zu sein.« Ich antwortete: »Allerdings, ich befand mich auf dem Schiff, das hier geankert hatte, und während ich mich in der Stadt umsah, segelte es weiter und ließ mich zurück, ich bin nun allein, ganz unbekannt in der Stadt und ihren Bewohnern.« Der Mann erwiderte: »Sei ohne Furcht, geh mit mir auf meinen Nachen, denn wenn du die Nacht in der Stadt bleibst, kommst du um.« Ich folgte ihm und stieg in seinen Nachen, der sich ungefähr eine Meile weit von der Küste entfernte und erst des Morgens wieder nach der Stadt zurückgebracht wurde, die an der Grenze des Landes der Schwarzen lag, denn wer die Nacht über in der Stadt blieb, wurde von den Affen aufgefressen. Den Tag über ging jeder seinem Geschäft nach. Mich aber fragte der Mann, der mich aufgenommen hatte: »Verstehst du kein Handwerk?« Ich antwortete:

»Bei Gott, ich bin kein Handwerker, ich war ein reicher Kaufmann, trieb Handel, habe aber durch Schiffbruch alles verloren.« Ich erzählte ihm meine ganze Leidensgeschichte, und als er sie mit großem Erstaunen angehört hatte, sagte er, indem er mir einen baumwollenen Beutel mit Steinen gefüllt überreichte: »Nimm diesen Beutel und folge mir!« Er führte mich zu einer Gesellschaft und sagte: »Hier ist ein fremder Mann, der Schiffbruch erlitten hat und nichts mehr besitzt und kein Handwerk versteht; nehmt ihn mit, lehrt ihn euer Geschäft, vielleicht erwirbt er so viel, daß er damit in seine Heimat zurückkehren kann.« Die Leute, denen er mich empfohlen hatte, hießen mich willkommen und sagten: »Bei unserm Haupt und unsern Augen.« Darauf antwortete der Mann: »Tu nun, was sie tun, und wenn du zurückkehrst, so komme wieder zu mir.« Er verließ mich, nachdem er mir noch einige Lebensmittel gegeben hatte. Ich dankte ihm und schloß mich den übrigen an, bis sie zu hohen, glatten Bäumen gelangten, auf die kein Mensch hinaufklettern konnte und unter welchen viele Affen lagen. Als die Affen uns sahen, stiegen sie auf die Bäume. Die Leute warfen ihnen Steine aus ihren Taschen nach, worauf die Affen Früchte pflückten und herabwarfen. Als ich sie näher betrachtete, waren es Kokosnüsse, und die Bäume waren Kokosnußbäume, deren Früchte nur auf diese Weise gewonnen werden konnten.

Ich nahm auch Steine aus meinem Beutel und schleuderte sie gegen die Affen, die mich wieder mit Nüssen bewarfen, die ich in großer Zahl sammelte. So brachten wir den ganzen Tag zu, und des Abends kehrten wir in die Stadt zurück, und ich übergab dem Mann, der mich aufgenommen hatte, was ich gesammelt hatte. Er freute sich und sagte: »Geh jeden Tag mit den Leuten und bringe, was dir Gott beschert; vielleicht bringst du so viel zusammen, daß, wenn du sie verkaufst, du mit dem Erlös in deine Heimat zurückkehren kannst.« Ich dankte ihm und wünschte ihm viel Gutes für das, was er mich gelehrt hatte und fuhr fort, Nüsse zu sammeln und zu verkaufen und das Geld um mich herumzubinden. Eines Tages ankerte ein Schiff vor dieser Stadt, auf dem viele Kaufleute waren, die mit ihrer Ware Tauschhandel trieben. Ich ging zu meinem Wirt und sagte ihm, daß ich die Absicht habe, mit dem angekommenen Schiff abzureisen. Er ging zum Kapitän, mietete mir einen Platz, gab mir noch einige Lebensmittel und nahm Abschied von mir. Ich begab mich auf das Schiff mit vielen Kokosnüssen, denn ich hatte nur einen Teil von ihnen verkauft; auch schenkten mir meine Gefährten noch viele Nüsse, und wir reisten von Insel zu Insel, bis wir an eine große Stadt kamen. Ich vertauschte meine Nüsse gegen Gewürznelken und Pfeffer und sah mir den Pfefferbaum an, von dem man mir sagte, er trage große Büschel und neben jedem Büschel wachse ein großes Blatt, das ihn beschatte und gegen Regen schütze, und wenn der Regen aufhört, sich wieder nach unten wende. Wir kamen auch auf andere Inseln, auf welchen verschiedenes Aloeholz wächst, deren Bäume im Meere wurzeln. Die Bewohner dort sind dem Wein und der Unsittlichkeit ergeben und wissen nichts vom Gebet. Dann kamen wir auf die Insel der Perlensammler, ich gab Tauchern viele Kokosnüsse und ließ sie für mich untertauchen und vertraute dabei auf Gott. Sie brachten viele kostbare Perlen herauf, und ich wurde reicher, als ich es je gewesen war. So reisten wir immer weiter bis nach Baßrah. Hier hielt ich mich einige Tage auf, um auszuruhen; dann mietete ich ein Schiff und reiste mit all meinen Waren nach Bagdad zu meiner Familie und zu meinen Freunden, von denen ich geglaubt hatte, ich würde sie nie wiedersehen. Nun lebte ich wie früher in Lust und Wonne und vergaß bald alle meine Leiden.

Das sind die Abenteuer der fünften Reise, schloß Sindbad seine Erzählung, ließ Sindbad dem Landmann wieder hundert Dinare geben und lud ihn ein, am folgenden Morgen wiederzukehren, um die Ereignisse der sechsten Reise zu hören.

Sechste Reise Sindbads

Am folgenden Morgen erzählte Sindbad der Seefahrer: Nachdem ich längere Zeit im höchsten Glück gelebt hatte und immer reicher wurde, kamen reisende Kaufleute zu mir und sprachen von ihren Reisen und von ihrem großen Gewinn; da überkam auch mich wieder die Lust zu reisen und fremde Länder zu besuchen. Ich kaufte kostbare Waren für eine Seereise, schaffte mir Proviant an und mietete ein Schiff nach Baßrah. Hier fand ich ein großes Schiff mit vielen angesehenen Kaufleuten, ich reiste mit ihnen, nach dem Willen Gottes, von Meer zu Meer, von Insel zu Insel und von Stadt zu Stadt, machte überall Geschäfte und lebte sehr vergnügt, bis eines Tages der Kapitän plötzlich seine Matrosen anschrie, sich wie ein Weib ins Gesicht schlug, den Turban vom Kopf warf und sich den Bart ausraufte und rief: »Wehe! Mein Haus ist verödet! Meine Kinder sind Waisen!« Als wir ihn in solchem Zustand sahen, wurde das Licht zu Finsternis in unsern Augen. Wir gingen auf ihn zu und fragten ihn, was vorgefallen sei. Er antwortete: »Wir können diesem Berg nicht entrinnen, es ist ein hoher Berg und im Innern ein sehr harter, wir haben den Weg verfehlt, und das Schicksal hat uns an einen Ort getrieben, von welchem noch niemand entkommen ist, doch seid fest im Glauben und betet zu Gott, vielleicht ist eine reine Seele unter euch, deren Gebet Gott erhört, daß wir gerettet werden.« Wir fingen an zu beten, und der Kapitän stieg auf den Mastbaum, um zu sehen, wo wir uns hinwenden könnten; er fand aber kein Mittel, das Schiff abzulenken; er stieg daher wieder herunter und fiel vor Gram ohnmächtig auf das Schiff. Bald darauf wehte uns ein Wind vom Berge entgegen, das Schiff drehte sich dreimal im Kreise herum, stieß dann zweimal gegen den Berg und wurde zerschmettert, und was darauf war, ging unter. Manche Reisende, darunter auch ich, klammerten sich an der Seite des Berges an, und es gelang ihnen, ihn zu erklimmen; andere ertranken. Als wir auf dem Berg waren, sahen wir eine Insel mit großen Bäumen, und am Ufer lagen viele Gebeine und Hirnschalen von Menschen und viele Waren und wertvolle Gegenstände von zertrümmerten Schiffen, welche der Wind und die Wellen dahin getrieben hatten. Ich ging, über meine Lage nachdenkend und mir Vorwürfe machend, daß ich mich neuen Gefahren ausgesetzt hatte, mit den andern Geretteten auf der Insel umher, bis wir an eine frische Quelle kamen, die aus dem Berg entspringt. Wir tranken und gingen weiter und waren erstaunt über die Masse kostbarer Güter, die am Ufer herumlagen und von gescheiterten Schiffen stammten. Auch fanden wir allerlei Edelsteine auf dem Berg sowohl als auf dem Grund der Quelle, von welcher wir tranken; ebenso sahen wir verschiedene Sorten edler Aloebäume. Auch fließt Ambra an der Seite eines Bächleins wie Wachs, das die Seetiere verschlingen, dann aber im Meere wieder ausspeien, worauf es Farbe und Beschaffenheit ändert. Alles dies findet sich auf dieser Insel, die aber wegen des Berges, an welchem die Schiffe scheitern, unzugänglich ist. Wir gingen nun ratlos umher, ohne zu wissen, wohin, und wurden immer schwächer, denn wir mußten uns von Pflanzen nähren. Sooft einer von uns starb, wuschen wir ihn, hüllten ihn in seine Kleider und beerdigten ihn am Ufer der Insel. Unsere Zahl wurde immer geringer, sie schmolz bald auf drei zusammen, und schließlich blieb nur ich allein noch am Leben. Ich machte mir Vorwürfe und dachte: Wäre ich doch vor meinen Gefährten gestorben, sie hätten mich gewaschen, eingehüllt und beerdigt, während das jetzt niemand für mich tun kann. Ich grub mir ein tiefes Grab und dachte, wenn ich meine Lebenskraft gesunken fühle, so lege ich mich hinein und sterbe darin.

Während ich damit beschäftigt war, konnte ich mich nicht enthalten, mir Vorstellungen darüber zu machen, daß ich selbst schuld an meinem Unglück sei, und meine Reue zu gestehen, daß ich abermals ohne Not mich auf die Reise begeben hatte.

Gott, der Allmächtige, flößte mir schließlich den Gedanken ein: Dieser Bach, der unter die Erde fließt, müsse notwendig an irgendeiner Stelle wieder hervortreten. Wenn ich ein Floß baue und mich damit dem Laufe des Wassers anvertraue, so werde ich entweder mit Gottes Hilfe gerettet oder zu Grunde gehen; beides ist besser als hier umkommen.

Ich fing unverzüglich an, das Floß zu bauen; ich machte es aus Schiffstrümmern und dicken Seiten, die von den gescheiterten Schiffen am Ufer umherlagen, und band sie so stark zusammen, daß ein Fahrzeug daraus entstand wie ein

Fischerkahn, so fest wie mit Nägeln beschlagen und ungefähr so breit wie der Bach. Als es fertig war, belud ich es mit einigen Paketen Perlen, Edelsteinen, grauem Bernstein und Aloeholz. Ich packte alles an Pflanzen und Nahrung zusammen und schiffte mich auf meinem Floße mit zwei kleinen Rudern ein und überließ mich dem Laufe des Stromes, indem ich mich dem Segen des Allmächtigen empfahl.

Als ich mich in der Höhle befand, sah ich kein Tageslicht mehr, und der Lauf des Flusses riß mich fort, ohne daß ich bemerken konnte, wohin. Ich fuhr während einiger Tage in dieser Dunkelheit, ohne daß ich einen Lichtstrahl entdecken konnte. Ich fand zuweilen die Wölbung der Höhle so niedrig, daß ich nahe daran war, mir den Kopf zu verletzen, auch war an manchen Stellen der Bach so eingeengt, daß ich die Ruder auf den Kahn legen mußte. Ich bereute, was ich angefangen hatte, und vor Todesangst vergaß ich Hunger und Durst. So ging das fort, bald schlief ich ein, bald erwachte ich wieder, bald wurde der Bach eingeengt, bald war er wieder breit, und die Strömung trieb den Kahn immer vorwärts. Endlich fiel ich vor Schwäche und Hunger in einen festen Schlaf, und als ich erwachte, sah ich mich auf einem freien Feld am Ufer eines Flusses, wo mein Floß angebunden war, mitten unter einer großen Zahl Indianer und Schwarzer. Sie redeten mich an; ich verstand jedoch ihre Sprache nicht. In diesem Augenblick war ich so von Freude ergriffen, daß ich nicht wußte, ob ich wachte oder träumte, und rief mir die Worte des Dichters zu:

> »Lasse dem Schicksal seinen Lauf und
> schlafe ohne Sorgen; im Augenblick, wo
> du darüber erschrickst, hat Gott schon al-
> les anders gefügt.«

Einer der Schwarzen, welcher sah, daß ich nicht antworten konnte, sagte in arabischer Sprache: »Der Friede Gottes sei mit dir!« Ich antwortete: »Mit dir sei Gottes Friede und Segen!« Drauf erzählte er mir: »Wir bewohnen das Feld, das du siehst, und sind gekommen, es aus dem Flusse zu bewässern. Wir bemerkten deinen Kahn, in welchem du schliefst. Wir haben ihn festgebunden und gewartet, bis du aufwachtest. Erzähle uns, wer du bist und wo du herkommst.« Ich antwortete ihnen, daß sie mir vorher etwas zu essen geben sollten, da ich sonst verhungere, daß ich dann aber ihre Neugier befriedigen würde.

Sie brachten mir mehrere Speisen, womit ich meinen Hunger stillte. Als ich mich gestärkt und beruhigt hatte, erzählte ich ihnen alles, was mir zugestoßen war, und sie zeigten mir ihre Verwunderung darüber. Als ich geendet hatte, sagten sie untereinander: »Wir müssen unserm König Nachricht geben von diesem Fremden und ihn zu ihm führen.« Dann sagten sie zu mir: »Wir wollen dich zu unserm König führen.« Ich erwiderte: »Ich bin bereit, euch zu folgen.« Sie nahmen mich alsbald in ihre Mitte und zogen auch den Kahn mit, in welchem alle meine Edelsteine, Perlen und Ambra waren. Als ich vor dem König stand, begrüßte er mich, ließ mich zu ihm sitzen und erkundigte sich nach meinen Verhältnissen. Ich erzählte alles, und der Mann, der mich angeredet hatte, dolmetschte es ihm. Er war sehr erstaunt über mein Abenteuer und erwies mir viele Ehre, worauf ich ihm einige Perlen und Edelsteine zum Geschenk machte; er nahm das Geschenk an, ließ Speisen und Getränke auftragen und mir eine Wohnung im Schloß einräumen. So lebte ich eine geraume Zeit bei ihm hochgeehrt und erzählte ihm von meiner Heimat und von der Regierung Harun Arraschids, wodurch mein Ansehen noch größer wurde.

Eines Tages, als ich so dasaß, hörte ich, daß Kaufleute nach Baßrah reisen wollten; da ich sie kannte, beschloß ich, mich ihnen anzuschließen und dachte, der König wird mich ihnen empfehlen. Ich begab mich also zu ihm, küßte die Erde vor ihm und teilte ihm meinen Entschluß mit. Er schickte zu den Kaufleuten, empfahl mich ihnen, machte mir viele Geschenke und stattete mich mit allen Reisebedürfnissen aus. So reisten wir denn im Vertrauen auf Gott, von Meer zu Meer und von Insel zu Insel, bis wir, nach Gottes Willen, in Baßrah anlangten, von wo ich nach wenigen Tagen mich nach Bagdad begab. Meine Familie hatte mich schon tot geglaubt und freute sich daher sehr über meine Ankunft. Ich teilte wieder viele Geschenke an meine Freunde sowie an die Armen aus. Der Kalif hörte von meiner Rückkehr und ließ mich rufen. Ich küßte die Erde vor ihm und überreichte ihm seiner würdige Edelsteine und Perlen sowie auch etwas Ambra und Aloeholz und erzählte ihm auf sein Verlangen, was mir auf der ganzen Reise widerfahren war, vom Tag an, als ich Bagdad verlassen hatte. Er nahm mein Geschenk an, hörte mir mit Erstaunen zu, erwies mir große Ehre und befahl seinen Sekretären, die ganze Geschichte niederzuschreiben und zur Belehrung für jeden, der sie hört, in der Schatzkammer aufzubewahren. Ich lebte nun wieder in Bagdad, allen Genüssen des Lebens hingegeben und vergaß bald, was ich gelitten hatte.

Das sind meine Abenteuer von der sechsten Reise. Morgen komme wieder, sagte er zu Sindbad dem Landmann, um die meiner siebten Reise zu vernehmen, die noch wunderbarer und entzückender sind. Er ließ ihm wieder hundert Dinare geben; und als er am folgenden Tage wiederkehrte und die übrigen Freunde beisammen waren und gegessen und getrunken hatten, begann Sindbad der Seefahrer, von seiner siebenten Reise zu berichten.

Siebente Reise Sindbads

Nachdem ich einige Zeit höchst angenehm in Bagdad gelebt hatte, überwältigte mich wieder die Reiselust. Ich kaufte allerlei Waren, packte sie in Ballen zu einer Seereise und begab mich, blindlings der Leitung Gottes vertrauend, nach Baßrah. Hier fand ich ein großes Schiff mit vornehmen Kaufleuten, mit denen ich mich befreundete und einschiffte.

Als wir eine Strecke weit gefahren waren, erhob sich ein starker Sturm, und es regnete so stark, daß wir unsere Ladungen mit allerlei Kleidungsstücken und Tüchern zudeckten und zu Gott beteten, daß er die Gefahr von uns abwende; der Schiffskapitän aber umgürtete sich, nahm seine Zuflucht zu Gott vor Satan, stieg auf den Mastbaum und sah sich nach allen Seiten um; darauf schrie er die Leute, die auf dem Schiff waren, an, schlug sich an den Kopf und ins Gesicht, warf seinen Turban ab und raufte sich mit folgenden Worten seinen Bart aus: »Fleht Gott um Rettung an! Weint um euer Leben und sagt einander Lebewohl!« Wir fragten ihn, was geschehen sei. Er antwortete: »Wir sind von unserm Wege abgekommen, und der Wind wird uns bald ans äußerste Ende der Welt gebracht haben.« Er stieg vom Mastkorb herunter, öffnete die Kiste und nahm einen blauen baumwollenen Beutel, mit Erde gefüllt, heraus. Darauf holte er eine Tasse Wasser, mischte die Erde unter die Flüssigkeit und roch daran, um davon zu kosten; darauf brachte er ein Buch herbei, las darin und brach in Jammer aus, indem er sprach: »Wisset, dieses Buch sagt etwas Wunderbares, das darauf deutet, daß, wer auf dieses Meer gerate, untergehe. Es heißt das Meer des königlichen Landes. Hier ist das Grab des Propheten Salomo, Sohn Davids, Friede sei mit ihm! Kein Schiff, das auf dieses Meer kommt, bleibt unbeschädigt!« Wir waren sehr erstaunt über die Worte des Kapitäns. Kaum kamen wir jedoch wieder zu uns selbst, so krachte das Schiff nach einem heftigen Windstoß, von dem es getroffen worden war. Wir sagten einander Lebewohl, weinten und beteten das Totengebet und ergaben uns in den Willen Gottes. Da schwammen drei ungeheure Fische, groß wie Berge, auf uns zu und umgaben unser Schiff, und der größte unter ihnen öffnete seinen Rachen, um das ganze Schiff zu verschlingen, denn er war so weit wie ein Stadttor oder wie ein breites Tal. Wir flehten Gottes Hilfe an, und kurz darauf hob ein starker Sturmwind das Schiff in die Höhe und schmetterte es im Herunterfallen gegen den Kopf eines Fisches, so daß es in Stücke ging und wir alle ins Meer sanken. Aber der erhabene Gott ließ uns ein großes Brett ergreifen, woran wir uns klammerten, und ich ruderte wieder mit den Füßen wie bei frühern Schiffbrüchen. Wind und Wellen warfen uns damit an das Ufer einer Insel. Todeskrank von Hunger, Kälte, Durst, Müdigkeit und Wachen kamen wir dort wie elende Küchlein an. Ich machte mir Vorwürfe über das, was ich getan hatte und sagte zu mir: Meine frühern Reisen haben mich nicht bekehrt; sooft ich in großer Gefahr war, habe ich mir vergebens vorgenommen, nicht mehr zu reisen; darum verdiene ich, bei Gott, was mir widerfährt, denn ich lebte in größtem Wohlstand, und Gottes Huld hatte mir geschenkt, was ich nur wünschen konnte. Ich weinte lange, flehte Gottes Gnade an und rief ihn als Zeugen auf, daß ich, wenn ich diesmal gerettet werde, nie mehr meine Heimat verlassen und nie mehr von einer Reise sprechen würde, ging mit zerknirschtem Gemüte am Meeresufer umher, indem ich mir die Verse des Dichters ins Gedächtnis zurückrief:

> »Wenn die Dinge sich verwickeln und einen Knoten bilden, so kommt eine Bestimmung vom Himmel und entwirrt sie. Habe Geduld; was dunkel war, wird hell werden, und der den Knoten geknüpft hat, wird ihn vielleicht auch wieder lösen.«

So irrte ich lange am Meeresufer umher, aß von den Pflanzen der Erde und trank das Wasser der Quellen. Als ich so längere Zeit in Jammer und vielfacher Not gelebt und mir den Tod gewünscht hatte, fiel es mir ein, wieder einen kleinen Nachen zu bauen und darauf, wie früher einmal, das Meer zu befahren. Ich dachte: Werde ich gerettet, so ist es eine Fügung Gottes, gehe ich unter, so ist meine Qual zu Ende.

Ich sammelte mir dann Holz und Bretter von den gestrandeten Schiffen, zerriß mein Kleid und flocht einen Strick daraus, womit ich die Bretter und das Holz fest zusammenband, dann ließ ich den Nachen ins Meer und ruderte darauf drei Tage lang, ohne zu essen oder zu trinken; auch ließ mich die Furcht nicht schlafen. Am vierten Tag kam ich an einen hohen Berg, aus welchem Wasser in die Erde floß. Ich hielt hier an und sagte zu mir: Es gibt keinen Schutz und keine Macht, außer bei Gott, dem Erhabenen! Wärest du doch an deinem Platz geblieben und hättest Datteln und andere Pflanzen gegessen. Hier mußt du umkommen! Eine Rückkehr war jedoch nicht möglich, denn ich konnte den

Kahn in seinem Lauf nicht aufhalten, den der Fluß unter den Berg, wie unter eine Brücke, durchtrieb. Ich legte mich in den Nachen, doch war dessen Raum so eng, daß ich oft Seiten und Rücken an den Bergwänden anstieß. Nach einiger Zeit kam ich mit Gottes Hilfe wieder unter dem Berg hervor in ein weites Tal, in das hinab sich das Wasser mit einem donnerähnlichen Geräusch ergoß. Ich hielt mich mit der Hand an dem Nachen fest, mit dem die Wellen rechts und links spielten. Ich fürchtete mich sehr, ins Wasser zu fallen, und vergaß darüber Essen und Trinken: indessen schwamm der Nachen, von der Strömung und dem Wind pfeilschnell getrieben, bis mich die Bestimmung nach einer volkreichen Stadt von großem Umfang brachte. Da ich außerstande war, den Nachen anzuhalten, so warfen mir die Leute der Stadt, als sie mich sahen, Stricke zu, die ich jedoch nicht fassen konnte, bis sie zuletzt ein großes Netz über den ganzen Nachen zogen und mich damit ans Land brachten. Ich war nackt und abgehärmt wie ein Toter vor Hunger und Durst, Wachen und Anstrengung. Da kam ein Mann auf mich zu, warf ein hübsches Kleid über mich und nahm mich mit sich nach Hause, wo er mich in ein Bad führte. Alle seine Leute bewillkommneten mich freudig, hießen mich sitzen und brachten mir zu essen. Ich aß, bis ich satt war, denn ich war sehr hungrig. Dann brachten mir Knaben und Sklavinnen warmes Wasser, womit ich mir die Hände wusch. Hierauf dankte ich Gott, der mich gerettet hatte. Es wurde mir ein besonderer Ort an der Seite des Hauses angewiesen, wo ich von Sklaven und Sklavinnen bedient wurde. So blieb ich drei Tage lang, am vierten Tage kam der Alte und sagte: »Herr, du bist uns willkommen, und das Jahr ist durch deine glückliche Ankunft gesegnet.« Meine Antwort war: »Gott erhalte dich und belohne dich für das, was du an mir tust!« Er jedoch sagte zu mir: »Wisse, mein Sohn!, während du hier als Gast weilst, habe ich durch meine Diener deine Waren ans Land bringen und inzwischen trocknen lassen. Willst du nun mit mir auf den Markt gehen und sehen, wie sie verkauft werden?« Ich wußte nicht, was ich antworten sollte, da ich keine Waren mitgebracht hatte. Ich sagte ihm. »Mein Vater!

Du weißt das besser.« Er versetzte: »Das ist deine Sache, laß uns gehen, um deine Waren zu verkaufen und andere einzutauschen und um auch selbst mit den Kaufleuten bekannt zu werden.« Ich gehorchte und folgte ihm.

Auf dem Markt grüßten und bewillkommneten mich alle anwesenden Handelsleute und wünschten mir Glück zu meiner Rettung. Zugleich fand ich, daß mit den Waren, wovon der Alte gesprochen hatte, die Balken und Bretter gemeint waren, die ich auf der Insel gesammelt hatte. Als der Makler das Holz ausrief, überboten sich die Kaufleute bis zu zehntausend Dinaren. Dann bot niemand mehr. Der Alte sagte zu mir: »Mein Sohn! Das ist der jetzige Wert deiner Ware, die im Augenblick nicht gesucht ist; wenn du willst, kannst du sie verkaufen, wenn du sie aber noch liegen lassen willst, so kannst du einen höhern Preis erzielen.« Ich sagte: »Ich überlasse es deinem Gutdünken.« Darauf erwiderte er: »Nun, ich will dir noch weitere hundert Dinare geben, wenn du mir dein Holz verkaufen willst.« Ich schloß den Handel ab, worauf er das Holz in sein Magazin bringen ließ und mit mir in das Haus ging, das er mir angewiesen hatte, und er schickte mir zehntausendeinhundert Dinare und eine Kiste mit einem Schlosse und sagte mir, ich solle das Geld verschließen und den Schlüssel bei mir tragen, da ich nichts davon auszugeben brauchte, so lange ich bei ihm bliebe.

Nach Verlauf einiger Zeit nahte er sich eines Tages mir mit den Worten: »Ich will dir einen Vorschlag machen, willst du ihn annehmen?« – »Laß hören«, war meine Antwort. »Wisse«, fuhr er fort, »ich bin ein alter, reicher Mann, habe keinen Sohn, wohl aber eine junge Tochter von schönem Gesicht und hübschem Wuchs. Ich wünsche, daß du sie heiratest, bei mir bleibest und mein Sohn werdest; ich übergebe dir mein ganzes Vermögen.« Ich schwieg, denn so viele Güte beschämte mich. Er aber fuhr fort: »Tue, wie du willst; du kannst meine Tochter heiraten oder auch so hierbleiben, ohne an etwas Mangel zu leiden, oder mit Waren in deine Heimat zurückkehren. Unser Land«, fügte er hinzu, »ist die Grenze des bewohnten Landes; hinter uns beginnt der vierte Weltteil, der unbewohnt ist.« Auf alles dies konnte ich bloß erwidern: »Tue, Herr!, mit deinem Knechte, wie du willst, du bist ja wie ein Vater gegen mich, ich bin hier fremd und habe auch infolge meiner vielen Leiden und Strapazen jede Einsicht verloren.« Er ließ darauf den Kadi und Zeugen rufen und verheiratete mich mit seiner Tochter, indem er ein großes Fest veranstaltete und mich ihr zuführte. Ich fand sie, wie er gesagt hatte, wunderschön, liebenswürdig und hübsch gewachsen. Sie besaß reichen Schmuck an Ketten, Juwelen und goldenen Ringen, die waren wohl tausend Dinare wert. Den Wert ihrer Kleider aber konnte niemand schätzen. Ich lebte eine Zeitlang mit ihr; ihr Vater hatte mich zum Herrn aller seiner Güter gemacht, und ich war wie ein Eingeborner der Stadt und trieb großen Handel. Ich entdeckte, wie bei jedem Neumonde den Leuten Flügel wuchsen und ihre ganze Gestalt sich veränderte und die der Vögel annahm; sie flogen gen Himmel, und nur die Kinder blieben zu Hause. Als nun wieder einmal Neumond war und die Leute ihre Gestalten veränderten, hängte ich mich an einen fest und sagte: »Bei Gott, du mußt mich mitnehmen.« Er drehte sich herum und sagte mir: »Das ist unmöglich.« Mit vieler Mühe brachte ich es endlich dahin, daß er mich auf den Rücken nahm, mit mir so hoch in die Luft flog, daß ich hören konnte, wie die Engel Gott preisen. Darauf rief ich: »Gelobt und gepriesen sei Gott!« Aber kaum hatte ich diese Worte gesagt, da fiel ein starkes Feuer vom Himmel auf sie, daß sie fast verbrannten, sie entflohen alle, und derjenige, der mich trug, warf mich auf den Gipfel eines hohen Berges. Sie waren alle ganz mutlos, schalten auf mich, gingen fort und ließen mich allein. Ich bereute, was ich mir selbst getan hatte, und sagte: »Es gibt keinen Schutz und keine Macht, außer bei Gott, dem Erhabenen! So oft mir Gott gnädig ist und mich aus einer schlimmen Lage befreit, stürze ich mich in eine andere.« Ich machte mir Vorwürfe, etwas unternommen zu haben, das meine Kräfte überstieg. Ich ging an den Seiten des Berges herum, ohne zu wissen, wohin. Da begegneten mir zwei Jünglinge, welche wie der Mond aussahen; jeder von ihnen hatte einen goldenen Stock in der Hand; ich ging auf sie zu, und wir begrüßten uns. Dann sagte ich ihnen: »Ich beschwöre euch bei Gott, wer seid ihr?« Sie antworteten: »Wir sind Einsiedler, die auf diesem Berg wohnen und Gott anbeten«; sie gaben mir auch einen Stock, wie sie einen hatten, gingen ihres Weges und ließen mich allein. Da kam auf einmal eine große Schlange unter dem Berg hervor und trug im Rachen einen Mann, der nur noch mit dem Kopf heraussah. Der Mann schrie: »Wer von dieser Schlange mich befreit, den wird Gott vor jedem Unheil bewahren.« Ich schlug die Schlange mit dem goldenen Stock, den mir die Jünglinge gegeben hatten, und sie spie den Mann aus; ich schlug sie dann noch einmal, und sie entfloh. Da kam der Mann und sagte mir: »Weil du mich so tapfer gerettet hast, so will ich dein Gefährte werden und dir beistehen.« Ich hieß ihn willkommen und ging eine Weile mit ihm auf dem Berg umher. Da nahte sich uns eine Menge Menschen, und siehe da!, der Mann, der mich auf dem Nacken getragen hatte, war unter ihnen. Ich grüßte ihn und sagte: »Behandeln Brüder einander so?« Der Mann antwortete: »Freund! Du hättest uns beinahe ins Verderben gestürzt dadurch, daß du den Namen Gottes erwähntest.« Ich bat ihn um Verzeihung, und er ließ sich bewegen, mich auf seinen Rücken zu nehmen, jedoch mußte ich die Bedingung eingehen, den Namen Gottes nicht mehr auszusprechen. Ich gab hierauf den goldenen Stock dem Mann, den ich von der Schlange befreit hatte, und nahm Abschied von ihm. Ich kam kurz darauf auf dem Rücken meines neuen Landsmanns zu Hause an; meine Frau, der ich von meiner Reise nichts gesagt hatte und jetzt erst erzählte, wie es mir gegangen, wünschte mir Glück zu meiner Rettung und riet mir, nie mehr mit den Leuten dieser Stadt umzugehen, da sie ungläubige Genien seien, die den Namen Gottes nicht kennen und ihn nicht anbeten. Sie fuhr fort: »Da mein Vater tot ist und wir hier niemanden mehr haben, so wollen wir unsere Güter verkaufen und in deine Heimat ziehen.« Ich gab meine Einwilligung dazu und wartete, bis jemand aus der Stadt auch abreisen wollte, um mich ihm anzuschließen. Eines Tages hörte ich, daß eine Anzahl Fremder, die sich in der Stadt aufhielten, abreisen wollten und daß sie ein großes Schiff gebaut hatten. Ich begab mich zu ihnen, mietete einen Platz, schiffte mich mit meiner Frau und aller meiner beweglichen Habe ein und ließ die liegenden Güter zurück, und wir reisten von Insel zu Insel und von Meer zu Meer, bis wir glücklich in Baßrah anlangten. In Baßrah hielt ich mich nicht auf, sondern ging schnell nach Bagdad, der Friedensstadt. Gelobt sei Gott!, der mich mit meinen Freunden, zu denen auch du, Sindbad der Lastträger, gehörst, wieder vereinigt hat! Das ist der Schluß der Erzählung Sindbads.

Der arme Fischer und der Beherrscher der Gläubigen

Man behauptet, o König der Zeit: Es lebte in der frühesten Zeit in Bagdad ein Fischer mit Namen Chalif; er hatte viel Unglück und besaß wenig Wohlstand. Eines Tages saß er in seinem Hofe, war nachdenkend und sagte: »Es gibt keinen Schutz und keine Macht, außer bei Gott, dem Erhabenen! Was habe ich wohl gegen meinen Herrn verbrochen, daß ich unter allen Fischern am wenigsten Glück habe? Ich kann doch wohl sagen, daß in Bagdad kein geschickterer Fischer ist, als ich bin.« Dieser Mann wohnte an einem wüsten Ort, Herberge genannt, in einem Zimmer ohne Tür; ging er aus zu fischen, so legte er das Netz auf seine Schulter, ohne Korb und ohne Tuch; und wenn die Leute ihm sagten: »Chalif! Warum nimmst du keinen Korb mit, um die Fische hineinzutun, die du fangen wirst?«, antwortete er: »Ich würde ihn leer zurückbringen, wie ich ihn mitgenommen habe, denn ich würde nichts fangen.« Eines Tages stand er mit Tagesanbruch auf, nahm sein Netz auf seine Schulter, blickte gen Himmel und sagte wehmütig: »O Gott, der du für Moses, Sohn Amrans, das Meer gebeugt hast, gib mir die Notdurft des Lebens! Du bist der beste Versorger.« Er öffnete dann das Netz, warf es ins Meer und wartete, bis es sank; als er es wieder an sich zog, fand er einen toten Hund darin. Er machte ihn los, warf ihn weg und sprach: »O unseliger Morgen mit diesem Hund, nachdem ich mich schon über das Gewicht, das im Netz war, gefreut hatte.« Er flickte hierauf das Netz, das zerrissen war, und sagte: »Der Geruch dieses toten Hundes hat gewiß viele Fische hierhergezogen.« Er warf das Netz wieder aus und zog das Gerippe eines Kamels herauf, wodurch das Netz auf allen Seiten zerrissen wurde. Als Chalif dies sah, weinte er und sagte: »Es gibt keinen Schutz und keine Macht, außer bei Gott, dem Erhabenen! Was habe ich wohl gegen meinen Herrn verbrochen, daß ich weniger Glück habe und weniger Lebensunterhalt finde als die übrigen Fischer –, daß ich nicht einmal einen Fisch oder sonst ein Tierchen fange, das ich in der Asche braten und essen könnte; und doch sag' ich, es gibt keinen geschickteren Fischer als mich.« Er rief aus: »In Gottes Namen!«, warf das Netz wieder und fand darin, als er es an sich zog, einen aussätzigen, halbblinden, kahlen, krummen Affen mit einem gebogenen Rohr in der Hand. Der Fischer Chalif sagte: »Das ist ein gesegneter Anfang; wer bist du, Affe?« Gott ließ den Affen sprechen, und er sagte: »Kennst du mich nicht?« Chalif antwortete: »Nein, bei Gott!« Der Affe sagte: »Ich bin dein Affe.« Chalif fragte: »Was mach ich mit dir, Affe?« Er antwortete: »Ich bringe dir jeden Morgen, was dir Gott als Lebensunterhalt bestimmt.« Da sprach der Fischer: »Du hast bis jetzt das Deinige getan; nun will ich aber auch dir dein gutes Aug' noch blenden und den krummen Fuß abschneiden; Gott verdamme dich! Du sollst nun ganz lahm und blind werden! Doch was bedeutet das Rohr, das du in der Hand hast?« Der Affe antwortete: »Damit vertreibe ich die Fische, daß sie nicht in dein Netz gehen.« Chalif erwiderte: »Darum will ich dich heute auch züchtigen und auf alle denkbare Weise quälen; ich werde dir das Fleisch von den Gebeinen reißen, du böses Vieh!« Mit diesen Worten machte der Fischer ein Stück Seil von seinem Leib los, band den Affen neben sich an einen Baum und sagte: »Siehst du, Hundsaffe, ich werfe jetzt das Netz wieder aus; fange ich etwas, gut; wenn nicht, so bringe ich dich mit den schrecklichsten Qualen um und schaffe mir Ruhe vor dir, du unheilvolles Gut!«

Er warf hierauf das Netz wieder aus und fand wieder einen Affen darin; da sagte Chalif: »Gepriesen sei der erhabene Gott! Ich habe geglaubt, aus dem Tigrisfluß kämen nur Fische, und nun gibt's hier nur Affen!« Er wandte sich diesem Affen zu und fand ihn gutaussehend; er hatte ein rundes Gesicht, einen goldenen Ring am Ohr, einen blauen Gürtel am Leib und glänzte wie ein brennendes Licht. Chalif fragte ihn: »Wer bist du, Affe?« Der antwortete: »O Chalif! Ich bin der Affe des Juden, des Wechslers des Kalifen, des Glücksvaters, dem ich jeden Morgen zehn Goldstücke zu verdienen gebe.« Chalif sagte: »Bei Gott! Du bist ein hübscher Affe und gleichst nicht jenem häßlichen Tier dort.« Er nahm einen Stock und fiel über den halbblinden Affen her, bis er ihm die Rippen zerbrach und der vor Schmerzen hin und her sprang. Da sagte der hübsche Affe: »O Chalif! Was nutzt dir dies Schlagen, und wenn du ihn auch zu Tode prügelst?« Chalif erwiderte: »Was soll ich denn tun? Soll ich ihn wieder gehn lassen, damit er mit seiner Mißgestalt mir wieder die Fische vertreibe und mich jeden Tage um das bringe, was mir Gott als Lebensunterhalt bestimmt? Nein, ich will ihn umbringen, damit ich Ruhe vor ihm habe, und dich an seiner Stelle zu meinem Affen nehmen, um jeden Tag zehn Goldstücke zu gewinnen.« Der hübsche Affe antwortete: »Ich will dir einen bessern Rat geben. Wenn du mir gehorchst, wirst du Ruhe bekommen, und ich werde an seiner Stelle dein Affe werden.« Chalif sagte: »Was willst du mir raten?« Er antwortete: »O Chalif! Wirf jetzt dein Netz aus und es wird ein schöner, kostbarer Fisch heraufkommen, wie ihn noch niemand gesehen hat; ich will dir dann sagen, was du damit tun sollst.« Da sagte Chalif: »Nimm dich in acht! Wenn ich abermals einen Affen heraufziehe, so schneide ich euch alle drei in sechs Stücke.« Der Affe sagte: »Gut, Chalif! Ich nehme diese Bedingung an.« Chalif warf wieder das Netz in den Strom, und wie er es an sich zog, war ein schön geformter Fisch mit rundem Kopf darin. Als Chalif diesen Fisch sah, verlor er fast den Verstand vor Freude und sprach: »Gelobt sei Gott, was ist das für eine edle Gestalt! Wären diese Affen noch im Strom gewesen, so wäre gewiß dieser Fisch nicht heraufgekommen.« Da sagte der hübsche Affe zu ihm: »Chalif! Wenn du mir gehorchst, wird es dir gut gehen.« Chalif antwortete: »Gott verdamme jeden, der dir von nun an widerspricht!« Der Affe sagte: »Chalif, nimm diesen Fisch, lege ihn in einen Korb mit ein wenig Gras unten drin und ein wenig obendrauf; kaufe dir dann einige Stengel Basilienkraut vom Blumenhändler, stecke sie ihm in den Mund und decke ihn mit einem Tuch zu, geh damit durch die Straßen Bagdads und wenn ihn jemand von dir kaufen will, so verkaufe ihn nicht, bis du auf den Bazar der Juweliere und Geldwechsler kommst; zähle dort fünf Magazine auf deiner rechten Seite und gehe in das sechste, das dem jüdischen Geldwechsler, dem Glücksvater, gehört. Wenn er dich fragt, was du willst, so sage ihm: Ich bin ein Fischer, habe das Netz auf gut Glück ausgeworfen, da kam dieser kostbare, schön geformte Fisch herauf, den ich dir als Geschenk bringe; wenn er dir Geld geben will, so nimm nichts an, weder wenig noch viel, sonst kann unser Werk nicht gelingen. Sage ihm nur: Ich verlange von dir ein einziges Wort, sprich zu mir nur: Ich verkaufe dir meinen Affen für den deinigen und mein Los für das deinige. Wenn der Jude dies gesagt hat, so gib ihm den Fisch, und ich werde dein Affe, und dieser blinde, lahme, krätzige wird der seinige.« Chalif erwiderte: »Du hast recht, Affe«, und dachte immer an das, was ihm der Affe gesagt hat, bis er in den Laden des jüdischen Wechslers kam.

Er sah den Juden hier sitzen, von vielen Dienern umgeben: wie er befahl, verbot, gab und nahm. Der Fischer legte seinen Korb vor ihm nieder und sagte: »O Sultan der Juden! Ich bin ein Fischer, bin heute in den Tigris gegangen und habe mein Netz in deinem Namen ausgeworfen. Dann kam dieser schöne Fisch herauf, den ich dir zum Geschenk bringe.« Mit diesen Worten nahm Chalif das Gras herunter, so daß der Fisch zum Vorschein kam. Als der Jude ihn sah, bewunderte er ihn und sagte: »Gepriesen sei der Schöpfer!« und reichte einen Dinar dem Fischer, der ihn aber nicht annahm. Der Jude wollte ihm zwei Dinare geben, er nahm aber auch die nicht; nach und nach bot er bis auf zehn Dinare, und der Fischer weigerte sich immer, sie anzunehmen. Endlich sagte der Jude: »Wahrlich, du Muselmann, du bist recht habgierig; sag mir, wieviel du willst?« Chalif antwortete: »Ich will nur ein einziges Wort von dir.« Der Jude wurde ganz blaß und sagte: »Du willst mich gewiß von meinem Glauben abbringen, geh deines Weges!« Chalif aber versetzte: »Bei Gott, o Jude, es ist mir ganz gleich, ob du Muselmann oder Christ wirst!« Der Jude fragte: »Nun, was soll ich denn sagen?« Chalif antwortete: »Sage: Ich verkaufe dir meinen Affen für den deinigen und mein Los für das deinige.« Der Jude lachte, hielt den Fischer für blödsinnig und sprach: »Ich verkaufe dir meinen Affen für den deinigen und mein Los für das deinige!« und setzte noch spottend hinzu: »Ihr seid alle meine Zeugen!« Chalif ging fort und sagte: »Es gibt keinen Schutz und keine Macht, außer bei Gott, dem Erhabenen! Es ist schade, daß ich das Gold nicht genommen habe.« Er machte sich selbst Vorwürfe und rief immer: »Schade um das Gold!« Er ging wieder zum Tigris, fand aber die beiden Affen nicht mehr; da schlug er sich ins Gesicht, weinte und streute sich Asche aufs Haupt und sagte: »Hatte mich der zweite Affe nicht betrogen, so wäre doch der erste nicht entflohen.« Er schrie und weinte bei heftigem Hunger und brennender Hitze unaufhörlich; dann nahm er sein Netz und sagte: »Ich will es mit Gottes Segen auswerfen, vielleicht werde ich ein kleines Fischchen fangen, es braten und essen.« Er warf das Netz aus, ließ es ins Wasser, bis es sank, und als er es an sich zog, war es voller Fische, er freute sich darüber, nahm die Fische aus dem Netz und legte sie auf die Erde. Während er dies tat, kam eine Frau, welche schrie: »Es herrscht Mangel an Fischen in der Stadt!« Als sie Chalif sah, fragte sie ihn: »Verkaufst du deine Fische?« Chalif sagte: »Soll ich mir etwa Kleider daraus schneiden? Ich verkaufe alles, bis auf meinen Bart.« Sie gab ihm einen Dinar, und er füllte ihren Korb mit Fischen. Kaum war sie fort, kam ein Diener, der für einen Dinar Fische wollte. Sie waren noch im Gespräch, da kam schon ein dritter, und so ging es fort, bis zur Asserstunde; da hatte er zehn Goldstücke eingenommen. Da er nun sehr hungrig war, legte er sein Netz zusammen, ging auf den Bazar, kaufte sich ein wollenes Oberkleid, ein Hemd und einen Turban, zusammen für einen Dinar. Es blieben ihm vom Dinar noch zwei Drachmen; dafür kaufte er Käse und Honig und tat es in das Schüsselchen eines Ölhändlers; er aß, bis er satt war und alle Glieder wieder zu Kräften kamen; dann ging er nach Hause mit einem neuen Rock am Leib, dem Turban auf dem Haupt und neun Dinaren im Mund, höchst selig, da er in seinem Leben noch nicht so glücklich gewesen war. Er wollte schlafen, konnte es aber nicht vor innerer Aufregung und spielte bis Mitternacht mit seinem Gold.

Er dachte: Der Kalif, Beherrscher der Gläubigen, wird gewiß hören, daß ich Gold habe, und zu Djafar sagen: Geh zum Fischer Chalif und fordere von ihm einige Dinare! Gebe ich sie ihm, wird er mir weh tun; gebe ich sie nicht, wird er mich züchtigen lassen; doch ich will das lieber ertragen, als ihm mein Geld geben; ich will sehen, ob meine Haut Schläge aushalten kann! Er nahm eine Matrosenpeitsche, hundertundsechzigfach geflochten, und schlug sich immerfort, bis er an allen Seiten blutete, und schrie dabei: »O Muselmänner! Ich bin ein armer Mann! Wo soll ich Geld hernehmen? Geht zu den Leuten, die etwas besitzen!« Als er so schrie, hörten ihn seine Nachbarn und glaubten, es seien Diebe, die ihn so prügelten, um Geld von ihm zu erpressen, und er rufe um Hilfe. Die Leute versammelten sich und stiegen von der Terrasse herunter, mit Waffen in der Hand. Da Chalif sein Gemach verschlossen hatte und immerfort um Hilfe schrie, stürmten sie die Türe, gingen zu ihm und fanden ihn nackt mit entblößtem Haupt blutend daliegen. Sie fragten: »Bist du von Sinnen gekommen diese Nacht?« Er antwortete: »Nein, sondern ich habe Gold und fürchtete, der Kalif möchte es von mir fordern lassen; und da ich nicht gern etwas hergebe und er dann mich foltern lassen würde, so wollte ich sehen, ob ich eine Haut zum Prügeln habe oder nicht.« Als die Leute dies hörten, sagten sie: »Gott verdamme deinen Leib, du verruchter Wahnsinniger! Du bist heute nacht von Sinnen gekommen, lege dich nieder! Gott verfluche dich! Du hast doch wohl nicht tausend Dinare, daß der Kalif sie von dir fordere?« Chalif antwortete: »Neun Dinare.« Die Leute antworteten: »Bei Gott! Er muß viel Geld haben!« Sie verließen ihn hierauf, erstaunt über seinen geringen Verstand. Chalif aber nahm das Gold, das er hatte, band es in ein Tuch und dachte: Wo soll ich wohl das Gold verbergen? Vergrabe ich es, so könnte man es nehmen; gebe ich es jemandem zum Aufbewahren, so könnte er es leugnen; trag' ich's auf dem Kopf, wird man es mir rauben; binde ich's an den Ärmel, wird man ihn abschneiden. Endlich warf er seinen Blick auf den Saum seines Kragens und sagte: »Bei Gott! Das ist ein guter Platz, gerade unter meinem Hals, nah am

Mund; wenn jemand danach greift, so fahre ich mit meinem Munde dahin und verberge es in meinem Hals.« Er band also das Geld dahin, schlief aber die ganze Nacht nicht vor Müdigkeit, Verwirrung und Aufregung. Am folgenden Tag ging er aus, um zu fischen; als er an den Strom kam, watete er bis zu den Knien hinein; er warf aber das Netz mit einer so heftigen Bewegung aus, daß sein Beutel ins Wasser fiel. Um ihn zu suchen, entkleidete er sich, nahm den Turban ab, tauchte unter, fand aber den Beutel nicht mehr; endlich sprach er: »Es gibt keinen Schutz und keine Macht, außer bei Gott, dem Erhabenen!« Er blieb in diesem Zustand, bis das Mittagsgebet ausgerufen wurde.

Aus der Ferne sah jemand dem Fischer zu, wie er untertauchte und wieder heraufkam; sein Kleid und sein Turban lagen weit von ihm in der Sonne, und niemand war sonst anwesend. Er paßte auf, bis er wieder untertauchte, fiel über seine Sachen her und entfloh damit. Als Chalif heraufkam und seine Kleider nicht mehr sah, wurde er höchst traurig. Er stieg auf eine Anhöhe, um nach jemandem zu sehen, den er fragen könne, sah aber niemanden. In dem Augenblick kam gerade der Beherrscher der Gläubigen von der Jagd zurück, während der größten Hitze, und sah von fern den nackten Mann auf der Anhöhe. Er sprach zu Djafar: »Siehst auch du, was ich sehe?« Djafar antwortete: »Ich sehe einen nackten Mann auf der Anhöhe stehen.« Da sprach der Beherrscher der Gläubigen: »Wer mag es sein?« Djafar antwortete: »Wahrscheinlich ein Feldwächter.« Der Kalif sagte: »Vielleicht ist er ein frommer Mann; ich will einmal allein zu ihm gehen und ihn bitten, daß er für mich bete; bleib du hier stehen!« Der Kalif ging zu ihm, grüßte ihn und fragte: »Wer bist du?« Chalif antwortete: »Kennst du mich nicht? Ich bin der Fischer Chalif.« Der Kalif fragte: »Hat wohl ein Fischer ein wollenes Oberkleid und einen Turban?« Als der Fischer den Kalifen von seinen Kleidern sprechen hörte, dachte er: Der hat gewiß aus Scherz meine Kleider genommen. Er ging von der Anhöhe herunter und sagte zum Kalifen: »Ich dachte mir wohl, daß du Scherz mit mir treibst, denn ich habe gesehen, wie du meine Kleider genommen hast.« Der Kalif mußte heftig lachen und sagte: »Was für Kleider hast du verloren? Ich weiß nichts von dem, was du sagst.« Chalif erwiderte: »Bei dem erhabenen Gott! Wenn du meine Kleider nicht herbeischaffst, so zerbreche ich deine Glieder mit diesem Stock!« Er trug nämlich immer einen Stock bei sich. Der Kalif sagte: »Bei Gott! Ich habe die Kleider, von denen du sprichst, nicht gesehen.« Chalif entgegnete: »Ich werde mit dir gehen und mir das Haus merken, wo du hingehst, und dich beim Polizeiobersten verklagen; du sollst ein andermal nicht so mit mir spaßen. Bei Gott! Es hat kein anderer als du mein Oberkleid und meinen Turban genommen, und wenn du sie mir nicht gleich wiedergibst, so werfe ich dich von deinem Esel herunter und falle über deinen Kopf mit diesem Stock her, bis ich dich regungslos auf dem Platz lasse!« Er packte den Esel am Zaum, so daß er sich auf die Hinterbeine stellte. Der Kalif dachte: In welches Unheil bin ich hier mit diesem Wahnsinnigen gestürzt! Hierauf zog er seine Kleider, die hundert Dinare wert waren, aus und sagte: »Nimm dieses Oberkleid statt des deinigen!« Chalif nahm es und zog es an; da es ihm aber zu lang war, schnitt er es unter den Knien ab und machte sich aus dem abgeschnittenen Stück einen Turban. Darauf fragte er den Kalifen: »Wer bist du? Was ist dein Handwerk? Du bist gewiß ein Trompeter.« Der Kalif entgegnete: »Woran siehst du, daß ich ein Trompeter bin?« Der Fischer antwortete: »Weil deine Nasenlöcher so groß sind und dein Mund so klein ist.« Der Kalif sagte: »Du hast recht.« Da meinte der Fischer: »Folge mir, und ich will dich das Fischerhandwerk lehren; es ist besser als trompeten und ein ehrlicheres Gewerbe.« Der Kalif erwiderte: »Lehre es mich; ich will sehen, ob ich's lernen kann oder nicht.«

Der Fischer sagte: »Komm mit mir!«, und der Kalif folgte ihm, bis ihm der Fischer zurief: »Komm herunter ins Wasser, du Trompeter!« Raschid ging hinunter, nahm ihm das Netz ab, und der Fischer zeigte ihm, wie er es auswerfen solle. Der Beherrscher der Gläubigen warf das Netz aus, und es wurde sehr schwer. Der Fischer sagte: »Wenn vielleicht das Netz an einem Stein hängt, so ziehe es sanft, um es nicht zu zerreißen, sonst nehme ich, bei Gott, deinen Esel für mein Netz!« Der Kalif mußte lachen und zog das Netz ganz langsam ans Land, und siehe da, es war mit Fischen angefüllt! Als der Fischer dies sah, kam er vor Freude von Sinnen und sagte: »Bei Gott, Trompeter, du hast viel Glück im Fischen! Ich werde dich nicht mehr von mir lassen. Doch möchte ich dich jetzt auf den Fischmarkt schicken; frage nach dem Laden des Fischers Chamid, und hast du ihn gefunden, so sprich zu ihm: Mein Lehrer! Der Fischer Chalif grüßt dich und läßt dich bitten, ihm zwei Käse und einen Fischerkorb zu schicken; er wird dir noch mehr Fische als gestern bringen. Laufe und komm schnell wieder!« Der Kalif sagte lachend: »Bei meinem Haupte!« Er bestieg dann seinen Esel, ritt zu Djafar, der sagte: »Erzähle mir alles, was dir mit dem Fischer Chalif passiert ist!« Der Kalif erzählte ihm alles und fügte hinzu: »Ich ließ ihn dort, wo er mich mit dem Korb zurückerwartet; ich befürchtete, er möchte mich auch lehren, wie man die Fische abschuppt und reinmacht.« Djafar erwiderte: »Ich werde mit dir gehen, die Schuppen wegkehren und den Boden reinmachen.« Der Kalif sprach endlich: »Djafar, gib den kleinen Mamelucken Befehle und sage ihnen: Wer mir einen Fisch von diesem Fischer bringt, dem gebe ich einen Dinar; denn ich möchte auch essen von dem, was ich gefischt habe.« Djafar teilte den Mamelucken den Befehl des Kalifen mit und zeigte ihnen, wo der Fischer war. Sie gingen zu ihm und nahmen ihm die Fische weg. Als er die schönen Jungen sah, glaubte er, es seien Huri aus dem Paradiese. Zwei Fische waren ihm noch übriggeblieben, er lief schnell damit ins Wasser und sagte: »O Gott, bei diesen geheimnisvollen Fischen, vergib mir meine Sünden!« Während er im Wasser war, kam der große Diener des Kalifen, der auch nach Fischen fragte; er fand aber keine mehr und sah bloß, wie der Fischer untertauchte und mit zwei Fischen heraufkam. Er rief ihm zu: »Chalif, was hast du?« Er antwortete: »Zwei Fische.« Jener sagte: »Gib sie mir, hier hast du hundert Dinare.« Als der Fischer aus dem Wasser kam und von hundert Dinaren hörte, sagte er: »Gib die hundert Dinare her!« Der Diener antwortete: »Folge mir in die

Wohnung des Kalifen; dort erhältst du die hundert Dinare.« Mit diesen Worten nahm er die Fische und ging nach der Wohnung des Kalifen. Chalif aber zog, als er aus dem Wasser kam, das Kleid an, das ihm der Beherrscher der Gläubigen gegeben hatte und das ihm kaum bis an die Knie reichte, umgürtete sich mit einem Seil, nahm das vom Kleid abgeschnittene Stück als Turban und lief damit mitten in die Stadt; alle Leute lachten und wunderten sich über ihn und fragten: »Woher hast du dies Kleid?« Er kümmerte sich nicht darum und fragte: »Wo ist die Wohnung des Raschad?« Die Leute sagten: »Sage doch: die Wohnung des Raschid!« Er antwortete: »Das ist doch egal!« und so ging er fort, bis er an die Wohnung des Kalifen kam. Endlich sah ihn der Schneider, der das Kleid genäht hatte, an der Tür stehen.

Als er das Kleid an Chalif sah, fragte er ihn: »Wie alt bist du?« Chalif erwiderte: »Fragst du mich, weil ich so klein bin?« Der Schneider fragte abermals: »Woher hast du dieses Kleid, das du so schlecht zugerichtet hast?« Chalif antwortete: »Von meinem jungen Trompeter.« Er ging dann an die Tür und sah den Diener betrübt mit den zwei Fischen dasitzen. Chalif sagte ihm: »Gib mir die hundert Dinare, Onkel!« Der antwortete: »Bei meinem Haupte, Chalif, du sollst sie haben.« Da kam Djafar heraus, sah den Diener mit Chalif sprechen und hörte Chalifs Forderung. Er ging darauf wieder zum Kalifen und sagte ihm: »Beherrscher der Gläubigen! Dein Lehrer, der Fischer, will vom alten Diener hundert Dinare haben.« Der Kalif sagte: »Bring ihn herein!« Djafar antwortete: »Ich gehorche«, ging wieder hinaus und sagte zum Fischer: »Chalif, dein Junge, der Trompeter, richte zwischen euch.« Djafar ging vor ihm her, und Chalif folgte ihm ins Schloß. Dort sah er, wie der Kalif, der einen mächtigen Turban auf dem Haupt hatte, auf drei Papiere schrieb und sie vor sich hinlegte. Er fragte den Kalifen: »Hast du dein Trompeterhandwerk aufgegeben und bist Astrologe geworden?« Der Kalif erwiderte: »Nimm hier ein Blatt!« Der Kalif hatte nämlich auf ein Blatt geschrieben, er solle einen Dinar erhalten, auf ein anderes Blatt: hundert Dinare und auf ein drittes: hundert Prügel. Als nun der Kalif ihn ein Blatt nehmen hieß, wollte die Bestimmung, daß er gerade nach dem griff, auf dem hundert Prügel geschrieben waren, und wenn Könige einmal etwas beschlossen haben, so gehen sie nicht mehr davon ab. Chalif wurde daher auf den Boden gestreckt, und man gab ihm hundert Prügel; er schrie zwar um Hilfe, aber es half nichts. Er sagte: »Bei Gott, das ist schön, Trompeter! Nachdem ich dich vom Trompeter zum Fischer gemacht habe, wirst du nun Astrologe und bereitest mir ein so böses Los! Pfui über dich, an dir ist kein Glück!« Als der Kalif diese Worte hörte, wurde er ohnmächtig vor Lachen und sprach: »O Fischer, fürchte nichts!« Hierauf befahl er seinem Schatzmeister, ihm hundert Dinare zu geben; der Fischer ging damit fort und kam auf den Markt, wo man Kisten verkauft. Er sah dort eine Menge Leute versammelt und hörte, wie ein Makler ausrief: »Eine verschlossene Kiste neunundneunzig Dinare!« Er drängte sich durch und hörte dasselbe zum zweiten Male. Chalif rief laut: »Ich gebe hundert.« Der Makler schlug sie ihm zu und nahm dafür das Gold. Die Träger fingen an, sich miteinander zu streiten; alle Leute aber sagten: »Bei Gott! Es darf kein anderer als der Träger Sarik diese Kiste forttragen, er verdient es am meisten.« Sarik ging hinter Chalif her; als sie jedoch auf dem Weg waren, dachte Chalif: Nun habe ich nichts mehr, um den Träger zu bezahlen; wie entgeh' ich dem? Ich will die Plätze und Gassen mit ihm durchstreichen, bis er müde wird und sie liegen läßt; dann nehme ich sie und trage sie nach Hause.

Chalif ging nun mit dem Träger umher von Mittag an bis spätabends. Der Träger seufzte und sagte: »Herr! Wo ist dein Haus?« Chalif antwortete: »Gestern habe ich es gewußt, und heute habe ich es vergessen.« Da sagte der Träger: »Gib mir meinen Lohn und nimm deine Kiste.« Chalif aber antwortete: »Sarik, gehe nur langsam, bis ich mich erinnern werde, wo mein Haus ist; denn hier habe ich kein Geld, mein Geld liegt zu Hause, und ich weiß nicht mehr, wo es liegt.« Während er so sprach, ging jemand vorüber, der den Fischer Chalif kannte und ihn fragte: »Was tust du hier?« Der Träger

Sarik aber fragte: »Sag mir, wo ist Chalifs Haus?« Er antwortete: »Im öden Chan an den beiden Spitzen.« Sarik sagte nun dem Fischer: »Ich wollte, du hättest nie gelebt!« Chalif ging immer fort und Sarik hinter ihm her, bis sie nach dem Ort kamen. Der Träger setzte die Kiste nieder und sprach: »O du, den Gott in Kummer und Not leben lassen möge, wir sind wohl zwanzigmal hier vorübergegangen; hättest du mir gesagt, daß du hier wohnst, so hätten wir diese große Mühe erspart. Gib mir meinen Lohn und laß mich meines Weges gehen.« Chalif antwortete: »Willst du Silber oder Gold? Bleib hier stehen, bis ich dir es bringe.« Mit diesen Worten ging er in sein Zimmer und nahm dort einen Hammer, der mit vierzig Nägeln beschlagen war, so daß, wenn man ein Kamel damit geschlagen hätte, es tot auf dem Platz geblieben wäre, lief damit auf den Träger los und hob seine Arme auf, um über ihn herzufallen. Sarik schrie: »Halt ein! Du bist mir nichts schuldig.«

Als nun aber die Nachbarn Chalif mit der Kiste in sein Zimmer gehen sahen, versammelten sie sich um ihn und sagten: »O Chalif, woher hast du diese Kiste und dieses Kleid?« Er antwortete: »Von meinem Jungen Raschid.« Die Leute sagten: »Der Mann ist rasend; wenn der Beherrscher der Gläubigen das hört, wird er ihn an der Tür seiner Wohnung nebst allen, die im Chan wohnen, aufhängen lassen; das ist ein böser Spaß!« Sie halfen ihm die Kiste, die beinahe so groß war wie sein Zimmer, hereintragen, und Chalif legte sich auf ihr schlafen.

Die Kiste aber hatte ihre Geschichte. Der Beherrscher der Gläubigen besaß eine türkische Sklavin, die Kut Alkulub (Herzensnahrung) hieß. Der Kalif liebte sie sehr; als aber die Frau Subeida davon hörte, wurde sie sehr eifersüchtig und sann auf Rache gegen sie. Wie nun der Fürst der Gläubigen auf Jagd war, ließ die Frau Subeida die Sklavin einladen, gab ihr zu essen und zu trinken, mischte Schlaftrunk in den Wein und schickte, als sie davon einschlief, nach einem ihrer alten Diener, ließ die Sklavin in eine große Kiste sperren, schloß sie zu und gab sie dem Diener mit den Worten: »Geh mit dieser Kiste an den Strom und wirf sie ins Wasser!« Er lud die Kiste auf einen Maulesel, den er vor sich hertrieb, und zog damit nach dem Strom. Die Kiste aber wurde ihm zu schwer; als er daher am Kistenmarkt vorüberging und ihn der Oberste der Makler sah und fragte: »Verkaufst du diese Kiste?«, da antwortete er: »Ja, doch nur verschlossen.« Jener erwiderte: »Gib nur, dies soll geschehen.« Er nahm die Kiste herunter und rief aus: »Wer kauft eine Kiste um hundert Dinare?« Während sie so beisammen waren, ging der Fischer Chalif vorüber, drehte die Kiste rechts und links und nahm sie für hundert Dinare. Als nun der Fischer auf der Kiste lag, erwachte Kut Alkulub, merkte, daß sie in eine Kiste gesperrt war und schrie jämmerlich. Als Chalif dies hörte, sprang er von der Kiste herunter und rief zum Fenster hinaus: »Muselmänner, kommt mir zu Hilfe, es sind Teufel in der Kiste!« Die Nachbarn erwachten aus dem Schlaf und sagten: »Was hast du, Rasender?« Er antwortete: »Die Kiste ist voller Teufel!« Sie sagten: »Schlaf nur! Du hast uns genug gequält! Gott verdamme dich! Wirf deinen Wahnsinn von dir!« Er erwiderte: »Ich kann nicht schlafen.« Sie schimpften ihn, und er ging wieder in sein Zimmer. Nach einer Weile fing Kut Alkulub wieder an zu sprechen und fragte: »Wo bin ich?« Chalif entfloh aus dem Zimmer und rief: »O Nachbarn, kommt zu mir!« Sie sagten ihm: »Was fehlt dir? Du plagst uns!« Er antwortete: »O ihr Leute! Die Teufel sprechen aus der Kiste.« Sie aber sagten: »Du lügst! Wie lauten denn ihre Worte?« Er antwortete: »Einer sprach zu mir: »Wo bin ich?« Sie erwiderten: »Du bist in der Hölle, plagst die Nachbarn und läßt sie nicht schlafen; geh, schlafe! Wärst du nie gewesen und hättest du nie gelebt!« Chalif ging wieder in sein Gemach, voller Furcht, denn er hatte keinen andern Platz zu schlafen als die Kiste. Als er wieder auf ihr lag, vernahmen seine Ohren, wie Kut Alkulub sagte: »Ich bin hungrig.« Chalif entfloh wieder aus dem Gemach und schrie: »O ihr Nachbarn! O ihr Bewohner des Chans, kommt zu mir!« Die Nachbarn sagten: »Was ist dir wieder geschehen?« – »Die Teufel in der Kiste haben gesagt, sie seien hungrig.« Da sagten die Leute zueinander: »Uns scheint, daß Chalif hungrig ist.« Aus Furcht, er möchte sie die ganze

Nacht nicht schlafen lassen, brachten sie ihm, was sie vom Abendessen übrig hatten: einen ganzen Korb voll Brot, Fleisch und Gemüse und sagten: »Iß, bis du satt bist; dann schlafe und störe uns nicht weiter! Wenn du noch ein Wort sagst, so prügeln wir dich, bis dir die Rippen brechen und du noch diese Nacht stirbst.« Chalif nahm den Korb mit Speisen und ging in sein Gemach, setzte sich auf die Kiste und fing an, beim Mondschein, der sein Zimmer beleuchtete, mit beiden Händen zu essen. Da sagte Kut Alkulub: »Macht mir auf und habt Mitleid mit mir, o Muselmänner!«

Chalif stand auf, nahm einen Stein, den er im Zimmer hatte, und zerbrach die Kiste; und siehe da: es befand sich darin ein Mädchen, schön wie die leuchtende Sonne mit strahlender Stirn und einem Gesicht wie der Mond, roten Wangen und freundlicher Stimme. Sie hatte ein Kleid an, das tausend Dinare wert war oder noch mehr. Als Chalif sie sah, kam er vor Freude von Sinnen und sprach: »Bei Gott! Du gehörst zu den Hübschen.« Sie fragte: »Wer bist du?« Er antwortete: »Herrin! Ich bin der Fischer Chalif.« Sie fragte: »Wie bin ich hierhergebracht worden?« Er antwortete: »Ich habe dich gekauft, und du bist nun meine Sklavin!« Sie bemerkte ein Kleid des Kalifen an ihm und wollte wissen, wie er dazu gekommen sei. Er erzählte ihr daher, was ihm widerfahren war und wie er die Kiste gekauft hatte. Sie merkte, daß die Frau Subeida Verrat an ihr geübt hatte, unterhielt sich mit Chalif bis zum Morgen und sagte dann: »Chalif, schaffe mir von jemandem Tinte, Kalam und Papier!« Er sah sich bei einem der Nachbarn danach um und brachte es ihr. Sie schrieb einen Brief, legte ihn zusammen und sagte zu Chalif: »Nimm diesen Brief, geh damit auf den Juwelenbazar, frage dort nach dem Juwelier Abul Hasan, und wenn du ihn gefunden hast, so gib ihm diesen Brief!« Er erwiderte: »Herrin! Dieser Name ist schwer, ich kann ihn nicht behalten.« Sie entgegnete: »So frage nach dem Laden des Ibn Alukab!« Da sagte er: »Herrin! Was bedeutet denn Ukab?« Sie antwortete: »Es ist ein Vogel, dem man die Augen zuhält und den man auf der Hand herumträgt.« Er sagte: »Ich weiß nun, Herrin!«

So ging er fort und wiederholte unaufhörlich den Namen, um ihn nicht zu vergessen. Als er jedoch auf den Juwelenmarkt kam, wußte er ihn nicht mehr. Er ging deshalb zu einem Kaufmann und fragte ihn: »Wohnt hier jemand, der den Namen eines Vogels führt?« Der antwortete: »Ja, hier wohnt Ibn Alukab.« Chalif sagte: »Gut, zu dem will ich gerade.«

Als er zu ihm kam, gab er ihm den Brief. Abul Hasan aber nahm den Brief, küßte ihn, las ihn und legte ihn, als er ihn gelesen und verstanden hatte, auf sein Haupt. Er war nämlich, so wird behauptet, Agent der Kut Alkulub und der Verwalter aller ihrer Güter; sie hatte ihm geschrieben: »Von der Frau Kut Alkulub an den Herrn Abul Hasan, den Juwelier. Sobald dieser Brief zu dir gelangt, räume uns ein Zimmer ein, das vollständig mit Teppichen, Gefäßen, Sklaven und Sklavinnen und was sonst zu einem Aufenthalt nötig ist, versehen sein muß. Nimm dann den Träger dieses Briefes, führe ihn ins Bad, ziehe ihm die kostbarsten Kleider an und verfahre so und so mit ihm.«

Ibn Alukab sagte: »Ihr Wille ist mir Befehl«, nahm Chalif, schloß seinen Laden zu, ging mit ihm ins Bad und empfahl einem der Diener, ihn gut zu bedienen; er ging dann und besorgte, was Kut Alkulub befohlen hatte. Der blödsinnige Fischer Chalif aber glaubte, das Bad sei ein Gefängnis und sagte zu den Leuten: »Was habe ich verbrochen, daß ihr mich einsperrt?« Die Badediener lachten ihn aus, setzten ihn auf den Rand der Badewanne und ergriffen seine Füße, um sie zu reiben. Chalif glaubte, sie wollten ihn auf den Boden strecken, um ihn zu prügeln; er stand daher auf, packte die Füße des einen, hob ihn in die Höhe und stürzte ihn auf den Boden, daß er ihm fast die Rippen brach. Als dies die übrigen Diener sahen, entrissen sie ihn Chalifs Händen wieder. Da kehrte ihm der Verstand zurück, und die Leute merkten, daß er nicht aus Bosheit so gehandelt hatte. Sie bedienten ihn, bis der Herr Abul Hasan mit einem kostbaren Anzug kam, mit dem er ihn bekleidete; er brachte hierauf einen gut gesattelten Maulesel, nahm seine Hand, führte ihn aus dem Bad und sagte ihm: »Besteige nun diesen Maulesel!« Chalif sagte: »Wie soll ich reiten? Ich fürchte, er wird mich herunterwerfen und mir die Rippen im Leibe zerbrechen.« Doch nach vieler Mühe und Anstrengung bestieg er den Maulesel, und sie ritten zusammen nach dem Ort, den Ibn Alukab ihnen hergerichtet hatte.

Als Chalif hinkam, sah er Kut Alkulub dasitzen, von Gefolge und Dienern umgeben. An der Tür stand ein Pförtner mit einem Stock in der Hand. Als er Chalif sah, sprang er auf, küßte ihm die Hand und ging vor ihm her bis ins Innere des Saales. Hier sah Chalif so viel Schönes, daß er fast den Verstand verlor und ihm das Sehen verging.

Das Gefolge und die Diener küßten ihm die Hand und sagten: »Wohl bekomme das Bad!« Als er in die Nähe Kut Alkulubs kam, stand sie vor ihm auf, nahm ihn an der Hand und führte ihn auf einen hohen Divan. Dann brachte sie ihm ein Schüsselchen voll Zuckerwasser mit Rosenwasser vermischt, das er nahm und bis auf den letzten Tropfen austrank; dann streckte er den Finger aus und leckte es noch aus. Sie hielt ihn davon ab und sagte: »Das ist eine Schande.« Er aber sagte: »Schweig doch! Das ist guter Honig!« Sie lachte über ihn, ließ ihm einen Tisch mit Speisen vorstellen, und er aß, bis er satt war. Es wurden dann eine goldene Kanne und ein Waschbecken gebracht; er wusch seine Hände und lebte in höchstem Vergnügen.

Der Fürst der Gläubigen aber, als er von seiner Reise zurückgekehrt war und Kut Alkulub nicht fand, fragte nach ihr, und die Frau Subeida sagte: »Sie ist gestorben; mögst du leben, o Fürst der Gläubigen!« Auch hatte die Frau Subeida ein Grab graben lassen mitten im Schloß und eine Kuppel darüber bauen lassen, weil sie wußte, daß der Kalif sie sehr liebte; sie sagte daher zum Kalif: »Ich habe sie mitten im Schlosse beerdigen lassen.« Auch kleidete sie sich schwarz aus Verstellung und Betrug und zeigte lange äußerlich große Trauer.

Kut Alkulub hatte indessen des Kalifen Rückkehr von der Jagd vernommen und sagte zu Chalif: »Geh ins Bad und komme wieder her!« Er ging und kehrte wieder. Sie zog ihm dann ein Kleid an, das tausend Dinare wert war, empfahl ihm, sich mit Anstand und Würde zu benehmen, und sprach zu ihm: »Geh zum Fürsten der Gläubigen und sage ihm: O Fürst der Gläubigen! Ich wünsche, daß du heute nacht mein Gast bist.« Chalif bestieg seinen Maulesel und ritt, mit Jungen und Bedienten vor ihm her, nach dem Schloß des Kalifen; jedermann wunderte sich über die Schönheit und Anmut, die er sich so schnell zu eigen gemacht hatte. Als ihn der alte Diener sah, der ihm die hundert Dinar gegeben hatte, welche die Ursache seines Glückes waren, ging er zum Kalifen und sagte: »O Fürst der Gläubigen! Der Fischer Chalif ist König geworden; er hat ein Kleid an, das tausend Dinare wert ist.«

Der Kalif ließ ihn zu sich bringen und erlaubte ihm zu sprechen, als er näher gekommen war. Der Fischer begann: »Friede sei mit dir, o Fürst der Gläubigen und Stellvertreter des Herrn der Welten! Beschützer des Glaubens! Der erhabene Gott gebe deinen Tagen eine lange Dauer, mache deine Beschlüsse geehrt und erhebe deinen Rang auf die höchste Stufe!« Der Kalif sah ihn, erstaunt über die schnelle Veränderung, die mit ihm vorgegangen, an und sprach: »Sage mir, Chalif, woher hast du das Kleid, das du trägst?« Er antwortete: »Aus meinem Hause, o Fürst der Gläubigen!« Der Kalif fragte: »Hast du ein Haus?« Er antwortete: »Ja, und sei du heute mein Gast, o Fürst der Gläubigen!« Der Kalif fragte: »Ich allein oder mit den Meinigen?« Er antwortete: »Du und wen du noch mitbringen willst.« Bei diesen Worten wandte sich Djafar zu ihm und sagte: »Wir werden heute nacht deine Gäste sein.« Chalif küßte wieder die Erde, bestieg seinen Maulesel und hatte viele Mamelucken als Gefolge. Der Kalif war darüber erstaunt und sagte: »O Djafar! Sieh einmal Chalif an mit seinem Maulesel, seinem Anzug, seinen Mamelucken und seinem Gefolge, während er noch gestern ein Gegenstand des Mitleids war!«

Als jedoch Chalif in der Nähe seines Hauses war, stieg er ab, nahm ein Bündel aus der Hand eines Mamelucken, öffnete es, nahm ein baumwollenes Tuch heraus und legte es unter die Füße des Maultiers des Fürsten der Gläubigen; dann nahm er eins nach dem andern, Seide, Damaszenerstoff, Atlas, und so zwanzigerlei Stoffe heraus, bis an das Haus hin.

Chalif ging voran und sagte: »Im Namen Gottes, o Fürst der Gläubigen!« Der Kalif sagte zu Djafar: »Wem gehört wohl dieses Haus?« Djafar antwortete: »Einem Mann, der Ibn Alukab genannt wird, der Oberste der Juweliere.« Der Kalif stieg ab, ging mit den Seinigen hinein und sah dort einen hohen, geräumigen Saal, mit Teppichen bedeckt; er ging zu dem Thron, den man ihm auf vier elfenbeinernen Säulen errichtet hatte und auf dem sieben Teppiche waren.

Dem Beherrscher der Gläubigen gefiel das sehr; Chalif nahte sich ihm hierauf, von Dienern und Mamelucken umgeben, die allerlei Getränke, Zitronen, Rosenwasser und Moschus vermischt trugen. Chalif trank zuerst und gab dann dem Kalifen zu trinken. Gleiches taten die Weinschenken mit den übrigen Leuten. Chalif kam dann mit Tischen, auf denen allerlei Speisen, Gänse, Hühner und anderes Geflügel waren und sagte: »Im Namen Gottes!« Und sie aßen, bis sie genug hatten.

Als die Mahlzeit vorüber war, ließ Chalif die Tische wegtragen, küßte die Erde dreimal und bat um die Erlaubnis, Wein und Lichter zu holen, und der Kalif erlaubte es ihm. Als er weg war, sah der Kalif Djafar an und sagte: »Bei meinem Haupte! Das Haus und was darin ist gehört Chalif. Er befiehlt hier als Herr! Ich bin sehr erstaunt, woher ihm auf einmal so viel Glück und Wohlstand geworden ist; doch was ist dies gegen die Macht Gottes, der bloß spricht: Werde!, und es wird! Mehr wundere ich mich noch über seinen Verstand, der zugenommen hat, und wie er auf einmal so viele Würde und Anstand gewonnen hat. Wenn Gott einen Menschen segnen will, so vermehrt er zuerst seinen Verstand, dann erst seine weltlichen Güter.«

Während sie so sprachen, kam Chalif mit Mundschenken zurück, die goldene Gürtel trugen, die wie Monde glänzten. Sie breiteten ein scharlachrotes Tuch aus und stellten chinesische Gefäße, hohe Flaschen, kristallene Becher, Schläuche und Kannen von allen Farben auf; sie füllten sie mit klarem altem Wein, der wie feinster Moschus duftete, nach den Worten des Dichters:

»Gib mir und meinen Gefährten zu trinken von dem köstlichen alten Wein, der einen goldenen Becher als zierendes Gewand hat! Sein Schmuck besteht aus den allerfeinsten Perlen, und, so ausgestattet, hat man ihn mit Recht die Braut genannt.«

Um diese Weingläser waren viele Wohlgerüche verbreitet, und die wohlschmeckendsten Süßigkeiten lagen dabei. Als der Kalif dies sah, rief er Chalif in seine Nähe, freute sich mit ihm und erwies ihm Ehre; Chalif aber wünschte dem Kalifen langes, ruhmvolles Leben. Dann fragte er: »Erlaubt mir der Fürst der Gläubigen, daß ich eine Sängerin und Lautenspielerin bringe, wie sie noch nie gehört worden ist?« Der Beherrscher der Gläubigen erwiderte: »Handle nach Gefallen.« Chalif küßte die Erde vor dem Fürsten der Gläubigen, stand auf, ging in ein Gemach und brachte Kut Alkulub herbei; sie näherte sich, tief verschleiert und mit reichem Schmuck behangen, und küßte die Erde vor dem Fürsten der Gläubigen. Dann setzte sie sich, stimmte die Laute und spielte so, daß alle Anwesenden vor Entzücken außer sich waren; zuletzt sang sie folgende Verse:

»Laßt uns sehen, ob unsere Liebeszeit wiederkehrt, ob du noch nach der Nähe deiner verlornen Freundin dich sehnst! Lange Zeit verstrich in der Süßigkeit der Vereinigung; wir waren sorgenlos, während das böse Geschick schlief. Was ist nun das Leben nach der Trennung? Wie süß waren die Nächte der Vereinigung in meinem Hause! O mein Geliebter! Näherst du dich mir, so finden wir uns wieder; tust du es nicht, so ist mein Leben verloren.«

Der Kalif konnte es nicht mehr aushalten, zerriß sein Kleid und fiel ohnmächtig nieder. Die Leute alle zogen ihre Kleider aus und warfen sie auf den Fürsten der Gläubigen. Kut

Alkulub winkte Chalif und sagte ihm: »Geh nach jener Kiste und bringe mir, was in ihr ist.« Sie hatte nämlich schon eins von des Kalifen Kleider vorbereitet. Chalif brachte es und warf es auf den Fürsten der Gläubigen. Als dieser zu sich kam und sich überzeugte, daß es Kut Alkulub war, sagte er: »Ist heute Auferstehungstag, daß Gott die Toten aus den Gräbern weckt? Oder schlafe ich und dies sind nur Träume?« Kut Alkulub sagte: »Wir sind wach und schlafen nicht, ich lebe noch und habe den Todeskelch nicht gekostet.« Dann erzählte sie ihm alles, was ihr widerfahren war.

Der Kalif hatte, seitdem er sich von ihr getrennt fand, keine Freude und keine Ruhe mehr gefunden; bald dachte er tiefsinnend über sich nach, bald weinte und tobte er. Nun stand er auf, küßte, umarmte sie und nahm sie bei der Hand, um sie in ihr Schloß zu führen. Chalif sagte: »Bei Gott, das ist schön. Du hast mir gleich von Anfang Unrecht getan, und nun tust du mir wieder Unrecht.« Der Kalif erwiderte: »Du hast recht.« Er befahl sogleich dem Vezier Djafar, ihm so viel zu geben, bis er zufrieden sei. Dieser gab ihm, was er wünschte, und schenkte ihm ein Städtchen, das jährlich zehntausend Dinare eintrug. Kut Alkulub aber schenkte ihm das Haus mit allem, was drin war an Teppichen, Vorhängen, Mamelucken, Sklavinnen, jungen und alten Dienern. Chalif gewann so ein großes Vermögen, verheiratete sich und lebte in Glück, Ansehen und Wohlstand.

Der Kalif nahm ihn auch zu seinen Tischgenossen, und er genoß das schönste, angenehmste und heiterste Leben, bis er starb. Gottes Barmherzigkeit sei mit ihm!

Geschichte des Abul Hasan

Es wird erzählt, daß Harun Arraschid, Gott erbarme sich seiner!, einst eine sehr unruhige Nacht hatte, er rief daher Masrur, das Schwert seiner Rache. Als dieser erschien, sagte der Kalif: »Rufe mir den Barmekiden Djafar!« Als dieser nahte, sprach der Kalif: »Ich bin diese Nacht sehr unruhigen Gemüts, ohne daß ich weiß, warum, und kann nicht schlafen; wie könnte ich wohl diese Unruhe und Qual vertreiben?« Djafar antwortete. »O Fürst der Gläubigen! Die Weisen sagen: Frauen besuchen, ins Bad gehen und Gesang hören vertreibt Kummer und Sorgen.« Der Kalif antwortete: »Alles dies habe ich getan, es half aber nichts; ich schwöre nun bei meinem Vater und bei meinen reinen Ahnen, wenn du meinen Kummer nicht verscheuchest, so schlage ich dir den Kopf ab!« Djafar sagte: »Nun, Herr, so folge meinem Rat; laß uns einen Nachen besteigen und nach einem Ort fahren, Karn Asserat genannt; vielleicht werden wir dort etwas Neues sehen oder hören, denn man sagt: Durch drei Dinge kann man den Kummer vertreiben: etwas sehen, was man nie gesehen hat, etwas hören, was man nie gehört hat, etwas erfahren, was man nie erfahren hat. Vielleicht wird, so Gott will, dein Kummer verschwinden. An beiden Ufern sind Fenster und Altane: vielleicht hören wir da etwas, das unser Herz erfreut.« Djafars Vorschlag gefiel dem Kalifen; sie gingen zusammen mit Fadyl, Ishak, Masrur und Abu Nuwas, bestiegen einen vergoldeten Kahn, und die Schiffsleute ruderten dem Ort zu, wohin sie wollten; auf dem Weg dahin hörten sie eine bezaubernde Mädchenstimme, von einer Laute begleitet, folgende Verse singen:

»Steh auf, Freund! Der Wein ist klar, und
die Nachtigall singt auf den Bäumen! Wie
lange noch dieses Zögern und Träumen?
Erwache! Das Leben ist nur geliehenes
Gut; nimm ihn aus der Hand eines zarten

Jünglings mit Blicken der Liebe, auf dessen
Wange frische Rosen gesät sind, neben
denen rote Kirschen wachsen.«

Als der Kalif dies hörte, erstarrte er und sprach: »O Ishak! Was sagst du zu dieser Stimme?« Ishak, der Gesellschafter des Kalifen, war nämlich der geschickteste Lautenspieler seiner Zeit. Er antwortete: »O Fürst der Gläubigen! Mein Ohr hat nie so etwas Vortreffliches gehört; hinter dem Vorhang hören wir jedoch nur die Hälfte: wie muß es erst in der Nähe sein?« Der Kalif, der das weibliche Geschlecht liebte, sagte: »Kommt, wir wollen uns beim Herrn des Hauses als Gäste melden; vielleicht sehen wir sie dann, wie sie vor uns singt.«

Wir stiegen – so erzählt der Barmekide Djafar – aus dem Nachen, klopften an die Tür des Hauses, aus welchem der Gesang kam, und baten um Erlaubnis hineinzukommen. Es trat hierauf ein hübscher beredter junger Mann zu uns heraus und sagte: »Willkommen, ihr vornehmen Herren! Kommt herein und macht es euch bequem!« Er führte uns in ein Haus, das nach vier Seiten frei stand; die Decke der Zimmer war golden, und die Wände waren mit Lasursteinen gemauert; man sah darin einen großen Saal mit einem Sofa von Elfenbein und Ebenholz, mit dazu passenden Matratzen und Kissen. Auf dem saßen fünf Mädchen wie der Mond. Der junge Mann rief ihnen zu, und sie standen auf. Er wandte sich dann zu mir und sprach: »Herr! Ich kann den vornehmsten unter euch nicht unterscheiden; darum setze sich im Namen Gottes der Erste unter euch oben hin und jeder nach seinem Rang.« Der Kalif setzte sich zuerst; die verständigen Worte des jungen Mannes aber gefielen ihm sehr. Jeder nahm seinen Platz ein, bis auf Masrur, der zur Bedienung stehen blieb. Nachdem sie Platz genommen hatten, sagte der junge Mann: »Wenn ihr es erlaubt, meine Gäste, so lasse ich etwas auftragen.« Und er befahl, ein Tischchen von Chalandj herzurichten.

Auf sein Geheiß nahten sich vier umgürtete Sklavinnen mit kristallnen und chinesischen vergoldeten Gefäßen in der

Hand, in denen die kostbarsten Butterspeisen, Feldhühner und junge Tauben waren. Auf dem Rand des Tischchens standen folgende Verse:

> »Brich das Brot und die Kuchen und laß
> dir Gebackenes und Geflügel wohl-
> schmecken, strecke dann die Hand nach
> den Fischen aus und dem wohlgebackenen
> Brot. Göttlich schmeckt hierauf der Braten
> mit Gemüsen und sauren Speisen; schon
> ist der Hafen mit Milch überfüllt, daß die
> Hand bis zu den Annbändern hineinreicht.
> O Leben! Geduld; das Schicksal ist wun-
> derbar: wenn es uns einen Tag beengt, so
> wird es uns am folgenden wieder leicht.«

Wir aßen, bis wir satt waren; dann wuschen wir unsere Hände mit Rosenwasser im silbernen Waschbecken. Endlich sagte der junge Mann: »Ihr habt mir eure Freundschaft bewiesen; wenn ihr nun irgendein Anliegen habt, so sagt es mir, ich werde mir eine Ehre daraus machen, euch gefällig zu sein.« Wir fragten ihn: »Willst du das wirklich tun?« Er antwortete: »Ja.« Wir sprachen zu ihm: »Wir sind nur in dein Haus gedrungen, weil wir von außen eine schöne Stimme gehört haben; wir bitten dich nun, sie uns in der Nähe vernehmen zu lassen, dann werden wir, so Gott will, wieder hingehen, woher wir gekommen sind.« Er sagte: »Gerne«, und rief einer schwarzen Sklavin zu: »Laß deine Herrin kommen!« Sie ging weg, blieb eine Weile aus, dann brachte sie einen chinesischen Sessel, mit griechischem Seidenstoff überzogen; ihr folgte ein Mädchen wie der Vollmond, wie man nie ein schöneres gesehen hat; das Mädchen grüßte und setzte sich. Ein anderes Mädchen überreichte ihr ein Futteral von roter Seide, woraus sie eine Laute nahm, die mit Gold und Juwelen besetzt war. Sie legte sie an ihren Busen und neigte sich zu ihr hin, wie die Mutter zu ihrem Kinde; dann ergriff sie die Saiten und schlug einen Ton an, wie ein Kind, das nach seiner Mutter ruft. Dazu sang sie diese Verse:

»Die Zeit ist mit dem Gegenstand meiner Liebe zurückgekehrt, und ich kann ihm Vorwürfe machen. O Freund! Da du doch wiedergekehrt bist, so trinke von dem Weine, der, sobald er das Herz berührt, allen Kummer in Entzücken verwandelt! Der Zephyr selbst stand auf und pries ihn im Becher, und ich sah den Vollmond, der einen Stern trug; wie manche Nacht habe ich mit dem Vollmond gekost über dem Tigris, ehe er unterging. Dann neigte er sich zum Untergang, und es war, als ginge ein goldenes Dach über dem Wasser her.«

Als sie diese Verse vollendet hatte, weinte sie heftig; wir aber waren höchst entzückt und ganz außer uns wegen ihrer schönen Stimme und Gestalt. Der Kalif sprach zu Ishak, indem er sich zu ihm hinneigte: »Was hast du gesehen, o Ishak?« Er antwortete: »O Fürst der Gläubigen! Ihre Kunst ist unübertrefflich!« Der Kalif betrachtete dann den jungen Mann und bewunderte seine Schönheit und Anmut, obgleich sein Gesicht so gelb aussah, als wollte er sterben. Der Kalif sagte: »Junger Mann!« Dieser antwortete: »Was beliebt, o Fürst aller Gläubigen?« Der Kalif sprach: »Ich möchte wissen, ob das Gelbe in deinem Gesicht dir angeboren oder ob es Folge einer Krankheit ist?« Er antwortete: »O Fürst der Gläubigen! Erst später ist es an mich gekommen.« – »Und wie? Erzähle mir, vielleicht kann dir durch mich geholfen werden.« Der junge Mann sprach: »Höre mich an, ich will es dir erzählen.

Wisse, o Fürst der Gläubigen! Ich bin ein Kaufmann aus der Stadt Oman; mein Vater war auch Kaufmann, besaß viele Güter und trieb einen großen Seehandel; er war ein edler Mann, lehrte mich schreiben und was sonst der Mensch wissen soll. Einst saß ich in meiner Wohnung mit mehreren Kaufleuten, da kam mein Diener und sagte: »Herr! Es ist ein Mann an der Tür, der um Erlaubnis bittet, vorgelassen zu werden.« Ich erlaubte es ihm, und er kam mit einem Träger, der einen zugedeckten Korb auf dem Kopf hatte, den er vor mir niedersetzte. Als ich ihn aufdeckte, fand ich seltene Früchte darin; ich dankte ihm, gab ihm hundert Dinare und auch dem Träger seinen Lohn; er ging fort und wünschte mir viel Glück. Ich verteilte die Früchte unter die Anwesenden und fragte die Kaufleute, wo diese Früchte herkämen? Sie sagten: »Von Bagdad«, beschrieben mir die Stadt und fügten hinzu: »Es gibt in der Welt keine angenehmere Stadt als Bagdad und keine besseren und wohlgesitteteren Leute als die dortigen.« Ich hatte keine Ruhe mehr, so groß wurde meine Sehnsucht, dahin zu reisen; ich verkaufte zuerst meine Güter und meine Schiffe für hunderttausend Dinare; dann meine Sklaven und Sklavinnen, und mein Vermögen belief sich auf eine Million Dinare, außer den Juwelen und Edelsteinen. Ich bestieg ein Schiff, ließ alles daraufbringen und reiste nach Baßrah, wo ich einige Zeit verweilte; ich verkaufte zuletzt auch dieses Schiff und mietete ein anderes, auf das ich mein Vermögen brachte, und fuhrt damit nach Bagdad. Dort angekommen, fragte ich, wo die Kaufleute wohnen, und man sagte mir: In einem Quartier, Karch genannt; ich ging dahin, mietete ein schönes Haus in der Safranstraße, ließ alles, was ich bei mir hatte, dahinbringen und lebte dort recht angenehm. Eines Tages, es war Freitag, begab ich mich in die Moschee, um zu beten; hinterher ging ich mit den Leuten heraus nach einem Ort, Karn Asserat genannt, und sah dort ein altes Haus mit Altanen nach dem Ufer hin und eisernen vergoldeten Gittern. Die Leute gingen alle nach diesem Gitter zu, ich folgte der Menge und sah einen schönen, alten Mann vor dem Gitter sitzen, kostbar gekleidet, fein parfümiert, mit einem Bart, der wie zwei Silberstangen sich über seiner Brust zerteilte; vier Sklavinnen und fünf Sklaven umgaben ihn zur Bedienung. Ich fragte jemanden: »Wer ist dieser alte Mann?« Man antwortete mir: »Er ist Zaher, Sohn Alas, der sich aller Betrübten in Bagdad annimmt; wer bei ihm einkehrt, kann essen, trinken und schöne Mädchen sehen.« Da sagte ich: »Bei Gott! Ich suche schon lange ein solches Haus!« Ich ging also auf den Alten zu, grüßte ihn und sprach zu ihm: »Herr, ich habe ein Anliegen an dich.« Er antwortete: »Komm nur und trage es vor.«

Er stand vor mir auf; ich ging mit ihm hinein und sagte ihm: »Herr, ich wünsche diese Nacht dein Gast zu sein.« Er sagte: »Recht gerne, sieh, mein Sohn, ich habe sehr viele Mädchen im Hause, von zehn bis hundert Dinaren, wähle dir eine!« Ich zahlte ihm sofort dreihundert Dinare aus für einen ganzen Monat. Er ließ mich hierauf ins Bad, und von da in ein Zimmer bringen, wo ein Mädchen war, und der Diener sagte ihr: »Nimm hier deinen Gast!« Sie nahm mich gut auf, ließ mich neben sich sitzen und befahl vier Sklavinnen, die sie umgaben, mir zu essen und zu trinken zu bringen. Sie brachten einen Tisch mit kostbaren Speisen, auf dem diese Verse geschrieben waren:

> »Sage, hast du nicht Lust zu Hammel-
> fleisch, in einem großen Topfe gekocht, das
> wie Rosenwasser, Moschus und Ambra
> duftet? Willst du essen, so greife zu, magst
> du nicht, so bist du ein Narr.«

Man brachte uns Wein, das Mädchen nahm die Laute und sang; ich verließ sie hierauf und ging zu einer andern und fuhr so fort, bis ich zur Schönsten kam, die ein wahres Wunder von Anmut und Liebenswürdigkeit war. Eines Abends hörte ich ein großes Geschrei, fragte, was es wäre, und man sagte mir: »Alle Bewohner der Stadt fahren auf dem Fluß spazieren.« Der Alte aber sagte: »Mein Sohn, wenn du willst, so kannst du alles von hier aus sehen.« Ich stieg daher mit ihm auf die Terrasse, von wo ich eine Menge Volk mit Wachslichtern und Fackeln in großem Gedränge sah. Als ich an das Ende der Terrasse kam, sah ich einen schönen Vorhang vor einer schönen Wohnung; mitten in der Wohnung war ein Sofa aus Zypressenholz mit Gold belegt und dazu passenden Kissen und Matratzen, und ein Mädchen saß darauf, ich hatte nie ein schöneres in meinem Leben gesehen. Neben dem Mädchen stand ein Jüngling, der seine Hand um ihren Hals geschlungen hatte und sie küßte; als ich dies sah, o Fürst der Gläubigen, da war ich nicht mehr Herr meiner selbst und wußte nicht mehr, wo ich auf Gottes Erde war, so schön war ihre Gestalt. Als ich dann wieder heruntersteig, erkundigte ich mich nach ihr bei meinem Mädchen und fragte es: »Was ist das für ein junges Mädchen, das so schön ist, daß mir der Kopf schwindelt?« Sie lächelte und sagte: »Hattest du wohl Lust, dich ihr zu nähern?« Ich antwortete: »Ja, bei Gott!, und kostete es mein Leben.« Da sagte sie: »Das ist die Tochter Zahers und unsere Herrin, wir alle sind ihre Sklavinnen; weißt du, was es kostet, einen Tag bei ihr zuzubringen? Fünfhundert Dinare; und das tut doch dem Herzen eines Kaufmanns weh.« Ich aber sagte: »Bei Gott! Ich will gern mein ganzes Vermögen für sie hingeben.« Ich konnte kaum den Morgen erwarten, stieg ins Bad, zog ein kostbares, mit Gold und Juwelen verziertes Kleid an und ging zum Alten. Er hieß mich willkommen und fragte mich, was ich wolle. Ich sagte: »Ich möchte zu dem Mädchen, das fünfhundert Dinare kostet.« Er sprach: »Glück dazu! Willst du soviel bezahlen?« Ich sagte ja und brachte sogleich fünfzehntausend Dinare für einen ganzen Monat. Er befahl darauf einem Diener. »Geh, bringe ihn deiner Herrin Zahra!« Dieser brachte mich in eine Wohnung, wie sie sich in der Welt nicht wiederfindet; als ich hineinkam und das Mädchen dasitzen sah, fiel ich vor Gott nieder und dankte ihm für ein so bezauberndes Geschöpf; sie war so blühend und schön, wie der Dichter sagt:

»Wenn sie mit der Sonne wetteifern wollte,
so würden alle Leute sie statt ihres Idols
anbeten; wenn sie in das bittere Meer spie,
es würde von ihrem Speichel süß werden,
und wenn sie im Westen einem frommen
Pilger sich zeigte, er würde den Osten
lassen und ihr nach Westen folgen.«

Kurz, o Fürst der Gläubigen!, fuhr der junge Mann fort, sie war über alle Beschreibung schön. Als ich sie grüßte, stand sie vor mir auf und hieß mich vielmal willkommen. Ich sah sie gehen, als hebe sie den Fuß aus weicher Erde auf und setze ihn auf harten Stein nieder. Gepriesen sei der, der sie geschaffen hat! Ich setzte mich neben sie, und sie befahl den Sklavinnen, eine Mahlzeit zu bringen. Da kamen vier junge Mädchen mit einem Tisch voll Speisen, wie man sie nur bei Königen sieht, und stellte ihn vor uns auf. Ich griff nach den Speisen und verlor vor Entzücken meine ganze Besinnung. Als wir genug gegessen hatten, wuschen wir unsere Hände. Man brachte hierauf Wein, eine ihrer Sklavinnen reichte ihr eine Laute, die sie auf ihren Schoß legte und stimmte. Die Laute gab einen so rührenden Ton von sich, wie ein kleines Kind, das nach seiner Mutter schreit, wie der Dichter sagt:

> »Wir tranken edlen Wein in der Dunkelheit der Nacht, wenn die Auflaurer schliefen. Sie sang, drückte die Laute an ihren Busen, und ließ Wangen und Halsband darüber herunterhängen, neigte sich liebevoll zu ihr hin, als hätte sie ein Kind in ihrem Schoß.«

Ich lebte so, o Fürst der Gläubigen!, von einem Monat zum andern, bis ich all mein Geld verschwendet hatte. Eines Tages saß ich bei ihr und dachte, daß ich mich nun von ihr trennen müsse, und weinte. Sie fragte: »Was weinst du?« Ich antwortete: »Über unsere Trennung, o Licht meiner Augen!« Sie fragte: »Und warum müssen wir uns trennen?« Ich antwortete: »Bei Gott! Von dem Tage an, als ich zu dir kam, nimmt dein Vater jeden Tag fünfhundert Dinare von mir; nun habe ich aber nichts mehr. Die Leute sagen: Die Armut macht einen zum Fremden in der Heimat, und der Reichtum ersetzt sie dem Fremden.« Sie aber sprach: »Wisse, mein Vater ist gewöhnt, jedem Kaufmann, der sein Vermögen bei uns verschwendet, drei Tage zu schenken und ihn dann fortzuschicken; fürchte du aber nichts, ich will es so einrichten, daß wir uns nie trennen müssen, denn wisse, mein Vater ist so reich, daß nur Gott weiß, wieviel er besitzt, und all sein Geld gibt er mir aufzubewahren; ich werde dir jeden Tag fünfhundert Dinare geben, die du meinem Vater bezahlst; sobald er es mir schickt, gebe ich es dir zurück, und du kannst auf diese Weise, so lange Gott will, bei mir bleiben.« Als ich dies hörte, o Fürst der Gläubigen!, stand ich auf und küßte ihr die Hand; wir lebten auf diese Weise ein ganzes Jahr fort, bis eines Tages Gott unsere Trennung wollte; sie schlug nämlich eines Tages eine ihrer Sklavinnen sehr heftig, und diese sagte: »Du hast durch Schläge mir weh getan; bei dem erhabenen Gott!, ich will nun auch deinem Herzen weh tun.« Sie ging hierauf zu ihrem Vater und erzählte ihm die ganze Geschichte. Als ihr Vater dies hörte, stand er auf, kam zu mir und sagte: »O Omaner! Bei uns ist es Sitte, wenn jemand arm wird, so schenken wir ihm drei Tage: du hast nun schon ein ganzes Jahr genossen.« Er befahl einem Diener: »Zieh ihm die Kleider aus!« Man zog mir meine Kleider aus, gab mir alte zerrissene, die keine Drachme wert waren, und schenkte mir zehn Drachmen. Der Alte sagte mir: »Ich werde dich nicht schlagen und dir nichts zu leid tun, geh nur deines Weges, bleibe nicht in diesem Lande und erwähne uns niemals, sonst haftet dein Blut an deinem eigenen Hals.« So ging ich, gezwungen, fort, ohne zu wissen, wohin.

Aller Gram der Welt drückte mich, als ich an das Geld dachte, das ich bierhergebracht hatte, wie ich mit einer Millione Dinare aus meiner Heimat gekommen war, die ich nun in dem Hause dieses verruchten Alten verschwendet hatte, und wie ich nun elend und zerknirscht weggehen mußte. Es gibt keinen Schutz und keine Macht, außer bei Gott, dem Erhabenen! Ich blieb nur noch drei Tage in großer Verzweiflung in Bagdad und konnte weder essen noch trinken. Am vierten Tag sah ich ein Schiff, das nach Baßrah ging, ich bestieg es und gab die zehn Drachmen her. Als wir nach Baßrah kamen, ging ich hungrig auf den Markt und sah dort einen Gemüsehändler, der mich von früher her kannte; er stand vor mir auf, umarmte mich und fragte, wie es mir gehe, daß er mich in so schlechten Kleidern sehe? Ich erzählte ihm meine ganze Geschichte, und er sagte: »Herr, das ist nicht das Verhalten eines verständigen Mannes.« Er fragte hierauf: »Was hast du nun vor?« Ich antwortete: »Bei Gott! Ich weiß es nicht.« Er sagte: »Bleibe bei mir und führe mein Buch, du sollst jeden Tag zwei Drachmen nebst freier Kost haben.«

Meine Antwort war: »Gut, alles ist nach der Bestimmung des erhabenen Gottes.« Ich blieb nun bei ihm, bis ich hundert Dinare beisammen hatte, mietete mir eine Hütte am Ufer des Flusses und wartete auf ein Schiff, das nach Bagdad segelte.

Eines Tages kam ein Schiff, mit Waren beladen; alle Kaufleute und Großen des Landes gingen, um einzukaufen, und ich mischte mich unter die Menge. Da stiegen zwei Männer vom Schiff; man stellte ihnen zwei Stühle hin, auf die sie sich setzten. Die Kaufleute begrüßten sie, sie aber befahlen dem Diener, Teppiche auszubreiten. Darauf holten sie einen Sack mit Perlen und Edelsteinen, Karniol, Kristall, Korallen und andern Steinen. Dann sagten sie: »O ihr Kaufleute, heute verkaufen wir nur dieses.« Die Kaufleute überboten einander, und es wurden vierhundert Dinare geboten. Da sah mich einer der Leute, die auf dem Schiff waren und der früher mein Freund war; er kam herunter und grüßte mich. Er fragte mich: »Warum sprichst du nicht mit den Kaufleuten?« Ich antwortete: »Die Unfälle der Welt sind über mich gekommen und haben mir mein Vermögen geraubt; ich besitze nur noch hundert Dinare! So hat die Bestimmung es gewollt.« Ich schämte mich so sehr vor ihm, daß ich weinen mußte. Als er mich in diesem Zustand sah, bekam er Mitleid und weinte mit mir. Er sagte zu den Kaufleuten, die um ihn herum waren: »Ihr seid meine Zeugen, daß ich diesen Teppich mit allem, was darauf ist, diesem Omaner für hundert Dinare verkaufe, obschon ich weiß, daß er noch einmal so viel wert ist; doch schenke ich es ihm gerne.« Ich wünschte ihm viel Gutes, und alle Kaufleute lobten seine Freizügigkeit. Ich nahm die Waren, ging damit auf den Perlenmarkt und handelte ein Jahr lang. Nun war unter diesen Edelsteinen auch ein Amulett von Korallen, worauf ganz feine Talimane, die ich nicht verstand, so fein wie Bienenfüße, geschrieben waren; ich nahm dies Amulett und gab es dem Makler, der damit eine Weile ausblieb, dann kam er wieder und sagte: »Verkaufst du es für zehn Drachinen?« Ich sagte: »Nein, dafür gebe ich es nicht her.« Er warf es vor mich bin und ging wieder fort. Ich ließ es an einem andern Tage wieder ausrufen, da fragte er mich: »Verkaufst du es für fünf Drachmen?« Ich nahm es ihm weg und warf es vor mich hin. Als ich eines Tages so dasaß, kam ein Reisender zu mir, grüßte mich, und ich erwiderte seinen Gruß. Er sagte: »Erlaube mir, alles, was du hier hast, genau zu betrachten.« Ich antwortete: »Tu, was du willst.« Ich wurde aber mißmutig, als er von allen Edelsteinen nichts als dieses Amulett kaufen wollte und sich offensichtlich sehr freute, als er es erblickte. Er fragte mich: »Verkaufst du dies?« Ich sagte: »Ja«, und sah wohl, daß er eine große Lust dazu hatte. Er fragte: »Wie teuer?« Ich antwortete: »Wieviel hast du bei dir?« Er sagte: »Zwanzig Drachmen.« Ich versetzte: »So laß es nur und geh deines Weges.« Er sprach: »Laß mir es um fünfzig Dinare.« Ich glaubte, er mache nur Spaß, und sagte: »Geh, laß mich, scherze nicht mit mir; hier ist kein Ort zum Spaßen.« Er sagte dann: »Verkaufst du es um hundert Dinare; um zweihundert, um fünfhundert, um tausend Dinare?« Das alles sprach er lachend, und ich glaubte immer, er scherze nur. Er bot dann noch mehr als tausend; ich aber antwortete vor Zorn nicht mehr. Endlich aber sagte er: »Verkaufst du es für zwanzigtausend Dinare?« Da mußte ich lachen und spaßte nun auch mit ihm. Alle Leute des Marktes versammelten sich um uns und riefen mir zu: »Verkauf es ihm, und wenn er nicht bezahlt, so machen wir uns alle gegen ihn auf und treiben ihn aus der Stadt.«

Ich sagte: »Nun, wieviel Geld hast du?« Er aber fragte: »Verkaufst du es?« Ich antwortete: »Ja, wenn du es kaufen willst.« Da sagte er: »Ich habe dreißigtausend Dinare, verkaufst du es dafür? Nimm sie und gib das Amulett.« Ich sprach zu den Anwesenden: »Ihr seid Zeugen. Doch verkaufe ich es nicht, bis du mir sagst, wozu es dient, da du soviel Geld dafür gibst.« Er sagte: »Mache nur den Handel richtig, dann sage ich es dir; und Gott bürgt mir für deine Aufrichtigkeit.« Ich sagte: »Nun, es sei!« Da freute er sich sehr, nahm das Gold heraus, gab es mir, nahm das Amulett, hängte es um seinen Hals und fragte noch einmal: »Bist zu zufrieden?« Ich antwortete: »Ja.« Da sagte er zu den Anwesenden: »Ihr seid Zeugen, daß er zufrieden ist und den Wert angenommen hat.« Er wandte sich hierauf zu mir und sagte: »Bei dem erhabenen Gott! Hättest du noch mehr gefordert, ich hätte dir hundert-, zweihundert-, dreihunderttausend Dinare gegeben.« Als ich dies hörte, war mir, als sei ich aus dem Schlaf erwacht; das Blut entfloh aus meinem Gesicht, und von damals an wurde ich durch die Bestimmung Gottes, gelobt sei er!, so gelb. Ich fragte ihn: »Und wozu dient es?« Er sagte mir: »Mein Sohn, höre meine Geschichte!«

Es versammelten sich nun mehr als tausend Menschen um uns, und er sprach: »Wisse! Kaschmir, der große König von Jemen, der ein Drittel der Welt besitzt, ist der Vater der schönsten Tochter der Welt, die aber die fallende Sucht hat. Der König ließ alle Sterndeuter kommen, um sie zu heilen. Da sagte einer der Anwesenden: O König! Ich kenne einen Mann, er heißt Abd Allah aus Babel und ist der geschickteste Mann auf der Welt, um derartige Krankheiten zu heilen; wenn du willst, so schicke mich zu ihm. Der König gab ihm ein Stück Karniol und hunderttausend Dinare, und der Mann reiste damit nach dem Land Babel, fragte nach dem alten Mann und brachte ihm die Geschenke. Der Alte nahm sie an und beobachtete sieben Monate lang die Sterne, bis er eine günstige Stunde fand, in der er nach seiner Einsicht die Talismane und Namen auf dieses Amulett schrieb. Der Mann nahm es und brachte es dem König, der es seiner Tochter umhängte. Die war an vier Ketten gefesselt, jede Nacht mußte ein Mann bei ihr wachen, den man des Morgens tot fand. Sobald ihr nun der König dieses Amulett umgehängt, wurde sie durch den Willen des erhabenen Gottes wieder gesund, und von jenem Tag an bekam sie keinen Anfall mehr. Der König freute sich sehr, machte jenem Mann viele Geschenke, und alle Bewohner der Stadt erwiesen ihm Wohltaten. Eines Tages aber machte die Prinzessin mit ihren Sklavinnen eine Spazierfahrt auf dem Fluß und spielte mit ihnen; da streckte eine Sklavin scherzend die Hand nach ihr aus, das Amulett machte sich los und fiel ins Wasser. Die Prinzessin fiel in Ohnmacht und wurde wieder krank wie zuvor. Als der König dies hörte, gab er mir Geld und befahl mir, zum Alten zu gehen, um ein neues Amulett machen zu lassen; als ich aber nach seinem Ort kam, war er schon tot. Gottes Barmherzigkeit sei mit ihm! Der König schickte uns dann zu Zehn ab und gab uns viel Geld, um in allen Ländern nachzusuchen, bis mich mein Glück zu dir trieb.« Mit diesen Worten nahm er das Amulett und ging fort. Du hast nun, Fürst der Gläubigen, die Ursache meines gelben Gesichts gehört! Ich kehrte hierauf nach Bagdad zurück, nahm mein Geld mit mir und mietete wieder mein altes Haus. Am Morgen nach meiner Ankunft zog ich mich an und ging nach dem Hause Zahers, Sohn Alas, in der Hoffnung, meine Geliebte wiederzusehen. Aber ich sah die Fenster geschlossen; ich blieb eine Weile stehen und dachte über meine Lage und über die Macht des Schicksals nach, bis ich einen Diener sah. Ich fragte ihn, was aus dem Herrn dieses Hauses geworden sei? Er antwortete: »Mein Onkel, er hat sich zu dem erhabenen Gott bekehrt.« Ich fragte ihn: »Und was hat ihn zu seiner Buße veranlaßt?« Er antwortete: »Vor einigen Jahren war ein Mann bei uns mit Namen Abul Hasan aus Oman, den seine Tochter sehr liebte; als er sie verließ, wurde sie so krank, daß sie vor Gram dem Tod nahe war. Sie erklärte sich nun ihrem Vater, der nach allen Ländern schickte, um ihn aufzusuchen. Er versprach dem, der ihn bringen würde, hunderttausend Dinare. Niemand aber wußte, wo er hingekommen war, und man konnte keine Spur von ihm entdecken; die Tochter wurde deshalb immer kränker, und nun ist sie dem Grab sehr nahe. Ihr Vater hat des großen Unglücks seiner Tochter wegen alle Mädchen verkauft und sich zu dem erhabenen Gott bekehrt.« Ich sagte zum Diener: »Was wirst du sagen, wenn dir jemand den Abul Hasan zeigt?« Er antwortete: »O ich beschwöre dich bei Gott, hilf mir und meinem Vater aus unserm Elend.« Ich sagte: »Geh hinein und sprich: Abul Hasan aus Oman ist an der Tür und läßt dich grüßen.« Er rief aus: »Was sagst du? Ich beschwöre dich bei Gott, sprich die Wahrheit!« Ich antwortete ihm: »Geh hinein und sage, was ich dir aufgetragen habe«, worauf er von mir weglief wie ein Maulesel, der von der Mühle entflieht. Nach einer Weile kam er wieder mit dem Alten zurück. Als dieser mich sah, grüßte er, umarmte mich und sprach: »Gelobt sei Gott, der dich wohl erhalten hat!« Mit diesen Worten ging er in sein Haus, gab dem jungen Mann tausend Dinare und kam hierauf wieder zu mir, umarmte mich nochmals und sagte: »Gelobt sei Gott, der dich wohl erhalten! Wo warst du, mein Sohn? Deine Trennung hat meine Tochter niedergeschlagen. Komm mit mir herein.« Ich trat mit ihm in seine Wohnung. Er ließ mich sitzen, ging zu seiner Tochter und sagte: »O meine Tochter, vergiß nun diese Krankheit!« Sie erwiderte: »O mein Vater, ich werde nicht eher gesund, bis ich den Geliebten meines Herzens wiedersehe; wäre mir doch vergönnt, auch nur einen einzigen Blick auf sein Antlitz zu werfen!« Er aber sprach: »Ich gelobe, dich mit deinem Geliebten zu vereinigen; geh nur zuerst ins Bad und iß etwas.« Als sie diese Worte hörte, rief sie: »Sprichst du wahr?« Hierauf sagte der Alte zu seinem Diener: »Geh zu dem Herrn, der eben angekommen ist.« Er kam zu mir, und ich trat mit ihm hinein. Kaum hatte das Mädchen mich erblickt, o Fürst der Gläubigen!, so fiel sie in Ohnmacht. Als sie wieder zu sich kam, seufzte sie tief und sprach diese Verse:

»Sobald ich ihn noch beim Leben sah,
erschrak ich so sehr, daß ich ihm nichts
erwidern konnte.«

Sie setzte sich dann aufrecht und sagte: »O mein Herr, bei Gott, ich habe geglaubt, dich nur im Traum wiederzusehen!« umarmte mich und weinte heftig. Hierauf sagte sie ihrem Vater: »Geh, reiche mir etwas zu essen!« Der Alte freute sich sehr darüber und brachte ihr Speisen und Getränke; wir aßen und tranken. Ich brachte einige Zeit bei ihr zu; ihre Schönheit und Anmut kehrten zusehends wieder. Dann ließ ihr Vater den Kadi und die Zeugen rufen und verheiratete mich mit ihr; nun ist sie meine Gemahlin, o Fürst der Gläubigen, und ich habe schon einen Knaben von ihr.«

Er brachte darauf einen Knaben herbei, schön wie der aufgehende Mond; der küßte die Erde vor dem Kalifen. Der Kalif nahm ihn zu sich, küßte ihn und pries Gott für seine Schönheit.

Der Kalif, dem diese Geschichte sehr wohl gefiel, stand auf, indem er zu Djafar sagte: »Bei Gott, das ist eine wunderbare Begebenheit!« Sie gingen dann miteinander in den Palast des Kalifen. Als dieser am folgenden Morgen auf dem Thron saß, rief er Masrur und ließ ihn drei Ladungen Geld, eine von Bagdad, eine von Arsan und eine von Baßrah, zusammentragen, bis es eine so ungeheure Summe ausmachte, daß nur Gott sie zählen konnte; dann befahl er Djafar, den jungen Mann zu rufen. Er ging zu ihm, klopfte an der Tür, und als er zu Djafar herauskam, sagte er zu ihm: »Der Fürst der Gläubigen läßt dich rufen!« Als er mit ihm zum Fürsten kam, küßte er die Erde, nahte sich zitternd und ließ seine Hände herunterfallen, denn er fürchtete sich, er habe in etwas gegen den Kalifen verstoßen, dessen Reich Gott verewige und dem Gott seine Huld zuströmen lasse! Der Kalif hieß ihn den Vorhang, den er über das Geld hatte decken lassen, wegnehmen. Als der junge Mann den Vorhang wegnahm und das viele Geld sah, erschrak er und schwieg. Der Kalif sagte ihm: »Ich schenke dir dieses Geld als Ersatz für das, was du bei dem Amulett verloren hast.« Der junge Mann antwortete: »O Fürst der Gläubigen! Das ist ja mehr als noch einmal soviel!« Der Kalif sprach zu den Anwesenden: »Ihr seid Zeugen, daß ich dieses Geld diesem jungen Manne schenke.« Der trat vorwärts, küßte die Erde und schwieg; er schämte sich und weinte, es flossen Tränen über seine Wangen; mit Erlaubnis des erhabenen Gottes kehrte das Blut wieder in sein Gesicht zurück, und es wurde wie der Vollmond. Als der Fürst der Gläubigen ihn sah, sagte er: »Es gibt keinen Gott, außer Gott! Gepriesen sei der ewig Unveränderliche! Sieh einmal in den Spiegel!« Als er sein Gesicht gesehen hatte, fiel er dankend vor Gott nieder und dankte auch unserm Herrn Harun Arraschid, dem Fürsten der Gläubigen. Der Kalif sprach: »Bei der Herrlichkeit Gottes und seinen vollkommenen Wesen! Ich nehme keinen Drachmen von diesem Geld! Ich schenke dir alles; und was ein Edler verschenkt, nimmt er nicht zurück.« Er ließ das Geld in sein Haus tragen, nahm ihn auf immer in seine Dienste, machte ihn zu seinem Gesellschafter, und sie lebten in Wonne, Freude und Annehmlichkeiten, bis ihnen der Herr der Welten den Tod sandte.

Geschichte des Hasan aus Bassrah und der Prinzessin von den Inseln Wak-Wak

Man erzählt: Es war in früheren Zeiten und längst verflossenen Äonen in der Stadt Baßrah ein wunderschöner und wohlgewachsener Jüngling. Man nannte ihn Hasan aus Baßrah; sein Vater war ein sehr reicher Kaufmann und hatte ihm bei seinem Tode viel Geld und Gärten hinterlassen, wovon Hasan und seine Mutter die einzigen Erben waren. Hasan fing nun an, ein geselliges Leben zu führen, besuchte Frauen und Jünglinge, gab viele Monate lang Mahlzeiten in seinen Gärten und kümmerte sich gar nicht mehr um den Handel, den sein Vater getrieben hatte, sondern dachte nur daran, sein Vermögen zu genießen. Nach einiger Zeit verlor er sein ganzes Vermögen, er hatte schon alle Güter seines Vaters verkauft, und es blieb ihm gar nichts mehr übrig, weder wenig noch viel, und keiner seiner Freunde wollte ihn mehr kennen. Er und seine Mutter hungerten drei Tage lang zu Hause. Dann ging er aus, ohne zu wissen, wohin. Da begegnete ihm ein Freund seines Vaters und erkundigte sich nach seinem Befinden. Hasan erzählte ihm seine Geschichte.

Der Mann sagte: »Mein Sohn, ich habe einen Bruder, der Goldarbeiter ist, wenn du willst, kannst du zu ihm gehen und sein Handwerk lernen: es liegt nur an dir, ein sehr geschickter Arbeiter zu werden.« Hasan willigte ein, ging mit dem, der ihn seinem Bruder empfahl, indem er ihm sagte: »Dieser Mann ist mein Sohn, unterrichte ihn mir zu Gefallen in deinem Handwerk.«

Hasan arbeitete nun bei diesem Mann, und Gott war ihm gnädig. Eines Tages kam ein Perser mit einem großen Bart vorüber; er trug einen weißen Turban und sah wie ein Kaufmann aus, grüßte Hasan, und der erwiderte mit Ehrerbietung seinen Gruß. Der Perser fragte: »Wie ist dein Name?« Er antwortete: »Hasan.« Er fragte wieder: »Hast du einen großen Schmelztiegel?« Hasan holte einen. Der Fremde warf Kupfer hinein und stellte ihn über das Feuer, bis das

Kupfer schmolz. Zuletzt nahm der Perser etwas wie Gras aus seinem Turban und warf ein wenig davon in den Schmelztiegel. Nach einer Weile wurde das Kupfer zu feinem Gold, woraus er eine Goldstange machte. Abermals fragte er Hasan: »Bist du verheiratet?« Er antwortete: »Nein.« Der Perser versetzte: »So nimm dies und heirate damit!« und ging fort. Hasan war außer sich vor Freude, sein Herz hing an dem, was er gesehen hatte, und er erwartete die Rückkehr des Fremden. Am folgenden Tage kam er wieder und setzte sich vor Hasans Laden. Als der Bazar leer wurde, kam er zu Hasan und grüßte ihn. Dieser erwiderte seinen Gruß und hieß ihn sitzen, er setzte sich und unterhielt sich mit ihm; endlich sagte er: »Mein Sohn, bei Gott, ich habe dich recht gern, und meine Liebe ist göttlich rein, ohne Eigennutz, wenn mir Gott gnädig ist, so erkenne ich dich als meinen Sohn an. Gott hat mich eine Kunst gelehrt, die kein Mensch kennt; ich will dir sie mitteilen, du bleibst dadurch immer vor Armut geschützt und bekommst Ruhe vor Feuer, Amboß und Hammer.« Hasan sagte: »Herr! Wann willst du mich sie lehren?« Er antwortete: »Morgen, so Gott will, komme ich und mache in deiner Gegenwart aus Kupfer Gold.« Hasan freute sich und sprach mit dem Perser bis zum Nachtgebet; dann stand er auf, verabschiedete sich von ihm, ging zu seiner Mutter und grüßte sie. Sie brachte Lebensmittel und aß mit ihm. Hasan aß ganz besinnungslos, denn alle seine Gedanken waren bei dem Perser.

Seine Mutter fragte ihn, warum er so in Gedanken dasitze, und er erzählte ihr alles, was ihm der Perser gesagt hatte. Als sie dies hörte, zitterte ihr Herz, sie drückte ihn an ihre Brust und sagte: »Hüte dich vor solchen Gauklern, Schwarzkünstlern und Alchimisten, sie suchen nur den Leuten ihr Vermögen aufzuzehren.« Hasan versetzte: »O meine Mutter! Wir sind ja arme Leute, wir haben ja nichts, das sie bewegen könnte, uns zu betrügen, und der Perser ist ein alter Mann, der sehr fromm aussieht; Gott hat ihm Mitleid zu uns eingeflößt, und er hat mich als seinen Sohn angenommen.« Die Mutter schwieg betrübt, Hasan aber konnte vor Freude nicht schlafen. Als der Tag anbrach, stand er auf, nahm die Schlüssel, öffnete den Laden und setzte sich. Der Perser kam bald; Hasan stand vor ihm auf und wollte ihm die Hände küssen, er aber erlaubte es nicht, setzte sich und sagte zu Hasan: »Mein Sohn, mache den Schmelztiegel zurecht und lege den Blasebalg ans Feuer.« Hasan tat dies und machte ein Kohlenfeuer, dann fragte der Perser: »Hast du Kupfer?« Er antwortete: »Ich habe eine zerbrochene Platte.« Der Perser ließ ihn sie mit einer Schere in kleine Stücke zerschneiden, warf sie in den Kessel und blies das Feuer, bis das Kupfer ganz zerschmolzen war, streckte hierauf die Hand nach dem Turban aus, zog ein zusammengewickeltes Papier hervor, öffnete es und streute ein gelbes Pulver, ungefähr eine halbe Drachme, in den Kessel und befahl Hasan, mit dem Blasebalg zu blasen; Hasan tat dies, und es wurde eine Goldstange daraus vom feinsten Gold.

Als Hasan dies sah, strahlte sein Antlitz vor Freude, er wurde ganz rasend; er nahm die Stange in die Hand und drehte sie herum, zuletzt nahm er die Feile, feilte daran und sah, daß es ganz feines Gold war. Er verlor darüber fast den Verstand und beugte sich vor Freude über die Hände des Persers, um sie zu küssen. Der Perser sprach: »Gib die Stange dem Makler und laß dir das Geld dafür geben, ohne daß jemand es bemerkt.« Der Makler probierte die Stange und fand, daß es reines Gold war; er fing an, sie für zehntausend Dirham auszurufen, die Kaufleute aber überboten einander bis auf fünfzehntausend Dirham. Hasan nahm das Geld, ging damit nach Hause, erzählte seiner Mutter von dem Glück, das ihm widerfahren war, und sagte ihr: »Ich habe diese Kunst erlernt.« Die Mutter lachte und sprach: »Es gibt keinen Schutz und keine Macht, außer bei Gott, dem Erhabenen!« und schwieg mit Schmerzen. Hasan aber nahm in seiner Unüberlegtheit einen Mörser und ging damit zum Perser, der vor seinem Laden saß. Dieser fragte ihn: »Mein Sohn, was willst du mit diesem Mörser?« Er antwortete: »Verwandle ihn in Gold.« Der Perser lachte und sprach: »Bist du toll? Willst du zwei Goldstangen an einem Tag auf den Markt bringen? Weißt du nicht, daß man Verdacht gegen uns schöpfen würde und daß wir ums Leben kommen können? Wenn du diese Kunst von mir gelernt haben wirst, mein Sohn, so übe sie nur einmal im Jahr aus, sie genügt dir von einem Jahr zum andern.« Hasan antwortete: »Du hast recht, Herr.« Er ging in den Laden und setzte den Schmelztiegel über das Feuer. Der Perser fragte ihn: »Was willst du tun?« – »Lehre mich die Kunst.« Der Perser lachte und sagte: »Es gibt keinen Schutz und keine Macht, außer bei dem erhabenen Gott! Du bist ein junger Mann ohne Verstand; eine so hohe Kunst kann man nicht so auf der Straße öffentlich lernen, die Leute würden sagen: Hier wohnen Goldmacher. Die Obrigkeit würde es erfahren und uns ums Leben bringen. Doch wenn du diese Kunst schnell im geheimen lernen willst, so komm mit in mein Haus.« Hasan konnte nicht erwarten, bis er den Laden geschlossen hatte und mit dem Perser auf die Straße gehen konnte. Während er damit beschäftigt war, fielen ihm die Worte seiner Mutter ein; er dachte lange nach und blieb stehen.

Als der Perser sich umdrehte und Hasan stehend sah, sprach er: »Du Elender! Was stehst du so nachdenkend? Ich bin dir im Herzen gut, und du denkst dir Schlimmes?« Als Hasan noch immer mit gebeugtem Kopf stehenblieb, sagte der Perser: »Wenn du mich fürchtest, so will ich mit dir in dein Haus gehen und dich dort meine Kunst lehren; geh mir nur voran.« Hasan nahm den Weg nach seinem Hause, und der Perser folgte ihm. Hasan benachrichtigte seine Mutter von dem Besuch des Persers, sie brachte die Wohnung in Ordnung und verzierte sie; als sie aber fertig war, sagte ihr Hasan, sie möchte einstweilen zu einem Nachbarn gehen und ihn mit dem Perser allein lassen. Sie ging fort und überließ ihnen das Haus, Hasan aber führte den Perser hinein. Als er im Haus war, nahm Hasan eine Platte, ging damit auf den Markt, um einige Speisen zu kaufen, stellte sie dem Perser vor und sagte ihm: »Iß, Herr, von meinem Brot und Salz, zum Zeichen unsrer Freundschaft, und Gott verlasse den, der dem Bunde untreu wird!« Der Perser erwiderte: »Du hast recht, mein Sohn.« Dann lächelte er und sagte: »Wer kennt nicht die hohe Bedeutung des Brots und des Salzes?«

Sie aßen miteinander, und als sie gegessen hatten, sagte der Perser: »Mein Sohn Hasan, bring auch einige süße Speisen!« Hasan ging auf den Markt und holte zehn Tassen voll süße Speisen; als sie dies aßen, sagte der Perser: »Gott belohne dich dafür! Leute wie du verdienen es, daß man ihren Umgang suche, ihnen Geheimnisse vertraue und sie nützliche Dinge lehre.« Als sie genug gegessen hatten, sprach der Perser: »Bring nun die Gerätschaften!« Kaum hatte Hasan diese Worte gehört, so lief er wie ein junges Pferd, das man in den Klee läßt, in seinen Laden, holte die Gerätschaften und stellte sie dem Perser vor. Dieser zog aus seinem Turban ein Papier hervor und sagte: »O Hasan, bei dem Brot und bei dem Salz! Wärest du mir nicht teurer als mein Sohn, so würde ich dir diese Kunst nicht mitteilen. Dieses Papier enthält alles, was ich noch von dem Pulver besitze, doch will ich die Materialien herbeischaffen und es vor dir bereiten und die Kunst offenbaren. Wisse, mein Sohn, wenn man zu zehn Pfund Kupfer nur eine halbe Drachme von dem Pulver nimmt, das in diesem Papier ist, so wird reines Gold daraus.« Weiter sagte er: »O mein Sohn Hasan! In diesem Papier sind noch drei ägyptische Ok; ehe sie verbraucht sind, werde ich wieder neues Pulver verfertigen.« Hasan nahm das Papier und fand das Pulver noch feiner als das frühere; er fragte den Perser: »Herr, wie heißt das, wo findet man es und in was wird's zubereitet?« Der Perser lachte und sagte: »Frage lieber, woher du ein vorwitziger Junge bist! Mache nur dein Gold und schweige.« Hasan holte eine Kupferplatte aus dem Hause, zerschnitt sie mit der Schere, rührte sie im Kessel herum und streute etwas Pulver aus dem Papier drauf, bis eine feine Goldstange daraus wurde. Als er dies sah, freute er sich sehr und kam ganz außer sich vor Erstaunen. Während aber nun Hasan beschäftigt war, die Goldstange herauszuheben, zog der Perser einen Beutel aus seiner Kopfbinde hervor, der ein Stück Bendj aus Kreta enthielt, so groß, daß, wenn ein Elefant daran gerochen hätte, er von einer Nacht zur andern hätte schlafen müssen. Er tat ein wenig davon in die süße Speise und sagte zu Hasan: »O Hasan, nun bist du mein Sohn und mir teurer als mein Lebensgeist zwischen meinen Seiten. Ich habe eine Tochter, so schön und wohlgewachsen, nie ist ihresgleichen gesehen worden; ich sehe, du allein paßt für sie und sie nur für dich; so Gott will, verheirate ich dich mit ihr.« Hasan sprach: »Herr, ich bin dein Sklave; was du mit mir beginnst, geschehe mit Gott!« Der Perser sagte: »Mein Sohn, habe Geduld, es wird dir gut gehen.« Mit diesen Worten reichte er ihm die süße Speise mit Bendj; er nahm sie, küßte ihm die Hand und steckte sie in den Mund, denn er wußte nicht, was im Verborgenen seiner harrte; der Herr alles Verborgenen offenbart Geheimnisse nur nach seinem Willen! Sobald er sie aber geschluckt hatte, fiel er zu Boden.

Als der Perser ihn getroffen sah, stand er freudig auf und sprach: »Bist du endlich gefallen, du Hund von Araber! Schon zwei Jahre suche ich dich vergebens.« Er umgürtete sich, band ihm Hände und Füße zusammen, legte ihn in eine leere Kiste, nahm auch die Goldstange und legte sie in eine andere Kiste, die er verschloß. Er ging dann auf die Straße, holte zwei Träger und ließ die Kisten zur Stadt hinaustragen ans Ufer des Stroms, wo ein Schiff für den Perser bereitstand und der Schiffshauptmann ihn erwartete. Als der Schiffshauptmann und die Mannschaft den Perser kommen sahen, gingen sie ihm entgegen und trugen die Kisten auf das Schiff. Der Perser sprach zum Hauptmann: »Jetzt schnell fort! Unser Geschäft ist getan, unser Ziel ist erreicht.« Der Hauptmann schrie den Matrosen zu, sie spannten die Segel, und das Schiff lief mit günstigem Wind aus. –

Die Mutter Hasans aber hatte ihren Sohn bis abends erwartet; als sie nichts mehr von ihm hörte, ging sie in ihr Haus zurück, das sie offen fand. Da sie beim Eintreten niemand darin sah, die zwei Kisten und alles Gold vermißte, merkte sie, daß ihr Sohn verloren sei und daß der Pfeil des Schicksals ihn getroffen hatte. Sie schlug sich daher ins Gesicht, zerriß ihre Kleider, schrie und jammerte: »O mein Sohn, mein Sohn! Frucht meines Herzens!« Sie sprach erhabene Verse:

»Meine Geduld schwindet, mein Weh und mein Jammer nehmen zu, seitdem du fern bist! Bei Gott! Wie soll ich ein ferneres Dasein ertragen, seitdem mein Heiligtum verloren ist? Wie soll ich schlafen, da mein Teurer mir entrissen wurde? Wie in solchem Blende fortleben? Du bist geschieden und hast das Haus und seine Bewohner öde zurückgelassen und mein klares Getränk getrübt. Du warst mein Beistand in jedem Unglück, mein Glanz, mein Stolz und mein Vermittler unter den Menschen. O daß es nicht Tag würde, solange du meinen Augen entzogen bist, bis ich dich zurückkehren sehe!«

Sie weinte und jammerte bis zum folgenden Morgen, da kamen die Nachbarn zu ihr und fragten sie nach ihrem Sohn; sie erzählte ihnen, was ihm mit dem Perser geschehen war und daß sie keine Hoffnung habe, ihn wiederzusehen; in ihrem Jammer lief sie im Zimmer auf und ab und weinte. Mit einem Male fielen ihre Augen auf die Wand, worauf sie zwei Zeilen geschrieben sah. Sie ließ den Rechtsgelehrten kommen, um sie zu lesen; der Inhalt der Verse war folgender:

»Ich sah der Geliebten Traumgestalt gegen Morgen umherwandeln, während meine Freunde in der Wüste schliefen, und ich erschrak; und als wir vor dieser Erscheinung erwachten, war die Wohnung leer und das Wiedersehen fern.«

Als Hasans Mutter dies hörte, schrie sie laut auf: »Ja, mein Sohn, die Wohnung ist leer und das Wiedersehen ist fern!« Die Nachbarn wünschten ihr Geduld und baldige Wiedervereinigung und verließen sie. Sie aber ließ mitten im Haus ein Grabmal bauen, schrieb Hasans Namen darauf und den Tag seines Verschwindens und trennte sich nicht mehr von ihm. –

Der Perser, der Hasan entführt hatte, war ein Magier, der die Muselmänner haßte und, sooft er konnte, einen umbrachte. Er war ein Feueranbeter, ein Goldmacher, ein Astrolog, wie der Dichter sagt:

»Ein Niederträchtiger, Widerspenstiger,
Sohn eines Hundes und einer schlechten
Mutter, Sohn eines bösen Abtrünnigen.
Es ist an ihm kein Fleck so groß, daß eine
Mücke sich darauf setzen könnte, auf dem
nicht irgendeine Schändlichkeit haftet!«

Dieser Verdammte hieß Bahram; jedes Jahr opferte er einen Muselmann, um irgendein Ziel zu erlangen. Als ihm nun seine List mit Hasan gelungen und er einen ganzen Tag mit ihm herumgefahren war, ließ er des Abends Anker werfen. Am folgenden Morgen befahl er seinen Sklaven, die Kiste heraufzuholen, in der Hasan war. Er öffnete sie, zog ihn heraus, spritzte ihn mit Essig und blies ihm in die Nase. Hasan mußte niesen, erwachte und lobte den erhabenen Gott. Er sah sich um und fand sich mitten im Meer, der Perser saß ihm gegenüber. Wie er nun merkte, daß der Verdammte ihn betrogen und daß er sich selbst ins Unglück gestürzt hatte, vor dem er von seiner Mutter gewarnt worden war, sagte er die Worte, deren sich niemand zu schämen hat: »Es gibt keinen Schutz und keine Macht, außer bei Gott, dem Erhabenen! Ich bin Gottes und kehre zu ihm zurück. O Gott, sei mir gnädig in deinem Beschluß und gib mir Mut in der Versuchung, o Herr der Welten!« Er wandte sich hierauf zu dem Perser und redete ihn sanft an: »Herr, was ist das für ein Verfahren? Wo bleibt der Bund und der Eid, den du mir geschworen hast? Du bist dem Brot und Salz untreu geworden.« Der Perser sah ihn an und schrie ihm zu: »Du Hund! Sohn eines Hundes! Kenne ich Salz und Brot? Ich habe neunhundertneunundneunzig junge Leute deinesgleichen getötet, mit dir werden es tausend sein!«

Hasan schwieg, denn er sah ein, daß der Pfeil des Schicksals ihn getroffen hatte. Der Magier ließ ihn losbinden und ihm ein wenig Wasser zu trinken geben. Der Verruchte lachte hierauf und sprach: »Bei dem Feuer und dem Licht! Ich glaubte nicht, dich zu fangen, doch das Feuer hat dich mir geliefert und mich in den Stand gesetzt, mein Vorhaben auszuführen; ich will dich nun auch ihm opfern, damit es mit mir zufrieden werde.« Hasan sagte: »Du bist dem Brot und dem Salz untreu geworden!« Der Magier hob seine Hand auf und schlug Hasan, bis er weinend mit den Zähnen auf den Boden in Ohnmacht fiel. Der Magier befahl darauf seinen Sklaven, Feuer anzuzünden. Hasan fragte: »Was willst du mit dem Feuer?« Der Magier antwortete: »Sieh dieses Feuer, die Quelle des Lichts und der Funken, betest du es an gleich mir, so schenke ich dir die Hälfte meines Vermögens und gebe dir meine Tochter zur Frau.« Hasan schrie: »Wehe dir, du Magier! Du betest das Feuer an und nicht den allmächtigen Herrn! Das ist eine abscheuliche Religion!« Der Magier erzürnte sich, fiel vor dem Feuer nieder und befahl den Sklaven, Hasan auf sein Gesicht hinzustrecken. Er nahm dann eine lederne geflochtene Peitsche und schlug Hasan, bis seine Seiten wund waren. Hasan schrie um Hilfe, aber niemand half ihm; er hob daher sein Auge zum allmächtigen König und nahm seine Zuflucht zu ihm. Seine Tränen flossen heftig, er verlor allen Mut und sprach diese Verse:

> »O Gott! Ich unterwerfe mich deinem
> Urteil; ich ertrage mein Schicksal geduldig,
> wenn du es so willst. Man tut mir Gewalt
> an und verurteilt mich mit Unrecht; vergib
> mir durch deine Gnade alle früheren Vergehen!«

Der Magier befahl, ihn aufrecht zu setzen und mit Wasser zu bespritzen; als dies geschehen war, ließ er ihm etwas zu essen und zu trinken geben; Hasan wollte jedoch nichts essen. Der Verruchte folterte ihn nun während der ganzen Reise; Hasan aber ertrug geduldig Gottes Ratschluß und flehte zu dem, der seine Lage kannte und über ihn wachte, während der

Gottlose immer hartherziger gegen ihn wurde. Nach einer Reise von drei Monaten schickte Gott, gepriesen sei sein Name!, einen kalten schwarzen Wind über das Schiff; das Meer wurde trüb und schlug mächtige Wellen; der Schiffshauptmann und die Matrosen sprachen: »Das alles geschieht dieses Jünglings willen, den der Magier so quält; das ist nicht Gottes Wille und nicht der seines Gesandten!« Sie vereinigten sich und erschlugen die Sklaven des Magiers, so daß nur er noch allein übrig war. Wie er dies sah, fürchtete er für sein Leben, nahm Hasan die Fesseln ab und entschuldigte sich bei ihm; er zog ihm seine schmutzigen Kleider aus und gab ihm andere dafür, versprach ihm auch, er wolle ihn die Kunst lehren und ihn in sein Land zurückbringen. Er sagte: »Mein Sohn, verzeihe mir, was geschehen ist; du sollst in Zukunft nur Freude erleben.« Hasan aber sprach: »Wie kann ich dir nun noch trauen?« Er antwortete: »Gäbe es keine Schuld, wo bliebe die Verzeihung; ich habe dies nur getan, um dich zu versuchen und deine Standhaftigkeit zu prüfen; du weißt, daß alles in der Hand Gottes ist.« Der Schiffshauptmann und die Matrosen freuten sich, ihn gerettet zu haben. Hasan betete für sie und dankte Gott; der Wind legte sich und wurde günstig, die Dunkelheit hörte auf, und das Schiff segelte glücklich weiter. Hasan fragte den Magier: »O Herr, wo gehen wir denn hin?« Er antwortete: »Nach dem Wolkenberg, wo das Elixier sich findet, das wir für unsere Alchimie brauchen«; und schwur bei Feuer und Licht, bei dem Schatten und der Hitze, er werde ihn nicht mehr betrügen. Hasan war vergnügt und frohen Herzens darüber, aß und trank und schlief mit dem Magier. So vergingen wieder drei Monate. Nachdem sie ein halbes Jahr auf dem Meer zugebracht hatten, landeten sie an einer großen Wüste, die mit Steinen von weißer, gelber, schwarzer und blauer Farbe angefüllt war. Als das Schiff vor Anker lag, stand der Perser auf und sagte zu Hasan: »Komm, wir haben unser Ziel erreicht.«

Hasan ging mit dem Perser ans Land, nachdem dieser dem Hauptmann das Schiff empfohlen und ihm gesagt hatte, er solle ihn einen Monat lang erwarten. Als sie vom Schiff eine Strecke entfernt waren, nahm der Perser eine kupferne Trommel aus der Tasche, auf welcher allerlei Namen und Talismane gestochen waren. Er schlug darauf, und es erhob sich auf einmal ein Staub aus der Wüste heraus. Hasan war ganz erstaunt, fürchtete sich und bereute es, das Schiff verlassen zu haben. Als der Perser sah, wie er ganz blaß geworden war, sprach er: »Mein Sohn Hasan, bei dem Feuer und dem Licht!, du hast nichts mehr von mir zu befürchten, und müßte ich nicht mein Geschäft in deinem Namen verrichten, so hätte ich dich gar nicht mitgenommen; erwarte nur Gutes. Der Staub, den du siehst, ist ein Wesen, auf dem wir reiten werden und das uns helfen soll, diese weite Wüste zu durchziehen.« Nach einer kleinen Weile bildete sich der Staub zu drei vortrefflichen Kamelen; der Perser bestieg eins, Hasan das andere, und auf das dritte packten sie ihre Lebensmittel. Nach einer siebentägigen Reise kamen sie in ein großes bebautes Land, wo sie eine auf vier goldnen Säulen ruhende Kuppel sahen. Sie stiegen ab, traten unter sie, aßen, tranken und ruhten. Als Hasan sich umsah, bemerkte er etwas, das sehr hoch gelegen war; er fragte den Perser, was es wäre. Dieser antwortete: »Es ist ein Schloß.« Hasan sagte: »Laß uns dahin gehen und dort ausruhen.« Der Magier wurde zornig und sprach: »Rede nicht mehr von diesem Schloß, denn dort wohnt mein Feind, mit dem ich ein Abenteuer hatte, das ich dir erzählen muß.« Mit diesen Worten ergriff er Hasan an der Hand, lief mit ihm weg und schlug die Trommel; die Kamele kamen wieder, und sie ritten wieder sieben Tage lang. Am achten Tag sagte der Magier: »Hasan, was siehst du?« Er antwortete: »Ich sehe Wolken und Nebel von Osten bis Westen.« Da sagte der Magier: »Das sind weder Wolken noch Nebel; das ist ein so hoher Berg, daß er die Wolken spaltet, denn keine kann sich über ihn erheben. Dieser Berg ist unser Ziel, droben findet sich, was wir suchen; dich aber mußte ich mitnehmen, weil ich es nur durch dich erhalte.« Hasan verzweifelte am Leben und sagte: »Bei dem, was du anbetest, bei deinem Glauben: Was haben wir hier zu suchen?« Er antwortete: »Unsere geheime Kunst kann nur mit Hilfe einer Pflanze gelingen, auf die nie eine Wolke kommt, und eine solche findet sich nur auf diesem Berg; ich will dich nun hinaufbringen und dir das Geheimnis der Kunst mitteilen, die du lernen willst.« Hasan sagte vor Angst: »Gut, Herr!« Er gab jedoch alle Lebenshoffnung auf und weinte über die Trennung von seiner Mutter und seinem Vaterland; auch machte er sich Vorwürfe, daß er gegen seine Mutter ungehorsam gewesen war und sprach folgende Verse:

»Betrachte das Werk deines Gottes, wie er
helfend dir Freude bringt! Verzweifle nicht
in der Gefahr: wie vieles Wunderbare
erwartet dich, ohne daß du es siehst!«

Sie reisten vier Tage lang, bis sie an den Berg kamen; dort angelangt, setzten sie sich an dessen Fuß. Da sah Hasan auf dem Berg ein Schloß und er sprach zum Magier: »Wer konnte da oben ein Schloß hinbauen?« Der Magier antwortete: »Das ist die Wohnung der Djinn, der Werwölfe und der Teufel!« Mit diesen Worten näherte er sich Hasan, küßte ihn und sagte: »Verzeihe mir meine erste Treulosigkeit; ich schwöre dir, daß ich dich nicht mehr hintergehen werde; schwöre du mir auch – es geschehe, was da wolle –, mich nicht zu verlassen und Glück und Unglück mit mir zu teilen!« Hasan sagte: »Recht gerne.« Der Magier holte darauf eine kleine Mühle, nahm Weizen aus einem Sack, mahlte ihn und knetete drei Laibe daraus, hierauf zündete er Feuer an und backte sie. Danach nahm er die kupferne Trommel und trommelte, worauf sogleich die Kamele kamen; er schlachtete eins davon, zog ihm die Haut ab und sagte zu Hasan: »Höre, was ich dir anempfehle, sonst ist unser Tod unvermeidlich.« Hasan sagte: »Es gibt keinen Schutz und keine Macht, außer bei Gott, dem Erhabenen! Sprich nur!« Der Perser sagte: »Ziehe diese Haut um dich, ich will sie zunähen und dich liegenlassen; der Vogel Roch wird dann kommen und dich auf die Spitze des Berges hintragen; bist du oben, so nimm dieses Messer, zerschneide die Haut, worauf die Vögel wegfliegen werden; dann sieh auf mich herunter, und ich werde dir sagen, was du zu tun hast.«

Mit diesen Worten gab er ihm die drei Laibe und einen kleinen Schlauch Wasser, nähte die Haut um ihn zu und ging weg. Sogleich kam das Junge eines Rochs und flog mit ihm auf den Berg und legte ihn nieder. Als Hasan merkte, daß er droben war, spaltete er die Haut, schlüpfte heraus und sprach mit dem Magier von oben herunter. Als der seine Stimme hörte, tanzte er vor Freude und sagte: »Geh ein wenig rückwärts und sage mir, was du siehst.« Hasan machte nur ein paar Schritte und erblickte viele morsche Gebeine und Holz daneben. Der Magier rief hinauf: »Nun ist der Zweck erreicht! Nimm sechs Bündel von diesem Holz.« Als Hasan das getan hatte, sprach der Magier: »Du Tropf! Du Hund! Nun habe ich meinen Zweck erreicht; du magst nun sterben oder nicht!« und ging fort. Hasan sagte: »Es gibt keinen Schutz und keine Macht, außer bei Gott, dem Erhabenen! Der Verruchte hat mich verraten.« Er setzte sich, seufzte und sprach diese Verse:

»Die ewige Bestimmung hat es so gewollt;
wohl konnte ich fehlen, aber nicht die
Bestimmung, denn sie ist unabänderlich.
Wenn Gott mit einem Mann etwas vorhat,
der Verstand, feine Ohren und gute Augen
hat, so macht er seine Ohren taub, sein
Herz blind und zieht ihm seinen Verstand
wie ein Haar aus, bis sein Spruch bei ihm
durchdringt; dann gibt er ihm den Ver-
stand zurück, daß er sich belehre.
Wenn etwas geschehen ist, frage nicht nach
dem Wie, denn alles geschieht nach Gottes
Ratschluß und Bestimmung!«

Hasan stand auf, wandte sich nach rechts und links und sprach: »Es gibt keinen Schutz und keine Macht, außer bei Gott, dem Erhabenen!« Er ging auf dem Berg herum und dachte an den Tod. So kam er an das Ende des Berges und sah unter sich ein blauschwarzes Meer, das Wellen schlug, die hohen Bergen glichen. Hasan setzte sich, las einiges aus dem Koran, betete zu Gott, daß er ihm entweder einen leichten Tod gebe oder ihn aus dieser Not befreie. Er sprach hierauf das Sterbegebet und sprang ins Meer. Der erhabene Gott ließ ihn glücklich vom Wind ins Meer tragen; der Engel der Meere bewahrte ihn auch im Wasser und brachte ihn wieder ans Land durch die Macht Gottes, gepriesen sei er! Hasan dankte Gott und ging umher, um Früchte zu suchen, denn ihn hungerte; da bemerkte er, daß er sich gerade wieder an der Stelle befand, wo er früher mit dem Magier gewesen war; er freute sich über sein Entkommen und pries den erhabenen Gott. Als er weiterging, sah er ein großes, sich hoch erhebendes Schloß; es war das, wovon der Magier ihm gesagt hatte, dort wohne sein Feind. Hasan ging hinein, denn er dachte: Vielleicht finde ich hier Rettung; auch war die Tür offen und an dem Hausgang war eine Bank, auf der zwei Mädchen saßen wie Monde; sie hatten ein Schachspiel vor sich und spielten.

Als eine von ihnen den Kopf in die Höhe hob und Hasan sah, schrie sie freudig: »Bei Gott, ein Mensch! Ich glaube, es ist der, den der Magier Bahram dieses Jahr gebracht hat.« Als Hasan dies hörte, fiel er vor ihr nieder, weinte und sagte: »Der bin ich, Herrin! Bei Gott, ich bin jener Elende.« Hierauf sagte das jüngere der beiden Mädchen: »Ich nehme dich zum Zeugen, daß ich vor Gott mit diesem Mann einen Bund der Freundschaft schließe, daß ich Trauer und Freude und den Tod mit ihm teilen will.« Sie umarmte und küßte ihn, ergriff seine Hand und ging mit ihm ins Schloß; ihre Schwester folgte. Sie zogen Hasan die schmutzigen Kleider aus und kleideten ihn in die Gewänder eines Königs; dann stellten sie ihm kostbare Speisen vor, setzten sich zu ihm, aßen mit ihm und sagten: »Erzähle uns, wie es dir mit diesem Hund, dem ruchlosen Zauberer, gegangen ist, seitdem du in seine Hand gefallen bist bis zum Augenblick deiner Befreiung; wir wollen dir dann auch unser Abenteuer mit ihm erzählen, damit, wenn du ihn wiedersiehst, du dich vor ihm hütest.« Als Hasan diese Worte hörte und diese Aufnahme sah, beruhigte er sich und kam wieder zu Verstand; er erzählte ihnen alles, was ihm widerfahren war, sagte ihnen auch, er habe den Magier nach diesem Schloß gefragt und der habe geantwortet: Sprich nicht von diesem Schloß, es ist von Teufeln und von Iblis bewohnt! Die Mädchen gerieten in heftigen Zorn und sagten: »Macht uns der Hund zu Teufeln und Iblis!« – »Bei Gott«, sagte die Jüngere, »ich will ihn den schlimmsten Tod sterben lassen!« Hasan fragte: »Wie willst du zu ihm gelangen, um ihn zu töten?« Sie antwortete: »Er ist in einem Garten, Meschid genannt; dort will ich ihm in Bälde den Tod bereiten.« Die ältere Schwester aber sprach: »Bei Gott! Was Hasan von diesem Hund erzählt, ist alles wahr; doch erzähle ihm nun auch unsere Geschichte, damit er sie auch beherzige.« Da sprach die Jüngere: »Wisse, mein Bruder, wir sind Töchter eines mächtigen Königs der Djinn, der viele Truppen und Verbündete und abtrünnige Geister zu Dienern hat; seine zwei älteren Brüder sind Zauberer. Er bekam sieben Töchter von einer einzigen Frau, aber aus Dummheit, Stolz und Eifersucht wollte er ihnen keine Männer geben. Er ließ einst seine Veziere und Freunde kommen und sagte zu ihnen: Wißt ihr einen Ort, der weder von Menschen noch von Genien besucht wird, an dem aber doch viele Bäume, Früchte und Bäche sind? Sie antworteten: Was willst du damit? Da ist der Wolkenberg mit einem Schloß, das ein abtrünniger Geist erbaute, der von unserem Herrn Salomo, Sohn Davids (Friede sei mit ihm!), dahin verwiesen worden ist; seitdem er umkam, ist es unbewohnt geblieben, weil es ganz einsam liegt. Rund herum sind Fruchtbäume, und Bäche fließen dort, deren Wasser süßer als Honig und frischer als Schnee ist; es hat noch nie ein Aussätziger davon getrunken, ohne davon geheilt worden zu sein. Als mein Vater von diesem Ort hörte, schickte er uns mit seinen Truppen dahin und ließ uns mit allen nötigen Speisen und Getränken versehen. Unsere fünf Schwestern sind jetzt auf der Jagd in diesem blumigen Tal, worin unzählbare Gazellen und anderes Wild umherstreifen. Es ist nun an uns die Reihe, für sie zu kochen. Wir haben stets zu Gott gebetet, er möchte uns doch einen Menschen bescheren, der uns Gesellschaft leiste; gelobt sei nun Gott, der uns mit dir zusammengebracht hat!«

Hasan freute sich, wurde frohen Herzens und dankte Gott, der ihn diesen Weg der Rettung geführt und ihm die Herzen zugeneigt hatte. Die Jüngere, die ihn so gut aufgenommen hatte, führte ihn in ein Zimmer, aus dem sie allerlei Stoffe und Teppiche herausnahm. Nach einer Weile kamen die übrigen Schwestern von der Jagd und freuten sich, als man ihnen von Hasan erzählte; sie gingen zu ihm, grüßten ihn und wünschten ihm zu seiner Rettung Glück. Er lebte in Freude, Genuß und Liebe, ging mit ihnen auf die Jagd, schlachtete, was sie gefangen hatten, und sie freuten sich seiner Gesellschaft. So wurde bald sein Körper wieder gesund, er heilte von allen Übeln und wurde dick und stark von der Ehre, die man ihm erwies und von einem Aufenthalt zwischen sieben Monden, die ihn auf alle Weise zu befriedigen strebten, in einem Schloß, das mit den wunderbarsten und kunstvollsten Arbeiten ausgeschmückt war, mitten zwischen blumigen Gärten, von gleichen hübschen und wohlgewachsenen Mädchen geliebt, die ihm den süßen Wein ihres Speichels zu trinken gaben. Die jüngste Schwester erzählte den übrigen die Geschichte des Magiers, der sie für Teufel ausgegeben hatte, und alle schwuren, ihn umzubringen.

Im folgenden Jahr kam der verruchte Magier Bahram wieder mit einem gefesselten Jüngling, hübsch wie der Mond, in die Nähe des Schlosses. Hasan stand an einem Bach unter den Bäumen und sah ihn. Sein Herz klopfte, und er erblaßte; er ging zu den Mädchen und sagte zu ihnen: »Bei Gott, meine Schwestern, helft mir diesen Verruchten umbringen, den wir jetzt leicht ergreifen können, denn er ist wieder mit einem jungen gefangenen Muselmann da, den er auf jede erdenkliche Weise quält. Ich will nun meine Blutrache an ihm nehmen, ihn töten, mein Herz an ihm kühlen und diesen Jüngling befreien, ehe er ihn von einem Roch auf den Berg bringen läßt und sich dann von ihm entfernt. Ich eile nun, um eine belohnungswerte Tat zu vollbringen, und gebe diesen Jüngling seiner Heimat, seinen Verwandten und Freunden zurück: diese fromme Tat übe ich für euch, daß Gott euch dafür belohne!« Die Mädchen sagten: »Wir gehorchen Gott und dir, o Bruder Hasan.« Sie verschleierten sich, zogen Kriegsgewänder an, umgürteten ihre Waffen, brachten Hasan ein vortreffliches Pferd und eine vollkommene Kriegsrüstung mit einem guten Schwert und gingen auf den Magier zu.

Als sie in seine Nähe kamen, sahen sie, wie er schon ein Kamel geschlachtet und ihm die Haut abgezogen hatte, wie er den Jüngling peinigte und zu ihm sagte: »Stecke dich in diese Haut!« Hasan aber nahte sich unbemerkt von hinten und schrie ihn an, daß er vor Schrecken erstarrte. Dann trat er zu ihm hin und sagte: »Laß ab von diesem Jüngling, du Verruchter, du Feind Gottes und der Muselmänner! Du Hund! Du Treuloser! Du Übeltäter! Du ruchloser Anbeter des Feuers und des Lichts! Du, der bei Hitze und Schatten schwört!« Als der Verruchte sich umkehrte und Hasan sah, wollte er ihn wieder mit süßen Worten täuschen und sprach zu ihm: »O mein Sohn, wie hast du dein Leben gerettet? Wie bist du vom Berg heruntergekommen?« Hasan antwortete: »Derjenige, der dein Leben in meine Hand geliefert hat, war der Retter; ich will dich foltern, wie du mich gefoltert hast, du Ungläubiger! Du Gottloser, der vom rechten Weg abgewichen ist, nun bist du verloren; dir hilft kein Bruder und kein Freund mehr, dein Tod ist gewiß! Hast du nicht gesagt: Wer dem Brot und dem Salz untreu wird, den verläßt Gott? Und doch warst du treulos. Nun hat dich Gott in meine Gewalt gegeben.« Der Magier sprach: »O mein Sohn Hasan! Bei Gott, du bist mir teurer als mein Leben, o Licht meiner Augen!« Hasan aber ging auf ihn zu, zog das glänzende Schwert aus der Scheide, versetzte ihm einen Hieb auf die Schultern, so daß das Schwert von seinen Lebensgeistern glänzend hervorkam, und Gott sandte schnell seine Seele in die Hölle; wehe einem solchen Aufenthalt! Hasan nahm den Sack, den der Magier bei sich hatte, öffnete ihn und zog die Trommel und den Schlegel heraus. Damit trommelte er, bis die Kamele wie der Blitz herbeigelaufen kamen. Hasan entfesselte den Jüngling, sattelte ihm ein Kamel, gab ihm Lebensmittel auf die Reise und nahm Abschied von ihm. So rettete der erhabene Gott diesen Jüngling aus der Not und führte ihn in seine Heimat zurück. Die Mädchen freuten sich, als sie den Magier von Hasan erschlagen sahen, und wunderten sich, daß Gott diesen Verruchten gerade durch ihn hatte sterben lassen; sie wünschten ihm Glück zu seiner Rettung und sprachen: »O Hasan, du hast hier eine Tat vollbracht, mit der du Kranke heilst und bei dem erhabenen König Wohlgefallen findest!« Hasan kehrte mit den Mädchen ins Schloß zurück und lebte mit ihnen sehr angenehm in Essen, Trinken, Spiel und Scherz; er gedachte nicht mehr seiner Mutter. Während sie nun das freudigste Leben führten, erhob sich auf einmal ein mächtiger Staub aus der Wüste, der die ganze Luft verfinsterte. Die Mädchen sagten zu Hasan: »Steh auf, geh auf dein Zimmer oder verbirg dich im Garten zwischen den Bäumen und Reben, dann hast du nichts zu fürchten.« Hasan verbarg sich auf seinem Zimmer, das er hinter sich verschloß. Als dann der Staub sich legte, sah man, wie sich darunter eine Armee bewegte, die wie das Meer lärmte; es waren Truppen vom Vater der Mädchen. Die Mädchen hießen die Truppen absteigen und bewirteten sie drei Tage lang. Sie fragten die Kriegsleute, wie es ihnen gehe und was sie Neues brächten? Sie antworteten: »Wir kommen, um euch zu holen im Namen des Königs. Einer der Nachbarfürsten wird seine Tochter verheiraten, und euer Vater will euch die Freude machen, dem Fest beizuwohnen.« Die Mädchen fragten: »Wie lange sollen wir abwesend bleiben?« Sie antworteten: »Mit der Hin- und Herreise und dem Aufenthalt einen Monat.« Die Mädchen gingen zu Hasan, benachrichtigten ihn davon und sagten: »Hasan, dieser Ort gehört dir, laß dir wohl sein und sei heiter! Fürchte nichts, es wird niemand zu dir kommen, hier sind die Schlüssel zu unserm Schloß. Nur bitten wir dich bei unserer Freundschaft, öffne diese eine Tür nicht, denn du hast es nicht nötig.« Sie nahmen Abschied von ihm und zogen mit den Truppen fort. Als Hasan allein im Schloß war, wurde sein Herz sehr beklommen, er wurde ungeduldig, mißmutig und hatte ein banges Gefühl, denn seine Trauer über ihr Scheiden war groß. Er erinnerte sich ihrer Gesellschaft und Unterhaltung und sprach diese Verse:

»Die ganze Ebene kommt meinen Augen
eng vor, und mein ganzes Herz ist betrübt;
alle Freude ist vorüber, seitdem sie fern
sind, und der Tränen Strom ergießt sich
aus meinen Augenhöhlen. Der Schlaf flieht
mein Auge, seitdem sie von mir gegangen
sind, und mein ganzes Innere ist betrübt.«

Hasan ritt jeden Tag auf die Jagd, schlachtete und aß, doch ohne Lust, zehn Tage lang. Dann wurde seine Brust sehr beklommen, und er wußte nicht mehr, was er anfangen sollte. Er ging im Schloß umher und durchsuchte alle Gemächer, bis er in die Zimmer der Mädchen kam, worin er viele Schätze und Kostbarkeiten sah, doch hatte er wegen ihrer Abwesenheit keine Freude daran; auch brannte sein Herz wegen der Tür, die er nicht öffnen sollte. Er dachte bei sich: Gewiß hat meine Freundin mir deshalb den Zugang zu diesem Zimmer versagt, weil etwas darin ist, das niemand sehen soll. Indessen hat sie das Gold nicht verschlossen; allerlei Kostbarkeiten und Kleinodien liegen auch offen da; bei Gott, ich will die Tür öffnen und sehen, was in diesem Zimmer ist, und sollte ich auch sterben müssen. Er holte die Schlüssel und öffnete die Tür, fand aber nichts als mitten im Zimmer eine Treppe von jemanischen Steinen. Hasan stieg die Treppe hinauf auf die Terrasse des Schlosses und dachte: dies ist der Ort, den ich nicht sehen sollte. Er ging auf der Terrasse herum und sah unter dem Schlosse schöne Wiesen, Gärten und Bäume, Blumen, Bäche, Wild und Vögel, die alle den einzigen allmächtigen Gott priesen; er sah auch das Meer, das hohe Wellen schlug. So ging er lange umher und sah sich nach allen Seiten um, bis er endlich an einen Pavillon kam, der mit allerlei Edelsteinen: Rubinen, Smaragden und Diamanten, verziert war; er bestand aus zwei Lagen Gold und einer Lage Silber. Mitten in diesem Pavillon war ein kleiner See, voll mit Wasser, und darüber ein netzförmiges Gitterwerk von Sandel-, Aloe- und anderm wohlriechenden Holz, mit goldnen Stangen, die mit allerlei Edelsteinen und Perlen verziert waren, und über ihm waren Reben mit Trauben wie Rubine, jede

Beere so groß wie ein Taubenei. Auf der Seite des Sees sah man einen Thron von Aloeholz, mit Perlen, Edelsteinen und mit goldenen Stangen geschmückt; die Vögel zwitscherten auf den Bäumen in verschiedenen Sprachen und priesen den einzigen allmächtigen Gott. Als Hasan dies sah, war er höchst erstaunt und wußte nicht mehr, wo er war. Er setzte sich und sah verwundert umher, ohne jemanden zu entdecken außer den Vögeln und Tieren; er dachte: Welchem König mag wohl dieser Ort gehören? Oder ist das wohl der Garten Irem mit den Pfeilern, von denen man erzählt? Wer vermag so etwas herzustellen? Während er so in Verwunderung saß, kamen zehn Vögel aus der Wüste auf das Schloß zu; Hasan aber sah sie nach diesem Lusthaus fliegen, um Wasser zu trinken. Da er fürchtete, wenn sie ihn sähen, möchten sie entfliehen, stand er auf und verbarg sich vor ihnen. In einem Augenblick ließen sie sich um den See herum nieder, und er sah einen von den Vögeln durch seine Schönheit vor den anderen hervorragen, und die übrigen neun umgaben ihn wie seine Diener. Der große Vogel pickte die andern und quälte sie, bis sie vor ihm entflohen. Hasan sah allem aus der Ferne zu, ohne daß sie ihn bemerkten. Sie setzten sich dann auf den Thron, jeder Vogel aber zog mit seinen Krallen sein Kleid aus, und siehe da: Es waren Federkleider, aus denen zehn Jungfrauen schlüpften, schöner als der Mond. Sie stiegen in den See, badeten sich, spielten und lachten; der große Vogel aber hob sie in die Höhe und tauchte sie wieder unter, bis sie vor ihm entflohen, und keiner hob die Hand gegen ihn auf.

Als Hasan sie sah, geriet er ganz außer sich und verlor seinen Verstand. Er dachte, die Mädchen hätten ihm nur deshalb verboten, jene Tür zu öffnen; denn sein Herz wurde gefesselt, als er sie so ausgelassen im Wasser mit den übrigen spielen sah und ungestört betrachten konnte; er bedauerte nur, sich ihnen nicht nahen zu dürfen. Er bewunderte besonders die Oberste der Mädchen und fiel in das Netz ihrer Liebespfeile, denn das Auge sieht, das Herz entflammt, und die menschliche Leidenschaft führt zur Sünde. Er weinte und fühlte in seinem Herzen eine unauslöschliche Liebesflamme. Die Mädchen stiegen indessen wieder aus dem Bassin; der Unglückliche aber blieb immer in ihre Betrachtung versunken und bewunderte Gottes Geschöpfe; doch was kann Gott nicht schaffen! Wie sein Auge wieder auf die Oberste der Mädchen fiel, da flog sein Verstand ganz davon. Als alle aus dem Wasser waren, zogen sie ein mit Gold, Perlen und Edelsteinen besetztes Kleid an, nur die Oberste trug ein grünes Gewand. Der Glanz ihres Angesichts überstrahlte den Vollmond und ihr schöner Wuchs alle Baumzweige; und das Verlangen nach ihr raubte jedem den Verstand; sie war, wie der Dichter sagt:

»Ein munteres Mädchen, von deren
Wangen die Sonne ihren Glanz entlehnt,
erschien in einem grünen Hemd, wie ein
grünes Blatt mit Kirschen.«

Als sich die Mädchen angekleidet hatten, setzten sie sich, unterhielten sich miteinander und lachten; die Oberste aber neckte immer die andern, fiel bald über diese und bald über jene her, und keine wagte es, die Hand gegen sie auszustrecken. Hasan stand auf glühenden Kohlen, ganz von Sinnen und vor Liebe außer sich, und er sprach zu sich: O hätte ich doch diese Türe nicht geöffnet und diese Reize nicht gesehen. Wie willst du, Hasan, in ihren Besitz gelangen? Wie willst du dir einen Vogel, der in der Luft fliegt, zueignen? Bei Gott, Hasan, du hast dich in ein bodenloses Meer geworfen und in eine Sache eingelassen, der du nicht gewachsen bist; du mußt nun aus Verzweiflung sterben, und niemand wird deinen Tod erfahren; wie sollten solche Reize nicht töten? Er betrachtete dann noch einmal das schöne Mädchen, das alle Menschen an Schönheit übertraf. Ihr Mund war wie Salomos Siegelring, ihre Haare waren wie die finstere Nacht, ihre Augen bezaubernd wie die der Gazelle, ihre Nase war wie die eines Adlers. Sie hatte Wangen wie Anemonen, Lippen wie Rubine, Zähne wie Perlen, in Korallen gereiht, eine Zunge voll Süßigkeiten wie ein königlicher Tisch, einen herrlichen Busen; kurz: all ihre Reize waren vollkommen, wie der Dichter sagt:

»Ein schönes Mädchen! Ihr Speichel
ist wie Honig, ihr Auge schärfer als ein
indisches Schwert; ihre Bewegungen beschämen die Zweige des Ban, und wenn
sie lächelt, so gleicht sie der Athemis.
Du sagst, ihre Wangen seien wie Doppelrosen, doch sie empört sich darüber und
spricht: Wer wagt es, mich mit einer Rose
zu vergleichen? Wer schämt sich nicht, zu
behaupten, mein Busen sei so reizend wie
die Frucht eines Granatapfelbaumes? Bei
meiner Schönheit und Anmut! Bei meinen
Augen und schwarzen Haaren! Wer wieder solche Vergleiche macht, den verbanne
ich aus meiner Nähe und töte ihn durch
die Trennung; denn findet er in den Zweigen des Ban meinen Wuchs und in den
Rosen meine Wangen, was hat er bei mir
zu suchen?«

Die Mädchen lachten und spielten immer fort, Hasan aber bewunderte ihre Reize und vergaß seine Schwestern, deren Abwesenheit ihn so verstimmt hatte, bis zur Aßrzeit. Da sagte die Schöne zu den übrigen: »O ihr Prinzessinnen! Es wird spät, wir haben noch weit und sind schon müde; kommt, laßt uns aufbrechen!«

Sie zogen hierauf alle zugleich ihre Federkleider an und flogen, wie sie gekommen waren, als Vögel davon; die Schöne aber flog in der Mitte, und Hasan verzweifelte. Er wollte aufstehen, konnte aber nicht: er weinte, jammerte und sprach diese Verse:

»Ich wäre ein Treuloser, wenn ich, nach
eurer Entfernung, die Süßigkeit des Schlafes kostete. Seitdem ihr geschieden seid,
haben sich meine Augen nicht mehr geschlossen, auch schmeckt mir keine Ruhe,
seitdem ihr fortgewandert seid. Es ist mir,

als sehe ich im Traum euer Bild; o wären die Träume doch wahr! Ich liebe den Schlaf nur in der Hoffnung, euch im Traum zu sehen!«

Er ging dann ein wenig und setzte sich wieder, konnte aber nur mit großer Mühe den Weg finden, um wieder in die untere Etage des Schlosses zu gelangen; dann schleppte er sich so fort, bis er an die Tür des Zimmers kam. Als er darin war, schloß er sie, legte sich hin, war aber ganz in Gedanken versunken, aß und trank nicht und konnte den ganzen Tag keine Ruhe finden. Als es Nacht wurde, weinte und seufzte er; er erwähnte den Namen unsers Herrn Muhammed und sprach diese Verse:

»Die Vögel flogen abends davon und schrien: Wer aus Liebe stirbt, hat keine Schuld; so lange man beisammen verweilt, kann man nicht von Liebe sprechen, wird aber die Sehnsucht heftig, so bleibt sie nicht mehr verborgen. Mir erschien das Bild derjenigen, deren Stirne dem Morgen gleicht, und sie verwandelt meine Nacht in Tag. Ich seufze nach ihr, wenn freie Menschen schlafen und den Kelch der Ruhe schlürfen. Ich bin freigebig mit meinen Tränen, ich gebe gern all mein Gut, mein Herz und meinen Verstand, denn Freigebigkeit ist Gewinn. Was bleibt dem Liebeskranken übrig, als der Liebe alles zu opfern? Man sagt, es ist verboten, vergängliche Dinge zu lieben, und erlaubt der Liebenden Blut zu vergießen. Sooft mir dein Bild vorschwebt, klage und seufze ich; denn was kann der Verzweifelte mehr tun als klagen, da er doch ohne Flügel nicht fliegen kann!«

Als die Sonne aufging, öffnete er die Zimmertür und stieg wieder auf die Terrasse; er setzte sich an eine Stelle, dem Altan gegenüber, und wich nicht bis abends; die Vögel aber kamen nicht, und er weinte so lange, bis er ohnmächtig auf den Boden fiel. Als er wieder zu sich kam, stieg er hinunter. Er legte sich nieder, bis der nächste Morgen begann und die Sonne Berge und Täler beleuchtete, hatte jedoch keine Ruhe, die ganze Nacht schlief er nicht, konnte weder essen noch trinken; er war traurig und niedergeschlagen, weil er immer an seine Liebe dachte, und sprach diese Verse:

> »Sie beschämt die leuchtende Morgensonne und alle Baumzweige; o möge doch das Schicksal sie mir zurückbringen, damit sie den Trennungsschmerz mildere und mein Herz beruhige; o könnte ich des Abends sie umarmen und Wange auf Wange und Hals auf Hals legen! Wer sagt, die Liebe sei süß? Gewiß hat die Liebe gar zu bittre Tage!«

Als Hasan die Verse vollendet hatte, sah er einen großen Staub sich aus der Wüste erheben; er ging schnell hinunter und verbarg sich, denn er dachte, daß es die Bewohner des Schlosses seien. Sehr bald darauf erschienen wirklich die sieben Mädchen mit Soldaten, die sich im ganzen Schloß verbreiteten. Sie zogen ihre Kleider und Kriegsrüstung aus; die Jüngste aber, Hasans Freundin, ging sogleich, ohne sich umzukleiden, auf sein Zimmer, fand ihn jedoch nicht, sie suchte so lange, bis sie ihn in einem andern Zimmer erblickte, er war schwach, mager und blaß und hatte hohle Augen, weil er weder gegessen noch getrunken, noch geschlafen hatte, alles aus Liebe und Sehnsucht nach dem Mädchen. Als seine Freundin ihn in diesem Zustand fand, wurde ihr ganz unwohl, sie fragte ihn, was ihm zugestoßen sei, und sprach: »O erzähl mir's doch, ich gebe mein Leben hin, mein Bruder, um dir zu helfen!« Hasan weinte, bis er in Ohnmacht fiel; dann sprach er diese Verse:

»Bleib fern von Zuständen, die gelbe
Flecken erzeugen, von innen Verwesung,
von außen Brand. Der Anfang ist Erinne-
rung, und das Ende ist Kummer.«

Seine Freundin staunte über diese beredten Worte und sagte: »O mein Bruder! Wann ist dir ein solches Unglück widerfahren, daß du solche Verse im Mund führst und so viele Tränen vergießt? Bei Gott und bei dem Brot, das wir zusammen genießen, erkläre mir deinen Zustand und verhehle mir nichts; sage mir, was dir in meiner Abwesenheit widerfahren ist, denn dein Zustand betrübt mich sehr.« Hasan seufzte und vergoß Tränen wie ein Platzregen; er sprach: »Ich fürchte, o Schwester, du wirst mir nicht beistehen in meinem Verlangen, und ich werde aus Verzweiflung sterben müssen.« Hasan erzählte ihr, daß er die Türe geöffnet und was er gesehen habe, wie ihn nun die Liebe zu dem Mädchen so unglücklich mache, daß er schon zehn Tage weder an Essen noch Trinken Freude habe; er weinte dann wieder und sprach diese Verse:

»Gib mir das Herz zurück, wie es in mei-
ner Brust war, gib meine Augen dem Schlaf
zurück, dann scheide! Glaubtet ihr, die
Nächte würden den Liebesbund lösen?
Möge jeder untergehen, der ihn bricht!«

Er setzte seine Klagen so lange fort, bis seine Freundin ihn bemitleidete und mit ihm weinte. Sie sprach zu ihm: »Sei frohen Herzens und heitern Auges! Ich will jede Gefahr mit dir teilen und auf Mittel denken, wie du zu ihrem Besitz gelangst, müßte ich auch mein eigenes Leben dabei opfern! Verbirg jedoch dein Geheimnis vor meinen Schwestern, sonst sind wir beide verloren. Wenn sie dich fragen, ob du jene Türe geöffnet hast, so antwortete: Nein, sondern ich bin niedergeschlagen von meiner langen Einsamkeit in diesem Schlosse, es wurde mir in eurer Abwesenheit gar zu unheimlich.« Hasan sagte: »Dein Rat ist gut, ich will ihn befolgen.« Er heiterte sich wieder auf, öffnete jedoch aus Furcht vor den Mädchen die Türe nicht mehr; seine Lebensgeister aber kehrten wieder zu ihm zurück. Als seine Freundin dies bemerkte, brachte sie ihm zu essen und zu trinken, ging zu ihren Schwestern und sagte ihnen mit Tränen in den Augen, ihr Freund sei krank und habe schon zehn Tage lang nichts gegessen. Als sie fragten, was er für eine Krankheit habe, antwortete sie: »Sie entstand aus Verlangen nach uns, denn die Tage unserer Abwesenheit schienen ihm länger als tausend Jahre. Der Unglückliche ist zu entschuldigen, er ist hier fremd und mußte ganz allein bleiben, ohne Gesellschaft und Erheiterung; er ist noch so jung, ihn schmerzt die Trennung von seiner Mutter, die eine alte Frau ist und um ihn weint und die er nur in unserer Gesellschaft vergessen hatte.« Als die Schwestern dies hörten, weinten sie aus Mitleid mit ihm; sie entließen die Truppen, gingen zu Hasan und grüßten ihn; ihr Kummer war groß, als sie sahen, wie seine Reize abgenommen hatten und wie mager sein Körper geworden war. Sie weinten, trösteten ihn und erzählten ihm alles Wunderbare, was sie auf der Reise gesehen hatten und was den Verlobten widerfahren sei. So suchten sie ihn mit den süßesten Reden aufzumuntern: und wie konnte er sieben Mädchen, schön wie der Mond, länger widerstehen? Doch war Hasan so sehr mit seiner Liebe beschäftigt, daß ihm die Gesellschaft der Mädchen gar nicht angenehm war, denn er wollte wieder aufs Schloß steigen. Die Mädchen verließen ihn aber einen ganzen Monat lang nicht und bedauerten ihn sehr, da sie seine Krankheit täglich zunehmen sahen. Nach einem Monat hatten jedoch die Mädchen wieder Lust, auf die Jagd zu reiten. Sie fragten die Jüngste, ob sie mitwolle. Die aber antwortete: »Bei Gott, meine Schwestern, ich kann nicht mit euch gehen, solange mein Freund in einem so kranken Zustand ist.« Die Mädchen lobten die gute Tat ihrer jüngsten Schwester und sagten: »Du wirst gewiß einst den Lohn ernten für die Wohltaten, die du diesem Fremden erweist.« Mit diesen Worten verabschiedeten sie sich, nahmen Lebensmittel auf zwanzig Tage mit und ritten fort.

Sobald die Mädchen das Schloß verlassen hatten, ging die jüngste Schwester zu Hasan und sagte ihm: »Steh auf und zeige mir den Ort, wo du die Mädchen gesehen hast.« Voller Freude, weil er schon der Erfüllung seiner Wünsche entgegensah, rief er: »Im Namen Gottes!« und wollte mit ihr gehen. Er war aber so schwach, daß er gar nicht aufstehen konnte, und seine Freundin mußte ihn auf ihren Armen tragen. Sie öffnete die Tür, die zur Treppe führte, und stieg mit ihm auf die Terrasse. Als sie oben waren, zeigte ihr Hasan die Stelle, wo er die Mädchen nackt gesehen hatte, und auch den Pavillon und das Bassin, in das sie gestiegen waren. Dann sagte sie: »Beschreibe mir das Aussehen deiner Geliebten.« Als Hasan sie beschrieb, wurde seine Freundin plötzlich ganz blaß. Hasan fragte: »Was hast du? Warum wirst du auf einmal so entstellt?« Sie antwortete: »Wisse, mein Freund, dieses Mädchen ist die Tochter des mächtigsten Königs der Genien, ihr Vater herrscht über Menschen und Djinn, über Zauberer und Wahrsager und über viele Stämme; auch unser Vater steht unter seiner Oberherrschaft. Er hat viele Verbündete und gebietet über weite Länder und Städte und Inseln, niemand kann ihn bezwingen, so zahlreich ist seine Armee, so groß sein Königreich und so unermeßlich sein Schatz. Er hat seinen Töchtern, die du gesehen hast, ein Land, das man in nicht weniger als einem Jahr durchreisen kann, übergeben; kein Mensch und kein Djinn kann dahingelangen, denn es ist von einem Strom umgeben. Unter seinen vielen Truppen befindet sich auch eine Abteilung, die aus fünfundzwanzigtausend kriegerischen Mädchen besteht, die, wenn sie ihre Pferde besteigen, die tapfersten Helden schlagen; und seine sieben Töchter haben mehr Mut und Kraft als ein Löwe. In dem eben erwähnten Land, das die Ausdehnung einer einjährigen Reise hat, regiert die älteste Prinzessin, die so viel Klugheit, List, Tapferkeit, Ritterlichkeit und Zauberkünste besitzt, daß, wenn sie wollte, sie leicht unser Reich zerstören könnte; die Mädchen, die sie begleiten, sind die Großen ihres Reichs und ihre Leibwache, und die Federhäute, mit denen sie fliegen, sind Zauberwerk von Genien. Willst du diese Prinzessin, diese ausgezeichnete

Perle, dir zueignen und an ihren Reizen dich ergötzen, so verbirg dich recht sorgfältig, denn wenn sie dich erblicken, so sind wir verloren, wir samt unserm Vater. Merke dir wohl, was ich dir sage: Bleibe in der Nähe irgendwo sitzen, wo du sie sehen kannst, ohne von ihnen gesehen zu werden; wenn sie dann ihre Kleider ausziehen; so gib acht, wo die Prinzessin ihr Federnkleid hinlegt, nimm es an dich und verwahre es gut: Denn nur mit diesem Kleid kann sie nach ihrem Reich zurückkehren. Laß dich aber ja nicht von ihr bereden, wenn sie es zurückfordert und sagt: Ich bin ja bei dir, du kannst mich ja festnehmen; denn sobald sie ihr Kleid hat, bringt sie dich um, zerstört unser Schloß und tötet meinen Vater. Sehen dann die andern Mädchen, daß das Kleid der Prinzessin gestohlen worden, so fliegen sie fort und lassen sie allein. Sobald du bemerkst, daß sie die Hoffnung, ihre Gefährtinnen wiederzusehen, aufgegeben hat, so gehe auf sie zu, ergreife sie bei den Haaren, ziehe sie zu dir hin und führe sie in dein Gemach, denn du bist ihr Herr. Verwahre aber das Federnkleid wohl; nur so lange du das hast, ist sie in deiner Gewalt. Ich rate dir daher, ihr gar nicht zu sagen, daß du es genommen hast.«

Als Hasan das hörte, beruhigte sich sein Gemüt, er erhob sich neu gestärkt, küßte das Haupt seiner Freundin und betete für sie. Sie gingen dann wieder herunter und brachten die Nacht beisammen im Schloß zu. Sobald am folgenden Morgen die Sonne aufging, stieg Hasan wieder auf die Terrasse, die er bis abends nicht verließ, so daß seine Freundin ihm zu essen und zu trinken hinaufbringen mußte. So ging das fort, bis der Neumond ihm das erwartete Glück brachte; denn mit ihm kamen auch die Vögel wie der Blitz herangezogen. Hasan verbarg sich schnell an einem Ort, wo er sie sehen konnte, ohne von ihnen bemerkt zu werden. Sie ließen sich herunter und zogen ihre Federngewänder aus. Der große Vogel zog nach Gottes Bestimmung sein Gewand in der Nähe Hasans aus und ging ins Bassin zu den übrigen Vögeln. Hasan machte sich ganz leise unter Gottes Schutz auf und nahm, während sie im Wasser untertauchten und allerlei Scherze trieben, ohne von ihnen bemerkt zu werden, das

Gewand der Prinzessin weg. Nach dem Bade stiegen sie wieder aus dem Bassin, und jede zog ihr Gewand wieder an. Als aber die Prinzessin, die zuletzt ausgestiegen war, ihr Federnkleid nicht mehr fand, stieß sie ein lautes Geschrei aus und schlug sich ins Gesicht; die andern Mädchen kamen zu ihr und fragten sie, warum sie so jammere; und als sie hörten, daß sie ihr Federngewand vermisse, weinten sie mit ihr und wußten nicht, was sie von diesem Raub denken und was sie tun sollten. Da es indessen schon spät war und sie fürchteten, es mochte ihnen, wenn sie länger blieben, auch ein Unglück widerfahren, nahmen sie Abschied von ihr und flogen davon. Als sie sich entfernt hatten, sagte sie: »Ich beschwöre dich bei Gott, du, der du mein Kleid genommen, gib mir es zurück; Gott lasse dich nie einen solchen Verlust fühlen!«

Als Hasan diese Worte hörte, die süßer als Julep waren, bemächtigte sich seiner eine heftige Leidenschaft, die ihn aller Besinnung beraubte; er stürzte gewaltig auf sie zu, faßte sie bei den Haaren, zog sie an sich, trug sie in sein Zimmer hinunter und warf ein seidenes Tuch über sie. Er schloß dann das Zimmer zu und ging, um seiner Freundin zu sagen, daß er nun seine Geliebte in seiner Macht habe, daß sie aber weine und vor Verzweiflung sich in die Hand beiße. Als seine Freundin dies hörte, ging sie mit ihm auf sein Zimmer und küßte die Erde vor der niedergeschlagenen Prinzessin und grüßte sie. Diese rief: »So schlecht behandelt ihr Prinzessinnen? Ihr kennt doch meinen Vater, seine Macht, sein Reich und seine Armee; ihr wißt, daß alle Könige furchtsam vor ihm zittern wegen seiner vielen Zauberer, Gelehrten, Wahrsager, Genien, Dämonen und Truppen, die so zahlreich sind, daß nur der erhabene Gott ihre Zahl kennt; und dennoch beherbergt ihr einen Mann bei euch und macht ihn mit unsern und euren Zuständen bekannt. Wie seid ihr zu diesem hergelaufenen Fremden gekommen?« Hasans Freundin antwortete: »O Prinzessin, der Mann hat nichts Böses vor, die Weiber sind ja doch nur für die Minna, und die Männer für die Weiber geschaffen; er hat nur einen Blick auf dich geworfen, und dahin ist seine Gesundheit und Heiterkeit.« Sie erzählte ihr dann alles, was sie von Hasan vernommen hatte, redete ihr freundlich zu und versuchte, sie zu trösten; aber die Prinzessin blieb eine Weile ganz bewußtlos.

Als die Prinzessin wieder zu sich kam, fiel Hasans Freundin teilnehmend über ihre Hände und Füße her und küßte sie. Dann holte sie ihr ein schönes Kleid und zog es ihr an, brachte ihr Speisen und aß mit ihr, suchte sie durch gute Worte aufzuheitern und ihr für Hasans Schicksal Mitleid einzuflößen: aber die Prinzessin weinte die ganze Nacht durch.

Am folgenden Morgen, als sie sah, daß ihr Jammern ihr keine Rettung verschaffte, hörte sie auf zu weinen, wurde ruhiger und sagte: »Gott hat nun einmal über mein Haupt beschlossen, ich soll in der Fremde, fern von meinen Verwandten und von meinem Vaterland, leben; ich muß den Ratschluß des Herrn mit Ergebung ertragen.« Hasans Freundin richtete ihr dann ein Zimmer im Schloß her, leistete ihr Gesellschaft und tröstete sie so lange, bis sie endlich ganz munter wurde und sich nicht mehr über die Trennung von den Ihrigen betrübte. Die Freundin ging dann zu Hasan und sagte: »Geh zu deiner Geliebten, küsse ihr Haupt und ihre Hände und sei recht zärtlich zu ihr.« Hasan besuchte sie, küßte ihre Füße, ihr Haupt und ihre Wangen und sagte zu ihr: »O Herrin der Schönen, Leben der Seele, Freude des Auges! Sei doch ganz ohne Sorgen; ich werde dich nicht hintergehen, ich will dein Sklave sein bis zum Tode, und diese meine Freundin erbietet sich als deine Sklavin; auch fordere ich nichts, was den Geboten Gottes und seines Propheten (Gott sei ihm gnädig!) zuwider ist; ich will dich gesetzmäßig heiraten und mit dir nach meinem Vaterland, nach Bagdad, reisen, wo meine teure Mutter wohnt, die dich mit ihren Augen bedienen wird; auch kaufe ich dir Sklaven und Sklavinnen. Sieh, unser Land ist hübsch und von schönen Menschen mit freundlichen Gesichtern bewohnt.«

Als Hasan so gesprochen hatte, ohne daß sie ihm geantwortet hatte, wurde an die Türe des Schlosses geklopft; Hasan ging, um zu sehen, wer draußen sei, und siehe, es waren die Mädchen, die von der Jagd zurückkehrten. Hasan ging ihnen freudig entgegen, auch sie freuten sich sehr und wünschten ihm Glück zu seiner Wiedergenesung. Sie stiegen von ihren Pferden ab, und nachdem sie sich in ihren Gemächern umgekleidet hatten, ließen sie den Ertrag der Jagd herbeibringen, um einiges schlachten, anderes im Schloßhof herumlaufen zu lassen. Hasan nahm eine Schürze vor, um einiges zu schlachten, das noch zu Mittag gekocht werden sollte, und die Mädchen freuten sich, ihn in ihrer Mitte zu sehen. Hasan ging zur Ältesten und küßte ihr Haupt, dann auch zu den übrigen; er küßte eine nach der andern. Sie sagten: »Laß doch, o Bruder, das sind wir dir schuldig; du bist gewiß vornehmer als wir.« Da weinte und seufzte er. Die Mädchen fragten: »Was hast du? Warum weinst du und betrübst uns so durch deinen Kummer? Wenn du Heimweh hast, so wollen wir dich mit dem Nötigen ausstatten, und du kannst in deine Heimat zu deiner Mutter zurückkehren.« Er sagte: »Bei Gott, ich habe keine Lust, euch zu verlassen.« Da sagten sie: »Warum bist du denn so niedergeschlagen?« Hasan aber schämte sich, ihnen etwas von der Prinzessin zu sagen.

Als er daher schwieg, sagte seine Freundin zu ihren Schwestern: »Er hat einen Vogel in der Luft gefangen, und ihr sollt ihm helfen, ihn zu verzehren.« Sie sagten alle: »Wir sind bereit, dir in allem beizustehen, erzähle uns nur deine Geschichte.« Hasan sagte seiner Freundin: »Erzähle du sie ihnen, denn ich schäme mich.« Als die also ihren Schwestern Hasans Abenteuer erzählt und Hasan ihre Reize geschildert hatte, wünschten sie zu ihr geführt zu werden. Hasan ging vor ihnen her und öffnete die Türe seines Zimmers. Sobald sie die schöne Prinzessin sahen, küßten sie die Erde vor ihr und bewunderten ihre herrliche Gestalt und ihre Reize, grüßten sie und sagten ihr: »O Prinzessin, wir schwören dir, daß wir von allem, was mit dir geschehen ist, nichts wußten; hat sich dir Hasan etwa auf eine unanständige Weise genähert?« Sie antwortete: »Nein!« – »Bei Gott«, fuhren sie fort, »wenn er das getan hätte, so wäre ihm der Tod aus unserer Hand sicher gewesen. Doch ist es natürlich, daß Männer Frauen lieben, und diese sind ja nur für jene geschaffen; hat er doch trotz seiner heftigen Liebe nichts Unerlaubtes begehrt! Wüßten wir, daß Mädchen ohne Männer leben könnten, so würden wir ihn von seinem Begehren abzuhalten suchen; oder wüßten wir nicht, daß er das Federngewand verbrannt hat, so würden wir es ihm nehmen.« Dann befreundete sich eines der Mädchen ganz besonders mit ihr, gewann ihr Vertrauen und erlangte bald ihre Einwilligung, sie mit Hasan zu verloben. Das Brautpaar gab sich die Hand, und der Hochzeitstag wurde mit vielen Festlichkeiten begangen. Als Hasan sich des Abends am Ziel seiner Wünsche sah, sprach er im Taumel der Liebe diese Verse:

> »Dein Wuchs hat mich bezaubert, dein weites Auge und dein Gesicht, das im Schönheitswasser perlt. Ich erblicke in dir die reizendste Gestalt. Die Hälfte deines Leibes ist von Rubinen, ein Drittel von Diamanten, ein Fünftel von Moschus, ein Sechstel von Ambra, und du gleichst ganz einer Perle, nur bist du noch strahlender. Weder unter Evas Nachkommen noch in den Gärten der Ewigkeit ist eine vortrefflicher als du! Es steht nun bei dir, ob du deinen Sklaven vor Liebe töten oder ihm verzeihen willst. O Zierat der Welt, o mein höchstes Verlangen, wer kann mit Ruhe dein schönes Gesicht sehen?«

Die Mädchen, die vor der Türe standen, als Hasan diese Verse rezitierte, sagten zur Prinzessin: »Hörst du die Worte der Liebe und tadelst uns noch?« Hasan rezitierte hierauf noch tausend andere Verse, die die Prinzessin sehr entzückten. Vierzig Tage vergingen in allerlei Belustigungen und Festen, bei denen Hasan von den Mädchen auf alle Weise erfreut und beschenkt wurde.

Die Prinzessin war vollkommen getröstet und fand so viel Wohlgefallen an diesem Aufenthalt, daß sie die Ihrigen ganz vergaß. Nach vierzig Tagen erschien Hasan im Traum seine Mutter, um ihn trauernd, ganz mager und blaß und entstellt, und sagte zu ihm: »Mein Sohn Hasan, du lebst noch in dieser Welt und hast mich vergessen? Mein Sohn, sieh, wie ich durch deine Trennung geworden bin; ich werde dich nie vergessen. Auch habe ich dein Grab in meinem Haus gebaut, weil ich dich nie vergessen will. Mein Sohn, wird mein Auge dich je wiedersehen? Werden wir, wie früher, vereinigt leben?« Bei diesen Worten erwachte Hasan, mit tränenden Augen, traurig und niedergeschlagen. Als des Morgens die Mädchen, wie gewöhnlich, ihn besuchten, sah er sie gar nicht an und ging ihnen nicht entgegen. Sie fragten die Prinzessin, was ihm fehle. Die antwortete: »Bei Gott, ich weiß es nicht; er hat mir nichts gesagt.«

Als sie ihn danach fragte, erzählte er ihr seinen Traum, den sie den Mädchen berichtete. Hasan sprach vor Wehmut und Mitleid mit seiner Mutter diese Verse:

»Wir bleiben betrübt und verzweifelt,
denn wir suchen deine Nähe und finden sie
nicht; die Qualen der Leidenschaft stür-
men über uns, und das Liebesglück lastet
schwer auf uns.«

Als die Mädchen diese Verse hörten, weinten sie aus Mitleid mit ihm und sagten: »O unser Bruder, o Hasan! Niemand von uns wird dich abhalten wollen, deine Mutter zu besuchen, wir werden dir vielmehr noch mit allen unsern Kräften beistehen; doch unter der Bedingung, daß du dich nicht auf immer von uns trennst, sondern uns zweimal im Jahre besuchst.« Als Hasan recht gern einwilligte, machten sich die Mädchen auf und sorgten für seinen Proviant, sowie auch für allerlei kostbare Stoffe und Edelsteine für ihn und seine Gemahlin. Dann schlugen sie die Trommel, es kamen Kamele von allen Seiten her, von denen sie die besten, die sie zur Reise brauchten, auswählten; auch beluden sie fünf Maulesel mit verschiedenem Schmuck und Seltenheiten des Landes, und fünfundzwanzig mit Lebensmitteln und andern Kleinigkeiten.

Die Mädchen bestiegen dann ihre Pferde und begleiteten die Prinzessin und Hasan drei Tage lang. Dann bat Hasan, sie mochten jetzt zurückkehren, worauf sie Abschied nahmen. Hasans Freundin weinte heftig, als sie ihn umarmte, und fiel in Ohnmacht. Als sie wieder zu sich kam, sprach sie die Verse:

»Gäbe es doch keinen Trennungstag, denn
er verscheucht den Schlaf aus meinen
Augen! Wir müssen nun voneinander
scheiden, und auf den Tag des Glücks folgt
ein Schmerzenstag.«

Sie beschwor ihn noch einmal, wenn er seine Mutter gesehen und einige Zeit in der Heimat zugebracht habe, doch ja nicht zu unterlassen, sie wieder zu besuchen. »O meine Schwester, Seele meines Körpers!« rief Hasan, »ich gehe ja sehr ungern von hier fort und tu' es nur, um meine Mutter wiederzusehen; mein Geist bleibt bei euch; wie sollte ich euch vergessen und eure Entfernung mit Gleichgültigkeit tragen!« Dann sagte sie zu ihm: »Wenn du in Not und Gefahr bist, so schlage auf die Trommel des Magiers, die Kamele werden zu dir kommen, besteige sie sogleich und kehre zu uns zurück.« Nachdem er nochmals geschworen hatte, daß er wiederkehren werde, schieden sie endlich voneinander mit innigstem Bedauern, und besonders die jüngste Schwester konnte sich gar nicht fassen und hörte nicht auf zu weinen.

Hasan reiste Tag und Nacht, durch Wüsten, Einöden, rauhe Gegenden und Täler, bis ihn Gott glücklich nach Baßrah gelangen ließ. Als er an sein Haus kam, legte er seine Ladung vor die Türe und entließ die Kamele. Eben wollte er die Tür öffnen, da hörte er, wie seine Mutter mit schwacher, kläglicher Stimme diese Verse sprach:

»Wie kann die schlafen, die die Ruhe
verloren hat, die die Nächte durchwacht,
wenn andere schlummern? Sie war reich an
Gütern, Familie und Ruhm, ist aber jetzt
fremd und verlassen. Die Liebesgram hat
sich ihrer bemächtigt und offenbart, was

sie leidet. Feurige Kohlen und Seufzer sind
in ihrem Herzen und die heftigste Sehnsucht. Ihr Schicksal in der Liebe verkündet
ihren Schmerz und ihre Trauer, und ihre
Tränen bezeugen es.«

Als Hasans Mutter die Verse, die ihren Sohn tief erschütterten, vollendet hatte, klopfte er heftig an die Türe. Sie fragte: »Wer ist da?« und Hasan antwortete: »Öffne nur!« Sie öffnete die Türe, und als sie ihren Sohn vor sich sah, stieß sie einen Schrei aus, umarmte ihn und fiel in Ohnmacht. Hasan pflegte sie, bis sie wieder zu sich kam; dann umarmte er sie, führte sie ins Zimmer und ließ auch sein Gepäck hineinbringen, und die Prinzessin sah bald Hasan, bald seine Mutter an. Hasans Mutter sprach, als sie wieder zu sich kam, in ihrer Freude über die Ankunft ihres Sohnes, die Verse:

»Als wir uns wiederfanden, klagten wir
einander einen Teil unserer Leiden, denn
durch einen Boten bleibt jede Mitteilung
unvollständig; gemietete Klageweiber
weinen nicht wie selbstbetrübte; so könnte
auch kein Bote dir sagen, was ich selbst
fühlte.«

Dann setzten sie sich, und die Alte fragte Hassan, wie es ihm mit dem Perser gegangen sei. Er antwortete: »Es war kein Perser, sondern ein Magier, einer, der das Feuer und nicht den allmächtigen Herrn anbetet.« Er erzählte ihr dann, wie er von ihm behandelt worden war, wie er ihm entkommen sei und die Mädchen gefunden habe, sodann, wie er die Prinzessin gefangen, und zuletzt, wie er seine Mutter im Traum gesehen habe, wodurch ihn endlich Gott wieder mit ihr vereinigte. Seine Geschichte erstaunte sie sehr, und sie dankte Gott für seine Rettung. Begierig wandte sie sich dann nach dem Gepäck, das Hasan mitgebracht hatte, und ließ sich beschreiben, worin es bestehe. Endlich näherte sie sich auch der Prinzessin, um sie näher kennenzulernen, und sie bewunderte die Schönheit ihres Gesichts nicht weniger als ihren herrlichen Wuchs und ihr anmutiges Wesen. Noch einmal dankte sie Gott für die Rettung und glückliche Rückkehr ihres Sohnes, setzte sich an die Seite der Prinzessin, küßte ihr die Hände und die Stirne und gab ihr die freundlichsten Worte.

Am folgenden Morgen ging sie nach dem Bazar und kaufte ihr zehn paar Kleider von den kostbarsten Stoffen der Stadt, schenkte ihr auch andere Kleinodien. Nachdem sie auch manches zur Hauseinrichtung sich angeschafft hatte, sagte sie zu ihrem Sohn: »Mein Sohn! Wir können mit unserm vielen Geld nicht in dieser Stadt wohnen bleiben, denn du weißt, daß wir arm waren; die Leute werden uns als Zauberer ansehen und uns nicht in Ruhe lassen; laß uns daher lieber in die Friedensstadt Bagdad ziehen; dort, wo wir unter dem Schutz des Kalifen leben, errichtest du ein Handelsgeschäft, führst einen frommen Lebenswandel, wie es sich für einen Mann gehört, dem Gott ein so großes Vermögen geschenkt und den er auf eine so wunderbare Weise erhalten hat.« Hasan stimmte diesem Rat bei, ging sogleich an den Tigris und mietete ein Schiff nach Bagdad, ließ all sein Geld und seine Habe, seine Mutter und seine Gemahlin dahinbringen, verkaufte sein Haus, bestieg das Schiff und segelte in zehn Tagen mit günstigem Wind nach Bagdad. Als sie ankamen, ging Hasan in die Stadt und mietete ein Magazin in einem Chan, wohin er sein Gepäck und seine Leute brachte, um dort zu übernachten. Am folgenden Morgen kleidete er sich um, ging durch die Stadt und ließ sich zu einem Makler führen. Der Makler fragte ihn, was er von ihm wolle. »Ich will ein schönes, neues, geräumiges Haus kaufen«, erwiderte Hasan. Der Makler zeigte ihm Häuser, und Hasan, dem ein Haus, das einem Vezier gehört hatte, am besten unter allen gefiel, kaufte es für tausendfünfzig Dinare, obgleich es zehntausend Dinare wert war, und bezahlte es. Er kehrte dann in den Chan zurück und brachte seine Leute und alles, was er dort hatte, in sein Haus. Hierauf ging er wieder auf den Bazar und kaufte die nötigen Mobilien für das Haus und Sklaven zu seiner Bedienung.

Hasan lebte drei Jahre lang recht vergnügt mit seiner Frau, die ihm zwei Knaben gebar; den einen nannte er Naßir und den andern Manßur. Nach dieser Zeit sehnte er sich nach seinen Freundinnen, den Mädchen, die ihm so vieles Gutes erwiesen hatte; er ging daher aus und kaufte allerlei Dinge, die er bei ihnen vermißt hatte: Süßigkeiten, Kleidungsstücke, Zucker und Früchte, und brachte es nach Hause. Als seine Mutter ihn fragte, wozu er dies gekauft habe, sagte er: »Ich habe beschlossen, meine Schwestern zu besuchen, die mir so viele Wohltaten erzeigt haben und denen ich nebst Gott mein ganzes Glück verdanke; ich will meine Sehnsucht nach ihnen stillen, mich dankbar gegen sie zeigen; und, so Gott will, kehre ich bald wieder zurück.« Die Mutter bat ihren Sohn, nicht lange wegzubleiben. Hasan sagte seiner Mutter, wie sie sich gegen seine Gattin verhalten sollte, und bat sie, das Federnkleid, das er in einer Kiste unter dem Magazin verborgen hatte, wohl zu verwahren, daß seine Frau es nicht entdecke und mit ihren Kindern davongehe und nie wiederkehre. »Hüte dich«, sagte er, »mit irgend jemandem davon zu sprechen, denn wie leicht könnte es ihr zu Ohren kommen! Du weißt, daß sie die Tochter eines großen Königs ist, der viele Truppen und Verbündete hat und dem viele Priester und Wahrsager gehorchen. Erweise ihr alle möglichen Liebesdienste, aber lasse sie durch keine Türe, durch kein Fenster und durch keine Wand sehen. Auch lasse niemanden zu ihr kommen, denn ich fürchte sogar die Luft, die sie anweht. Stößt ihr durch deine Vernachlässigung ein Unglück zu, so töte ich mich vor Verzweiflung, schone aber auch dein Leben nicht.« – »Gott bewahre!« rief Hasans Mutter; »bin ich denn von Sinnen, daß du mir derartiges anzuempfehlen brauchst? Reise nur ruhig fort und kehre in Frieden wieder, du wirst sie wiedersehen, und sie wird dir selbst erzählen, wie ich mich gegen sie benommen habe; ich bitte dich nur, bleibe nicht länger aus, als du zur Reise brauchst.«

Nun wollte die Bestimmung, daß die Prinzessin die ganze Rede unbemerkt mit anhörte. Hasan ging zur Stadt hinaus, schlug die Trommel, und es kamen zwanzig Kamele, die er mit allerlei Kostbarkeiten aus Irak belud. Er sagte seiner Mutter, seiner Frau und seinen Kindern, von denen das eine zwei Jahre und das andere ein Jahr alt war, Lebewohl. Noch einmal schärfte er seiner Mutter ein, wie sie sich verhalten sollte; dann bestieg er sein Pferd und schlug den Weg nach dem Schloß seiner Schwestern ein. Er reiste Tag und Nacht durch Täler und Berge und Wüsten zehn Tage lang, bis er endlich zu dem Schloß gelangte.

Hasans Besuch überraschte seine Freundinnen sehr angenehm; und nicht minder erfreut waren sie, als sie die kostbaren Geschenke sahen, die ihnen Hasan aus seiner Heimat mitgebracht hatte. Nach der herzlichsten Bewillkommnung führten sie Hasan wieder in sein altes Zimmer und erkundigten sich nach seiner Mutter und Gemahlin. Die jüngste Schwester, seine Freundin, war so glücklich, ihn wiederzusehen, daß sie in ihrer Freude die Verse sprach:

> »Ich atme die Luft ein, die von deinem
> Lande herweht und des Morgens an dir
> vorüberstreifte. Ich frage den Wind nach
> dir, so oft er aus deiner Heimat kommt;
> außer dir aber fällt mir niemand ein.«

Hasan brachte drei Monate höchst vergnügt bei seinen Freundinnen zu. Inzwischen ereignete sich aber folgendes in seinem Hause:

Am ersten Tag nach seiner Abreise sagte die Prinzessin mit weinender Stimme zu seiner Mutter: »O Herrin! Ich bin nun schon drei Jahre hier, und noch bin ich in kein Bad gekommen.« Hasans Mutter antwortete: »O meine Gebieterin, o Prinzessin! So Gott will, wenn dein Gemahl kommt, werde ich ihn bewegen, daß er dir nach Wunsch ein Bad einrichten lasse.« Sie setzte dann noch, als die Prinzessin weinte, hinzu: »O meine Tochter! Weißt du nicht, daß wir hier fremd sind und keine Bekannten haben, daß ich daher sehr um dich besorgt sein muß; wäre dein Mann hier, so würde er dich selbst bedienen, so aber will ich dir Wasser wärmen und deinen Kopf waschen.« – »Teure Gebieterin«, versetzte die

Prinzessin, »sprächest du so zu einer deiner Sklavinnen, so würde sie nach dem Sklavenmarkt verlangen und nicht länger bei dir bleiben. Doch die Männer sind zu entschuldigen, die sind eifersüchtig, und ihr Verstand sagt ihnen, daß, sobald eine Frau ihr Haus verläßt, sie alles Schlimme begeht. Indessen sind nicht alle Frauen einander gleich; auch weißt du ja, daß, wenn eine Frau etwas ernstlich will, sie unbesiegbar ist und daß sie nur von ihrer Vernunft und ihrem Glauben sich leiten läßt.«

Die Prinzessin weinte und seufzte und jammerte über ihre Einsamkeit und Trennung von den Ihrigen so lange, bis Hasans Mutter, die nichts gegen ihre Klagen einzuwenden hatte, sie bemitleidete und, sich in den Willen des erhabenen Gottes fügend, alles, was man zum Bad braucht, zusammenpackte und am folgenden Morgen mit der Prinzessin und ihren Kindern ins Bad ging. Als sie sich entkleideten, erstaunten alle anwesenden Frauen über die Reize der Prinzessin, alle standen um sie herum und bewunderten das edle Geschöpf Gottes und priesen den erhabenen Schöpfer. Bald sprach man in der ganzen Stadt so viel von ihr, daß die Frauen scharenweise ins Bad kamen, um sie zu sehen. Nun wollte die Bestimmung, daß unter den vielen Frauen, die das Bad besuchten, auch eine Sklavin des Kalifen Harun Arraschid sich befand, die Tochfat hieß. Als die ein Gedränge im Bade sah, daß man gar nicht durchkommen konnte, und vernahm, daß es einer Fremden willen geschah, näherte sie sich ihr, und auch sie bewunderte ihre Schönheit, denn so schön wie sie hatte selbst der Kalif kein Mädchen in seinem Harem. Tochfat fand so viel Wohlgefallen an der Prinzessin, daß sie nicht daran dachte, sich zu baden, sondern sie immerfort anstaunte, bis sie gewaschen war und sich wieder ankleidete, wodurch ihre Reize noch erhöht wurden. Tochfat folgte ihr auch, als sie mit ihrer Schwiegermutter das Bad verließ, bis an ihr Haus und merkte es sich.

Als Tochfat ins Schloß des Kalifen zur Frau Subeida kam, wurde sie ausgefragt, warum sie so lange ausgeblieben sei. Tochfat antwortete: »O meine Herrin, ich habe etwas Wundervolles gesehen, desgleichen ich nie, weder in diesem

Schloß noch in der ganzen Stadt Bagdad gefunden habe; das hat mich so beschäftigt und sich so ganz meiner Sinne bemächtigt, daß ich, bei deinem Haupte, mich nicht einmal gewaschen und nicht einmal einen Tropfen Wasser berührt habe.« Subeida fragte: »Und was war es denn?« – »O meine Herrin«, antwortete Tochfat, »ich habe ein Frauenzimmer im Bad gesehen mit zwei Kindern wie der Mond, ihresgleichen hat man nie, weder unter den Persern noch unter den Türken, noch unter den Arabern gesehen. Bei deiner Huld, o Gebieterin, wenn der Kalif sie sieht, läßt er ihren Mann umbringen, um sie zu heiraten, und dann wird er gewiß an allen andern Frauen keine Freude mehr haben.« Subeida fragte: »Wer ist denn ihr Gemahl?« – »Er heißt Hasan aus Baßrah«, antwortete Tochfat; »ich bin ihr bis an ihr Haus gefolgt, es gehörte dem Vezier und hat zwei Tore, eins nach dem Fluß und eins nach der Stadt; ich fürchte, der Kalif möchte von ihr hören und, trotz dem Gesetz, ihren Mann umbringen lassen, um in ihren Besitz zu kommen.« Da sagte die Frau Subeida: »Wehe dir, o Tochfat, ist sie denn so schön, daß der Fürst der Gläubigen um ihretwillen seinem Glauben und dem Gesetze zuwiderhandeln wird? Bei Gott, die muß ich sehen; ist sie so, wie du sie geschildert, dann gut; wenn nicht, so laß' ich dir den Kopf abschlagen, du Verdammte! Hat nicht der Fürst der Gläubigen dreihundertsechzig Mädchen in seinem Schloß, soviel als Tage im Jahr, und nicht eine sollte ihr gleich kommen?« – »Nein«, erwiderte Tochfat, »bei Gott; auch in ganz Bagdad, in ganz Persien und Deilam findet man ihresgleichen nicht; Gott hat gar keine mehr so wie sie geschaffen.« Hierauf ließ die Frau Subeida den Verschnittenen Masrur rufen und sagte: »Weißt du wohl, Masrur, warum ich nach dir geschickt habe?« Er sagte: »Nein, bei deiner Gnade, meine Herrin!« – »Ich habe dich rufen lassen«, versetzte sie, »damit du mir das Frauenzimmer herbringst, das im Hause des Veziers wohnt, das zwei Tore hat; geh schnell und bring auch die Alte und die Kinder mit, säume nicht, denn ich erwarte sie mit Ungeduld!« Mit den Worten: »Ich gehorche!« verließ sie Masrur und ging nach dem Haus des Veziers und klopfte an die Türe. Hasans Mutter kam heraus und fragte: »Wer ist da?« Masrur antwortete: »Ein Diener des Kalifen.« Als sie ihm die Tür öffnete, begrüßte er sie, und auf ihre Frage, was er begehre, sagte er: »Die Frau Subeida, Tochter Kasems, Gemahlin Harun Arraschids, Abkömmlings Abbas', Onkel des Propheten (Gott sei ihm hold!), läßt dich und deine Schwiegertochter und ihre Kinder zu sich bitten. Die Frauen, die deine Schwiegertochter im Bad gesehen haben, haben ihr nämlich so viel von ihr erzählt, daß sie sie zu sehen wünscht.« – »O mein Herr Masrur!« rief die Alte, »wir sind hier fremd, und ihr Gatte, der abwesend ist, hat mir streng verboten, mit seiner Frau auszugehen oder sie jemandem zu zeigen. Ich fürchte sehr, es möchte ihr was zustoßen, und wenn dann mein Sohn zurückkehrt, wird er sich umbringen. Ich erbitte mir als Wohltat: Fordere nicht, was ich nicht gewähren kann.« – »O meine Gebieterin!« versetzte Masrur, »wüßte ich, daß dir irgendeine Gefahr drohte, ich würde dich nicht zum Mitgehen auffordern; aber die Frau Subeida will euch nur sehen, dann könnt ihr wieder nach Hause gehen. Fürchte nicht, du möchtest es bereuen; ich werde, so Gott will, euch alle unversehrt zurückbringen.« Da die Mutter Hasans nicht widerstehen konnte, umschleierte sie die junge Frau und ging mit ihr und ihren Kindern vor Masrur her nach dem Schloß des Kalifen. Masrur stellte sie der Frau Subeida vor, die, sobald die Prinzessin sich vor ihr verbeugt hatte, ihr sagte: »Entschleiere dich doch, ich will das Gesicht sehen, das alle Frauen bezaubert hat.« Die Prinzessin küßte die Erde vor ihr und enthüllte ein Antlitz, das den Mond am Himmel beschämt. Gelobt sei der, der sie so geschaffen hat!

Die Frau Subeida und alle übrigen Anwesenden starrten sie mit Bewunderung an; ihr strahlendes Gesicht beleuchtete das ganze Schloß so, daß alle Frauen, die, wie Subeida selbst, in ihren kostbarsten Kleidern und mit dem reichsten Schmuck erschienen waren, ganz bezaubert wurden von ihrer Schönheit. Die Frau Subeida, die auch das ganze Schloß hatte ausschmücken lassen, ging auf die Prinzessin zu, umarmte sie, ließ sie neben sich sitzen, hängte ihr eine Halskette mit Diamanten um und sagte: »Du gefällst mir zu gut und machst mir viele Freude, o Herrin der Schönen; äußere nur einen Wunsch, es soll dir nichts versagt werden!« – »Ich bitte dich, Herrin«, sagte die Prinzessin, »befiel meiner Schwiegermutter, daß sie dir mein Federnkleid bringe; ich will es vor dir anziehen, du sollst dann sehen, wie ich herumfliege und dir allerlei Spaß mache, worüber du dich wundern wirst und wovon man sich von Geschlecht zu Geschlecht erzählen wird.« Die Frau Subeida fragte: »Wo ist dein Federnkleid?« – »Es ist bei meiner Schwiegermutter verborgen«, versetzte die Prinzessin, »lasse dir es nur herbringen.« Die Frau Subeida beschwor die Alte bei ihrem Leben, ihr das Federnkleid zu holen, und versprach ihr, sie wolle es ihr wieder zurückgeben lassen. »Die Frau lügt«, erwiderte die Alte; »gibt es wohl einen Menschen, der Federn hat und fliegen kann?« Aber die Prinzessin sagte: »Bei deinem Leben, meine Herrin, es ist in ihrer Schatzkammer in einer Kiste verborgen.« Da nahm die Frau Subeida eine diamantne Kette von ihrem Hals und zog einen kostbaren Ring aus ihren Ohren und überreichte sie der Alten, indem sie zu ihr sagte: »Bei meinem Haupt, geh und hole ihr das Federngewand, daß wir uns eine Weile an ihr ergötzen; dann sollst du es wiederhaben.« Als die Alte nochmals beteuerte, sie habe kein derartiges Kleid gesehen und wisse nicht, was sie meine, machte sich die Frau Subeida über sie her, schrie sie an, nahm ihr den Hausschlüssel, gab ihn Masrur mit dem Befehl, damit in ihr Haus zu gehen, die Türe ihrer Schatzkammer einzubrechen und dann so lange zu graben, bis er eine Kiste finde; die sollte er aufbrechen und ihr bringen, was dann sei. Als Masrur mit den Schlüsseln fortging, folgte ihm die Alte traurig und bereute es, ihre Schwiegertochter ins Bad geführt zu haben, weil sie einsah, daß sie es nur aus Schlauheit gewünscht hatte. Sie öffnete selbst die Schatzkammer, und Masrur grub die Kiste hervor, nahm das Federnkleid heraus, legte es in ein Tuch und brachte es der Frau Subeida. Die betrachtete es von allen Seiten, und es gefiel ihr sehr, denn es war mit viel Kunst gearbeitet. Sie fragte dann die Prinzessin: »Ist dies dein Federnkleid?«, und als ihre Frage bejaht wurde, überreichte sie es ihr. Die Prinzessin freute sich sehr, als sie ihr

Kleid noch fand, wie es war; sie entfaltete es, nahm ihre Kinder zu sich, umhüllte sich mit dem Gewand und wurde nach des erhabenen Gottes Bestimmung wieder ein Vogel. Die Frau Subeida und alle Anwesenden waren höchst erstaunt, als die Prinzessin sich hin und her schwang, wie ein Vogel einherschritt und mit den Flügeln flatterte. Sie fragte mit klarer Zunge: »Gefällt euch dies?« Die Anwesenden antworteten: »O ja, Herrin der Schönen, was du machst, ist schön.« Da sagte sie: »Das ist aber noch schöner«, und breitete ihre Flügel aus und flog mit ihren Kindern auf die Kuppel des Schlosses und blieb auf dem Dach über dem Saal stehen. Voller Verwunderung riefen die Anwesenden abermals: »Bei Gott! Was du tust, ist schön.«

Nach einiger Zeit aber sagte Frau Subeida: »Komm jetzt wieder zu uns herunter, daß wir uns an deiner Unterhaltung erfreuen, o Herrin der Schönheit. Gelobt sei Gott, der dir so viele Reize verliehen hat.« Aber sie antwortete: »Die Vergangenheit kehrt nicht wieder!« Dann sagte sie, zur Alten sich wendend: »O Mutter des armen, traurigen Hasan! Bei Gott, es wird mir fern von dir unheimlich werden; was aber deinen Sohn betrifft, so sage ihm: Wenn die Nächte der Trennung ihm lang scheinen, wenn er sich wieder mit mir vereinigen will, soll er mir folgen und auf die Inseln Wak-Wak kommen.« Kaum hatte sie diese Worte gesprochen, als sie mit ihren Kindern davonflog. Da schlug sich Hasans Mutter ins Gesicht und schrie und weinte, bis sie in Ohnmacht fiel. Als sie wieder zu sich kam, sagte sie zu Frau Subeida: »Was hast du getan, o Herrin!« Die antwortete: »Ich wußte nicht, daß es solche Folgen haben würde. Hättest du mir ihre Geschichte erzählt und mich mit ihren Umständen bekannt gemacht, so hätte ich nicht auf meinem Wunsch bestanden; ich wußte ja nicht, daß sie fliegen kann, sonst hätte ich sie das Federnkleid nicht anziehen oder die Kinder nicht zu sich nehmen lassen; doch jetzt hilft alles Gerede nichts mehr, ich bitte dich daher, mir darum nicht zu grollen.« Da die Alte sich nicht zu helfen wußte, sagte sie: »Ich spreche dich von jeder Schuld frei«, ging wieder nach Hause, schlug sich ins Gesicht, bis sie in Ohnmacht fiel, und als sie wieder zu sich kam, sprach sie, voller Sehnsucht nach der Prinzessin, den Kindern und ihrem Sohn, die Verse:

> »Eure Entfernung von der Heimat entlockt mir bittere Tränen. Ich schreie laut wegen der Glut, welche die Trennungsschmerzen in mir angefacht haben, und die Tränen machen meine Augenlider wund. Das ist Trennung; gibt es eine Wiederkehr? Euer Scheiden hat mein Innerstes enthüllt. Oh, kehrtet ihr doch zur treuen Liebe wieder, dann würde sich die Zeit für mich verjüngen.«

Sie ließ drei Grabmäler in ihrem Haus bauen und weinte Tag und Nacht. Je länger die Abwesenheit ihres Sohnes dauerte, um so unruhiger wurde sie, und oft drückte sie ihre Gefühle durch Verse aus:

> »Dein Bild schwebt zwischen meinen Augenlidern, stets gedenke ich dein, wenn mein Herz pocht und wenn es ruht. Deine Liebe durchströmt alle meine Gebeine, wie der belebende Saft alle Früchte auf den Zweigen. An dem Tag, da ich dich nicht sehe, wird meine Brust beklommen; denn ich weiß nicht, wann ich dich wiederfinde.
> O du, dessen Liebe mein ganzes Herz erfüllt, so daß mein Wahnsinn noch größer als meine Liebe ist, fürchte den Allbarmherzigen, habe Mitleid mit mir und kühle die Brust, die eine rasende Glut verzehrt.«

So weinte die Alte immerfort, bis Hasan zurückkehrte. Der hatte den Mädchen gleich bei seiner Ankunft schwören müssen, daß er drei Monate bei ihnen zubringen wolle. Nach einem Monat versahen sie ihn mit Geld und Lebensmitteln, begleiteten ihn eine Strecke weit und nahmen ihm das Versprechen ab, daß er sie bald wieder besuchen werde.

Dann nahm eine nach der andern von ihm Abschied. Der jüngsten Schwester fiel die Trennung so schwer, daß sie in Ohnmacht fiel; Hasan drückte sie an sein Herz und küßte sie, bis sie wieder zu sich kam; dann sprach sie diese Verse:

»Wie weh tut mir der Abschied! Welchen
Schmerz bringt mir der Trennungstag!
Wann wird die Sehnsuchtsflamme durch
deine Nähe wieder erlöschen? Wann wird
durch deine Rückkehr mir wieder ein freu-
diges Leben blühen?«

Als ihn hierauf die zweite Schwester umarmte, sprach sie weinend die Verse:

»Nimmst du Abschied, so ist mir, als müß-
te ich vom Leben scheiden, denn an dir
verliere ich meinen besten Freund; bist du
fern, so tobt die Hölle in meinem Herzen;
in deiner Nähe blüht mir das beseligende
Paradies.«

Die dritte umarmte ihn und sprach diese Verse:

»Wenn wir uns ohne Abschied trennen,
so geschieht es nicht aus Mangel an Liebe
oder Übersättigung; du bist mein wahres
Leben und bleibst es stets, und wie könnte
ich von meinem Leben Abschied nehmen?«

Als ihn die vierte umarmte, sprach sie weinend:

»Verlasse uns nicht, denn wir können
deine Entfernung nicht ertragen und haben
weder Kraft, um von dir Abschied zu
nehmen, noch Tränen genug, um sie auf
der verwaisten Wohnung zu vergießen.«

Die fünfte sprach, als sie ihn umarmte:

> »Sobald die Kamele dich davontragen und heißes Verlangen nach dir mein Herz raubt, sage ich: Besäße ich doch ein Königreich, um mit Gewalt jedes Fahrzeug zu rauben!«

Die sechste sprach diese Verse, als sie ihn umarmte:

> »In die Ferne zieht der, für welchen ich mein Leben hingegeben hätte, und mit ihm weicht auch der Schlaf aus meinen Augen. Wie schön war die Zeit, die ich mit ihm verlebt habe! O Herr, bring mir den Teuren wieder, und wäre es auch nur im Traum.«

Zuletzt kam die siebente, und sie sprach die Verse:

> »Eure Trennung ist mir ein bitterer Trank; mein Innerstes sträubt sich gegen den Abschied. Gott weiß, daß ich Euch nur deshalb ohne Abschied ziehen lasse, weil ich fürchte, Euer Herz möchte in Schmerz sich auflösen.«

Hasan sagte allen Lebewohl und sprach folgende Verse:

> »Meine Tränen fließen am Trennungstag gleich Perlen, die zu einer Kette sich aneinander reihen. Mit dem Aufbruch der Karawane schwindet meine Kraft und meine Geduld, und mein Herz ist nicht mehr bei mir. Ich sagte ihnen Lebewohl, gab mich meinem Schmerz hin und mied den Umgang mit Freunden wie eine öde Wüste. Ich kehrte um; unglückselig war der Weg, und nichts freute mein Herz als die Hoff-

nung des Wiedersehens. O meine Seele, da du fern von ihnen bist, so sage auch den Freuden des Daseins Lebewohl und wünsche nicht, die Trennung zu überdauern.«

Hasan reiste Tag und Nacht, bis er nach Bagdad kam, in die Friedensstadt und das Heiligtum der Abassiden; er wußte noch nicht, was in seiner Abwesenheit sich ereignet hatte. Als er zu seiner Mutter kam, fand er sie mager und abgezehrt vom vielen Wachen und Weinen und Fasten; sie sah wie ein Zahnstocher aus und war so schwach, daß sie ihm seinen Gruß nicht einmal erwidern konnte. Sie weinte und fiel in Ohnmacht, als er sie nach seiner Frau und seinen Kindern fragte. Hasan durchsuchte ungeduldig das ganze Haus, und da er keine Spur von ihnen fand, wurde sein Herz beklommen; und ganz außer sich lief er in seine Schatzkammer. Da fand er die zerbrochene Kiste in der offenstehenden Kammer und zweifelte nicht mehr daran, daß seine Frau ihr Federnkleid genommen habe und mit ihren Kindern davongeflogen sei. Er ging zu seiner Mutter, die indessen sich wieder ein wenig erholt hatte, und fragte sie noch einmal nach seiner Frau und seinen Kindern. Sie schwieg eine Weile, dann sagte sie: »Mein Sohn, Gott vermehre dein jenseitiges Wohl für diesen Verlust! Hier sind ihre drei Gräber.« Als er dies hörte, stieß er ein jämmerliches Geschrei aus, fiel in Ohnmacht und blieb von morgens bis mittags bewußtlos liegen. Seine Mutter blieb neben ihm sitzen und weinte über ihn, denn sie glaubte nicht, daß er wieder zu sich kommen würde. Endlich erwachte er wieder; da schlug er sich ins Gesicht und weinte, zerriß seine Kleider und durchsuchte noch einmal das ganze Haus und sprach die Verse:

»Andere vor mir haben schon über Trennungsschmerz geklagt, Lebende und Dahingeschiedene sind schon durch Entfernung von Geliebten erschüttert worden; doch nie habe ich ähnliches dem, was meine Brust birgt, gesehen oder gehört.«

Er nahm hierauf ein Schwert, ging auf seine Mutter zu und sagte: »Wenn du mir nicht die Wahrheit gestehst, schlage ich dir den Kopf ab und bringe mich selbst um.«

Die Alte sagte zitternd: »Stecke dein Schwert ein und setz dich; ich will dir erzählen, was vorgefallen ist.« Als er dies getan hatte, erzählte sie ihm die ganze Geschichte von Anfang bis zu Ende; dann setzte sie zu ihrer Entschuldigung hinzu: »Hätte die Prinzessin nicht so sehr geweint, daß ich fürchtete, du möchtest bei deiner Rückkehr mir zürnen, daß ich sie nicht ins Bad geführt habe, so wäre sie nie wieder zu ihrem Kleid gelangt; und auch dann hätte sie es nicht wieder erhalten, wenn nicht die Frau Subeida mit Gewalt mir den Schlüssel genommen und ihn Masrur gegeben hätte. Du weißt doch, daß niemand mächtig genug ist, um dem Kalifen zu widerstehen. So kam es denn, daß sie wieder ihr Federnkleid erhielt, mit dem sie samt ihren Kindern und dem von der Frau Subeida erhaltenen Schmuck davonflog. Doch sagte sie mir noch von der Terrasse herunter: Wenn die Nächte der Trennung deinem Sohn lang werden und der Wind der Liebe und Sehnsucht ihn anweht, so soll er zu mir nach den Inseln Wak-Wak kommen. Nun weißt du alles, was in deiner Abwesenheit vorgefallen ist. Friede sei mit uns!«

Als die Alte ausgeredet hatte, stieß Hasan einen lauten Schrei aus, fiel wieder in Ohnmacht und blieb bewußtlos, bis der Tag zu Ende ging. Als er wieder zu sich kam, schlug er sich ins Gesicht, krümmte sich wie eine Schlange auf dem Boden umher, und seine Mutter, die weinend bei ihm stand, hörte, wie er gegen Mitternacht die Verse sprach:

»Haltet ein und betrachtet den Zustand
des Verlassenen, vielleicht werdet Ihr nach
der Scheidung Mitleid fühlen. Er sieht so
elend aus, daß Ihr ihn verleugnen werdet,
als hättet Ihr, bei Gott, ihn nie gekannt.
Die Liebe zu Euch hat ihn dahin gebracht,
daß er sich von den Toten nur durch sein
Wehklagen unterscheidet. Haltet die Tren-

nung nur für nichts Leichtes; sie ist dem
Sehnsuchtsvollen bitterer als der Tod.«

Hasan ging dann fünf Tage weinend und jammernd im Hause umher, ohne etwas zu essen oder zu trinken, bis ihn seine Mutter beschwor, er möge doch aufhören zu fasten. Aber er hörte nicht auf sie, sondern fuhr fort zu weinen und zu jammern und sprach die Verse:

»Ich habe meiner Seele eine unerträgliche
Liebesbürde aufgeladen. Meine Leiden
vermehren sich mit jeder Stunde, ich lebe
gedankenlos dahin, und Tag und Nacht
sind mir ganz gleich; ehemals fürchtete ich
den Tod, jetzt aber betrachte ich ihn als ein
Heilmittel.«

Erst gegen Morgen schlief Hasan wieder ein; da sah er im Traum seine Frau, die sehr betrübt war und ihre Flucht zu bereuen schien. Hierauf erwachte er wieder und sprach diese Verse (und wir beten zu dem Herrn aller Herren):

»Dein Bild verläßt mich keinen Augen-
blick; ich habe ihm den besten Platz in
meinem Herzen eingeräumt; ich lebte kei-
ne Stunde mehr, wenn ich nicht Wieder-
vereinigung hoffte, und erschiene mir nicht
dein Bild im Traum, so würde ich nie
schlafen.«

Des Morgens war Hasan noch niedergeschlagener als zuvor; und so lebte er einen ganzen Monat lang fort, schlief nicht bei Nacht, aß wenig, weinte viel und war sehr traurig. Dann beschloß er, zu seinen Freundinnen zu reisen und bei ihnen Rat zu holen; er schlug die Trommel, da kamen die Kamele gelaufen, er bestieg eins und belud die übrigen mit Kostbarkeiten Iraks als Geschenke für seine Freundinnen, empfahl seiner Mutter das Haus, nahm Abschied von ihr und ritt nach dem Wolkenberg vor das Schloß der Mädchen. Als er vor ihnen mit den Geschenken erschien, freuten sie sich und hießen ihn willkommen; doch fiel ihnen sein Kommen auf, und sie sagten: »Da du uns erst vor einem Monat verlassen hast, so hat deine schnelle Rückkehr gewiß eine besondere Ursache.« Hasan antwortete ihnen weinend mit den Versen:

> »Meine Seele ist mit dem Verlust der Geliebten beschäftigt und freut sich nicht mehr am Leben und seinen Süßigkeiten.
> Für meine Krankheit kennt man kein Heilmittel; nur der Arzt selbst kann sie heilen.
> Geliebte, die du mich verlassen und des süßen Schlafs beraubt hast: sooft ein Wind geht, frage ich ihn nach dir, ob er dem Aufenthalt der Geliebten nahe war, dessen Lieblichkeit meine Tränen erregen.
> O Wind, der du in ihrem Land wehst, vielleicht kannst du mich mit ihrem Duft anhauchen! Möchte doch das launige Schicksal seine Zügel umlenken und mir meine Geliebte wiederbringen, meine Hoffnungen erfüllen und mir wieder selige Tage schenken!«

Er weinte dann wieder, bis er in Ohnmacht fiel, und als er zu sich kam, sprach er die Verse:

> »Ich beschwöre dich bei Gott, du Quelle meiner Leiden, kannst du Freude daran haben, daß die Liebe mich so peinigt? Du hast mich verlassen, ohne daß ich etwas verbrochen habe; habe Mitleid mit dem, den die Trennung so schwer verwundet.«

Hasan blieb abermals eine Weile bewußtlos liegen; dann sprach er heftig weinend noch die Verse:

»Verlassen hat mich der Schlaf, die Nächte durchwachend vergieße ich immer mehr Tränen, o ihr Liebenden; die Liebe hat in meine Brust ein brennendes Feuer geschleudert, und sooft ich meiner Geliebten gedenke, fließen Tränen, von Seufzern begleitet.
O wüßte ich doch, ob ihre Liebe der meinigen gleicht, ob ihre Leiden so groß wie die meinigen sind! Gott verdamme jede Trennung, die so bitter ist! Und was will wohl von uns die Trennung? Stets schwebt ja dein schönes Bild vor meinen Augen, wenn wir auch noch so weit voneinander entfernt sind. Klagt mein Herz, so heile ich es mit deinem Namen und freue mich, wenn ich die Taube singen höre. Doch die Taube, die ihren Geliebten ruft, vermehrt meine Sehnsucht und meinen Schmerz. Ich weine und seufze zu jeder Stunde nach dir, o Geliebte, die ich schon so lange nicht gesehen habe. Doch, hast du mich auch verlassen und die Treue gebrochen, ich bin dir stets nahe und treu; gewiß wird uns einst das Schicksal wieder vereinen.«

Als seine Freundin diese Worte hörte und ihn wieder in Ohnmacht sah, setzte sie sich neben ihn und weinte; auch die übrigen Schwestern weinten mit. Nach und nach aber erholte sich Hasan wieder, und nach wiederholten Fragen seiner Freundinnen nach der Ursache seiner Verzweiflung erzählte er ihnen, was in seiner Abwesenheit zu Hause vorgefallen war. Sie fragten dann, ob sie beim Wegfliegen ihrer Mutter nichts gesagt habe? Hasan antwortete: »Sie hat gesagt, wenn ich mich nach ihr sehne, so soll ich zu ihr auf die Inseln Wak-Wak kommen.« Die Mädchen winkten einander zu, als sie dies vernahmen, sahen einander an, schüttelten den Kopf, beugten ihn, hoben ihn dann wieder auf und sagten: »Es gibt keinen Schutz und keine Macht, außer bei Gott, dem Erhabenen! Strecke deine Hand gegen den Himmel aus: So wenig, als du ihn erreichen kannst, kannst du wieder zu deiner Gattin und deinen Kindern gelangen.« Bei diesen Worten stürzten Hasans Tränen wie Platzregen auf seine Wangen herunter, und er sprach die Verse:

»Die schönen Augen und Wangen haben
mich entzückt, meine Geduld schwand,
als Schlaflosigkeit eintrat, und zarte Mäd-
chen haben eine Liebesglut in mir ange-
facht, die meinen Körper so aufzehrt, daß
kein Fleisch und kein Saft mehr an mir ist.
Mädchen wie Gazellen auf Hügeln, mit ei-
nem Gesicht, in das sich die frömmsten
Einsiedler verlieben müßten, sie kamen des
Morgens majestätisch daher wie ein junger
Kata; jeder ihrer Schritte brachte mir her-
bere Liebespein, ich liebte eine von ihnen,
von zarter Gestalt; und mein Herz geriet
bald in Flammen. Eine liebliche, feinge-
baute Gazelle, aus deren dunklem Haar ein
strahlendes Gesicht hervorleuchtet. Sie hat
mich in Verwirrung gebracht; aber wie
mancher Held ist schon von solchen Wan-
gen und Augen verletzt worden?«

Als Hasan diese Verse vollendet hatte, sagte die jüngste Schwester, die ihn noch tiefer als seine übrigen Freundinnen bemitleidete: »Fasse dich und verzage nicht, wer Geduld hat, erreicht sein Ziel; Geduld ist der Schlüssel der Erlösung. So hat ein Dichter auch gesagt:

Laß dem Schicksal freien Lauf und küm-
mere dich um nichts! Denn in dem Augen-
blick, da du dich über etwas grämst, kann
Gott schon wieder alles geändert haben.«

»Darum«, fuhr sie fort, »fasse Mut und sei stark! Wer zehn Jahre leben soll, stirbt nicht im siebenten; das Weinen und Trauern macht nur krank; sei munter und gescheit und bleibe ruhig bei uns, bis ich, so Gott will, ein Mittel finde, dich mit deiner Gattin und deinen Kindern wieder zu vereinigen.« Hasan aber fuhr fort zu weinen und sprach folgende Verse (wir aber beten für unsern Herrn Muhammed):

»Wird auch mein Körper geheilt, so bleibt
doch meine Seele krank: nur die Vereini-
gung mit dem Geliebten kann den Liebes-
kranken heilen.«

Er setzte sich dann neben seine Freundin, die ihn über die Ursache des Entfliehens seiner Gattin ausfragte, und als er ihr alles erzählt hatte, sagte sie: »Bei Gott, ich wollte dir raten, das Federnkleid zu zerreißen; da ließ mich der Teufel es vergessen.« Sie fuhr dann zehn Tage lang fort, ihn zu trösten; er aber hatte weder Lust zu schlafen noch zu essen, und in seiner Trostlosigkeit sprach er die Verse:

»Die Liebe hat so tiefe Wurzeln in meinem
Herzen gefaßt, daß mich kein anderes
Wesen, außer meiner Geliebten, mehr
erfreut; sie gleicht an Schönheit einer
Gazelle, und mein Herz ist ihr Weideplatz.
Ist meine Kraft und meine Geduld dahin,
so weine ich, wenn auch meine Tränen
nichts nützen.«

Als Hasans Freundin sah, wie er vor Liebe und Sehnsucht ganz außer sich war, ging sie weinend zu ihren Schwestern, fiel über sie her, küßte ihre Füße und bat sie, ihrem Freunde beizustehen, daß er wieder mit seiner Gattin und seinen Kindern vereinigt werde, und daher ein Mittel ausfindig zu machen, wie er nach den Inseln Wak-Wak gelange. Sie vergoß so viele Tränen, daß endlich ihre Schwestern voll Rührung sagten: »Fasse Mut; wir wollen uns bemühen, ihn, so

Gott will, wieder zu den Seinigen zu bringen.« Indessen mußte Hasan doch auf das nächste Jahr sich vertrösten lassen, denn nur durch einen vielvermögenden Onkel der Mädchen, der besonders seine älteste Nichte unaussprechlich liebte, so daß er ihr nichts versagte, konnte ihm geholfen werden. Dieser durfte aber, wenn er nicht von selbst erschien, nur jedes Jahr einmal durch Weihrauch, den er seiner Geliebten gegeben hatte, herbeigerufen werden. Als nun der Monat Muharrem des neuen Jahres vorüber war und der Onkel nicht ankam, sagte die ältere Schwester zur jüngeren: »Gib ein wenig Weihrauch her aus dem Beutel, den mir der Onkel geschenkt hat, und zünde Feuer an.« Die Kleine tat dies freudig, und kaum hatte die Ältere Weihrauch aufs Feuer gelegt und dabei an ihren Onkel gedacht, da erhob sich ein mächtiger Staub aus der Wüste, und es kam ein alter Mann zum Vorschein, auf einem Elefanten dahertrabend. Die Mädchen freuten sich sehr mit ihm, grüßten, umarmten, küßten ihn, setzten sich um ihn und fragten ihn, warum er diesmal so lange ausgeblieben sei? Er antwortete: »Ich war bisher beschäftigt, wollte mich aber eben auf den Weg machen, als ich euren Weihrauch roch, da warf ich mich schnell auf einen Elefanten und eilte hierher. Und nun, was wollt ihr von mir, meine Nichten?« – »Du weißt«, antwortete die Älteste, »wir haben dir einmal von unserem Freund Hasan erzählt und von der Prinzessin, die er geheiratet und in seine Heimat geführt hat.« – »Jawohl, ich erinnere mich«, versetzte der Onkel; »und was ist ihm denn geschehen?« – »Die Prinzessin«, fuhr die Nichte fort, »ist ihm untreu geworden und mit den zwei Kindern, die sie ihm geboren bat, davongeflogen, während er bei uns war. Beim Wegfliegen hat sie seiner Mutter gesagt: Wenn dein Sohn kommt und die Nächte der Trennung lang findet und sich nach mir sehnt, so komme er zu mir auf die Inseln Wak-Wak.« Als der Onkel dies hörte, schüttelte er den Kopf und biß sich auf die Finger, beugte den Kopf eine Weile zur Erde, kratzte den Boden mit seinen Fingern und sah sich nach Hasan um, der aber versteckt war, so daß er ihn nicht bemerkte, und verstummte. Da sagten die Mädchen: »O Onkel, gib uns doch eine beruhigende Antwort!« Aber er antwortete: »O meine Nichten, der junge Mann ist verloren, er hat sich schrecklich in die Gefahr gestürzt; er kann nie nach den Inseln Wak-Wak gelangen.« Die Mädchen riefen dann Hasan hervor, er grüßte den Alten, küßte ihm den Kopf und setzte sich neben ihn. Da sagten die Mädchen zu ihrem Onkel: »Erkläre Hasan selbst, was du uns eben gesagt hast.« Der Alte begann: »Mein Sohn, gib deine peinigenden Wünsche auf! Strecke deine Hand gegen den Himmel aus: kannst du ihn erreichen, so gelangst du auch wieder zu deiner Gattin und deinen Kindern. Niemals wirst du auf die Inseln Wak-Wak kommen, und hättest du fliegende Genien und wandernde Sterne bei dir; denn zwischen dir und diesen Inseln liegen sieben Meere, sieben Täler und sieben himmelhohe Berge. Wie willst du dahin gelangen? Wer soll dich dahinbringen? Ich beschwöre dich bei Gott, laß von der ganzen Sache ab und denke dir, deine Frau und Kinder seien gestorben; quäle dich nicht weiter ab! Das ist mein Rat, wenn du ihn annehmen willst.«

Als Hasan dies hörte, weinte er, bis er in Ohnmacht fiel, die Mädchen weinten auch, und die Jüngste zerriß ihre Kleider und schlug sich ins Gesicht, bis sie bewußtlos zu Boden sank. Der Alte, gerührt von ihrer Teilnahme an ihres Freundes Unglück, versprach ihnen seinen Beistand, und, sich zu Hasan wendend, rief er ihm zu: »Fasse Mut und sei unverzagt, dann kannst du mit Gottes Willen noch zur Erfüllung deiner Wünsche gelangen. Folge mir nur!« Hasan machte sich auf, nahm von den Mädchen Abschied, die sich sehr freuten, daß ihr Onkel sich seiner annehmen wollte, und setzte sich hinter dem Alten auf den Elefanten. Nachdem sie drei Tage und drei Nächte so schnell wie der Blitz dahinflogen, kamen sie an einen hohen Berg, dessen Steine ganz blau waren. Mitten am Berg war eine Höhle mit einer eisernen Türe. Der Alte ergriff Hasans Hand, ließ den Elefanten los und klopfte an die Türe der Höhle. Da kam ein schwarzer, kahler Sklave heraus, der wie ein Teufel aussah, in der rechten Hand ein Schwert und in der linken einen Schild trug; als er den Alten erkannte, warf er Schwert und Schild weg und küßte ihm die Hand. Der Alte nahm Hasan mit in die Höhle, und der Sklave schloß die Türe hinter ihnen. Die Höhle, in die sie eingetreten waren, war sehr geräumig, und ein überwölbter Weg führte sie in einer halben Stunde nach einer großen Ebene. Als sie die durchschritten hatten, kamen sie an einen Winkel mit zwei großen Türen aus Messing. Der Alte öffnete eine Türe und sagte zu Hasan: »Bleib hier sitzen; hüte dich aber, sie zu öffnen, bevor ich zurückkehre und dir das Nötige mitbringe.« Er ging nun zur Türe, blieb eine Weile aus, kam dann mit einem schwarzen, rundleibigen, leichtfüßigen Pferde heraus, das so schnell lief, daß sein eigener Staub es nicht erreichen konnte, und schon gesattelt und gezäumt war. Dieses führte der Alte Hasan zu und ließ es ihn besteigen. Sie ritten dann miteinander durch die zweite Tür und kamen in eine große Wüste; hier zog der Alte einen Brief hervor und sagte zu Hasan: »Reite jetzt auf deinem Pferde fort, wohin es dich führt. Bemerkst du dann, daß es an der Türe einer Höhle, wie diese, stehenbleibt, so steige ab, lege ihm den Zaum auf den Sattelknopf und laß es frei; es wird dann allein in die Höhle gehen. Du aber mußt außen stehen bleiben und darfst fünf Tage lang nicht von der Stelle weichen. Am sechsten Tag wird ein alter, ganz schwarz gekleideter Greis mit langem, weißem Bart zu dir herauskommen, küsse ihm sogleich die Hand und berühre deinen Kopf mit dem Saum seines Kleides und weine vor ihm, bis er dich fragt, was du willst. Du gibst ihm dann diesen Brief, den er, ohne ein Wort zu sagen, dir abnehmen und dich wieder allein lassen wird. Du mußt abermals fünf Tage warten; kommt dann am sechsten Tag der Alte selbst wieder heraus, so wisse, daß dein Wunsch erfüllt wird, kommt aber einer seiner Jungen, so wisse, daß er dich umbringen will. (Friede sei mit uns!) Fürchtest du also für dein Leben, so begib dich nicht in diese Gefahr; besteige lieber meinen Elefanten wieder, der soll dich zu meinen Cousinen bringen, und die werden dich mit den nötigen Lebensmitteln zur Rückkehr nach deiner Heimat versehen, wo dir Gott das Verlorene durch Besseres ersetzen kann. Du kannst tun, was du willst; doch weißt du wohl, mein Sohn, daß, wer nicht viel wagt, auch nicht viel zu erwarten hat.«

Hasan erwiderte dem Alten: »Wie kann mich das Leben freuen, solange meine Gattin und meine Kinder fern von mir leben? Nie werde ich Ruhe finden, bei Gott, ich kehre nicht zurück, bis ich sie wieder gefunden habe oder der Tod mich erreicht hat.« Er weinte und jammerte und sprach diese Verse:

»Ich stand mit zerknirschtem Herzen hier und klagte laut über den Verlust meiner Geliebten. Vor Sehnsucht küßte ich den Staub, den der Wind mir zuwehte, doch konnte dies meine brennende Qual nicht lindern. Wenn mein Auge ihre leere Wohnung sieht, so zerreißt der Liebesgram mir das Herz. Gott stehe denen bei, die von mir geschieden sind, ich aber nicht vergessen kann, deren Entfernung mich dem Grab nahe bringt. Man sagte mir: ›Habe Geduld‹, aber sie ist mit ihnen verschwunden, und mir sind nur Jammer und Sehnsuchtsglut geblieben. Nie hat jemand gleich mir geliebt und solche Trennungsschmerzen empfunden. Zu wem soll ich meine Zuflucht nehmen, seit ich sie verloren habe, sie waren mein Trost in jedem Unglück. Aber ich will bei unserer Wiedervereinigung mich freuen! Die Erde will ich, Gott dankend, küssen und dem Freudenboten mein Herz schenken.«

Als der Alte diese Verse hörte, dachte er wohl, daß Hasan von seinem Vorhaben nicht ablassen und jeder Gefahr trotzen würde. Indessen sagte er ihm doch noch: »Wisse, mein Sohn, die Inseln Wak-Wak bestehen aus sieben Inseln, auf den ersten sechs befinden sich mächtige Scharen von Jungfrauen, die letzte aber ist von Genien, Teufeln, abtrünnigen Geistern und Zauberern bewohnt, und bisher ist noch nie jemand zu ihnen gelangt und wieder zurückgekehrt. Drum beschwöre ich dich bei Gott, mein Sohn, reise wieder zu den Deinigen zurück; denn deine Gattin ist die Tochter des Königs der sieben Inseln; wie willst du zu ihr kommen? Gehorche mir, mein Sohn, vielleicht gibt dir Gott eine bessere statt ihrer.« Aber Hasan erwiderte: »Bei Gott, mein Herr, wenn man mich in Stücke zerrisse, würde ich sie doch nur immer mehr lieben; ich will nach diesen Inseln gehen und nicht anders als mit meiner Gattin und meinen Kindern umkehren, so Gott will.« Der Alte fragte zum letztenmal: »Willst du durchaus dahingehen?« Hasan, dessen Herz daran hing, das Pferd zu besteigen, antwortete: »Ja, ich bitte dich um deine Hilfe und dein Gebet für mich; vielleicht wird mich Gott wieder mit den Meinigen vereinen.« Er weinte dann vor heftigem Verlangen und sprach die Verse:

»Nur nach Euch, Beste unter den Sterblichen, geht mein Verlangen; Ihr seid mir wie mein Gesicht und Gehör. Ihr thront in meinem Herzen, das ist Eure Wohnung, und verlaßt Ihr sie, so bin ich trostlos. Glaubt nicht, daß ich Eure Liebe entbehren kann, so unglücklich sie mich Armen auch gemacht hat. Mit Euch entfloh auch alle meine Freude, und das Wachen wurde mir süßer als der Schlaf. Mit meinen Trennungsschmerzen sehe ich die ganze Nacht nach den Sternen hin, weine so viele Tränen, daß sie einem Regen gleichen. O Nacht, wie lange scheinst du dem von Liebe entbrannten Unglücklichen, der stets nach dem Mond und den Sternen blickt! Wenn du, o Wind, durch das Tal wehst, in dem sie lagern, so bringe ihnen meinen Gruß – denn kurz ist das Leben – schildere ihnen einen Teil meiner Leiden, denn die Teuren sind ohne Nachricht von mir.«

Hasan fiel in Ohnmacht; als er wieder zu sich kam, sagte der Alte: »Mein Sohn, du hast eine Mutter, laß sie die Schmerzen deines Untergangs nicht empfinden!« Hasan schwur nochmals, er würde nie ohne seine Gattin und Kinder zurückkehren, lieber wolle er sterben. Weinend sprach er diese Verse:

> »Ich schwöre Euch, die Zeit der Trennung
> hat nichts an meiner Liebe geändert; ich
> gehöre nicht zu denen, die dem Liebes-
> bund treulos werden. Ich fühle so viel Lie-
> be, daß, wenn ich sie schildern wollte, man
> mich für rasend halten würde. Nichts als
> Seufzer, Glut, Trauer und Sehnsucht: wie
> kann man in solchem Zustand länger
> leben?«

Als Hasan diese Verse vollendet hatte, wußte nun der Alte ganz bestimmt, daß er entschlossen sei, lieber zu sterben, als sein Vorhaben aufzugeben; er wünschte ihm Glück zur Reise, empfahl ihm noch einmal, was er tun sollte, und überreichte ihm den Brief, indem er ihm sagte, er habe ihn in diesem Briefe dem alten Sohn der Balkis, Enkel des verruchten Iblis, seinem Lehrer und Meister, empfohlen, dem Menschen und Genien ergeben sind. Hasan nahm Abschied und ließ dem Pferd die Zügel, und es flog mit ihm schneller als der Blitz zehn Tage lang fort. Da sah Hasan einen großen Berg, schwarz wie die Nacht, der den ganzen Horizont von Osten bis Westen einnahm. Als er in die Nähe des Berges kam, fing sein Pferd an, unter ihm zu wiehern. Da kam eine unzählbare Menge Pferde, so viele wie Regentropfen, herbeigeströmt, die um sein Pferd herumstrichen, so daß Hasan sich sehr fürchtete. Aber sein Pferd ging immer weiter, von den übrigen umgeben, bis es an die Höhle kam, die ihm der Alte beschrieben hatte. Hasan stieg vor der Türe ab und hängte die Zügel um den Sattelknopf; das Pferd trat in die Höhle, und Hasan blieb draußen stehen, nachdenkend, wie das wohl enden würde. So brachte er fünf Tage und fünf

Nächte weinend, traurig und schlaflos zu. Er dachte an die Entfernung von seiner Heimat und allen Seinigen und machte sich tausenderlei Gedanken. Er sprach die Verse:

»Wie lang soll ich mein Herz pflegen,
das zerfließt, und meine Augen, die stets
Tränen vergießen? Nichts als Trennung,
Trauer, Sehnsucht, Einsamkeit, Heimweh
und mächtige Liebe! Hat aber auch meine
Liebe mich ins Verderben gestürzt – wel-
chen Edlen verschont je das Geschick?«

Da kam der Scheich Abu Risch, der schwarzgekleidete Sohn der Balkis, zu ihm; als Hasan ihn erkannte, warf er sich ihm zu Füßen, legte den Saum seines Kleides auf seinen Kopf und weinte und jammerte. Der Alte fragte ihn: »Was ist dein Verlangen, mein Sohn?« Hasan antwortete: »Es ist in diesem Brief ausgedrückt«, und überreichte ihm das Schreiben. Der Alte nahm es ihm ab, sprach kein Wort und ging wieder in die Höhle zurück. Hasan blieb, wie ihm befohlen worden war, an der Türe stehen und weinte fünf Tage lang und war sehr betrübt über seine Einsamkeit und sprach die Verse:

»Gepriesen sei der Herr des Himmels; je-
der Liebende lebt in Qual, wer die Liebe
nicht kostet, kennt den Schmerz nicht.
Könnte ich meine Tränen sammeln, so
würde ich Ströme von Blut vor mir sehen.
Mancher Freund wendet sich von mir ab;
und neigt er sich mir zu, so tadelt er mich,
wenn ich von meinen Tränen spreche.
Aber Vögel weinen über meine Einsam-
keit, und wilde Tiere der Wüste, Genien,
welche auf Bergen hausen, weinen, und
alle Bewohner der Luft.«

Hasan weinte dann, bis der Morgen anbrach; da kehrte endlich der Alte, weiß gekleidet, zurück und gab ihm ein Zeichen, daß er ihm folge; Hasan ging freudig mit ihm in die Höhle, denn schon ahnte er, daß sein Verlangen in Erfüllung gehen würde. Nach einer halben Tagreise kamen sie an eine gewölbte, mit Edelsteinen besetzte Türe von Stahl. Der Alte öffnete und ging mit Hasan hinein. Da kamen sie durch sieben gewölbte Gänge und Zimmer mit goldverzierten Steinen; dann traten sie in einen großen Saal mit Marmor belegt, in dessen Mitte ein Garten war, mit allerlei Bäumen, Blumen und Früchten bepflanzt, die Vögel sangen auf den Bäumen und priesen die Macht des Schöpfers. In jeder Ecke des Saales war ein Springbrunnen angebracht mit goldenen Löwen, aus deren Mund Wasser hervorquoll. Auf jeder Seite des Saales war ein erhöhter Platz mit einem Divan, auf dem ein Scheich saß, mit vielen Büchern und goldenen Rauchpfannen und Weihrauch vor sich, und um jeden dieser Scheichs bildete sich ein Kreis von andern Männern, die in den Büchern lasen. Hasan und sein Führer wurden ehrerbietig empfangen und dieser gab den Scheichs ein Zeichen, daß sie ihre Umgebung entlassen möchten. Als dies geschehen war, setzten sich drei Scheichs zu Abu Risch und fragten ihn, wen er bei ihnen einführe. Der sagte hierauf zu Hasan: »Erzähle du ihnen selbst deine Geschichte.« Hasan erzählte weinend alles, was ihm widerfahren war. Als er zu Ende war, sagten die Männer: »Ist *der* es also, den der Magier Bahram in einer Kamelhaut von Adlern auf den Wolkenberg bringen ließ?« – »Der bin ich«, wiederholte Hasan. Sie wendeten sich dann an den Führer mit den Worten: »O Oberster aller Scheichs! Wie ist er vom Berg heruntergekommen, auf den ihn Bahram gebracht hat, und was hat er auf ihm gesehen?« Abu Risch sagte wieder zu Hasan: »Gib diesen Scheichs Auskunft über alles, was du weißt.« Als dies geschehen war, sagten die Scheichs, über Hasans Erzählung erstaunt, zu ihrem Meister: »Bei Gott, dieser junge Mann ist zu bedauern, kannst du ihm nicht beistehen, daß er wieder zu seiner Gattin und seinen Kindern gelange?« Der Meister antwortete: »Das ist eine schwere Sache; ich habe ihm geraten, davon abzulassen; er hat aber meinen Rat nicht angenommen. Ihr wißt ja, wie schwer es ist, nach den Inseln Wak-Wak zu gelangen, ihr kennt ja die Macht des Beherrschers dieser Inseln; auch habe ich ihm geschworen, daß ich nie sein Land betreten noch irgend etwas gegen ihn unternehmen wollte; wie kann ich ihn daher zur Prinzessin bringen?« Da sagten die Scheichs: »O Meister! Dieser Mann ist unglücklich und will sich gern in die Gefahr begeben, du mußt ihm helfen, da er dir einen Brief von deinem Freund gebracht hat.« Hasan küßte dem Meister die Füße, legte den Saum seines Kleides auf sein Haupt und rief schluchzend: »O Meister! Vereinige mich mit meiner Gattin und meinen Kindern oder laß mich sterben!« Die Scheichs, die an Hasans Schicksal den innigsten Anteil nahmen, sagten zu ihrem Meister: »O Herr! Verscherze den himmlischen Lohn nicht, den du dir durch die Rettung dieses Fremdlings zuziehen kannst; überdies ist er dir ja auch von deinem Freund empfohlen worden.« – »Nun, so wollen wir ihm beistehen und, so Gott will, alle unsere Kräfte für ihn anwenden«, rief endlich Abu Risch. Als Hasan das hörte, küßte er voller Freude dem Meister und den übrigen Scheichs die Füße. Der Meister nahm hierauf Tinte und Papier und schrieb einen Brief, versiegelte ihn und überreichte ihn Hasan. Auch gab er ihm ein ledernes Beutelchen mit Weihrauch und sagte: »Gib wohl acht auf dieses Beutelchen, und wenn du in Not bist, so nimm ein wenig Weihrauch heraus, gedenke mein, und ich erscheine zu deiner Rettung.« Er befahl dann einem der Anwesenden, den fliegenden Genius Dahnesch herbeizuschaffen; den ließ der Meister nahe treten, sagte ihm etwas ins Ohr, worauf Dahnesch den Kopf schüttelte und sagte: »Ich gehorche, Meister!« Dann wendete sich dieser zu Hasan und sagte ihm: »Mein Sohn, reise mit diesem fliegenden Geist, und wenn er dich gen Himmel hebt und du hörst, wie die Engel Gott preisen, so sprich kein Wort, sonst geht ihr beide zugrunde. Am zweiten Tag deiner Reise wird er dich auf ein weißes Land, wie Kampfer, niedersetzen, auf dem du zehn Tage lang zu wandern hast, bis du vor das Tor einer Stadt kommst, in der du einkehren mußt. Du fragst dann nach dem König, und wenn du zu ihm gelangst, so grüße ihn und überreiche ihm diesen Brief und merke dir wohl die Befehle des Königs.« Hasan versprach zu gehorchen, nahm Abschied von den Scheichs, die ihn noch einmal dem Geiste empfahlen, und dieser nahm ihn auf den linken Arm und flog einen Tag und eine Nacht so hoch mit ihm in die Luft, daß er die Lobpreisungen der Engel hörte. Am folgenden Morgen setzte er ihn auf ein weißes Land und verschwand wieder.

Hasan ging zehn Tage und zehn Nächte lang immer vorwärts, bis er an das Tor einer Stadt kam. Er ging in die Stadt und fragte nach dem König, und als man ihn vor ihn führte, küßte er die Erde vor ihm und grüßte ihn. Der König fragte ihn, was er wolle; da küßte Hasan den Brief, den er bei sich trug, und überreichte ihn dem König. Als der ihn gelesen hatte, sagte er einem von seiner Umgebung: »Führe diesen jungen Mann in das Fremdenhaus!« Dort bewirtete man ihn drei Tage lang, und die angesehensten Männer am Hofe leisteten ihm Gesellschaft und ließen sich von seinen Abenteuern und seiner wunderbaren Reise erzählen. Am vierten Tag kam ein Diener und führte ihn zum König; der sagte zu ihm: »Der Meister schreibt mir, du wolltest nach den Inseln Wak-Wak reisen; aber, mein Sohn, ich kann dich jetzt unmöglich dahin schicken, du müßtest viele Gefahren ausstehen und furchtbare, öde Wüsten durchwandern. Ich heiße zwar mächtiger Sultan, und meine Truppen füllen die ganze Erde aus, doch finde ich es jetzt nicht geraten, dich zu Land dahin zu befördern, weil eine große, wohlausgerüstete Armee an deren Grenze gelagert ist, die vergebens einzufallen sucht; warte daher, bis demnächst ein Schiff von den Inseln Wak-Wak hier landet; da schicke ich dich zu Wasser dahin und empfehle dich den Schiffsleuten, da ich doch infolge der Empfehlung des Meisters dich nicht unverrichteter Dinge zurückschicken kann. Fragt dich jemand, wer du bist, so sage: ich bin der Schwager des Königs Hasun, des Herrn des Kampferlandes. Wenn dich dann der Hauptmann ans Land setzt, so wirst du viele Bänke finden, setze dich unter eine von ihnen, bleib ruhig sitzen und sprich kein Wort bis zur Nacht. Siehst du dann Scharen von Jungfrauen die Waren umgeben, so fasse die Herrin der Bank, unter der du sitzt, und flehe sie um Schutz an. Gewährt sie ihn dir, so bist du am Ziel, denn sie bringt dich zu deiner Gattin und zu deinen Kindern; wenn nicht, so traure über dein ohne Hoffnung verlorenes Leben. Wisse, mein Sohn, daß du dich in Lebensgefahr begibst, denn ich kann weiter nichts für dich tun; gelingt dein Unternehmen nicht, so bist du verloren. Doch stände Gottes Hilfe dir nicht nahe, so hättest du gar nicht hierher gelangen können, und wäre deine Lebensfrist abgelaufen, so könnte dich nichts vor dem Herrn des Elefanten schützen, auch wärst du nicht in die erste Höhle gekommen und nicht zu meinem Meister.« Als Hasan die Worte des Königs Hasun hörte, sprach er die Verse:

»Mir ist vom Himmel meine Lebenszeit
bestimmt, die muß ich erreichen; erst wenn
sie abgelaufen ist, kann ich sterben: solange
aber die Stunde nicht gekommen ist,
dürfen Löwen im Wald mich überfallen;
ich besiege sie.«

Dann sagte Hasan zum König: »O mächtiger Herr! Wann werden die Schiffe von den Inseln Wak-Wak kommen?« – »In einem Monat«, erwiderte der König; »die Kaufleute werden eine Weile hier bleiben, um ihre Handelsgeschäfte zu verrichten, dann kehren sie wieder zurück und kommen erst in einem Jahre wieder.« Hierauf ließ der König Hasan wieder in sein Gasthaus bringen und ihm das Nötige zutragen. Hier blieb er einen Monat, bis die Schiffe ankamen; der König ging dann mit ihm und einigen Kaufleuten den Schiffen entgegen, die sich in großer Zahl einstellten, aber nicht ans Land kamen, sondern die Kaufleute bestiegen kleine Nachen, um am Ufer ihre Handelsgeschäfte zu verrichten. Als sie nach einiger Zeit sich wieder zur Rückkehr anschickten, ließ der König alles Nötige für Hasan vorbereiten, rief einen Hauptmann zu sich und sagte: »Nimm diesen jungen Mann mit dir, ohne daß ihn jemand bemerke, und bringe ihn nach den Inseln Wak-Wak; schiffe ihn nur dort aus, du brauchst ihn nicht wieder zurückzubringen.« Da der

Hauptmann den Befehl des Königs zu vollziehen versprach, warnte der Hasan, daß er niemandem seine Geschichte erzähle, und nahm Abschied von ihm. Hasan wünschte ihm langes Leben und immerwährenden Sieg über seine Feinde. Der Hauptmann sperrte ihn dann in eine Kiste, trug sie in einen Nachen und brachte sie aufs Schiff, so daß die Schiffsleute glaubten, sie enthalte Waren. Die Schiffe segelten bald ab, und nach einer Fahrt von zehn Tagen landeten sie glücklich an den Inseln Wak-Wak, wo der Hauptmann Hasan ans Land setzte.

Da Hasan am Ufer viele Bänke fand, wie ihm der König Hasun gesagt hatte, verbarg er sich unter einer der schönsten von ihnen. Nach Sonnenuntergang kam eine Schar Jungfrauen, so zahlreich wie Heuschrecken, herangezogen, mit gezogenem Schwert in der Hand und ganz mit Eisen bepanzert. Nachdem sie die Waren, die die Schiffe gebracht hatten, eine Weile besehen hatten, kamen sie, um auszuruhen, und eine von ihnen setzte sich auf die Bank, unter der Hasan saß. Der ergriff sogleich ihre Schleppe, legte sie auf seinen Kopf, küßte ihre Füße und sagte weinend: »Schutz! Hilfe! Erbarme dich dessen, der fern von seiner Heimat, von seiner Frau und seinen Kindern ist und um ihretwillen keine Gefahr scheut; Gott wird sich auch deiner erbarmen und dir Schutz geben!« Als die Jungfrau diese im Tone der größten Verzweiflung ausgesprochenen Worte hörte, sagte sie gerührt: »Sei frohen Mutes, bleibe nur noch verborgen bis morgen nacht; so Gott will, wird es dir gut gehen.« Hasan verbarg sich wieder, und die Jungfrauen durchwachten auf ihren Sitzen mit brennenden Kerzen, aus welchen Ambra-, Aloe- und Moschusduft sich verbreitete, die ganze Nacht in allerlei Spielen und Lustbarkeiten. Am folgenden Morgen kamen die Nachen wieder ans Land, und es wurde den Tag über viel gekauft und verkauft. Als dann die Nacht hereinbrach, kam das Mädchen, das Hasan um Schutz angefleht hatte, wieder zu ihm, überreichte ihm einen Panzer, einen Helm, ein Schwert, einen goldenen Gürtel und eine Lanze und ging schnell wieder fort, aus Furcht, verraten zu werden. Hasan dachte wohl, sie habe diese Gegenstände für ihn gebracht; er setzte daher den Helm auf, zog das Panzerhemd an, umgürtete das Schwert, nahm die Lanze in die Hand und setzte sich auf den Rand der Bank und hörte nicht auf, Gott zu preisen und seinen Schutz anzuflehen. Während er so dasaß, kamen auf einmal die Jungfernscharen mit Fackeln und Laternen an ihm vorüber; da folgte er ihnen nach einem Platz, wo viele Zelte aufgeschlagen waren, und trat mit einer Jungfrau in ein Zelt. Als die ihre Rüstung und den Schleier abnahm, legte Hasan auch seine Waffen nieder und betrachtete die Jungfrau, und siehe da, sie war alt und das häßlichste Geschöpf auf der Welt. Sie hatte triefende Augen, eine große Nase und kahle Augenbrauen; sie war eine Plage, und Hasan wußte nicht, ob er sie für ein Schwein oder für eine schwarzgefleckte Schlange oder eine schäbige Wölfin halten sollte. Aber auch die Alte, die Schawahi hieß, war sehr erstaunt, als sie Hasan bemerkte. »Wer bist du, und wer hat dich hierhergebracht?« fragte sie Hasan. Hasan fiel vor ihr nieder, legte sein Gesicht auf ihre Füße, weinte und jammerte und flehte sie, indem er die Schleppe ihres Kleides faßte, um Schutz an. Schawahi bemitleidete Hasan und versprach ihm ihren Schutz; dann sagte sie: »Nie ist einem Menschen so etwas wie dir widerfahren, und stände dir nicht der erhabene Gott bei, so wärst du nicht mehr; doch nun beruhige dich, mein Sohn, und sei frohen Mutes; du hast nichts mehr zu fürchten und wirst, so Gott will, dein Ziel erreichen.«

Hierauf schickte die Alte sogleich nach der Generalleutnantin der Armee und befahl ihr, unter den Truppen bekanntzumachen, daß sie am folgenden Tag ausrücken müßten und daß jede Zurückbleibende mit dem Tod bestraft werden sollte. Die Generalleutnantin ging, um Schawahis Befehl zu vollziehen, und Hasan schloß daraus, daß die Alte an der Spitze der Armee stand. Nachdem die noch verschiedene andere Befehle erteilt hatte und der Morgen heranbrach, rückten die Truppen aus, aber die Alte blieb bei Hasan und sagte: »Tritt näher, mein Sohn, und sage mir, warum du trotz aller Gefahren in dieses Land gekommen bist. Sage mir die Wahrheit und verschweige mir nichts! Du gehörst nun zu den Meinigen, stehst unter meinem Schutz, und wenn du aufrichtig bist, so helfe ich dir in deinem Unternehmen, und koste es mein Leben. Fürchte nun gar nichts mehr, denn da du bei mir bist, so wird kein Mensch im ganzen Land dir etwas zu Leide tun.«

Als Hasan der Alten hierauf seine ganze Geschichte erzählte, schüttelte sie ihren Kopf und sagte: »Gepriesen sei Allah, der dich gerettet und zu mir geführt hat; wärst du einer andern in die Hände gefallen, so hättest du gewiß den Tod gefunden. Aber dein Vorhaben ist wohlgesehen bei Gott, und deine wahre Liebe zu deiner Gattin und deinen Kindern wird dich ans Ziel deiner Wünsche führen. Ich will mein möglichstes tun, dir zu helfen; doch, mein Sohn, deine Gattin ist nicht hier, sie wohnt auf der siebenten Insel Wak-Wak, und man hat von hier bis dahin sieben Monate lang Tag und Nacht zu reisen. Man kommt von hier aus zuerst in ein Land, das das Land der Vögel genannt wird: da schreien die Vögel und machen ein solches Geräusch mit ihren Flügeln, daß die Reisenden kein Wort mehr voneinander hören. Durch dieses Land hat man elf Tage zu reisen, dann kommt man in das Land der wilden Tiere: dort lärmen Hyänen und Wölfe und Löwen auf eine solche Weise durcheinander, daß man ganz toll davon wird, und doch hat man zwanzig Tage lang in ihrer Mitte zu wandern. Hierauf kommt man in das Land der Genien: dort stoßen die Geister ein lautes Geschrei aus, und man sieht nichts als sprühende Funken, Flammen und Rauch, da kann man nichts mehr sehen und hören und kaum vorwärts kommen, da darf man gar nicht den Kopf umdrehen, sonst ist man des Todes, da muß der Reiter den Kopf auf den Sattelknopf legen und kann ihn drei Tage lang nicht aufheben. Dann kommt man an einen himmelhohen Berg und an einen Strom, der nach den Inseln Wak-Wak fließt. Nach einer Tagereise erhebt sich ein anderer Berg, der Wak-Wak heißt, weil auf diesem Berg Bäume sind, auf denen Köpfe wie Menschenköpfe wachsen und die bei Sonnenaufgang und Sonnenuntergang rufen: ›Wak! Wak! Gepriesen sei der Schöpfer!‹ Die Armee der Sultanin dieser Inseln, die ein guter Reiter in nicht weniger als einem Jahr durchstreifen kann, besteht aus lauter Jungfrauen, und kein Mann darf sich sehen lassen. Ein Strom trennt uns von dem Land, wo die männlichen Untertanen der Sultanin wohnen. Aber nicht nur über Mädchen, sondern auch über eine unzählbare Menge Genien und Teufel und Zauberer gebietet diese Sultanin. Wenn du dich also fürchtest und nicht weiter mit uns gehen willst, so schicke ich jemanden mit dir ans Ufer und lasse dich wieder auf einem Schiff in dein Vaterland bringen; willst du aber bei uns bleiben, so steht es dir frei, du sollst so sicher sein, als wärst du in meinem Auge, bis du mit Gottes Willen dein Ziel erreicht haben wirst.« – »O Herrin!« rief Hasan aus, »ich werde mich nicht von dir trennen, solange ich lebe, bis ich meine Gattin und meine Kinder wiedergefunden habe.« – »Nun«, versetzte Schawahi, »so fasse Mut; so Gott will, bringen wir dich ans Ziel; ich will der Königin Nachricht von dir geben und ihre Hilfe anflehen.« Hasan wünschte ihr viel Gutes, küßte ihre Hände und ihren Kopf und dankte ihr für ihren zugesagten Beistand.

Hasan blieb nun, über seine Lage nachdenkend, bei Schawahi, weinte und sprach diese Verse:

»Der Moschus des Wiedersehens duftet, der Zephyr weht von der Wohnung der Geliebten her, und ich gerate außer mir vor Liebesschmerz. Die Nacht der Vereinigung wird zum lichten Morgen und der Trennungstag zur schwarzen Nacht. Der Abschied von der Geliebten ist hart und das Leben fern von ihr eine grausame Qual. Ich finde keinen Zufluchtsort und auf der ganzen Welt keinen wahren Freund; dich vergessen ist unmöglich, ich höre nicht auf gemeine Tadler. O Einzige an Schönheit, auch meine Liebe ist einzig! O du Unvergleichliche, mein Herz ist dahin! Wer dich liebt und Tadel scheut, ist tadelnswert.«

Schawahi ließ dann die Trommel rühren, die Armee brach auf; Hasan, im Meer seines Nachdenkens versunken, folgte der Alten, rezitierte allerlei Verse, und die Alte gab sich viele Mühe, ihn zu trösten und zu ermutigen. So gingen sie fort und bis zur ersten Insel der Vögel. Als sie dahin kamen, hörten sie ein so lautes Gezwitscher, daß Hasan glaubte, die ganze Welt stürze zusammen; er wurde im Kopfe verwirrt, verlor den Verstand, wurde ganz betäubt, fiel in Ohnmacht, war dem Tode sehr nahe und dachte bei sich selbst: Wenn es im Land der Vögel so zugeht, was wird's erst im Lande der wilden Tiere geben? Die Alte lachte ihn aus und sagte: »Mein Sohn, wenn du in der ersten Insel dich so benimmst, was willst du auf den andern Inseln tun?« Hasan wandte sich zu dem erhabenen Gott und erflehte seinen Schutz und seine Hilfe zur Erfüllung seiner Wünsche.

Als sie nun in ununterbrochenem Marsch das Land der Vögel durchzogen hatten, kamen sie in das der wilden Tiere; da hörte Hasan einen Lärm, daß er glaubte, die ganze Welt drehe sich um. Dieses Geräusch war noch weit stärker als das der ersten Insel. Dann erreichten sie das Land der Genien, die Hasan so erschreckten, daß er es bereute, sich dorthin gewagt zu haben; doch betete er zu Gott und entkam auch glücklich aus dem Tal der Genien. Sie gelangten hierauf an einen Fluß an dem Fuß eines sehr hohen Berges, schlugen an dessen Ufer ihre Zelte auf, und die Alte errichtete Hasan eine Bank von vergoldetem Zypressenholz, mit Perlen und Edelsteinen besetzt. Die Truppen stellten sich vor der Alten auf, die ihnen Speisen und Getränke bringen ließ, und als sie gegessen und getrunken hatten, entkleideten sie sich, um im Fluß zu baden und dann zu schlafen, denn nun hatten sie nichts mehr zu befürchten. Hasan verhüllte sein Gesicht, so daß man nur seine Augen sehen konnte, und da er neben Schawahi saß, hielt ihn niemand für einen Mann. Als daher die Mädchen ihre Kleider ausgezogen hatten, und im Flusse eine Abteilung nach der andern sich badete, konnte Hasan die verschiedenartigsten Reize an diesen schönen Jungfrauen bewundern und an dem Lieblichsten, was Gott erschaffen hat, seine Augen ergötzen. Die Alte hatte absichtlich ausrufen lassen, die Mädchen sollten alle vor ihrem Zelte sich baden, damit, wenn Hasans Gattin unter ihnen sich fände, er sie erkennen könne. Aber Hasan sah seine Gattin nicht unter ihnen. Zuletzt kam eine Jungfrau mit zehn Sklavinnen und dreißig Dienerinnen, die sich ebenfalls entkleideten. Nachdem die Herrin allerlei Spaß und Mutwillen mit den Dienerinnen im Wasser getrieben hatte, stieg sie wieder ans Land; man trocknete sie mit seidenen Tüchern ab und brachte ihr Kleider und Schmuck von Genienarbeit, worauf sie wieder mit ihren Dienerinnen sich entfernte. Hasan war ganz außer sich, als er sie sah, und sagte zur Alten: »Diese hat sehr viel Ähnlichkeit mit dem fliegenden Mädchen, das ich auf dem Schloß meiner Freundinnen gesehen habe, auch hat sie es ebenso mit ihren Dienerinnen gemacht. Aber doch«, fuhr Hasan fort, »ist sie nicht meine Gattin.« Die Alte bat Hasan, ihr einmal seine Gattin deutlich zu beschreiben; »denn«, sagte sie, »ich kenne alle Mädchen auf der Insel Wak-Wak, ich bin ja ihre Anführerin; und weiß ich erst einmal, welche deine Gattin ist, so werde ich mich bemühen, ihrer habhaft zu werden.« – »Meine Gattin«, begann Hasan, »hat ein ovales Gesicht wie der leuchtende Mond, einen Wuchs wie die Zweige des Ban, einen wohlgeformten Busen, schwarze Haare, einen feinen Körper, weiße Zähne, eine süße Zunge; sie hatte Lippen wie Korallen, Wangen wie zwei Rosen, mit einem kleinen braunen Mal, schwarze Augenbrauen, einen kleinen Mund und zartgebaute Hüften.« Da sagte die Alte: »Beschreibe sie noch einmal!«, und Hasan setzte noch hinzu: »Meine Gattin hat ein schönes ovales Gesicht, einen langen Hals, eine leuchtende Gesichtsfarbe, Wangen wie Anemonen, einen Mund wie ein Siegelring von Karneol, Zähne, die wie Perlen glänzen und zwischen denen Moschus hervorduftet.« Als die Alte dies hörte, beugte sie den Kopf eine Weile zur Erde, dann erhob sie ihn zu Hasan und sagte: »Ich gehe durch dich zugrunde. O hätte ich dich nie gekannt, denn ich kenne nun deine Gattin; sie ist die älteste Tochter des Königs, der über sämtliche Inseln Wak-Wak regiert; öffne nur deine Augen und schärfe deinen Verstand und erwache aus deinem Schlaf, denn wenn diese deine Gattin war, so wirst du sie nie mehr wiedersehen; zwischen dir und ihr ist es so weit wie vom Himmel bis zur Erde; kehre nur um, sonst kommen wir beide um!«

Als Hasan dies hörte, weinte er, bis er in Ohnmacht fiel. Aber Gott hatte der Alten zu ihm Liebe wie zu einem Sohn eingeflößt; sie weinte neben ihm, bis er wieder zu sich kam. Dann sagte er: »O meine Herrin! Wie soll ich jetzt umkehren, da ich nun einmal so weit gekommen bin? Ich hätte nie gedacht, daß du mich verlassen würdest.« Schawahi erwiderte: »Mein Sohn, ich glaubte, deine Gattin sei ein gewöhnliches Mädchen; hätte ich gewußt, daß sie eine Prinzessin ist, so hätte ich dich nicht so weit kommen lassen. Doch, mein Sohn, du hast ja nun alle Mädchen gesehen; sage mir, welche dir am besten von ihnen gefällt; du sollst sie statt deiner Gattin haben. Denke dir, deine Gattin und ihre Kinder wären gestorben, nimm daher eine andere und kehre in Frieden nach Hause zurück, ehe du dem König in die Hand fällst, sonst kann ich nichts mehr für deine Rettung tun. Ich beschwöre dich, tu dies und laß mich nicht deinen Untergang sehen.« Hasan schlug den Kopf zur Erde nieder und sprach weinend einige Verse, die seine innige Liebe zu seiner Gattin aussprachen.

Die Alte sagte noch einmal: »Mein Sohn, ich weiß nichts zu tun; wenn ich mit dir in die Hauptstadt gehe, so ist's um dich geschehen, und wer weiß, was die Königin tun wird, wenn sie deine Ankunft erfährt, da doch sonst kein Mensch zu ihr gelangt. Und wie soll ich dich mitnehmen in die Stadt, wo die Jungfrauen, die du im Bad gesehen und die vor dir nie einen Mann erblickt haben, dich bald wieder erkennen würden?« Hasan schwur, er habe keinen unkeuschen Blick auf sie geworfen. Aber die Alte fuhr fort: »Mein Sohn, geh in deine Heimat zurück, suche dein Leben zu retten; ich will dir das schönste Mädchen und die reichsten Schätze geben.« Hasan weinte, küßte ihr die Füße und sagte: »Da ich so weit gekommen bin, soll ich nun, ohne mein Ziel zu erreichen, umkehren? Jetzt, wo ich im Lande meiner Geliebten bin und ein baldiges Wiedersehen erwarte? Vielleicht ist mir das Glück günstig!« Hierauf sprach er wieder Verse, klagte und jammerte so lange, bis Schawahi ihm schwur, sie wolle das Äußerste wagen, um ihn wieder in den Besitz seiner Gattin und Kinder zu setzen.

Hasan fühlte sich wieder neu gestärkt und unterhielt sich den ganzen Tag mit der Alten. Des Abends trennten sich die Mädchen, ein Teil von ihnen ging in die Stadt, ein anderer in die Zelte, und Schawahi ging mit Hasan in die Stadt, führte ihn nach einem einsamen Platz, wo ihn niemand sehen konnte, damit die Königin noch nichts von ihm erfahre, bediente ihn selbst und erzählte ihm von der Härte und Strenge des Königs, seines Schwiegervaters. Hasan bat sie nochmals, ihn nicht zu verlassen, da er doch auf sie sein Vertrauen setze. Sie fing an, ernstlich darüber nachzudenken, wie sie den jungen Mann zu seiner Gattin bringe könnte, da er sich doch von nichts abschrecken ließ und keine Gefahr scheute, um nur wieder zu ihr zu gelangen, wie das Sprichwort sagt: Der Liebende hört nicht die Worte des Gleichgültigen. Endlich beschloß sie, Hasans Angelegenheit der Königin dieser Insel, die Nur Alhuda hieß, vorzutragen. Die war eine der sieben Schwestern von Hasans Gattin, und ihr Vater mit seinem Heere residierte auf einer andern Insel, die durch ein tobendes Meer von den übrigen Inseln getrennt war.

Schawahi konnte ohne Schwierigkeit zu Nur Alhuda ins Schloß gehen, denn sie war ehedem Erzieherin der Prinzessin gewesen und stand noch bei ihnen und bei ihrem Vater in großem Ansehen. Als Nur Alhuda die Alte sah, stand sie vor ihr auf, umarmte sie und fragte sie nach der Veranlassung ihres Besuchs. Sie antwortete: »Bei Gott, o Königin der Zeit, ich habe eine Angelegenheit, in der du mir behilflich sein sollst, ich würde sie dir nie mitteilen, wenn ich nicht so viel Vertrauen zu dir hätte.« – »Was ist dein Anliegen?« fragte Nur Alhuda; »erzähle nur, kostete es mein Leben, so soll dir mein Beistand nicht fehlen; ich, mein Gut, meine Truppen; alles steht zu deiner Verfügung.« Die Alte erzählte ihr Hasans Geschichte von Anfang bis zu Ende. Sie zitterte aber wie ein schwaches Rohr bei stürmischem Wetter und rief: »Gott bewahre mich vor der Strenge der Königin!«, als sie ihr gestand, daß sie ihm am Ufer Schutz gewährt, ihn bewaffnet mit zur Armee genommen und nun in der Stadt verborgen habe. Auch setzte sie hinzu: »Sieh, meine Tochter, ich habe ihn vor deiner Strenge gewarnt; aber er weinte, rezitierte Verse und sagte: Lieber will ich sterben, als ohne meine Gattin und Kinder leben; ich habe nie mehr Unerschrockenheit gesehen, als er besitzt, so sehr hat sich die Liebe seiner bemächtigt.« Als die Alte vollendet hatte, geriet Nur Alhuda in heftigen Zorn, schlug den Kopf eine Weile nieder, hob ihn dann wieder zur Alten hin und sagte: »Du verruchte Alte! Wer hat dir die Macht gegeben, uns einen Mann hierherzubringen? Hast du je ein solches Beispiel erlebt? Bei meinem Haupte! Wärst du nicht meine Erzieherin und Dienerin, ich würde dich gleich mit ihm in erbärmlichster Weise umbringen lassen, daß deine Geschichte überall als Warnung diene. Doch geh jetzt und bring ihn schnell hierher, oder ich lasse dir den Kopf abschlagen, du Verdammte.« Die Alte ging ängstlich bebend fort und wußte nicht, ob sie im Himmel oder auf der Erde war und dachte: Das ist ein Unglück, das mir Gott zugeschickt hat. Als sie zu Hasan kam, sagte sie zu ihm: »O du, dessen Lebensziel herangenaht ist, steh auf! Die Königin will dich sprechen.« Auf dem Weg nach dem Schlosse hörte Hasan nicht auf, den Namen Gottes zu erwähnen und ihn um Beistand in seiner Bedrängnis anzuflehen, während die Alte ihn belehrte, wie er mit der Königin sprechen sollte, worauf er antwortete: »Wenn das göttliche Urteil gefällt ist, so wird der Hellsehende doch blind.« Im Schloß angelangt, warf sich Hasan vor der Königin, die verschleiert war, nieder, grüßte sie und sprach die Verse:

»Lang daure dir ein überschwengliches
Glück, solange die Welt besteht; Gott vermehre stets deinen Ruhm und deine Macht
und stehe dir gegen alle deine Feinde bei.«

Als Hasan diese Verse gesprochen hatte, gab die Königin der Alten durch einen Wink zu verstehen, sie möchte statt ihrer Hasan anreden. Da sagte die Alte: »Mein Sohn! Die Königin erwidert deinen Gruß und fragt dich, wie du heißt und wie deine Gattin und deine Kinder heißen.« Hasan antwortete: »O Königin der Zeit! Dein Sklave heißt Hasan, meine Heimat ist Baßrah, von meinen Kindern heißt das eine Naßir und das andere Manßur, den Namen meiner Gattin aber weiß ich selbst nicht.« Hierauf fragte ihn die Königin selbst: »Aus welchem Orte hat deine Gattin deine Kinder entführt?« Hasan erwiderte: »Aus Bagdad, o Königin.« Sie fragte: »Was hat deine Gattin gesagt, als sie mit ihren Kindern davonflog?« Hasan antwortete: »Sie hat meiner Mutter gesagt: Wenn dein Sohn wiederkehrt und die Nächte der Trennung lang findet und sich nach mir sehnt, so soll er zu mir auf die Inseln Wak-Wak kommen.« – »Dies beweist«, versetzte die Königin, »daß sie dich noch liebt; wie kannst du glauben, sie sei dir nicht mehr zugetan? Wäre dies der Fall, so hätte sie dir ihren Aufenthaltsort nicht genannt und dich nicht aufgefordert, ihr dahin zu folgen.« Hasan antwortete: »O Herrin aller Könige, Zuflucht der Reichen und der Armen! Ich habe dir alles gesagt, wie es sich ereignet hat, und gar nichts verheimlicht, nun erflehe ich deinen Schutz; bei dem erhabenen Gott, habe Mitleid mit mir und verschmähe diese gute Tat und den Lohn vom Herrn nicht, lindere meinen Schmerz und erfreue mein Auge durch die Vereinigung mit meiner Gattin und meinen Kindern.« Nur Alhuda schüttelte lange den Kopf, endlich hob sie ihn ernst gegen Hasan hin und sagte: »Ich werde dir alle Mädchen von der Insel vorstellen und aus Mitleid zu dir deine Gattin dir wiedergeben, wenn du sie unter ihnen erkennst; findest du sie aber nicht, so lasse ich dich vor der Tür meines Schlosses hängen.« – »Gern«, rief Hasan aus, »nehme ich diese Bedingung an, Königin der Zeit.« Er sprach die Verse:

»Ihr habt Liebesschmerz in mir erregt und
seid selbst ruhig; ihr schlaft, während Ihr
meinen wunden Augen den Schlaf geraubt
habt. Ihr habt mir Treue geschworen und
wurdet treulos, als ich Euch mein Herz
geschenkt habe. Ich war ein Neuling in der

Liebe, als ich mich Euch hingab; seid nicht grausam gegen mich, sonst beklage ich mich über Euer Unrecht. Fürchtet ihr nicht Gott, wenn ihr einen Liebenden tötet, der des Nachts die Sterne beobachtet, während andere schlafen? Bei Gott, o meine Genossen, wenn ich sterbe, so schreibt auf meinen Grabstein: Hier ruht ein Märtyrer der Liebe! Vielleicht wird einer, der gleich mir die Liebe kennt, wenn er vorübergeht, mich grüßen.«

Nur Alhuda erteilte hierauf den Befehl, daß alle Mädchen ins Schloß kommen sollten; die Alte mußte sie Hasan hundertweis vorführen, bis zuletzt kein Mädchen mehr in der Stadt übrigblieb, das Hasan nicht gesehen hätte. Die Königin fragte ihn dann: »Hast du deine Gattin gefunden?« und als er »Nein!« antwortete, geriet sie in heftigen Zorn und sagte zu der Alten: »Laß nun noch alle Mädchen aus dem Schloß herkommen und stelle sie ihm vor.« Als auch die ihm vorgestellt wurden und er seine Gattin nicht sah, zitterte die Königin Nur Alhuda vor Zorn und befahl den Leuten, die sie umgaben, Hasan wegzuschleppen und ihn zu enthaupten, damit ein andermal sich kein Fremder mehr erdreiste, ihr Land zu betreten. Hasan wurde auf dem Gesicht fortgeschleppt, man verband ihm die Augen, hob die Schleppe seines Kleides in die Höhe, und der Scharfrichter stand schon mit entblößtem Schwerte da und erwartete nur den Wink der Königin, um ihn zu enthaupten; da trat die Alte hervor, ergriff die Schleppe der Königin, küßte die Erde vor ihr und sagte: »O Königin! Bei der Erziehung, die ich dir gegeben habe, übereile dich nicht! Du weißt, in welche Gefahr sich dieser arme Mann schon begeben und wie vielen Leiden und Schrecknissen er schon getrotzt hat, weil das Auge des Himmels über ihm wachte und ihm ein langes Leben bestimmt war. Nun ist er in dein Land gekommen im Vertrauen auf deine Gerechtigkeitsliebe, und du willst ihn töten lassen? Alle Reisenden werden dich eine Feindin der Fremden und eine Mörderin nennen. Übrigens fällt er ja immer deinem Schwert anheim, wenn seine Gattin sich später nicht findet; du kannst ihn ja immer noch umbringen lassen. Ich habe ihm nur in der Hoffnung auf deine Güte Schutz gegeben und weil ich auf deine Billigkeit und Gnade vertraute. Sieh nur, wie beredt er ist, wie er seine Gefühle in Versen auszudrücken weiß; seine Worte sind wie aneinandergereihte Perlen, und da er doch einmal hier ist und mit uns gegessen hat, so müssen wir ihn lieben und bedenken, wie schwer die Trennung ist; sie ist der Tod, besonders die von den Kindern. Du sollst indessen schuldlos an seinem Tod sein, wenn du ihm auch *dein* Antlitz zeigst; tust du das aber nicht, so laß mich nur mit ihm umbringen.« Die Königin sagte lächelnd: »Sollte *ich* etwa seine Gattin sein? Doch bringt ihn her!« Hasan wurde wieder zur Königin geführt, und als sie sich vor ihm entschleierte, stieß er ein lautes Geschrei aus und fiel in Ohnmacht. Die Alte pflegte ihn, bis er wieder zu sich kam; aber sobald er einen zweiten Blick auf die Königin warf, sank er wieder bewußtlos zu Boden.

Als Hasan sich durch die Pflege der Alten wieder erholt hatte, sah er der Königin wieder ins Gesicht und schrie so laut, daß fast das Schloß zusammenstürzte. Auf die Frage der Alten, was dies bedeute, antwortete er: »Diese ist entweder selbst meine Gemahlin oder hat mit ihr die vollkommenste Ähnlichkeit.« Da sagte die Königin zur Erzieherin: »Der Mensch ist rasend oder er lügt; denn wie würde er sonst sagen, ich sei seine Gattin?« – »Entschuldige ihn!« rief die Alte; »denn wer an Liebesqual leidet, für den gibt's keine Mittel mehr, der gleicht einem Rasenden.« Hasan weinte und sprach die Verse:

»Ich sehe ihr Ebenbild und zerfließe vor
Sehnsucht und vergieße heiße Tränen auf
ihrem Wohnort und bete zu dem, der mich
mit ihrer Trennung heimgesucht hat, daß
er mich wieder mit ihrer Vereinigung
beglücke.«

Dann sagte Hasan, wieder zur Königin sich wendend: »Nein, bei Gott, du bist es nicht.« Die Königin sagte lachend: »Fasse dich, laß deine Tollheit und Raserei; sieh mich recht an und erkläre dich deutlicher, vielleicht ist deine Hilfe nahe.« Hasan sagte: »O Herrin aller Könige, Zuflucht der Reichen und der Armen! Ich habe dich wohl betrachtet und gefunden, daß du meine Gattin bist oder ihr vollkommen gleichst; was willst du mehr von mir wissen?« – »Sage mir«, erwiderte die Königin, »worin hat deine Gattin Ähnlichkeit mit mir?« Hasan antwortete: »Sie hat deine leuchtende Stirn, die Röte deiner Wangen, deinen hübschen Wuchs, deine süßen Worte, deine schöne Gesichtsbildung, deine lieblichen Augen, deinen blendendweißen Teint.« Als die Königin dies hörte, lächelte sie, schaukelte sich hin und her und warf einen wohlgefälligen Blick auf sich selbst; Schweißtropfen bedeckten ihre Stirn, ihre Wangen röteten sich, ihre Augenbrauen wölbten sich, und ihre Augen sprühten Feuer; mit der größten Lebhaftigkeit sagte sie zur Alten: »Führe Hasan wieder in seine Wohnung zurück; dort bediene ihn selbst, bis ich über ihn ins klare komme: denn ein Mann, der aus Liebe zu seiner Gattin so viel tut, verdient unsere Hilfe. Hast du ihn zurückgeführt, so komm schnell wieder zu mir, und so Gott will, wird alles zum Besten enden.« Die Alte ging hierauf mit Hasan in ihre Wohnung und befahl ihren Sklavinnen, alles zu tun, was er von ihnen verlange. Dann kehrte sie wieder zur Königin zurück, die ihr befahl, sich zu bewaffnen und mit tausend wackern Reitern sich zu ihrem Vater zu begeben, ihre jüngste Schwester zu grüßen und sie zu bitten, sie möchte den Kindern die Panzer anziehen, die ihnen ihre Tante geschenkt habe, und sie ihr schicken, denn sie sehne sich sehr nach ihnen, empfahl ihr aber, ja nichts von Hasan zu erwähnen. »Hast du einmal die Kinder bei dir«, fuhr die Königin fort, »so lade auch meine Schwester zu einem Besuch ein; eile du aber mit den Kindern voraus, sie mag langsam nachkommen. Nimm du auch einen andern Weg als sie; reise Tag und Nacht, halte dich keinen Augenblick auf der Reise auf und kehre so bald als möglich mit den Kindern zu mir zurück. Hüte dich aber wohl, einem Menschen etwas von deinem Auftrag zu sagen; ich schwöre dir dafür den heiligsten Eid, daß, wenn meine Schwester seine Gattin ist, ich sie ihm wiedergebe und mit ihren Kindern in seine Heimat reisen lasse. Ich will nun sehen, wenn die Kinder Ähnlichkeit mit ihm haben, so glaube ich ihm. Sage ihr, daß ich sie schon lange nicht gesehen habe und mich nach ihr sehne. Du hast gehört, wie Hasan sagte, sie habe vollkommene Ähnlichkeit mit mir, und Gott weiß, daß eine Frau, wie er sie beschrieben hat, keine andere als meine jüngere Schwester Manar Alnisa sein kann.« Die Alte traute diesen Worten und wußte nicht, daß sie beschlossen hatte, Hasan töten zu lassen, wenn ihre Schwester nicht seine Gattin sein sollte. Sie küßte die Erde vor ihr, gab Hasan Nachricht von dem Befehl der Königin, und dieser, ganz außer sich vor Freude, küßte der Alten die Stirn; sie aber sagte: »Küsse mich nicht auf die Stirn, sondern auf den Mund, als Zeichen des Dankes für dein Heil. Sei heiter und frohen Mutes, mein Sohn; so Gott will, wirst du durch mich an dein Ziel gelangen.«

Die Alte bewaffnete sich dann, nahm tausend ausgerüstete Streiter mit, stieg ins Schiff und fuhr in drei Tagen nach der Insel, wo der König mit Manar Alnisa residierte. Sie ließ ihre Truppen vor der Stadt lagern und ging allein zur Prinzessin Manar Alnisa, grüßte sie und sagte: »Die Königin ist böse, daß du sie so selten besuchst.« Manar Alnisa ließ sogleich die Zelte zur Reise hervorholen und legte allerlei Geschenke für ihre Schwester zurecht. Auch der König, der von der Terrasse aus die Zelte vor der Stadt sah und hörte, daß Nur Alhuda ihre Schwester Manar Alnisa zu sich eingeladen habe, ließ allerlei Kostbarkeiten aus seiner Schatzkammer holen, um sie ihr zu schicken, auch ließ er viele Truppen zu ihrer Begleitung ausrücken, denn er hatte eine besondere Vorliebe für Manar Alnisa, die die einzige Tochter ihrer Mutter war. Die andern sechs Töchter waren von einer andern Mutter. Die älteste hieß Nur Alhuda, die zweite Morgenstern, die dritte Morgensonne, die vierte Perlenbaum, die fünfte Herzenserquickung und die sechste Mädchenkrone. Als die Alte die Vorbereitungen zur Reise sah, erschien sie wieder vor Manar Alnisa und küßte die Erde vor ihr, und auf ihre Frage, ob sie noch ein Anliegen habe, antwortete die Alte: »Deine Schwester bittet dich, deinen Kindern die Panzer anzuziehen, die sie dir geschickt hat, um sie mir mitzugeben, daß ich ihr dadurch die freudige Botschaft von deiner Ankunft bringe.« Als sie dies hörte, erblaßte sie, senkte ihr Haupt und sagte: »O meine Amme! Mein Herz bebt vor Angst.« – »Fürchtest du für sie bei deiner Schwester?« fragte Schawahi; »bewahre dich Gott vor einem solchen Gedanken! Gott erhalte deinen Verstand! Doch ich zürne dir nicht: die Liebe ist immer argwöhnisch; aber, gelobt sei Gott! Du kennst meine Zärtlichkeiten gegen Kinder, ich habe dich ja auch einst erzogen und alle deine Schwestern. Ich werde auf deine Kinder achtgeben und sie mit meinen Augen bedienen; ich werde ihnen meine Wangen als Teppich unterlegen und sie in meinem Herzen aufbewahren; du brauchst sie mir nicht zu empfehlen; sei nur guten Mutes und schicke sie deiner Schwester, ich werde höchstens ein oder zwei Tage vor dir ankommen.« Die Alte schwatzte noch lange so fort, bis Manar Alnisa aus Furcht, ihre Schwester zu erzürnen, ihr nachgab und trotz einer geheimen Ahnung ihre Kinder mit ihr schickte. Die Alte war sehr besorgt um die Kinder und reiste schnell mit ihnen fort und brachte sie ihrer Tante Nur Alhuda. Die freute sich sehr, küßte sie, drückte sie an ihre Brust und setzte sich zwischen sie; dann sagte sie zur Alten: »Bring jetzt Hasan her; ich habe ihm meinen Schutz versprochen, und er hat nichts von meinem Zorn zu befürchten, da er doch einmal meine Wohnung betreten und so viele Gefahren überstanden hat.« Die Alte sagte: »Ich will ihn holen; doch wenn er kommt und diese Kinder die seinigen nennt, so mußt du sie ihm geben; wenn nicht, so mußt du ihn unbeschädigt in seine Heimat zurückschicken.« Als die Königin dies hörte, rief sie zornig aus: »Woher kommt diese Liebe zu einem Fremdling, der es wagt, zu uns zu kommen und unsere Geheimnisse zu erforschen? Er wird erzählen, daß er uns unverschleiert gesehen hat und uns in seinem Land einen schlechten Ruf machen. Alle Könige und Kaiser werden davon hören, alle Karawanen werden die Neuigkeiten umhertragen, und selbst alle Kaufleute werden sagen: Es ist jemand auf die Inseln Wak-Wak gekommen und hat das Land der Zauberer, der Wahrsager, der Geister, der Vögel und der wilden Tiere glücklich durchreist! Das geschehe nie! Ich schwöre bei dem, der die Himmel gebaut, die Erde ausgedehnt und alles geschaffen und gezählt hat: Wenn dies nicht seine Kinder sind, so schlage ich ihm selbst den Kopf ab.«

Nur Alhuda schrie die Alte an und befahl zwanzig Mamelucken, mit ihr zu gehen und ihr sogleich den jungen Mann zu bringen, der in Schawahis Haus sich aufhalte. Die Alte wurde blaß, ihre Achseln zitterten, alle ihre Gelenke waren gelähmt, und kaum hatte sie Kraft genug, mit den Mamelucken in ihr Haus zu gehen. Als Hasan sie sah, stand er auf und grüßte sie; sie aber erwiderte seinen Gruß nicht, sondern sagte: »Habe ich dich nicht lange genug gewarnt? Warum hast du mir kein Gehör geschenkt und mich mit in dein Elend gezogen? Nun geh, die treulose Verräterin will dich sprechen.« Hasan stand mit zerknirschtem Herzen auf und rief, am Leben verzweifelnd: »O Herr des Friedens, rette mich! O Gott, sei gnädig in der über mich verhängten Heimsuchung, o Allbarmherziger.« Er ging in der Mitte von zwanzig Mamelucken, einem Pförtner und der Alten zur Königin und sah, wie sie mit seinen beiden Kindern Naßir und Manßur spielte. –

Manar Alnisa wollte sich inzwischen am folgenden Morgen auf den Weg machen, als ein Pförtner des Königs ihr sagte: »Der König grüßt dich und wünscht dich bei sich zu sehen.« Ihr Vater ließ sie, als sie mit dem Pförtner vor ihm erschien, auf das Sofa an seine Seite setzen und sagte zu ihr: »Wisse, meine Tochter, ich habe diese Nacht einen Traum gehabt und bin seither in Sorge um dich.« – »Was hast du im Traum gesehen?« fragte die Prinzessin. »Ich habe im Traum eine Schatzkammer gesehen, angefüllt mit Perlen und Edelsteinen; doch von allen Kostbarkeiten gefielen mir nur sieben Perlen. Von diesen sieben wählte ich die kleinste, die die schönste und klarste war; sobald ich aber, glücklich, sie zu besitzen, sie in die Hand nahm, kam ein Vogel aus einem fremden Land vom Himmel heruntergestürzt, nahm mir die Perle weg und kehrte wieder dahin zurück, wo er hergekommen war. Dies machte mich so traurig, daß ich erwachte und noch wachend den Verlust der Perle bedauerte. Ich ließ daher die Traumdeuter rufen und erzählte ihnen meinen Traum. Sie sagten: Du wirst die jüngste deiner sieben Töchter verlieren, und zwar wird sie dir mit Gewalt entrissen werden; diese bist du, meine Teuerste, und nun willst du zu deiner Schwester reisen; wer weiß, was dir zustoßen kann! Gehe also nicht, kehre wieder in dein Schloß zurück.« Als Manar Alnisa das hörte, klopfte ihr das Herz vor Angst für ihre Kinder; sie beugte eine Weile den Kopf, hob ihn dann wieder gegen den König auf und sagte: »O edler König und mächtiger Herr! Die Königin Nur Alhuda hat mich eingeladen und erwartet mich jede Stunde, denn sie hat mich schon seit vier Jahren nicht gesehen; wenn ich nicht zu ihr reise, wird sie böse werden; mache dir nur keine Sorge um meinetwillen; das Höchste ist, daß ich einen Monat von hier abwesend sein werde, dann kehre ich, so Gott will, wieder. Wer erreicht denn dieses Land? Wer betritt die Kampferinseln und die kristallne Zitadelle, wer durchwandert die Inseln der Vögel, Tiere und Geister? Sei nur ruhig, niemand kann unser Land betreten.« Sie redete so lange, bis der König ihr erlaubte, abzureisen und ihr tausend Reiter als Geleit mitgab, denen er befahl, auf sie zu warten und sie wieder zu ihm zurückzubringen. Dabei erteilte er ihnen auch den Befehl, die Prinzessin nur zwei Tage bei ihrer Schwester zu lassen. Manar Alnisa nahm mit beklommenem, ahnungsvollem Herzen vom König Abschied, dessen Worte tiefen Eindruck auf sie gemacht hatten, und reiste aus Besorgnis für ihre Kinder, ohne sich irgendwo aufzuhalten, drei Tage und drei Nächte durch, bis sie an den Fluß kam, den sie mit ihren Sklaven und Dienern und Vezieren überschritt, um in das Schloß ihrer Schwester zu gelangen.

Folgendes aber hatte sich inzwischen mit Hasan, der schon früher zu Nur Alhuda geführt wurde, zugetragen: Sobald er seine Kinder sah, fiel er bewußtlos nieder; aber auch in seinen Kindern regte sich die kindliche Liebe; sie entwischten aus dem Schloß ihrer Tante und fielen über Hasan her, und der erhabene Gott legte ihnen die Worte: »O Vater!« in den Mund.

Die Alte und die Anwesenden, zu Tränen gerührt, riefen: »Gelobt sei Gott, der die Getrennten wieder vereinigt hat!«, und Hasan, wieder zum Bewußtsein zurückgeführt, umarmte seine Söhne und drückte seine Freude in Versen aus.

Als Nur Alhuda sich überzeugt hatte, daß Hasan Vater der Kinder und Gatte ihrer Schwester war und sie jetzt aufsuchte, zürnte sie ihrer Schwester sehr; auch Hasan überhäufte sie mit Schmähungen und trat ihn mit Füßen, bis er umfiel. Dann sagte sie zu ihm: »Steh auf und rette schnell dein Leben; denn hätte ich nicht geschworen, daß dir nichts Schlimmes widerfahren dürfe, wenn deine Worte sich bestätigten, so wäre deinem Leben von meiner eigenen Hand schon ein Ende gesetzt.« Sie schrie dann die Alte so heftig an, daß sie zu Boden fiel, und sagte: »Bei Gott! Müßte ich nicht meinen Eid brechen, ich hätte dich mit ihm auf die schlimmste Weise umgebracht! Geh jetzt schnell in deine Heimat zurück«, sagte sie, wieder zu Hasan sich wendend; »denn ich schwöre: Wenn ich dich wiedersehe, schlage ich dir und dem, der dich herbringt, den Kopf ab.« Sie ließ dann Hasan von ihren Sklavinnen wegführen. Hasans Verzweiflung war größer als jemals; er sah die Unmöglichkeit ein, länger auf diesen Inseln zu bleiben, und wußte auch nicht, auf welche Weise er wieder seine Heimat erreichen könnte. Indessen dachte er immer an seine Gattin und richtete diese Verse an sie:

> »Du hast dich entfernt und bist doch meinem Herzen so nahe! Bei Gott, ich werde dich nie aufgeben; bei allem Mißgeschick will ich doch in meiner Liebe ausharren. Ich konnte einst keine Stunde von dir getrennt leben; wie soll ich eine Abwesenheit von Monaten ertragen? Ich bin eifersüchtig auf den Zephyr, der dich anweht, o du Holde, Schöne!«

Dann entfernte er sich vom Schloß, aus dem man ihn auf dem Gesicht hinausgeschleppt hatte, stolperte aber immerfort über seine Schleppe und konnte nach solcher Mißhandlung kaum auf Rettung hoffen. Die Alte war höchst betrübt um seinetwillen; doch konnte sie der Königin in ihrem Zorn nicht widersprechen. Hasan wußte nicht, wohin sich wenden und was beginnen, und die weite Erde schien ihm zu eng. Indessen, obschon Hasan niemanden hatte, den er um Rat fragen konnte, führte ihn doch die Bestimmung ans Ziel seiner Wünsche. Er selbst hatte zwar alle Hoffnung auf ein glückliches Entkommen schon aufgegeben, denn wie wollte er alle jene Wege, auf welchen er gekommen war, wieder allein zurücklegen? Auch für seine Kinder und seine Gattin fing er an zu fürchten, weil er nicht wußte, was ihnen von der Königin bevorstehe. Jetzt erst bereute er es, in dieses Land gekommen zu sein und keinen Rat angenommen zu haben, und er sprach diese Verse:

> »Laßt mein Auge über den Verlust meiner Geliebten weinen! Denn mein Schmerz ist so groß, daß es keinen Trost für mich gibt. Die Trennungskelche machten die Runde, ich mußte sie ausschlürfen; und was ist herber als der Verlust der Geliebten? Sagt mir, wann wird der Teppich des Unwillens, der zwischen uns ausgebreitet ist, wieder aufgehoben werden? Ich wachte, während Ihr schlieft; Ihr glaubtet, ich habe Euch vergessen, während ich trostlos bin. Mein Herz ist verwundet vom Trennungsschmerz, und Ihr versagt mir die Heilung! Seht Ihr nicht, in welche Lage mich Eure Entfernung gebracht hat? Ich demütige mich vor den Würdigen und den Unwürdigen. Sorgsam hatte ich meine Liebe verborgen, doch die Tränen haben sie Euch gezeigt, und mein Herz verzehrt sich in Liebesflamme. Habt Mitleid mit mir, denn

ich bin dem Bündnis treu geblieben,
öffentlich und innerlich. Wird wohl das
Schicksal uns einst wieder vereinen? Du
bist ein Teil meiner selbst, und meine Seele
ist eng mit der deinigen verbunden.
Darum, Geliebte, gib mir bald Nachricht
und heile die Trennungswunde, die du mir
geschlagen hast!«

Hasans Gattin, die einige Tage nach dieser Begebenheit bei ihrer Schwester anlangte, fand ihre Kinder weinend und immer ihren Vater rufend. Sie drückte ihre Kinder, auch weinend, an ihr Herz und sagte höchst bestürzt: »Wie fällt euch jetzt euer Vater ein? Ich habe mir das selbst angetan; ich habe selbst mein Haus verwüstet. Bei Gott, wußte ich ihn noch beim Leben, ich würde euch zu ihm führen.« Sie seufzte dann, vergoß viele Tränen der Reue über ihre Flucht und der Sehnsucht nach ihrem Gatten und sprach die Verse:

»O mein Freund! Trotz der Entfernung
liebe ich dich ja noch immer; stets wendet
sich mein Auge nach deiner Wohnung, und
mein Herz ist voller Erinnerung an die
Vergangenheit. Wie manche Nacht haben
wir selig beisammen zugebracht, voller
Zärtlichkeit und Liebesfreude.«

Da Nur Alhuda aus diesen Versen schloß, daß die alte Liebe sich wieder ihrer Schwester bemächtigt hatte, stand sie zornig auf und schlug ihr ins Gesicht, daß sie zu Boden stürzte; hierauf schimpfte sie auf die gemeinste Weise und sagte: »Bei Gott, jetzt sehe ich erst, daß du in Wahrheit diesen hergelaufenen Mann geliebt hast! Konntest du denn keinem Prinzen, keinem Veziersson, keinem jungen Emir deine Liebe schenken? Wie konnte dir dieser gemeine Mann so gefallen, daß du dich ihm ganz hingabst und zwei Kinder von ihm gebarst? Aber, du Nichtswürdige, ich werde dich und deine Kinder auf deiner Brust schlachten; doch zuerst will ich dich aufs schmerzlichste peinigen, und so wie du unsre Ehre nicht geschont hast, werde ich dein Fleisch schonungslos zerreißen und es dir zu essen geben; auch deinem Vater will ich deine Schandtat erzählen.« Sie ließ sie gebunden auf den Boden hinstrecken, schob ihre Ärmel zurück, fiel mit einem Stock über sie her und ließ keine Stelle an ihrem ganzen Körper, die sie nicht durchprügelte, bis sie ganz leblos liegenblieb. Sie ließ sie dann in eine Grube werfen, in der Schlangen und Skorpione waren; statt der goldenen Ringe ließ sie ihr eine schwere eiserne Kette anlegen, statt ihrer kostbaren Kleider ganz zerlumpte anziehen; sogar ihren Kopfputz ließ sie ihr abnehmen. Nachdem sie eine Wache vor die Grube beordert hatte, durchmusterte sie die Geschenke ihres Vaters und ihrer Schwester, nahm einen Teil davon heraus und legte das übrige in ihre Schatzkammer. Hierauf schrieb sie ihrem Vater: »Wisse, daß deine Tochter einen hergelaufenen Mann von Irak geliebt und von ihm zwei Kinder geboren hat. Sie liebt ihn noch und wollte ohne dein Wissen zu ihm reisen; so wenig liegt ihr an unserer Ehre und deinem makellosen Ruf. Eine solche Dirne verdient nicht länger zu leben; darum habe ich, sobald ich ihre Absicht, zu entfliehen, erkannte, sie einsperren lassen, bis ich dich um Rat gefragt habe, was mit ihr und den Kindern geschehen soll, damit diese Schande nicht für ewige Zeiten auf uns hafte.« Diesen Brief schickte sie mit den Truppen, die ihre Schwester begleitet hatten, fort und befahl ihnen, ihr schnell wieder Antwort zu bringen. Sobald der König den Brief gelesen hatte, antwortete er seiner Tochter: »Wenn das, was du mir geschrieben hast, erwiesen ist, so verfahre mit Manar Alnisa, wie es dir gutdünkt; ich überlasse dir diese Sache; entscheide, wie du willst. Friede sei mit uns!« Als die Königin diesen Brief erhielt, ließ sie ihre Schwester zu sich führen; die schwamm in ihrem Blut, hatte ein härenes Gewand an, war mit schweren eisernen Ketten beladen, und auf ihrem Gesicht war die tiefste Demütigung und Verzweiflung zu lesen. Als sie sich in solcher Erniedrigung sah und an ihr früheres angenehmes Leben und an ihr früheres Ansehen dachte, sprach sie die Verse:

»Habt Mitleid mit der einst Geehrten, die jetzt im Kerker schmachtet mit schweren Ketten, gepeinigt und verhöhnt! Wer vermag bei so langer Trennung mein Herz zu trösten? Könnte ich doch vor Schmerz sterben! Wie leicht wäre mir der Tod! O Schicksal, das uns einst so günstig war, wie lange wirst du noch Trennung über uns verhängen?«

Nur Alhuda, bei der jedes Mitgefühl für ihre Schwester erloschen war, spie vor ihr aus, ließ sie auf eine hölzerne Leiter hinstrecken und mit ihren Haaren daran festbinden und befahl ihren Dienern, sie zu prügeln. Manar Alnisa weinte laut und schrie um Hilfe; doch niemand kam, sie zu befreien. Sie sagte dann: »O Schwester! Bist du auch gegen mich hartherzig, so habe doch mit diesen kleinen Kindern Mitleid!« Aber Nur Alhuda wurde durch diese Worte nur noch mehr aufgebracht, schalt ihre Schwester eine Buhlerin und sagte: »Gott erbarme sich dessen nicht, der mit dir Mitleid fühlt!« – »Und was habe ich denn verbrochen, daß du so gegen mich verfährst?« fragte Manar Alnisa; »ich rufe den Herrn der Erde und des Himmels als Zeugen an, daß ich mich gesetzmäßig verheiratet habe; ich verdiene daher die Schmach nicht, die du auf mich häufst; ich habe nie ein unsittliches Leben geführt. Gott weiß, daß ich die Wahrheit rede.« Als die Königin dies hörte, sagte sie: »Du wagst es noch, dich zu rechtfertigen?«, fiel dann selbst über sie her und schlug sie, bis sie in Ohnmacht fiel. Man mußte sie lange mit Wasser bespritzen, bis sie wieder zu sich kam. Endlich brach sie in diese Verse aus:

»Wenn ich schuldig bin und ein Unrecht begangen habe, so bereue ich es und bitte um Gnade.«

Nur Alhuda schrie darauf voller Wut: »Du Dirne wagst es noch, dich in meiner Gegenwart bei deinem Geliebten in

Versen zu entschuldigen, daß du ihn verlassen hast und in deine Heimat zurückgekehrt bist?« Sie ließ sich dann eine Rute bringen, schob die Ärmel zurück und schlug sie wieder auf den Rücken, auf den Leib, auf die Schultern und den ganzen übrigen Körper; dann ruhte sie ein wenig aus, fiel aber aufs neue über sie her, bis sie kein Lebenszeichen mehr von sich gab. Als die Alte dies sah, ging sie weinend fort und verwünschte die Königin. Die hörte es aber, ließ sie durch ihre Diener ergreifen und auf den Boden werfen, nahm eine Peitsche und schlug auch sie, bis sie in Ohnmacht fiel; dann ließ sie sie bewußtlos von den Dienern fortschleppen. Hasan hatte sich inzwischen mühsam bis vor das Tor der Stadt geschleppt und war so in seinem Innern zerrüttet, daß er den Tag nicht mehr von der Nacht zu unterscheiden wußte. Außerhalb der Stadt ruhte er unter einem Baum aus, weinte über seine Verlassenheit und rezitierte die Verse:

»Laß der Bestimmung nur die Zügel frei
und bekümmere dich um nichts, wenn
auch die Unglücksfälle dich überfallen;
denn in dem Augenblick, wo du darüber
dich entsetzt, kann Gott schon alles wieder
geändert haben.«

Danach schöpfte er wieder neue Hoffnung auf Rettung und Vereinigung. Als er aber einige Schritte in der einsamen, gefahrvollen Wüste gemacht hatte, kehrte seine Verzweiflung wieder, und er sprach die Verse:

»O Zephyr, wenn du durch das Land mei-
ner Geliebten wehst, so grüße sie und sage
ihr, daß ich ein Sklave der Liebe bin und
daß meine Pein jede andere übertrifft; viel-
leicht bringst du mir ihren Hauch wieder
und belebst damit ein stets betrübtes
Herz.«

Er entfernte sich vom Baum und ging den Fluß entlang. Da sah er zwei Knaben von den Söhnen der Zauberer und Weissager miteinander streiten; vor ihnen lag ein kupferner Zepter, auf dem allerlei Talismane gestochen waren, und eine kleine lederne Mütze, deren oberer Teil aus drei Stücken zusammengesetzt war, auf dem in Stahl Namen und Siegel gestochen waren. Hasan trat zwischen sie und fragte, warum sie einander so schlügen. »O Herr«, sagte der Älteste, »da Gott dich hierher geführt hat, so richte du zwischen uns! Wir sind Zwillingsbrüder; unser Vater war einer der mächtigsten Zauberer dieses Landes; er hat diese Höhle hier bis zu seinem Tod bewohnt und hat uns diesen Zepter und diese Mütze hinterlassen; nun will jeder von uns diesen Zepter haben; ich bin aber zuerst auf die Welt gekommen, entscheide also!« Als Hasan dies hörte, sagte er: »Was ist wohl der Unterschied zwischen beiden? Der Zepter ist höchstens sechs Kupfermünzen wert und die Mütze nicht weniger als drei.« Da sagte der Jüngere: »O Herr, du kennst ihren Wert nicht.« – »Nun, worin besteht denn ihr Wert?« fragte Hasan. Sie antworteten: »Es ist ein wunderbares Geheimnis darin verborgen; der Zepter und die Mütze sind so viel wert als der ganze Ertrag der Inseln Wak-Wak.« – »Erklärt euch deutlicher«, sagte Hasan, und sie fuhren fort: »Unser Vater hat hundertfünfunddreißig Jahre gelebt, bis er in den vollen Besitz dieser Kleinodien gelangte und durch geheime Talismane und Zeichnungen nach dem kreisenden Firmament sie zu seinem Dienst verpflichtete. Aber als er am Ziel seiner Bemühungen war, traf ihn der Tod. Die Mütze macht jeden, der sie aufsetzt, unsichtbar, der Zepter aber verleiht dem, der ihn besitzt, die Oberherrschaft über die sieben Klassen Genien, und sobald er damit auf den Boden schlägt, werden ihm ihre Häupter wie ihre Untertanen dienstbar.« Als Hasan dies hörte, beugte er eine Weile den Kopf zur Erde und dachte: Wahrhaftig, ich bedauere diese Kinder; doch bedarf ich jetzt dieser Gegenstände eher als sie, um mich, meine Frau und meine Kinder aus der Hand dieser gewalttätigen Nur Alhuda und aus diesem furchtbaren Land zu befreien. Gewiß hat der erhabene Gott sie mir begegnen lassen als

Mittel zu meiner Rettung. Er hob das Gesicht zu ihnen empor und sagte: »Ich will sehen, wer von euch am schnellsten laufen kann; der soll den Zepter haben. Wollt ihr meine Entscheidung gelten lassen?« Als sie einwilligten, nahm Hasan einen fernen Stein und schleuderte ihn so weit, daß man ihn gar nicht mehr sah, während die zwei Knaben nun nach ihm um die Wette liefen, setzte er die Mütze auf, nahm den Zepter in die Hand und stellte sich auf einen andern Platz, um zu sehen, ob sie wirklich eine besondere Tugend besaßen. Die Kinder kamen zurück, aber der Kleinere, der mit dem Stein zu Hasan laufen wollte, fand keine Spur mehr von ihm, und einer fragte den andern: »Wo ist unser Richter hingekommen? Ist er in den Himmel gestiegen oder in die Erde versunken?« Sie suchten lange und fanden ihn nicht, obschon Hasan auf dem eingenommenen Platz stehengeblieben war. Sie beschimpften sich gegenseitig und sagten: »Nun ist beides verloren, und keiner von uns hat weder Zepter noch Mütze; das hat unser Vater vorausgesagt«; und hierauf kehrten sie wieder zur Stadt zurück. Auch Hasan, als er von der Eigenschaft der Mütze überzeugt war, ging wieder in die Stadt, ohne daß ihn jemand sah, und verfügte sich aufs Schloß ins Zimmer der Alten. Da er sie überraschen wollte, näherte er sich einem Simse über ihrem Haupt, worauf allerlei Glas und Porzellan aufgestellt war, schüttelte daran und warf etwas davon auf den Boden. Die Alte erschrak, schlug sich ins Gesicht, stand auf und sagte: »Ich glaube, die Königin Nur Alhuda hat einen Teufel gegen mich geschickt; ich bete aber zu dem erhabenen Gott, daß er mich und den armen fremden Hasan vor ihrem Zorn schütze; denn wenn sie gegen ihre Schwester, die ihr Vater von Herzen liebt, so verfährt, wie wird sie erst gegen Fremde sein? Ich beschwöre dich beim allgnädigen, erhabenen, mächtigen Herrn und bei dem, was auf Salomos Siegel geschrieben ist, antworte mir, du unsichtbarer Geist!« Hasan antwortete: »Ich bin kein Teufel, ich bin der verzweifelte, unglücklich liebende Hasan.« Er zog seine Mütze ab, und die Alte erkannte und grüßte ihn und bat ihn, ihr zu erzählen, wie er sich auf einmal unsichtbar machen konnte.

Als Hasan der Alten sein Zusammentreffen mit den Kindern erzählt hatte und den Zepter und die Mütze zeigte, freute sie sich sehr und sagte: »Gelobt sei Gott, der tote Gebeine, wenn sie schon zu Staub geworden, wieder belebt. Bei Gott! Es wäre um dich und deine Gattin geschehen gewesen. Nun kenne ich diese Kleinodien; der Mann, der sie gemacht hat, war mein Meister in der Zauberkunst und hat hundertfünfunddreißig Jahre gebraucht, bis er diesen Zepter und diese Mütze verfertigte, und ist dann gestorben, als sie fertig waren. Auch habe ich gehört, wie er seinen Kindern sagte: Diese Schätze sind nicht für euch; ein fremder Mann wird sie euch mit Gewalt entreißen, ohne daß ihr es merkt. Die Kinder sagten hierauf: O Vater, sage uns, wie er sie uns nehmen wird, und er antwortete: Das ist längst in geheimer Wissenschaft so beschlossen; ich weiß selbst nicht, auf welche Weise.

Nun«, fuhr die Alte fort, »bist du im Besitz deiner Gattin und deiner Kinder. Höre, was ich dir sage: Ich mag bei dieser Ruchlosen, die meine Ehre so geschändet hat, nicht länger bleiben: ich werde in die Zauberhöhle gehen und dort bei den Zauberern mein Leben beschließen; du aber, mein Sohn, setze die Mütze auf, nimm den Zepter in die Hand, geh zu deiner Gattin und befreie sie von ihren Ketten; schlage nur mit dem Zepter auf die Erde und sage: Erscheint, ihr Diener dieser Talismane! Und wenn dann einer von den Häuptern der Genien sich dir naht, so befiehl ihm, was du willst.« Hasan nahm dann Abschied von ihr, setzte die Mütze auf, nahm den Zepter in die Hand und ging in das Gemach, wo seine Gattin war; er fand sie regungslos auf eine Leiter gestreckt und mit den Haaren festgebunden. Ihre Augen waren rotgeweint, ihr Gesicht war ganz entstellt, und ihre Kinder spielten unter der Leiter.

Als Hasan seine Gattin in diesem erbärmlichen Zustand sah, weinte er, und als er seine Kinder wahrnahm, zog er seine Mütze ab. Da schrien die Kinder: »O unser Vater!« Hasan setzte schnell die Mütze wieder auf, so daß seine Gattin über den Ausruf der Kinder erstaunte und, da sie niemanden erblickte, sie fragte: »Wie fällt euch jetzt euer Vater ein?«

Sie weinte dann so heftig, daß die Tränen in zwei Bächen von ihr strömten und den Boden tränkten, und auf ihren Wangen waren zwei schwarze Furchen von Tränen sichtbar, denn sie hatte nicht einmal eine Hand frei, um sie zu trocknen. Die Mücken sättigten sich nach Lust an ihrem Körper, und niemand störte sie. Hasan zeigte sich dann den Kindern abermals, indem er die Mütze abnahm, und sie schrien wieder: »O Vater!« Manar Alnisa weinte noch heftiger und sagte: »Wie fällt euch auf einmal euer Vater ein?« Dann sprach sie diese Verse:

»Der leuchtende Mond ist nicht mehr im Hause; drum, mein Auge, laß deine Tränen reichlich fließen! Er ist fern von mir; wie soll ich mich nun fassen? Wo Mut und Kraft schöpfen? O mein Geliebter! Immer bist du noch meinem Herzen nahe, und immer frage ich: Wann werde ich dich wiedersehen? Ich will alles vergessen, wenn er nur wiederkehrt und Mitleid zeigt mit meinem Schmerz und meinen Tränen. Meine Sehnsuchtsglut lodert so heftig, daß alle Tränenwolken, die sich darüber ergießen, sie nicht löschen können.«

Hasan konnte nun nicht länger seine Gattin so leiden lassen und nahm daher seine Mütze herunter, um sich ihr sichtbar zu machen. Als sie ihn erkannte, schrie sie, daß fast das Schloß zusammenstürzte; dann sagte sie: »Wie bist du hierher gekommen? Vom Himmel oder von der Erde?« Sie weinte dabei so heftig, daß Hasan mit ihr weinen mußte. Sie sagte: »Wir haben jetzt keine Zeit zu weinen oder uns Vorwürfe zu machen und viel zu reden. Das Schicksal hat entschieden, und unsere Augen wurden blind, und die Feder hat nach Gottes Ratschluß aufgeschrieben. Nun beschwöre ich dich bei Gott, rette dein Leben, ehe dich jemand erblickt; sonst ist's um uns beide geschehen.« Hasan antwortete: »Bin ich nicht mit Lebensgefahr hierher gekommen? Nun will ich sterben oder mit dir und meinen Kindern, trotz deiner ruchlosen Schwester, zurückreisen.« Als sie dies hörte, sagte sie lächelnd: »Mich kann nur der erhabene Gott retten; sorge du aber für deine Erhaltung und stürze dich nicht selbst in den Abgrund; hier ist eine mächtige Armee, mit der sich niemand messen kann, und könntest du auch mit mir und meinen Kindern aus dieser Stadt entfliehen, wie willst du von diesem entlegenen Land in deine Heimat kommen? Mache dich daher schnell auf, verlasse mich und füge nicht neuen Kummer zu dem meinigen.« – »Bei meinem Leben, o Licht meiner Augen«, versetzte Hasan, »ich werde dieses Schloß nicht ohne dich verlassen, sondern dich den Feinden zum Trotz mitnehmen.« – »Wie kannst du das?« fragte sie, »wie willst du über Geister und Zauberer gebieten?« Er antwortete: »Mit dieser Mütze und diesem Zepter rette ich dich«, und erzählte ihr hierauf die Geschichte mit den Kindern.

Da trat plötzlich die Königin zu ihnen ins Zimmer, und Hasan hatte kaum noch Zeit genug, sich durch das Aufsetzen der Mütze unsichtbar zu machen. »Mit wem hast du gesprochen?« fragte sie ihre Schwester. Manar Alnisa antwortete: »Mit wem anders als mit diesen Kindern?« Nur Alhuda fiel mit einer Peitsche über sie her, bis sie in Ohnmacht fiel; dann ließ sie sie in ein anderes Zimmer schleppen und ging fort.

Als Manar Alnisa von ihren Wächtern verlassen wurde, nahm Hasan die Mütze ab. Da sagte Manar Alnisa: »Sieh, was mir widerfährt; das Weib erkennt den Wert des Mannes erst nach der Trennung von ihm. Ich habe schwer gesündigt und flehe Gottes Gnade an.« Hasan erwiderte: »Du hast nicht gefehlt, ich bin der Schuldige, weil ich von dir weggereist bin und dich bei Leuten zurückgelassen habe, die deinen Wert nicht kannten. Wisse nun, Geliebte meines Herzens, ich werde dich diese Nacht abholen und mit dir abreisen.« Sie weinte heftig, und ihre Kinder weinten mit ihr, und die Mädchen, die hinzutraten und Hasan nicht sahen, bemitleideten ihre Herrin und verwünschten die Königin.

Hasan wartete, bis die Nacht hereinbrach und die Wächter Manar Alnisa verlassen hatten. Dann umgürtete er sich, band sie los, nahm seinen ältesten Sohn auf den Arm und verließ mit seiner Gattin, die den jüngeren trug, unter Gottes Schutz das Schloß.

Als sie aber zum Schloß hinauswollten, fanden sie das Tor von außen geschlossen; da gaben sie alle Hoffnung auf eine glückliche Fahrt auf, und Hasan rief bestürzt: »Es gibt kein Schutz und keine Macht, außer bei Gott, dem Erhabenen! Alles habe ich vorausberechnet, nur das nicht; nun wird es Tag werden, und wir fallen wieder in die Hand unserer Feindin; was ist da zu tun?« Da sagte seine Frau: »O Hasan! Wir wollen uns selbst töten, um endlich Ruhe zu finden und nicht neuen Qualen entgegenzugehen.« Während sie so sprachen, sagte jemand von außen: »Bei Gott! Ich öffne euch, wenn ihr mir meine Bitte gewährt.« Als sie so von außen angeredet wurden, fürchteten sie sich noch mehr und wollten wieder in ihr Gemach zurückgehen. Da rief dieselbe Stimme: »Warum antwortet ihr nicht?« Hasan erkannte jetzt die Stimme der Alten und rief ihr voller Freude zu: »Öffne mir, dein Wille geschehe, es ist keine Zeit zum Sprechen.« Aber sie erwiderte: »Bei Gott! Ich öffne nicht, wenn ihr mir nicht schwört, daß ihr mich mit euch nehmen wollt, denn ich mag nicht länger bei dieser ruchlosen Königin bleiben; ich will euer Schicksal teilen, mit euch gerettet werden oder umkommen, denn diese Dirne erschreckt mich jeden Augenblick um euretwillen, und du, meine Herrin, weißt doch, in welchem Ansehen ich bei dem König stehe.« Da schwuren sie der Alten, daß sie sie mitnehmen wollten. Als das Tor aufging, sahen sie die Alte auf einem großen roten Löwen sitzen, um dessen Hals ein Strick von Palmenfasern gewunden war und der sich unter ihr schneller als der Wind bewegte. Sie sagte ihnen, indem sie sich vor sie hinstellte: »Folgt mir und fürchtet nichts! Ich habe vierzig Kapitel der Zauberkunst auswendig gelernt: das geringste davon genügt mir, um vor Tagesanbruch diese Stadt in ein wogendes Meer und alle Mädchen, die darin sind, in Fische zu verwandeln. Doch wagte ich es nicht, einen solchen Zauber zu gebrauchen, aus Furcht vor dem König; aber ihr sollt nun Wundertaten von mir sehen, kommt nur schnell!« Hasan und seine Gattin folgten der Alten zur Stadt hinaus. Da schlug Hasan mit seinem Zepter auf die Erde und sagte: »Ich beschwöre euch, ihr Diener dieser Talismane, erscheint und gehorcht meinem Willen!« Sogleich spaltete sich die Erde, und es traten zehn Geister hervor, so groß, daß ihre Füße den Boden berührten und ihr Kopf die Wolken spaltete. Sie verbeugten sich dreimal vor Hasan und sagten: »Was beliebt unserem Herrn und Gebieter? Wir sind bereit, alles für dich zu tun; forderst du mit Gottes Erlaubnis, daß wir die Meere austrocknen oder Berge versetzen?« Hasan war sehr erfreut über diese Worte, die ihn in seinem Vorhaben bestärkten. Er fragte sie: »Wie heißt ihr? Wer seid ihr? Zu welchem Stamm und zu welcher Familie gehört ihr?« Sie antworteten ihm einstimmig: »Wir sind zehn Könige, jeder von uns gebietet über sieben Stämme Djinn und Teufel, die Berge und Wüsten und Meere bewohnen; du kannst uns befehlen, was du willst; wir sind Sklaven dessen, der den Zepter besitzt, den du in der Hand hast.« Als Hasan dies hörte, freute er sich noch mehr und sagte: »Zeigt mir einmal eure Truppen und Hilfsgenossen.« – »O unser Herr«, versetzten sie, »wir fürchten für dich und die, die bei dir sind, denn unsere Leute sind sehr zahlreich und haben allerlei Gestalt, Gesicht und Farbe, die einen haben einen Kopf ohne Leib, die andern einen Rumpf ohne Kopf; viele gleichen wilden, reißenden Tieren. Drum wollen wir dir nur die Anführer der wilden Tiere und die Obersten der Truppen zeigen. Doch was willst du sonst von uns?« Hasan antwortete: »Ihr sollt mich, meine Gattin, meine Kinder und diese fromme Frau sogleich nach Bagdad tragen.« Da fragten die Geister: »Auf welche Weise sollen wir dich dahin bringen?« Hasan antwortete: »Auf euren Rücken sollt ihr uns tragen und so schnell fliegen, daß wir vor Tagesanbruch in Bagdad eintreffen.« Die Geister beugten lange den Kopf zur Erde, und als Hasan sie fragte, warum sie nicht antworteten, sagten sie: »O unser Herr und Gebieter! Bei dem höchsten Namen, bei dem Bund Salomos, des Propheten Gottes (Friede sei mit ihm!). Wir haben gelobt, niemals einen Menschen auf unserm Rücken zu tragen; aber wir wollen dir gesattelte Djinnpferde bringen, die euch schnell in eure Heimat bringen werden.« – »Wie weit ist es denn von hier nach Bagdad?« fragte Hasan. »Sieben Jahre hat ein wackerer Reiter daran zu reisen«, antworteten die Geister. Hasan war sehr erstaunt und sagte: »Ich bin doch in weniger als einem Jahr hierhergekommen.« Sie versetzten: »Gott hat dir die Herzen seiner frommen Diener zugeneigt, sonst hättest du dieses Land nie erreicht, ja nicht einmal mit deinen Augen gesehen; weißt du, daß du mit dem Alten auf dem Elefanten und auf dem fliegenden Pferde in drei Tagen eine Strecke von drei Jahren zurückgelegt hast und daß der andere Alte mit dir in einem Tag einen ähnlichen Weg zurückgelegt hat? Und von Bagdad nach dem Schloß der Mädchen hat man auch ein Jahr zu reisen: so hast du eine Entfernung von sieben Jahren.«

Als Hasan dies hörte, rief er: »Gepriesen sei Allah, der das Schwere leicht und das Ferne nahe macht und der mir das Schwierigste leicht gemacht hat.« Er fragte die Geister, in wieviel Zeit er auf ihren Pferden nach Bagdad kommen werde? Sie antworteten: »In weniger als einem Jahr; jedoch haben wir noch viel Schreckliches durchzumachen, wir kommen durch wilde, wasserlose Wüsten, und wir fürchten für euch die Bewohner dieser Insel und die Bosheit des mächtigen Königs und seiner Zauberer und Wahrsager, sie möchten mit uns Krieg führen und euch wieder gefangennehmen; auch gegen uns wird man aufgebracht sein, wer uns sieht, wird uns für Übeltäter halten, weil wir eine königliche Prinzessin für einen gewöhnlichen Menschen entführen; wärst du allein, so wäre die Sache für uns leichter. Indessen derjenige, der dich hierher geführt hat, kann dich auch wieder in Frieden in dein Vaterland zurückbringen und mit den Deinigen dich vereinen; vertraue nur auf Gott.« Hasan dankte ihnen und bat sie, schnell die Pferde herbeizuschaffen. Da stampften sie die Erde mit den Füßen, bis sie sich spaltete; dann versanken sie eine Weile und kamen wieder herauf mit drei gesattelten und gezäumten Pferden. An jedem Sattel hing ein Quersack, der auf der einen Seite einen Schlauch mit Wasser und auf der andern Lebensmittel enthielt. Hasan bestieg ein Pferd und nahm einen seiner Söhne zu sich, seine Frau ein anderes mit dem andern Sohn, und die Alte bestieg das dritte Pferd. Nachdem sie die ganze Nacht in der Ebene fortgeritten waren, kamen sie des Morgens ins Gebirge, und bald darauf mußten sie einen unterirdischen Weg einschlagen. Hier sah Hasan auf einmal einen Geist vor sich, so lang wie eine Rauchsäule, die bis zum Himmel hinaufsteigt. Hasan sagte einige Sprüche aus dem heiligen Koran und nahm seine Zuflucht zu Gott gegen alle bösen Teufel. Je näher er dem schwarzen Wesen kam, desto mehr Sprüche sagte er her. Als er endlich dem Geist, dessen Füße in der Tiefe der Erde ruhten und dessen Haupt bis zu den Wolken reichte, gegenüberstand, verbeugte sich der vor ihm und sagte: »Fürchte dich nicht vor mir, ich bin ein muselmännischer Einwohner dieser Insel und glaube wie du an die Einheit Gottes. Ich habe von deiner Ankunft und von deiner ganzen Geschichte Nachricht erhalten, und da ich aus diesem Land auswandern und ein unbewohntes Land fern von hier beziehen will, um dort in der Einsamkeit Gott anzubeten, so werde ich euch begleiten und euer Führer sein, bis ihr diese Insel verlaßt, und ich werde euch nur des Nachts erscheinen; seid also ohne Angst!« Hasan nahm das Anerbieten dieses Geistes mit Dank an und bat ihn, ihm voranzugehen. Die folgende Nacht verging bei Scherz und munterem Gespräch. Hasan erzählte seiner Gattin alle seine Abenteuer, sie entschuldigte ihre Flucht und entwarf ein trauriges Bild von ihrem inzwischen geführten Leben; dabei flogen die Pferde mit ihnen wie der Blitz. Als der Morgen anbrach, griffen sie nach dem Quersack, aßen und tranken, reisten dann wieder weiter, immer mit dem Geist vor ihnen her, der sie auf einem unbetretenen Weg am Ufer des Meeres führte. So setzten sie einen ganzen Monat lang ihre Reise durch Berg und Tal fort. Am einunddreißigsten Tag erhob sich auf einmal ein Staub hinter ihnen, der die ganze Atmosphäre verdunkelte. Hasan wurde blaß, als er den Staub sah und dazu ein furchtbares Schreien und Lärmen hörte, und die Alte rief ihm zu: »Mein Sohn! Die Truppen der Inseln Wak-Wak haben uns eingeholt und werden sogleich Hand an uns legen; schlage die Erde mit deinem Zepter.« Als Hasan dies tat, erschienen die zehn Könige wieder und grüßten ihn und sagten: »Fürchte nichts!«

Hasan freute sich und antwortete: »Ihr handelt schön, ihr Herren der Genien. Das ist eure Zeit.« Sie sagten hierauf: »Besteige mit deiner Gattin und deinen Kindern diesen Berg und laß uns hier unten bei dem Feinde. Wir wissen, daß ihr in der Wahrheit seid, eure Feinde aber im Irrtum leben; Gott wird uns den Sieg über sie verschaffen.« Hasan und die Seinigen stiegen von den Pferden herunter und ließen sich von Geistern auf den Berg tragen. Die Bewohner der Inseln Wak-Wak kamen mit ihren Anführern in zwei Abteilungen herangezogen und stellten sich in Schlachtordnung auf. Nach einer kleinen Weile erschienen Hasans Schutzgeister mit ihren Scharen ihnen gegenüber, und der Angriff begann. Die Djinn spien Feuer, daß der Rauch bis zum Himmel stieg und beide Heere der Sicht entzog, die Köpfe flogen von den Rümpfen herunter, das Blut floß in Strömen, das Getöse nahm immer mehr zu, das Schwert war geschäftig, bis es schartig und stumpf wurde, die Kriegsflamme loderte hell auf, die Mutigen sprangen voran, die Feigen entflohen. Der Richter der Wahrheit entschied zwischen ihnen: die einen kamen um, die andern wurden gerettet; so dauerte der Kampf den ganzen Tag fort. Des Abends stiegen sie von ihren Pferden ab, und die Könige besuchten Hasan. Nachdem er ihnen für ihren Beistand gedankt und ihnen vollständigen Sieg gewünscht hatte, fragte er sie, welchen Ausgang ihr Krieg mit der Königin Nur Alhuda genommen habe. Sie antworteten: »Sie werden nur noch drei Tage standhalten; schon haben wir einen Sieg erfochten und Tausende der Ihrigen erschlagen und gefangen; sei nur guten Muts.«

Die Geister verließen Hasan wieder, beschützten ihre Truppen die ganze Nacht und priesen ihren Propheten Muhammed. Sobald der Morgenstern leuchtete, begann der Kampf wieder von neuem; man fiel sich mit Schwert und Lanzen an, und die beiden Heere glichen zwei gegeneinander tobenden Meeren oder zwei hohen zusammenstoßenden Bergen. Der Kampf dauerte den ganzen Tag fort, und auch die Nacht brachte man auf dem Rücken der Pferde zu; aber das Heer der Königin hatte schon abgenommen, neigte sich zur Flucht und wurde endlich gänzlich geschlagen.

Nur wenige entgingen dem Tod; die Königin selbst, mit den Vornehmsten des Reichs, wurde gefangen. Als der folgende Tag heranbrach, gingen die zehn Könige zu Hasan, verbeugten sich vor ihm und errichteten ihm einen vergoldeten Thron, mit Perlen und Edelsteinen verziert. Daneben errichteten sie einen zweiten von Elfenbein für seine Gattin und endlich einen dritten für die Alte. Dann führten sie ihnen die Gefangenen in Fesseln vor, unter ihnen auch die Königin Nur Alhuda. Als die Alte sie sah, sagte sie: »Du verdienst wohl, daß man dich an den Schweif von zwei durstigen Pferden binde und dir zwei ausgehungerte Hunde nachschickte, die dein Fleisch zerreißen, das man dir dann selbst zu essen gäbe, du Gottlose! Wie konntest du so gegen deine Schwester verfahren, die doch nach der Vorschrift Gottes und seines Propheten geheiratet hat; sind doch die Frauen für die Männer geschaffen!« Hasan erteilte sogleich den Befehl, alle Gefangenen niederzumetzeln, und auch die Alte schrie: »Laßt keinen einzigen am Leben!« Als aber Hasans Gattin ihre Schwester in Ketten sah, brach sie in Tränen aus. Da fragte Nur Alhuda: »Wer ist der Mann, der uns besiegen und gefangennehmen konnte? Hier ist ein wunderbares Ereignis!« Manar Alnisa antwortete: »Der Mann, der unser aller Herr ist und der auch den Königen der Geister gebietet, die euch besiegt haben, verdankt seine ganze Macht einer Mütze und einem Zepter.« Als Nur Alhuda dies hörte, fiel sie vor ihrer Schwester nieder und weinte, bis die, von Mitleid ergriffen, zu Hasan sagte: »Was willst du mit meiner Schwester hier beginnen? Sie hat dir doch nichts Böses getan, das eine Strafe verdiente?« Hasan erwiderte: »Waren die Mißhandlungen, die du von ihr erlitten hast, für mich nicht das Allerschlimmste, was sie mir hätte antun können?« – »Das alles«, entgegnete Manar Alnisa, »war über mich verhängt. Übrigens: mein Vater wird sich schon genug über meine Abreise grämen; soll er auch noch meiner Schwester Tod beweinen?« Hasan fügte sich in den Willen seiner Gattin und ließ nicht nur seine Schwägerin, sondern auch alle übrigen Frauen entfesseln. Manar Alnisa umarmte ihre Schwester, weinte eine Weile mit ihr, setzte sich neben sie und erzählte ihr die ganze Geschichte mit Hasan, der inzwischen mit Dank sein Heer entließ. Dann sagte sie: »Wer so gehandelt und mit solcher Beharrlichkeit seinen Vorsatz verfolgt hat, verdient keine Zurücksetzung.« Nur Alhuda versetzte: »Es ist wahrhaft wunderbar, was er nach deiner Erzählung gelitten hat, und alles um deinetwillen?« – »Allerdings«, erwiderte Manar Alnisa. Sie brachten dann die Nacht beisammen zu, und am folgenden Morgen nahmen sie voneinander Abschied. Hasan schlug mit dem Zepter wieder die Erde und bestellte zwei Pferde. Als seine Diener sie brachten, bestieg er das eine mit einem Sohn, seine Gattin das andere mit dem andern Sohn, und die Königin mit der Alten kehrten in ihre Heimat zurück. Nach einer Reise von einem Monat kam Hasan mit seiner Gattin vor eine Stadt, die von Bäumen und Flüssen umgeben war. Sie stiegen ab und wollten unter einem Baum ausruhen, als eine Schar Reiter auf sie zukam. Hasan ging ihnen entgegen, und siehe da: es war der König Hasun, der Herr des Landes Kafur und der kristallnen Veste, mit den angesehensten Bewohnern der Stadt Nach gegenseitigen Bewillkommnungen stieg der König ab, setzte sich zu Hasan, beglückwünschte ihn und ließ sich von ihm erzählen, was ihm seit seiner Trennung widerfahren war. Als Hasan seine Geschichte vollendet hatte, sagte der König Hasun: »Mein Sohn, noch nie ist jemand glücklich von den Inseln Wak-Wak zurückgekommen; gelobt sei Gott, der dich auf eine wunderbare Weise gerettet hat!« Hasan und seine Gattin bestiegen dann nach dem Wunsche des Königs ihre Pferde wieder und ritten mit ihm in die Stadt, wo sie drei Tage mit vieler Auszeichnung bewirtet wurden. Am vierten Tag bat Hasan den König um die Erlaubnis, seine Reise wieder fortsetzen zu dürfen; der König begleitete sie noch zehn Tage weit, nahm dann Abschied von ihnen und kehrte um.

Hasan reiste mit seiner Gattin wieder einen ganzen Monat ununterbrochen fort, bis sie an eine große Höhle kamen; da sagte er zu seiner Gattin: »Warte hier ein wenig: hier wohnt der große Meister Abu Risch, dem ich die Bekanntschaft mit dem König Hasun verdanke.« Als aber Hasan in die Höhle gehen wollte, kam Abu Risch ihm entgegen. Hasan stieg vom

Pferd, grüßte ihn und küßte ihm die Hand. Abu Risch lud Hasan und seine Gattin in die Höhle ein und ließ sich von ihnen erzählen, was ihnen auf den Inseln Wak-Wak widerfahren war, und als er die Geschichte mit der Mütze und dem Zepter hörte, sagte er zu Hasan: »Ohne diese wärst du nicht glücklich davongekommen.« Während sie so im Gespräch begriffen waren, wurde an die Türe geklopft: es war der alte Abd Alkadus, der auf seinem Elefanten herangeritten kam, der wie die Nacht aussah. Abu Risch freute sich über seine Ankunft und führte ihn auch in die Höhle. Als Hasan ihn erkannte, stand er vor ihm auf und grüßte ihn; der erwiderte seinen Gruß, und Hasan erzählte auf Verlangen des Abu Risch noch einmal seine Geschichte. Abd Alkadus sagte dann zu Hasan: »Mein Sohn, du bist nun wieder im Besitz deiner Frau und deiner Kinder und bedarfst des Zepters und der Mütze nicht mehr; bedenke nun, daß du durch unsere Hilfe nach den Inseln Wak-Wak gelangt bist und schenke mir den Zepter und Abu Risch die Mütze.« Hasan, der Wohltaten dieser beiden Männer eingedenk, schämte sich, ihnen etwas abzuschlagen; er versetzte jedoch: »Gerne will ich eure Bitte gewähren; wenn aber mein Schwiegervater mich mit seinen Truppen verfolgt, womit rette ich mich dann?« Abd Alkadus erwiderte: »Sei ohne Furcht, wir schützen dich gegen ihn und gegen jeden andern.« Hasan konnte nun nicht länger mehr sich weigern; er gab Abu Risch die Mütze und sagte zu Abd Alkadus: »Begleite mich nach Hause, und du erhältst dann den Zepter.« Der Alte nahm diesen Vorschlag freudig an und schenkte Hasan viel Geld, Perlen und Edelsteine. Nach drei Tagen traf Abd Alkadus die nötigen Anstalten zur Reise. Hasan und seine Gattin bestiegen ihre Pferde und Abd Alkadus den Elefanten, der aus der Wüste hertrabte, und nahmen Abschied von Abu Risch, der wieder zur Höhle zurückging. Nach einer langen Reise, auf der der Alte sie stets den besten Weg führte, kamen sie endlich wieder in bewohntes Land, und bald zeigte sich in der Ferne die Spitze des Wolkenbergs, das grüne Schloß mit der Kuppel, den Säulen und dem Springbrunnen. Da sagte der Alte zu Hasan: »Freue dich, du wirst diese Nacht bei meinen Nichten zubringen.« Hasan und seine Gattin waren außer sich vor Freude über diese Nachricht. Sie ruhten eine Weile bei der Kuppel aus, aßen und tranken, dann brachen sie wieder auf und entdeckten bald das Schloß ihrer Freundinnen. Als sie in seine Nähe kamen, traten die Mädchen zu ihnen heraus, und nach gegenseitiger Begrüßung sagte der Alte: »Nun, meine Nichten, hier bin ich wieder mit eurem Freund Hasan, der durch mich seine Gemahlin und seine Kinder wiedergefunden hat.« Die Mädchen umarmten Hasan, beglückwünschten ihn und gaben ihm zu Ehren ein großes Fest.

Die jüngste Schwester weinte lange an seinem Halse und klagte ihm, was sie durch die lange Trennung von ihm gelitten und wie sie sich nach ihm gesehnt habe. Hasan sagte: »Ich weiß, daß ich nur dir all mein Glück zu verdanken habe. Gott lohne es dir! Ich werde nie vergessen, was du zu jeder Zeit für mich getan hast.« Nachdem er ihr dann alles erzählt hatte, was ihm inzwischen widerfahren war, wandte sie sich zu Manar Alnisa, umarmte sie, drückte sie und ihre Kinder an ihre Brust und sagte: »O Prinzessin! Hattest du denn kein Mitleid in deinem Herzen, daß du mit den Kindern diesen Mann verlassen, ihm so viele Leiden verursachen und ihn in so große Gefahren stürzen konntest?« Manar Alnisa antwortete lächelnd: »O meine Herrin! Was sein soll, das geschieht; niemand kann seiner Bestimmung entfliehen! Es war über meinen Gatten verhängt; ihm war Speise und Trank zugemessen und das Land, das er durchschreiten, und die fremden Menschen, die er sehen sollte; laß uns Gott für seine Rettung loben.« Hasan brachte zehn Tage in allerlei Festlichkeiten und Belustigungen auf dem Schloß zu. Dann machte er sich reisefertig, und seine Freundin gab ihm viele Kostbarkeiten, Speisen und Getränke mit und umarmte ihn und küßte ihn auf die Stirn. Als die Stunde der Abreise herannahte, sprach Hasan die Verse:

»Schwer ist der Trost des Liebenden; hart
die Trennung von der Freundin. Trennung
und Zurückstoßen ist Qual, das Opfer der
Liebe wird zum Märtyrer. Wie lang wird

> dem Liebenden die Nacht, wenn er fern von der Geliebten ruht! Tränen fließen über seine Wangen her, und die Tränen rufen: Wird es noch lange so währen?«

Dann schenkte Hasan dem Alten den Zepter und nahm von ihm und von den Mädchen Abschied, und nach einer siebentägigen Reise langte er in der Friedensstadt Bagdad an. Seine Mutter hatte während seiner Abwesenheit nichts als geweint und getrauert und alle Freude an den Genüssen des Lebens verloren. Schon war jede Hoffnung, ihren Sohn wiederzusehen, aus ihrem Herzen geschwunden. Sie sprach, als er an die Türe klopfte, die Verse:

> »Bei Gott, o Herr, heile die, die du krank gemacht hast; ihr Körper ist abgemagert und ihr Herz gebrochen. Sei gütig und kehre zur Liebenden wieder, denn sie ist in Trennungsschmerz versunken. Möchte doch Gottes Bestimmung uns bald wieder vereinen!«

Als sie diese Verse vollendet hatte, rief Hasan: »O meine Mutter! Es gefiel Gott, uns wieder zu vereinigen!« Als die Alte die Stimme ihres Sohnes hörte, konnte sie nicht erwarten, bis sie ihn sah; sie öffnete schnell die Türe, und als sie Hasan mit seiner Frau und seinen Kindern erblickte, fiel sie vor Freude in Ohnmacht. Hasan bespritzte sie, bis sie wieder zu sich kam, dann umarmte er sie und weinte. Auch Manar Alnisa küßte und umarmte ihre Schwiegermutter. Die sagte zur Prinzessin: »Wenn ich irgendwie gegen dich gefehlt habe, so flehe ich Gottes Verzeihung an.« Dann fragte sie Hasan, warum er so lange weggeblieben sei; worauf er ihr alles, was ihm auf der Reise widerfahren war, erzählte. Als die Alte von dem Zepter und der Mütze hörte, sagte sie: »Mein Sohn, du warst leichtsinnig im Verschenken der Mütze und des Zepters; denn hättest du sie noch, so wäre ja die ganze Erde in der Länge und in der Breite dein Eigentum!

Doch gelobt sei Gott, der dich und deine Frau und deine Kinder gerettet hat.« Hasan erzählte ihr hierauf ausführlich, was er den Alten verdankte, so daß ihm keine Wahl geblieben sei, als sie zu beschenken. Am folgenden Morgen zog Hasan ein feines Kleid an, ging auf den Markt und kaufte die schönsten Sklaven und Sklavinnen, die feinsten Stoffe zu Kleidern, Edelsteine zu Schmuck, Divane und anderes Hausgerät, wie sie nur Kaiser besitzen, und lebte mit seiner Mutter, der Gattin und den Kindern in Glück und Freude, bis sie der Tod erreichte.

GESCHICHTE DJAUDARS

Es lebte einst ein Kaufmann, der Omar hieß und drei Söhne hatte. Der eine hieß Salem, der andere Djaudar und der dritte Selim. Omar liebte Djaudar mehr als die beiden andern Söhne; die waren deshalb eifersüchtig auf ihren Bruder und haßten ihn. Als Omar das merkte, befürchtete er, es möchte Djaudar nach seinem Tode Unrecht geschehen, daher ließ er gerichtliche Teilungskommissäre und rechtskundige Männer zu sich rufen, holte all sein Geld und seine Waren herbei, teilte es in vier Teile, gab jedem seiner Söhne einen Teil und behielt für sich einen Teil, der nach seinem Tod seiner Frau zufallen sollte. Omar starb bald nach dieser Teilung. Salem und Selim forderten Djaudar vor Gericht und behaupteten, er habe einen Teil des Vermögens ihres Vaters für sich behalten. Djaudar berief die Zeugen, die bei der Teilung zugegen gewesen waren, und wurde freigesprochen; doch kostete ihn der Prozeß viel Geld, und seine Brüder büßten noch mehr ein durch allerlei Bestechungen, die sie gegeben hatten. Bald darauf gingen sie zu einem andern Gericht, teilten wieder viele Bestechungen aus und führten so lange Prozeß mit Djaudar, bis sie endlich ihr Vermögen eingebüßt hatten und alle arm wurden. Salem und Selim gingen darauf zu ihrer Mutter, verspotteten und schlugen sie und nahmen ihr ihr Geld. Sie kam zu Djaudar und klagte ihm, was seine Brüder ihr getan hatten und verwünschte sie. Djaudar sagte: »Laß sie sein, Gott wird ihnen ihre Handlungen vergelten, wir haben lange Prozeß geführt, bis wir alle verarmten. Soll ich jetzt deinetwillen einen neuen Prozeß anfangen? Das wird zu nichts führen, bleibe du bei mir, und ich lasse dir den Laib Brot, den ich essen wollte: Gott wird mir deinetwillen helfen und mir Nahrung verschaffen.« Djaudar kaufte sich ein Netz und fischte in Bulak, Altkahirah und anderen Orten jeden Tag bald für zwanzig, bald für dreißig Drachmen Fische; dafür kaufte er zu essen für sich und seine Mutter und lebte recht vergnügt. Seine

Brüder trieben aber kein Handwerk und keinen Handel, sondern verschwendeten, was sie von ihrer Mutter genommen hatten, und liefen bald nackt und hungrig als gemeine Bettler umher. Während Djaudar fischte, kamen sie zu ihrer Mutter, demütigten sich vor ihr und klagten ihr ihre Not. Da einer Mutter Herz immer weich ist, gab sie ihnen trocknes Brot, das sie hatte, oder übriggebliebene Speisen und sagte: »Eßt geschwind und geht wieder, ehe euer Bruder Djaudar zurückkommt, daß er mir nicht böse werde.« Sie aßen immer schnell und machten sich wieder fort, bis eines Tages doch, als sie gerade aßen, Djaudar zurückkehrte. Die Alte wurde verlegen, als Djaudar ins Zimmer trat; sie fürchtete seine Heftigkeit und neigte beschämt ihr Haupt zur Erde; er aber war freundlich gegen seine Brüder, hieß sie willkommen, nannte diesen Tag einen gesegneten, umarmte sie und machte ihnen Vorwürfe, daß sie ihn so lange nicht besucht hatten. Sie sagten: »Bei Gott! Wir hatten schon Sehnsucht nach dir, aber wir schämten uns zu kommen, nach dem, was zwischen uns vorgefallen ist. Wir bereuen schon längst unsere Handlungsweise und erkennen sie als ein Werk des Satans, den Gott verdamme. Was haben wir denn auf der Welt außer dir und unserer Mutter?« Die Alte sagte zu Djaudar: »Mein Sohn, Gott lasse dein Gesicht hell strahlen und vermehre dein Wohl!« Djaudar lud seine Brüder ein, bei ihm zu bleiben und Gottes Segen mit ihm zu genießen. Sie übernachteten bei ihm und frühstückten am andern Morgen.

Dann ging Djaudar mit seinem Netz, auf Gott vertrauend, vor das Tor; des Mittags gab die Mutter seinen Brüdern zu essen, und des Abends kam er mit Fleisch und Gemüse zurück, das sie miteinander verzehrten. So lebten sie einen Monat lang; Djaudar fischte, und seine Brüder gingen ihrem Vergnügen nach. Eines Tages ging Djaudar, wie gewöhnlich, an den Fluß, warf aber das Netz dreimal aus und zog keinen Fisch herauf. Er dachte: An dieser Stelle gibt es keine Fische, ging weiter, warf von neuem das Netz aus und zog es wieder leer herauf. So ging er von morgens bis abends von einem Ort zum andern, ohne den kleinsten Fisch zu fangen. Da sagte er: »Sonderbar; es gibt gar keine Fische mehr im Fluß!« nahm das Netz auf den Rücken und ging traurig heimwärts zu seiner Mutter und seinen Brüdern, denen er nichts zu essen bringen konnte. Als er an einem Bäckerladen vorüberkam, an den sich die Leute mit dem Geld in der Hand hindrängten, ohne daß der Bäcker sie beachtete, blieb er seufzend stehen. Da fragte ihn der Bäcker: »Djaudar, brauchst du Brot?« Djaudar schwieg. Der Bäcker, der seine Verlegenheit bemerkte, sagte: »Wenn du kein Geld hast, so tut das nichts; nimm nur, soviel du brauchst, ich borge dir.« Djaudar versetzte: »Gib für zehn Fadda Brot und nimm dieses Netz als Unterpfand.« Aber der Bäcker erwiderte: »Wovon sollst du dich ernähren, wenn ich das Netz habe? Nimm nur das Brot; hier hast du noch zehn Fadda dazu, und bring mir morgen für zwanzig Fadda Fische.« Djaudar nahm das Brot und das Geld, kaufte Fleisch und Gemüse dafür und brachte es nach Hause; seine Mutter kochte es, und sie aßen zusammen und legten sich schlafen. Am andern Morgen stand er früh auf und ging mit dem Netz fort. Seine Mutter sagte: »Frühstücke zuerst!« Er erwiderte aber: »Frühstücke du nur mit meinen Brüdern«, und ging nach Bulak an den Nil, warf das Netz wieder dreimal aus, ohne etwas zu fangen; er ging an einen andern Ort und lief den ganzen Tag herum, ohne einen Fisch zu sehen. Er nahm nun sein Netz auf den Rücken, ging bestürzt zum Bäcker und wollte sich bei ihm entschuldigen. Aber der Bäcker sagte: »Du brauchst dich nicht zu entschuldigen, nimm nur dein Brot; hast du heute nichts gefangen, so wirst du morgen um so mehr fangen; und wenn du auch morgen leer heimkehrst, so komme nur und hole dein Brot, ich borge dir.« Aber auch am dritten Tag, als Djaudar an den Seen fischte, kehrte er ohne Fische heim und ebenso die folgenden vier Tage. Da dachte er: Ich will nun einmal an den See Karun gehen und dort mein Glück versuchen. Als er dort war und eben das Netz auswerfen wollte, kam ein Abendländer, auf einem Maulesel reitend; er war königlich gekleidet, und alles Geschirr des Tiers sowie der auf demselben liegende Quersack waren mit Gold bestickt; er grüßte Djaudar und sagte: »Wenn du mir einen Dienst tun willst, sollst du reichen Lohn dafür erhalten und mein Glücksgefährte werden.« Djaudar sagte: »Mein Herr, ich bin zu allem bereit: Was soll ich tun?« Der Abendländer erwiderte: »Zuerst laß uns die ersten Verse des Korans beten«, und als dies geschehen war, zog er eine seidene Schnur heraus und sagte zu Djaudar: »Binde mich damit fest, wirf mich in den Teich und warte eine Weile; siehst du, daß ich eine Hand aus dem Wasser strecke, so fange mich mit deinem Netz; strecke ich aber zuerst einen Fuß aus dem Wasser, so wisse, daß ich tot bin; du kannst mich im Teich lassen; nimm nur dieses Maultier und den Sack, bring ihn einem Juden namens Schamia, der auf dem Bazar sitzt; er wird dir hundert Dinare geben. Behalte sie für deine Mühe und sage niemandem etwas.«

Djaudar tat, was der Abendländer ihm befohlen hatte; er band ihn, warf ihn ins Wasser und wartete eine Weile, bis seine Füße hervorkamen; dann setzte er sich auf das Maultier und ritt damit auf den Bazar zum Juden, der vor seinem Magazin saß. Der fragte: »Ist der Mann gestorben?« Djaudar antwortete: »Er ist tot.« Da sagte der Jude: »Den hat seine Habgier getötet.« Er nahm Djaudar das Maultier ab, gab ihm hundert Dinare und empfahl ihm, das Geheimnis treu zu bewahren. Djaudar ging mit dem Geld zum Bäcker, kaufte das nötige Brot, gab ihm ein Goldstück und sagte: »Nimm davon, was ich dir schuldig bin, und halte mir das übrige zugut.« Der Bäcker sagte: »Ich habe ja nichts von dir gefordert, du hättest nicht so zu eilen brauchen.« Er rechnete aus, was Djaudar ihm schuldig war, und sagte: »Du hast noch auf zwei Tage Brot bei mir gut.« Djaudar kaufte hierauf Fleisch beim Metzger, dem er auch ein Goldstück gab und den er auch bat, ihm das übrige zugut zu halten, und ging dann zum Gemüsehändler. Er kam gerade nach Hause, als seine Brüder von ihrer Mutter zu essen forderten, und sie sagte: »Ich habe nichts, wartet, bis Djaudar nach Hause kommt.« Freudig rief er ihnen zu: »Hier ist Brot, eßt!« und sie fielen darüber her wie Wölfe. Djaudar gab dann das übrige Geld seiner Mutter und beauftragte sie, seinen Brüdern davon zu geben, sooft sie hungerten. Am folgenden Morgen ging er wieder an den See Karun mit dem Netz auf dem Rücken; als er es auswerfen wollte, kam ein anderer Abendländer auf einem Maultier, noch reicher ausgestattet als der erste; der hatte auch einen Quersack auf dem Maulesel, in dem zwei Büchsen waren; er grüßte Djaudar und sagte: »Ist nicht gestern abend schon ein Abendländer zu dir hergekommen auf einem Maulesel?« Djaudar, aus Furcht, er möchte fragen, wo er hingekommen sei, und dann glauben, er habe ihn ertränkt, leugnete es und sagte: »Ich habe niemanden gesehen.« Der Abendländer fuhr fort: »Gestern war mein Bruder da, der mir vorausgeeilt ist; hast du ihn nicht gebunden in den See geworfen? Und hat er dir nicht gesagt: Wenn ich die Hand aus dem Wasser strecke, so zieh mich schnell mit dem Netz heraus, wenn aber zuerst mein Fuß aus dem Wasser hervorgeht, so bin ich tot, nimm dann den Maulesel und führe ihn zum Juden Schamia, der wird dir hundert Dinare geben? Nun ist sein Fuß aus dem Wasser gekommen, und du hast wirklich den Maulesel dem Juden gebracht und hundert Dinare von ihm empfangen.« Djaudar erwiderte: »Da du doch alles so genau weißt, warum fragst du mich?« Der Abendländer antwortete: »Ich wünsche, daß du mir dasselbe tust wie meinem Bruder.« Hierauf zog er eine seidene Schnur heraus und sagte ihm: »Binde mich wie meinen Bruder und stürze mich in den See; geht es mir wie meinem Bruder, so bringe den Maulesel dem Juden Schamia; er wird dir wieder hundert Dinare geben.« Djaudar band ihn, warf ihn in den See und wartete eine Weile, bis er die Füße aus dem Wasser steigen sah. Da sagte er: »Auch der ist tot; so Gott will, werden alle Abendländer zu mir kommen; ich will sie alle binden und in den See werfen und für jede Leiche hundert Dinare nehmen.«

Djaudar nahm den Maulesel und ging auf den Bazar; als der Jude ihn sah, sagte er: »Auch der ist tot?« Djaudar antwortete: »Mögest du für ihn leben!« Der Jude rief: »Das ist der Lohn der Habgierigen!« Nahm den Maulesel und gab Djaudar hundert Dinare. Der ging damit zu seiner Mutter, und als sie ihn fragte, woher er so viel Geld habe, erzählte er ihr alles. Seine Mutter sagte: »Mein Sohn, geh nicht mehr an den See Karun; ich fürchte, die Abendländer möchten dich noch ins Unglück stürzen.« Er aber erwiderte. »Da ich sie nur auf ihr Verlangen in den See werfe, was kann mir geschehen? Das ist eine Arbeit, die mir täglich hundert Dinare einbringt; bei Gott, ich höre nicht auf, an den See zu gehen, bis von den Abendländern keine Spur mehr übrigbleibt.« Am folgenden Tag ging er nochmals an den See, da kam wieder ein Abendländer auf einem Maulesel, noch reicher ausgestattet als die beiden ersten, und dieser hatte auch einen Quersack mit zwei Büchsen bei sich. Er ging auf Djaudar zu und sagte ihm: »Friede sei mit dir, o Djaudar, Sohn Omars!« Djaudar dachte bei sich: »Es scheint, sie kennen mich alle«, und erwiderte den Gruß. »Sind Abendländer hier vorübergekommen?« – »Zwei sind hergekommen und haben sich von mir fesseln und in den See werfen lassen und sind darin umgekommen und so wird es auch dir gehen.« Der Abendländer lächelte und sagte: »O Armer! Alles Lebende muß seiner Bestimmung folgen, verfahre mit mir wie mit den beiden andern!« – »Gib die Schnur und lege deine Hände auf den Rücken, daß ich dich schnell binde, denn es ist schon spät, ich habe Eile.« Der Abendländer legte seine Hände auf den Rücken, Djaudar band und stieß ihn in den See, er wartete eine Weile, und siehe da, der Abendländer hob die Hände aus dem Wasser und rief: »Rette mich mit deinem Netz!« Djaudar warf sein Netz aus und zog den Abendländer, der in jeder Hand einen roten Fisch mit Korallen trug, ans Land. Als er das Ufer erreicht hatte, bat er Djaudar, die zwei Büchsen zu öffnen, und als Djaudar dies getan hatte, schloß er die zwei Fische hinein und machte die Büchsen wieder zu. Dann umarmte er Djaudar, küßte ihn auf die rechte und linke Wange und sagte: »Gott beschütze dich vor jedem Übel! Bei Gott, hättest du mir dein Netz nicht zugeworfen, ich wäre ertrunken mit diesen beiden Fischen in der Hand!« Djaudar sagte: »Mein Herr, ich beschwöre dich bei Gott, sage mir die Wahrheit: Wer bist du und wer waren die beiden Abendländer, die vor dir gekommen und ertrunken sind? Und wer ist der Jude auf dem Bazar? Und was bedeuten diese beiden Fische?«

Der Abendländer antwortete: »Wisse, o Djaudar, die beiden Männer, die ertrunken sind, waren meine Brüder, der eine hieß Abd Assalam, der andere Abd Alahad, und mein Name ist Abd Assamd; auch der, den du für einen Juden hältst, ist unser Bruder und heißt Abd Arrahim, er ist aber kein Jude, sondern ein Muselmann und echter Malikite wie wir; wir waren vier Söhne eines Zauberers, der Abd Alwudud hieß. Unser Vater hatte uns die Kunst, Geheimnisse zu lösen, verborgene Schätze zu entdecken und andere Künste gelehrt, unter andern auch, die Geister zu beschwören und sie uns dienstbar zu machen.

Als unser Vater starb, hinterließ er uns viele Schätze und Talismane, die wir miteinander teilten, als wir aber an die Teilung der Bücher kamen, da entstand ein Streit wegen eines Buches aus alter Zeit, das ›Schriften der Alten‹ hieß und mit keinen Schätzen zu bezahlen ist, weil es die verborgensten Zauberkünste enthielt; es war das Buch, das unser Vater gebrauchte und aus dem wir einiges auswendig gelernt hatten. Nun wollte jeder von uns dieses Buch haben, um sich zu belehren. Während wir so stritten, trat der Lehrer und Erzieher unseres Vaters in unsere Mitte, sein Name war ›der tiefste Wahrsager‹, und sagte: ›Gebt mir das Buch, ich werde gewiß keinem von euch Unrecht tun, ihr seid ja die Kinder meines Sohnes: Derjenige von euch, der die Schätze Schamardals öffnet, der soll es haben. Diese Schätze bestehen aus einem Schwert, einem Zirkel, einer Zeichnung der Himmelskugel und einem Augenschminkeschächtelchen. Durch das Siegel wird man Herr eines Geistes, der der lärmende Donner heißt und durch den man sich die ganze Erde unterwerfen kann. Mit dem Schwert, aus dem ein tötender Blitz hervorstrahlt, kann man auf einmal eine ganze Armee schlagen oder in die Flucht treiben; mit der Himmelskugel kann man sich in der ganzen Welt umsehen, von Osten bis Westen, je nachdem, ob man sie nach der einen oder der andern Seite dreht, und alles so genau beobachten, als wäre man überall zugleich; auch kann man, wenn man sie gegen die Sonne dreht, jede beliebige Stadt samt ihren Bewohnern damit verbrennen. Das Schächtelchen endlich enthält ein Pulver: wenn man damit das Auge schminkt, so sieht man alle Schätze, die in der Erde verborgen sind. Wer mir also diese vier Kleinodien zu bringen vermag, der soll das Buch haben. Wisset aber‹, fuhr der Erzieher fort, ›daß diese Schätze unter der Obhut der Söhne des roten Königs stehen, die sich in den See Karun nach Ägypten geflüchtet hatten, als euer Vater sie fangen wollte; er verfolgte sie zwar, konnte ihnen aber nicht beikommen, weil ein Talisman sie in diesem See schützt, weshalb er auch die Schätze nicht holen konnte und mir sein Mißgeschick klagte. Ich rechnete nun aus, daß die Söhne des roten Königs nur durch Hilfe eines Mannes namens Djaudar gefangen werden können; wen er in den See wirft und auf ein Zeichen mit der Hand wieder mit dem Netz aus dem Wasser herauszieht, der ist der Glückliche.‹ Wir beschlossen hierauf, nach Ägypten zu gehen; nur unser vierter Bruder hatte keine Lust, sein Leben solcher Gefahr auszusetzen; er verkleidete sich als jüdischer Kaufmann, um uns zu begleiten, den Maulesel der Ertrinkenden zu nehmen und dir hundert Dinare zu geben. Nun haben die Söhne des roten Königs meine Brüder getötet, ich aber habe sie gefangen, denn was du in diesen Büchsen siehst, sind keine Fische, sondern Geister in Gestalt von Fischen. Nun folge mir nach Fez und Miknas, wo die Schätze begraben sind, die ich nur mit deiner Hilfe öffnen kann; ich gebe dir, was du willst, und bleibe stets dein Freund; sobald ich die Schätze habe, schicke ich dich wieder frohen Herzens zu den Deinigen.« Djaudar sagte zu Abd Assamd: »Ich habe eine Mutter und zwei Brüder am Halse, die ich versorgen muß; wer wird ihnen zu essen bringen, wenn ich weg bin?« Abd Assamd antwortete: »Das ist ein schlechter Vorwand, wenn es dir bloß wegen des Geldes ist, so will ich dir tausend Dinare für deine Mutter geben, davon kann sie leben, bis du zurückkehrst, denn du wirst längstens vier Monate ausbleiben.« Als Djaudar von tausend Dinaren hörte, sagte er: »Gib tausend Dinare, mein Herr, für meine Mutter, und ich gehe mit dir.« Abd Assamd gab das Geld sogleich her, und Djaudar ging damit zu seiner Mutter und erzählte ihr, was zwischen ihm und Abd Assamd vorgefallen war. Seine Mutter sagte: »Mein Sohn, ich werde Verlangen nach dir haben und ängstlich um dich sein.« Djaudar erwiderte aber: »Wen Gott beschützt, dem stößt nichts Übles zu; auch ist Abd Assamd ein guter Mann.« – »Gott neige sein Herz dir zu«, rief seine Mutter, »geh mit ihm, mein Sohn! Vielleicht belohnt er dich dafür.« Djaudar nahm von ihr Abschied und ging wieder zu Abd Assamd, der ihn auf einem Maulesel reiten ließ. Nachdem sie von mittags bis zur Zeit des Nachmittagsgebets miteinander geritten waren, wurde Djaudar hungrig und sah, daß Abd Assamd nichts zu essen und zu trinken bei sich führte. Er sagte zu ihm: »Mein Herr, es scheint, du hast Mundvorrat vergessen.« – »Bist du hungrig?« – »O ja.« Da stieg Abd Assamd von seinem Maulesel ab und sagte zu Djaudar, der auch abstieg: »Nimm den Quersack herunter.« Djaudar nahm ihn vom Esel. Da fragte Abd Assamd: »Was wünschst du, mein Freund?« – »Mir ist alles recht« – »Ich beschwöre dich bei Gott: Sage, was willst du essen?« – »Brot und Käse.« – »Armer Mann, Brot und Käse ist eine zu geringe Kost für dich, fordere etwas Besseres! Ißt du gern Reis mit Honig und gebackene Hühner?« – »Allerdings.« Abd Assamd fragte ihn dann noch über vierundzwanzig Speisen, ob er sie gerne esse, so daß Djaudar dachte: Der Mann ist toll, woher will er alles dies schaffen? Er hat ja keine Küche und keinen Koch, er sagte: »Es ist genug, mein Herr, du machst mir ja nur Lust, und ich sehe doch nichts.« Abd Assamd antwortete hierauf: »Willkommen, Djaudar!«, steckte seine Hand in den Sack, zog einen goldenen Teller mit zwei gebratenen Hühnern heraus, die ganz warm waren; dann steckte er die Hand wieder hinein und holte eine Schüssel mit Braten heraus und so noch die vierundzwanzig verschiedenen Speisen, die er ihm genannt hatte, und forderte den verblüfften Djaudar zum Essen auf. Djaudar rief erstaunt: »Du hast in diesem Sack Köche und eine Küche verborgen.« Abd Assamd sagte lachend: »In diesem Sacke wohnt ein Diener, der uns jede Stunde tausend Gerichte bringt, wenn wir sie wollen.« Sie aßen nun, bis sie satt waren. Abd Assamd warf das übrige weg, legte die Schüsseln wieder leer in den Sack und holte einen vollen Wasserkrug heraus; sie tranken, wuschen sich und beteten, dann luden sie den Sack mit den zwei Büchsen wieder auf den Esel und ritten weiter. Abd Assamd fragte Djaudar: »Weißt du, wie weit wir seit Mittag gekommen sind?« – »Nein.« – »Bei Gott! Wir haben einen Weg von einem Monat zurückgelegt; zwar geht ein Maulesel, der einem Geist gehorcht, jeden Tag ein Jahr weit, aber dir zulieb lasse ich ihn langsamer gehen.« Bei Sonnenuntergang hielten sie wieder an, Abd Assamd holte das Nachtessen aus dem Quersack und des Morgens wieder das Frühstück, so reisten sie immer gen Westen, vier Tage lang den ganzen Tag und die Hälfte der Nacht.

Am fünften Tag kamen sie nach Fez. Alle Bewohner der Stadt, die Abd Assamd begegneten, grüßten ihn und küßten ihm die Hände. Nach einer Weile blieb er vor einem Tor stehen und klopfte. Da trat ein Mädchen mit schmachtendem Aussehen, wie eine durstige Gazelle, aus dem Hof. Abd Assamd rief: »Öffne uns das Schloß, meine Tochter Rahmah.« Sie erwiderte: »Bei meinem Haupt und meinen Augen, mein Vater!«, öffnete die Türe und ging ihrem Vater voran. Djaudar verlor fast den Verstand, als sie sich so hin und her wiegte, und dachte: Bei Gott, das muß eine Prinzessin sein. Rahmah nahm den Sack vom Maulesel und sagte: »Geh deines Weges, Gott segne dich!« Da spaltete sich die Erde, der Maulesel stieg hinunter, und die Erde schloß sich wieder. Djaudar rief: »Gelobt sei Gott, der uns glücklich vom Rücken dieses Tieres heruntergebracht hat.« Abd Assamd sagte: »Wundere dich nicht; ich habe dir ja gesagt, der Maulesel ist ein Geist; komm jetzt mit uns ins Schloß!« Als Djaudar ins Schloß kam, war er höchst erstaunt über die vielen prachtvollen Divane und andern mit Perlen und Edelsteinen besetzten Kostbarkeiten; Abd Assamd ließ von seiner Tochter Rahmah ein Bündel bringen, öffnete es und zog ein Kleid heraus, das tausend Dinare wert war, und sagte zu Djaudar: »Zieh es an, Djaudar, und sei uns hier willkommen!« Djaudar zog das Kleid an und glich darin einem König von den Königen des Westens. Dann holte Abd Assamd aus dem Quersack vierzig Schüsseln mit verschiedenen Speisen und sagte zu Djaudar: »Komm her und iß, und wenn dir diese

Speisen nicht schmecken, so sage es nur, was dir beliebt.« Djaudar erwiderte: »Bei Gott, mein Herr, ich esse alles gern; frage mich nicht, gib mir, was du willst.«

Djaudar blieb nun zwanzig Tage in diesem Schloß, zog jeden Tag ein anderes Kleid an und aß immer aus dem Quersack. Abd Assamd brauchte nie auf den Markt zu gehen, um etwas zu kaufen; sogar allerlei frische Früchte konnte er aus dem Quersack holen. Am einundzwanzigsten Tag sagte Abd Assamd zu Djaudar: »Komm jetzt; das ist der Tag, an dem die Schätze von Schamardal geöffnet werden können.« Sie gingen zusammen zur Stadt hinaus; dort standen zwei Diener mit zwei Mauleseln, die auf sie warteten. Abd Assamd bestieg den einen und hieß Djaudar den andern besteigen. Sie ritten bis Mittag, da kamen sie an einen Fluß, und Abd Assamd sagte zu Djaudar: »Steige ab!« Auch er stieg ab und winkte den Dienern; sie kamen und führten die Maulesel weg. Nach einer Weile brachte der eine ein Zelt und der andere Divane; sie schlugen das Zelt auf und ordneten die Teppiche und Kissen. Dann holte der eine die beiden Büchsen mit den Fischen und der andere den Quersack. Abd Assamd nahm einige Speisen heraus, und als er mit Djaudar gegessen hatte, murmelte er Beschwörungen über die Fische, worauf sie aus den Büchsen heraus riefen: »Jawohl, o Zauberer der Welt, habe Mitleid mit uns; was willst du von uns?« Abd Assamd fuhr fort, Zaubersprüche herzusagen, bis die Büchsen in Stücke fuhren und zwei gefesselte Geister hervorkamen. Sie schrien: »Gnade, Zauberer der Welt, was willst du mit uns beginnen?« – »Ich werde euch verbrennen, oder ihr sollt mir helfen, die Schätze Schamardals zu öffnen.« – »Das kann nur durch den Fischer Djaudar, den Sohn Omars, geschehen.« – »Gut; der ist schon bei mir und hört euer Versprechen.« Als sie ihm dann versprachen, ihm zu helfen, ließ er sie frei.

Abd Assamd nahm dann ein Rohr, legte einige Täfelchen rotes Karneol darauf, holte einen Weihrauchkessel, legte Kohlen darauf und zündete durch ein einziges Blasen Feuer an. Hierauf legte er den Weihrauch zurecht und sagte zu Djaudar: »Ich werde jetzt meine Beschwörungen beginnen und darf dann nicht mehr sprechen, sonst werden sie ganz nutzlos; darum will ich, ehe ich den Weihrauch auf die Pfanne tue, dir sagen, was du tun mußt, um zum Ziel zu gelangen. Wisse, daß durch meine Beschwörungen dieser Fluß austrocknen wird; du wirst ein goldenes Tor sehen, groß wie ein Stadttor, mit zwei Ringen von Edelsteinen; klopfe leise am Tor und warte ein wenig, klopfe dann etwas stärker und warte wieder, dann klopfe zum dritten Male. Eine Stimme wird fragen: Wer klopft an dem Tor des Schatzes, ohne zu verstehen, wie man Geheimnisse löst? Antworte darauf: Ich bin Djaudar, der Sohn Omars. Es wird dann ein Mann, mit einem Schwert in der Hand, zu dir herauskommen und sagen: Wenn du Djaudar bist, so gib deinen Hals her, daß ich dir den Kopf abschneide; strecke ihm nur den Hals hin, fürchte nichts, denn sobald er dich schlagen will, fällt er leblos hin, und du empfindest nicht den mindesten Schmerz; widersetzest du dich aber, so tötet er dich. Du gehst dann weiter bis zu einem andern Tor; klopfe daran; es wird ein Reiter herauskommen mit einer Lanze und dich fragen: Wer hat dich hierhergebracht an einen Ort, den niemand betreten soll? Bei diesen Worten wird er die Lanze über dich schwingen; halte ihm nur die Brust hin, denn sobald er dich schlägt, fällt er tot vor dir hin; tust du es nicht, so bringt er dich um.

Du kommst dann«, fuhr Abd Assamd fort, »an eine dritte Türe; klopfe wieder; es wird ein Mann herauskommen mit einem Bogen in der Hand und wird einen Pfeil gegen dich schießen, halte ihm nur die Brust hin, er sinkt leblos zu deinen Füßen. Dann trete vor das vierte Tor und klopfe; es wird ein reißendes Tier auf dich zukommen von ungeheurer Gestalt, um dich zu fressen; fürchte dich nicht, wenn es den Rachen aufsperrt, und entfliehe nicht, sondern strecke ihm deine Hand hin; denn sobald es dich beißen will, fällt es zu Boden, und du bleibst unverletzt. Geh dann zur fünften Türe; da wird ein schwarzer Sklave herauskommen und dich fragen, wer du bist. Antworte: Ich bin der Fischer Djaudar, der Sohn Omars. Er wird darauf sagen: So komme zur sechsten Türe. Du gehst hin und rufst: O Jesus, bitte Moses, daß er mir die Türe öffne! Die Türe wird sich öffnen, und du wirst zwei Schlangen sehen, eine zur Rechten und eine zur Linken, die mit aufgesperrtem Rachen auf dich losrennen; strecke ihnen nur deine Hände hin; jede wird eine Hand beißen wollen und nur, wenn du dich fürchtest, werden sie dich töten. Dann klopfe an der siebenten Türe, da wird deine Mutter dir entgegenkommen und sagen: Willkommen, mein Sohn, tritt näher, daß ich dich grüße! Sage ihr aber: Bleibe fern von mir und entkleide dich! Deine Mutter wird sagen: Mein Sohn, ich habe dich ja gesäugt und erzogen, wie soll ich mich vor dir entkleiden? Antworte ihr: Wenn du dich nicht entkleidest, so bringe ich dich um; nimm bei diesen Worten das Schwert, das zu deiner Rechten an einer Schnur hängen wird, und schwinge es drohend über sie und laß dich ja nicht durch Bitten und Tränen erweichen, bis sie sich entkleidet; dann wird sie sogleich vor deinen Augen niederstürzen. Wird auf diese Weise aller Zauber gelöst, so hast du nichts mehr zu befürchten, du wirst dann eine Schatzkammer mit Goldhaufen sehen, kehre dich nicht daran, sondern hebe am obern Ende der Schatzkammer einen Vorhang auf, da siehst du den Zauberer Schamardal auf einem goldenen Thron sitzen und auf seinem Haupt glänzt etwas wie der Mond; das ist die Himmelskugel, auch ist er mit einem Schwert umgürtet, hat ein Schächtelchen am Hals hängen und einen goldenen Siegelring am Finger; nimm diese vier Dinge und bringe sie mir; hüte dich aber, etwas zu vergessen von dem, was ich dir gesagt habe, und sei furchtlos, sonst wirst du es bereuen.« Er wiederholte ihm das alles mehrere Male. Djaudar sagte: »Ich habe es mir gemerkt, aber wer kann diesen Talismanen entgegentreten und so schreckliche Dinge ertragen?« Abd Assamd versetzte: »Fürchte dich nicht, es sind leblose Körper«, und er sprach ihm so lange zu, bis er ausrief: »Nun, ich setze mein Vertrauen auf Gott!« Abd Assamd warf dann den Weihrauch auf die Pfanne und rezitierte einige Zauberformeln, der Fluß trocknete aus, und Djaudar klopfte an den verschiedenen Türen und überstieg alle Hindernisse, bis ihm seine Mutter begegnete und ihn beschwor, sie nicht zu zwingen, sich zu entkleiden. Als er ihr mit dem Schwert drohte, zog sie sich zur Hälfte aus und sagte: »O mein Sohn, es ist eine Sünde, mich ganz vor dir zu entblößen; sei nicht so hart, fordere dies nicht von deiner Mutter, laß dich erweichen!« Djaudar sagte: »Das ist wahr, du hast recht; du brauchst dich nicht weiter zu entkleiden.« Kaum hatte er das gesagt, schrie sie: »Er hat gefehlt, prügelt ihn!« Da kamen schwarze Sklaven herbei und prügelten ihn, daß er um sein Leben fürchtete, warfen ihn zur Tür hinaus und schlossen sie wieder. Abd Assamd nahm ihn zu sich, und das Wasser kehrte, wie zuvor, in den Fluß zurück.

Abd Assamd brachte Djaudar durch Beschwörungen wieder zum Bewußtsein zurück; dann fragte er ihn, was er gemacht habe. Djaudar sagte: »Ich hatte alle Hindernisse besiegt, bis meine Mutter kam, mit der ich lange stritt und die ich nötigte, sich bis auf ihre Beinkleider zu entkleiden; dann bat sie mich aber so sehr, sie nicht zu beschämen, daß ich nachgab und sie nicht ganz nackt sehen wollte. Darauf schrie sie: Er hat gefehlt. Da kamen Leute, ich weiß nicht, woher, und schlugen mich und stießen mich zur Tür hinaus; was nachher geschah, weiß ich nicht.« Abd Assamd sagte: »Habe ich dich nicht gewarnt, ja nichts zu unterlassen von allem, was ich dir angegeben habe? Hättest du sie gezwungen, sich völlig zu entkleiden, so wären wir jetzt am Ziel. Du hast mir und dir selbst geschadet. Nun mußt du bis aufs nächste Jahr um diesen Tag bei mir bleiben.« Er ließ hierauf die Sklaven das Zelt zerstören und die zwei Maulesel bringen und kehrte mit Djaudar nach der Stadt Fez zurück, wo sie ein ganzes Jahr verweilten, in dem Djaudar gut aß und trank und jeden Tag ein neues Kleid anzog.

Nach einem Jahr ritten sie wieder zusammen an den Fluß; die Sklaven schlugen ein Zelt auf, und Abd Assamd machte Rauchwerk, schärfte Djaudar wieder alles ein wie das vorige Jahr und sagte: »Die Frau, die sich entkleiden soll, ist nicht deine wirkliche Mutter, es ist nur ein Geist, der dich irreführen will, und fehlst du diesmal wieder, so kommst du nicht lebendig davon.« Djaudar sagte: »Ich werde deine Ermahnung so wenig vergessen wie die erhaltenen Prügel; wenn ich diesmal fehle, so mag man mich verbrennen.« Er ging hierauf über den wieder ausgetrockneten Fluß, klopfte an den verschiedenen Türen und besiegte alle Hindernisse, bis seine Mutter wieder kam und ihn bewillkommnete; er sagte aber: »Entkleide dich, Verruchte! Wieso bin ich dein Sohn?« Sie entkleidete sich zur Hälfte und bat wieder um Schonung; aber sich seiner Tracht Prügel erinnernd, unterdrückte er jedes Mitleid und drohte ihr so lange, bis sie sich ganz zu entkleiden anfing, worauf sie leblos hinfiel. Djaudar trat dann in die Schatzkammer und kehrte sich nicht an dem Haufen Gold, der dalag, sondern ging in das Nebengemach zum Zauberer Schamardal, nahm ihm die Himmelskugel, das Schwert, das Schächtelchen und den Ring und ging damit hinaus zu Abd Assamd. Auf dem ganzen Weg vernahm er Musik, und die Diener des Schatzes riefen ihm zu: Möge das, was du erlangt hast, dir Glück bringen! Abd Assamd ließ von seinen Beräucherungen und Beschwörungen ab, umarmte Djaudar und befahl den Dienern, das Zelt zu zerstören und die Maulesel zu bringen, und ritt mit Djaudar wieder nach Fez. In Fez angelangt, sagte Abd Assamd, nachdem sie zusammen sich an Speisen, die aus dem Quersack geholt wurden, gesättigt hatten, zu Djaudar: »Du hast meinetwillen deine Heimat verlassen und mich an das Ziel meiner Wünsche gebracht; nun fordere von mir, was du willst.« Djaudar sagte: »Ich möchte gern deinen Quersack haben.« Abd Assamd gab ihm den Quersack mit den Worten: »Dieser Sack wird dir deine Nahrung gewähren, sooft du einen heiligen Namen nennst, mit der Hand hineingreifst und sagst: Diener des Quersackes, bringe mir diese oder jene Speise! Doch ich habe dir versprochen, dich vollkommen glücklich in deiner Heimat zu machen, darum sollst du noch einen andern Sack mit Gold und Edelsteinen gefüllt haben; werde Kaufmann und handle damit!« Er ließ hierauf einen Sklaven mit einem Maulesel kommen, der einen Quersack voll Gold und Edelsteine trug, und sagte zu Djaudar: »Besteige diesen Maulesel! Der Sklave, der den Weg kennt, wird vor dir hergehen bis an die Tür deines Hauses; dann nimmst du die zwei Säcke, und er wird mir den Maulesel zurückbringen. Teile aber ja niemandem dein Geheimnis mit; ich vertraue dir meine Ehre an!« Djaudar dankte ihm und ritt hinter dem Sklaven her.

Nachdem Djaudar einen Tag und eine Nacht lang hinter dem Sklaven geritten war, befand er sich an dem Siegestor von Kahirah; da saß seine Mutter und bettelte. Als er sie erblickte, sprang er vom Maulesel herunter und umarmte sie; dann setzte er sie auf den Maulesel und ging neben ihr her bis zu ihrer Wohnung; hier hob er sie herunter und entließ den Diener und den Maulesel, die Geister waren und zu ihrem Herrn zurückkehrten. Djaudar fragte dann seine Mutter: »Wie kommt es, daß du betteln mußtest; wo sind denn die zwölfhundert Dinare hingekommen, die ich dir vor meiner Abreise gegeben habe?« – »Deine Brüder haben sie mir weggenommen und gesagt, sie wollten damit etwas verdienen; sie haben sie verschwendet und mich aus dem Hause gejagt, so daß ich vor Hunger betteln mußte.« – »Betrübe dich nun nicht mehr; ich habe viel Glück gehabt, hier ist ein Sack voll Gold.« – »Du hast Glück; Gott sei dir gnädig! Doch geh schnell und hole Brot, denn ich habe gestern nicht zu Nacht gegessen und bin sehr hungrig.« – »Sogleich, meine Mutter, sollst du haben, was du verlangst; sag mir nur, was du gern essen willst; ich brauche nichts zu kaufen und brauche auch keinen Koch.« – »Mein Sohn, ich sehe doch nicht, daß du etwas bei dir hast.« – »Aus diesem Quersack kann ich allerlei Speisen holen.« – »Mir ist alles recht; man begnügt sich mit allem, wenn man nichts anderes haben kann.« – »Wenn sich aber allerlei vorfindet, so wählt man, was man gerne ißt; drum sage mir, was du gerne wünschst.« – »Frisches Brot und ein Stückchen Käse.« – »Das ist zu gering für dich.« – »Nun, so Brot und Bohnen.« – »Auch das ist nicht vornehm genug.« – »Nun, da du doch meinen Rang kennst, so sage du, was mir ziemt.« – »Dir ziemen gebratene Hühner, Reis mit Pfeffer, Honig, gefüllte Rippen und süße Mehlspeise.« – »Verspottest du mich? Träumst du oder bist du verrückt? Woher sollen alle diese kostbaren Gerichte kommen? Wer kann die zubereiten?« – »Bei meinem Leben, du sollst gleich alle Speisen haben, die ich dir genannt habe.«

Djaudar nahm hierauf den leeren Sack, streckte die Hand hinein und holte alle Speisen hervor, die er genannt hatte. Seine Mutter wunderte sich und sagte: »Der Sack war doch ganz leer?« Djaudar erzählte ihr hierauf die Geschichte des Sacks. Sie stellte dann selbst einen Versuch an und forderte eine farcierte Rippe, die sie sogleich im Sack fand. Als sie gegessen hatte, sagte ihr Djaudar: »Tu das übrige in andere Schüsseln, lege die leeren Schüsseln wieder in den Sack, bewahre ihn auf und verrate niemandem das Geheimnis.« Während sie so beisammen saßen, traten Salem und Selim herein, die die Ankunft ihres Bruders mit einem Sklaven auf einem Maulesel – in einem Aufzug, der seinesgleichen nicht findet – vernommen hatten. Sie bereuten es jetzt, ihre Mutter so mißhandelt zu haben, und fürchteten, sie möchte es Djaudar erzählen; doch wagten sie es, zu ihm zu gehen, weil sie wußten, daß, wenn sie sich entschuldigten, er so großmütig sein werde, ihnen zu verzeihen. Djaudar hieß sie sitzen, bewillkommnete sie und ließ sie essen, bis sie satt waren.

Als sie genug gegessen hatten, wollten sie das übrige für das Nachtessen aufbewahren, aber Djaudar sagte: »Teilt es den Armen aus; ich will für heute abend noch mehr als dieses herbeischaffen.« Sie nahmen nun die übriggebliebenen Speisen mit und gaben davon jedem Armen, der ihnen begegnete, bis sie nichts mehr hatten; dann brachten sie die leeren Schüsseln ihrer Mutter, die sie auf Djaudars Befehl wieder in den Sack steckte. Des Abends holte Djaudar wieder vierzig Speisen heraus und hieß seine Mutter den Tisch decken, ebenso am folgenden Morgen zum Frühstück, und so zehn Tage lang. Am elften Tag sagte Salem zu Selim: »Wie ist unser Bruder auf einmal so reich geworden, daß er dreimal täglich wie ein Sultan speist und das übrige austeilt?« Selim sagte: »Frage vor allem, woher diese Speisen kommen, da er doch nie etwas einkauft und auch nie ein Feuer bei ihm brennt.« Salem versetzte: »Es ist wahrlich zum Erstaunen; wir müssen irgendeine List gebrauchen, um durch unsere Mutter zu erfahren, wie es damit zugeht.« Sie begaben sich hierauf in ihres Bruders Abwesenheit zu ihrer Mutter und sagten, sie wären hungrig. Die Mutter ging in das Nebenzimmer und holte die warme Schüssel heraus. Da sagten sie: »O Mutter! Diese Schüssel ist warm, und du hast doch gar kein Feuer im Hause.« Sie antwortete: »Ich habe sie aus dem Quersack geholt.« – »Aus welchem Sack?« – »Aus dem, welchem ein Geist dienstbar ist und den ein Zauberer aus dem Abendland eurem Bruder geschenkt hat; sagt aber niemandem etwas davon.« – »Wir wollen es geheimhalten; aber zeige es uns doch einmal, wie das zugeht.« Als sie ihnen den Sack gezeigt hatte, sagte Salem zu Selim: »Wie lange sollen wir noch bei Djaudar uns wie Diener behandeln lassen und von Almosen leben? Wir wollen den Sack in unsere Gewalt bringen.« Selim fragte: »Wie willst du das anfangen?« – »Wir verkaufen ihn als Matrosen.« – »Wie können wir dies?« – »Du sollst es diesen Abend schon sehen; wir gehen zusammen zum Kapitän des roten Meeres und laden ihn zu uns ein; er wird uns glauben, was wir ihm über Djaudar sagen.« Als sie beschlossen hatten, ihren Bruder zu verkaufen, gingen sie zum Kapitän, und Salem sagte: »Herr! Wir beide sind Brüder und haben noch einen dritten Bruder, der ein sehr verworfener Mensch ist; an dem ist gar nichts Gutes. Als unser Vater starb und uns Vermögen hinterließ, teilten wir es untereinander, aber unser Bruder hatte bald seinen Anteil in sündhafter Weise verschwendet; er klagte uns dann an, wir hätten ihm zu wenig gegeben und führte so lang Prozesse gegen uns, bis wir auch arm wurden; es wäre uns daher sehr lieb, wenn du ihn uns abkaufen wolltest.« Da sagte der Präfekt: »Wenn ihr durch irgendeine List ihn mir herschaffen könnt, so schicke ich ihn gleich auf die See.« – »Wir können ihn nicht hierherbringen«, erwiderte Salem; »doch sei du unser Gast und bringe nur zwei Männer mit dir; wenn unser Bruder dann schläft, so fallen wir alle über ihn her und knebeln ihn und führen ihn unter dem Schutz der Nacht aus der Stadt.« Der Präfekt sagte: »Gut; wollt ihr ihn für vierzig Dinare verkaufen?« – »Recht gern«, antwortete Salem, und er bezeichnete ihm einen Platz, wo er nach dem Nachtgebete sich einfinden sollte. Die beiden Brüder gingen hierauf wieder zu Djaudar, und Salem küßte ihm die Hand. Djaudar fragte: »Was hast du, mein Bruder?« Salem antwortete:

»Wisse, wir haben einen Freund, der uns oft schon eingeladen und uns tausend andere Gefälligkeiten erwiesen hat; als ich ihn heute sah und grüßte, lud er mich wieder ein; ich sagte ihm aber, ich könne meinen Bruder nicht allein lassen. Da sagte er: Bringe ihn mit dir! Ich erwiderte: Das wird er nicht wollen, sei du lieber mit deinen Freunden – es saßen deren einige bei ihm – unser Gast. Ich sagte dies, weil ich nicht glaubte, daß er meine Einladung annehmen würde; nun nahm er sie aber an und bat mich, ihn am Tor der kleinen Moschee zu erwarten; ich komme daher ganz beschämt zu dir und frage, ob du unser Herz stärken und sie als deine Gäste aufnehmen wirst, oder, wenn du sie nicht in dein Haus nehmen willst, sie doch bei einem unserer Nachbarn bewirten läßt?«

Djaudar sagte: »Warum soll ich sie zu den Nachbarn schicken? Ist etwa unser Haus zu eng oder haben wir nicht für sie zu essen? Schäme dich, mich überhaupt so etwas zu fragen. Haben wir nicht die besten Speisen und Süßigkeiten und so viel, daß immer noch übrigbleibt? Du kannst Leute bringen, soviel du willst, und wenn ich nicht zu Hause bin, so wird meine Mutter dir genügend Speisen bringen; geh also und hole deine Gäste. Gottes Segen mag über uns kommen!« Salem küßte ihm die Hand und ging an das Tor der kleinen Moschee, wo nach dem Nachtgebet der Kapitän mit seinen Leuten sich einfand, und führte sie in Djaudars Haus. Djaudar stand auf, bewillkommte sie, hieß sie sitzen und ahnte nicht, was sie im Herzen gegen ihn verbargen. Er bat dann seine Mutter, das Nachtessen zu bringen, und sie holte vierzig Speisen, die ihr Djaudar nacheinander angab. Der Kapitän und seine Leute aßen nun, bis sie satt waren, und glaubten, das alles käme von Salem. Als der dritte Teil der Nacht vorüber war und sie auch süße Speisen gegessen hatten, legten sie sich schlafen. Sobald aber Djaudar einschlief, fielen sie über ihn her, und ehe er erwachte, stopften sie ihm den Mund und führten ihn zur Stadt hinaus nach Suez, wo er ein ganzes Jahr lang, mit Fesseln an den Füßen wie ein Sklave, die gemeinsten Arbeiten verrichten mußte.

Am Morgen des Tags nach Djaudars Entführung gingen die Brüder zu ihrer Mutter und fragten sie, ob Djaudar noch nicht wach sei. »Weckt ihn auf!« – »Wo schläft er denn?« – »Bei den Gästen.« – »Nun, so ist er wahrscheinlich mit den Gästen fortgegangen, um neue Schätze zu entdecken, denn er findet Geschmack an der Fremde, und ich habe gehört, wie die Gäste, die Abendländer waren, ihm zuredeten, mit ihm zu gehen.« – »Ist er denn mit Abendländern zusammengekommen?« – »Waren denn nicht solche unsere Gäste?« – »Nun, so wird er mit ihnen gegangen sein; Gott lenke ihn, er wird gewiß mit vielem Segen zurückkehren.« Aber es fiel ihr so schwer, von ihm getrennt zu leben, daß sie weinte. »Du Verruchte, so sehr liebst du Djaudar? Wenn wir aber noch so lange abwesend bleiben, betrübst du dich nicht, und wenn wir bei dir sind, freust du dich nicht; sind wir nicht ebenso deine Kinder wie er?« riefen die Brüder. »Ihr seid auch meine Kinder; doch ihr habt mir nie Gutes erwiesen von dem Tage an, da euer Vater gestorben ist; Djaudar aber hat mich stets verehrt und gestärkt; er verdient, daß ich um ihn weine; denn ich sowohl als ihr, wir haben ihm viel zu danken.« Die Brüder schmähten und schlugen darauf ihre Mutter und gingen dann in das Kabinett, um den Quersack zu suchen; da stolperten sie über den andern Quersack, der mit Gold und Edelsteinen gefüllt war, und sagten: »O Verruchte! Hier ist das Geld unseres Vaters.« – »Nein, bei Gott! Es gehört eurem Bruder Djaudar, der es aus dem Westen gebracht hat.« – »Nein, es ist das Vermögen unseres Vaters, das wir jetzt nehmen und unter uns teilen.« Als die Teilung des Geldes vorüber war und sie miteinander über den Besitz des andern Quersacks stritten, sagte ihre Mutter: »O meine Söhne! Ihr habt den Sack mit Gold und Edelsteinen unter euch geteilt; diesen Sack könnt ihr nicht teilen, sonst ist er nichts mehr wert; laßt mir ihn also, ich will euch zu jeder Zeit die Speisen herausholen, die ihr verlangt, und wollt ihr mich von eurem Geld kleiden, so bin ich zufrieden, und wir können ruhig beisammen leben; wie leicht kann euer Bruder zurückkommen und euch zu schanden machen.« Sie zankten aber die ganze Nacht fort, bis ein Kawas des Königs, der in einem der benachbarten Häuser zu Gast war, an einem Fenster, das in die Wohnung Djaudars ging, alles hörte. Der Kawas berichtete am folgenden Morgen dem König, Schems Addaulat, alles, was er gehört hatte; der König schickte sogleich nach Djaudars Brüdern und ließ sie foltern, bis sie alles eingestanden; dann ließ er ihnen beide Quersäcke abnehmen und sie einsperren; ihrer Mutter aber ließ er jeden Tag aus seinem Schlosse bringen, was sie bedurfte. –

Djaudar machte, nachdem er ein ganzes Jahr in Suez zugebracht hatte, eine Seereise; da erhob sich ein mächtiger Sturmwind, der das Schiff an Klippen stieß, die es zerschmetterten. Alle, die auf dem Schiff waren, ertranken, nur Djaudar rettete sich ans Land.

Da kam er zu einem arabischen Stamm und erzählte dem Obersten, was ihm widerfahren war. Bei diesen Arabern befand sich aber ein Kaufmann aus Djiddah, der ihn bemitleidete. Er sagte zu Djaudar: »Bleibe bei mir als Gehilfe und reise mit mir nach Djiddah.« Djaudar willigte ein und wurde von dem Kaufmann sehr würdig behandelt. Von Djiddah pilgerte der Kaufmann mit ihm nach Mekka.

Auf einmal, als Djaudar den Kreis um den Tempel machte, begegnete er seinem alten Freund Abd Assamd. Als der Djaudar sah, grüßte er ihn und fragte ihn, wie es ihm gehe, und als er von seinem Unglück hörte, nahm er ihn mit in seine Wohnung, schenkte ihm ein unbeschreiblich schönes Kleid und sagte, nachdem er seine Geomantie zu Rate gezogen hatte: »Die Zeit deines Unglücks ist zu Ende; deine Brüder sind längst in Ägypten eingesperrt; dir wird es aber gut gehen. Bleibe nur bei mir, bis du die Pflichten der Pilgerfahrt vollbracht hast.«

Djaudar erwiderte: »Ich will nur zu meinem Herrn gehen, bei dem ich diene, dann kehre ich wieder.« Abd Assamd fragte: »Bist du etwas schuldig?« – »Nein«, antwortete Djaudar. »Nun«, sagte Abd Assamd, »so geh und verabschiede dich von ihm; denn da du sein Brot gegessen hast, so hat er ein Recht, dies von dir zu verlangen.« Er ging zum Kaufmann und sagte ihm, er habe einen Freund getroffen, bei dem er bleiben wolle. Der Kaufmann sagte: »Wenn dein

Freund mein Gast sein will, so bringe ihn mir her!« Djaudar erwiderte: »Er ist ein wohlhabender Mann, hat viele Diener und bedarf keiner Einladung.« Da gab ihm der Kaufmann für die Dienste, die er ihm geleistet hatte, zwanzig Dinare. Djaudar nahm Abschied von ihm, ging mit dem Geld fort und schenkte es unterwegs den Armen; dann kehrte er wieder zu Abd Assamd zurück und blieb bei ihm, bis alle Feierlichkeiten der Pilgerfahrt vorüber waren. Nun gab ihm Abd Assamd den Ring, den er unter den Schätzen Schamardals gefunden hatte, und sagte ihm: »Dieser Ring führt dich an dein Ziel; ihm gehorcht ein Diener, der der zerschmetternde Donner heißt; er erscheint, sobald du den Ring reibst, und du kannst ihm befehlen, was du willst.« Abd Assamd rieb hierauf den Ring in Djaudars Gegenwart; da erschien sogleich ein Diener, der sagte: »Was wünschst du, mein Herr? Wenn du willst, so verwüste ich Städte oder mache sie blühend, ich bringe Könige um und schlage ganze Armeen.« Abd Assamd antwortete: »Höre, Donner! Dieser Mann ist nun dein Herr, gehorche ihm!« Er sagte dann zu Djaudar: »Bewahre diesen Ring wohl, denn du kannst durch ihn alle deine Feinde überlisten; unterschätze seinen Wert nicht.« Djaudar sagte: »Mit deiner Erlaubnis möchte ich in meine Heimat zurückreisen.« Abd Assamd erwiderte: »Reibe nur den Ring; dann wird der Diener erscheinen, der dich, wenn du es forderst, heute noch nach Ägypten bringt.« Djaudar nahm hierauf Abschied von Abd Assamd, rieb den Ring und als der Diener erschien, sagte er: »Bringe mich nach Kahirah.« Der Diener sagte: »Es sei dir gewährt«, nahm ihn auf den Rücken, flog mit ihm von Mittags bis Mitternacht, ließ ihn im Hofe seines Hauses herunter und verschwand wieder. Als Djaudar zu seiner Mutter kam, erzählte sie ihm weinend, wie seine zwei Brüder sie behandelt und wie sie die beiden Quersäcke verloren habe.

Djaudar, den das Schicksal seiner Brüder betrübte, sagte zu seiner Mutter: »Betrübe dich nicht über die Vergangenheit; ich will dir gleich zeigen, was ich vermag und wie ich meine Brüder hierherbringe.« Er rieb den Siegelring, der Diener erschien und sagte: »Was verlangt mein Herr?«

Djaudar antwortete: »Ich befehle dir, meine Brüder aus dem königlichen Gefängnis hierher zu holen.« Der Diener versank in die Erde und stieg mitten im Gefängnis wieder herauf in einem Augenblick, da Salem und Selim gerade vor harter Bedrängnis sich den Tod wünschten. Sie fielen in Ohnmacht, als der Diener mit ihnen in die Erde hinunterstieg, und als sie wieder zu sich kamen, befanden sie sich in ihrem Hause, wo Djaudar bei seiner Mutter saß. Als Djaudar sie erblickte, grüßte und bemitleidete er sie; sie aber weinten und schlugen das Gesicht nieder. Djaudar sagte: »Weint nicht; Satan hat euch durch Habgier dahin gebracht, daß ihr mich verkauft habt, doch haben Jakobs Söhne ihrem Bruder Joseph noch weit mehr Unrecht getan als ihr mir, denn sie haben ihn in eine Grube geworfen; ich verzeihe euch; bekehrt euch nur und betet zu Gott, daß auch er euch verzeihe: er ist der Vergebende, der Barmherzige.« Er hieß seine Brüder nochmals willkommen und redete ihnen so sehr ans Herz, bis es ihnen leichter wurde; dann erzählte er ihnen, was er in Suez und auf der Reise erlitten habe; bis er Abd Assamd traf, der ihm den Ring geschenkt habe. Da riefen sie: »Verzeihe uns diesmal noch, o Bruder! Begehen wir aber noch einmal ein Unrecht gegen dich, so tu uns, was du willst.« Djaudar sagte: »Fürchtet nichts; doch erzählt mir, wie der König gegen euch verfahren ist.« Sie sagten: »Er hat uns eingeschüchtert, prügeln lassen und hat uns die beiden Quersäcke genommen.« Djaudar rieb hierauf den Ring, der Diener erschien, und Salem und Selim fürchteten sich sehr, weil sie glaubten, Djaudar werde ihm Befehl erteilen, sie umzubringen; sie umfaßten ihre Mutter und sagten: »Wir begeben uns unter deinen Schutz, bitte für uns.« Djaudar aber sagte: »Fürchtet euch nicht, meine Brüder!« Dann wandte er sich zum Diener und befahl ihm, alles, was in den Schatzkammern des Königs sei, zu bringen, besonders aber die beiden Quersäcke, die er von seinen Brüdern genommen habe. Der Diener flog sogleich ins Schloß, packte alles zusammen, was in den Schatzkammern des Königs war, und legte es vor Djaudar nieder. Der gab seiner Mutter den Quersack mit Edelsteinen zum Aufbewahren und legte den, dem ein Geist untergeordnet war, vor sich nieder; dann sagte er dem Diener: »Bau mir diese Nacht ein hohes Schloß, streiche es mit Goldfarbe an und lege kostbare Divane hinein; du mußt aber, ehe der Tag anbricht, damit zu Ende sein.« Er holte dann Speisen aus dem Sack, belustigte sich mit seinen Brüdern und schlief ein. Der Diener versammelte seine Genossen und befahl ihnen, ein Schloß zu bauen. Der eine mußte Steine hauen, der andere bauen, der dritte anstreichen, der vierte malen, der fünfte Divane herrichten; und ehe der Tag anbrach, war das Schloß vollendet. Der Diener kam, um es Djaudar zu melden und ihn zu bitten, es anzusehen; Djaudar ging mit seiner Mutter und seinen Brüdern und sah ein Schloß, wie es nirgends zu finden ist und dessen Malereien sie in Erstaunen versetzten. Es befand sich auf offener Straße, und er hatte nichts dafür ausgegeben. Er bat seine Mutter, hineinzuziehen und es zu bewohnen. Dann rieb er den Ring wieder, und als der Diener erschien, sagte er: »Bringe mir vierzig weiße Sklavinnen und vierzig schwarze, vierzig Mamelucken und vierzig schwarze Sklaven.« Der Diener schickte seine Genossen nach Indien, Sind und Persien, und sie brachten die hübschesten Sklaven und Sklavinnen und stellten sie Djaudar vor.

Djaudar befahl dann dem Diener, jedem ein kostbares Kleid zu bringen, und als dies geschehen war, ließ er auch Kleider für sich, seine Mutter und Brüder bringen. Er stellte die Sklavinnen, als sie angekleidet waren, seiner Mutter vor und sagte ihnen: »Das ist eure Herrin; küßt ihr die Hand und befolgt alle ihre Befehle.« Die Mamelucken aber küßten Djaudar die Hand, er glich einem Sultan und seine Brüder umgaben ihn wie Veziere, und jeder von ihnen bewohnte mit seinen Sklaven und Sklavinnen einen Flügel des sehr geräumigen Schlosses.

Der Schatzmeister des Königs aber, der am folgenden Morgen etwas aus der Schatzkammer holen wollte, fand sie leer und schrie jämmerlich und fiel in Ohnmacht. Als er wieder zu sich kam, begab er sich zum König Schems Addaulat und sagte: »O Fürst der Gläubigen, deine Schatzkammer ist diese Nacht ausgeplündert worden.« Der König sagte: »Was hast du mit den Schätzen getan, die ich gesammelt habe?« – »Bei Gott! Ich weiß nicht, die Schatzkammer war gestern noch voll, und als ich heute hineinkam, war sie leer, und doch waren alle Türen verschlossen, es war nirgends ein Einbruch zu sehen, kein Schloß war zerbrochen; ich weiß nicht, wie sie geleert worden ist.« – »Sind auch die beiden Quersäcke weggekommen?« – »Auch die sind nicht mehr da.« Der König verlor fast den Verstand und sagte außer sich zum Schatzmeister: »Geh vor mir her in die Schatzkammer!« Als der König selbst in die Schatzkammer trat und sie ganz leer fand, geriet er in heftigen Zorn und sagte: »Wer wagt es, meinen Schatz zu berühren und meiner Macht zu trotzen?« Er versammelte nun seine Räte und die Anführer der Armeen und sagte: »Wisset, daß verflossene Nacht alle meine Schätze ausgeplündert worden sind; wer wagte es wohl, ein solches Verbrechen zu begehen?« Da trat der Kawas, der den früheren Streit zwischen Salem und Selim mit angehört hatte, hervor und sagte: »O König! Wisse, ich habe diese Nacht so wunderbare Dinge gesehen, daß ich die ganze Nacht nicht schlafen konnte.« – »Was hast du gesehen?« fragte der König. »Ich habe die ganze Nacht bauen hören«, erwiderte der Kawas, »und als der Morgen anbrach, sah ich ein vollendetes Schloß; ich fragte, wem es gehöre und vernahm, es gehöre Djaudar, dem Sohn Omars, der mit vielen Schätzen, Mamelucken und Sklaven von seiner Reise zurückgekehrt ist; er hat auch seine Brüder aus dem Gefängnis befreit und lebt in seinem Schlosse wie ein Sultan.« Der König sagte: »Seht einmal im Gefängnis nach, ob Salem und Selim wirklich entkommen sind.« Man öffnete die Türe des Gefängnisses und fand weder Selim noch Salem. Da sagte der König: »Gewiß hat derjenige, der Selim und Salem befreit, auch meine Schätze gestohlen; beides kann kein anderer getan haben als ihr Bruder Djaudar.«

Der König sagte zum Vezier: »Schicke einen Emir mit fünfzig Mann, um Djaudar und seine Brüder gefangenzunehmen; laß auch alle ihre Güter versiegeln und recht schnell hierherbringen!« Der Vezier sagte: »O König, mäßige deinen Zorn; Gott ist auch gnädig und straft nicht gleich die Menschen, die ihm widerspenstig sind; bedenke: wenn Djaudar sich, wie du hörst, in einer Nacht ein so großes Schloß hat bauen lassen, so ist er mächtig, daß niemand sich mit ihm messen kann; ich fürchte daher sehr für den Emir, es möchte ihm übel ergehen; laß uns lieber erst den Stand der Dinge untersuchen und auf andere Mittel sinnen; zuletzt kann ja immer noch dein Wille geschehen.« Der König sagte: »So rate du, was ich tun soll.« Der Vezier erwiderte: »Schicke ihm den Emir und lasse ihn zu dir einladen; ich werde ihn an dich fesseln, und sehen, ob er mutig und stark ist, dann suchen wir ihn zu überlisten; ist er schwach, so kannst du ihn festnehmen und nach deinem Willen mit ihm verfahren.« Der König billigte diesen Vorschlag und schickte den Emir Othman zu Djaudar, um ihn im Namen des Königs einzuladen. Dieser Emir aber war dumm und hochmütig; als er an Djaudars Schloß kam, sah er einen Verschnittenen vor dem Tor auf einem goldenen Stuhl sitzen; dieser Verschnittene war der Diener des Ringes selbst, dem Djaudar befohlen hatte, sich in der Gestalt eines Verschnittenen vor die Tür zu setzen. Der Verschnittene stand nicht vor dem Emir auf und trat ihm nicht entgegen, obschon er von fünfzig Soldaten begleitet war. Der Emir Othman sagte zu ihm: »Sklave, wo ist dein Herr?« Der antwortete ihm sitzend: »Er ist im Schloß.« Othman geriet in Zorn und sagte: »Du verruchter Sklave, warum bist du so unverschämt und stehst nicht auf, wenn du mit mir sprichst?« Der Verschnittene antwortete: »Geh deines Weges und spare die vielen Worte.« Othman, außer sich vor Wut über diese Antwort, zog seine Keule und wollte nach dem Geist, den er für einen Sklaven hielt, schlagen; als der Verschnittene aber dies sah, nahm er ihm die Keule weg und versetzte ihm vier Hiebe. Die Soldaten, die Othman begleiteten, zogen nun ihre Schwerter, um ihrem Herrn zu helfen, aber der Verschnittene schlug sie zurück und verwundete jeden, der sein Schwert gezogen hatte, so daß sie alle die Flucht ergriffen; der Verschnittene setzte sich dann wieder auf seinen Stuhl und kümmerte sich um nichts.

Als der Emir mit seinen flüchtigen Soldaten wieder zum König kam, sagte er: »O König, ich habe in meinem Leben kein Schloß gesehen wie das, das Djaudar gebaut hat! Als ich an sein Tor kam, sah ich einen Verschnittenen auf einem goldenen Stuhl sitzen; er war so stolz, daß er sich nicht von seinem Platz bewegte; da wurde ich aufgebracht und zog mein Schwert gegen ihn; er nahm mir aber mein Schwert weg und schlug mich und meine Soldaten, so daß wir fliehen mußten.«

Der König geriet in heftigen Zorn, als er dies hörte und sagte: »Laßt hundert Reiter gegen das Schloß ziehen!« Es zogen hundert Reiter dahin, aber auch sie wurden vom Verschnittenen in die Flucht geschlagen; sie kehrten bestürzt zum König zurück und sagten: »O König der Zeit! Der Verschnittene hat uns geschlagen, und wir fürchteten uns so sehr, daß wir vor ihm entflohen.« Der König schickte hierauf zweihundert Mann gegen Djaudars Schloß, und als auch diese ihre Niederlage dem König berichteten, sagte er zum Vezier: »Nun mußt du mit fünfhundert Mann gegen dies Schloß ziehen und mir den Verschnittenen, Djaudar und seine Brüder hierherbringen.« Der Vezier sagte: »Mein Herr, ich brauche keine Truppen; ich will lieber ganz unbewaffnet hingehen.« Der König sagte: »Geh und tu, was du für angemessen hältst.« Der Vezier warf seine Waffen weg, zog ein weißes Kleid an, nahm einen Rosenkranz in die Hand und ging allein nach Djaudars Schloß. Als der Verschnittene ihn sah, erhob er sich von seinem Stuhl und begrüßte ihn ehrerbietigst mit den Worten: »Friede sei mit dir, Mensch!« Der Vezier merkte aus dieser Anrede, daß der Verschnittene ein Genius sei und fragte, vor Angst zitternd: »Ist dein Herr Djaudar hier?« – »Er ist im Schloß.« – »Mein Herr, geh zu ihm und sage ihm: Der König Schems Addaulat läßt dich grüßen und zu einer Mahlzeit einladen.« – »Warte hier, ich will mit ihm sprechen.« Der Vezier blieb bescheiden vor dem Tor stehen, und der Genius ging ins Schloß und sagte zu Djaudar: »Wisse, mein Herr, der König hat dir einen Emir geschickt, den ich geschlagen habe, und die fünfzig Mann, die er bei sich hatte, habe ich in die Flucht getrieben;

dann schickte er hundert Reiter, dann zweihundert, die ich ebenfalls in die Flucht geschlagen habe; nun schickt er seinen Vezier ohne Waffen, um dich zu einer Mahlzeit einzuladen, was sagst du dazu?« Djaudar antwortete: »Geh und bringe mir den Vezier hierher.« Der Genius ging hinunter und sagte zum Vezier: »Mein Herr wünscht dich zu sprechen.« Der Vezier trat ins Schloß und sah Djaudar auf einem Divan sitzen, prachtvoller als der des Königs; sein Erstaunen über die Pracht des Schlosses und dessen Verzierungen war so groß, daß ihm der König nur noch wie ein Bettler erschien. Er verbeugte sich vor Djaudar und grüßte ihn. Djaudar sagte: »Was ist dein Begehren?« – »Der König läßt dich grüßen und wünscht dein edles Antlitz zu sehen; er hat auch schon ein Fest bereiten lassen, um dich zu empfangen; wirst du wohl ihm diese Freude gönnen?« – »Wenn er mein Freund ist, so grüße ihn und sage ihm, er solle zu mir kommen.« Der Vezier wollte wieder fortgehen, aber Djaudar rieb den Ring, und als der Diener erschien, sagte er ihm: »Bringe mir eines der schönsten Kleider!« Als der Diener es brachte, gab es Djaudar dem Vezier mit den Worten: »Zieh es an und sage deinem Herrn, dem König, was ich dir aufgetragen habe.« Als der Vezier in seinem neuen Kleid dem König erzählte, was er gesehen und was Djaudar ihm aufgetragen habe, brach der auf und zog, von vielen Truppen begleitet, nach dem Schloß. Auch Djaudar hatte inzwischen dem Diener befohlen, den Hof des Schlosses mit Geistern in Gestalt kräftiger Soldaten mit allerlei Waffen und Kriegsrüstung auszufüllen.

Als der König in den Hof des Schlosses kam und die aufgestellten Truppen sah, die lauter große, starke Männer waren und die herrlichsten Waffen trugen, fürchtete er sich vor ihnen; er ging demütig in den Saal, wo Djaudar saß, von mehr Glanz umgeben als irgendein Sultan, grüßte ihn und wünschte ihm Glück. Djaudar stand nicht auf und hieß den König nicht sitzen. Dieser wurde daher sehr ängstlich; er wagte es weder, sich zu setzen, noch sich wieder zu entfernen und dachte: Wenn er sich etwas aus mir machte, so würde er mich nicht so stehen lassen, gewiß will er mich deswegen züchtigen, was ich seinen Brüdern getan habe. Djaudar redete ihn sitzend an: »O König, zu einem König paßt nicht, daß er die Menschen so unterdrücke und ihnen ihr Gut wegnehme!« – Der König sagte: »Verzeih mir! Die Habgier hat mich dazu getrieben; die Bestimmung wollte es so; gäbe es keine Schuld, so gäbe es auch keine Großmut.« Er entschuldigte sich dann so lange und bat um Gnade, bis Djaudar ihm verzieh, ihn sitzen hieß und ihm einen Kaftan als Pfand der Gnade schenkte. Er befahl dann seinen Brüdern, den Tisch zu decken, und nachdem sie gegessen hatten, schenkte er dem ganzen Gefolge des Königs neue Kleider. Der König gab dann Befehl zum Aufbruch und verließ Djaudar. Am folgenden Tag besuchte er ihn wieder und so jeden Tag; auch hielt er alle Versammlungen in Djaudars Schloß und befreundete sich immer mehr mit ihm. Nach einiger Zeit aber sagte der König zu seinem Vezier: »Ich fürchte, Djaudar wird mich am Ende doch umbringen und mein Königreich an sich reißen.« Der Vezier erwiderte: »Was dein Königreich betrifft, so kannst du ohne Furcht sein, denn Djaudar besitzt mehr als ein Königreich; was aber deine Furcht, umgebracht zu werden, angeht, so hast du ja eine Tochter; gib sie ihm zur Frau, dann seid ihr verschwägert, und du hast nichts von ihm zu fürchten.« – »Willst du Vermittler zwischen uns sein?« – »Recht gerne; lade ihn zu dir ein, und wenn wir nachts beisammen wachen, so lasse deine Tochter im schönsten Aufzug an der Türe des Saals vorübergehen, und wenn er sie bemerkt und schön findet, so sage ich ihm, sie sei deine Tochter; er wird dann bei mir um sie werben, und du stellst dich, als wüßtest du von der ganzen Sache nichts; und heiratet er sie, so bildet ihr eine Familie, und du hast nichts mehr von ihm zu fürchten und erbst nach seinem Tod alles, was er besitzt.« – »Dein Rat ist vortrefflich.« Der König ließ sogleich eine Mahlzeit bereiten und lud Djaudar dazu ein, und nachdem sie bis abends in der höchsten Vertraulichkeit miteinander gezecht hatten, ließ er seine Tochter durch die Türe des Saales, herrlich geschmückt, vorübergehen; sie war so unvergleichlich schön und reizend, daß, sobald Djaudar sie erblickte, er erbleichte, einen tiefen Seufzer ausstieß, an allen

Gliedern zitterte und ganz außer sich geriet. Der Vezier neigte sich zu ihm hin und fragte, warum er so seufze? »Wem gehört dieses Mädchen, das mein Herz und meinen Verstand verwirrt hat?« – »Es ist die Tochter deines Freundes; wenn sie dir gefällt, so will ich mit dem König sprechen, daß er dir sie Frau gebe.« – »Tu dies; ich will eine so große Morgengabe herbeischaffen, wie er verlangt, und dir schenken, was du willst.« Der Vezier neigte sich darauf zum König hin und sagte: »Dein Freund Djaudar ersucht mich, dich zu bitten, daß du ihm deine Tochter zur Frau gibst, er will jede beliebige Morgengabe entrichten.« Der König antwortete: »Es sei, als habe ich die Morgengabe schon erhalten; ich bin sein Diener, und meine Tochter ist seine Sklavin; er erweist mir eine Gnade, wenn er sie annimmt.«

Am folgenden Morgen versammelte der König alle seine Freunde und hohen Beamten, ließ auch den Scheich des Islams kommen und einen Ehekontrakt zwischen Djaudar und seiner Tochter schreiben. Djaudar ließ den Quersack mit Edelsteinen holen und schenkte ihn dem König als Morgengabe; Trommeln und Psalter ertönten in der ganzen Stadt, die Hochzeit wurde mit großen Festlichkeiten gefeiert, und der König und Djaudar waren von nun an ein Herz und ein Sinn. Bald starb aber der König, und Djaudar wurde von den Truppen als Sultan ausgerufen. Er weigerte sich zwar, die Regierung anzunehmen, man drang aber so sehr von allen Seiten in ihn, bis er nachgab. Er ließ eine Moschee auf dem Begräbnisplatz des verstorbenen Sultans bauen und stiftete das Nötige für ihren Unterhalt. Djaudar ernannte Salem zu seinem Vezier der Rechten und Selim zu seinem Vezier der Linken. Nach Verlauf von einem Jahr aber sagte Salem zu Selim: »Wie lange wollen wir noch die Diener unseres Bruders bleiben? Sollen wir nie selbst Herren werden?« Selim sagte: »Ersinne eine List, wie wir ihn umbringen und ihm den Sack und den Ring nehmen.« Salem sagte: »Das will ich unter der Bedingung, daß ich dann Sultan werde und den Ring behalte; dafür sollst du den Quersack nehmen und mein Vezier zur Rechten sein.« Nach weiterer Verabredung gingen sie zu Djaudar und sagten: »Wir wünschen, daß du uns auch einmal die Ehre erweist, unser Gast zu sein.« Djaudar fragte: »Zu wem von euch soll ich diesen Abend kommen?« – »Diesen Abend zu mir«, antwortete Salem, »und ein andermal zu Selim.« Salem ließ eine Mahlzeit zubereiten und vergiftete die Schüssel, die er Djaudar vorsetzte, so daß gleich sein Fleisch und seine Knochen zersetzt wurden. Er wollte ihm dann den Ring nehmen; da er aber nicht losging, schnitt er ihm den Finger ab, rieb den Ring, und als der Diener erschien, befahl er ihm, seinen Bruder Selim zu töten und ihn und den vergifteten Djaudar den Großen des Reichs, die in einem andern Saal an der Tafel waren, vorzuwerfen. Als die Gäste die zwei Leichen sahen, fragten sie den Genius, wer den König und den Vezier umgebracht habe. Der Genius antwortete: »Ihr Bruder Salem.« In diesem Augenblick trat Salem herein und sagte: »Eßt nur weiter und seid vergnügt, ich besitze meines Bruders Ring, und Selim, dessen Verrat ich fürchtete, ist auch tot; ihr müßt mich nun als Sultan anerkennen, sonst lasse ich euch alle umbringen.« Aus Todesangst riefen nun alle: »Wir wollen dich gerne zum König erwählen.« Er hieß sie dann weiter essen, was sie auch aus Furcht taten; dann ließ er seine Brüder beerdigen und zog mit großem Pomp in den Thronsaal und ließ sich huldigen. Endlich verlangte er auch, daß man den Ehekontrakt zwischen seiner Schwägerin und ihm schreibe. Man antwortete ihm: »Warte, bis die gesetzliche Zeit vorüber ist!« Salem erwiderte aber: »Ich kenne kein Gesetz; bei meinem Haupt, sie muß noch diese Nacht meine Gattin werden!« Man schrieb den Ehekontrakt und benachrichtigte Djaudars Witwe davon. Sie empfing Salem freundlich, reichte ihm aber vergiftetes Wasser, woran er starb. Sie nahm dann den Ring und zerbrach ihn, damit ihn niemand mehr besitze, zerriß den Quersack und ließ dem Scheich Al Islam und den Truppen Nachricht von Salems Tod geben und forderte sie auf, einen anderen Sultan zu wählen.

Geschichte der messingnen Stadt

Als der Fürst der Gläubigen Abdulmelik, der Sohn Merwans, eines Tages von den Großen des Reichs umgeben war, kam die Rede auf Geschichten alter Völker und ihre mächtigen Kaiser; da sagte einer der Anwesenden: »Keinem Sterblichen wurde je so viel verliehen als Salomo, dem Sohn Davids; denn er gebot über Menschen und Genien, über Vögel und vierfüßige Tiere. Gott befahl sogar dem Wind, ihm seinen Teppich einen Monat lang auf der Hin- und ebensolang auf der Rückreise zu tragen, auch gab ihm Gott einen Siegelring, mit welchem er Eisen, Blei, Stein und Kupfer versiegeln konnte, kurz: er gab ihm alles.« Da sagte Abdulmelik: »Es ist wahr; zürnte er gegen Genien, so sperrte er sie in kupferne Büchsen ein, goß Blei darauf, siegelte sie mit seinem Ring zu und warf sie ins Meer.«

Hierauf erhob sich Taleb, ein berühmter Schwarzkünstler und hochgestellter Mann, der Bücher hatte, die ihn Schätze aus der Erde zu ziehen lehrten, und sprach: »O Fürst der Gläubigen! Gott erhalte dein Reich und erhebe deinen Rang in beiden Welten! Mein Vater erzählte mir, einst habe mein Großvater sich eingeschifft, um nach der Insel Sizilien zu fahren; da gefiel es Gott, einen Sturmwind herbeizuführen, der das Schiff vom Weg ablenkte und es erst nach einem Monat an einen hohen Berg trieb, den niemand kannte. Die Schiffsleute wußten gar nicht, wo sie waren, und fanden am Ufer Leute von wunderbarer Gestalt, die sie nicht verstanden. Nur der König dieses Landes verstand Arabisch, obgleich er kein Fremder war. Dieser kam ans Ufer, begrüßte sie und sagte: ›Ihr habt euch gewiß verirrt, denn euer Schiff ist das erste, das hier landet; doch fürchtet nichts, ihr sollt wieder glücklich in eure Heimat zurückkehren.‹ Der König bewirtete sie drei Tage lang mit Vögeln und Fischen. Am vierten Tag führte er sie zu den Fischern spazieren; da sahen sie, wie einer sein Netz auswarf und eine kupferne Flasche heraufbrachte, die mit Salomos Siegel versiegelt war. Er brach der Flasche den Hals ab und öffnete das Siegel; da stieg blauer Rauch heraus und verwandelte sich in der Luft in die häßlichste Gestalt der Welt und rief: ›Gnade! Gnade! O Prophet Gottes, ich will so etwas nicht mehr tun.‹ Mein Urgroßvater ging dann zum König und fragte ihn, was das wäre. Da sagte er: ›Es ist ein rebellischer Geist, der wegen seines Ungehorsams gegen Salomo eingesperrt und ins Meer geworfen wurde. Als er jetzt herauskam, glaubte er, Salomo lebe noch und habe ihm verziehen; darum rief er: Gnade! Gnade! O Prophet Gottes!‹«

Abdulmelik war sehr erstaunt über diese Erzählung und sagte: »Es gibt keinen Gott außer dem einzigen Gott; der hat Salomo ein großes Reich gegeben; könnte ich nur einmal mit meinen Augen solche Salomonische Flaschen sehen, sie würden jedem zur Belehrung und zur Warnung dienen.« Da sagte Taleb: »Diese Büchsen finden sich in der messingnen Stadt; wenn du sie zu haben wünschst, so schreibe Musa, deinem Statthalter über den Westen und Andalusien, er möge einige seiner Leute mit Lebensmitteln und Wasser dahinschicken und dir ohne Säumen einige von dort bringen lassen.« Der Kalif ließ sogleich einen Schreiber rufen und an den Emir Musa schreiben. Er gab Taleb den Brief und sagte ihm: »Ich wünsche, daß du selbst den Brief überbringst.« Taleb antwortete: »Ich gehorche Gott und dem Fürsten der Gläubigen«; ließ sich Geld, Lebensmittel und ein Reittier geben und reiste von Damaskus nach der Hauptstadt von Ägypten. Dort verweilte er einige Zeit bei guter Bewirtung, begab sich dann nach Oberägypten, wo der Emir Musa sich aufhielt. Als der von der Ankunft Talebs hörte, ging er zu ihm, bewillkommnete ihn und ließ ihn mit Auszeichnung bewirten. Taleb überreichte ihm den Brief des Kalifen, und als er ihn gelesen hatte, sagte er: »Ich gehorche Gott und dem Fürsten der Gläubigen«, ließ sogleich einige Reisende kommen und sagte ihnen: »Der Kalif schreibt mir, ich solle ihm Salomonische Flaschen verschaffen; wie fange ich das an?« Die Reisenden antworteten: »Wende dich an Abdul Kadus, der wird dir den Ort angeben, wo sie liegen, denn er ist viel gereist zu Wasser und zu Land; er ist der beste Führer und Ratgeber, kennt alle Wüsten und ihre Bewohner und alle Meere und ist schon mancher Gefahr glücklich entgangen.« Musa schickte nach ihm, und es erschien ein alter Mann, dem die Jahre schon hart zugesetzt hatten und dem man ansah, daß er schon die wunderbarsten Dinge erlebt hatte. Musa teilte ihm den Brief des Kalifen mit und sagte: »Da ich dieses Land wenig kenne und gehört habe, es sei niemand so weit gereist als du, so bitte ich dich, mit uns zu gehen und uns zu helfen, den Willen des Kalifen zu erfüllen. Du sollst dich, so Gott will, nicht umsonst bemühen.« Abdul Kadus erwiderte: »Ich gehorche Gott und dem Fürsten der Gläubigen; doch, mein Herr, die messingne Stadt liegt weit von hier; wir haben einen weiten Weg zu machen und laufen viel Gefahr auf der Reise.« Da fragte Musa: »Wie lange müssen wir ausbleiben?« Der Alte antwortete: »Wir brauchen vier Jahre, und du bist ein Mann, der für Gott gegen Ungläubige kämpft, du darfst also durch eine so lange Abwesenheit das Land nicht dem Feind preisgeben; darum ernenne einen Stellvertreter, der in deiner Abwesenheit die Feinde bekämpfe und das Land verwalte; übrigens weiß ja der, dessen Leben nicht in seiner Gewalt steht, auch nicht, wie bald er dem Tod anheimfällt.«

Musa ließ sogleich seinen Sohn Harun rufen, der ein guter und in der Regierungskunst erfahrener Mann war, und übertrug ihm die Statthalterschaft Ägyptens; dann ließ er die Truppen zusammenkommen und empfahl ihnen, seinem Sohn in allem Gehorsam zu leisten. Dann sagte der Alte zu Musa: »Laß tausend Kamele mit Wasser beladen und wieder tausend mit Lebensmitteln und ebenso viele mit irdenen Krügen.« – »Wozu das?« fragte Musa erstaunt. Der Alte antwortete: »Wir haben vierzig Tage durch die große Wüste von Kairawan zu gehen, wo es wenig Wasser gibt und man keine Menschen sieht; dort weht ein heftiger Samum, der die Schläuche austrocknet, weshalb das Wasser nur in Krügen aufbewahrt werden kann.« Musa schickte nach Alexandrien und ließ von dort viele Krüge holen. Er nahm dann seinen Vezier zu sich, ließ zweitausend gepanzerte Reiter neben den Kamelen herreiten, und der Alte ritt als Führer voran.

Ihre Reise war sehr beschwerlich, sie zogen bald durch bewohntes, bald durch unbewohntes Land, und häufig führte der Weg durch wilde, gefährliche, wasserlose Wüsten oder über hohe Berge. So zogen sie ein Jahr lang umher. Eines Morgens waren sie vom rechten Weg abgekommen; der Führer wußte nicht mehr, wo er war, und rief: »Es gibt keinen Schutz und keine Macht außer bei Gott, dem Erhabenen! Bei dem Herrn der Kaaba, ich habe mich in der dunklen Nacht verirrt und befinde mich nun in einem Land, das ich heute zum ersten Male sehe.« Da sagte Musa: »So führe uns wieder zur Stelle zurück, wo wir vom Weg abgekommen sind.« Als der Alte sagte, er könne sie nicht mehr finden, rief Musa: »So laß uns nur weitergehen; vielleicht wird uns Gott durch seine Macht leiten.« Sie gingen nun bis zur Zeit des Mittaggebetes vor sich hin und kamen in ein schönes ebenes Land, so flach wie das Meer, wenn es ganz ruhig ist. Bald sahen sie in der Ferne etwas Hohes und Schwarzes, sie gingen etwas näher und fanden ein Gebäude, so hoch und so fest wie ein Berg, ganz aus schwarzen Steinen gebaut, mit furchtbar großen Altanen und einem chinesischen eisernen Tor, das einen blendenden Glanz ausstrahlte. Niemand wußte, wofür er dieses Riesengebäude halten sollte, das tausend Schritte im Umfang hatte und dessen hundert Ellen hohe bleierne Kuppel in der Ferne sich wie eine Rauchsäule ausnahm. Da sagte der Führer: »Wir wollen diesem Gebäude näher treten, vielleicht können wir uns daran belehren.« Als er aber näher kam, erkannte er es und rief: »Es gibt keinen Gott außer Gott, und Muhammed ist sein Prophet.« Da sagte Musa: »Ich sehe, du preist Gott; hast du uns eine frohe Botschaft mitzuteilen?«

Der Alte antwortete: »Freue dich! Der erhabene Gott hat uns aus den schrecklichsten Wüsten befreit. Wisse, mein Vater hat mir einmal von seinem Großvater erzählt, er sei in diesem Land gewesen und nach langen Irrwegen an dieses Schloß gekommen und von da in eine messingne Stadt. Wir haben von hier nach dem Ort unsrer Bestimmung nur noch zwei Monate zu reisen; wir müssen immer dem Rand der Wüste folgen, finden aber viele Wohnungen, Brunnen und

Bäche, die Alexander der Zweihörnige eroberte, als er sich nach Westen wandte; die meisten Brunnen auf unsrem Weg hat er graben lassen.« Musa dankte für diese freudige Nachricht und sagte: »Komm, laß uns jetzt die Wunder dieses Schlosses sehen!« Sie gingen auf das Tor zu und fanden darüber mit goldenen Buchstaben geschrieben:

> »Die Überbleibsel ihrer Werke verkünden
> uns, daß auch wir ihnen folgen müssen.
> O Wanderer, der du vor dieser Wohnung
> stehst, willst du die Geschichte eines Vol-
> kes kennenlernen, das sich von seinen
> Reichtümern trennen mußte, so geh ins
> Schloß und forsche nach den Begeben-
> heiten derjenigen, die dort im Staub
> beisammen wohnen.«

Musa weinte über diese Verse und sagte: »Es gibt keinen Gott außer Gott, der ewig fortdauert.« Er kam dann an ein anderes Tor, über dem zu lesen war:

> »Wie manches Volk hat vor uralter Zeit
> hier gelebt und ist wieder verschwunden!
> Wären die Menschen verständig, so wür-
> den sie einsehen, wie die Zeit mit andern
> verfährt, und es sich zur Warnung dienen
> lassen; sie haben Schätze gesammelt, die sie
> wieder andern überlassen mußten, wäh-
> rend sie selbst nach allem Abmühen ins
> enge Grab stiegen. Wie manche Freude
> wurde ihnen zuteil, wieviel haben sie ge-
> nossen, während sie jetzt selbst im Staub
> verzehrt werden!«

Diese Inschrift machte auf Musa einen tiefen Eindruck; die ganze Welt erschien ihm nichtig und das irdische Leben kaum beachtenswert. »Ich bin Gottes«, rief er, »und zu ihm kehren wir alle wieder; es gibt keinen Schutz und keine

Macht, außer bei Gott, dem Erhabenen! Er hat uns zu etwas Großem in der Zukunft geschaffen; diese Welt hat aber für mich nicht mehr den Wert eines Mückenflügels; alle Könige müssen zuletzt sterben, und die Armen haben nach dem Tod mehr zu erwarten. Gepriesen sei Allah, der Ewigdauernde.« Er ging dann ins Schloß und bewunderte ungestört dessen schöne Bauart mit ungeheuren Räumen, in denen kein Mensch zu sehen war. Als er in den Hof kam, wo eine Kuppel sich erhob, fand er vierhundert Gräber. Er näherte sich einem von ihnen, das einen großen Grabstein von weißem Marmor hatte, auf dem folgende Verse eingegraben waren:

»Wie oft bin ich gleich dir stehen geblieben, um Inschriften auf Grabsteinen zu lesen; wie lange habe ich gegessen und getrunken und Sängerinnen angehört; wie viele feste Schlösser habe ich erobert und seine Schönen mir zugeeignet; auch ich, o Wanderer, habe über das Schicksal nachgedacht, und es war mir, als fragte man schon nach mir, es hieß: Er ist tot. Drum, o Wanderer, sorge für deine Seele, ehe du zu den Toten niedersteigst.«

Musa weinte und war so gerührt, daß ihm fast der Atem ausging. Er näherte sich dann der Kuppel und sah acht hölzerne Pforten, mit goldenen und silbernen Nägeln beschlagen. Über der Hauptpforte waren die Verse geschrieben:

»Nicht aus Freigebigkeit hinterließ ich andern meine Güter, sondern der Tod, der unter den Menschen umherzieht, zwang mich dazu. Lange freute ich mich an meinem Gut und beschützte es wie ein reißender Löwe. Ich war stets voller Sorgen, gab aus Geiz kein Senfkörnchen von dem Meinigen her, und hätte man mich ins Feuer geworfen. Da kam bald der über mich verhängte Tod, und es lag nicht in meiner Macht, ihn abzuwenden. Nichts halfen mir meine gesammelten Truppen, kein Freund und kein Nachbar konnte mich retten. Mein ganzes Leben war eine Täuschung, ich lebte bald in Wohlstand, bald in Not, stets den Tod vor Augen. Kaum füllen sich deine Beutel mit Dinaren, so gehören sie schon einem andern, und es kommen Kameltreiber und Totengräber. Dann kommt der Tag des Gerichts, und du trittst vor Gott allein und nur mit Sünden schwer beladen. Drum, o Wanderer, laß dich nicht vom Glanz der Welt verblenden und bedenke, wie es deinen Freunden und Nachbarn erging.«

Musa war so angegriffen, daß er in Ohnmacht fiel; als er wieder zu sich kam, ging er in die Kuppel und sah ein großes Grabmal mit einem eisernen chinesischen Grabstein, auf dem zu lesen war:

»Im Namen Gottes, des Einzigen, Mächtigen, Ewigdauernden, der allein bleibt, während alle seine Diener vergehen müssen. O Wanderer, der du hierherkommst, belehre dich an dem, was du hier von den Schicksalen der Welt erfährst, laß dich nicht vom Glanz der Welt verführen; sie ist trügerisch wie der Traum eines Schlafenden oder ein täuschender Sandspiegel, dem der Wanderer sich vergebens nähert, um seinen Durst zu löschen. Auch ich setzte mein Vertrauen auf diese Welt und wurde von ihr verraten. Ich war der Herr von viertausend Jungfrauen, so schön wie der Mond, und sie gebaren mir tausend Söhne, stark und mutig wie Löwen. Ich lebte tausend Jahre und sammelte Schätze, wie sie noch kein König der Erde besaß; ich glaubte, das würde ewig fortdauern; aber der Zerstörer aller Freuden, der Verwüster aller Wohnungen, der Kinder zu Waisen macht, weder den Armen verschont noch vor den Befehlen des Königs sich fürchtet, ereilte auch mich in meinem Schloß, und als ich die Vergänglichkeit sah, ließ ich diese Verse als Belehrung für Verständige aufschreiben. Ich hatte ein Heer von zehntausend Reitern, alle tapfere Helden, mit langen Panzern, schneidenden Schwertern, schrecklichen Lanzen und edlen Rossen, als die Bestimmung Gottes, des Herrn der Welten, eintrat, fragte ich meine Krieger, ob sie das Schicksal von mir abwenden könnten, und als sie dies nicht vermochten, ergab ich mich der Fügung, die mir den Tod gab und mich in dieses Grab versenkte. Ich bin Kusch, der Sohn Kanans, Sohn Schaddads, Sohn des ältern Ad.«

Dann kamen die Verse:

»Wer wird einst im Wechsel der Zeiten meiner noch gedenken und ich bin doch der Sohn Schaddads, der die Welt beherrschte mit allen Menschen, die darauf sind; alle Könige der Erde beugten sich vor meinen Waffen, und alle ihre Bewohner fürchteten meine Macht; wenn ich ausritt, sah ich eine Million Zügel, und unzahlbare Schätze füllten meine Paläste; doch endlich kam der Tod, der alle Menschen trennt und ich stieg aus meiner Herrlichkeit in die niedrigste Wohnung; da hätte ich gern für einen Augenblick Leben mein ganzes Vermögen hingegeben, aber Gott wollte diesen Tausch nicht, und so liege ich hier einsam, getrennt von den Freunden. Drum, o Wanderer, sorge für deine Seele vor dem Tod und stelle dich sicher gegen die Tücke des Schicksals!«

Musa wurde auch von diesen Versen so ergriffen, daß ihm das Leben zur Last wurde. Hierauf kamen sie an einen gelben Stein mit Füßen von Zypressenholz, worauf geschrieben war:

»An diesem Tisch haben tausend Könige gespeist, die am rechten Auge blind waren, und tausend, die am linken Auge blind waren, und tausend, die zwei gesunde Augen hatten; alle sind aus der Welt geschieden und wohnen jetzt in Gräbern.«

Nachdem Musa von allem, was er gelesen hatte, eine Abschrift gemacht hatte, reisten sie wieder weiter, und nach drei Tagen kamen sie an einen hohen Hügel, auf dem ein kupferner Reiter auf einem kupfernen Pferd saß, er hatte eine lange blendende Lanze in der Hand, auf deren Spitze mit rötlichen Buchstaben geschrieben war:

»O Wanderer, der du hierherkommst; wenn du den Weg nach der messingnen Stadt nicht weißt, so reibe den Reiter; er wird sich herumdrehen, und wende dich dann nach der Seite, nach welcher er die Spitze der Lanze dreht.«

Musa rieb den Reiter, er drehte sich herum, und sie schlugen den Weg ein, nach dem er die Lanze hob, und fanden sich bald auf geebnetem Weg. Nach drei Tagen kamen sie auf einen hohen Berg, auf dem sie eine große lange Säule sahen; als sie darauf zugingen, fanden sie eine Statue von schwarzem Stein, die einen Menschen vorstellte, der bis zu den Achseln in der Säule steckte, er hatte zwei große Flügel, zwei Hände wie die Tatzen eines Löwen, mit eisernen Krallen, einen Haarschopf mitten auf dem Kopf wie ein Roßschweif, zwei Augen, die in die Länge gespalten waren und Feuer sprühten, und aus der Stirn stach noch ein drittes häßliches dunkelrotes Auge hervor, wie das eines Luchses. Diese Gestalt rief in einem fort: »Gepriesen sei der, welcher diese lange harte Pein über mich verhängt hat!« Musa bat den Alten, diese Gestalt einmal zu fragen, wer sie sei und warum sie sich in diesem Zustand befinde. Der Alte sagte: »Ich fürchte mich vor ihr.« Musa versetzte: »Der hat genug mit sich selbst zu tun, um dir etwas anzuhaben.« Der Alte ging auf sie zu und fragte: »Wer bist du? Wie heißt du? Wer hat dich hierhergebracht?« Da antwortete sie: »Ich bin ein böser Geist und heiße Dasmusch und werde gepeinigt und bleibe hier gebannt bis zum Tage der Auferstehung durch die höchste Gewalt Gottes. Die wunderbare Ursache aber, warum ich an diese Säule gebannt bin, ist folgende: Iblis, den Gott verdammen möge, hatte einen Götzen aus rotem Korall, der mir anvertraut war. Diesen Götzen betete einer der Könige des Meeres an, der über zehnhunderttausend bewaffnete Menschen und zehnhunderttausend Genien gebot, ich verführte aus dem Leibe des Götzen hervor die Leute, und sie gehorchten mir und erkannten die Herrschaft Suleimans, des Propheten Gottes, nicht an. Dieser König hatte eine Tochter, die Tag und Nacht den mir anvertrauten Götzen anbetete und so schön war, daß man selbst Salomo auf sie aufmerksam machte. Der schickte zu ihrem Vater, ließ um sie anhalten und befahl ihm auch, den Götzen zu zerbrechen und den einzigen Gott und seinen Propheten Suleiman anzuerkennen. Tust du dies, ließ ihm Salomo sagen, so geht es dir gut, wenn nicht, so bereite dich auf den Tod vor, denn ich werde dich mit Truppen überfallen, die die ganze Erde ausfüllen, und du wirst gleich dem gestrigen Tage werden, der nie mehr wiederkehrt. Als der König diesen Brief las, warf er ihn zornig weg und sagte zu seinen Vezieren: Was soll ich

Salomo, dem Sohn Davids, antworten, der einen Boten herschickt, meine Tochter als Gattin verlangt und mir befiehlt, meinen Götzen zu zerbrechen und seinen Glauben anzunehmen? Die Veziere antworteten: Großer König und mächtiger Herr! Was kann Salomo dir tun? Du bist ebensogroß und noch mächtiger als er, du hast über eine Million Krieger zu gebieten und wohnst auf diesem großen Meer, wo er gar nicht zu dir gelangen kann und wo Menschen und Genien für dich kämpfen; übrigens berate dich mit deinem Herrn, dem Götzen, und befiehlt er dir, ihm entgegenzuziehen, so tu es! Der König stand auf und ging zum Götzen, brachte ihm ein Opfer, fiel vor ihm nieder und sprach: O Herr, ich bitte um deinen Schutz, der König Salomo will dich zerbrechen. O Herr, gebiete uns, dein Befehl wird vollzogen, denn wir kennen deine Macht! Ich verbarg mich nun, weil ich Salomos Macht nicht kannte, in dem Leibe des Götzen und sagte: Ich fürchte mich nicht vor Salomo; wenn er Lust hat, soll er mich bekriegen, ich werde ihm mit Schwert und Lanze das Leben nehmen.

Meine Antwort gab dem König Mut genug, um Salomo den Krieg zu erklären; er spie seinem Gesandten ins Gesicht und gab ihm die beleidigende Antwort: Sage Salomo, sein Herz habe ihm Lug und Trug vorgespiegelt; er möge seine ganze Macht aufbieten; wenn er nicht zu mir geht, so komme ich zu ihm. Als der Bote Salomo diese Antwort überbrachte, glühte der vor Zorn, und sein Entschluß stand fest. Er sammelte Menschen und Geister und Vögel und wilde Tiere, befahl dem Löwen, dem König der vierfüßigen Tiere, alle reißenden Tiere aus den Wüsten und Einöden zu versammeln. Er rief den Adler, den König der Vögel, und befahl ihm, alle Raubvögel zusammen fliegen zu lassen. Seinem Vezier Damuriat erteilte er den Befehl, alle Genien und Teufel und widerspenstigen Geister zu rufen; und Asaf, den Sohn Berahjas, beauftragte er, alle menschlichen Truppen zusammenzubringen. Als alles in unzählbarer Masse sich eingestellt hatte, setzte sich Salomo mit seinen Scharen auf seinen Teppich; die Vögel flogen über ihm, und die Menschen und Genien gingen vor ihm her. Als der ganze Zug am Ufer des

Meeres anlangte, stieg Salomo vom Teppich herunter und schickte einen Boten zum König der Insel, der ihm sagen sollte: Hier ist nun Salomo, der Prophet Gottes, gehorche ihm, zerbrich deinen Götzen, gib ihm deine Tochter zur Frau und rufe mit allen Bewohnern des Landes aus: Es gibt keinen Gott außer dem einzigen Gott, und Salomo ist sein Prophet! Tust du es nicht, so verteidige dich gegen seinen Angriff. Glaube aber nicht, daß dich das Meer gegen ihn schützt, denn er befiehlt dem Wind, ihn zu dir zu tragen, und erscheint mitten auf deiner Insel, um dich zu verderben. Als der Gesandte dem König Salomos Botschaft überbrachte, antwortete er: Sage Salomo, ich ziehe ihm morgen entgegen und hoffe ihn zu treffen. Der Bote kehrte wieder zu Salomo zurück, der sich hierauf zur Schlacht rüstete.

Sobald der Gesandte weg war, ließ mich der König rufen und gebot mir alle unter mir stehenden Truppen zu versammeln. Ich gehorchte, brachte eine Million Menschen und ebenso viele Genien zusammen; auch der König zog alle seine Leute zusammen, und es kam eine Zahl heraus, die nur Gott kennt. Salomo aber stellte wilde Tiere zur Rechten und zur Linken seiner Truppen auf und befahl den Vögeln in der Luft, über ihren Köpfen zu fliegen, dem Feind, sobald er einen Angriff versuche, mit den Flügeln ins Gesicht zu schlagen und ihnen mit den Schnäbeln die Augen auszupicken. Er selbst schwebte auf seinem vom Wind getragenen Teppich in der Luft, er setzte Damuriat über den rechten Flügel der Menschen und Asaf über den linken, die Könige der Menschen stellte er zur Rechten und die Könige der Geister zur Linken, und die wilden Tiere und Vipern und Schlangen schickte er voraus. Indessen traten wir ihnen doch entgegen und kämpften zwei Tage, am dritten Tag aber brach nach der Bestimmung das Verderben über uns herein. Ich stellte mich an die Spitze der ersten Reihe unserer Truppen und forderte zum Zweikampf heraus. Da trat mir Damuriat, der Vezier Salomos, wie ein großer feuerspeiender Berg mit seiner schrecklichen Macht entgegen und schoß einen feurigen Pfeil gegen mich ab; aber ich wich ihm aus und schleuderte einen feurigen Pfeil gegen ihn, der ihn traf. Aber sein Pfeil machte meine Flamme unschädlich, und er schrie so laut, daß ich glaubte, die Berge wankten und der Himmel stürzte über mir zusammen. Auf seinen Befehl griffen dann seine Truppen uns an, und das Handgemenge wurde allgemein unter furchtbarem Getöse; die Erde zitterte, Flammen sprühten, Rauch stieg gen Himmel, Köpfe fielen, Gallen zersprangen, fliegende Genien kämpften in der Luft, wilde Tiere auf der Erde; ich selbst focht immer gegen Damuriat, der mich so sehr in die Enge trieb und mir so hart zusetzte, daß ich die Flucht ergriff, und sogleich zerstreuten sich auch alle meine Truppen. Aber Salomo rief den Seinigen zu: Nehmt sie mit ihrem ruchlosen König gefangen! Da stürzten wilde Tiere zur Rechten und zur Linken über uns her; Vögel pickten uns die Augen aus und schlugen uns ihre Flügel ins Gesicht, Schlangen bissen uns und unsere Pferde, so daß kein einziger von den Unsrigen entkam. Zwar floh ich noch eine Strecke von drei Monaten vor Damuriat, aber zuletzt sank ich erschöpft zu Boden und wurde von ihm eingeholt. Als er mich gefangennahm, sagte ich: Bei dem, der dich erhoben und mich erniedrigt hat, laß mich leben und führe mich zu Salomo (Friede sei mit ihm!). Aber Salomo nahm mich sehr schlecht auf, ließ sich diese Säule bringen, höhlte sie aus, steckte mich hinein und legte sein Siegel darauf; Damuriat trug mich hierher und setzte einen mächtigen König über mich, um mich zu bewachen; und so muß ich hier in schwerer Pein bis zum Auferstehungstag gefangen bleiben.«

Höchst erstaunt über diese schreckliche Gestalt, rief Musa aus: »Es gibt keinen Gott außer dem einzigen Gott, der Salomo ein großes Reich geschenkt hat.« Der Alte sagte dann zu dem Geist: »Erlaubst du mir, dich etwas zu fragen?« Der Geist antwortete: »Frage nur, was du willst.« Da fragte der Alte: »Gibt es hier Geister, in kupferne Flaschen von Salomos Zeit her eingesperrt?« – »Ja«, erwiderte der Geist; »im Meer Karkar wohnen Leute, die noch von Noah abstammen (Friede sei mit ihm!); dorthin kam die Sintflut nicht, denn jene Gegend ist von der ganzen übrigen Erde abgeschieden.« Der Alte ließ sich dann noch den Weg nach der messingnen Stadt und dem Ort, wo die kupfernen Flaschen liegen, näher angeben und zog mit Masu und seinen Begleitern weiter. Nach einer kurzen Strecke sahen sie etwas Schwarzes in der Ferne, von zwei einander gegenüber lodernden Flammen umgeben. Als Musa fragte, was das wäre, antwortete der Alte: »Freue dich, Fürst, das ist die messingne Stadt; so ist sie mir in meinem Schatzbuch beschrieben; denn sie ist aus schwarzen Steinen gebaut und hat zwei Schlösser aus spanischem Messing, die wie zwei Feuer einander gegenüber aussehen, und daher hat sie auch ihren Namen.« Sie gingen nun auf die Stadt zu, die mächtige Gebäude enthielt und schön angelegt war, von sehr festen, achtzig Ellen hohen Mauern mit fünfundzwanzig Toren umgeben. Aber diese Tore konnten nur von innen geöffnet werden; Musa war daher in der größten Verlegenheit und wußte keinen Rat, um in die Stadt zu dringen und ihre Wunder zu sehen, und der Alte sagte: »So ist sie in dem Schatzbuch beschrieben!« Nach einigem Nachdenken befahl er einem seiner Offiziere, um die Stadt herum zu reiten und zu sehen, ob sich nicht ein zugänglicher Ort finde. Dieser bestieg sein Kamel, nahm Wasser und Lebensmittel mit, und nach zwei Tagen hatte er den Kreis um die Stadt vollendet, berichtete aber, sie sei wie aus einem Stück gegossen; auch er habe keine Öffnung gefunden, die es möglich machte, hineinzukommen.

Musa fragte ihn, ob er gar nichts von der Stadt gesehen habe. »Tapferer Fürst«, antwortete der Offizier, »es müssen Wunderwerke in den Mauern, vor denen wir hier stehen, verborgen sein; ich bin ganz erstaunt über die Festigkeit dieser Stadt, über ihre schönen Gebäude und hohen Türme.« Musa stieg dann mit dem Alten auf den höchsten Berg, der vor der Stadt lag, und von hier aus sahen sie die schönste Stadt vor sich liegen, die man finden konnte: hohe Häuser, feste Schlösser, fließende Bäche, schön angelegte Straßen. Ihr Auge entdeckte aber keinen Menschen und kein Haustier; nur Nachteulen hausten in ihr mit andern Vögeln. Die Wohnungen beklagten die Bevölkerung, die sie einst umschlossen hatten, und die Schlösser beweinten die, welche sie gebaut hatten. Musa wunderte sich über den traurigen Zustand dieser Stadt und rief: »Gepriesen sei Gott, der die

Launen des Schicksals nicht zu befürchten hat und den die Zeit nicht ändert.« Unter solchen Betrachtungen sah Musa an der Seite des Berges, der der Stadt gegenüberlag, sieben marmorne Tafeln, auf denen allerlei Ermahnungen eingegraben waren. Musa bat den Alten, diese Inschriften zu lesen, und der näherte sich der ersten Tafel und las die Inschrift:

> »O Mensch, warum bedenkst du nicht, was vor dir war; deine Jahre, Monate und Tage haben dich es vergessen lassen! Weißt du nicht, daß der Todeskelch dich erwartet und daß du bald von der Welt scheiden mußt? Drum sorge für deine Seele, ehe du ins Grab sinkst. Wo sind die Könige, die Länder besessen, Menschen unterjocht, Schlösser gebaut und Truppen angeführt haben? Der Tod hat sie überfallen, der alles Vereinte trennt; ihre Wohnungen stehen nun leer, sie sind aus geräumigen Schlössern ins enge Grab gestiegen.«

Dann las er noch die Verse:

> »Wo sind die mächtigen Kaiser mit all ihren Leuten? Gegen ihren Willen mußten sie sie räumen, als der Herr des Himmels sie heimsuchte, und nichts halfen ihnen alle ihre Schätze.«

Musa war tief ergriffen, und Tränen flossen auf seine Wangen herab; er ließ sich Tinte geben, schrieb die Tafel ab und ging zur zweiten, die die Inschrift hatte:

> »O Mensch! Welche Hoffnungen täuschen dich? Was zerstreut dich von dem Gedanken des Todes? Weißt du nicht, daß niemand in dieser Welt bleibt? Wo sind denn

die Könige, die so viele Länder besessen haben? Wo sind die, die Irak bevölkert haben? Wo ist der Erbauer Ispahans? Wo ist der Herr von Chorasan? Der Todesbote hat ihnen zugerufen, und sie mußten antworten. Der Verkündiger der Vergänglichkeit hat sie angesprochen, und sie verschwanden; ihre festen Schlösser schützten sie nicht, und alles, was sie gezählt und aufgehäuft hatten, konnte das Übel nicht von ihnen abwenden.«

Zuletzt las er die Verse:

»Wo sind die großen Kaiser und ihre Reiche? Sie haben die Erde verlassen, als wären sie nie gewesen. Sie haben aus Furcht vor dem Zerstörer der Freuden viele Truppen gesammelt; dann mußten sie sich doch beschämt fügen.«

Musa weinte heftig und rief: »Bei Gott! Wir sind zu etwas Großem geschaffen!« Er schrieb auch diese Tafel ab und ging zur dritten, auf welcher geschrieben war:

»O Erdensohn, du lebst in Zerstreuungen und wendest dich ab vom Befehl deines Herrn; ein Tag nach dem andern vergeht von deinem Leben, und du kümmerst dich nicht darum. Sammle dir doch Vorrat für den Auferstehungstag und bereite dich vor, deinem Herrn Rede zu stehen!«

Auf dieser Tafel standen noch die Verse:

»Wo sind die Mächtigen, die so viele Länder bebauten und immer ruchloser und gewalttätiger wurden? Alle Bewohner der

> Erde, Indier und Sindier, Abessinier und Mohren und Nubier fielen dem Tod anheim, sobald sie übermütig wurden, und alle ihre Schlösser konnten ihnen nicht helfen.«

Musa gefiel auch diese Inschrift so sehr, daß er sie abschrieb; er stellte sich dann vor die vierte Tafel, die die Inschrift hatte:

> »O Mensch, wie lange glaubst du, daß dein Herr dir noch zusieht, wenn du immer tiefer ins Meer deiner Leidenschaften untertauchst? Jeder Tag bringt dir Gottes Güte, jeden Tag sollte dein Dank zu ihm aufsteigen; statt dessen beschäftigst du dich mit eitlen Dingen. O schäme dich doch vor dem, der alles sieht, und erfülle des Teufels Wünsche nicht! Mir ist, als frage man schon nach dir, und es heißt: Er ist gestorben voller Reue über die Vernachlässigung der göttlichen Gebote.«

Am untern Rand der Tafel standen noch die Verse:

> »Wo sind die, die hier feste Grundpfeiler gelegt und hohe Gebäude darauf errichtet haben? Wo sind die, die diese festen Burgen bewohnt haben? Sie sind alle verschwunden, sie ruhen im Grab bis zum Tage, an dem jedes Geheimnis offenbart wird. Gott, der allein Ehrwürdige, ist unvergänglich.«

Musa fiel vor Staunen in Ohnmacht; als er wieder zu sich kam, schrieb er auch die vierte Tafel ab und näherte sich der fünften, auf der geschrieben war:

»O Menschensohn! Was leitet dich ab von dem Gehorsam gegen Gott, der dich als Kind gepflegt und erzogen hat? Wie kannst du seine Huld vergessen, während er immer gnädig auf dich herabsieht und seine schützende Hand über dich ausbreitet? Du entgehst doch einer Stunde nicht, die bitterer ist als Geduld und heißer als brennende Kohlen; bereite dich auf diese Stunde vor, denn wer kann ihre Bitterkeit mildern und ihre Glut löschen? Gedenke der Völker und Jahrhunderte, die vor dir waren, und belehre dich daran, ehe du untergehst!«

Am Rand der Tafel waren noch die Verse eingegraben:

»Wo sind die alten Könige der Erde? Dahin sind sie mit ihrem ganzen Erwerb! Einst ritten sie an der Spitze von Armeen, die die ganze Erde ausfüllten, bekämpften mächtige Herrscher, besiegten und vernichteten unzählige Heerscharen; aber unerwartet kam der Befehl des Herrn des Himmels, und nach dem glanzvollsten Leben war Verwesung ihr Ende.«

Nachdem Musa auch diese Inschrift abgeschrieben hatte, näherte er sich der sechsten Tafel, auf der zu lesen war:

»O Menschensohn! Glaube nicht, daß dein Heil ewig dauert; der Tod schwebt immerfort über deinem Haupt! Wo sind deine Väter? Wo deine Brüder und Freunde? Alle sind ins Grab gestiegen, als hätten sie nie gegessen oder getrunken, und vor den erhabenen Herrn getreten und empfangen nun den Lohn ihrer Taten. Sorge daher für deine Seele, ehe du ins Grab sinkst!«

Die Inschrift schloß mit den Versen:

> »Wo sind die Könige der Franken? Wo sind die, die in Tanger thronten? Nur ihre Werke bleiben ewig in einem Buch aufgezeichnet, das der Einzige als unauslöschliche Beweise aufbewahrt.«

Als Musa diese Verse gelesen und abgeschrieben hatte, rief er: »Es gibt keinen Gott außer Gott! Wie groß war der Tod dieser Leute!« Er näherte sich dann der siebenten Tafel, auf der geschrieben war:

> »Gepriesen sei der, der über alle seine Geschöpfe den Tod verhängt, der selbst aber ewig lebt und niemals stirbt. O Menschensohn! Laß dich von deinen vergnügten Tagen, Stunden und Augenblicken nicht irreleiten! Wisse, daß der Tod dir immer näher rückt und gleichsam auf deinen Schultern sitzt, jeden Augenblick bereit, dich zu überfallen. Schon ist mir, als sähe ich dich deines süßen und angenehmen Lebens beraubt; drum horche auf meine Rede und vertraue nur dem höchsten Herrn! Wisse, in dieser Welt ist kein Bleiben, sie gleicht einem Spinngewebe, alles vergeht darin! Wo ist der Gründer und Erbauer der Stadt Amid? Wo ist der, dem die Stadt Farikein ihr Dasein verdankt? Nach all ihrer Herrlichkeit sind sie ins Grab gestiegen, und so werden auch wir einst vergehen, denn nur der erhabene, barmherzige Gott allein bleibt ewig.«

Der Emir Musa bewunderte diese Inschrift und schrieb sie ab, stieg dann wieder vom Berg herab und sagte den Führern und den andern Leuten, die ihn umgaben: »Wie fangen wir es an, um in diese Stadt zu kommen, ihre Wunder zu sehen und ihre Schätze zu nehmen?« Der Führer antwortete: »O Fürst, wenn du in die Stadt willst, so müssen wir eine lange Leiter machen, um über die Mauer zu steigen; vielleicht können wir dann, so Gott will, die Tore öffnen.« Musa fand diesen Rat gut und befahl seinen Leuten, Holz zu schneiden, und sie arbeiteten fünf Tage lang an einer langen Leiter, die bis zur Mauer hinaufreichte. Da sagte Musa: »Gottes Segen sei mit euch! Wer von euch will über die Mauer steigen und uns die Tore öffnen?« Einer antwortete: »Ich will hinaufsteigen und euch öffnen.« Als er oben war und einen Blick in die Stadt warf, schrie er mit lauter Stimme: »Bei Gott, schön!« Dann schlug er die Hände zusammen und sprang hinunter, brach sich den Hals und starb. Musa rief erschrocken: »Bei Gott! Der Mann ist tot!« Hierauf erhob sich ein anderer und sagte: »O Fürst! Der Mann war gewiß rasend und ist darum umgekommen; ich will auf die Mauer steigen und euch die Tore öffnen.« Musa erwiderte: »Tu das, Gott segne dich! Doch hüte dich, so davonzufliegen wie dein Gefährte.« Der Mann stieg auf die Mauer, und als er droben war, lachte er laut und rief: »Schön! Schön!« Dann schlug er die Hände zusammen, sprang die Mauer hinab und fiel tot hin. Da rief Musa: »Es gibt keinen Schutz und keine Macht, außer bei Gott, dem Erhabenen! Dies geschah nun dem Verständigen und Einsichtsvollen; fahren wir so fort; so gehen wir alle zugrund', ohne daß der Wunsch des Fürsten der Gläubigen erfüllt wird; was mögen wohl diese Männer gesehen haben, um sich selbst in den Abgrund zu stürzen?« Indessen stieg doch noch ein dritter auf die Mauer, stürzte aber ebenfalls hinab, und ihm folgten noch viele von Musas Leuten.

Da sagte der Alte: »Hier kann niemand helfen als ich: Der Erfahrene handelt anders als der Unerfahrene.« – »Ja, bei Gott!« rief Musa; »nur du darfst noch hinaufsteigen, und fliegst auch du davon, so ziehen wir weg und wollen nichts mehr von dieser Stadt sehen.« Der Alte stieg mit den Worten: »Im Namen Gottes, des Barmherzigen« auf die Leiter, und als er oben war, lachte er und rief: »Schön, bei Gott, schön!« Er setzte sich dann ein wenig, stand wieder auf und sagte: »O Fürst, fürchte nichts; durch seinen barmherzigen Namen hat Gott die List der Teufel von dir gewandt.« Musa fragte: »Was siehst du?« Er antwortete: »Ich sehe zehn Jungfrauen, schön wie der Mond, sie haben Haare, Mund und Hals wie Huris, sie rauben dem Besonnensten den Verstand und laden jeden, der sie ansieht, ein, zu ihnen zu kommen. Dem oben Stehenden scheint es dann, als wäre Wasser unten, und auch ich hatte schon im Sinn, hinunterzuspringen, da verbannte ich aber den Zauber durch den Namen Gottes, und nun sehe ich unsere Gefährten tot vor mir liegen.« Hierauf rief der Alte noch einmal: »Im Namen Gottes, des Barmherzigen!« und ging zu zwei kupfernen, nach den Regeln der Kunst angelegten Türmen mit zwei goldenen Toren, an denen aber weder Schloß noch Riegel zu sehen waren.

Mitten am Tor war ein kupferner Reiter ausgehauen, der seine Hand ausstreckte; in deren Mitte war geschrieben: »O Wanderer, der du hierherkommst, willst du dieses Tor öffnen, so reibe zwölfmal den Nagel an meiner Brust, und sogleich wird sich dir das Tor mit der Erlaubnis des erhabenen Gottes öffnen.« Als der Alte dies tat, drehte sich der Reiter wie ein Blitz herum, und das Tor öffnete sich; er stieg dann hinunter und kam in einen unterirdischen Gang, der zum Stadttor führte, aber auch dieses war mit Ketten und Schlössern verriegelt; viele Leichen lagen umher und allerlei Fahnen und Kriegsgerät. Da dachte der Alte: Gewiß hat einer dieser Männer die Schlüssel zum Tor; er näherte sich ihnen daher und suchte, bis er den steinalten Torwächter fand, dem die Schlüssel zu Häupten lagen. Der Alte nahm die Schlüssel, räumte das Kriegsgerät weg und öffnete das Tor ganz allein, trotz seiner Höhe und Größe. Beim Öffnen des Tores vernahmen die Leute, die außen standen, ein Geräusch wie ein Donnern; freudig priesen sie Allah, sprangen dem Alten entgegen und wollten mit ihm in die Stadt gehen. Er aber sagte: »Nur ein Teil von euch komme mit mir, der übrige bleibe außen stehen.« Als der Alte hierauf an der Spitze der Hälfte seiner Leute die Straßen und die Märkte der Stadt durchzog, bewunderten sie die schönen Häuser, Schlösser und Bäche, die in der Stadt waren, und erstaunten über die vielen Leichen, die in den Straßen umherlagen. Auf dem Markt der Geldwechsler fanden sie alle Gerätschaften geordnet, aufgehängte Wagen, Gold und Juwelen, die niemand bewachte und niemand wegnahm, nur Leichen lagen dabei, die zum Teil schon in Verwesung übergegangen waren und nur noch die Knochen übrig hatten, als Warnung für Verständige. Sie kamen dann auf den Markt der Spezereihändler und sahen die Läden voll von dem feinsten Moschus, Ambra, Aloe und Kampfer in Gefäßen von Elfenbein, Ebenholz, spanischem Messing und andern Metallen, die so kostbar wie Gold waren und deren Eigentümer tot umherlagen. Hierauf gelangten sie an das königliche Schloß, das auch unbewacht war; hier hingen Schwerter mit Gold verziert, und daneben lagen tote Männer und Jünglinge, Schloßhüter und Adjutanten, deren Haut schon wie gedörrtes Fleisch aussah und die man für Schlafende hielt. Musa blieb erstaunt vor ihnen stehen und pries Gott. Auf dem offenen Tor des Schlosses war mit goldenen und Azurbuchstaben geschrieben:

»Sei aufmerksam, o Mensch, auf das, was du hier siehst, und bedenke dein Ende, ehe du vergehst; betrachte diese Leute, die plötzlich verschieden und nun für all ihr Bemühen im Staub liegen! Schicke dir einen reichen Vorrat an heilbringenden Taten voraus, denn alle Bewohner dieser Erde müssen sie einst verlassen. Diese Männer haben viele Gebäude errichtet und viele Güter gesammelt, die ihnen nichts halfen, als die Todesstunde kam. Sie sind vom Gipfel des Ruhms in die Tiefe des Grabes gestiegen. Wehe einem solchen Sturz! Dann rief man ihnen in ihrem Grab zu: Wo sind die Kronen und die Throne und aller Schmuck? Wo sind die verschleierten Gesichter, die einst als Muster der Schönheit galten? Und das Grab antwortet: Die Rose ist auf ihren Wangen verblichen, und, nachdem sie die besten Leckerbissen verzehrt haben, werden sie nun selbst ein Raub der Würmer.«

Musa weinte und fiel in Ohnmacht, und als er wieder zu sich kam, schrieb er die Verse ab; dann ging er ins Innere des Schlosses; da fand er vierzig einander gegenüberliegende sehr hohe Säle, voll mit Gold, Silber, Perlen und Edelsteinen. Im vordersten Saal war ein Thron von Elfenbein und Rubinen, mit dem reinsten Gold belegt, daneben erhob sich eine goldene Säule, auf deren Spitze ein Vogel stand mit einer Perle im Schnabel, die wie ein Stern leuchtete. Auf dem Thron saß ein Mädchen, so schön wie die leuchtende Sonne, sie war in ein Kleid gehüllt, das ganz aus Edelsteinen war, und hatte eine Perlenschnur am Hals, mit Moschus und Ambra ausgestopft, die das Reich eines Kaisers wert war. Dieses Mädchen sah Musa mit Gazellenaugen an, und sowohl ihr Blick als auch der Glanz ihres Angesichts und die Schwärze der Haare machten den tiefsten Eindruck auf ihn. Als er sie aber grüßte und sie seinen Gruß nicht erwiderte, sagte der Alte: »Dieses Mädchen ist tot; ihre Augen sind herausgenommen und Quecksilber an ihre Stelle gegossen worden, so daß, sooft sie Luft anweht, man glaubt, sie bewegen sich.« Musas Auge fiel dann auf zwei Statuen, die vor dem Mädchen standen; die eine war weiß, die andere schwarz, die eine hatte ein Schwert in der Hand, die andere eine Lanze. Zwischen den beiden Säulen lag eine goldene Tafel auf den Stufen des Throns mit einer silbernen Inschrift. Musa las:

»Im Namen Gottes, des Ewigdauernden, des Einzigen und Mächtigen, der allein durch die Dauer ausgezeichnet ist, während alle seine Diener vergehen, der den Tag und die Nacht leitet! O Wanderer, der du hierherkommst, denke nach über das, was du hier siehst vom Wechsel der Zeit; laß dich nicht verblenden von der Welt, sie ist trügerisch und treulos gegen ihre Anhänger. Ich habe mich auf sie verlassen und mich ihr ganz hingegeben, und doch, wie du siehst, hat sie mich verraten so wie alle ältern Völker und vergangenen Jahrhunderte; wenn du mich nicht kennst, so will ich dir sagen, wer ich war. Ich bin die Königin Tadmora, Tochter von Königen, die so viele Länder beherrscht und so viele Menschen unterjocht haben; ich habe das größte Reich auf Erden besessen, ich war gerecht in meinen Urteilen und mild gegen meine Untertanen, aber auf einmal suchte mich und mein Volk der Tod heim. Es vergingen nämlich viele Jahre, und kein Tropfen Regen fiel vom Himmel und nichts Grünes wuchs auf der Erde. Nachdem wir unsern Vorrat verzehrt hatten, suchten wir uns Nahrung aus andern Ländern zu verschaffen; aber die Leute, die ausgegangen waren, um Lebensmittel zu holen, sagten, wenn sie sie mit Perlen aufgewogen und aufgemessen hätten, so wäre es ihnen doch nicht möglich gewesen, etwas herbeizuschaffen. Als uns nun keine Hoffnung mehr blieb, ergaben wir uns der Bestimmung und schlossen die Tore der Stadt. Wer nun herkommt, der nehme von diesen Gütern, soviel er will; nur lasse er mir, was ich an meinem Körper an Kostbarkeiten trage. Er fürchte Gott und entblöße mich nicht und lasse mir meine Ausstattung; dann wird euch Gott nicht mit Teuerung und Hungersnot heimsuchen.«

Musa weinte heftig, schrieb alles ab und sagte seinen Freunden: »Schafft Kamele herbei und beladet sie mit allen diesen Gütern.« Da sagte der Vezier: »Sollen wir wirklich das

Schönste, was dieses Mädchen besitzt, zurücklassen? Wir wollen es lieber dem Fürsten der Gläubigen bringen.« Musa antwortete: »Hast du das Verbot auf der Tafel nicht gelesen?« Der Vezier erwiderte: »Und darum sollen wir diese kostbaren Perlen und Edelsteine hier lassen? Dieses Mädchen ist doch tot; was tut sie mit diesem irdischen Schmuck? Ein baumwollenes Kleid genügt ihr. Nimmst du ihn nicht, so nehme ich ihn und bringe ihn dem Fürsten der Gläubigen.« Mit diesen Worten stieg er zu ihr hinauf; als er aber zwischen den beiden Statuen stand, schlug ihm die mit dem Schwert den Kopf ab und die mit der Lanze spaltete ihm den Rücken. Da sagte Musa: »Gott habe kein Mitleid mit deiner Seele! Warum warst du so habgierig?« Nachdem hierauf Musas Leute ihre Kamele mit Gold und Edelsteinen und andern Kostbarkeiten beladen hatten, verließen sie die Stadt und reisten am Ufer des Meeres einen ganzen Monat lang, bis sie an einen hohen Berg kamen, in dem viele Höhlen ausgegraben waren. Auf dem Berg standen viele schwarze Menschen in Häute gekleidet, die kein Wort sprachen. Als sie Musas Truppen sahen, flüchteten sie sich in ihre Höhlen mit ihren Frauen und Kindern und sahen schüchtern zu Musa und seinen Leuten auf.

Musa fragte den Alten: »Wer sind diese Leute?« Der erwiderte: »Es sind Leute, die das besitzen, was du suchst.« Musa stieg vor dem Berg ab, und kaum hatte er sich in sein Zelt begeben, da kam der König der Schwarzen, der allein unsere Sprache redete, und grüßte ihn und seine Leute und fragte sie: »Wer seid ihr? Was wollt ihr? Was hat euch hierhergeführt?« Musa antwortete: »Der Fürst der Gläubigen, Abdul Melik, der Sohn Merwans, hat von unserm Herrn Salomo, dem Sohne Davids (Friede sei mit ihm!), gehört und von dem großen Reich, das ihm der erhabene Gott geschenkt hat; auch hat er vernommen, wie Salomo über Genien, Tiere und Vögel regierte und die Widerspenstigen in kupferne Flaschen einsperrte, die er versiegelt in den Abgrund des Meeres warf, dessen Wellen die Ufer eures Landes bespülen. Der Fürst der Gläubigen hat uns daher hierhergeschickt, um solche Flaschen zu suchen; und wir bitten dich nun, o König, uns behilflich zu sein, daß wir den Befehl des Fürsten der Gläubigen vollziehen können.« Der König versprach ihnen seinen Beistand und führte sie in die für Gäste bestimmte Wohnung, ließ alles Nötige dahin bringen und erwies ihnen viel Ehre. Musa fragte dann den König: »Welchen Glauben habt ihr und was betet ihr an?« Der antwortete: »Wir beten den Gott des Himmels an und glauben an Muhamed (Gottes Friede sei mit ihm!), der am Ende der Zeit wieder erscheinen wird.« Musa fragte: »Wer hat euch dies gelehrt? Ich sehe doch keinen Menschen bei euch.« Er antwortete: »An jedem Donnerstag steigt eine Feuersäule gegen den Himmel auf, und wir sehen einen Mann auf dem Wasser gehen, der ruft: O ihr Söhne der Tiefe! Bekennt, daß es keinen Gott gibt als den einzigen Gott, der keinen Gefährten hat, und daß Muhamed sein Diener und Gesandter ist. Wir beschworen ihn dann bei dem, den wir anbeten, er möge uns sagen, wer Muhamed sei, und er antwortete: »Muhamed ist ein Prophet, der in späterer Zeit erscheinen und alle Religionen vernichten und den Dienst des göttlichen Richters herstellen wird.« Ich fragte ihn dann: »Wo ist Gott, den du so beschreibst?« Er antwortete: »Sein Thron ist im Himmel und seine Herrschaft auf Erden; er ist einzig und mächtig. Und dieser Mann lehrte uns die Grundpfeiler des Islams und das Gebet und die Fasten.« Musa freute sich sehr, als er vernahm, daß diese Bergbewohner Muselmänner waren; er blieb drei Tage in der ihm angewiesenen Wohnung, dann ließ er Taucher kommen und sagte ihnen, er wünsche einige der Salomonischen Flaschen zu haben. Sie tauchten ins Meer, brachten drei kupferne Flaschen herauf und überreichten sie Musa mit vielen andern kostbaren Geschenken.

Musa trat dann mit den Seinigen den Rückweg nach Bagdad an, und als sie in der Nähe der Stadt waren, kamen ihnen die vornehmsten Bewohner entgegen. Musa erzählte dem Fürsten der Gläubigen die Wunder, die er auf seinem Weg gesehen hatte, sowie auch die Geschichte des Veziers, der wegen seiner Gier nach dem Gewand des Mädchens getötet worden war, und überreichte ihm die Flaschen und die Geschenke des Königs der Schwarzen, worüber sich der

Fürst der Gläubigen sehr wunderte. Als er eine dieser Flaschen öffnete, stieg ein Rauch gen Himmel, der sich zu einem sehr gräßlichen Geiste gestaltete und schrie: »Gnade, o Prophet Gottes! Ich will nicht mehr so sein!« Der Kalif sagte: »Kehre wieder auf deinen Platz zurück.« Der Geist ging wieder in die Flasche, und der Kalif versiegelte sie und ließ sie in seine Schatzkammer bringen und rief: »Wahrlich, dem Suleiman ist eine große Herrschaft verliehen worden!« Das ist's, was von der Geschichte der messingnen Stadt bekannt ist. Aber nur Gott ist allwissend!

Geschichte des Prinzen Zeyn Alasnam und des Königs der Geister

Ein König von Balsora (Baßrah) besaß große Reichtümer. Seine Untertanen liebten ihn; aber er hatte keine Kinder, und das betrübte ihn über die Maßen. Indes veranlaßte er alle heiligen Männer in seinen Staaten durch namhafte Geschenke, den Himmel für ihn um einen Sohn zu bitten, und ihre Gebete waren nicht erfolglos: die Königin wurde schwanger und gebar glücklich einen Sohn, der den Namen Zeyn Alasnam, das heißt Zierde der Bildsäulen, erhielt.

Der König ließ alle Sterndeuter seines Reichs zusammenrufen und befahl ihnen, dem Kind das Horoskop zu stellen. Sie entdeckten durch ihre Beobachtungen, daß er lange leben und viel Mut besitzen würde, daß er dieses Muts aber auch bedürfe, um das vielfache Unglück, das ihn bedrohe, mannhaft zu ertragen. Der König erschrak nicht über diese Weissagung. »Wenn mein Sohn Mut hat«, sagte er, »so ist er nicht zu beklagen. Es ist gut, wenn die Prinzen manchmal in ein Unglück kommen; Widerwärtigkeiten läutern ihre Tugend; sie lernen dadurch nur um so besser regieren.«

Er belohnte die Sterndeuter und entließ sie in ihre Heimat. Seinen Sohn aber ließ er mit aller erdenklichen Sorgfalt erziehen. Er gab ihm Lehrer, sobald er alt genug war, ihrem Unterricht folgen zu können. Der gute König wünschte einen vollendeten Prinzen aus ihm zu machen; aber auf einmal wurde er von einer Krankheit befallen, die seine Ärzte nicht zu heilen vermochten. Als er nun sein Ende nahen sah, ließ er seinen Sohn rufen und empfahl ihm unter anderem, er solle sich mehr die Liebe als die Furcht seines Volkes zu erwerben suchen, niemals den Schmeichlern sein Ohr leihen und ebenso langsam im Belohnen wie im Strafen sein; denn gar häufig lassen sich die Könige durch falschen Schein verführen, schlechte Leute mit Wohltaten zu überhäufen und die Unschuld zu unterdrücken.

Als der König gestorben war, legte der Prinz Zeyn Trauerkleider an und trug sie sieben Tage lang. Am achten bestieg er den Thron, nahm von dem königlichen Schatz das Siegel seines Vaters weg, legte das seinige daran und begann nun die Süße des Herrschens zu kosten. Der Anblick, wie die Höflinge sich vor ihm beugten und zur höchsten Aufgabe ihres Lebens machten, ihren Gehorsam und Eifer an den Tag zu legen, mit einem Wort: die unumschränkte Herrschergewalt hatte allzu großen Reiz für ihn. Er dachte nur an die Pflichten seiner Untertanen, nicht aber an das, was er ihnen schuldig war, und kümmerte sich wenig um die Regierungsgeschäfte. Dagegen ergab er sich allen Arten von Ausschweifungen mit jungen Wüstlingen, die er mit den höchsten Würden des Staates bekleidete. Er wußte in nichts Maß und Ziel. Seine angeborene Freigebigkeit verwandelte sich in zügellose Verschwendung, und unbemerkt hatten Frauen und Günstlinge die ganze Schatzkammer erschöpft.

Die Königin, seine Mutter, lebte noch. Sie war eine weise und verständige Fürstin und hatte mehrmals vergeblich dem Strom der Verschwendung und der Ausschweifung des Königs, ihres Sohnes, Einhalt zu tun versucht, indem sie ihm vorstellte, wenn er seinen Lebenswandel nicht ändere, so werde er nicht nur in kurzem seinen ganzen Reichtum einbüßen, sondern sich auch seine Völker abwendig machen und Aufstände veranlassen, was ihn leicht Krone und Leben kosten könne. Wenig fehlte, so wäre ihre Weissagung in Erfüllung gegangen: die Untertanen fingen an, gegen die Regierung zu murren, und es wäre unfehlbar zur offenen, allgemeinen Empörung gekommen, wenn nicht die Königin durch ihre Gewandtheit vorgebeugt hätte. Unterrichtet von dem Stand der Dinge, benachrichtigte sie den König davon, der sich endlich überreden ließ und nun das Vezirat weisen, bejahrten Männern anvertraute, die die Untertanen in ihrer Pflicht zu erhalten wußten.

Als aber Zeyn alle seine Reichtümer verschwendet sah, bereute er, daß er keinen bessern Gebrauch davon gemacht hatte. Er versank in düstere Schwermut, und nichts vermochte ihn zu trösten. Eines Nachts sah er im Traum einen ehrwürdigen Greis, der auf ihn zutrat und mit lächelnder

Miene zu ihm sagte: »O Zeyn, wisse, daß es kein Leid gibt, dem nicht Freude folgte, kein Unglück, das nicht irgendein Glück nach sich zöge. Willst du deinem Kummer ein Ende machen, so stehe auf, reise nach Ägypten, und zwar nach Kahirah: dorten erwartet dich ein großes Glück.«

Als der Fürst erwachte, machte er sich allerlei Gedanken über diesen Traum. Er erzählte ihn sehr ernsthaft der Königin, seiner Mutter, die nur darüber lachte. »Mein Sohn«, sagte sie, »willst du auf diesen schönen Traum hin nach Ägypten reisen?« – »Warum nicht, Mütterchen?« antwortete Zeyn, »glaubst du denn, alle Träume seien bloß Hirngespinste? Nein, nein, es gibt welche, in denen tiefe Wahrheit verborgen liegt. Meine Lehrer haben mir tausend Geschichten erzählt, die mich nicht daran zweifeln lassen. Wäre ich übrigens auch nicht davon überzeugt, so könnte ich doch nicht umhin, meinem Traum Beachtung zu schenken. Der Greis, der mir erschienen ist, hatte etwas Übernatürliches. Es war keiner von denen, die bloß ihr Alter ehrwürdig macht: etwas Ehrwürdiges, das ich nicht näher bezeichnen kann, war über seine ganze Person gelegt. Er glich vollkommen dem Bilde, das man von unserm großen Propheten macht, und um dir alles aufrichtig zu gestehen: Ich glaube, daß er es selbst ist, daß er sich meines Kummers erbarmt und ihn lindern will. Er hat mir ein Vertrauen eingeflößt, auf das ich alle meine Hoffnung setze. Seine Versprechungen klingen mir noch im Ohr, und ich bin entschlossen, seiner Stimme zu folgen.« Umsonst bemühte sich die Königin, ihn davon abzubringen; der Fürst übertrug ihr die Verwaltung des Reichs, verließ eines Nachts ganz heimlich den Palast und begab sich ohne Begleiter auf den Weg nach Kahirah.

Nach vielen Beschwerden und Mühseligkeiten langte er in dieser berühmten Stadt an, die wenige ihresgleichen hat. Er stieg an der Pforte einer Moschee ab und legte sich, von Müdigkeit übermannt, dort nieder. Kaum war er eingeschlafen, als ihm derselbe Greis erschien und zu ihm sprach: »O mein Sohn, ich bin zufrieden mit dir, du hast meinen Worten geglaubt und hast dich nicht von der Länge und Beschwerlichkeit des Weges abschrecken lassen, hierherzukommen. Vernimm jetzt, daß ich dich zu dieser großen Reise nur veranlaßt habe, um dich auf die Probe zu stellen. Ich sehe, du hast Mut und Charakterfestigkeit: du verdienst, daß ich dich zum reichsten und glücklichsten aller Könige der Erde mache. Kehre nach Baßrah zurück; du wirst in deinem Palast unermeßliche Reichtümer finden. Nie hat ein König so viel besessen, als dort aufgehäuft liegt.«

Der König war von diesem Traume nicht sonderlich erbaut. »Ach!« sagte er bei sich selbst, als er erwachte; »wie sehr habe ich mich getäuscht? Dieser Greis, den ich für unsern großen Propheten hielt, ist ein bloßes Erzeugnis meiner aufgeregten Phantasie. Ich hatte den Kopf so voll davon, daß es kein Wunder ist, wenn ich zum zweitenmal so geträumt habe. Am besten, ich gehe nach Baßrah zurück. Wozu soll ich mich hier länger aufhalten? Nur gut, daß ich den Grund meiner Reise niemand als meiner Mutter mitgeteilt habe. Wenn meine Untertanen ihn erführen, sie würden mit Fingern auf mich deuten.«

Er kehrte also nach seinem Königreich zurück, und als er ankam, fragte ihn die Königin, ob er mit seiner Reise zufrieden sei. Er erzählte ihr alles haarklein und schien über seine allzu große Leichtgläubigkeit so betrübt, daß seine Mutter, statt durch Vorwürfe oder Spöttereien seinen Verdruß zu vermehren, sich Mühe gab, ihn zu trösten. »Beruhige dich, mein Sohn«, sagte sie; »wenn Gott dir Reichtümer bestimmt hat, so wirst du sie ohne Mühe erwerben. Sei deswegen unbekümmert; alles, was ich dir empfehlen kann, ist, tugendhaft zu sein. Entsage den Freuden des Tanzes, der Flöten und des purpurfarbigen Weines. Fliehe diese Lüste; sie waren schon nahe daran, dich an den Rand des Verderbens zu bringen. Bemühe dich, deine Untertanen glücklich zu machen: durch ihr Glück sicherst du das deine.«

Der König Zeyn gelobte, fortan allen Ratschlägen seiner Mutter und den weisen Vezieren zu folgen, die sie erwählt hatte, um ihm die Last der Regierung tragen zu helfen. Aber gleich in der ersten Nacht, die er wieder in seinem Palast zubrachte, sah er den Greis zum drittenmal im Traum. »Mutvoller Zeyn«, sprach der zu ihm, »endlich ist der Augenblick deines Glücks gekommen. Morgen früh, sobald du aufgestanden bist, nimm deine Haue und durchsuche das Kabinett des seligen Königs; dort wirst du einen großen Schatz finden.«

Sobald der König erwachte, stand er auf, ging zu seiner Mutter und erzählte ihr mit großer Lebhaftigkeit seinen neuen Traum. »Wahrhaftig, mein Sohn«, sagte die Königin lächelnd, »der Greis ist sehr beharrlich; es genügt ihm nicht, dich zweimal betrogen zu haben. Bist du vielleicht gesonnen, ihm abermals zu trauen?« – »Nein, meine Mutter«, antwortete Zeyn; »ich glaube ihm keineswegs, doch will ich zum Spaß das Kabinett meines Vaters untersuchen.« – »O ich dachte es wohl!« rief die Königin mit lautem Gelächter; »gehe, mein Sohn, gib dich zufrieden. Mein einziger Trost ist der, daß die Sache nicht so ermüdend ist wie die Reise nach Ägypten.«

»Nun ja, liebe Mutter«, versetzte der König; »ich will dir gestehen, dieser dritte Traum hat mir wieder Vertrauen eingeflößt; er steht in genauem Zusammenhang mit den beiden andern, und wenn wir alle Worte des Greises überdenken, so hat er mir zuerst aufgegeben, nach Ägypten zu reisen, und dort hat er mir gesagt, er habe mich nur zur Probe auf die Reise geschickt. Kehre nach Baßrah zurück, sagte er hierauf, dort sollst du Schätze finden. Heute nacht nun hat er mir den Ort, wo sie sind, genau angegeben. Diese drei Träume hängen also zusammen; es gibt nichts daran zu deuteln, die ganze Sache ist klar. Sie können allerdings chimärisch sein; allein ich will lieber vergebens suchen, als mir mein ganzes Leben lang vorwerfen, daß ich vielleicht große Reichtümer verscherzt habe, indem ich zur Unzeit den Ungläubigen spielte.« So sprechend verließ er das Zimmer der Königin, ließ sich eine Haue geben und ging allein in das Gemach seines seligen Vaters. Dort fing er an zu hauen und hatte bereits mehr als die Hälfte der viereckigen Platten des Fußbodens aufgehoben, ohne die mindeste Spur von einem Schatz zu entdecken. Er ruhte aus und sagte zu sich selbst: »Ich fürchte sehr, meine Mutter hat mich mit Recht verspottet«; trotzdem machte er sich aufs neue an die Arbeit. Er hatte das nicht zu bereuen; denn auf einmal entdeckte er einen weißen Stein; und unter dem fand er eine verschlossene Türe mit einem stählernen Vorlegeschloß. Er zerschlug es, öffnete die Türe und erblickte eine Treppe von weißem Marmor. Rasch zündete er eine Wachskerze an, stieg diese Treppe hinab und kam in ein mit chinesischem Porzellan gepflastertes Gemach, dessen Wände und Decke von Kristall waren. Was aber seine Aufmerksamkeit am meisten auf sich zog, waren vier Erhöhungen, auf deren jeder zehn Porphyrurnen standen. Er dachte, sie werden voller Wein sein, und sprach bei sich: »Auch gut, dieser Wein ist recht alt, und ohne Zweifel wird er köstlich munden.« So näherte er sich denn einer der Urnen, nahm den Deckel weg und sah mit ebenso großer Überraschung wie Freude, daß sie voll Goldstücke war. Nun untersuchte er alle vierzig Urnen eine nach der andern und fand sie voll Dinare. Er nahm eine Handvoll davon und lief zu seiner Mutter.

Das Erstaunen der Königin war groß, als sie von ihrem Sohn hörte, was er gesehen hatte. »O mein Sohn«, rief sie, »hüte dich nur, daß du diese Reichtümer nicht auch so töricht verschwendest wie den königlichen Schatz! Du solltest schon deinen Feinden nicht diese Freude gönnen.«

»Nein, meine Mutter«, antwortete Zeyn, »ich werde von nun an so leben, daß du gewiß zufrieden bist.«

Die Königin bat ihren Sohn, sie in das wundervolle Gemach zu führen, das ihr verstorbener Gemahl so heimlich hatte machen lassen, daß sie nie davon hatte reden hören. Zeyn führte sie ins Kabinett, half ihr die Marmortreppe hinabsteigen und zeigte ihr dann das Zimmer, wo die Urnen standen. Sie betrachtete all diese Sachen mit forschenden Blicken und gewahrte in einem Winkel eine kleine Urne aus demselben Stoff wie die andern, die der König noch nicht bemerkt hatte. Sie nahm sie, öffnete sie und fand darin einen goldenen Schlüssel. »Mein Sohn«, sagte hierauf die Königin, »dieser Schlüssel verschließt ohne Zweifel noch einen andern Schatz. Laß uns überall suchen, ob wir nicht entdecken können, zu welchem Gebrauch er bestimmt ist.«

Sie untersuchten das Gemach mit der höchsten Aufmerksamkeit und fanden endlich mitten in der Wand ein Schloß. Sie dachten, dazu werde der Schlüssel gehören, und der König machte sogleich einen Versuch. Alsbald ging die Tür auf, und sie erblickten ein zweites Gemach, in dessen Mitte neun Fußgestelle von gediegenem Gold waren, wovon acht je eine Bildsäule aus einem einzigen Diamanten trugen, und diese Bildsäulen strahlten solchen Glanz aus, daß das ganze Zimmer davon erleuchtet war.

»Erhabener Gott!« rief Zeyn ganz erstaunt aus, »wo hat mein Vater diese schönen Sachen erhalten?« Beim neunten Fußgestell verwunderte er sich noch mehr, denn auf dem lag ein Stück weißer Atlas, worauf die Worte geschrieben standen: »O mein lieber Sohn! Diese acht Bildsäulen haben mich große Mühe gekostet, bis ich sie erworben hatte. Sie sind sehr schön, aber du mußt wissen, daß es noch eine neunte auf der Welt gibt, die sie übertrifft. Sie allein ist mehr wert als tausend solche, wie du sie hier siehst. Willst du dich in ihren Besitz setzen, so mach dich auf und gehe in die Stadt Kahirah in Ägypten; dort wohnt einer meiner alten Sklaven namens Mobarek; du wirst ihn ohne Mühe ausfindig machen; die erste Person, der du begegnest, wird dir seine Wohnung sagen. Geh, suche ihn auf und sage ihm, was dir begegnet ist. Er wird dich als meinen Sohn erkennen und nach Osten führen, wo diese wunderbare Bildsäule ist, deren Besitz dir Heil und Segen bringen wird.«

Als der König diese Worte gelesen hatte, sagte er zu seiner Mutter: »Ich will diese neunte Bildsäule nicht entbehren; es muß ein sehr seltenes Stück sein, wenn sie mehr wert ist als diese hier alle zusammen. Ich gedenke sogleich nach Kahirah zu reisen; du wirst hoffentlich meinen Entschluß nicht mißbilligen?« – »Nein, mein Sohn«, antwortete die Königin; »ich habe nichts dagegen einzuwenden. Du stehst offenbar unter dem Schutz unseres großen Propheten, und er wird dich auf dieser Reise nicht umkommen lassen. Reise ab, sobald du willst. Ich werde mit Hilfe deiner Veziere die Regierungsgeschäfte besorgen.« Der König ließ sogleich alle Vorbereitungen zur Reise treffen und nahm nur eine kleine Anzahl Sklaven mit.

Es begegnete ihm kein Unfall auf der Reise. Er kam in Kahirah an und erkundigte sich sogleich nach Mobarek. Man sagte ihm, der sei einer der reichsten Männer der Stadt, der wie ein großer Herr lebe, und sein Haus stehe vornehmlich für Fremde immer offen. Zeyn ließ sich dahin führen und klopfte an die Türe; ein Sklave öffnete und sprach: »Was wünschst du und wer bist du?« – »Ich bin ein Fremder«, antwortete der König, »ich habe von der Großmut des Herrn Mobarek gehört und komme, um bei ihm zu wohnen.« Der Sklave bat ihn, einen Augenblick zu warten, dann ging er hin und meldete es seinem Herrn, der ihm befahl, den Fremden eintreten zu lassen. Der Sklave kam wieder an die Türe und sagte zum König, er sei willkommen.

Zeyn trat ein, ging durch einen großen Hof und gelangte in ein prächtig geschmücktes Zimmer, wo Mobarek ihn erwartete und sehr höflich empfing. Er dankte ihm für die Ehre, die ihm dadurch widerfahre, daß er bei ihm wohnen wolle. Der König erwiderte diese Höflichkeit und sagte dann zu Mobarek: »Ich bin der Sohn des verstorbenen Königs von Baßrah und heiße Zeyn Alasnam.« – »Dieser König«, sagte Mobarek, »war früher mein Herr, hatte aber, soviel ich weiß, keinen Sohn. Wie alt bist du?« – »Zwanzig Jahre alt«, antwortete der Fürst. »Wie lange ist es, daß du den Hof meines Vaters verlassen hast?« – »Beinahe zweiundzwanzig Jahre«, sagte Mobarek. »Aber wie willst du mich überzeugen, daß du sein Sohn bist?« – »Mein Vater«, versetzte Zeyn, »hatte unter seinem Kabinett ein unterirdisches Gemach, in dem ich vierzig Porphyrurnen, alle voll Gold, gefunden habe.« – »Und was noch?« fragte Mobarek. »Neun Fußgestelle von gediegenem Gold«, sagte der Fürst; »auf acht davon sind Bildsäulen aus Diamant, auf dem neunten aber liegt ein Stück weißer Atlas, auf das mein Vater geschrieben hat, was ich zu tun habe, um eine neunte Bildsäule zu erlangen, die noch kostbarer sei als die übrigen miteinander; du weißt den Ort, wo diese Bildsäule sich befindet, denn auf dem Atlas steht geschrieben, daß du mich dahin führen werdest.«

Er hatte diese Worte noch nicht ausgesprochen, als Mobarek sich zu seinen Füßen warf und ihm zu wiederholten Malen die Hand küßte. »Gott sei bedankt!« rief er aus, »daß er dich hierhergeführt hat. Ich erkenne dich als den Sohn des Königs von Baßrah. Wenn du mit mir an den Ort gehen willst, wo die wunderbare Bildsäule ist, so will ich dich dahin führen. Zuvor aber mußt du einige Tage hier ausruhen. Ich gebe heute den Großen von Kahirah ein Festmahl, und wir waren eben bei Tisch, als man mir deine Ankunft meldete. Würdest du es wohl verschmähen, Herr, hereinzutreten und dich mit uns zu freuen?« – »Gewiß nicht«, antwortete Zeyn; »ich nehme mit dem größten Vergnügen Anteil an deinem Festmahl.« Bei diesen Worten führte ihn Mobarek in einen Kuppelsaal, wo sich die Gesellschaft befand. Er wies ihm einen Platz an der Tafel an und bediente ihn in eigener Person kniend. Die Großen von Kahirah waren darüber sehr verwundert und sprachen leise untereinander: »Ei, wer mag wohl der Fremdling sein, den Mobarek mit solcher Ehrfurcht bedient?«

Nachdem sie gegessen hatten, nahm Mobarek das Wort und sprach: »Ihr Großen von Kahirah, wundert euch nicht, daß ich diesen jungen Fremdling auf diese Art bedient habe. Wißt, es ist der Sohn des Königs von Baßrah, meines ehemaligen Herrn. Sein Vater kaufte mich für sein eigenes Geld. Er ist gestorben, ohne mir die Freiheit zu schenken; somit bin ich immer noch Sklave, und folglich gehört all mein Hab und Gut von Rechts wegen diesem jungen Fürsten, seinem einzigen Erben.« Hier unterbrach ihn Zeyn mit den Worten: »O Mobarek, ich erkläre vor all diesen edlen Herren, daß ich dir in diesem Augenblick die Freiheit schenke und daß ich sowohl dich selbst als alle deine Besitztümer von meinem Eigentum absondere. Überdies sag mir jetzt, womit ich dir einen Dienst erweisen kann.« Mobarek küßte die Erde und bezeigte dem Fürsten großen Dank. Hierauf wurde Wein vorgesetzt; sie tranken den ganzen Tag, und am Abend wurden Geschenke an die Gäste ausgeteilt, ehe sie nach Hause gingen.

Am andern Morgen sprach Zeyn zu Mobarek: »Ich habe jetzt genug ausgeruht, denn ich bin nicht nach Kahirah gekommen, um lustig zu leben, sondern um die neunte Bildsäule zu erhalten. Es ist Zeit, daß wir uns auf den Weg machen, um sie zu erobern.« – »Herr«, antwortete Mobarek, »ich bin bereit, deinem Wunsch zu willfahren, aber du kennst die vielfachen Gefahren nicht, die mit der Eroberung dieser kostbaren Beute verknüpft sind.« – »Ich fürchte keine Gefahr«, antwortete der Fürst, »und bin entschlossen, das Wagstück zu unternehmen. Ich will entweder meinen Zweck erreichen oder umkommen. Alles, was geschieht, kommt von Gott. Begleite mich nur und bleibe ebenso standhaft wie ich.«

Als Mobarek ihn entschlossen sah, rief er seiner Dienerschaft und befahl ihr, alle Anstalten zur Abreise zu treffen. Der König und er verrichteten die im Gesetz vorgeschriebenen Waschungen und Gebete. Auf ihrer Reise bemerkten sie zahllose seltene und wunderbare Dinge. Sie ritten mehrere Tage, bis sie auf ein sehr anmutiges Gefilde kamen, wo sie abstiegen. Hier sprach Mobarek zu seinem Gefolge: »Bleibt an diesem Ort und habt genau auf unser Reisezeug acht, bis wir zurückkommen.« Sodann sagte er zu Zeyn: »Komm, mein Herr, und laß uns nun allein gehen. Wir sind nahe an dem schrecklichen Ort, wo die neunte Bildsäule verwahrt ist. Du wirst deines ganzen Mutes bedürfen.«

Bald gelangten sie ans Ufer eines großes Sees; Mobarek setzte sich hier nieder und sprach zu dem Fürsten: »Wir müssen über dieses Meer.« – »Aber wie?« fragte Zeyn; »wir haben ja kein Schiff.« – »Du wirst im Augenblick eins erscheinen sehen«, antwortete Mobarek. »Das Zauberschiff des Königs der Geister wird kommen und uns abholen; vergiß aber ja nicht, was ich dir jetzt sage: Man muß tiefes Stillschweigen bewahren. Sprich kein Wort mit dem Fährmann. Wie seltsam dir auch seine Gestalt vorkommen und was du auch Außerordentliches bemerken magst, sprich keine Silbe: denn ich sage dir, beim ersten Wort, das von deinen Lippen kommt, wenn wir uns einmal eingeschifft haben, versinkt die Barke in den Fluten.« – »Ich werde zu schweigen wissen«, sagte der Fürst. »Du darfst mir nur sagen, was ich zu tun habe; ich werde allem genau nachkommen.«

Während er so sprach, bemerkte er auf einmal im See ein Schiff von rotem Sandelholz. Es hatte einen Mast von feinem Ambra und eine Flagge von blauem Atlas. In ihm war niemand als der Schiffmann, dessen Kopf dem eines Elefanten glich, während sein übriger Leib von einem Tiger war. Als das Fahrzeug sich dem Prinzen und Mobarek genähert hatte, nahm der Fährmann einen um den andern mit seinem Rüssel und stellte sie in sein Schiff. Sodann führte er sie in einem Augenblick nach der andern Seite des Sees. Hier nahm er sie wieder mit seinem Rüssel, setzte sie ans Land und verschwand alsbald samt seiner Barke.

»Jetzt können wir sprechen«, sagte Mobarek. »Wir sind hier auf der Insel des Königs der Geister; es gibt keine ähnliche auf der ganzen Welt. Sieh dich einmal nach allen Seiten um, mein König; kannst du dir einen reizenderen Aufenthalt denken? Gewiß, dies ist ein wahres Abbild jenes wonnevollen Ortes, den Gott für die gläubigen Beobachter unseres Gesetzes bestimmt. Du siehst, wie die Gefilde mit Blumen und allen Arten von duftenden Kräutern geschmückt sind; bewundere diese schönen Bäume, deren Zweige sich unter ihren köstlichen Früchten bis zur Erde herabbeugen; erfreue dich der harmonischen Gesänge, womit tausend Vögel von tausend in andern Ländern unbekannten Gattungen die Luft erfüllen.« Zeyn konnte nicht müde werden, die Schönheit der ihn umgebenden Dinge zu betrachten, und je weiter er auf der Insel fortging, bemerkte er immer neue Reize.

Endlich gelangten sie zu einem Palast von feinen Smaragden, umgeben von einem breiten Graben, auf dessen Rande in abgemessenen Zwischenräumen hohe Bäume standen, die mit ihrem Schatten den ganzen Palast bedeckten. Gegenüber von der Türe, die von gediegenem Gold war, befand sich eine Brücke, die aus einer einzigen Fischschuppe bestand, dabei aber wenigstens sechs Klafter lang und drei Klafter breit war. Vorn an der Brücke sah man eine Schar Geister von ungeheurer Größe, die mit dicken Keulen aus chinesischem Stahl den Eingang in das Schloß verteidigten.

»Wir wollen nicht weiter vorrücken«, sagte Mobarek; »diese Geister würden uns totschlagen, und wenn wir sie verhindern wollen, zu uns zu kommen, so müssen wir eine magische Vorrichtung treffen.« Mit diesen Worten zog er aus seinem Beutel, den er unter seinem Rock hatte, vier Streifen gelben Taft hervor. Mit dem einen umwand er seinen Gürtel, und den zweiten heftete er auf seinen Rücken; die beiden andern gab er dem König, der denselben Gebrauch davon machte. Danach breitete Mobarek zwei große Tischtücher auf der Erde aus, und auf ihren Rand legte er einige Edelsteine und Moschus und Ambra. Sodann setzte er sich auf eines der Tücher und Zeyn auf das andere. Hierauf sprach Mobarek zu dem König: »Herr, ich werde jetzt den König der Geister beschwören, der diesen Palast hier bewohnt. Gott gebe, daß er ohne Zorn zu uns komme! Ich gestehe, daß mir wegen des Empfanges bange ist. Wenn unsere Ankunft auf seiner Insel ihm mißfällt, so wird er uns in Gestalt eines abscheulichen Ungeheuers erscheinen; heißt er aber deine Absicht gut, so wird er sich in Gestalt eines freundlichen Mannes zeigen. Sobald er vor uns tritt, mußt du aufstehen und ihn begrüßen, ohne von deinem Tuch hinwegzutreten; denn wenn du es verläßt, bist du ein Kind des Todes. Dann sprich zu ihm: ›Gewaltiger Beherrscher der Geister! Mein Vater, der dein Diener war, ist von dem Engel des Todes hinweggeführt worden. Möchtest du mich in deinen Schutz nehmen, wie du meinen Vater immer beschützt hast!‹ Wenn dich dann«, fuhr Mobarek fort, »der Geisterkönig fragt, welche Gnade du von ihm erbittest, so antworte: ›Herr, ich bitte dich untertänigst, mir die neunte Bildsäule zu schenken.‹«

Nachdem Mobarek den König Zeyn unterrichtet hatte, fing er seine Beschwörungen an. Alsbald wurden ihre Augen von einem langen Blitz geblendet, auf den ein Donnerschlag folgte. Die ganze Insel hüllte sich in dichte Finsternis. Es erhob sich ein fürchterlicher Sturm, und hierauf hörte man einen entsetzlichen Schrei. Die Erde erzitterte und man verspürte ein Erdbeben, ähnlich dem, das Ausrafyl am Tag des Gerichts erregen wird.

Dem König Zeyn war nicht ganz wohl zumute; er hielt dieses Getöse für eine sehr schlimme Vorbedeutung, aber Mobarek, der besser wußte, was davon zu halten war, fing an zu lächeln und sagte zu ihm: »Beruhige dich, mein Fürst, es geht alles gut.« Wirklich erschien in demselben Augenblick der Geisterkönig in Gestalt eines schönen Mannes. Gleichwohl hatte er immerhin etwas Wildes in seinem Wesen.

Sobald der König Zeyn ihn bemerkte, begrüßte er ihn auf die Art, die Mobarek ihm angegeben hatte. Der Geisterkönig antwortete lächelnd: »Mein Sohn, ich liebte deinen Vater, und sooft er kam, mir seine Ehrfurcht zu bezeigen, schenkte ich ihm eine Bildsäule, die er nach Hause nahm. Auch dir bin ich nicht minder gewogen. Ich nötigte deinen Vater einige Tage vor seinem Tode, das zu schreiben, was du auf dem weißen Atlas gelesen hast. Ich versprach ihm, dich unter meinen Schutz zu nehmen und dir die neunte Bildsäule zu schenken, deren Schönheit die andern bei weitem überstrahlt. Schon habe ich angefangen, mein Versprechen zu erfüllen, denn ich bin es, den du im Traum in Gestalt eines Greises gesehen hast. Ich habe dich die unterirdischen Gemächer mit den Urnen und Bildsäulen entdecken lassen. Ich habe großen Teil an allem, was dir begegnet ist, oder vielmehr: ich bin die Ursache davon. Ich weiß, was dich hergeführt hat, und dein Wunsch soll erfüllt werden. Hätte ich auch deinem Vater nicht versprochen, es dir zu schenken, so würde ich es dir selbst gern zu Gefallen tun. Zuvor aber mußt du mir bei allem, was einen Eid unverletzlich macht, schwören, daß du wieder auf diese Insel kommen und mir eine fünfzehnjährige Jungfrau bringen wirst, die noch von keinem Mann weiß und sich auch nicht wünscht, einen zu erkennen. Sie muß überdies ausgezeichnet schön sein, und du mußt so viel Selbstbeherrschung haben, daß du das Verlangen nach ihrem Besitz nicht aufkommen läßt, während du sie herführst.«

Zeyn leistete den verwegenen Eid, den man von ihm forderte. »Aber, Herr«, sagte er hierauf, »wenn ich nun auch so glücklich bin, eine solche Jungfrau zu sehen, wie du sie von mir verlangst, woran soll ich erkennen, daß ich sie gefunden habe?« – »Ich gestehe«, antwortete der König der Geister lächelnd, »daß dich der Anschein täuschen könnte. Diese Kenntnis ist den Söhnen Adams nicht gegeben; auch bin ich keineswegs gesonnen, mich hierin ganz dir anzuvertrauen. Ich werde dir einen Spiegel geben, der zuverlässiger ist als deine Vermutung. Sobald du eine vollkommen schöne fünfzehnjährige Jungfrau siehst, brauchst du nur in diesen Spiegel zu schauen; du wirst darin das Bild dieser Jungfrau sehen, und wenn sie keusch ist, so wird das Glas rein und klar bleiben; wenn dagegen das Glas sich trübt, so ist dies ein sicheres Kennzeichen, daß das Mädchen nicht immer tugendhaft gewesen ist oder wenigstens schon den Wunsch gehegt hat, es nicht mehr zu bleiben. Vergiß den Eid nicht, den du mir geschworen hast. Halte ihn als Mann von Ehre, sonst nehme ich dir das Leben, so wert du mir auch im übrigen bist.« Der König Zeyn Alasnam beteuerte aufs neue, daß er sein Wort halten werde.

Hierauf gab ihm der Geisterkönig einen Spiegel und sagte: »Mein Sohn, du kannst zu mir kommen, wann es dir beliebt. Hier ist der Spiegel, dessen du dich bedienen mußt.« Zeyn und Mobarek verabschiedeten sich und wandelten dem See zu. Der elefantenköpfige Fährmann kam mit der Barke zu ihnen und führte sie auf dieselbe Art wieder hinüber, wie er sie hergebracht hatte. Sie begaben sich wieder zu ihrem Gefolge und kehrten nach Kahirah zurück.

Der König Zeyn Alasnam ruhte einige Tage bei Mobarek aus; danach sprach er zu ihm: »Laß uns nach Bagdad gehen und für den König der Geister ein Mädchen suchen.« – »Ei, sind wir denn nicht in Groß-Kahirah?« antwortete Mobarek, »sollten nicht auch hier schöne Jungfrauen zu finden sein?« – »Du hast recht«, versetzte der König, »aber wie wollen wir sie auffinden?« – »Laß uns das nicht kümmern«, sagte Morabek. »Ich kenne eine sehr gewandte alte Frau; an die will ich mich wenden, sie wird die Sache gut besorgen.«

Wirklich war die Alte geschickt genug, den König eine große Menge sehr schöner fünfzehnjährige Mädchen sehen zu lassen; aber wenn er sie lange genug betrachtet hatte und dann seinen Spiegel befragte, so trübte sich der Probierstein ihrer Tugend, das Glas, bei jeder. Alle fünfzehnjährigen Mädchen bei Hof und in der Stadt mußten eine um die andere sich einer Prüfung unterziehen, aber bei keiner blieb das Glas rein und hell.

Als sie nun sahen, daß in Kahirah keine keusche Jungfrau zu finden war, reisten sie nach Bagdad. Dort mieteten sie einen prächtigen Palast in einer der schönsten Gegenden der Stadt. Sie lebten herrlich und in Freuden, hielten offene Tafel, und wenn alle Gäste im Palast genug gegessen hatten, wurde das übrige den Derwischen gebracht, die sich dabei gute Tage machten.

Nun wohnte in diesem Stadtviertel ein Imam namens Abubekr Muezin, ein eitler, hochmütiger und neidischer Mann. Er haßte alle reichen Leute, bloß weil er arm war. Sein Elend machte ihn bitter gegen wohlhabendere Nebenmenschen. Dieser hörte auch von Zeyn Alasnam und dem Überfluß sprechen, der bei ihm herrschte. Mehr brauchte es nicht für ihn, um seinen Haß auf diesen Fürsten zu werfen. Er trieb die Sache so weit, daß er einmal in seiner Moschee nach dem Abendgebet zu dem Volk sprach: »Liebe Brüder, ich habe gehört, daß ein Fremder sich in unserm Stadtviertel einquartiert hat, der täglich unermeßliche Summen verschwendet. Wer weiß, ob dieser Unbekannte nicht vielleicht ein Verbrecher ist, der in seinem Lande dies viele Geld zusammengestohlen hat und nun in diese große Stadt kommt, um sich gütlich zu tun. Laßt uns auf der Hut sein, liebe Brüder. Wenn der Kalif erfährt, daß ein solcher Mann in unserm Viertel wohnt, so könnte er uns leicht bestrafen, weil wir ihn nicht davon benachrichtigt haben. Ich für meine Person erkläre euch, daß ich meine Hände in Unschuld wasche, und wenn ein Unglück daraus entsteht, so ist es nicht meine Schuld.« Das Volk, das in der Regel leicht beweglicher Natur ist, rief dem Redner einstimmig zu: »Das ist deine Sache, Imam, zeige es der Behörde an!« Hierauf ging der Imam zufrieden nach Hause und schickte sich an, eine Schrift aufzusetzen, die er am andern Tag dem Kalifen überreichen wollte.

Aber Mobarek, der dem Gebet beigewohnt und wie die andern die Rede des Geistlichen gehört hatte, band fünfhundert Goldstücke in ein Tuch, packte mehrere Seidenstoffe zusammen und ging damit zu Abubekr. Der Imam fragte ihn in barschem Ton, was sein Begehr sei. »Großer Lehrer«, antwortete Mobarek mit freundlichem Ton, indem er ihm das Gold und die Seidenstoffe in die Hand drückte, »ich bin dein Nachbar und Diener. Der König Zeyn, der in diesem Viertel wohnt, schickt mich zu dir. Er hat gehört, was für ein ausgezeichneter Mann du bist, und mich beauftragt, dir zu sagen, daß er deine Bekanntschaft zu machen wünsche. Einstweilen bittet er dich, dies kleine Geschenk anzunehmen.« Abubekr war außer sich vor Freude und antwortete Mobarek: »Ich ersuche dich, lieber Herr, bitte den König um Verzeihung für mich. Ich bin ganz beschämt, ihn noch nicht besucht zu haben, aber ich will meinen Fehler wieder gutmachen und gleich morgen ihm meine Ehrfurcht bezeigen.«

Am andern Tag sagte er nach dem Abendgebet zum Volk: »Ihr wißt, liebe Brüder, kein Mensch ist ohne Feinde. Der Neid tastet vornehmlich diejenigen an, die großes Vermögen haben. Der Fremdling, von dem ich euch gestern abend sagte, ist kein Bösewicht, wie übelwollende Leute mich bereden wollten, sondern ein junger Fürst, der tausend Tugenden besitzt. Hüten wir uns wohl, dem Kalifen einen nachteiligen Bericht über ihn zu hinterbringen.«

Nachdem Abubekr durch diese Rede die schlechte Meinung wieder vertilgt, die er tags zuvor dem Volk beigebracht hatte, ging er nach Hause, zog seine Feierkleider an und besuchte den jungen König, der ihn sehr huldvoll empfing. Nach mehreren Begrüßungen von beiden Seiten sagte Abubekr zu dem König: »Herr, gedenkst du lange in Bagdad zu bleiben?« – »Ja«, antwortete Zeyn, »so lange, bis ich ein fünfzehnjähriges ausgezeichnet schönes Mädchen gefunden habe, das so keusch sein muß, daß es von keinem Mann weiß, und das es auch nicht gelüstet, solche Bekanntschaft zu machen.« – »Du suchst ein seltenes Ding«, versetzte der Imam, »und ich würde sehr fürchten, daß deine Nachforschungen vergeblich sein würden, wenn ich nicht wüßte, wo ein Mädchen von diesen Eigenschaften zu finden ist. Ihr Vater war ehemals Vezier, aber er hat den Hof verlassen und lebt seit langer Zeit in einem abgelegenen Hause, wo er sich gänzlich der Erziehung seiner Tochter widmet. Wenn du willst, Herr, so gehe ich hin und halte für dich um sie an. Ich zweifle nicht, daß er mit Vergnügen einen Schwiegersohn von deinem Rang annehmen wird.« – »Nicht zu rasch«, versetzte der König; »ich will dieses Mädchen nicht heiraten, bevor ich mich überzeugt habe, daß sie für mich paßt. In Beziehung auf Schönheit kann ich mich wohl auf dich verlassen, aber welche Bürgschaft kannst du mir für ihre Tugend geben?« – »Je nun, was für eine Bürgschaft verlangst du denn?« fragte Abubekr. »Ich muß sie von Angesicht sehen«, antwortete Zeyn; »mehr verlange ich nicht, um mich zu entschließen.« – »Demnach scheinst du dich gut auf Physiognomien zu verstehen?« versetzte der Imam lächelnd. »Nun gut, gehe mit mir zu ihrem Vater; ich will ihn bitten, daß er sie dich in seiner Gegenwart auf einen Augenblick sehen läßt.« Abubekr führte den König zu dem Vezier, der, als er von dem Rang und der Absicht Zeyns gehört hatte, seine Tochter kommen ließ und ihr befahl, den Schleier abzunehmen. Der junge König von Baßrah hatte noch nie eine so vollendete und reizende Schönheit gesehen. Er war ganz geblendet, und sobald er die Probe anstellen konnte, ob das Mädchen ebenso keusch als schön sei, zog er seinen Spiegel hervor, und siehe da! das Glas blieb rein und hell.

Als er nun sah, daß er endlich eine Jungfrau gefunden habe, wie er sie wünschte, bat er den Vezier, sie ihm zu geben. Sogleich wurde nach dem Kadi geschickt; der kam, setzte den Heiratsvertrag auf und verrichtete das gebräuchliche Gebet. Nach dieser Zeremonie führte Zeyn den Vezier in sein Haus, wo er ihn prächtig bewirtete und ihm ansehnliche Geschenke machte. Der Braut schickte er durch Mobarek einen reichen Juwelenschmuck, und dieser führte sie in sein Haus, wo die Hochzeit mit aller dem Rang Zeyns angemessenen Pracht gefeiert wurde. Als die Gäste sich entfernt hatten, sagte Mobarek zu seinem Gebieter: »Auf, Herr, laß uns nicht länger in Bagdad verweilen, sondern nach Kahirah zurückkehren. Gedenke des Versprechens, das du dem König der Geister gegeben hast.« – »Allerdings, wir wollen abreisen«, antwortete der König; »ich muß mein Wort getreulich erfüllen. Gleichwohl kann ich nicht leugnen, mein lieber Mobarek, daß es mich sehr schwer ankommt, dem Geisterkönig zu gehorchen. Die Jungfrau, die ich geheiratet habe, ist bezaubernd schön, und ich hätte Lust, sie nach Baßrah zu führen und auf den Thron zu setzen.« – »Ach, Herr«, antwortete Mobarek, »hüte dich wohl, deinem Wunsch Gehör zu geben. Beherrsche deine Leidenschaften und halte dem König der Geister Wort, was es dich auch kosten mag.« – »Nun gut, Mobarek«, sagte der König, »so sorge nur, daß du das liebenswürdige Mädchen vor mir verbirgst und sie mir nicht unter die Augen kommt. Ich habe sie vielleicht schon zu viel gesehen.«

Mobarek ließ Anstalten zur Abreise machen; sie gingen nach Kahirah zurück und nahmen von dort den Weg nach der Insel des Geisterkönigs. Als sie dort waren, sprach die Jungfrau, die die ganze Reise in der Sänfte gemacht und den König seit dem Hochzeitstage nicht wieder gesehen hatte, zu Mobarek: »Wo sind wir? Werden wir nicht bald in den Staaten meines königlichen Gemahls anlangen?« – »Herrin«, antwortete Mobarek, »es ist Zeit, daß ich dir die Augen öffne. Der König Zeyn hat dich nur geheiratet, um dich aus dem Hause deines Vaters zu bekommen. Nicht um dich zur Beherrscherin von Baßrah zu machen hat er dir seine Hand gegeben, sondern um dich dem König der Geister zu überliefern, der ein Mädchen deiner Art von ihm verlangt hat.« Bei diesen Worten fing sie an, bitterlich zu weinen, so daß der König und Mobarek über die Maßen gerührt wurden. »Habt Mitleid mit mir«, sagte sie zu ihnen; »ich bin eine Fremde, ihr werdet eure Verräterei an mir vor Gott verantworten müssen.«

Vergeblich waren ihre Tränen und Klagen. Sie wurde dem König der Geister vorgestellt, der sie mit forschenden

Blicken betrachtete und dann zu Zeyn sprach: »Ich bin mit dir zufrieden, Fürst. Die Jungfrau, die du gebracht hast, ist reizend und keusch, und es gefällt mir sehr, daß du so viel Selbstüberwindung gezeigt hast, um mir Wort zu halten. Kehre jetzt in deine Staaten zurück, und wenn du das unterirdische Gemach mit den acht Bildsäulen betrittst, so wirst du darin die neunte finden, die ich dir versprochen habe. Ich werde sie durch meine Geister dahin bringen lassen.« Zeyn dankte dem König und reiste mit Mobarek nach Kahirah zurück, hielt sich aber nicht lange in dieser Stadt auf, denn er brannte vor Ungeduld, die neunte Bildsäule zu sehen. Dabei konnte er nicht umhin, unaufhörlich an die Jungfrau zu denken, die er geheiratet hatte; er machte sich Vorwürfe, daß er sie betrogen hatte, und betrachtete sich als die Ursache und das Werkzeug ihres Unglücks. Ach, sprach er bei sich selbst, ich habe sie aus den Armen ihres zärtlichen Vaters gerissen, um sie einem Geist zu opfern. O Schönheit sondergleichen, du hattest ein besseres Schicksal verdient!

Unter solchen Gedanken kam der König Zeyn endlich nach Baßrah, wo seine Untertanen die Rückkehr ihres Fürsten mit Freudenfesten feierten. Er ging sogleich zur Königin, seiner Mutter, um ihr von seiner Reise Bericht abzustatten, und sie war sehr erfreut zu vernehmen, daß er die neunte Bildsäule erhalten habe. »Komm, mein Sohn«, sprach sie, »daß wir sie sehen, denn sie ist ohne Zweifel jetzt in dem unterirdischen Gemach, da der König der Geister dir gesagt hat, du werdest sie dort treffen.« Der junge König und seine Mutter stiegen, voll Ungeduld, diese Säule zu sehen, in das unterirdische Gemach hinab und traten in das Zimmer, wo die Säulen standen; aber groß war ihr Erstaunen, als sie statt der diamantenen Säule auf dem neunten Fußgestell ein Mädchen von ausgezeichneter Schönheit erblickten, die der Prinz sogleich als diejenige erkannte, die er auf die Geisterinsel geführt hatte! »Mein König«, sprach die Jungfrau zu ihm, »du erwartetest etwas Kostbareres zu sehen als mich und bereuest jetzt ohne Zweifel, daß du dir so viele Mühe gegeben hast. Du hattest eine schönere Belohnung erhofft!« – »Nein, meine Geliebteste«, antwortete Zeyn, »Gott ist mein Zeuge, daß ich mehr als einmal im Begriff war, dem Geisterkönig mein Wort zu brechen und dich mir zu erhalten. Wie kostbar auch eine diamantene Säule sein mag, so ist sie doch nichts gegen die Wonne, dich zu besitzen. Ich liebe dich mehr als alle Diamanten und alle Reichtümer der Welt.«

Während er so sprach, hörte man einen Donner, von dem das unterirdische Gemach erbebte. Zeyns Mutter erschrak; aber der Geisterkönig erschien und beruhigte sie. »Herrin«, sprach er zu ihr, »dein Sohn steht in meinem Schutz; ich liebe ihn. Ich habe sehen wollen, ob er in seiner Jugend fähig ist, seine Leidenschaften zu bezähmen. Es ist mir nicht entgangen, daß die Reize dieser Jungfrau gewaltigen Eindruck auf ihn gemacht haben und daß er sein Versprechen, ihren Besitz nicht einmal zu wünschen, nicht aufs gewissenhafteste gehalten hat; aber ich kenne die Schwachheit der menschlichen Natur zu gut, um ihm deswegen zu zürnen, und seine Zurückhaltung erfreut mich. Hier ist die neunte Bildsäule, die ich ihm bestimmt habe; sie ist seltener und kostbarer als alle die andern.« Dann wandte er sich zu dem König und sagte: »Lebe glücklich mit dieser jungen Frau; sie ist deine Gemahlin; und willst du, daß sie dir treu und beständig ist, so liebe sie ewig, aber liebe nur sie allein. Gib ihr keine Nebenbuhlerinnen, und ich bürge dir für ihre Treue.« Mit diesen Worten verschwand der Geisterkönig, und Zeyn, entzückt über seine Braut, vollzog noch am selben Tag seine Ehe und ließ sie als Königin von Baßrah ausrufen; die beiden Gatten blieben sich treu und verlebten glücklich und zufrieden miteinander eine lange Reihe von Jahren.

Geschichte Alaeddins und die Wunderlampe

Herr, in einer sehr reichen und großen Hauptstadt Chinas, deren Name mir im Augenblick entfallen ist, lebte ein Schneider namens Mustafa, der sich von andern Menschenkindern durch nichts weiter unterschied als durch sein Gewerbe. Dieser Schneider Mustafa war sehr arm, und seine Arbeit warf ihm kaum so viel ab, daß er, seine Frau und sein Sohn, den Gott ihnen geschenkt hatte, davon leben konnten.

Die Erziehung dieses Sohnes, der Alaeddin hieß, war sehr vernachlässigt worden, so daß er allerhand lasterhafte Neigungen angenommen hatte. Er war boshaft, halsstarrig und ungehorsam gegen Vater und Mutter. Kaum war er ein wenig herangewachsen, so konnten ihn seine Eltern nicht mehr im Hause zurückhalten. Er ging schon am frühen Morgen aus und tat den ganzen Tag nichts, als auf den Straßen und öffentlichen Plätzen mit kleinen Tagdieben zu spielen, die jünger waren als er.

Als er in die Jahre gekommen war, wo er ein Handwerk erlernen sollte, nahm ihn sein Vater, der nicht imstande war, ihn ein anderes lernen zu lassen als das seinige, in seine Bude und fing an, ihn in der Handhabung der Nadel zu unterrichten. Allein, weder gute Worte noch Drohungen des Vaters vermochten den flatterhaften Sinn des Sohnes zu fesseln. Er konnte es nicht dahin bringen, daß er seine Gedanken beisammenhielt und emsig und anhaltend bei der Arbeit blieb, wie er es wünschte. Kaum hatte Mustafa ihm den Rücken gekehrt, so entwischte Alaeddin und ließ sich den ganzen Tag nicht wieder sehen. Der Vater züchtigte ihn, aber Alaeddin war unverbesserlich, und Mustafa mußte ihn mit großem Bedauern zuletzt seinem liederlichen Leben überlassen. Dies verursachte ihm großes Herzeleid, und der Kummer darüber, daß er seinen Sohn nicht zur Pflicht zurückrufen konnte, zog ihm eine hartnäckige Krankheit zu, an der er nach einigen Monaten starb.

Da Alaeddins Mutter sah, daß ihr Sohn keine Miene machte, das Gewerbe des Vaters zu erlernen, schloß sie die Bude und machte das Handwerkszeug zu Geld, um davon und von dem wenigen, was sie mit Baumwollespinnen erwarb, mit ihrem Sohn leben zu können.

Alaeddin, der jetzt nicht mehr durch die Furcht vor seinem Vater in Schranken gehalten wurde, kümmerte sich so wenig um seine Mutter, daß er sogar die Frechheit hatte, ihr bei den geringsten Vorstellungen zu drohen; er wurde immer liederlicher. Er suchte noch mehr als zuvor junge Leute seines Alters auf und spielte mit ihnen noch leidenschaftlicher als bisher. Diesen Lebenswandel setzte er bis in sein fünfzehntes Jahr fort, ohne für irgend etwas anderes Sinn zu haben und ohne zu bedenken, was aus ihm werden sollte.

Eines Tages, als er nach seiner Gewohnheit mit einem Haufen Gassenjungen auf einem freien Platz spielte, ging ein Fremder vorüber, der stehenblieb und ihn ansah. Dieser Fremde war ein berühmter Zauberer, und die Geschichtsschreiber, die uns diese Erzählung aufbewahrt haben, nennen ihn den afrikanischen Zauberer. Wir wollen ihn gleichfalls mit diesem Namen bezeichnen, da er wirklich aus Afrika stammte und erst vor zwei Tagen angekommen war.

Sei es nun, daß der afrikanische Zauberer, der sich auf Physiognomien verstand, in Alaeddins Gesicht alles bemerkte, was zur Ausführung des Planes, der ihn hierhergeführt hatte, notwendig war, oder mochte er einen andern Grund haben: genug, er erkundigte sich, ohne daß es jemandem auffiel, nach seiner Familie, seinem Stand und seinen Neigungen. Als er von allem, was er wünschte, gehörig unterrichtet war, ging er auf den jungen Menschen zu, nahm ihn einige Schritte von seinen Kameraden beiseite und fragte ihn: »Mein Sohn, ist dein Vater nicht der Schneider Mustafa?«

»Ja, lieber Herr«, antwortete Alaeddin; »aber er ist schon lange tot.«

Bei diesen Worten fiel der afrikanische Zauberer Alaeddin um den Hals, umarmte ihn und küßte ihn zu wiederholten Malen mit Tränen in den Augen und seufzend. Alaeddin bemerkte diese Tränen und fragte, warum er weine. »Ach, mein Sohn!« rief der afrikanische Zauberer, »wie könnte ich mich da enthalten! Ich bin dein Oheim, und dein Vater war mein geliebter Bruder. Schon mehrere Jahre bin ich auf der Reise; und in dem Augenblick, da ich hier anlange, voll Hoffnung, ihn wiederzusehen und durch meine Rückkehr zu erfreuen, sagst du mir, daß er tot ist! Ich versichere dir, daß es mich empfindlich schmerzt, mich des Trostes beraubt zu sehen, den ich erwartete. Was meine Betrübnis allein ein wenig mildern kann, ist, daß ich, sofern ich mich recht erinnere, seine Züge auf deinem Gesicht wiederfinde, und ich sehe, daß ich mich nicht getäuscht habe, als ich mich an dich wandte.«

Er fragte hierauf Alaeddin, indem er seinen Beutel herauszog, wo seine Mutter wohne. Alaeddin erteilte ihm sogleich Auskunft, und der afrikanische Zauberer gab ihm im Augenblick eine Handvoll kleines Geld mit den Worten: »Mein Sohn, gehe schnell zu deiner Mutter, grüße sie von mir und sage ihr, daß ich, falls es meine Zeit erlaubt, sie morgen besuchen werde, um mir den Trost zu verschaffen, den Ort zu sehen, wo mein lieber Bruder so lange gelebt und seine Tage beschlossen hat.«

Nachdem der afrikanische Zauberer den Neffen, den er sich soeben selbst geschaffen hatte, verlassen hatte, lief Alaeddin, voll Freude über das Geld, das sein Oheim ihm geschenkt hatte, zu seiner Mutter. »Mütterchen«, sagte er gleich beim Eintreten, »ich bitte dich, sage mir, ob ich einen Oheim habe.« – »Nein, mein Sohn«, antwortete die Mutter, »du hast keinen Oheim, weder von seiten deines seligen Vaters noch von der meinigen.« – »Und doch«, fuhr Alaeddin fort, »habe ich soeben einen Mann gesehen, der sich für meinen Oheim von väterlicher Seite ausgab und versicherte, daß er der Bruder meines Vaters sei. Er hat sogar geweint und mich umarmt, als ich ihm sagte, daß mein Vater tot sei. Zum Beweis, daß ich die Wahrheit sage«, fügte er hinzu, indem er das empfangene Geld zeigte, »sieh einmal, was er mir geschenkt hat. Er hat mir außerdem angetragen, dich in seinem Namen zu grüßen und dir zu sagen, daß er, wenn er

Zeit hat, morgen dir seine Aufwartung machen wird, um das Haus zu sehen, wo mein Vater gelebt hat und wo er gestorben ist.«

»Mein Sohn«, antwortete die Mutter, »es ist wahr, dein Vater hatte einen Bruder; aber der ist schon lange tot, und ich habe ihn nie sagen gehört, daß er noch einen andern hätte.«

Damit wurde das Gespräch über den afrikanischen Zauberer abgebrochen.

Am andern Tag näherte sich dieser zum zweitenmal Alaeddin, als er auf einem andern Platz in der Stadt mit anderen Kindern spielte. Er umarmte ihn wieder und drückte ihm zwei Goldstücke in die Hand mit den Worten: »Mein Sohn, bringe dies deiner Mutter; sage ihr, ich werde sie am Abend besuchen und sie möge dafür etwas zum Nachtessen kaufen, damit wir zusammen speisen können. Zuvor aber sage mir, wie ich das Haus finden kann.« Er bezeichnete es ihm, und der afrikanische Zauberer ließ ihn gehen.

Alaeddin brachte die zwei Goldstücke seiner Mutter und sagte ihr, was sein Oheim vorhabe. Sie ging und kam mit gutem Mundvorrat zurück, und da es ihr auch an Geschirr fehlte, so entlehnte sie es von ihren Nachbarinnen. Sie brachte den ganzen Tag mit Vorbereitungen zu dem Mahl zu, und abends, als alles fertig war, sagte sie zu Alaeddin: »Mein Sohn, dein Oheim weiß vielleicht unser Haus nicht; gehe ihm entgegen und führe ihn hierher, wenn du ihn siehst.«

Obschon Alaeddin dem afrikanischen Zauberer das Haus bezeichnet hatte, so wollte er sich dennoch eben entfernen, als man an die Türe klopfte. Alaeddin öffnete und erkannte den Afrikaner, der mit mehreren Weinflaschen und allerlei Früchten hereintrat.

Nachdem der afrikanische Zauberer seinen Beitrag Alaeddin ausgehändigt hatte, begrüßte er dessen Mutter und bat sie, ihm die Stelle auf dem Sofa zu zeigen, wo sein Bruder Mustafa gewöhnlich gesessen habe. Sie zeigte sie ihm. Da warf er sich sogleich zur Erde, küßte die Stelle mehrere Male und rief mit Tränen in den Augen: »Armer Bruder, wie unglücklich bin ich, daß ich nicht zeitig genug gekommen bin, um dich vor deinem Tod noch einmal zu umarmen!« So sehr ihn nun auch Alaeddins Mutter bat, so wollte er sich doch nicht auf diesen Platz setzen. »Nein«, sagte er, »ich werde mich wohl hüten; aber erlaube, daß ich mich gegenüber setze, damit ich – wenn mir auch das Vergnügen versagt ist, ihn persönlich als Vater einer so teuren Familie zu sehen – mir wenigstens einbilden kann, er sitze noch dort.« Alaeddins Mutter drang nun nicht weiter in ihn und ließ ihn Platz nehmen, wo er Lust hatte.

Als der afrikanische Zauberer sich da gesetzt hatte, wo es ihm am besten behagte, fing er ein Gespräch mit Alaeddins Mutter an. »Meine liebe Schwester«, sagte er zu ihr, »wundere dich nicht, daß du während der ganzen Zeit, da du mit meinem Bruder Mustafa verheiratet warst, mich nie gesehen hast. Es sind schon vierzig Jahre, daß ich dieses Land, das sowohl meine als meines seligen Bruders Heimat ist, verlassen habe. Seitdem habe ich Reisen nach Indien, Persien, Arabien, Syrien und Ägypten gemacht, mich in den schönsten Städten dieser Länder aufgehalten und bin dann nach Afrika gegangen, wo ich länger lebte. Da es indes dem Menschen angeboren ist, sein Heimatland, seine Eltern und Jugendgespielen auch in der weitesten Ferne nie aus dem Gedächtnis zu verlieren, so hat auch mich ein so gewaltiges Verlangen ergriffen, mein Vaterland wiederzusehen und meinen geliebten Bruder zu umarmen, jetzt, da ich noch Kraft und Mut zu einer so langen Reise in mir fühle, daß ich ohne weiteren Aufschub meine Vorbereitungen traf und mich auf den Weg machte. Ich sage dir nichts über die lange Zeit, die ich dazu brauchte, und von den Hindernissen, Beschwerden und Mühsalen, die ich überstehen mußte, um hierherzukommen. Ich sage dir bloß, daß mich auf allen meinen Reisen nichts so tief gekränkt und geschmerzt hat, als die Nachricht von dem Tod meines Bruders, den ich immer mit echt brüderlicher Freundschaft geliebt habe. Ich bemerkte einige Züge von ihm auf dem Gesicht meines Neffen, deines Sohnes, und dies machte, daß ich ihn aus all den übrigen Kindern, bei denen er war, herausfand. Er hat dir vielleicht erzählt, wie sehr die traurige Nachricht vom Tode meines Bruders mich ergriff. Indes, was Gott tut, das ist wohlgetan; ich tröste mich, ihn in seinem Sohn wiederzufinden, der so auffallende Ähnlichkeit mit ihm hat.«

Als der afrikanische Zauberer sah, daß Alaeddins Mutter bei der Erinnerung an ihren Mann gerührt wurde und aufs neue in Schmerz versank, brach er das Gespräch ab, wandte sich zu Alaeddin und fragte ihn um seinen Namen. – »Ich heiße Alaeddin«, antwortete der. »Nun gut, Alaeddin«, fuhr der Zauberer fort, »womit beschäftigst du dich? Verstehst du auch ein Gewerbe?«

Bei dieser Frage schlug Alaeddin die Augen nieder und geriet in Verlegenheit. Seine Mutter aber nahm das Wort und sagte: »Alaeddin ist ein Taugenichts. Sein Vater hat, so lang er lebte, alles mögliche getan, um ihn sein Gewerbe zu lehren; allein er konnte sein Ziel nicht erreichen; und seit er tot ist, streicht er, trotz meiner täglichen Ermahnungen, die ganze Zeit auf den Straßen herum und spielt mit Kindern, wie du gesehen hast, ohne zu bedenken, daß er kein Kind mehr ist; wenn du ihn nun nicht beschämst und er sich diese Ermahnung nicht zu Herzen nimmt, so gebe ich alle Hoffnung auf, daß jemals etwas aus ihm wird. Er weiß, daß sein Vater kein Vermögen hinterlassen hat, und sieht selbst, daß ich mit meinem Baumwollespinnen den ganzen Tag über kaum das Brot für uns beide verdienen kann. Ich bin entschlossen, ihn demnächst fortzujagen, daß er sich seine Unterkunft anderswo suchen kann.«

Als Alaeddins Mutter unter Tränen so gesprochen hatte, sagte der afrikanische Zauberer zu dem Jungen: »Das ist nicht gut, mein Neffe; du mußt dir selbst forthelfen und den Lebensunterhalt verschaffen. Es gibt ja so viele Gewerbe auf der Welt; besinne dich einmal, ob nicht eins darunter ist, zu dem du mehr Neigung hast als zu den andern. Vielleicht gefällt dir bloß das deines Vaters nicht und du würdest dich besser zu einem andern eignen; verhehle mir deine Gesinnung hierüber nicht, ich will ja bloß dein Bestes.« Als er sah, daß Alaeddin nichts antwortete, fuhr er fort: »Ist es dir überhaupt zuwider, ein Handwerk zu erlernen, und willst du ein angesehener Mann werden, so will ich für dich eine Bude mit kostbaren Stoffen und feinem Linnenzeug einrichten; du kannst dann diese Sachen verkaufen, mit dem Geld, das du einnimmst, den Einkauf neuer Waren bestreiten und auf diese Art ein anständiges Unterkommen finden. Frage dich selbst und sage mir offen, was du denkst. Du wirst mich stets bereit finden, mein Versprechen zu halten.«

Dieses Anerbieten schmeichelte Alaeddin sehr; ein Handwerk war ihm zuwider, aber solche Kaufläden, von denen sein Oheim gesprochen hatte, waren immer hübsch und stark besucht und die Kaufleute gut gekleidet und sehr geachtet. Er erklärte daher dem afrikanischen Zauberer, daß seine Neigung nach dieser Seite eher gehe als nach jeder andern und daß er ihm zeitlebens für die Wohltat danken würde, die er ihm erweisen wolle. »Da dieses Gewerbe dir angenehm ist«, erwiderte der afrikanische Zauberer, »so werde ich dich morgen mitnehmen und dich so hübsch und reich kleiden lassen, wie es sich für einen der ersten Kaufleute in dieser Stadt gehört; übermorgen wollen wir dann einen solchen Laden errichten, wie ich ihn im Sinn habe.«

Alaeddins Mutter, die bis jetzt nicht geglaubt hatte, daß der afrikanische Zauberer der Bruder ihres Mannes sei, zweifelte nach solch glänzenden Versprechungen nicht mehr daran. Sie dankte ihm für seine gute Gesinnung, und nachdem sie Alaeddin ermahnt hatte, sich der Wohltaten, die sein Oheim ihm versprochen habe, würdig zu zeigen, trug sie das Abendessen auf. Die Unterhaltung während des ganzen Mahles drehte sich immer um denselben Gegenstand, bis endlich der Zauberer bemerkte, daß die Nacht schon weit vorgerückt war. Er verabschiedete sich von Mutter und Sohn und ging nach Hause.

Am andern Morgen fand sich der afrikanische Zauberer bei der Witwe des Schneiders Mustafa wieder ein. Er nahm Alaeddin mit sich und führte ihn zu einem bedeutenden Kaufmann, der fertige Kleider aus allen möglichen Stoffen und für Leute jeden Alters und Standes verkaufte. Er ließ sich mehrere zeigen, die für Alaeddin paßten, und nachdem er die, die ihm am besten gefielen, ausgesucht und die andern, die nicht so schön waren, zurückgelegt hatte, sagte er zu Alaeddin: »Lieber Neffe, wähle dir unter all diesen Kleidern dasjenige aus, das dir am besten gefällt.« Alaeddin, der über die Freigebigkeit seines neuen Oheims ganz entzückt war, wählte eins, und der Zauberer kaufte es mit allem was dazu gehörte gegen bare Bezahlung, ohne zu feilschen.

Als Alaeddin sich von Kopf bis zu Fuß so prachtvoll gekleidet sah, dankte er seinem Oheim so sehr, als man nur danken kann, und der Zauberer versprach ihm, ihn auch ferner nicht zu verlassen, sondern stets bei sich zu behalten. Wirklich führte er ihn in die besuchtesten Gegenden der Stadt, besonders in diejenigen, wo die Läden der reichsten Kaufleute standen; und in der Straße, wo die Läden mit den schönsten Stoffen und der feinsten Leinwand sich befanden, sagte er zu Alaeddin: »Da du bald auch ein solcher Kaufmann sein wirst wie diese hier, so ist es gut, wenn du sie besuchst, damit sie dich kennenlernen.« Er zeigte ihm auch die schönsten und größten Moscheen und führte ihn in den Chan, wo die fremden Kaufleute wohnten, und an alle diejenigen Orte im Palast des Sultans, zu denen man freien Zutritt hat. Endlich, nachdem sie die schönsten Gegenden der Stadt miteinander durchstreift hatten, kamen sie in den Chan, wo der Zauberer wohnte. Es waren dort einige Kaufleute, deren Bekanntschaft er seit seiner Ankunft gemacht und die er ausdrücklich eingeladen hatte, um sie gut zu bewirten und ihnen seinen angeblichen Neffen vorzustellen.

Das Gastmahl endete erst am späten Abend. Alaeddin wollte sich von seinem Oheim verabschieden, um nach Hause zurückzukehren; aber der afrikanische Zauberer wollte ihn nicht allein gehen lassen und geleitete ihn selbst zu seiner Mutter zurück. Als die ihren Sohn in so schönen Kleidern erblickte, war sie außer sich vor Freude und wollte nicht aufhören, Segnungen über das Haupt des Zauberers herabzurufen, der für ihren Sohn so viel Geld ausgegeben hatte. »Großmütiger Schwager«, sagte sie zu ihm, »ich weiß nicht, wie ich dir für deine Freigebigkeit danken soll; aber das weiß ich: daß mein Sohn die Wohltaten, die du ihm erweist, nicht verdient, und er würde ihrer ganz unwürdig sein, wenn er nicht erkenntlich wäre und den guten Absichten, die du mit ihm hast, ihm eine so glänzende Einrichtung zu geben, nicht entspräche. Ich für meine Person«, fügte sie hinzu, »danke dir von ganzem Herzen und wünsche dir ein recht langes Leben, um Zeuge von der Dankbarkeit meines Sohnes zu sein, der sie nicht besser an den Tag legen kann, als wenn er sich von deinen guten Ratschlägen leiten läßt.«

»Alaeddin ist ein guter Junge«, erwiderte der afrikanische Zauberer; »er hört auf mich, und ich glaube, wir können etwas Tüchtiges aus ihm machen. Es tut mir nur leid, daß ich mein Versprechen nicht schon morgen halten kann. Morgen ist bekanntlich Freitag, wo alle Läden geschlossen sind und man gar nicht daran denken kann, einen zu mieten und mit Ware zu versehen; denn die Kaufleute sinnen an diesem Tag nur auf Vergnügungen aller Art. Somit werden wir die Sache auf Samstag verschieben müssen. Übrigens werde ich ihn morgen wieder mitnehmen und in die Gärten spazieren führen, wo sich die schöne Welt gewöhnlich einfindet. Er hat vielleicht noch keinen Begriff von den Vergnügungen, die man dort genießt; bisher war er immer nur mit Kindern zusammen, jetzt muß er auch erwachsene Menschen sehen.« Der afrikanische Zauberer verabschiedete sich endlich von Mutter und Sohn und ging. Alaeddin aber, der schon über seine schönen Kleider höchlich vergnügt war, freute sich jetzt im voraus sehr auf den Spaziergang nach den Umgebungen der Stadt. In der Tat war er noch nie vor die Tore gekommen und hatte noch nie die Umgebungen gesehen, die über die Maßen schön und anmutig waren.

Am andern Morgen stand Alaeddin in aller Frühe auf und kleidete sich an, um fertig zu sein, sobald sein Oheim ihn abholen würde. Nachdem er, wie es ihm schien, lange gewartet hatte, öffnete er endlich voll Ungeduld die Türe und ging hinaus, um zu sehen, ob der immer noch nicht käme. Als er ihn bemerkte, sagte er es seiner Mutter, nahm Abschied von ihr und eilte ihm entgegen.

Der afrikanische Zauberer bewillkommte Alaeddin aufs freundlichste. »Mein lieber Junge«, sagte er mit lächelnder

Miene zu ihm, »heute werde ich dir schöne Sachen zeigen.« Er führte ihn zu einem Tor hinaus, an großen und schönen Häusern oder vielmehr an prächtigen Palästen vorüber, von denen jeder einen sehr schönen Garten hatte, in den man frei eintreten durfte. Bei jedem Palast, an dem sie vorbeikamen, fragte er Alaeddin, ob er ihm gefiele, und Alaeddin, der ihm gewöhnlich zuvorkam, sagte, sobald er wieder einen andern sah: »Lieber Oheim, dieser ist noch viel schöner als alle bisherigen.« Indes gingen sie immer weiter, und der listige Zauberer, der dies nur tat, um den Plan, den er im Kopf hatte, ausführen zu können, nahm Gelegenheit, in einen dieser Gärten zu treten. Er setzte sich neben ein großes Becken, in das durch einen bronzenen Löwenrachen kristallhelles Wasser sprudelte, und er stellte sich ermüdet, damit Alaeddin ebenfalls ausruhen sollte. »Lieber Neffe«, sagte er zu ihm, »du wirst ebenso müde sein wie ich; laß uns hier ein wenig ausruhen, um neue Kräfte zu sammeln; wir werden dann größere Lust haben, unseren Spaziergang fortzusetzen.«

Als sie sich gesetzt hatten, zog der afrikanische Zauberer aus einem Beutel, der an seinem Gürtel befestigt war, Kuchen und mehrere Arten von Früchten hervor, die er als Mundvorrat mitgenommen hatte, und breitete sie auf dem Rand des Beckens aus. Er teilte einen Kuchen mit Alaeddin, und von den Früchten ließ er ihn nach Belieben wählen. Während dieses kleinen Mahles ermahnte er seinen angeblichen Neffen, sich von dem Umgang mit Kindern loszumachen, dagegen sich an kluge und verständige Männer anzuschließen, sie anzuhören und von ihren Unterhaltungen Nutzen zu ziehen. »Bald«, sagte er zu ihm, »wirst du ein Mann sein wie sie, und du kannst dich nicht früh genug daran gewöhnen, nach ihrem Beispiel verständige Reden zu führen.« Als sie die kleine Mahlzeit beendet hatten, standen sie auf und setzten ihren Spaziergang quer durch die Gärten fort, die voneinander bloß durch schmale Gräben getrennt waren, die die Grenzscheide bildeten, ohne jedoch die Verbindung zu hemmen. Das gegenseitige Zutrauen, das die Bewohner dieser Hauptstadt zueinander hatten, ließ ihnen alle weiteren Vorsichtsmaßregeln, um böswillige Beeinträchtigungen zu verhindern, unnötig erscheinen. Unbemerkt führte der afrikanische Zauberer Alaeddin ziemlich weit über die Gärten hinaus und durchwandelte mit ihm die Ebene, die ihn allmählich in die Nähe der Berge brachte.

Alaeddin, der in seinem Leben nie einen so weiten Weg gemacht hatte, fühlte sich durch diesen Marsch sehr ermüdet und sagte zu dem afrikanischen Zauberer: »Wohin gehen wir denn, lieber Oheim? Wir haben die Gärten schon weit hinter uns, und ich sehe nichts mehr als Berge. Wenn wir noch länger so fortgehen, dann weiß ich nicht, ob ich noch Kräfte genug haben werde, um in die Stadt zurückzukehren.« – »Nur den Mut nicht verlieren«, antwortete der falsche Oheim; »ich will dir noch einen andern Garten zeigen, der alle, die du bis jetzt gesehen hast, weit übertrifft; er liegt nur ein paar Schritte von hier, und wenn wir einmal dort sind, so wirst du selbst sagen, daß es dir sehr leid gewesen wäre, wenn du ihn nicht gesehen hättest, nachdem du einmal so nahe dabei warst.« Alaeddin ließ sich überreden, und der Zauberer führte ihn noch sehr weit, indem er ihn mit verschiedenen anmutigen Geschichten unterhielt, um ihm den Weg weniger langweilig und die Ermüdung erträglicher zu machen.

Endlich gelangten sie zwischen zwei Berge von mittelmäßiger Höhe, die sich ziemlich gleich und nur durch ein schmales Tal getrennt waren. Dies war die merkwürdige Stelle, wohin der afrikanische Zauberer Alaeddin hatte bringen wollen, um einen großen Plan mit ihm auszuführen, dem zuliebe er von dem äußersten Ende Afrikas bis nach China gereist war. »Wir sind jetzt an Ort und Stelle«, sagte er zu Alaeddin; »ich werde dir hier außerordentliche Dinge zeigen, die allen übrigen Sterblichen unbekannt sind. Wenn du sie gesehen haben wirst, so wirst du mir Dank dafür wissen, daß ich dich zum Zeugen so vieler Wunderdinge gemacht habe, die außer dir noch niemand gesehen hat. Während ich jetzt mit dem Stahl Feuer schlage, häufe du hier so viel trockenes Reisig zusammen, wie du nur auftreiben kannst, damit wir ein Feuer anmachen.«

Es gab so viel Reisig, daß Alaeddin bald einen mehr als hinlänglichen Haufen beisammen hatte, indes der Zauberer das Schwefelhölzchen anzündete. In dem Augenblick, da das Reisig aufloderte, warf der afrikanische Zauberer Räucherwerk hinein, das er schon in Bereitschaft hatte. Dicker Rauch stieg empor, den er bald auf diese, bald auf jene Seite wendete, indem er allerlei Zauberworte sprach, von denen Alaeddin nichts verstand.

In diesem Augenblick erbebte die Erde ein wenig, öffnete sich vor dem Zauberer, und Alaeddin und ließ einen Stein hervorscheinen, der etwa anderthalb Fuß an jeder der vier Seiten lang war, ungefähr einen Fuß dick war und waagerecht lag, mit einem in der Mitte versiegelten bronzenen Ring, um ihn daran heraufzuheben. Alaeddin erschrak über das, was vor seinen Augen vorging, und wollte die Flucht ergreifen. Aber er war zu dieser geheimnisvollen Handlung notwendig; darum hielt ihn der Zauberer zurück, schimpfte ihn tüchtig aus und gab ihm eine so derbe Ohrfeige, daß er zu Boden fiel; fast hätte er ihm die Vorderzähne eingeschlagen, und sein Mund blutete sehr. Zitternd und mit Tränen in den Augen rief der arme Alaeddin: »Mein Oheim, was habe ich denn getan, daß du mich so grausam schlägst?« – »Ich habe meine Gründe«, antwortete der Zauberer; »ich bin dein Oheim, der jetzt Vaterstelle an dir vertritt, und du darfst mir in nichts widersprechen. Aber«, fügte er in etwas milderem Tone hinzu, »du brauchst dich nicht zu fürchten, mein Sohn; ich verlange bloß, daß du mir pünktlich gehorchst, wenn du dich der großen Vorteile, die ich dir zudenke, würdig erweisen und sie benutzen willst.« Diese schönen Versprechungen des Zauberers beruhigten den ängstlichen und erzürnten Alaeddin ein wenig, und als der Zauberer ihn wieder gut gestimmt sah, fuhr er fort: »Du hast gesehen, was ich durch die Kraft meines Rauchwerks und die Worte, die ich sprach, bewirkt habe. Vernimm jetzt, daß unter diesem Stein hier ein Schatz verborgen liegt, der für dich bestimmt ist und dich dereinst reicher machen wird als die größten Könige der Welt. Dies ist so gewiß wahr, daß keinem Menschen auf der ganzen Welt außer dir erlaubt ist, diesen Stein anzurühren und wegzuheben, um hier hineinzugelangen. Ja, ich selbst darf ihn nicht berühren und auch nicht einen Fuß in dieses Schatzgewölbe setzen, wenn es geöffnet sein wird. Deshalb mußt du genau und Punkt für Punkt ausführen, was ich dir sage, ohne etwas zu versäumen. Die Sache ist sowohl für dich als für mich von großer Wichtigkeit.«

Alaeddin, als er den Zauberer von einem Schatz reden hörte, der ihn auf immer glücklich machen sollte, vergaß alles, was vorgefallen war. »Nun gut, lieber Oheim«, sagte er zu dem Zauberer, indem er aufstand, »was soll ich tun? Befiehl nur, ich bin bereit zu gehorchen.« – »Es freut mich sehr, liebes Kind«, sagte der afrikanische Zauberer, indem er ihn umarmte, »daß du dich hierzu entschlossen hast. Komm her, fasse diesen Ring an und hebe den Stein in die Höhe.« – »Aber Oheim«, erwiderte Alaeddin, »ich bin zu schwach, um ihn zu heben; du mußt mir dabei helfen.« – »Nein«, versetzte der afrikanische Zauberer; »du bedarfst meiner Hilfe nicht, und wir würden beide nichts ausrichten, wenn ich dir hülfe; du mußt ihn ganz allein aufheben. Sprich nur den Namen deines Vaters und deines Großvaters, wenn du den Ring in die Hand nimmst, und hebe ihn in die Höhe; du wirst sehen, daß er sich ohne Schwierigkeit dir fügen wird.« Alaeddin tat, wie der Zauberer ihm gesagt hatte, hob den Stein mit Leichtigkeit auf und legte ihn beiseite.

Als der Stein weggenommen war, sah er eine drei bis vier Fuß tiefe Höhle mit einer kleinen Türe und Stufen, um noch weiter hinabzusteigen. »Mein Sohn«, sprach jetzt der afrikanische Zauberer zu Alaeddin, »hab genau acht auf das, was ich dir nun sagen werde. Steig in diese Höhle hinab, und wenn du unten auf der letzten Stufe bist, so wirst du eine offene Türe finden, die dich in einen großen gewölbten Ort führen wird, der in drei große, aneinanderstoßende Säle abgeteilt ist. In jedem von ihnen wirst du rechts und links vier bronzene Vasen, so groß wie Kufen, voll Gold und Silber stehen sehen; aber hüte dich wohl, sie anzurühren. Ehe du in den ersten Saal trittst, hebe dein Kleid in die Höhe und schließe es eng um den Leib. Wenn du drinnen bist, so gehe, ohne dich aufzuhalten, nach dem zweiten und von da, ebenfalls ohne zu halten, in den dritten. Vor allen Dingen hüte dich wohl, den Wänden zu nahe zu kommen oder sie auch nur mit dem Kleid zu berühren; denn falls du sie berührtest, würdest du auf der Stelle sterben. Deswegen habe ich dir gesagt, daß du dein Kleid knapp an dich halten sollst. Am Ende des dritten Saales ist eine Türe, die dich in einen mit schönen und reich beladenen Obstbäumen bepflanzten Garten führen wird. Gehe nur immer geradeaus, und quer durch den Garten wird dich ein Weg zu einer Treppe von fünfzig Stufen führen, auf denen du zu einer Terrasse emporsteigen kannst. Sobald du oben auf der Terrasse bist, wirst du eine Nische vor dir sehen und in der Nische eine brennende Lampe. Diese Lampe nimm, lösche sie aus, wirf den Docht samt der brennbaren Flüssigkeit auf den Boden, stecke sie dann vorn an deine Brust und bring sie mir. Du darfst nicht fürchten, dein Kleid möchte beschmutzt werden, denn die Flüssigkeit ist kein Öl, und die Lampe wird sogleich trocken sein, sobald du sie ausgegossen hast. Verlangt es dich nach den Früchten im Garten, so kannst du davon abpflücken, soviel du willst; dies ist dir nicht verboten.«

So sprechend, zog der afrikanische Zauberer einen Ring von seinem Finger und steckte ihn an einen Finger Alaeddins. Dies, sagte er zu ihm, sei gegen alles Unglück, das ihm begegnen könnte, sofern er nur seine Vorschriften genau befolgte. »So gehe denn, mein Sohn«, fügte er hinzu, »steige dreist hinab; dann haben wir beide für unser ganzes Leben Geld wie Heu.«

Alaeddin hüpfte leichtfüßig in die Höhle hinein und stieg die Stufen hinab. Er fand die drei Säle, die ihm der afrikanische Zauberer beschrieben hatte, und ging um so behutsamer durch sie hin, weil er zu sterben fürchtete, sofern er nicht alles, was ihm vorgeschrieben war, aufs genaueste beachtete. Ohne zu verweilen ging er durch den Garten, stieg die Terrasse hinan, nahm die brennende Lampe aus der Nische, warf den Docht und die Flüssigkeit zu Boden, und da er sie trocken sah, wie der Zauberer gesagt hatte, so steckte er sie an die Brust und ging die Terrasse wieder hinab. Im

Garten verweilte er beim Anschauen der Früchte, die er vorher bloß im Vorübergehen gesehen hatte. Die Bäume dieses Gartens trugen alle ganz außerordentliche Früchte, und zwar jeder verschiedenfarbige. Es gab weiße, helleuchtende und wie Kristall durchsichtige; rote, teils dunkel, teils hell; grüne, blaue, violette, gelbliche; Früchte von allen möglichen Farben. Die weißen waren Perlen, die helleuchtenden und durchsichtigen Diamanten, die dunkelroten Rubine, die hellroten Ballaßrubine, die grünen Smaragde, die blauen Türkise, die violetten Amethyste, die gelblichen Saphire. Und diese Früchte waren alle so groß und vollkommen, daß man auf der ganzen Welt nichts Ähnliches gesehen hat. Aladdin, der ihren Wert nicht kannte, war vom Anblick dieser Früchte, die nicht nach seinem Geschmack waren, nicht begeistert; Feigen, Trauben und andere edle Obstarten, die in China gewöhnlich sind, wären ihm lieber gewesen. Er war aber auch noch nicht in dem Alter, wo man sich auf dergleichen versteht, und so bildete er sich ein, diese Früchte seien bloß gefärbte Gläser und hätten keinen andern Wert. Gleichwohl machte ihm die Mannigfaltigkeit der schönen Farben und die außerordentliche Größe und Schönheit jeder Frucht Lust, von jeder Sorte einige zu pflücken. Er nahm von jeder Farbe etliche, füllte damit seine beiden Taschen und zwei ganz neue Beutel, die der Zauberer zugleich mit dem Kleid, das er ihm geschenkt, gekauft hatte, damit er lauter neue Sachen hätte; und da die beiden Beutel in seinen Taschen, die schon ganz voll waren, keinen Platz mehr hatten, so band er sie auf jeder Seite an seinen Gürtel. Einige von den Früchten hüllte er auch in die Falten seines Gürtels, der von dickem Seidenstoff und doppelt gefüttert war, und befestigte sie so, daß sie nicht herabfallen konnten; auch vergaß er nicht, etliche in Höhe der Brust zwischen das Kleid und das Hemd zu stecken.

Nachdem er sich so, ohne es zu wissen, mit Reichtümern beladen hatte, trat Aladdin schnell seinen Rückzug durch die drei Säle an, um den afrikanischen Zauberer nicht zu lange warten zu lassen; er ging mit derselben Vorsicht wie das erste Mal quer durch sie, stieg da wieder hinauf, wo er herabgestiegen war und zeigte sich am Eingang der Höhle, wo der Afrikaner ihn mit Ungeduld erwartete. Als ihn Alaeddin erblickte, rief er ihm zu: »Lieber Oheim, ich bitte dich, reich mir die Hand und hilf mir heraus.« – »Mein Sohn«, antwortete der afrikanische Zauberer, »gib mir zuvor die Lampe, sie könnte dir hinderlich sein.« – »Verzeih, lieber Oheim«, sagte Alaeddin, »sie hindert mich nicht, ich werde sie dir geben, sobald ich oben bin.« Der afrikanische Zauberer bestand aber darauf, daß Alaeddin ihm die Lampe aushändigen sollte, ehe er ihn aus der Höhle herauszöge, und Alaeddin, der die Lampe mit all den Früchten, die er zu sich gesteckt, verpackt hatte, weigerte sich durchaus, sie ihm zu geben, bevor er aus der Höhle wäre. Da geriet der afrikanische Zauberer vor Ärger über die Widerspenstigkeit des jungen Menschen in schreckliche Wut, warf etwas von seinem Rauchwerk in das Feuer, das er sorgfältig unterhalten hatte, und kaum hatte er zwei Zauberworte gesprochen, als der Stein, der als Deckel zur Eingangsöffnung der Höhle diente, sich von selbst wieder, nebst der Erde darüber, an seine Stelle rückte, so daß alles wieder in denselben Zustand kam wie vor der Ankunft des Zauberers und Alaeddins.

Der afrikanische Zauberer war in der Tat kein Bruder des Schneiders Mustafa, wofür er sich ausgegeben hatte, und somit auch nicht Alaeddins Oheim. Er war wirklich aus Afrika gebürtig, und da Afrika ein Land ist, wo man mehr als anderswo auf die Zauberei erpicht ist, so hatte er sich von Jugend an darauf gelegt, und nachdem er sich etwa vierzig Jahre lang mit Zaubereien, mit der Punktierkunst, mit Räucheropfern und der Lektüre von Zauberbüchern beschäftigt hatte, war er endlich auf die Entdeckung gekommen, daß es eine Wunderlampe in der Welt gebe, deren Besitz ihn mächtiger als alle Könige der Erde machen würde, wenn er sie erlangen könnte. Durch einen letzten Versuch in der Punktierkunst hatte er herausbekommen, daß diese Lampe sich an einem unterirdischen Ort mitten in China befand. Im festen Glauben an die Wahrheit seiner Entdeckung war er, wie gesagt, von dem äußersten Ende Afrikas aus gereist und nach langer, beschwerlicher Wanderung in die Stadt gekommen, die in der Nähe seines Schatzes lag. Aber obschon die Lampe sich ganz gewiß an dem bewußten Orte befand, so war es ihm doch nicht gestattet, sie selbst zu holen oder persönlich in das unterirdische Gewölbe einzutreten, wo sie zu finden war. Es mußte ein anderer hinabsteigen, sie holen und ihm geben. Deshalb hatte er sich an Alaeddin gewandt, den er für einen geringfügigen jungen Burschen und für sehr geeignet hielt, ihm den erforderlichen Dienst zu leisten; dabei war er fest entschlossen, sobald er die Lampe in Händen haben würde, die letzte schon erwähnte Räucherung zu tun, die zwei Zauberworte auszusprechen und so den armen Alaeddin seinem Geiz und seiner Bosheit aufzuopfern, um an ihm keinen Zeugen zu haben. Die Ohrfeige, die er Alaeddin gab, und das Ansehen, das er sich über ihn angemaßt hatte, sollten diesen bloß gewöhnen, ihn zu fürchten und ihm pünktlich zu gehorchen, damit er ihm die berühmte Zauberlampe sogleich übergäbe, sobald er sie forderte. Indes erfolgte gerade das Gegenteil von dem, was er beabsichtigt hatte. Am Ende beeilte sich der Boshafte bloß deshalb so sehr, den armen Alaeddin zu verderben, weil er fürchtete, wenn er sich länger mit ihm herumzanke, so könnte irgendein anderer es hören und sein wichtiges Geheimnis erfahren.

Als der afrikanische Zauberer seine großen und schönen Hoffnungen auf immer gescheitert sah, blieb ihm nichts anderes übrig, als nach Afrika zurückzukehren, was er denn auch an demselben Tag noch tat. Er machte einen Umweg, um die Stadt nicht mehr zu betreten, die er mit Alaeddin verlassen hatte; denn er mußte wirklich fürchten, daß er mehreren Leuten da auffallen könnte, die ihn mit diesem Jungen hatten gehen sehen, wenn er jetzt ohne ihn zurückkäme.

Allem Anschein nach war Alaeddin verloren. Aber der, der ihn auf immer zu verderben glaubte, hatte nicht bedacht, daß er ihm einen Ring an den Finger gesteckt hatte, der zu seiner Rettung dienen konnte. Wirklich wurde Alaeddin durch diesen Ring, dessen Kräfte er nicht kannte, gerettet, und es ist zu verwundern, daß dieser Verlust, verbunden mit dem der Lampe, den Zauberer nicht mit der äußersten Verzweiflung erfüllte; allein die Zauberer sind so sehr an Unfälle und an das Fehlschlagen ihrer Wünsche gewöhnt, daß sie, solange sie leben, nicht aufhören, sich mit Rauch und Dunst, Luftschlössern und Traumgebilden zu umgeben.

Alaeddin, der nach so vielen Liebkosungen und Geschenken auf diese Bosheit seines angeblichen Oheims keineswegs gefaßt war, befand sich in einer Bestürzung, die man sich leichter denken kann, als sie sich mit Worten beschreiben läßt. Als er sich so lebendig begraben sah, rief er tausendmal seinen Oheim mit Namen und erklärte, daß er ihm die Lampe ja gerne geben wolle; allein sein Rufen war vergeblich, er konnte nicht mehr gehört werden und mußte also in schwarzer Finsternis bleiben. Endlich, nachdem er seine Tränen getrocknet hatte, stieg er wieder die Treppe der Höhle hinab, um in den Garten, durch den er bereits gekommen war, und ins helle Tageslicht zu gelangen. Aber die Mauer, die sich ihm durch Zauber geöffnet hatte, hatte sich indes durch einen neuen Zauber wieder geschlossen und zusammengefügt. Er tappte mehrmals rechts und links vorwärts, ohne eine Türe zu finden. Nun fing er aufs neue an zu schreien und zu weinen und setzte sich endlich auf die Stufen der Höhle, ohne Hoffnung, jemals das Tageslicht wiederzusehen, mit der traurigen Gewißheit, aus der Finsternis, in der er sich jetzt befand, in die eines nahen Todes versetzt zu werden.

Zwei Tage blieb Alaeddin in diesem Zustand, ohne zu essen und zu trinken. Endlich, am dritten, da er seinen Tod als unvermeidlich betrachtete, hob er die gefalteten Hände empor und rief mit völliger Ergebung in den Willen Gottes aus: »Es gibt keine Kraft und keine Macht als bei Gott, dem Allerhöchsten und Größten!« Während er so die Hände gefaltet hatte, rieb er, ohne daran zu denken, an dem Ring, den ihm der afrikanische Zauberer an den Finger gesteckt hatte und dessen Kraft er noch nicht kannte. Da stieg vor ihm ein Geist von ungeheurer Größe und fürchterlichem Ansehen, der mit seinem Kopf das oberste Gewölbe berührte, wie aus der Erde hervor und sprach: »Was willst du? Ich bin bereit, dir mit allen Sklaven dieses Rings zu gehorchen als dein Sklave und als Sklave aller derer, die den Ring am Finger haben.«

Zu jeder andern Zeit und bei jeder andern Gelegenheit wäre Alaeddin, der an solche Erscheinungen nicht gewöhnt war, bei dem Anblick einer so außerordentlichen Gestalt von Schrecken ergriffen worden, so daß er die Sprache verloren hätte. Jetzt aber, da er einzig und allein mit der Gefahr beschäftigt war, in der er schwebte, antwortete er ohne Stocken: »Wer du auch sein magst, hilf mir aus diesem Ort, sofern es in deiner Macht steht.« Kaum hatte er diese Worte gesprochen, als die Erde sich öffnete und er sich außerhalb der Höhle befand, gerade an der Stelle, wohin der Zauberer ihn geführt hatte.

Man wird es nicht befremdlich finden, daß Alaeddin, der so lange in der dichtesten Finsternis geblieben war, im Anfang das Tageslicht kaum ertragen konnte. Erst nach und nach gewöhnte er sich daran, und als er um sich blickte, war er sehr überrascht, keine Öffnung in der Erde zu sehen; es war ihm unbegreiflich, auf welche Weise er so auf einmal aus ihrem Schoß hervorgekommen war. Nur an dem Fleck, wo das Reisig verbrannt worden war, erkannte er die Stelle wieder, unter der sich die Höhle befand. Als er sich hierauf nach der Stadt umsah, erblickte er sie mitten in den sie umgebenden Gärten und erkannte auch den Weg, auf dem ihn der afrikanische Zauberer hergeführt hatte. Den ging er zurück und dankte Gott, daß er sich noch einmal auf der Welt sah, nachdem er bereits die Hoffnung aufgegeben hatte, wieder auf sie zurückzukommen. So gelangte er zur Stadt und schleppte sich mit vieler Mühe bis in seine Wohnung. Als er ins Zimmer seiner Mutter trat, fiel er, aus Freude über das Wiedersehen und wegen der von dreitägigem Fasten herrührenden Schwäche, in eine Ohnmacht, die einige Zeit dauerte. Seine Mutter, die ihn bereits als verloren oder als tot beweint hatte, ließ es jetzt, da sie ihn in diesem Zustand erblickte, an keiner Pflege und an keinem Mittel fehlen, ihn wieder zum Leben zu bringen. Endlich erholte er sich, und seine ersten Worte waren: »Liebe Mutter, vor allen Dingen bitte ich dich, gib mir zu essen; ich habe seit drei Tagen nichts in den Mund gebracht.« Seine Mutter brachte ihm, was sie gerade hatte, setzte es ihm vor und sagte: »Lieber Sohn, übereile dich ja nicht, denn es könnte dir schaden; iß ganz langsam, so heißhungrig du auch bist. Ich wünsche nicht einmal, daß du mit mir sprechen sollst. Du hast immer noch Zeit, mir dein Schicksal zu erzählen, wenn du wieder hergestellt bist. Nach der großen Betrübnis, in der ich mich seit Freitag befunden, und nach der unsäglichen Mühe, die ich mir gegeben habe, um nach dir zu fragen, als es Nacht wurde und du nicht nach Hause kamst, bin ich vollkommen getröstet, daß ich dich nur wiedersehe.«

Alaeddin folgte dem Rat seiner Mutter, aß langsam und ruhig und trank ebenso. Als er fertig war, sagte er: »Liebe Mutter, ich könnte dir eigentlich große Vorwürfe machen, daß du mich so ohne alles Bedenken auf Treu und Glauben einem Manne anvertrautest, der den Plan hatte, mich ins Verderben zu stürzen, und der in diesem Augenblick fest überzeugt ist, daß ich nicht mehr lebe oder zu jeder Stunde sterben könne; doch du glaubtest, es sei mein Oheim, und ich glaubte es ebenfalls. Wie hätten wir auch anders von einem Manne denken können, der mich mit Liebkosungen und Geschenken überhäufte und mir so glänzende Versprechungen machte? Du mußt aber wissen, liebe Mutter, daß er ein Verräter, ein Bösewicht, ein Schurke ist. Er hat mir bloß deswegen so viele Geschenke und Versprechungen gemacht, weil er mich ins Verderben stürzen wollte, ohne daß wir imstande wären, die Ursache zu erraten. Ich meinerseits kann versichern, daß ich ihm nie die mindeste Veranlassung gegeben habe, mich zu mißhandeln. Du kannst dies selbst dem getreuen Bericht entnehmen, den ich dir jetzt von allem machen werde, was von unserer Trennung an bis zur Ausführung seines verderblichen Planes vorgegangen ist.«

Alaeddin fing nun an, seiner Mutter zu erzählen, was ihm seit Freitag geschehen war, da der Zauberer ihn abgeholt hatte, um die Paläste und Gärten außerhalb der Stadt mit ihm zu besehen; was ihm unterwegs bis zu dem Ort zwischen den zwei Bergen, wo das große Zauberwerk vor sich gehen sollte, zugestoßen war und wie infolge eines Rauchwerks, das ins Feuer geworfen worden war, und einiger Zauberworte sich augenblicklich die Erde geöffnet hatte und der Eingang einer Höhle sichtbar geworden war, die zu einem unschätzbaren Schatze geführt habe. Auch die Ohrfeige vergaß er nicht und die Art, wie der Zauberer, nachdem er sich wieder ein wenig beruhigt hatte, ihn durch große Versprechungen und durch die Schenkung eines Ringes bewegt habe, in die Höhle hinabzusteigen. Sodann erzählte er ausführlich, was er auf seinem Hin- und Rückweg in den drei großen Sälen, im Garten und auf der Terrasse gesehen und wie er dort die Wunderlampe geholt habe. Dabei zeigte er sie seiner Mutter samt den durchsichtigen und buntfarbigen Früchten, die er auf dem Rückweg in dem Garten gepflückt hatte. Auch gab er ihr die zwei vollen Beutel, aus denen sie sich aber wenig machte. Gleichwohl waren diese Früchte Edelsteine, deren sonnenheller Glanz beim Schein der Lampe, die das Zimmer erhellte, auf ihren großen Wert hätte aufmerksam machen sollen; allein Alaeddins Mutter verstand sich auf dergleichen Sachen ebensowenig wie ihr Sohn. Sie war in großer Dürftigkeit aufgewachsen, und ihr Mann war nicht reich genug gewesen, um ihr solche Kostbarkeiten zu schenken; auch bei ihren Verwandten und Nachbarinnen hatte sie nie dergleichen gesehen. Kein Wunder also, daß sie sie als wertlose Dinge betrachtete, die höchstens dazu gut wären, durch die Mannigfaltigkeit ihrer Farben das Auge zu ergötzen; so kam es, daß Alaeddin sie hinter eines von den Polstern des Sofas schob, auf dem er saß. Er vollendete sodann die Erzählung des Abenteuers und sagte, wie er aus der Höhle habe wieder heraussteigen wollen, wie der Zauberer ihm die Lampe abgefordert und wie sich dann auf seine Weigerung infolge des Rauchwerks, das der Zauberer in das noch brennende Feuer geworfen, und einiger dazu gesprochener Worte die Öffnung der Höhle augenblicklich wieder geschlossen habe. Nicht ohne Tränen vermochte er ihr den unglücklichen Zustand zu schildern, in dem er sich befunden, als er sich in der fatalen Höhle lebendig begraben gesehen habe, bis zu dem Augenblick, wo er infolge der Berührung des Ringes, dessen Eigenschaften er noch nicht gekannt habe, wieder hervor- und sozusagen zum zweitenmal auf die Welt gekommen sei. Als er seine Erzählung beendet hatte, sagte er zu seiner Mutter: »Das übrige brauche ich dir nicht erst zu sagen; es ist dir bekannt. Du siehst jetzt, welche Abenteuer und Gefahren ich seit unserer Trennung bestanden habe.«

Alaeddins Mutter hatte die Geduld, diese wunderbare und seltsame, zugleich aber für eine Mutter, die ihren Sohn trotz seiner Fehler zärtlich liebte, so schmerzliche Geschichte ohne Unterbrechung anzuhören. Nur bei den rührendsten Stellen, wo die Schändlichkeit des afrikanischen Zauberers recht ans Tageslicht kam, konnte sie ihren Abscheu nicht verbergen. Jetzt aber, da Alaeddin geendet hatte, ließ sie sich in tausend Schmähworte gegen den Betrüger aus; sie nannte ihn einen Verräter, einen Schurken, einen Unmenschen, einen Meuchelmörder, Lügner, Zauberer, einen Feind und Verderber des menschlichen Geschlechts. »Ja, mein Sohn«, fügte sie hinzu, »es ist ein Zauberer, und die Zauberer sind eine wahre Pest der Menschheit; sie haben durch ihre Zaubereien und Hexereien Verkehr mit bösen Geistern. Gott sei gelobt, der verhütet hat, daß seine entsetzliche Bosheit ihren Zweck an dir erreichte. Du bist ihm für die Gnade, die er an dir getan hat, großen Dank schuldig; dein Tod wäre unvermeidlich gewesen, wenn du dich nicht seiner erinnert und ihn um Hilfe angefleht hättest.« So sprach sie noch vieles andere, um ihren Abscheu gegen den Verrat des Zauberers auszudrücken. Endlich aber bemerkte sie, daß Alaeddin, der seit drei Tagen nicht geschlafen hatte, Ruhe brauchte; sie brachte ihn daher zu Bett und legte sich bald darauf ebenfalls nieder.

Alaeddin, der an dem unterirdischen Ort, wo er begraben gewesen war, keine Ruhe genossen hatte, schlief die ganze Nacht fest und erwachte am andern Morgen erst sehr spät. Er stand auf, und das erste, was er zu seiner Mutter sagte, war, daß er Hunger habe und sie ihm kein größeres Vergnügen machen könnte, als wenn sie ihm ein Frühstück gäbe. »Ach, lieber Sohn«, antwortete sie, »ich habe auch nicht einen einzigen Bissen Brot; du hast gestern abend den wenigen Vorrat, der noch zu Hause war, aufgegessen. Aber gedulde dich einen Augenblick, so werde ich dir etwas bringen. Ich habe etwas Baumwolle gesponnen; die will ich verkaufen, um Brot und einiges zum Mittagessen anzuschaffen.« – »Liebe Mutter«, erwiderte Alaeddin, »hebe deine Baumwolle für ein anderes Mal auf und gib mir die Lampe, die ich gestern mitbrachte. Ich will sie verkaufen, und vielleicht erhalte ich so viel, daß wir Frühstück und Mittagessen und am Ende gar noch etwas für den Abend dafür bekommen.«

Alaeddins Mutter holte die Lampe und sagte zu ihrem Sohn: »Da hast du sie; sie ist aber sehr schmutzig. Ich will sie ein wenig putzen, dann wird sie schon etwas mehr gelten.« Sie nahm Wasser und Sand, um sie blank zu machen, aber kaum hatte sie angefangen, die Lampe zu reiben, als augenblicklich in Gegenwart ihres Sohnes ein scheußlicher Geist von riesenhafter Gestalt vor ihr aufstand und mit Donnerstimme zu ihr sprach: »Was willst du? Ich bin bereit, dir zu gehorchen als dein Sklave und als Sklave aller derer, die die Lampe in der Hand haben; sowohl ich als auch die andern Sklaven der Lampe gehorchen dir.«

Alaeddins Mutter war nicht imstande zu antworten. Ihr Auge vermochte die abscheuliche und schreckliche Gestalt des Geistes nicht zu ertragen, und sie war gleich bei seinen ersten Worten vor Angst in Ohnmacht gefallen.

Alaeddin dagegen, der schon in der Höhle eine ähnliche Erscheinung gehabt hatte, ergriff, ohne die Besinnung zu verlieren, schnell die Lampe und antwortete statt seiner Mutter mit festem Ton: »Ich habe Hunger, bring mir etwas zu essen.« Der Geist verschwand und kam im Augenblick wieder mit einem großen silbernen Becken auf dem Kopf, in dem sich zwölf verdeckte Schüsseln von demselben Metall voll der ausgezeichnetsten Speisen sowie sechs Brote vom weißesten Mehl befanden und zwei Flaschen des köstlichsten Weins; zwei silberne Schalen trug er in der Hand. Er stellte alles zusammen auf das Sofa und verschwand sogleich.

Dies geschah in so kurzer Zeit, daß Alaeddins Mutter sich noch nicht von ihrer Ohnmacht erholt hatte, als der Geist zum zweitenmal verschwand. Alaeddin, der bereits, aber ohne Erfolg, angefangen hatte, ihr Wasser ins Gesicht zu spritzen, wollte dies eben wiederholen; allein sei es, daß ihre entflohenen Lebensgeister sich wieder gesammelt hatten oder daß der Duft der Speisen, die der Geist gebracht hatte, etwas dazu beitrug, kurz, sie kam augenblicklich wieder zu sich. »Liebe Mutter«, sagte Alaeddin zu ihr, »es ist weiter nichts; steh auf und iß: hier sind Sachen genug, um dein Herz zu stärken und zugleich meinen großen Hunger zu befriedigen. Wir wollen diese guten Speisen nicht kalt werden lassen, sondern essen.«

Alaeddins Mutter war außerordentlich erstaunt, als sie das große Becken, die zwölf Schüsseln, die sechs Brote, die zwei Flaschen und die zwei Schalen erblickte und den köstlichen Duft einatmete, der aus all den Platten emporstieg. »Mein Sohn«, sagte sie zu Alaeddin, »woher kommt dieser Überfluß und wem haben wir für solch reiches Geschenk zu danken? Sollte vielleicht der Sultan von unserer Armut gehört und sich unser erbarmt haben?« – »Liebe Mutter«, antwortete Alaeddin, »wir wollen uns jetzt zu Tisch setzen und essen, wir haben es beide nötig; deine Frage werde ich beantworten, wenn wir gefrühstückt haben.« Sie setzten sich zu Tische und speisten mit um so größerem Appetit, als beide, Mutter und Sohn, sich nie an einer so wohlbesetzten Tafel befunden hatten.

Während der Mahlzeit konnte Alaeddins Mutter nicht aufhören, das Becken und die Schüsseln zu betrachten und zu bewundern, obgleich sie nicht recht wußte, ob sie von Silber oder einem andern Metall waren: so ungewöhnlich war ihr der Anblick von dergleichen Dingen. Eigentlich war es bloß die Neuheit und nicht der Wert der Dinge, was sie in solche Bewunderung versetzte, denn sie verstand sich darauf so wenig wie ihr Sohn Alaeddin.

Alaeddin und seine Mutter, die nur ein einfaches Frühstück einzunehmen gedacht hatten, befanden sich um die Stunde des Mittagessens noch bei Tisch. Die trefflichen

Speisen hatten ihre Eßlust noch mehr angeregt, und da sie noch warm waren, fanden sie es vernünftig, wenn sie beide Mahlzeiten auf einmal abmachten, statt sich zweimal an den Tisch zu setzen. Nachdem die Doppelmahlzeit beendet war, blieb ihnen noch so viel übrig, daß sie nicht nur ein Abendessen, sondern auch noch am folgenden Tag zwei tüchtige Mahlzeiten halten konnten.

Als Alaeddins Mutter abgetragen und das Fleisch, das unberührt geblieben war, aufgehoben hatte, setzte sie sich zu ihrem Sohn auf das Sofa und sagte zu ihm: »Alaeddin, ich erwarte jetzt von dir, daß du meine Neugierde befriedigst und mir die versprochene Auskunft erteilst.« Alaeddin erzählte ihr umständlich alles, was während ihrer Ohnmacht zwischen dem Geist und ihm vorgegangen war.

Alaeddins Mutter geriet in große Verwunderung über die Erzählung ihres Sohnes und die Erscheinung des Geistes. »Aber, mein Sohn«, fragte sie, »was willst du denn eigentlich sagen mit deinen Geistern? Solange ich auf der Welt bin, habe ich nie sagen gehört, daß jemand von allen meinen Bekannten einen Geist gesehen hätte. Durch welchen Zufall ist dieser garstige Geist zu mir gekommen? Warum hat er sich an mich gewendet und nicht an dich, da er dir doch schon in der Schatzhöhle einmal erschienen war?«

»Liebe Mutter«, erwiderte Alaeddin, »der Geist, der dir erschien, ist nicht derselbe, der mir erschien. Sie haben zwar einige Ähnlichkeit, zum Beispiel ihre Riesengröße, aber an Gesichtsbildung und Kleidung sind sie voneinander verschieden und gehören auch verschiedenen Herren an. Du wirst dich noch erinnern, daß derjenige, den ich sah, sich einen Sklaven des Rings nannte, den ich am Finger habe, während der soeben erschienene sagte, er sei Sklave der Lampe, die du in der Hand hattest; doch ich glaube nicht, daß du es gehört hast, denn, wie mir schien, fielst du sogleich in Ohnmacht, als er zu reden anfing.«

»Wie!« rief Alaeddins Mutter, »also deine Lampe ist schuld, daß dieser verwünschte Geist sich an mich gewendet hat statt an dich? Ach, lieber Sohn, schaffe sie mir sogleich aus den Augen und hebe sie auf, wo du willst; ich mag sie nicht mehr anrühren. Eher lasse ich sie wegwerfen oder verkaufen, als daß ich Gefahr laufe, bei ihrer Berührung vor Angst zu sterben. Folge mir und tue auch den Ring ab. Man muß keinen Verkehr mit Geistern haben; es sind Teufel, und unser Prophet hat es gesagt.«

»Mit deiner Erlaubnis, liebe Mutter«, antwortete Alaeddin, »werde ich mich jetzt wohl hüten, eine Lampe, die uns beiden so nützlich werden kann, zu verkaufen, wie ich es eben noch im Sinn hatte. Siehst du denn nicht, was sie uns erst vor einigen Augenblicken verschafft hat? Sie soll uns jetzt fortwährend Nahrung und Lebensunterhalt besorgen. Du kannst dir, wie ich, leicht denken, daß mein garstiger falscher Oheim sich nicht ohne Grund so viele Mühe gegeben und eine so weite und beschwerliche Reise unternommen hat, als er nach dem Besitz dieser Wunderlampe trachtete, die er allem Gold und Silber, das er in den Sälen wußte, und das ich, wie er es mir beschrieben hatte, mit meinen eigenen Augen sah, vorgezogen hatte. Er kannte den Wert und die herrlichen Eigenschaften dieser Lampe zu gut, um sich von dem übrigen reichen Schatz noch etwas zu wünschen. Da nun der Zufall uns ihre geheime Kraft entdeckt hat, so wollen wir möglichst vorteilhaften Gebrauch davon machen, aber ohne Aufsehen zu erregen, damit unsere Nachbarn nicht neidisch und eifersüchtig werden. Ich will sie dir übrigens gern aus den Augen schaffen und an einem Ort aufheben, wo ich sie finden kann, wann ich sie brauche, da du so große Angst vor den Geistern hast. Auch den Ring wegzuwerfen, kann ich mich unmöglich entschließen. Ohne diesen Ring hättest du mich nie wiedergesehen, und ohne ihn würde ich jetzt entweder nicht mehr oder höchstens noch einige Augenblicke leben. Du wirst mir daher erlauben, daß ich ihn behalte und immer mit großer Behutsamkeit am Finger trage. Wer weiß, ob mir nicht einmal eine andere Gefahr zustößt, die wir beide nicht voraussehen können und aus der er mich vielleicht befreit?« Da Alaeddins Bemerkung sehr richtig schien, so wußte seine Mutter nichts mehr einzuwenden. »Lieber Sohn«, sagte sie zu ihm, »du kannst handeln, wie du es für gut hältst; ich für meinen Teil mag mit Geistern nichts zu tun haben. Ich erkläre dir, daß ich meine Hände in Unschuld wasche und nie mehr mit dir davon reden werde.«

Am andern Tag nach dem Abendessen war von den herrlichen Speisen, die der Geist gebracht hatte, nichts mehr übrig; Alaeddin, der nicht so lange warten wollte, bis der Hunger ihn drängte, nahm daher am dritten Morgen eine der silbernen Schüsseln unter seine Kleider und ging aus, um sie zu verkaufen. Er wandte sich an einen Juden, der ihm begegnete, nahm ihn beiseite, zeigte ihm die Schüssel und fragte, ob er wohl Lust dazu hätte, sie zu erwerben.

Der Jude, ein schlauer und verschmitzter Bursche, nahm die Schüssel, untersuchte sie, und da er erkannte, daß sie von echtem Silber war, fragte er Alaeddin, was er dafür verlange. Alaeddin, der ihren Wert nicht wußte und nie mit solchen Waren Handel getrieben hatte, sagte ihm bloß, er werde wohl am besten wissen, was die Schüssel wert sei, und er verlasse sich ganz auf seine Ehrlichkeit. Der Jude geriet wirklich in Verlegenheit über die Offenherzigkeit Alaeddins. Da er nicht wußte, ob Alaeddin den Wert seiner Ware wirklich kannte oder nicht, zog er ein Goldstück aus seinem Beutel, das höchstens den zweiundsiebzigsten Teil vom wahren Wert der Schüssel betrug, und bot es ihm an. Alaeddin nahm das Goldstück mit großer Freudigkeit, und sobald er es in der Hand hatte, lief er so schnell davon, daß der Jude, mit seinem ungeheuren Gewinn bei diesem Kauf nicht zufrieden, sich sehr darüber ärgerte, daß er Alaeddins gänzliche Unwissenheit über den Wert der Schüssel nicht besser erraten und ihm noch weit weniger geboten hatte. Er geriet in Versuchung, dem jungen Menschen nachzulaufen und zu versuchen, ob er nicht etwas von seinem Goldstück herausbekommen könnte; doch Alaeddin war schon so weit entfernt, daß er ihn schwerlich eingeholt hätte.

Auf dem Heimweg blieb Alaeddin bei einem Bäckerladen stehen, kaufte Brot und bezahlte ihn mit dem Goldstück, das der Bäcker ihm wechselte. Als er nach Hause kam, gab er das übrige Geld seiner Mutter, die auf den Markt ging, um für sie beide die nötigen Lebensmittel für einige Tage einzukaufen.

So lebten sie eine Zeitlang fort; Alaeddin verkaufte alle zwölf Schüsseln, eine nach der andern, sowie das Geld im Hause ausgegangen war, an den Juden. Der Jude, der für die erste ein Goldstück gegeben hatte, wagte es nicht, für die übrigen weniger zu bieten, und bezahlte alle mit derselben Münze, um einen so guten Handel nicht zu verlieren. Als das Geld von der letzten Schüssel ausgegeben war, nahm Alaeddin seine Zuflucht zu dem Becken, das allein zehnmal mehr wog als jede Schüssel. Er wollte es einem gewöhnlichen Kaufmann bringen; aber es war ihm zu schwer. Daher mußte er den Juden aufsuchen und ihn in sein Haus führen; der prüfte das Gewicht des Beckens und zahlte ihm auf der Stelle zehn Goldstücke aus, womit Alaeddin auch zufrieden war.

Solange die Goldstücke reichten, wurden sie für die täglichen Ausgaben des Haushalts verwendet. Alaeddin hatte indes, obschon er ans Müßiggehen gewöhnt war, seit seinem Abenteuer mit dem afrikanischen Zauberer nicht mehr mit den jungen Leuten seines Alters gespielt. Er brachte seine Tage mit Spazierengehen zu oder unterhielt sich mit älteren Leuten, deren Bekanntschaft er gemacht hatte. Oft blieb er auch bei den Läden der großen Kaufleute stehen und horchte aufmerksam auf die Gespräche vornehmer Männer, die sich hier eine Zeitlang aufhielten oder sich hierher bestellt hatten; und diese Gespräche gaben ihm allmählich einigen Anstrich von Weltkenntnis.

Als von den zehn Goldstücken nichts mehr übrig war, nahm Alaeddin seine Zuflucht zur Lampe. Er nahm sie in die Hand, suchte die Stelle, die seine Mutter berührt hatte, und als er sie an dem Eindruck des Sandes erkannte, rieb er sie ebenso, wie sie es getan hatte. Sogleich erschien wieder derselbe Geist, der sich schon einmal gezeigt hatte; da aber Alaeddin die Lampe sanfter gerieben hatte als seine Mutter, so sprach er diesmal in einem milderen Ton dieselben Worte wie damals: »Was willst du? Ich bin bereit, dir zu gehorchen als dein Sklave und als Sklave aller derer, die die Lampe in der Hand haben; sowohl ich als auch die anderen Sklaven der Lampe.« Alaeddin antwortete: »Mich hungert, bring mir zu essen.« Der Geist verschwand und erschien in einigen Augenblicken wieder mit einem ähnlichen Tafelzeug wie das erstemal, stellte es auf das Sofa und verschwand wieder.

Alaeddins Mutter war, da sie von dem Vorhaben ihres Sohnes wußte, absichtlich ausgegangen, um bei der Erscheinung des Geistes nicht zu Hause zu sein. Sie kam bald darauf zurück, und als sie die Tafel und den Schenktisch so wohl besetzt sah, erstaunte sie über die wunderbare Wirkung der Lampe beinahe ebenso wie das erstemal. Alaeddin und seine Mutter setzten sich zu Tisch, und nach dem Mahle blieb ihnen noch so viel übrig, daß sie die beiden folgenden Tage behaglich davon leben konnten.

Als Alaeddin sah, daß weder Brot noch Lebensmittel, noch Geld mehr zu Hause war, nahm er eine silberne Schüssel und suchte den Juden, den er kannte, auf, um sie zu verkaufen. Auf dem Weg zu ihm kam er aber an dem Laden eines Goldschmieds vorüber, der durch sein Alter ehrwürdig und zugleich ein ehrlicher und rechtschaffener Mann war. Der Goldschmied bemerkte ihn und rief ihm, er möchte eintreten. »Mein Sohn«, sagte er zu ihm, »ich habe dich schon mehrere Male mit derselben Ware wie jetzt vorbeigehen und den Juden aufsuchen und bald darauf mit leeren Händen zurückkommen sehen. Dies hat mich auf den Gedanken gebracht, daß du das, was du trägst, an ihn verkaufst. Aber du weißt vielleicht nicht, daß dieser Jude ein Betrüger ist, und zwar ein ärgerer Betrüger als die andern Juden, und daß niemand, der ihn kennt, mit ihm zu tun haben will. Im übrigen sage ich dir dies bloß aus Gefälligkeit. Wenn du mir zeigen willst, was du jetzt in der Hand hast, und es dir feil ist, so will ich dir den wahren Wert getreulich ausbezahlen, sofern ich es brauchen kann; wenn nicht, so will ich dich an andere Kaufleute weisen, die dich nicht betrügen werden.«

In der Hoffnung, noch mehr Geld für seine Schüssel zu bekommen, zog Alaeddin sie sogleich unter seinem Kleid hervor und zeigte sie dem Goldschmied. Der Greis, der auf den ersten Blick erkannte, daß sie vom feinsten Silber war, fragte ihn, ob er wohl schon ähnliche an den Juden verkauft und was er von ihm dafür erhalten habe. Alaeddin gestand offenherzig, daß er schon zwölf verkauft und daß der Jude ihm für jede ein einziges Goldstück bezahlt habe. »Ha, der Spitzbube!« rief der Goldschmied. »Mein Sohn«, fügte er hinzu, »was geschehen ist, ist geschehen, und man muß nicht mehr daran denken; aber wenn ich dir jetzt den wahren Wert deiner Schüssel nenne, die vom feinsten Silber ist, das nur irgend von uns verarbeitet wird, so wirst du einsehen, wie sehr der Jude dich betrogen hat.«

Der Goldschmied nahm die Waage, wog die Schüssel, und nachdem er Alaeddin auseinandergesetzt hatte, was eine Mark Silber sei, welchen Wert und welche Unterabteilungen sie habe, machte er ihm begreiflich, daß diese Schüssel ihrem Gewicht nach zweiundsiebzig Goldstücke wert sei, die er ihm sogleich blank ausbezahlte. »Da hast du«, sagte er, »den wahren Betrag für deine Schüssel. Wenn du noch daran zweifelst, so kannst du dich nach Belieben an jeden andern von unseren Goldschmieden wenden, und wenn dir einer sagt, daß sie mehr wert sei, so will ich dir das Doppelte dafür bezahlen. Wir gewinnen an dem Silberwerk, das wir kaufen, nichts als die Arbeit und die Form, und damit begnügt sich kein Jude, wenn er auch noch so ehrlich wäre.«

Alaeddin dankte dem Goldschmied sehr für den guten Rat, den er ihm gegeben hatte und von dem er bereits einen so großen Nutzen zog. In der Folge verkaufte er auch die übrigen Schüsseln und das Becken an ihn und erhielt für alles den vollen Wert je nach dem Gewicht. Obwohl nun Alaeddin und seine Mutter eine unversiegbare Geldquelle an ihrer Lampe hatten und sich nach Herzenswunsch mit Geld versehen konnten, sobald es ihnen ausging, so lebten sie denn fortwährend ebenso mäßig wie zuvor, nur daß Alaeddin einiges auf die Seite legte, um anständig auftreten zu können und verschiedene Bequemlichkeiten für ihre kleine Wirtschaft anzuschaffen. Seine Mutter dagegen verwendete auf ihre Kleider nichts, als was ihr das Baumwollespinnen einbrachte. Bei dieser nüchternen Lebensweise kann man sich leicht denken, daß das Gold, das Alaeddin für seine zwölf Schüsseln und das Becken von dem Goldschmied erhalten hatte, lange ausreichte. So lebten sie denn mehrere Jahre lang von dem guten Gebrauch, den Alaeddin von Zeit zu Zeit von seiner Lampe machte.

In dieser Zwischenzeit hatte Alaeddin, der es nicht unterließ, sich sehr fleißig bei den Zusammenkünften angesehener Personen in den Läden der bedeutendsten Kaufleute, die mit Gold, Silber, Seidenstoffen, den feinsten Schleiertüchern und Juwelen handelten, einzufinden und bisweilen sogar an ihren Unterhaltungen teilzunehmen, sich vollends ausgebildet und allmählich alle Manieren der feinen Weltleute angenommen. Bei den Juwelenhändlern kam er von dem Irrtum ab, die durchsichtigen Früchte, die er in dem Garten, wo die Lampe stand, gepflückt hatte, wären bloß buntfarbiges Glas; er erfuhr, daß es sehr kostbare Edelsteine waren. Da er täglich in diesen Läden alle Arten solcher Edelsteine kaufen und verkaufen sah, lernte er ihren Wert kennen und schätzen; da er nirgends so schöne und große bemerkte, begriff er, daß er statt Glasscherben, die ihm nahezu wertlos erschienen waren, einen Schatz von unschätzbarem Wert besaß. Indes war er klug genug, niemandem etwas davon zu sagen, selbst seiner Mutter nicht, und ohne Zweifel verdankte er diesem Stillschweigen das hohe Glück, zu dem wir ihn in der Folge emporsteigen sehen werden.

Eines Tages, als er in der Stadt spazierenging, hörte Alaeddin mit lauter Stimme einen Befehl des Sultans ausrufen, daß jedermann seinen Laden und seine Haustüre schließen und sich ins Innere seiner Wohnung zurückziehen solle, bis die Prinzessin Bedrulbudur, die Tochter des Sultans, die baden wollte, vorübergegangen und wieder zurückgekehrt sein würde.

Dieser öffentliche Aufruf erweckte in Alaeddin den Wunsch, die Prinzessin entschleiert zu sehen. Er mußte sich zu diesem Zweck in das Haus eines Bekannten begeben und dort hinter ein Gitterfenster stellen; allein, dies war ihm nicht genug, da die Prinzessin, dem Brauch gemäß, auf ihrem Weg ins Bad einen Schleier vor ihrem Gesicht haben mußte. Um seine Neugierde zu befriedigen, ersann er endlich ein Mittel, das ihm glückte. Er stellte sich hinter die Türe des Bades, das so eingerichtet war, daß er sie unfehlbar von Angesicht sehen mußte.

Alaeddin mußte nicht lange warten; die Prinzessin erschien, und er betrachtete sie durch einen Ritz, der groß genug war, daß er sehen konnte, ohne gesehen zu werden. Sie kam in Begleitung einer großen Anzahl ihrer Frauen und Verschnittenen, die teils neben ihr, teils hinter ihr hergingen. Drei oder vier Schritte vor der Tür des Bades nahm sie den Schleier ab, der ihr Gesicht bedeckte und ihr sehr unbequem war, und Alaeddin sah nun deutlich, daß sie gerade auf ihn zukam. Alaeddin hatte bis dahin noch nie eine Frau mit entschleiertem Gesicht gesehen außer seiner Mutter, die schon alt und überhaupt niemals so hübsch gewesen war, daß er von ihr einen Schluß auf die Schönheit anderer Frauen hätte machen können. Zwar hatte er wohl gehört, daß es Frauen von ausgezeichneter Schönheit gebe, allein, alle auch noch so begeisterten Schilderungen von einer Schönheit können nie einen so tiefen Eindruck machen wie ihr Anblick selbst.

Als Alaeddin die Prinzessin Bedrulbudur gesehen hatte, gab er seine bisherige Meinung, als ob alle Frauen mehr oder weniger seiner Mutter glichen, auf. Ganz andere Empfindungen stiegen in ihm auf, und sein Herz konnte dem bezaubernden Mädchen die höchste Zuneigung nicht versagen. Wirklich war die Prinzessin auch die schönste Brünette, die man nur auf der Welt sehen kann. Sie hatte große, regelmäßige, lebhafte und feurige Augen, einen sanften und sittsamen Blick, eine proportionierte Nase ohne allen Tadel, einen kleinen Mund, rosenrote und durch ihr schönes Ebenmaß wahrhaft bezaubernde Lippen; mit einem Wort: ihre Gesichtszüge waren höchst anmutig und regelmäßig. Was Wunder, daß Alaeddin bei dem Anblick einer so seltenen Vereinigung von Schönheiten, die ihm ganz neu waren, geblendet wurde und beinahe außer sich geriet! Außer diesen Vollkommenheiten hatte die Prinzessin einen üppigen Wuchs und eine majestätische Haltung, deren Anblick allein schon die ihr gebührende Ehrfurcht einflößte.

Als die Prinzessin ins Bad hineingegangen war, blieb Alaeddin eine Weile ganz verwirrt und wie entzückt stehen, indem er sich unaufhörlich das reizende Bild vor die Seele rief, das ihn im Innersten seines Herzens ergriffen und bezaubert hatte. Endlich kam er wieder zur Besinnung, und da er bedachte, daß die Prinzessin bereits vorübergegangen war und er vergebens seinen Posten länger einnehmen würde, um sie beim Herausgehen aus dem Bade wieder zu sehen, da sie ihm dann den Rücken kehren und verschleiert sein müßte, so beschloß er, den Ort zu verlassen.

Als Alaeddin nach Hause kam, konnte er seine Verwirrung und Unruhe nicht so verbergen, daß seine Mutter nichts gemerkt hätte. Sie war sehr erstaunt, ihn gegen seine Gewohnheit so traurig und nachdenklich zu sehen, und fragte ihn, ob ihm etwas Unangenehmes begegnet sei oder ob er sich unwohl befinde. Alaeddin aber gab keine Antwort, sondern setzte sich nachlässig auf das Sofa, wo er unverändert in derselben Stellung blieb, damit beschäftigt, sich das reizende Bild der Prinzessin Bedrulbudur zu vergegenwärtigen. Seine Mutter bereitete das Abendessen und drang nicht weiter in ihn. Als das Mahl fertig war, stellte sie es neben ihn auf das Sofa und setzte sich zu Tisch; da sie aber sah, daß ihr Sohn gar nicht darauf achtete, so sprach sie ihm zu, er solle doch essen, und nur mit vieler Mühe brachte sie ihn dahin, daß er seine Lage änderte. Er aß viel weniger als gewöhnlich, hatte die Augen immer niedergeschlagen und zeigte ein so tiefes Stillschweigen, daß es seiner Mutter unmöglich war, ihm auch nur ein einziges Wort zu entlocken, so sehr sie auch in ihn drang, er solle ihr die Ursache dieser außerordentlichen Veränderungen mitteilen.

Nach dem Abendessen wollte sie von neuem anfangen, ihn zu fragen, warum er denn so schwermütig sei, aber sie konnte nichts aus ihm herausbringen; und Alaeddin ging zu Bett, ohne seine Mutter im mindesten zufriedengestellt zu haben.

Am andern Morgen jedoch, als er sich wieder auf das Sofa setzte, fing er mit seiner Mutter, die ihm gegenüber saß und wie gewöhnlich Baumwolle spann, folgendes Gespräch an: »Liebe Mutter, ich will jetzt das Stillschweigen brechen. Es hat dir Kummer gemacht, und das ist mir nicht entgangen. Ich war nicht krank, wie du zu glauben schienst, und bin es auch jetzt nicht. Aber so viel kann ich dir sagen, daß das, was ich empfand und was ich noch fortwährend empfinde, etwas weit Schlimmeres ist als eine Krankheit. Zwar weiß ich nicht recht, wie man dieses Übel nennt, aber ich zweifle nicht, daß du es aus dem erkennen wirst, was ich dir jetzt sagen will.«

»Es ist«, fuhr Alaeddin fort, »in diesem Stadtviertel nicht bekannt geworden, und so kannst du es auch nicht wissen, daß die Prinzessin Bedrulbudur, die Tochter des Sultans, gestern nachmittag ins Bad gegangen ist. Ich hörte es, als ich in der Stadt umherspazierte. Man rief nämlich den Befehl aus, daß alle Läden geschlossen werden und jeder sich in sein Haus begeben solle, um der Prinzessin die ihr gebührende Ehre zu erzeigen und ihr auf den Straßen, durch die sie ging, freien Durchgang zu lassen. Da ich nicht weit vom Bad entfernt war, so brachte mich die Neugierde, sie mit entschleiertem Gesicht zu sehen, auf den Einfall, mich hinter der Türe des Bades zu verstecken; denn ich dachte, sie werde vielleicht noch vor ihrem Eintritt ins Bad den Schleier abnehmen. Du kennst die Lage der Türe und kannst dir daher leicht vorstellen, daß ich sie mit Bequemlichkeit sehen mußte, wenn das geschah, was ich vermutete. Wirklich nahm sie vor ihrem Eintritt den Schleier ab, und ich hatte das Glück, zu meinem unaussprechlichen Vergnügen diese liebenswürdige Prinzessin zu sehen. Siehst du, Mutter, das ist die Ursache des Zustandes, in dem du mich gestern sahst, als ich nach Hause kam, und deswegen habe ich bis jetzt den Mund nicht aufgetan. Ich liebe die Prinzessin mit einer Glut, die ich dir nicht beschreiben kann; und da meine heiße Leidenschaft mit jedem Augenblick zunimmt, so fühle ich wohl, daß sie nur durch den Besitz der liebenswürdigen Prinzessin Bedrulbudur befriedigt werden kann; daher bin ich entschlossen, sie vom Sultan mir zur Frau zu erbitten.«

Alaeddins Mutter hatte die Rede ihres Sohnes bis auf die letzten Worte mit Aufmerksamkeit angehört; als sie aber vernahm, daß er im Sinn habe, um die Hand der Prinzessin Bedrulbudur anzuhalten, da konnte sie nicht umhin, ihn durch lautes Gelächter zu unterbrechen. Alaeddin wollte fortfahren, allein sie ließ ihn nicht zu Wort kommen und sagte: »Ei, ei, mein Sohn, was fällt dir ein? Bist du wahnsinnig geworden, daß du solche Reden führen kannst?«

»Liebe Mutter«, erwiderte Alaeddin, »ich kann dir versichern, daß ich nicht wahnsinnig, sondern ganz bei gutem Verstand bin. Ich habe mir zum voraus gedacht, daß du mich töricht und albern nennen würdest; allein dies soll mich nicht hindern, dir noch einmal zu erklären, daß mein Entschluß feststeht, den Sultan um die Hand der Prinzessin Bedrulbudur zu bitten.«

»Wahrhaftig, mein Sohn« erwiderte die Mutter sehr ernsthaft, »ich kann nicht umhin, dir zu sagen, daß du dich ganz vergißt; und wenn du deinen Entschluß auch ausführen wolltest, so sehe ich nicht ein, durch wen du es wagen könntest, deine Bitte vortragen zu lassen.« – »Durch niemand anders als dich selbst«, antwortete der Sohn ohne Bedenken. »Durch mich!« rief die Mutter voll Erstaunen und Überraschung; »und an den Sultan? O ich werde mich wohl hüten, mich in solch eine Unternehmung einzulassen. Und wer bist du denn, mein Sohn«, fuhr sie fort, »daß du die Kühnheit haben dürftest, deine Gedanken zur Tochter deines Sultans zu erheben? Hast du vergessen, daß du der Sohn eines der geringsten Schneider seiner Hauptstadt und auch von mütterlicher Seite nicht von höherer Abkunft bist? Weißt du denn nicht, daß Sultane ihre Töchter selbst Sultanssöhnen verweigern, die keine Hoffnung haben, einst zur Regierung zu gelangen?«

»Liebe Mutter«, antwortete Alaeddin, »ich habe dir bereits gesagt, daß ich alles vorausgesehen habe, was du mir soeben gesagt hast, und ebenso sehe ich alles voraus, was du etwa noch hinzufügen könntest. Weder deine Reden noch deine Vorstellungen werden mich aber von meinem Entschlusse abbringen. Ich habe dir gesagt, daß ich durch deine Vermittlung um die Hand der Prinzessin Bedrulbudur anhalten will; es ist dies die einzige Gefälligkeit, um die ich dich mit aller schuldigen Ehrerbietung bitte, und du kannst sie mir nicht abschlagen, wenn du mich nicht sterben und das Leben verlieren sehen willst.«

Alaeddins Mutter befand sich in großer Verlegenheit, als sie die Hartnäckigkeit sah, mit der er auf einem so unverständigen Plan beharrte. »Mein Sohn«, sagte sie nochmals zu ihm, »ich bin deine Mutter, und als eine gute Mutter, die dich unter dem Herzen getragen, bin ich bereit, aus Liebe zu dir alles zu tun, was vernünftig und für meinen und deinen Stand schicklich ist. Wenn es sich darum handelte, für dich um die Tochter eines unserer Nachbarn anzuhalten, der von gleichem oder wenigstens nicht viel höherem Stande wäre als du, so würde ich nichts versäumen und von Herzen gern alles aufbieten, was in meiner Macht steht; aber auch dann müßtest du einiges Vermögen oder Einkünfte besitzen oder ein Gewerbe erlernt haben, um dein Ziel zu erreichen. Wenn arme Leute wie wir heiraten wollen, so ist das erste, woran sie denken müssen, ob sie auch zu leben haben. Aber ohne an deine niedere Abkunft, an deinen geringen Stand und deine Armut zu denken, willst du dich auf den höchsten Gipfel des Glücks schwingen und verlangst nichts Geringeres als die Tochter deines Herrn und Gebieters, der nur ein Wort zu sagen braucht, um dich zu verderben und zu zermalmen! Ich will hier nicht erwähnen, was dich selbst betrifft, denn das mußt du mit dir selbst ausmachen, sofern du nur halbwegs bei gutem Verstand bist. Ich will nur von dem sprechen, was mich angeht. Wie hat dir ein so seltsamer Gedanke in den Kopf kommen können, daß ich zum Sultan hingehen und ihm den Antrag machen soll, dir die Prinzessin, seine Tochter, zum Weib zu geben? Gesetzt auch, ich hätte, ich will nicht sagen die Kühnheit, sondern die Unverschämtheit, vor seine geheiligte Person zu treten, um eine so ungereimte Bitte vorzutragen: an wen müßte ich mich denn wenden, um nur vorgelassen zu werden? Glaubst du denn nicht, daß der erste, den ich anredete, mich als Närrin behandeln und mit Schmach und

Schimpf fortjagen würde, wie ich es auch verdiente? Wir wollen aber auch annehmen, daß es keine Schwierigkeit gäbe, Audienz bei dem Sultan zu erhalten: denn ich weiß, daß man leicht zu ihm gelangen kann, wenn man um Gerechtigkeit bittet, und daß er sie seinen Untertanen gern gewährt, sobald sie ihn darum angehen; ich weiß auch, daß er mit Vergnügen eine Gnade bewilligt, um die man ihn bittet, sobald er sieht, daß man sie verdient hat und ihrer würdig ist. Aber glaubst du denn eine Gnade verdient zu haben, die ich für dich erbitten soll? Bist du ihrer würdig? Was hast du für deinen Fürsten oder für dein Vaterland getan und wodurch hast du dich ausgezeichnet? Wenn du nun nichts geleistet hast, um eine so hohe Gnade zu verdienen, und im übrigen ihrer auch nicht würdig bist: mit welcher Stirn könnte ich dann darum bitten? Wie könnte ich auch nur den Mund öffnen, um dem Sultan diesen Vorschlag zu machen? Sein majestätisches Ansehen und der Glanz seines Hofes würden mir sogar den Mund verschließen, mir, die ich schon vor meinem verstorbenen Mann, deinem Vater, zitterte, wenn ich ihn nur um eine Kleinigkeit zu bitten hatte. Auch ein anderer Grund ist noch vorhanden, mein Sohn, den du nicht bedacht hast: daß man vor unsern Sultanen, wenn man sie um etwas bitten will, nicht erscheinen darf, ohne ein Geschenk in der Hand zu haben. Die Geschenke haben wenigstens das Gute, daß sie, wenn sie aus irgendeinem Grunde die Bitte abschlagen, den Bittsteller wenigstens ohne Widerwillen anhören. Aber welches Geschenk könntest du ihm denn bieten? Und wenn du auch etwas hättest, das der Beachtung eines so großen Monarchen im mindesten wert schiene, in welchem Verhältnis stände dann dein Geschenk zu der Bitte, die du an ihn tun willst? Geh in dich und bedenke, daß du nach etwas trachtest, das du unmöglich erreichen kannst.«

Alaeddin hörte alles, was seine Mutter zu ihm sagte, um ihn von seinem Plan abzubringen, mit großer Gemütsruhe an, und nachdem er ihre Vorstellungen Punkt für Punkt in Erwägung gezogen hatte, nahm er endlich das Wort und sprach: »Ich gestehe, liebe Mutter, daß es eine große Verwegenheit von mir ist, so hoch hinaufzuwollen, und zugleich sehr unüberlegt, daß ich von dir mit solcher Hitze und Hastigkeit verlange, du sollst beim Sultan für mich anhalten, ohne zuvor die geeigneten Maßregeln zu ergreifen, um dir Gehör und einen günstigen Empfang zu verschaffen. Verzeih mir diesmal! In der Hitze der Leidenschaft, die sich meiner bemächtigt hat, darfst du dich nicht wundern, wenn ich nicht auf einmal alles, was mir die gesuchte Ruhe geben kann, ins Auge gefaßt habe. Ich liebe die Prinzessin Bedrulbudur weit mehr, als du dir denken kannst, ja ich bin ganz von Sinnen und beharre fest auf dem Entschluß, sie zu heiraten. Ich bin darüber vollkommen mit mir einig. Übrigens danke ich dir für die Eröffnung, die du mir soeben gemacht hast, denn ich betrachte sie als den ersten Schritt zu dem glücklichen Erfolg, den ich mir verspreche.

Du sagst mir, es sei nicht Brauch, ohne ein Geschenk in der Hand vor dem Sultan zu erscheinen, und ich habe nichts, was seiner würdig wäre. Ich teile deine Meinung in Beziehung auf das Geschenk und gestehe, daß ich nicht daran gedacht habe; was aber deine Behauptung betrifft, daß ich nichts besitze, das ihm überreicht werden könnte, so glaube ich doch, daß die Sachen, die ich aus der unterirdischen Höhle, wo mir unvermeidlicher Tod drohte, mitgebracht habe, dem Sultan gewiß viel Vergnügen machen würden. Ich spreche von den Steinen in den zwei Beuteln und im Gürtel, die wir beide anfangs für farbige Gläser hielten; jetzt sind mir die Augen aufgegangen, und ich sage dir, liebe Mutter, daß es Juwelen von unschätzbarem Wert sind, die nur großen Königen gebühren. In den Läden der Juweliere habe ich mich von ihrem Wert überzeugt, und du kannst mir aufs Wort glauben: alle, die ich bei diesen Herren gesehen habe, halten mit den unsern keinen Vergleich aus, und doch verkaufen sie die um ungeheure Summen. Wir können zwar den wahren Wert der unsrigen nicht angeben, aber dem mag sein, wie ihm wolle: so viel verstehe ich doch, um überzeugt zu sein, daß das Geschenk dem Sultan die größte Freude machen muß. Du hast da eine ziemlich große Porzellanvase; bring sie her und laß uns sehen, welche Wirkung sie tun, wenn wir sie in ihr nach ihren verschiedenen Farben ordnen.«

Alaeddins Mutter brachte die Vase, und Alaeddin nahm die Edelsteine aus den beiden Beuteln und legte sie in der besten Ordnung hinein. Die Wirkung, die sie durch die Mannigfaltigkeit ihrer Farben und ihren strahlenden Glanz beim hellen Tageslicht machten, war so groß, daß Mutter und Sohn beinahe davon geblendet wurden und sich über die Maßen wunderten; denn sie hatten sie bisher nur bei Lampenschein betrachtet. Alaeddin zwar hatte sie auf den Bäumen gesehen, wo sie ihm Früchte zu sein schienen, die einen herrlichen Anblick gewährten; allein, er war damals noch Kind gewesen und hatte diese Edelsteine nur als Spielzeug betrachtet und sie ohne Ahnung ihres Wertes mitgenommen.

Nachdem sie die Schönheit des Geschenks eine Weile betrachtet hatten, nahm Alaeddin wieder das Wort und sagte: »Du hast jetzt keine Ausrede mehr, liebe Mutter, und kannst dich nicht damit entschuldigen, daß wir kein passendes Geschenk anzubieten hätten. Hier ist eins, wie mir scheint, das dir gewiß einen recht freundlichen Empfang verschaffen wird.«

Obwohl Alaeddins Mutter dieses Geschenk, ungeachtet seiner Schönheit und seines Glanzes, nicht für so wertvoll hielt wie ihr Sohn, so dachte sie doch, es könne vielleicht angenommen werden, und sah ein, daß in dieser Beziehung nichts mehr einzuwenden war. Dagegen kam sie immer wieder auf Alaeddins Forderung zurück, die durch das Geschenk unterstützt werden sollte, und dies machte ihr viel Unruhe. »Mein Sohn«, sprach sie zu ihm, »ich begreife wohl, daß dein Geschenk Wirkung tun und Gnade in den Augen des Sultans finden wird; aber wenn ich dann deine Bitte vortragen soll, so fühle ich im voraus, daß ich dazu keine Kraft haben und stumm bleiben werde. Auf diese Art wird nicht nur mein Gang vergeblich, sondern auch das Geschenk, das nach deiner Behauptung so außerordentlich kostbar ist, verloren sein, und ich werde mit Schmach abziehen müssen, um dir zu verkündigen, daß du dich in deiner

Hoffnung getäuscht hast. Ich habe es dir schon einmal gesagt, und du wirst sehen, daß es so kommt.

Aber«, setzte sie hinzu, »gesetzt auch, ich könnte mir so viel Gewalt antun, mich deinem Wunsch zu fügen, und ich hätte Kraft genug, um eine solche Bitte zu wagen, wie du sie mir zumutest, so wird sich doch der Sultan ganz gewiß entweder über mich lustig machen und mich als eine Närrin nach Hause schicken, oder er wird in gerechten Zorn geraten, dessen Opfer unfehlbar wir beide sein werden.«

Alaeddins Mutter führte noch mehrere solche Gründe an, um ihren Sohn auf andere Gedanken zu bringen; allein die Reize der Prinzessin Bedrulbudur hatten einen zu starken Eindruck auf sein Herz gemacht, als daß er sich von seinem Plan hätte abbringen lassen. Alaeddin beharrte also auf seiner Bitte, und teils aus Zärtlichkeit, teils aus Furcht, er möchte irgendeinen tollen Streich machen, überwand seine Mutter ihre Abneigung und erklärte sich endlich bereit, ihm zu helfen.

Da es schon spät und die Zeit, in den Palast zu gehen und vor den Sultan zu treten, an diesem Tag bereits vorüber war, so wurde die Sache auf den folgenden verschoben. Mutter und Sohn sprachen von nichts anderem mehr, und Alaeddin strengte seinen ganzen Verstand an, um seine Mutter in ihrem Entschluß zu bestärken. Aber trotz aller Überredungskünste des Sohnes konnte sich die Mutter doch nicht überzeugen, daß ihr Unternehmen gelingen werde, und man muß wirklich gestehen, daß sie alle Ursache hatte, daran zu zweifeln. »Mein Sohn«, sagte sie zu Alaeddin, »wenn mich der Sultan so günstig aufnimmt, wie ich es aus Liebe zu dir wünsche, wenn er auch den Vorschlag, den ich ihm machen soll, ruhig anhört, aber sich dann einfallen läßt, nach deinem Vermögen und Stand zu fragen – und darüber wird er sich vor allem erkundigen wollen –, sage mir, was soll ich ihm dann antworten?«

»Liebe Mutter«, antwortete Alaeddin, »wir wollen uns nicht im voraus um eine Sache sorgen, die vielleicht gar nicht vorkommen wird. Wir wollen abwarten, wie der Sultan dich empfängt und was für eine Antwort er dir gibt.

Wenn er dann wirklich über das, was du sagst, Auskunft haben will, so werde ich mich schon auf eine Antwort besinnen, und ich glaube zuversichtlich, daß die Lampe, die uns schon seit einigen Jahren ernährt, mich in der Not nicht verlassen wird.«

Alaeddins Mutter wußte hierauf nichts zu erwidern, denn sie dachte, daß die Lampe, von der er sprach, auch noch weit größere Wunder bewirken könnte, als ihnen bloß ihren Lebensunterhalt zu verschaffen. Dies beruhigte sie und löste in ihrem Innern alle Schwierigkeiten, die sie noch hätten abhalten können, ihrem Sohne den versprochenen Dienst beim Sultan zu erweisen. Alaeddin, der die Gedanken seiner Mutter erriet, sagte: »Jedenfalls, liebe Mutter, halte die Sache geheim; davon hängt der glückliche Erfolg ab, den wir erwarten können.« Hierauf trennten sie sich, um zu Bett zu gehen; allein die heftige Liebe und die großartigen, unermeßlichen Glückspläne, die Alaeddins Gemüt erfüllten, ließen ihn keine Ruhe finden. Er stand vor Tagesanbruch auf, weckte sogleich seine Mutter und bestürmte sie, sie solle sich aufs schleunigste ankleiden, an das Tor des königlichen Palastes gehen und, sowie es geöffnet würde, zugleich mit dem Großvezier, den untergeordneten Vezieren und den übrigen Staatsbeamten hineintreten, die sich zur Sitzung des Divans begäben, der der Sultan immer beiwohnte.

Alaeddins Mutter tat alles, was ihr Sohn wünschte. Sie nahm die mit Edelsteinen gefüllte Porzellanvase und hüllte sie in doppelte Leinwand, zuerst in sehr feine und schneeweiße, dann in minder feine, die sie an den vier Zipfeln zusammenband, um die Sache bequemer tragen zu können. Endlich ging sie zur Freude Alaeddins fort und nahm ihren Weg nach dem Palast des Sultans. Der Großvezier nebst den übrigen Vezieren und die angesehensten Herren vom Hofe waren bereits hineingegangen, als sie ans Tor kam. Die Zahl derer, die beim Divan etwas zu suchen hatten, war sehr groß. Man öffnete, und sie ging mit ihnen in den Divan. Dies war ein über die Maßen schöner, tiefer und geräumiger Saal, und er hatte einen großen, prächtigen Eingang; sie stellte sich so, daß sie den Sultan gerade gegenüber, den Großvezier aber und die übrigen Herren, die im Rate saßen, rechts und links hatte. Man rief die verschiedenen Partien eine nach der andern vor, in der Ordnung, wie sie ihre Bittschriften eingereicht hatten, und ihre Angelegenheiten wurden vorgetragen, verhandelt und entschieden bis zur Stunde, da der Divan wie gewöhnlich geschlossen wurde. Dann stand der Sultan auf, entließ die Versammlung und ging in sein Zimmer zurück, wohin ihm der Großvezier folgte. Die übrigen Veziere und Mitglieder des Staatsrats begaben sich nach Hause; ebenso die, die wegen Privatangelegenheiten erschienen waren; die einen vergnügt, daß sie ihren Prozeß gewonnen hatten, die andern unzufrieden, weil gegen sie entschieden worden war, und noch andere in der Hoffnung, daß ihre Sache in einer andern Sitzung vorkommen werde.

Als Alaeddins Mutter sah, daß der Sultan aufstand und fortging, schloß sie daraus, daß er an diesem Tag nicht wieder erscheinen werde, und sie ging, wie die andern alle, nach Hause. Alaeddin, der sie mit dem für den Sultan bestimmten Geschenk zurückkommen sah, wußte anfangs nicht, was er von dem Erfolg seiner Sendung denken sollte. Er fürchtete eine schlimme Botschaft und hatte kaum Kraft genug, den Mund zu öffnen und sie zu fragen, welche Nachricht sie bringe. Die gute Frau, die nie einen Fuß in den Palast des Sultans gesetzt und keine Ahnung von dem hatte, was dort Brauch war, machte der Verlegenheit ihres Sohnes ein Ende, indem sie mit vieler Treuherzigkeit und Aufrichtigkeit zu ihm sprach: »Mein Sohn, ich habe den Sultan gesehen und bin fest überzeugt, daß er mich ebenfalls gesehen hat. Ich stand gerade vor ihm, und niemand hinderte mich, ihn zu sehen; allein, er war zu sehr mit denen beschäftigt, die zu seiner Rechten und Linken saßen, daß ich Mitleid mit ihm hatte, als ich die Mühe und Geduld sah, womit er sie anhörte. Dies dauerte so lange, daß er, glaube ich, zuletzt Langeweile bekam, denn er stand auf einmal ganz unerwartet auf und ging schnell weg, ohne eine Menge anderer Leute anzuhören, die noch mit ihm sprechen wollten. Ich war sehr froh darüber, denn ich fing wirklich an, die Geduld zu verlieren, und war von dem langen Stehen außerordentlich müde. Indes ist noch nichts verdorben; ich werde morgen wieder zu ihm gehen; der Sultan ist vielleicht dann nicht so beschäftigt.«

So heftig auch das Feuer der Liebe in Alaeddins Busen brannte, so mußte er sich doch mit dieser Entschuldigung zufriedengeben und mit Geduld wappnen. Er hatte wenigstens die Genugtuung, zu sehen, daß seine Mutter bereits den schwersten Schritt getan und den Anblick des Sultans ausgehalten hatte, und so konnte er hoffen, daß sie wie die andern, die in ihrer Gegenwart mit ihm gesprochen hatten, nicht zögern werde, sich ihres Auftrags zu entledigen, sobald der günstige Augenblick zum Sprechen kam.

Am andern Morgen ging Alaeddins Mutter wieder ebenso früh mit ihrem Geschenk zum Palast des Sultans; doch sie machte diesen Gang vergeblich, denn sie fand die Tür des Divans verschlossen und erfuhr, daß nur alle zwei Tage Sitzung sei und sie also am folgenden Tag wiederkommen müsse. Sie kehrte nun um und brachte diese Nachricht ihrem Sohn, der sich also aufs neue gedulden mußte. Noch sechsmal hintereinander ging sie an den bestimmten Tagen in den Palast, aber immer mit ebensowenig Erfolg, und vielleicht wäre sie noch hundertmal vergebens gelaufen, wenn nicht der Sultan, der sie bei jeder Sitzung sich gegenüber sah, endlich aufmerksam auf sie geworden wäre. Dies ist um so wahrscheinlicher, da nur solche, die dem Sultan Bittschriften zu überreichen hatten, sich der Reihe nach ihm näherten, um ihre Sache vorzutragen, und Alaeddins Mutter hatte keine.

An diesem Tag endlich sagte der Sultan, als er nach aufgehobener Sitzung in seine Gemächer zurückgekehrt war, zu seinem Großvezier: »Schon seit einiger Zeit bemerke ich eine gewisse Frau, die regelmäßig jeden Tag, wenn ich Sitzung halte, kommt und etwas in Leinwand eingehüllt in der Hand hat. Sie bleibt vom Anfang bis Ende der Sitzung stehen, und zwar immer gerade mir gegenüber. Weißt du wohl, was sie will?«

Der Großvezier, der es so wenig wußte wie der Sultan, wollte trotzdem die Antwort nicht schuldig bleiben.

»Herr«, sagte er, »es ist dir wohl bekannt, daß die Frauen oft über geringfügige Sachen Klage führen. Diese da kommt offenbar, um sich bei dir zu beschweren, daß man vielleicht schlechtes Mehl an sie verkauft oder ihr sonst ein Unrecht zugefügt hat, das genauso geringfügig ist.« Der Sultan war mit dieser Antwort nicht zufrieden und sagte: »Wenn diese Frau bei der nächsten Sitzung wieder erscheint, so vergiß nicht, sie rufen zu lassen, damit ich sie höre.« Der Großvezier küßte seine Hand und legte sie auf seinen Kopf zum Zeichen, daß er bereit sei, ihn sich abschlagen zu lassen, wenn er diesen Befehl nicht erfüllte.

Alaeddins Mutter war schon so sehr daran gewöhnt, im Divan vor dem Sultan zu erscheinen, daß sie ihre Mühe gering schätzte. Wenn sie nur ihrem Sohne zeigen konnte, wie sehr sie sich bemühte, für ihn alles zu tun, was in ihren Kräften stand! Sie ging also am Sitzungstag wieder nach dem Palast und stellte sich wie gewöhnlich am Eingang des Divans dem Sultan gegenüber.

Der Großvezier hatte seinen Vortrag noch nicht begonnen, als der Sultan Alaeddins Mutter bemerkte. Diese lange Geduld, die er selbst mit angesehen hatte, rührte ihn. »Damit du es nicht vergißt«, sagte er zum Großvezier: »Dort steht wieder die Frau, von der ich neulich sprach; laß sie hierhertreten, dann wollen wir sie zuerst anhören und ihre Angelegenheit ins reine bringen.« Sogleich zeigte der Großvezier die Frau dem Obersten der Türsteher und befahl ihm, sie näher heranzuführen.

Der Oberste der Türsteher kam zu Alaeddins Mutter und gab ihr ein Zeichen; sie folgte ihm bis an den Fuß des königlichen Throns, wo er sie verließ, um sich wieder an seinen Platz neben dem Großvezier zu stellen.

Alaeddins Mutter befolgte das Beispiel der andern, die sie mit dem Sultan sprechen gesehen hatte: sie warf sich zu Boden, berührte mit ihrer Stirn den Teppich, der die Stufen des Throns bedeckte, und blieb in dieser Stellung, bis der Sultan ihr befahl, aufzustehen. Als sie aufgestanden war, sprach er zu ihr: »Gute Frau, ich sehe dich schon seit einiger Zeit in meinen Divan kommen und von Anfang bis zu

Ende am Eingang stehen. Welche Angelegenheit führt dich hierher?«

Alaeddins Mutter warf sich, als sie diese Worte hörte, zum zweitenmal zu Boden, und nachdem sie aufgestanden war, sagte sie: »Erhabenster aller Könige der Welt, bevor ich dir die außerordentliche und fast unglaubliche Sache erzähle, die mich vor deinen hohen Thron führt, bitte ich dich, mir die Kühnheit, ja ich möchte sagen die Unverschämtheit des Anliegens zu verzeihen, das ich dir vortragen will. Es ist so ungewöhnlich, daß ich zittere und bebe und große Scheu trage, es meinem Sultan vorzubringen.« Um ihr volle Freiheit zu geben, befahl der Sultan allen Anwesenden, sich aus dem Divan zu entfernen und ihn mit dem Großvezier allein zu lassen; dann sagte er zu ihr, sie könne ohne Furcht sprechen.

Alaeddins Mutter begnügte sich nicht mit der Güte des Sultans, der ihr die Verlegenheit, vor der ganzen Versammlung sprechen zu müssen, erspart hatte; sie wollte sich auch noch vor seinem Zorn sicher stellen, den sie bei einem so seltsamen Antrag fürchten mußte. »Großer König«, sagte sie, aufs neue das Wort ergreifend, »ich wage auch noch, dich zu bitten, daß du mir, falls du mein Gesuch anstößig oder beleidigend finden solltest, im voraus deine Verzeihung und Gnade zusicherst.« – »Was es auch sein mag«, erwiderte der Sultan, »ich verzeihe es dir schon jetzt, und es soll dir nicht das geringste Leid zustoßen. Sprich ohne Scheu!«

Nachdem Alaeddins Mutter alle diese Vorsichtsmaßregeln getroffen hatte, weil sie den ganzen Zorn des Sultans für ihren Antrag fürchtete, erzählte sie ihm treuherzig, bei welcher Gelegenheit Alaeddin die Prinzessin Bedrulbudur gesehen, welche heftige Liebe ihm dieser unglückselige Augenblick eingeflößt, welche Erklärungen er ihr darüber gemacht und wie sie ihm alles vorgestellt habe, um ihn von einer Leidenschaft abzubringen, die sowohl für den König als für seine Tochter im höchsten Grad beleidigend sei. »Aber«, fuhr sie fort, »statt diese Ermahnungen zu beherzigen und die Frechheit seines Verlangens einzusehen, beharrte mein Sohn unerschütterlich bei der Sache und drohte mir sogar, irgendeine Handlung der Verzweiflung zu begehen, wenn ich mich weigern würde, zu dir zu gehen und für ihn um die Prinzessin anzuhalten. Gleichwohl hat es mich sehr große Überwindung gekostet, bis ich ihm diesen Gefallen erwies, und ich bitte dich noch einmal, großer König, daß du nicht allein mir, sondern auch meinem Sohn Alaeddin verzeihen mögest, der den verwegenen Gedanken gehabt hat, nach einer so hohen Verbindung zu trachten.«

Der Sultan hörte den ganzen Vortrag mit vieler Milde und Güte an, ohne im mindesten Zorn und Unwillen zu verraten oder die Sache spöttisch aufzunehmen. Ehe er aber der guten Frau antwortete, fragte er sie, was sie denn in ihrem leinenen Tuch eingehüllt habe. Sogleich nahm sie die porzellanene Vase, stellte sie an den Fuß des Thrones, und nachdem sie sich niedergeworfen hatte, enthüllte sie sie und überreichte sie dem Sultan.

Es ist unmöglich, die Überraschung und das Erstaunen des Sultans zu beschreiben, als er in dieser Vase so viele ansehnliche, kostbare, vollkommene und glänzende Edelsteine erblickte, und zwar alle von einer Größe, wie er sie niemals gesehen hatte. Seine Verwunderung war so groß, daß er eine Weile ganz unbeweglich dasaß. Endlich, als er sich wieder gesammelt hatte, empfing er das Geschenk aus den Händen der Frau und rief außer sich vor Freude: »Ei, wie schön, wie herrlich!« Nachdem er die Edelsteine alle, einen nach dem andern, in die Hand genommen, bewundert und ihre hervorstechendsten Eigenschaften gepriesen hatte, wandte er sich zu seinem Großvezier, zeigte ihm die Vase und sagte zu ihm: »Sieh sie einmal an, und du wirst gestehen müssen, daß man auf der ganzen Welt nichts Kostbareres und Vollkommeneres finden kann.« Der Vezier war ebenfalls ganz bezaubert. »Nun«, fuhr der Sultan fort, »was sagst du zu diesem Geschenk? Ist es der Prinzessin, meiner Tochter, nicht würdig, und kann ich sie um diesen Preis nicht dem Mann geben, der um sie anhalten läßt?«

Diese Worte versetzten den Großvezier in peinliche Verlegenheit. Der Sultan hatte ihm nämlich vor einiger Zeit zu verstehen gegeben, daß er die Prinzessin seinem Sohn zu geben gedenke. Nun aber fürchtete er, und nicht ohne Grund, der Sultan möchte, durch dieses reiche und außerordentliche Geschenk geblendet, sich anders entschließen. Er näherte sich ihm daher und flüsterte ihm ins Ohr: »Herr, ich muß gestehen, daß das Geschenk einer Prinzessin würdig ist. Allein ich bitte dich, mir drei Monate Frist zu gönnen, bevor du dich entscheidest. Ich hoffe, daß mein Sohn, auf den du früher deine Augen zu werfen geruhtest, noch vor dieser Zeit ihr ein weit kostbareres Geschenk machen kann als dieser Alaeddin, den du gar nicht kennst.« So sehr nun auch der Sultan überzeugt war, daß der Großvezier unmöglich seinen Sohn in den Stand setzen konnte, der Prinzessin ein Geschenk von gleichem Wert zu machen, so hörte er doch auf ihn und bewilligte ihm diesen Wunsch. Er wandte sich also zu Alaeddins Mutter und sagte zu ihr: »Geh nach Hause, gute Frau, und melde deinem Sohn, daß ich den Vorschlag, den du mir in seinem Namen gemacht hast, genehmige, daß ich aber die Prinzessin, meine Tochter, unmöglich verheiraten kann, bis ich ihr eine Ausstattung besorgt habe, die erst in drei Monaten fertig wird. Komm also dann wieder.«

Alaeddins Mutter ging mit um so größerer Freude nach Hause, als sie es im Anfang wegen ihres Standes für unmöglich gehalten hatte, Zutritt beim Sultan zu erlangen; und nun war ihr statt einer beschämenden abschlägigen Antwort, die sie erwarten mußte, ein so günstiger Bescheid zuteil geworden! Als Alaeddin seine Mutter zurückkommen sah, schloß er aus zwei Gründen auf eine gute Botschaft: erstens, weil sie früher als gewöhnlich kam, und zweitens, weil ihr Gesicht vor Freude glänzte. »Ach, meine Mutter!« rief er ihr entgegen, »darf ich hoffen oder soll ich aus Verzweiflung sterben?« Sie legte ihren Schleier ab, setzte sich neben ihn auf das Sofa und sagte dann: »Lieber Sohn, um dich nicht lange in Ungewißheit zu lassen, will ich dir gleich sagen, daß du ans Sterben nicht zu denken brauchst, sondern im Gegenteil alle Ursache hast, guten Mutes zu sein.« Hierauf erzählte sie ihm, wie sie vor allen andern Zutritt erhalten hatte, welche Vorsichtsmaßnahmen sie getroffen hatte, um dem

Sultan, ohne ihn zu erzürnen, eine Heirat zwischen ihm und der Prinzessin Bedrulbudur vorzuschlagen, und welche günstige Antwort sie aus des Sultans Mund erhalten habe. Sie fügte hinzu: Aus dem ganzen Benehmen des Sultans habe sie entnehmen können, daß das Geschenk einen überaus mächtigen Eindruck auf sein Gemüt gemacht und ihn zu dieser huldreichen Antwort bestimmt habe. »Ich hatte damit um so weniger gerechnet«, fuhr sie fort, »als der Großvezier ihm unmittelbar vorher etwas ins Ohr gesagt hatte und ich fürchten mußte, er möchte ihn von der günstigen Gesinnung, die er vielleicht für dich hegte, abbringen.«

Als Alaeddin diese Nachricht hörte, hielt er sich für den glücklichsten aller Sterblichen. Er dankte seiner Mutter für die viele Mühe, die sie sich bei dieser Angelegenheit gegeben habe, deren glücklicher Erfolg für seine Ruhe so wichtig sei. Und obwohl ihm bei seinem ungeduldigen Verlangen nach dem Gegenstand seiner Liebe drei Monate entsetzlich lang erschienen, so nahm er sich doch vor, mit Geduld zu warten und auf das Wort des Sultans zu bauen, das er für zuverlässig hielt. Indes zählte er in Erwartung des ersehnten Ziels nicht bloß Wochen, Tage und Stunden, sondern selbst Minuten.

Es waren ungefähr zwei Monate verflossen, als seine Mutter eines Abends die Lampe anzünden wollte und merkte, daß kein Öl mehr im Hause war. Sie ging aus, um welches zu kaufen, und als sie in die Stadt kam, fand sie, daß alles festlich geschmückt war. Die Kaufläden waren geöffnet, man schmückte sie mit Blumenkränzen und bereitete festliche Beleuchtungen vor, wobei jeder den andern an Pracht und Glanz zu übertreffen suchte, um seinen Eifer an den Tag zu legen. Auf allen Gesichtern strahlte Freude und Fröhlichkeit, sogar die Straßen waren mit Hofbeamten in Festkleidern angefüllt, die auf reichgeschmückten Pferden saßen und von einer großen Menge Bedienter zu Fuß umgeben waren. Sie fragte den Kaufmann, bei dem sie ihr Öl kaufte, was dies alles zu bedeuten habe. »Woher kommst denn du, liebe Frau?« gab ihr dieser zur Antwort; »weißt du allein nicht, daß der Sohn des Großveziers heute abend die Prinzessin Bedrulbudur, Tochter des Sultans, heiratet? Sie wird demnächst aus dem Bad kommen und die vornehmen Herren, die du hier siehst, haben sich versammelt, um sie nach dem Palast zu geleiten, wo die Feierlichkeit vor sich gehen soll.«

Alaeddins Mutter wollte nichts mehr hören. Sie lief so eilig nach Hause, daß sie fast atemlos ankam. »Ach!« rief sie ihrem Sohn zu, der auf nichts weniger als auf eine so unangenehme Nachricht gefaßt war, »für dich ist alles verloren! Du zähltest auf das schöne Versprechen des Sultans, aber es wird nichts daraus.« Alaeddin erschrak über die Maßen und antwortete: »Liebe Mutter, warum sollte mir denn der Sultan sein Versprechen nicht halten? Woher weißt du das?« – »Heute abend noch«, versetzte die Mutter, »heiratet der Sohn des Großveziers die Prinzessin Bedrulbudur.« Sie erzählte ihm hierauf, wie sie es erfahren hatte, und teilte ihm so genau die einzelnen Umstände mit, daß er nicht mehr daran zweifeln konnte. Alaeddin war wie vom Blitz getroffen. Jeder andere als er wäre seinem Kummer erlegen, aber eine geheime Eifersucht weckte die Tätigkeit seines Geistes bald wieder. Er dachte an die Lampe, die ihm bisher so nützlich gewesen war, und ohne mit leeren Worten gegen den Sultan, den Großvezier oder den Sohn dieses Ministers zu eifern, sagte er bloß: »Liebe Mutter, der Sohn des Großveziers wird heute nacht vielleicht nicht so glücklich sein, wie er hofft. Ich will einen Augenblick auf mein Zimmer gehen; bereite du inzwischen das Abendessen.«

Alaeddins Mutter begriff wohl, daß ihr Sohn von der Lampe Gebrauch machen wollte, um die Heirat des Sohnes des Großveziers womöglich zu hintertreiben, und sie täuschte sich nicht. Alaeddin nahm, sobald er in seinem Zimmer war, die Wunderlampe, die er seit der Erscheinung des Geistes, der seiner Mutter so großen Schrecken eingejagt, hierhergebracht hatte, und rieb sie an derselben Stelle wie früher. Alsbald erschien der Geist und sprach zu ihm: »Was willst du? Ich bin bereit, dir zu gehorchen als dein Sklave und als Sklave aller derer, die die Lampe in der Hand haben; sowohl ich als auch die andern Sklaven der Lampe gehorchen dir!« – »Höre«, sagte Alaeddin, »du hast mir bisher zu essen gebracht, sooft ich welches brauchte, jetzt aber habe ich dir einen Auftrag von weit höherem Wert zu erteilen. Ich habe bei dem Sultan um die Prinzessin Bedrulbudur anhalten lassen. Er hat sie mir versprochen und nur einen Aufschub von drei Monaten verlangt. Statt aber sein Wort zu halten, vermählt er sie heute abend noch vor Ablauf der Frist mit dem Sohn des Großveziers. Ich habe es soeben erfahren, und die Sache ist ganz gewiß. Nun verlange ich von dir, daß du Bräutigam und Braut, sobald sie sich zu Bett gelegt haben, wegträgst und sie in ihrem Bett hierherbringst.« – »Mein Gebieter«, antwortete der Geist, »ich werde dir gehorchen. Hast du sonst noch etwas zu befehlen?« – »Im Augenblick nichts«, erwiderte Alaeddin, und der Geist verschwand.

Alaeddin ging wieder zu seiner Mutter zurück und speiste so ruhig wie sonst mit ihr zu Abend. Nach dem Essen sprach er eine Weile mit ihr über die Vermählung der Prinzessin wie über eine Sache, die ihn gar nicht bekümmerte. Sodann ging er auf sein Zimmer zurück, damit seine Mutter ungestört zu Bett gehen konnte. Er selbst legte sich indessen nicht nieder, sondern erwartete die Rückkunft des Geistes und die Vollziehung seines Befehls.

Indessen waren im Palast des Sultans mit ungeheurer Pracht alle Anstalten zur Vermählungsfeier der Prinzessin getroffen worden, und die Festlichkeiten und Lustbarkeiten dauerten bis in die Nacht. Als alles vorüber war, entfernte sich der Sohn des Großveziers unbemerkt auf ein Zeichen, das ihm der Oberste der Verschnittenen der Prinzessin gab, der ihn auch nach der Wohnung der Prinzessin und in das Gemach führte, wo das Brautbett bereitet war. Er legte sich zuerst nieder. Bald darauf brachte die Sultanin in Begleitung ihrer Frauen und der Frauen ihrer Tochter die Braut herein. Nach der Sitte aller Neuvermählten sträubte sie sich heftig. Die Sultanin half sie auskleiden, legte sie wie mit Gewalt ins Bett, umarmte sie, wünschte ihr eine gute Nacht und entfernte sich dann mit allen ihren Frauen. Die letzte, die hinausging, schloß die Tür hinter sich zu.

Kaum war die Tür verschlossen, als der Geist, ein treuer Sklave der Lampe und pünktlicher Vollzieher aller Befehle ihrer Besitzer – ohne dem jungen Gatten Zeit zu lassen, seine Neuvermählte auch nur ein wenig zu liebkosen –, zum großen Erstaunen beider das Bett, in dem sie lagen, nahm und in einem Augenblick in Alaeddins Zimmer trug.

Alaeddin, der das voll Ungeduld erwartet hatte, duldete nicht, daß der Sohn des Großveziers bei der Prinzessin liegenblieb. »Nimm diesen jungen Ehemann«, sagte er zu dem Geist, »sperre ihn ins heimliche Gemach und komm morgen früh etwas vor Tagesanbruch wieder.« Sogleich nahm der Geist den Sohn des Großveziers im bloßen Hemd aus dem Bett, brachte ihn an den bezeichneten Ort und ließ ihn dort, nachdem er einen Dunst auf ihn gehaucht hatte, den er vom Wirbel bis zur Zehe spürte und der ihn hinderte, sich von der Stelle zu rühren.

So groß nun auch Alaeddins Liebe zur Prinzessin Bedrulbudur war, so führte er doch, sobald er sich mit ihr allein sah, keine langen Reden, sondern sagte bloß in sehr zärtlichem Ton zu ihr: »Fürchte nichts, geliebte Prinzessin; du bist hier in Sicherheit, und so gewaltig auch die Liebe ist, die ich für deine Schönheit und deine Reize empfinde, so werde ich doch nie die Schranken der tiefen Ehrfurcht überschreiten, die ich dir schulde. Wenn ich«, fügte er hinzu, »gezwungen worden bin, zu diesen äußersten Maßregeln zu greifen, so geschah dies nicht in der Absicht, dich zu beleidigen, sondern ich wollte nur einen ungerechten Nebenbuhler daran hindern, entgegen dem Versprechen, das der Sultan, dein Vater, mir gegeben hat, dich in Besitz zu nehmen.« Die Prinzessin, die von all diesen Umständen nichts wußte, achtete nicht sehr auf Alaeddins Worte und vermochte ihm nichts zu erwidern. Der Schrecken und das Erstaunen über dieses überraschende und unerwartete Abenteuer hatte sie in einen solchen Zustand versetzt, daß Alaeddin ihr kein einziges Wort entlocken konnte. Alaeddin ließ es indes nicht dabei bewenden; er entkleidete sich und legte sich an die Stelle des Sohnes des Großveziers, indem er der Prinzessin den Rücken kehrte, zugleich aber die Vorsicht gebrauchte, einen

Säbel zwischen die Prinzessin und sich zu legen, zum Zeichen, daß er damit bestraft zu werden verdiene, wenn er sich gegen ihre Ehre vergehen sollte.

Alaeddin war damit zufrieden, seinen Nebenbuhler des Glücks beraubt zu haben, das er in dieser Nacht zu genießen hoffte, und schlief ganz ruhig. Anders die Prinzessin Bedrulbudur: sie hatte in ihrem Leben noch keine so verdrießliche und unangenehme Nacht zugebracht; und wenn man den Ort und den Zustand bedenkt, worin der Geist den Sohn des Großveziers verlassen hatte, so wird man sich leicht vorstellen können, daß sie für den jungen Ehemann noch viel mißlicher war.

Am andern Morgen brauchte Alaeddin nicht erst die Lampe zu reiben, um den Geist herbeizurufen. Der kam zur bezeichneten Stunde wieder und sagte zu Alaeddin, während der sich ankleidete: »Hier bin ich; was hast du mir zu befehlen?« – »Geh«, antwortete Alaeddin, »hole den Sohn des Großveziers, lege ihn wieder in dies Bett und trage ihn nach dem Palast des Sultans an denselben Ort zurück, wo du ihn genommen hast.« Der Geist holte den Sohn des Großveziers, und Alaeddin nahm, als er zurückkam, seinen Säbel wieder. Der Geist legte den jungen Ehemann neben die Prinzessin und trug das Brautbett in einem Augenblick nach demselben Gemach des königlichen Palastes zurück, wo er es geholt hatte. Dabei wurde der Geist weder von der Prinzessin noch dem Sohn des Großveziers gesehen; seine abscheuliche Gestalt hätte sie leicht vor Schrecken töten können. Ebensowenig hörten sie die Gespräche zwischen Alaeddin und ihm, sondern bemerkten bloß die Bewegungen des Bettes und ihre Versetzung von einem Ort an einen andern; dies allein konnte ihnen schon genug Schrecken einjagen, wie sich leicht denken läßt.

Kaum hatte der Geist das Brautbett wieder an seinen Ort gestellt, als der Sultan, der gern erfahren hätte, wie die Prinzessin, seine Tochter, ihre Hochzeitsnacht zugebracht habe, ins Zimmer trat, um ihr guten Morgen zu wünschen. Der Sohn des Großveziers, der die ganze Nacht in der Kälte hatte stehen müssen und noch keine Zeit gehabt hatte, sich zu erwärmen, stand, als die Tür geöffnet wurde, sogleich auf und ging in das Vorzimmer, wo er sich den Abend zuvor entkleidet hatte.

Der Sultan näherte sich dem Bett der Prinzessin, küßte sie der Sitte gemäß zwischen die Augen, wünschte ihr guten Morgen und fragte sie lächelnd, wie sie sich diese Nacht befunden habe. Als er sie aber aufmerksamer betrachtete, fand er sie zu seinem großen Erstaunen in tiefe Schwermut versenkt; auch wurde sie weder rot, noch gab sie sonst ein Zeichen, das seine Neugierde hätte befriedigen können. Sie warf ihm bloß einen sehr traurigen Blick zu, der große Betrübnis oder großes Mißvergnügen verriet. Er sprach noch einige Worte zu ihr; da er aber sah, daß er ihr keine Antwort entlocken konnte, so glaubte er, sie tue dies aus Schamhaftigkeit und entfernte sich. Gleichwohl stieg die Vermutung in ihm auf, dieses Stillschweigen müsse einen ganz absonderlichen Grund haben; deswegen ging er sogleich nach den Gemächern der Sultanin und erzählte ihr, in welchem Zustand er die Prinzessin gefunden und wie sie ihn empfangen habe. »Herr«, gab die Sultanin zur Antwort, »du mußt dich darüber nicht wundern; am Morgen nach der Hochzeitsnacht zeigen die Neuvermählten alle eine solche Zurückhaltung. In zwei oder drei Tagen wird dies schon anders sein; dann wird sie den Sultan, ihren Vater, empfangen, wie es sich gebührt. Ich will nun selbst zu ihr gehen«, fügte sie hinzu; »und ich müßte mich sehr täuschen, wenn sie mich ebenso empfinge.«

Als die Sultanin angekleidet war, begab sie sich nach den Zimmern der Prinzessin, die noch zu Bett lag. Sie näherte sich ihr, küßte sie und wünschte ihr einen guten Morgen; aber wie groß war ihr Erstaunen, als sie nicht nur keine Antwort von ihr erhielt, sondern auch bei näherer Betrachtung tiefe Niedergeschlagenheit an ihr bemerkte, woraus sie schloß, es müsse ihr etwas zugestoßen sein, das sie nicht erraten konnte. »Liebe Tochter«, sagte die Sultanin zu ihr, »woher kommt es denn, daß du alle meine Liebkosungen so schlecht erwiderst? Vor deiner Mutter brauchst du doch keine solchen Umstände zu machen. Meinst du denn, ich wisse nicht, was in dem Fall, in dem du dich befindest, geschehen kann? Ich will gern glauben, daß dir dies nicht in den Sinn gekommen ist; es muß dir also etwas anderes begegnet sein; gestehe es mir offen und lasse mich nicht so lang in dieser peinlichen Unruhe.«

Die Prinzessin Bedrulbudur unterbrach endlich das Schweigen mit einem tiefen Seufzer. »Ach, meine sehr verehrte Mutter«, rief sie, »verzeihe mir, wenn ich es an der schuldigen Ehrfurcht fehlen ließ! Es sind mir heute nacht so außerordentliche Sachen zugestoßen, daß ich mich von meinem Staunen und meinem Schrecken noch nicht erholt habe, ja kaum mich selbst wiedererkenne.« Sie schilderte ihr hierauf in den lebhaftesten Farben, wie gleich, nachdem sie sich mit ihrem Gemahl niedergelegt habe, das Bett aufgehoben und in einem Augenblick in ein schmutziges und dunkles Zimmer versetzt worden sei, wo sie sich von ihrem Gemahl getrennt gesehen habe, ohne zu wissen, was aus ihm geworden sei. Es sei dort ein junger Mann gewesen, der einige Worte, die sie vor Schrecken nicht verstanden, zu ihr gesagt und die Stelle ihres Gemahls eingenommen habe, nachdem er zuvor einen Säbel zwischen sie und sich gelegt hatte; morgens sei ihr dann ihr Gemahl wiedergegeben und das Bett in ebenso kurzer Zeit an seinen Platz zurückgetragen worden. »Alles dies«, fügte sie hinzu, »war kaum geschehen, als der Sultan, mein Vater, in mein Zimmer trat. Ich war so von Kummer niedergedrückt, daß ich nicht imstande war, ihm eine einzige Silbe zu antworten. Ohne Zweifel ist er böse über mich, daß ich die Ehre, die er mir erwiesen hat, so schlecht erwidert habe; aber ich hoffe, daß er mir verzeihen wird, wenn er mein trauriges Abenteuer und den beklagenswerten Zustand erfährt, in dem ich mich jetzt noch befinde.«

Die Sultanin hörte alles, was die Prinzessin ihr erzählte, sehr ruhig an, wollte es aber nicht glauben. »Liebe Tochter«, sprach sie zu ihr, »du hast wohl daran getan, daß du dem Sultan, deinem Vater, nichts davon gesagt hast. Hüte dich ja, gegen jemand etwas verlauten zu lassen; man würde dich für eine Närrin halten, wenn man dich so sprechen hörte.« – »Verehrungswürdige Mutter«, antwortete die Prinzessin, »ich versichere dir, daß ich ganz bei Verstand bin. Frage nur meinen Gemahl, er wird dir dasselbe sagen.« – »Ich werde mich bei ihm erkundigen«, antwortete die Sultanin; »aber wenn er auch ebenso spräche wie du, so vermöchte mich dies immer noch nicht zu überzeugen. Steh nur auf und schlag dir diese Gedanken aus dem Kopf. Das wäre eine schöne Geschichte, wenn du durch eine solche Einbildung die wegen deiner Hochzeit veranstalteten Feierlichkeiten stören würdest, die sowohl im königlichen Palast als im ganzen Reiche noch mehrere Tage fortdauern sollen. Hörst du nicht bereits die Pauken und Trompeten, Zimbeln und Trommeln? Dies alles sollte dich vergnügt und fröhlich machen, und du solltest die Hirngespinste vergessen, von denen du eben gesprochen hast.« Sogleich rief die Sultanin die Frauen der Prinzessin, und als sie sah, daß sie aufgestanden war und sich zu schmücken begann, begab sie sich nach den Zimmern des Sultans und sagte ihm, es sei ihrer Tochter wirklich etwas durch den Kopf gegangen, was aber nichts von Belang sei. Dann ließ sie den Sohn des Großveziers rufen, um von ihm nähere Aufschlüsse über die Erzählung der Prinzessin zu erhalten; dieser aber, der sich durch die Verwandtschaft mit dem Sultan sehr geehrt fühlte, hatte sich vorgenommen, die Sache zu verheimlichen. »Mein lieber Sohn«, sagte die Sultanin zu ihm, »sag mir doch, hast du dir dieselbe Einbildung in den Kopf gesetzt wie deine Frau?« – »Herrin«, antwortete der Sohn des Großveziers, »dürfte ich wohl um Erklärung bitten, was deine Frage besagen soll?« – »Ich bin schon zufrieden«, antwortete die Sultanin, »und verlange nicht mehr zu wissen; du bist gescheiter als sie.«

Die Lustbarkeiten im Palast dauerten den ganzen Tag fort, und die Sultanin, die der Prinzessin nicht von der Seite wich, unterließ nichts, um sie zur Fröhlichkeit und zur Teilnahme an den Vergnügungen und ergötzlichen Schauspielen zu bewegen, die ihr zu Ehren veranstaltet wurden; allein das Begebnis der vorigen Nacht hatte einen solch gewaltigen Eindruck auf sie gemacht, daß sie für nichts anderes Sinn hatte und immer damit beschäftigt war. Der Sohn des Großveziers fühlte sich durch diese schlimme Nacht ebenfalls sehr geschwächt; allein, er setzte seinen Ehrgeiz darein, niemand etwas davon merken zu lassen, und wenn man ihn sah, so mußte man glauben, er sei ein sehr glücklicher Ehemann.

Alaeddin, der von allem, was im Palast vorging, wohl unterrichtet war, zweifelte nicht, daß die Neuvermählten, trotz ihres verdrießlichen Abenteuers in der ersten Nacht, sich abermals miteinander zu Bett begeben würden, und hatte keine Lust, sie in Ruhe zu lassen. Sobald die Nacht ein wenig vorgerückt war, rieb er seine Lampe; der Geist erschien und bot ihm mit denselben Worten wie früher seine Dienste an. »Der Sohn des Großveziers und die Prinzessin Bedrulbudur«, sagte Alaeddin zu ihm, »wollen heute nacht wieder beisammen schlafen. Gehe hin, und sobald sie sich niedergelegt haben, bring mir das Bett hierher wie gestern.«

Der Geist bediente Alaeddin ebenso treu und pünktlich wie das erstemal. Der Sohn des Großveziers brachte die Nacht wieder so kalt und so unangenehm zu wie die Brautnacht, und die Prinzessin mußte zu ihrem Verdruß Alaeddin wieder als Bettgenossen annehmen, der auch diesmal zwischen sie und sich den Säbel legte. Der Geist kam, dem Befehl Alaeddins zufolge, morgens wieder, legte den Ehemann zu seiner Frau, nahm sodann das Bett mit den Neuvermählten und trug es wieder in das Zimmer des Palastes, wo er es geholt hatte.

Der Sultan, der nach dem Empfang, den er am vorigen Morgen bei der Prinzessin Bedrulbudur gefunden hatte, sehr neugierig war, wie sie die zweite Nacht zugebracht habe und ob sie ihn abermals so schlecht empfangen würde, begab sich wieder ebenso früh in ihr Zimmer, um sich davon zu unterrichten. Der Sohn des Großveziers, der sich über sein Unglück in dieser Nacht noch mehr schämte und ärgerte als das erstemal, hörte ihn kaum kommen, als er eilig aufstand und in das Ankleidezimmer stürzte.

Der Sultan näherte sich dem Bett der Prinzessin, wünschte ihr guten Morgen und sagte dann nach denselben Liebkosungen wie am vorigen Tage: »Nun, meine liebe Tochter, bist du diesen Morgen auch wieder so schlecht gelaunt wie gestern? Wirst du mir wohl sagen, wie du die Nacht zugebracht hast?« Die Prinzessin zeigte dasselbe Stillschweigen, und der Sultan bemerkte, daß sie noch weit unruhiger und betrübter war als das erstemal. Er zweifelte jetzt nicht mehr, daß ihr etwas Außerordentliches zugestoßen sein müsse, ärgerte sich aber über ihre Schweigsamkeit und rief ihr voll Zorn und mit gezücktem Säbel zu: »Wenn du mir nicht gestehst, was du verhehlen willst, so haue ich dir sogleich den Kopf ab.«

Die Prinzessin, die über den Ton und die Drohung des beleidigten Sultans noch mehr erschrak als über den Anblick des blanken Säbels, brach endlich das Stillschweigen und rief mit tränenden Augen: »Geliebter Vater und König! Ich bitte um Verzeihung, wenn ich dich beleidigt habe, hoffe aber von deiner Güte und Milde, daß Mitleid an die Stelle des Zorns treten wird, sobald ich dir den kläglichen und traurigen Zustand, in dem ich mich sowohl diese als die vorige Nacht befunden habe, treu schildere.«

Nach dieser Einleitung, die den Sultan etwas milder stimmte, erzählte sie ihm alles, was ihr während dieser zwei verdrießlichen Nächte begegnet war, getreu und so rührend, daß er über die Maßen betrübt wurde, denn er liebte seine Tochter gar zärtlich. Sie schloß mit den Worten: »Wenn du im mindesten an meiner Erzählung zweifelst, so kannst du den Gemahl fragen, den du mir gegeben hast; ich bin überzeugt, daß er die Wahrheit der Sache ebenso bezeugen wird wie ich.«

Der Sultan teilte die tiefe Bekümmernis, in die die Prinzessin durch ein so auffallendes Abenteuer versetzt worden war. »Liebe Tochter«, sprach er zu ihr, »es war sehr unrecht von dir, daß du mir diese seltsame Geschichte nicht schon gestern erzählt hast, die mir ebenso wichtig sein muß wie dir. Ich habe dich nicht verheiratet in der Absicht, dich unglücklich zu machen; sondern im Gegenteil gedachte ich, dich dadurch in den Besitz allen Glücks zu setzen, das du verdienst und bei einem Gemahl, der für dich zu passen schien, auch hoffen konntest. Verbanne nur aus deinem Gemüt die traurigen Gedanken an das, was du mir eben erzählt hast! Ich werde sogleich Befehle geben, daß du von nun an keine so unangenehmen und unerträglichen Nächte mehr hast wie bisher!«

Als der Sultan in seine Gemächer zurückgekehrt war, ließ er den Großvezier rufen. »Vezier«, sagte er zu ihm, »hast du deinen Sohn schon gesehen, und hat er dir nichts gesagt?« Als der Großvezier antwortete, er habe ihn noch nicht gesehen, erzählte ihm der Sultan alles, was er von der Prinzessin Bedrulbudur vernommen hatte. »Ich zweifle nicht«, sagte er zuletzt, »daß meine Tochter mir die Wahrheit berichtet hat; indes wäre es mir sehr lieb, wenn dein Sohn es bestätigte. Gehe und frage ihn, was an der Sache ist.«

Der Großvezier begab sich sogleich zu seinem Sohn, teilte ihm mit, was der Sultan ihm gesagt hatte, und schärfte ihm ein, daß er ja nichts verhehlen und sagen solle, ob alles wahr sei. »Ich will dir die Wahrheit gestehen, mein Vater«, antwortete der Sohn. »Alles, was die Prinzessin zum Sultan sagte, hat seine traurige Richtigkeit; aber die schlechte Behandlung, die ich erfahren habe, kennt sie nicht. Die Sache verhält sich so: Seit meiner Vermählung habe ich zwei über allen Begriff schreckliche Nächte zugebracht; es fehlt mir an Worten, um die Leiden, die ich ausgestanden habe, gehörig zu schildern. Ich will nichts von dem Entsetzen sagen, das ich empfand, als ich viermal in meinem Bett in die Höhe gehoben wurde, ohne daß ich sah, wer das Bett aufhob und von einem Ort nach einem andern versetzte, und ohne zu begreifen, wie es nur möglich war. Du kannst dir meinen traurigen Zustand denken, wenn ich dir sage, daß ich zwei Nächte stehend und im bloßen Hemd in einem schmalen Abtritt zubringen mußte, ohne mich von der Stelle rühren oder nur die geringste Bewegung machen zu können, obgleich ich eigentlich kein Hindernis sah, das mich davon hätte abhalten sollen. Ich brauche dir nicht weitläufig auseinanderzusetzen, was ich alles dabei ausgestanden habe, und kann dir nicht verhehlen, daß ich trotzdem gegen die Prinzessin, meine Gemahlin, alle Gefühle der Liebe, Ehrerbietung und Dankbarkeit hege, die sie verdient. Gleichwohl muß ich dir aufrichtig gestehen, daß ich, so ehrenvoll und glänzend die Vermählung der Tochter des Sultans für mich ist, lieber sterben als länger in einer so hohen Verwandtschaft bleiben will, wenn ich mich auch in Zukunft einer so unangenehmen Behandlung aussetzen muß. Ich zweifle nicht, daß die Prinzessin ebenso denken wird wie ich, und sie wird gewiß zugeben, daß unsere Trennung für ihre Ruhe so notwendig ist wie für die meinige; darum, lieber Vater, bitte ich dich bei der Liebe, die dich bewogen hat, mir diese hohe Ehre zu verschaffen: Bewirke beim Sultan, daß unsere Ehe für nichtig erklärt wird.«

Sosehr es nun auch dem Ehrgeiz des Großveziers geschmeichelt hatte, seinen Sohn als Tochtermann des Sultans zu sehen, so hielt er es doch, da dieser fest entschlossen war, sich von der Prinzessin scheiden zu lassen, nicht für ratsam, ihn wenigstens noch für einige Tage zur Geduld zu ermahnen, um abzuwarten, ob diese Widerwärtigkeit nicht von selbst aufhören werde. Er verließ ihn daher, um dem Sultan Bericht abzustatten, und gestand ihm aufrichtig, die Sache sei nur zu wahr; sein Sohn habe ihm alles erzählt. Ohne erst abzuwarten, daß der Sultan selbst von der Ehescheidung zu reden anfing, wozu er ihn sehr geneigt sah, bat er hierauf um Erlaubnis, daß sein Sohn sich aus dem Palast entfernen und in sein Haus zurückkehren dürfte; es wäre doch höchst unrecht, wenn die Prinzessin um seinetwillen nur einen Augenblick länger dieser schrecklichen Plage ausgesetzt würde.

Es kostete den Großvezier nicht viel Mühe, die Gewährung seines Gesuchs zu erlangen. Der Sultan, der bereits diesen Entschluß gefaßt hatte, gab augenblicklich Befehl, die Lustbarkeiten im Palast und in der Stadt und dem ganzen Königreich einzustellen, und in kurzer Zeit hörten alle öffentlichen Freudenbezeigungen und Festlichkeiten auf.

Diese plötzliche und unerwartete Veränderung gab zu allerlei Gerede Anlaß. Die Leute fragten sich, woher es wohl kommen möge, aber niemand wußte mehr zu sagen, als daß man den Großvezier und seinen Sohn, beide sehr traurig, aus dem Palast in ihr eigenes Haus habe gehen sehen. Alaeddin allein wußte das Geheimnis und freute sich in seinem Innern sehr über den glücklichen Erfolg, den ihm der Gebrauch seiner Lampe verschaffte. Da er jetzt mit Bestimmtheit wußte, daß sein Nebenbuhler den Palast verlassen hatte und die Ehe zwischen der Prinzessin und ihm vollständig aufgelöst war, so hatte er nicht mehr nötig, die Lampe zu reiben und den Geist zu rufen, ihre Vollziehung zu verhindern. Das Merkwürdigste bei der Sache war, daß weder der Sultan noch der Großvezier, die Alaeddin und seinen Antrag längst vergessen hatten, auch nur entfernt auf den Gedanken kamen, daß er an der Zauberei, die die Auflösung der Ehe der Prinzessin herbeigeführt hatte, Anteil haben könnte.

Alaeddin ließ indes die drei Monate verstreichen, die der Sultan als Frist für seine Vermählung mit der Prinzessin Bedrulbudur festgesetzt hatte. Er hatte sorgfältig jeden Tag gezählt, und als sie vorüber waren, schickte er gleich am andern Morgen seine Mutter in den Palast, um den Sultan an sein Wort zu erinnern.

Alaeddins Mutter ging nach dem Palast, wie es ihr Sohn ihr gesagt hatte, und stellte sich am Eingang des Divans wieder an denselben Platz wie früher. Kaum hatte der Sultan einen Blick auf sie geworfen, so erkannte er sie und erinnerte sich an ihre Bitte sowie an die Zeit, auf die er sie vertröstet hatte. Der Großvezier trug ihm eben eine Sache vor. Der Sultan unterbrach ihn mit den Worten: »Vezier, ich bemerke dort die gute Frau, die uns vor einigen Monaten ein so schönes Geschenk machte; laß sie hierhertreten, du magst deinen Bericht fortsetzen, wenn ich sie angehört habe.« Der Großvezier warf einen Blick nach dem Eingang des Divans und erkannte ebenfalls Alaeddins Mutter. Sogleich rief er den Obersten der Türsteher, zeigte sie ihm und befahl ihm, sie vortreten zu lassen.

Alaeddins Mutter näherte sich dem Fuß des Throns und warf sich der Sitte gemäß nieder. Als sie wieder aufgestanden war, fragte sie der Sultan, was sie wünsche. »Großer König«, antwortete sie, »ich erscheine zum zweitenmal vor deinem Angesicht, um dich im Namen meines Sohnes Alaeddin daran zu erinnern, daß die drei Monate verstrichen sind, auf die du ihn mit der Bitte, die ich dir vorzutragen die Ehre hatte, vertröstet hast. Ich bitte demütiglich, daß du dich der Sache erinnern mögest.«

Der Sultan hatte diese Frist von drei Monaten nur deshalb angesetzt, weil er glaubte, es werde dann keine Rede mehr von einer Heirat sein, die ihm für die Prinzessin, seine Tochter, durchaus nicht angemessen schien in Anbetracht des niedrigen Standes und der Armut von Alaeddins Mutter, die in einem sehr gemeinen Aufzug vor ihm erschien. Diese Mahnung an sein Versprechen setzte ihn jetzt in Verlegenheit. Um sich in der Sache nicht zu übereilen, zog er seinen Großvezier zu Rate und teilte ihm seine Abneigung mit, die Prinzessin mit einem Unbekannten zu vermählen, der offenbar von ganz niedriger Abkunft sein mußte.

Der Großvezier zögerte nicht, dem Sultan seine Gedanken hierüber zu sagen. »Herr«, antwortete er ihm, »mir scheint, daß es ein unfehlbares Mittel gibt, diese unpassende Heirat zu hintertreiben, ohne daß Alaeddin, selbst wenn er dir bekannt wäre, sich darüber beklagen könnte. Du darfst nur einen so hohen Preis für die Prinzessin festsetzen, daß seine Reichtümer, wenn sie auch noch so groß sind, nicht ausreichen. Auf diese Art wirst du ihn von seiner kühnen, ja ich möchte sagen: verwegenen Bewerbung abbringen, die er offenbar nicht gehörig überlegt hat.«

Der Sultan billigte den Rat des Großveziers. Er wandte sich zu Alaeddins Mutter und sagte nach einigem Nachdenken zu ihr: »Gute Frau, ein Sultan muß immer sein gegebenes Wort halten, und ich bin bereit, mein Versprechen zu erfüllen und deinen Sohn mit der Hand meiner Tochter zu beglücken. Da ich sie aber nicht vermählen kann, ohne zu wissen, welche Vorteile sie sich davon versprechen darf, so melde deinem Sohn, ich werde mein Versprechen erfüllen, sobald er mir vierzig große Becken von gediegenem Gold, von oben bis unten mit solchen Kostbarkeiten, wie du sie mir schon einmal in seinem Namen gebracht hast, angefüllt, durch vierzig schwarze Sklaven zuschickt, die von vierzig andern ausnehmend schönen und aufs prachtvollste gekleideten jungen weißen Sklaven geführt sein müssen. Dies sind die Bedingungen, unter denen ich bereit bin, ihm die Prinzessin, meine Tochter, zu geben. Geh nun, gute Frau, und bring mir bald wieder Antwort!«

Alaeddins Mutter warf sich vor dem Thron des Sultans nieder und entfernte sich. Unterwegs lachte sie in ihrem Herzen über das närrische Verlangen ihres Sohnes. »Wahrhaftig«, sagte sie, »wo soll er so viele goldene Becken und eine solche Menge farbiger Gläser hernehmen, um sie damit zu füllen? Wird er wieder in das unterirdische Gewölbe hinabsteigen, dessen Eingang verschlossen ist, um sie von den Bäumen zu pflücken? Und woher soll er alle diese hübschen Sklaven bekommen, die der Sultan verlangt? Jetzt ist er freilich weit von seinem Ziele entfernt, und ich glaube nicht, daß er mit meiner Botschaft zufrieden sein wird.« Als sie nun mit diesen, wie sie glaubte, für Alaeddin ganz trostlosen Gedanken beschäftigt nach Hause kam, sagte sie zu ihm: »Mein Sohn, ich rate dir, denke nicht mehr an eine Vermählung mit der Prinzessin Bedrulbudur. Der Sultan hat mich zwar sehr huldreich empfangen, und ich glaube, daß er gut gegen dich gesinnt war, allein der Großvezier hat ihn, wenn ich mich nicht täusche, auf andere Gedanken gebracht, wie du sogleich aus dem ersehen kannst, was ich dir jetzt sagen werde. Nachdem ich dem Sultan erklärt hatte, daß die drei Monate abgelaufen seien, und ihn nun in deinem Namen bat, sich an sein Versprechen zu erinnern, bemerkte ich, daß er eine Weile ganz leise mit dem Großvezier sprach, und dann erst gab er mir die Antwort, die ich dir jetzt sagen werde.« Sie erzählte nun ihrem Sohn sehr ausführlich alles, was der Sultan ihr gesagt hatte, und nannte ihm die Bedingungen, unter denen er in die Verbindung der Prinzessin, seiner Tochter, mit ihm einwilligen würde. »Mein Sohn«, sagte sie zuletzt, »er erwartet eine Antwort; aber unter uns gesagt«, fuhr sie lächelnd fort, »ich glaube, er wird lange warten müssen.«

»Nicht so lange, liebe Mutter, wie du glaubst«, antwortete Alaeddin; »und der Sultan ist gewaltig im Irrtum, wenn er meint, durch seine ungeheuren Forderungen könne er mich außerstand setzen, an die Prinzessin Bedrulbudur zu denken. Ich hatte ganz andere unüberwindliche Schwierigkeiten erwartet oder wenigstens einen weit höheren Preis für meine unvergleichliche Prinzessin. Jetzt aber bin ich zufrieden; denn was er verlangt, ist eine Kleinigkeit gegen das, was ich ihm für ihren Besitz bieten könnte. Während ich nun daran denken werde, ihn zu befriedigen, besorge du ein Mittagessen für uns.«

Als seine Mutter nach Lebensmitteln ausgegangen war, nahm Alaeddin die Lampe und rieb sie. Sogleich erschien der Geist, fragte in den gewöhnlichen Ausdrücken, was er zu befehlen habe, und sagte, daß er bereit sei, ihn zu bedienen. Alaeddin sprach zu ihm: »Der Sultan gibt mir die Prinzessin, seine Tochter, zur Frau; zuvor aber verlangt er von mir vierzig große Becken von gediegenem Gold, bis zum Rand angefüllt mit den Früchten des Gartens, wo ich die Lampe geholt habe, deren Sklave du bist. Ferner verlangt er, daß diese vierzig goldenen Becken von ebenso vielen schwarzen Sklaven getragen werden sollen, vor denen vierzig wohlgebildete, schlanke und prachtvoll gekleidete junge weiße Sklaven hergehen müssen. Gehe und schaffe mir rasch dieses Geschenk zur Stelle, damit ich es dem Sultan schicken kann, ehe er die Sitzung des Divans aufhebt.« Der Geist sagte, sein Befehl solle unverzüglich vollzogen werden, und verschwand.

Eine kleine Weile darauf ließ der Geist sich wieder sehen, begleitet von vierzig schwarzen Sklaven, von denen jeder ein schweres Becken von gediegenem Gold, angefüllt mit Perlen, Diamanten, Rubinen und Smaragden, die die dem Sultan bereits geschenkten an Größe und Schönheit weit übertrafen, auf dem Kopfe trug. Jedes der Becken war mit goldgeblümtem Silberstoff überdeckt. Diese Sklaven, sowohl die weißen wie die schwarzen mit den goldenen Becken, erfüllten fast das ganze Haus, das ziemlich klein war, sowie den kleinen Hof vor und ein Gärtchen hinter ihm. Der Geist fragte Alaeddin, ob er zufrieden sei und ob er ihm sonst noch etwas zu befehlen habe. Alaeddin antwortete, er verlange nichts mehr, und der Geist verschwand.

Als Alaeddins Mutter vom Markt zurückkam, wunderte sie sich sehr, wie sie so viele Leute und Kostbarkeiten sah. Nachdem sie die Nahrungsmittel, die sie mitgebracht hatte, auf den Tisch gelegt hatte, wollte sie den Schleier, der ihr Gesicht verhüllte, ablegen, aber Alaeddin ließ es nicht zu. »Liebe Mutter«, sprach er zu ihr, »wir haben jetzt keine Zeit zu verlieren. Es ist von großer Wichtigkeit, daß du, noch ehe der Sultan den Divan schließt, in den Palast zurückkehrst und das verlangte Geschenk nebst der Morgengabe für die Prinzessin Bedrulbudur hinbringst, damit er aus meiner Eile und Pünktlichkeit das brennende und aufrichtige Verlangen ermessen kann, womit ich nach der Ehre trachte, sein Schwiegersohn zu werden.«

Ohne die Antwort seiner Mutter abzuwarten, öffnete Alaeddin die Türe nach der Straße und ließ seine Sklaven paarweise, immer einen weißen mit einem schwarzen, der ein goldenes Becken auf dem Kopfe trug, hinaus. Als nun seine Mutter hinter dem letzten Sklaven her ebenfalls draußen war, verschloß er die Türe und blieb ruhig in seinem Zimmer, in der süßen Hoffnung, der Sultan werde ihm endlich nach diesem Geschenk, das er selbst gefordert hatte, seine Tochter geben. Kaum war der erste weiße Sklave vor Alaeddins Haus, als alle Vorübergehenden, die ihn bemerkten, stehenblieben, und ehe noch die sämtlichen achtzig Sklaven, die weißen und schwarzen, draußen waren, wimmelte die Straße von einer Masse Volks, das von allen Seiten herbeiströmte, um dieses prachtvolle und außerordentliche Schauspiel anzusehen. Die Kleidung der Sklaven bestand aus so kostbaren Stoffen und war so reich mit Edelsteinen geschmückt, daß die besten Kenner nicht zuviel zu sagen glaubten, wenn sie jeden Anzug auf mehr als eine Million schätzten. Die Schönheit der Kleider, der edle Anstand, der ebenmäßige und stattliche Wuchs der Sklaven, ihr feierlicher Zug in gleichmäßig abgemessenen Zwischenräumen, der Glanz der außerordentlich großen Edelsteine, die in schönster Anordnung rings um ihre Gürtel in echtes Gold gefaßt, und die Rosen an ihren Turbanen, die ebenfalls aus Edelsteinen zusammengesetzt und ganz besonders geschmackvoll gearbeitet waren, dies alles versetzte die Zuschauer samt und sonders in so große Verwunderung, daß sie nicht müde werden konnten, sie zu betrachten und ihnen so weit als möglich nachzusehen. Die Straßen waren so mit Menschen angefüllt, daß jeder an dem Platz, wo er war, stehenbleiben mußte.

Da man durch mehrere Straßen gehen mußte, um zum Palast zu gelangen, so konnte ein großer Teil der Stadt und Leute aus allen Klassen und Ständen den prachtvollen Aufzug sehen. Endlich langte der erste von den achtzig Sklaven an der Pforte des ersten Schloßhofes an. Die Pförtner, die sich bei Annäherung dieses wundervollen Zuges in zwei Reihen aufgestellt hatten, hielten ihn für einen König, so reich und prachtvoll war er gekleidet, und näherten sich ihm, um den Saum seines Kleides zu küssen. Der Sklave aber, den der Geist vorher seine Rolle gelehrt hatte, ließ es nicht zu und sagte feierlich zu ihm: »Wir sind bloß Sklaven; unser Herr wird erscheinen, sobald es Zeit ist.«

So kam der erste Sklave an der Spitze des ganzen Zuges in den zweiten Hof, der sehr geräumig war und wo sich der Hofstaat des Sultans während der Sitzung des Divans aufgestellt hatte. Die Anführer von jeder einzelnen Truppe waren zwar prachtvoll gekleidet, wurden aber in den Schatten gestellt, als die achtzig Sklaven erschienen, die Alaeddins Geschenk brachten und selbst dazu gehörten. Im ganzen Hofstaat des Sultans gab es nichts so Herrliches und Glänzendes zu sehen, und alle Pracht der ihn umgebenden Herren vom Hofe war Staub im Vergleich mit dem, was sich jetzt seinen Blicken darbot. Da man dem Sultan den Zug und die Ankunft dieser Sklaven gemeldet hatte, so hatte er Befehl gegeben, sie eintreten zu lassen. Als sie erschienen, fanden sie den Eingang zum Divan offen und zogen in schönster Ordnung, ein Teil zur Rechten, der andere zur Linken, ein. Als sie alle drin waren und vor dem Thron des Sultans einen großen Halbkreis gebildet hatten, stellten die schwarzen Sklaven die Becken, die sie trugen, auf den Fußteppich, dann warfen sie sich alle miteinander nieder und berührten den Teppich mit ihrer Stirn. Die weißen Sklaven taten dasselbe zur gleichen Zeit. Hierauf standen sie alle zusammen wieder auf, und die schwarzen enthüllten dabei sehr geschickt die vor ihnen stehenden Becken, worauf sie alle mit gekreuzten Armen und großer Ehrerbietung stehenblieben.

Indes nahte Alaeddins Mutter dem Fuß des Thrones, warf sich vor ihm nieder und sprach zum Sultan: »Herr, mein Sohn Alaeddin weiß recht wohl, daß das Geschenk, das er dir schickt, weit unter dem steht, was die Prinzessin Bedrulbudur verdient. Gleichwohl hofft er, du werdest es huldreich annehmen und auch die Prinzessin werde es nicht verschmähen; er hofft dies um so zuversichtlicher, da er sich bemüht hat, der Bedingung, die du ihm vorgeschrieben hast, nachzukommen.«

Der Sultan war nicht imstande, die Begrüßung der Mutter Alaeddins aufmerksam anzuhören. Schon beim ersten Blick auf die vierzig goldenen Becken, die bis zum Rand mit den strahlendsten, glänzendsten und kostbarsten Edelsteinen angefüllt waren, und auf die achtzig Sklaven, die man wegen ihres edlen Anstandes, des Reichtums und der merkwürdigen Pracht ihres Anzugs für Könige halten konnte, war er so überrascht worden, daß er sich von seinem Staunen nicht erholen konnte. Statt also den Gruß von Alaeddins Mutter zu erwidern, wandte er sich an den Großvezier, der ebensowenig begreifen konnte, woher so viele Reichtümer gekommen sein sollten. »Nun, Vezier«, sagte er laut zu ihm, »was denkst du von dem, was er auch sein mag, der mir ein so reiches und außerordentliches Geschenk schickt, ohne daß wir beide ihn kennen? Hältst du ihn für unwürdig, meine Tochter, die Prinzessin Bedrulbudur, zu heiraten?«

So schmerzlich es nun auch dem Großvezier war, zu sehen, daß ein Unbekannter den Vorzug vor seinem Sohn erhalten und der Schwiegersohn des Sultans werden sollte, so wagte er es doch nicht, seine Ansicht zu verhehlen. Es war zu augenscheinlich, daß Alaeddins Geschenk mehr als hinreichend war, um ihn dieser hohen Ehre würdig zu machen. Er antwortete also dem Sultan ganz nach seinem Sinn und sprach: »Herr, es sei ferne von mir zu glauben, daß derjenige, der dir ein deiner so würdiges Geschenk gemacht hat, der Ehre, die du ihm zudenkst, unwürdig wäre; ja, ich würde die

Behauptung wagen, er verdiene noch weit mehr, wenn ich nicht überzeugt wäre, daß es auf der ganzen Welt keinen so kostbaren Schatz gibt, der die Prinzessin, deine Tochter, aufwiegen könnte.« Die Herren vom Hofe, die der Sitzung beiwohnten, gaben durch ihre Beifallsbezeigungen zu erkennen, daß sie ebenso dachten wie der Großvezier.

Der Sultan verschob jetzt die Sache nicht länger und erkundigte sich nicht einmal, ob Alaeddin auch die übrigen erforderlichen Eigenschaften besitze, um sein Schwiegersohn werden zu können. Schon der Anblick dieser unermeßlichen Reichtümer und die Schnelligkeit, mit der Alaeddin sein Verlangen erfüllt hatte, ohne in den ungeheuren Bedingungen, die ihm vorgeschrieben wurden, die mindeste Schwierigkeit zu finden, war ihm Beweis genug, daß ihm nichts zu einem vollendeten Mann fehlen könne, wie er ihn sich wünschte. Um daher Alaeddins Mutter vollkommen zu befriedigen, sagte er zu ihr: »Gehe jetzt, gute Frau, und sage deinem Sohn, daß ich ihn erwarte und mit offenen Armen aufnehmen werde; je schneller er kommen wird, um die Prinzessin, meine Tochter, aus meiner Hand zu empfangen, um so mehr wird er mir Vergnügen machen.«

Hoch erfreut, ihren Sohn wider alles Erwarten auf einer so hohen Stufe des Glücks zu sehen, eilte Alaeddins Mutter nach Hause; der Sultan aber schloß die Sitzung für heute, stand von seinem Thron auf und befahl, daß die Verschnittenen der Prinzessin die goldenen Becken nehmen und nach den Zimmern ihrer Gebieterin tragen sollten, wohin er selbst ging, um sie in Ruhe näher zu betrachten. Dieser Befehl wurde mit Eifer durch die Verschnittenen sogleich vollzogen.

Auch die achtzig weißen und schwarzen Sklaven wurden nicht vergessen. Man ließ sie ins Innere des Palastes treten, und bald darauf befahl der Sultan, der der Prinzessin Bedrulbudur von ihrer Pracht gesagt hatte, sie vor ihren Gemächern aufzustellen, damit sie sie durch die Gitterfenster betrachten und sich überzeugen könne, daß er in seiner Erzählung nicht nur nicht übertrieben, sondern sogar weit weniger gesagt hatte, als wirklich wahr sei. Indes kam Alaeddins Mutter mit einem Gesicht, das ihre gute Botschaft schon verkündete, nach Hause: »Mein Sohn«, sagte sie zu ihm, »du hast alle Ursache, zufrieden zu sein; gegen meine Erwartung sind alle deine Wünsche in Erfüllung gegangen; denn du weißt, was ich immer zu dir gesagt habe. Ich will dich nicht lange in Ungewißheit lassen: Der Sultan hat mit der Zustimmung des ganzen Hofes erklärt, daß du würdig bist, die Prinzessin Bedrulbudur zu besitzen. Er erwartet dich, um dich zu umarmen und den Ehebund zu schließen. Bereite dich auf diese Zusammenkunft vor, damit sie der hohen Meinung, die er bereits von dir hat, entspreche. Nach den Wundern, die ich bisher von dir gesehen habe, bin ich fest überzeugt, daß du es an nichts fehlen lassen wirst. Ich darf indes nicht vergessen, dir zu sagen, daß der Sultan dich mit Ungeduld erwartet; verliere also keine Zeit, dich zu ihm zu verfügen.«

Alaeddin, der über diese Nachricht hocherfreut und einzig und allein mit dem Gegenstand beschäftigt war, der ihn bezaubert hatte, gab seiner Mutter eine kurze Antwort und ging auf sein Zimmer. Er nahm die Lampe, die ihm bisher in allen Nöten und bei allen seinen Wünschen so hilfreich gewesen war, und kaum hatte er sie gerieben, als der Geist durch sein unverzügliches Erscheinen seinen fortdauernden Gehorsam an den Tag legte. »Geist«, sagte Alaeddin zu ihm, »ich habe dich gerufen, damit du mir sogleich ein Bad bereiten sollst, und sobald ich es genommen habe, will ich, daß du mir die reichste und prachtvollste Kleidung bringst, die jemals ein König getragen hat.« Kaum hatte er dies gesprochen, als der Geist sowohl ihn als sich unsichtbar machte, aufhob und in ein Bad trug, das aus äußerst feinem, schönem und buntgestreiftem Marmor gebaut war. Ohne daß er sah, wer ihn bediente, wurde er in einem sehr schönen und geräumigen Saal entkleidet. Aus dem Saal ließ man ihn in das Bad treten, das eine mäßige Wärme hatte und wo er gerieben und mit allerhand wohlriechenden Wassern gewaschen wurde. Nachdem er in den verschiedenen Badestuben alle Grade der Wärme durchgemacht hatte, kam er wieder heraus, aber ganz anders, als er hineingetreten war. Seine Gesichtsfarbe war frisch, weiß und rosig geworden und sein ganzer Leib weit leichter und geschmeidiger. Als er in den Saal zurückkam, fand er das Kleid, das er dort gelassen hatte, nicht mehr; der Geist hatte seinem Befehl zufolge eine andere Kleidung gebracht. Alaeddin war ganz erstaunt, als er die Pracht des Anzugs sah, der für ihn bestimmt war. Er kleidete sich mit Hilfe des Geistes an und bewunderte jedes Stück, ehe er es anzog; so sehr übertraf es alles, was er sich bisher nur hatte denken können. Als er fertig war, trug ihn der Geist in dasselbe Zimmer zurück, wo er ihn abgeholt hatte, und fragte ihn, ob er noch etwas zu befehlen habe. »Ja«, antwortete Alaeddin; »ich erwarte auf der Stelle von dir, daß du mir ein Pferd herführst, dessen Schönheit und Schnelligkeit das kostbarste Pferd im Stall des Sultans übertrifft; die Decke, der Sattel, der Zaum und überhaupt das Geschirr muß über eine Million wert sein. Auch verlange ich, daß du mir zu gleicher Zeit zwanzig Sklaven herbeischaffst, die ebenso reich und schmuck gekleidet sein müssen wie die, die das Geschenk trugen, denn sie sollen mir zur Seite und als mein Gefolge einhergehen; und noch zwanzig andere der Art, die in zwei Reihen vor mir herziehen sollen. Auch meiner Mutter bring sechs Sklavinnen zu ihrer Bedienung, die alle wenigstens ebenso reich gekleidet sein müssen wie die Sklavinnen der Prinzessin Bedrulbudur und von denen jede einen vollständigen Anzug auf dem Kopf tragen soll, der so prächtig und stattlich sein muß, als wäre er für die Sultanin. Ferner brauche ich noch zehntausend Goldstücke in zehn Beuteln. Das war es, was ich dir noch zu befehlen hatte; geh und spute dich.«

Als Alaeddin dem Geiste diese Befehle gegeben hatte, verschwand der und erschien bald wieder mit dem Pferd, den vierzig Sklaven, von denen zehn je einen Beutel mit tausend Goldstücken trugen, und den sechs Sklavinnen, von denen jede einen verschiedenen Anzug für Alaeddins Mutter, in Silberstoff eingewickelt, auf dem Kopf trug. Der Geist übergab dies alles Alaeddin.

Alaeddin nahm von den zehn Beuteln nur vier, die er seiner Mutter gab, damit sie sich ihrer in Notfällen bedienen sollte. Die sechs andern ließ er in den Händen der Sklaven, die sie trugen, mit dem Befehl, sie zu behalten und während ihres Zuges durch die Straßen nach dem Palast des Sultans handvollweise unter das Volk zu werfen. Auch befahl er ihnen, sie sollten dicht vor ihm, drei zur Rechten und drei zur Linken, einhergehen. Endlich gab er seiner Mutter die sechs Sklavinnen und sagte ihr, sie gehörten ihr und sie könne als Gebieterin über sie verfügen; auch die Kleider, die sie trugen, seien für ihren Gebrauch bestimmt.

Als Alaeddin alle seine Angelegenheiten geordnet hatte, entließ er den Geist mit der Erklärung, daß er ihn rufen werde, sobald er seiner bedürfe, worauf der augenblicklich verschwand. Jetzt machte sich Alaeddin fertig, um dem Wunsch des Sultans, der ihn sehen wollte, zu entsprechen. Er fertigte einen der vierzig Sklaven – ich will nicht sagen den schönsten, denn sie waren alle gleich – nach dem Palast ab mit dem Befehl, er solle sich an den Obersten der Türsteher wenden und ihn fragen, wann er wohl die Ehre haben könne, sich dem Sultan zu Füßen zu werfen. Der Sklave entledigte sich seines Auftrags sehr schnell und brachte die Nachricht zurück, daß der Sultan ihn mit Ungeduld erwarte.

Alaeddin stieg nun unverzüglich zu Pferd und setzte sich mit seinem Zuge in der genannten Ordnung in Bewegung. Obgleich er nie zuvor ein Roß bestiegen hatte, so zeigte er doch dabei einen so edlen Anstand, daß selbst der erfahrenste Reiter ihn nicht für einen Neuling hätte halten können. Die Straßen, durch die er kam, füllten sich fast im Nu mit einer unübersehbaren Volksmasse an, von deren Beifalls-, Bewunderungs- und Segensrufen die Luft widerhallte, besonders wenn die sechs Sklaven, die die Beutel trugen, ganze Hände voll Goldstücke rechts und links in die Luft warfen. Der Beifallsruf kam indes nicht von dem Pöbel her, der sich drängte, stieß und niederdrückte, um Goldstücke aufzulesen, sondern von den wohlhabenderen Zuschauern, die sich nicht enthalten konnten, der Freigebigkeit Alaeddins öffentlich das verdiente Lob zu spenden. Nicht bloß die, die sich erinnerten, ihn noch in seinen Jünglingsjahren mit den Gassenbuben spielend gesehen zu haben, erkannten ihn nicht mehr, sondern auch solche, die ihn noch vor kurzem gesehen hatten, erkannten ihn kaum, so sehr hatten sich seine Gesichtszüge verändert. Dies kam daher, daß die Lampe unter andern Eigenschaften auch die hatte, den Besitzern allmählich alle Vollkommenheiten zu verleihen, die dem Rang, zu dem sie durch ihren guten Gebrauch gelangten, angemessen waren. Man schenkte Alaeddins Person weit mehr Aufmerksamkeit als dem übrigen prachtvollen Zug, da die meisten am selben Tag bereits einen ähnlichen gesehen hatten; nämlich die Sklaven, die das Geschenk trugen und begleiteten. Besonders wurde auch das Pferd von den Kennern bewundert, die seine Schönheit recht wohl zu beurteilen wußten, ohne sich durch den Reichtum oder den Schimmer der Diamanten und andern Edelsteine, womit es bedeckt war, blenden zu lassen. Da sich das Gerücht verbreitet hatte, daß der Sultan ihm die Prinzessin Bedrulbudur zur Frau gebe, so wurde er, trotz seiner niederen Herkunft, von niemandem um sein Glück oder seine Erhebung beneidet, denn er schien ihrer würdig zu sein.

Endlich langte Alaeddin vor dem Palast an, wo alles zu seinem Empfang in Bereitschaft gesetzt war. Als er vor das zweite Tor kam, wollte er, der Sitte gemäß, die selbst der Großvezier, die Feldhauptleute und Oberstatthalter einhielten, absteigen; doch der Oberste der Türsteher, der ihn auf Befehl des Sultans dort erwartete, ließ es nicht zu und begleitete ihn bis an den großen Versammlungs- oder Audienzsaal, wo er ihm absteigen half, obwohl Alaeddin sich sehr dagegen sträubte und es nicht dulden wollte; er konnte es aber nicht hindern. Indes bildeten die Türsteher am Eingang des Saales eine doppelte Reihe. Ihr Oberster ging zur Linken Alaeddins und führte ihn mitten durch sie hindurch bis zum Thron des Sultans.

Als der Sultan Alaeddin erblickte, war er ebenso überrascht durch seine reiche und prachtvolle Kleidung, wie er sie selbst nie getragen hatte, als auch durch seinen edlen Anstand, seinen herrlichen Wuchs und seine würdevolle Haltung, die er um so weniger erwartet hatte, als sie von dem niedrigen Anzug seiner Mutter himmelweit verschieden war. Seine Verwunderung und Überraschung hinderte ihn indes nicht, aufzustehen und zwei oder drei Stufen des Throns herabzusteigen, damit Alaeddin sich ihm nicht zu Füßen werfen und er ihn freundschaftlich umarmen konnte. Nach dieser Höflichkeit wollte sich Alaeddin trotzdem vor ihm niederwerfen; doch der Sultan hielt ihn mit eigener Hand zurück und nötigte ihn, heraufzusteigen und sich zwischen ihn und den Großvezier zu setzen.

Hierauf nahm Alaeddin das Wort und sprach: »Herr, ich nehme die Ehre, die du mir erzeigst, an, weil es dir in deiner Gnade beliebt, sie mir zu erweisen; erlaube mir aber, dir zu sagen, daß ich nicht vergessen habe, daß ich dein geborner Sklave bin, daß ich die Größe deiner Macht kenne und wohl weiß, wie tief meine Herkunft mich unter den Glanz und die Herrlichkeit des hohen Ranges stellt, in dem du stehst. Wenn ich durch irgend etwas einen günstigen Empfang verdient haben sollte, so gestehe ich, daß ich ihn bloß jener durch einen reinen Zufall veranlaßten Kühnheit verdanke, die mich bewog, meine Augen, Gedanken und Wünsche bis zu der erhabenen Prinzessin zu erheben, die der Gegenstand meiner Sehnsucht ist. Ich bitte dich für diese Verwegenheit um Verzeihung, großer König, aber ich kann nicht verhehlen, daß ich vor Schmerz sterben würde, wenn ich die Hoffnung aufgeben müßte, meinen Wunsch erfüllt zu sehen.«

»Mein Sohn«, antwortete der Sultan, indem er ihn abermals umarmte, »du würdest mir Unrecht tun, wenn du auch nur einen Augenblick an der Aufrichtigkeit meines Versprechens zweifeln wolltest. Dein Leben ist mir fortan zu teuer, als daß ich es nicht durch Darbietung des Heilmittels, worüber ich verfügen kann, zu erhalten suchen sollte. Ich ziehe das Vergnügen, dich zu sehen und zu hören, allen meinen und deinen Schätzen vor.«

Bei diesen Worten gab der Sultan ein Zeichen, und alsbald ertönte die Luft vom Schall der Oboen und Pauken; zugleich führte der Sultan Alaeddin in einen prachtvollen Saal, wo ein herrliches Festmahl aufgetragen wurde. Der Sultan speiste ganz allein mit Alaeddin. Der Großvezier und die vornehmen Herren vom Hofe standen ihnen, jeder nach seinem Rang und seiner Würde, während der Mahlzeit zur Seite. Der Sultan, der die Augen fortwährend auf Alaeddin geheftet hatte – denn es machte ihm ungemein viel Vergnügen, ihn zu sehen – lenkte das Gespräch auf verschiedene Gegenstände. Während der ganzen Unterhaltung aber, die sie über Tisch miteinander führten, und auf welchen Gegenstand auch das Gespräch fallen mochte, sprach Alaeddin mit so viel Kenntnis und Verstand, daß er den Sultan vollends in der guten Meinung bestärkte, die er gleich anfangs von ihm gefaßt hatte.

Nach dem Mahl ließ der Sultan den obersten Richter seiner Hauptstadt rufen und befahl ihm, sogleich den Ehevertrag zwischen der Prinzessin Bedrulbudur, seiner Tochter, und Alaeddin zu entwerfen und aufzusetzen. Während dieser Zeit unterhielt sich der Sultan mit Alaeddin über mehrere gleichgültige Sachen in Gegenwart des Großveziers und der vornehmen Herren vom Hof, die den gründlichen Verstand, die große Gewandtheit in Rede und Ausdruck und die feinen und sinnreichen Bemerkungen, mit denen der Jüngling die Unterhaltung würzte, nicht genug bewundern konnten.

Als der Richter den Vertrag vollendet hatte, fragte der Sultan Alaeddin, ob er im Palast bleiben und die Hochzeit noch heute feiern wolle. »Herr«, antwortete Alaeddin, »so brennend auch mein Verlangen ist, deine Gnade und Huld in ihrem ganzen Umfang zu genießen, so bitte ich doch, daß du mir so lange noch Frist gestattest, bis ich einen Palast habe erbauen lassen, um die Prinzessin ihrem Rang und ihrer Würde gemäß zu empfangen. Ich erbitte mir hierzu einen angemessenen Platz vor dem deinigen aus, damit ich recht nahe bin, um dir meine Aufwartung machen zu können. Ich werde nichts unterlassen und dafür sorgen, daß er in möglichst kurzer Zeit vollendet wird.« – »Mein Sohn«, sagte der Sultan, »wähle dir jede Stelle aus, die du für passend hältst; vor meinem Palaste ist leerer Raum genug und ich selbst habe schon daran gedacht, ihn auszufüllen; aber bedenke, daß ich je eher je lieber dich mit meiner Tochter vermählt zu sehen wünsche, um das Maß meiner Freude vollzumachen.«

Bei diesen Worten umarmte er Alaeddin abermals – und dieser verabschiedete sich vom Sultan mit so feinem Anstand, wie wenn er von jeher am Hof gewesen und dort erzogen worden wäre.

Alaeddin stieg nun wieder zu Pferd und kehrte in demselben Zug, wie er gekommen war, durch dieselbe Volksmasse und unter dem Beifalljauchzen der Menge, die ihm alles mögliche Glück und Segen wünschte, nach Hause zurück. Kaum war er abgestiegen, so nahm er die Lampe und rief den Geist. Der Geist ließ nicht lange auf sich warten, sondern erschien sogleich und bot seine Dienste an. »Geist«, sprach Alaeddin zu ihm, »ich habe alle Ursache, deine Pünktlichkeit zu rühmen; du hast bisher alle Befehle, die ich dir kraft dieser Lampe, deiner Herrin, gegeben habe, pünktlich erfüllt. Heute aber handelt es sich darum, daß du aus Liebe zu ihr womöglich noch mehr Eifer und Gehorsam an den Tag legen sollst als bisher. Ich verlange nämlich, daß du mir in möglichst kurzer Zeit gegenüber dem Palaste des Sultans, jedoch in angemessener Entfernung davon, einen Palast erbauen läßt, der würdig ist, die Prinzessin Bedrulbudur, meine Gemahlin, aufzunehmen. Die Wahl der Materialien, nämlich Porphyr oder Jaspis, Achat oder Lasurstein oder auch den feinsten buntgestreiften Marmor, sowie die übrige Einrichtung des Baues überlasse ich ganz dir; doch erwarte ich, daß du mir oben hinauf einen großen Saal mit einer Kuppel und vier gleichen Seiten baust, dessen Wände aus wechselnden Schichten von echtem Gold und Silber aufgeführt sein müssen, mit vierundzwanzig Fenstern, sechs auf jeder Seite, deren Vergitterung mit Ausnahme eines einzigen, das unvollendet bleiben soll, kunstreich und ebenmäßig mit Diamanten, Rubinen und Smaragden geschmückt sein muß, so daß dergleichen noch nie auf der Welt gesehen worden ist. Ferner will ich, daß sich bei dem Palast ein Vorhof, ein Hof und ein Garten befinde; vor allen Dingen aber muß an einem Ort, den du mir bezeichnen wirst, ein Schatz voll mit gemünztem Gold und Silber vorhanden sein, außerdem muß es mehrere Küchen, Speisekammern, Magazine und Gerätekammern voll der kostbarsten Geräte für jede Jahreszeit, die der Pracht des Palastes angemessen sind, geben, dann auch noch Ställe voll der schönsten Pferde und der gehörigen Anzahl Stallmeister und Stallknechte. Auch Jagdzeug darfst du nicht vergessen, und es versteht sich von selbst, daß du auch noch für Dienerschaft, für die Küche und den übrigen Haushalt sowie für die gehörige Anzahl Sklavinnen zur Bedienung der Prinzessin zu sorgen hast. Du wirst jetzt begreifen, was mein Wunsch ist; geh und komm wieder, wenn du alles fertig hast.«

Die Sonne ging eben unter, als Alaeddin dem Geist wegen der Erbauung des Palastes, den er sich ausgesonnen hatte, seine Aufträge gab. Am andern Morgen stand Alaeddin, den die Liebe zur Prinzessin nicht ruhig schlafen ließ, in aller Frühe auf, und sogleich erschien auch der Geist. »Herr«, sprach er zu ihm, »dein Palast ist fertig; komm und sieh, ob du damit zufrieden bist.« Alaeddin fand alles soweit über seine Erwartung, daß er sich nicht genug wundern konnte. Der Geist führte ihn überall herum, und überall fand Alaeddin Reichtum, Schönheit und Pracht, dazu Diener und Sklaven, alle dem Rang und Dienst gemäß gekleidet, zu dem sie bestimmt waren. Auch unterließ er nicht, ihm als Hauptsache die Schatzkammer zu zeigen, deren Tür vom Schatzmeister geöffnet wurde, und Alaeddin erblickte hier ganze Haufen von Goldsäcken der verschiedensten Größe, je nach den Summen, die sie enthielten, bis an das Gewölbe aufgetürmt, und alles in so schöner Ordnung, daß ihm das Herz vor Freude lachte. Beim Herausgehen versicherte ihm der Geist, daß er sich auf die Treue des Schatzmeisters vollkommen verlassen dürfe. Hierauf führte er ihn in die Ställe und zeigte ihm die schönsten Pferde von der Welt, und Stallknechte, die eifrig beschäftigt waren, sie zu pflegen und zu warten. Endlich ging er mit ihm durch die Vorratskammern, in denen alle Arten von Vorräten, hauptsächlich an Nahrungsmitteln für die Pferde und Pferdeschmuck, aufgehäuft lagen.

Nachdem Alaeddin den ganzen Palast von oben bis unten, von Zimmer zu Zimmer, von Gemach zu Gemach, besonders auch den Saal mit den vierundzwanzig Fenstern gemustert und darin mehr Pracht und Herrlichkeit als er je gehofft, sowie alle nur erdenklichen Bequemlichkeiten angetroffen hatte, sagte er zu dem Geist: »Geist, es kann niemand zufriedener sein, als ich es bin, und es wäre sehr unrecht von mir, wenn ich mich im mindesten beklagen wollte. Bloß etwas fehlt noch, wovon ich dir nichts gesagt habe, weil ich nicht daran dachte. Ich wünsche nämlich von dem Palasttor des Sultans an bis zum Eingang der Zimmer, die in diesem Palaste für die Prinzessin bestimmt sind, einen Teppich von schönstem Samt, damit sie auf ihm gehe, wenn sie aus dem Palast des Sultans kommt.« – »Ich komme im Augenblick wieder«, sprach der Geist und verschwand. Eine kleine Weile nachher sah Alaeddin mit großem Erstaunen seinen Wunsch erfüllt, ohne daß er wußte, wie es zugegangen war. Der Geist erschien dann wieder und trug Alaeddin in seine Wohnung zurück, während eben die Palastpforte des Sultans geöffnet wurde.

Die Pförtner des Palastes, die das Tor öffneten und nach der Seite hin, wo jetzt Alaeddins Prachtgebäude stand, immer eine freie Aussicht gehabt hatten, waren sehr überrascht, als sie diese Aussicht verbaut und von dorther bis zur Palastpforte des Sultans einen Samtteppich ausgebreitet sahen. Zu Anfang konnten sie sich nicht denken, was es sein sollte; aber ihr Erstaunen wuchs, als sie ganz deutlich den herrlichen Palast Alaeddins sahen. Die Nachricht von diesem merkwürdigen Wunder verbreitete sich wie ein Lauffeuer im ganzen Palast. Der Großvezier, der sich gleich nach Öffnung der Pforte im Palast einfand, war ebenso überrascht wie alle andern und teilte die Sache sogleich dem Sultan mit, erklärte sie aber für ein Werk der Zauberei. »Vezier«, antwortete der Sultan, »warum soll es denn ein Werk der Zauberei sein? Du weißt so gut wie ich, daß es der Palast ist, den Alaeddin vermöge der Erlaubnis, die ich ihm in deiner Gegenwart gab, als Wohnung für die Prinzessin, meine Tochter, hat erbauen lassen. Nach den Proben, die er uns von seinem Reichtum gegeben hat, ist es durchaus nicht so befremdlich, daß er diesen Palast in so kurzer Zeit vollendet hat. Er hat uns damit überraschen und zeigen wollen, daß man mit barem Geld über Nacht Wunder tun kann. Gestehe nur, daß es bei dir etwas Eifersucht ist, wenn du von Zaubereien sprichst.« Indes wurde es Zeit, in die Ratsversammlung zu gehen, und sie brachen das Gespräch ab.

Als Alaeddin in seine Wohnung zurückgebracht worden war und den Geist entlassen hatte, fand er seine Mutter bereits auf den Beinen und mit dem Anzug eines der Kleider beschäftigt, die er ihr hatte bringen lassen. Er veranlaßte sie nun, um die Zeit, wo der Sultan gewöhnlich aus der Ratsversammlung kam, in Begleitung der Sklavinnen, die der Geist ihr gebracht hatte, nach dem Palast zu gehen. Wenn sie den Sultan sähe, sollte sie ihm sagen, sie komme, um die Ehre zu haben, die Prinzessin am Abend nach ihrem Palast zu begleiten. Sie ging, aber obgleich sowohl sie als ihre Sklavinnen wie Sultaninnen gekleidet waren, so war doch die Volksmenge, die sich zum Zuschauen herdrängte, weit kleiner als sonst, zumal da sie verschleiert waren und ein angemessener Überwurf den Reichtum und die Pracht ihrer Kleider verdeckte. Alaeddin stieg nun zu Pferd, verließ sein Vaterhaus, um nie wieder zurückzukehren, vergaß aber die Wunderlampe nicht, die ihm so herrliche Dienste geleistet hatte, und zog öffentlich nach seinem Palast mit demselben Pomp, mit dem er sich tags zuvor dem Sultan vorgestellt hatte.

Sobald die Pförtner des königlichen Palastes Alaeddins Mutter bemerkten, meldeten sie es dem Sultan. Sogleich wurde den Chören der Trompeter, der Pauken- und Trommelschläger, der Querpfeifer und Oboisten, die bereits auf den Terrassen des Palastes an verschiedenen Punkten aufgestellt waren, ein Zeichen gegeben, und im Augenblick ertönte fröhliche Musik, die der ganzen Stadt Freude verkündete. Die Kaufleute fingen an, ihre Läden mit schönen Teppichen, Polstern und Laubwerk zu schmücken, und trafen Anstalten zur Beleuchtung der Stadt. Die Handwerksleute verließen ihre Arbeit, und scharenweise zog das Volk nach dem großen Platz zwischen des Sultans und Alaeddins Palästen. Alaeddin zog hauptsächlich allgemeine Bewunderung auf sich, weil der Palast des Sultans mit dem neuen durchaus nicht in Vergleich zu setzen war. Am meisten aber staunten sie, weil sie nicht begreifen konnten, durch welches unerhörte Wunder sie einen so prachtvollen Palast an einem Ort erblickten, wo sie tags zuvor nicht einmal Baumaterialien gesehen hatten. Alaeddins Mutter wurde im Palast ehrenvoll empfangen und vom Obersten der Verschnittenen in die Zimmer der Prinzessin Bedrulbudur geführt. Als die Prinzessin sie erblickte, ging sie auf sie zu, umarmte sie, hieß sie auf ihrem Sofa Platz nehmen, und während ihre Frauen sie vollends ankleideten und mit den kostbarsten Juwelen von Alaeddins Geschenk schmückten, ließ sie ihr einen köstlichen Imbiß vorsetzen. Der Sultan, der dazukam, um noch so lange als möglich mit der Prinzessin, seiner Tochter, zusammen sein zu können, bevor sie sich von ihm trennte und den Palast Alaeddins bezog, erwies ihr ebenfalls große Ehre. Alaeddins Mutter hatte mit ihm schon mehrere Male vor dem versammelten Rat gesprochen, aber er hatte sie noch nie wie jetzt ohne Schleier gesehen. Obwohl sie schon viele Jahre auf dem Rücken hatte, so sah man doch noch aus ihren Gesichtszügen, daß sie in ihrer Jugend sehr schön gewesen sein mußte. Der Sultan, der sie immer sehr einfach, ja sogar armselig gekleidet gesehen hatte, war nun voll Verwunderung, als er sie ebenso reich und prachtvoll angezogen sah wie die Prinzessin, seine Tochter. Er schloß daraus, daß Alaeddin in allen Dingen gleich erfahren, verständig und einsichtsvoll sein müsse.

Als die Nacht anbrach, verabschiedete sich die Prinzessin vom Sultan, ihrem Vater. Dieser Abschied war zärtlich und tränenreich; sie umarmten sich mehrmals, ohne ein Wort zu sprechen, aber endlich ging die Prinzessin aus ihrem Zimmer und trat den Zug an; zu ihrer Linken ging Alaeddins Mutter, und hinter ihnen zogen hundert Sklavinnen in der prachtvollsten Kleidung. Sämtliche Musikchöre, die seit der Ankunft von Alaeddins Mutter ununterbrochen gespielt hatten, vereinigten sich jetzt und gingen dem Zug voran; ihnen folgten hundert Trabanten und ebenso viele schwarze Verschnittene in zwei Reihen mit ihren Befehlshabern an der Spitze. Vierhundert junge Edelknaben des Sultans, die in zwei Zügen, mit Fackeln in der Hand, auf beiden Seiten einhergingen, verbreiteten einen Lichtglanz, der, im Verein mit der Beleuchtung der beiden Paläste des Sultans und Alaeddins, den Mangel des Tageslichts aufs herrlichste ersetzte.

In dieser Ordnung zog die Prinzessin den Teppich entlang vom Palast des Sultans bis zum Palast Alaeddins, und je mehr sie vorwärts kamen, desto mehr mischte und vereinigte sich das Spiel ihres Musikchors mit dem, das sich von den Terrassen an Alaeddins Palast herab hören ließ, und bildete mit diesem ein Konzert, das, so seltsam und verwirrt es auch schien, gleichwohl die allgemeine Freude vermehrte, nicht bloß auf dem großen Platz, der von Menschen wimmelte, sondern auch in den beiden Palästen, in der ganzen Stadt und noch weit in der Umgegend.

Endlich langte die Prinzessin bei dem neuen Palast an, und Alaeddin eilte mit einer Freude, die sich leicht denken läßt, an den Eingang der für sie bestimmten Zimmer, um sie dort zu empfangen. Alaeddins Mutter hatte der Prinzessin bereits ihren Sohn, der von glänzender Dienerschaft umgeben war, geschildert, und die Prinzessin fand ihn gleich auf den ersten Anblick so schön, daß sie ganz bezaubert wurde. »Teuerste Prinzessin«, sagte Alaeddin zu ihr, indem er auf sie zuging und sie voll Ehrerbietung begrüßte, »sollte ich das Unglück haben, dir durch meine Verwegenheit, mit der ich nach dem Besitz einer so liebenswürdigen Prinzessin, der Tochter meines Sultans, trachtete, zu mißfallen, so mußt du die Schuld deinen schönen Augen und der Macht deiner Reize zuschreiben, nicht aber mir.« – »Prinz«, antwortete ihm die Prinzessin, »denn als solcher erscheinst du mir –, ich gehorche dem Willen des Sultans, meines Vaters, und kann, nachdem ich dich gesehen habe, wohl sagen, daß ich ihm ohne Sträuben und gerne gehorche.« Alaeddin war hocherfreut über diese angenehme und verbindliche Antwort und ließ die Prinzessin, die einen so weiten Weg zurückgelegt hatte, woran sie nicht gewöhnt war, nicht lange stehen, sondern nahm ihre Hand, küßte sie mit vieler Zärtlichkeit und führte sie in einen großen, von einer unendlichen Menge Wachskerzen erleuchteten Saal, wo auf Veranstaltung des Geistes ein herrliches Mahl aufgetragen war. Die Schüsseln waren von gediegenem Gold und mit den köstlichsten Speisen angefüllt. Die Vasen, die Becken und die Becher, mit denen der Tafelaufsatz reichlich besetzt war, waren ebenfalls von Gold und von auserlesener Arbeit. Auch die übrigen Verzierungen und der ganze Schmuck des Saals entsprachen dieser hohen Pracht. Die Prinzessin war ganz bezaubert, so viele Reichtümer beisammen zu sehen, und sprach zu Alaeddin: »Prinz, ich hatte bisher geglaubt, daß es nichts Schöneres auf der Welt geben könne, als den Palast des Sultans, meines Vaters; aber schon dieser Saal allein überzeugt mich, daß ich mich getäuscht habe.« – »Prinzessin«, antwortete Alaeddin, indem er sie an den für sie bestimmten Platz führte, »ich nehme diese Höflichkeit auf, wie ich es schuldig bin, aber ich weiß wohl, was ich zu glauben habe.«

Die Prinzessin Bedrulbudur, Alaeddin und seine Mutter setzten sich jetzt zu Tisch, und sogleich begann eine sehr liebliche und harmonische Musik mit reizendem Gesang von ausgezeichnet schönen Mädchen, und dieses Konzert dauerte ununterbrochen bis ans Ende der Mahlzeit. Die Prinzessin war wie verzaubert und versicherte, im Palast des Sultans, ihres Vaters, nie etwas Ähnliches gehört zu haben. Aber sie wußte nicht, daß diese Sängerinnen Feen waren, die der Geist, der Sklave der Lampe, ausgewählt hatte.

Als das Abendessen vorüber und alles abgeräumt war, trat an die Stelle des Musikchors ein Trupp von Tänzern und Tänzerinnen. Sie führten, nach der Sitte des Landes, allerlei Tänze auf, und den Schluß machten ein Tänzer und eine Tänzerin, die mit erstaunlicher Leichtigkeit tanzten und überaus viel Anstand und Gewandtheit entwickelten. Es war gegen Mitternacht, als Alaeddin, der damals in China bestehenden Sitte zufolge, aufstand und der Prinzessin Bedrulbudur die Hand bot, um mit ihr zu tanzen und damit die Hochzeitsfeierlichkeiten zu beschließen. Sie tanzten so schön, daß sie die Bewunderung der ganzen Gesellschaft erregten. Hinterher behielt Alaeddin die Prinzessin an der Hand, und sie gingen miteinander in das Zimmer, wo das hochzeitliche Lager für sie bereitet war. Die Frauen der Prinzessin kleideten sie aus und brachten sie zu Bett. Alaeddins Diener taten dasselbe, und dann entfernten sich alle. So endigten die Lustbarkeiten der Feier der Hochzeit Alaeddins und der Prinzessin Bedrulbudur.

Am andern Morgen, als Alaeddin erwachte, kamen seine Kammerdiener, um ihn anzukleiden. Sie zogen ihm ein anderes, aber nicht minder reiches und prachtvolles Kleid an als am Hochzeitstag. Hierauf ließ er sich eines seiner Leibpferde vorführen, bestieg es und begab sich mit einem zahlreichen Gefolge von Sklaven, die vor und hinter ihm und zu beiden Seiten gingen, zum Palast des Sultans. Der Sultan empfing ihn mit denselben Ehrenbezeigungen wie das erstemal; er umarmte ihn, ließ ihn neben sich auf seinem Thron sitzen und befahl, das Frühmahl aufzutragen.

»Herr«, sagte Alaeddin zu ihm, »ich bitte dich, mir heute diese Ehre zu erlassen. Ich komme, um dich zu ersuchen, daß du mir die Ehre erzeigen mögest, mit deinem Großvezier und den Vornehmen deines Hofes im Palast der Prinzessin ein Mittagsmahl einzunehmen.« Der Sultan bewilligte dies sehr gern. Er stand sogleich auf, und da der Weg nicht weit war, so wollte er zu Fuß dahin gehen. Er brach also auf, und zu seiner Rechten ging Alaeddin, zur Linken gingen der Großvezier und die Vornehmen des Hofes, voraus die Trabanten und die Angesehensten seines Haushalts.

Je näher der Sultan dem Palast Alaeddins kam, um so mehr verwunderte er sich über seine Schönheit. Noch weit höher stieg seine Verwunderung, als er hereingetreten war, und bei jedem Zimmer, das er sah, zeigte er laut sein Erstaunen. Als ihn aber Alaeddin in den Saal mit den vierundzwanzig Fenstern führte und er dessen Verzierungen, besonders aber die mit den größten und ausgezeichnetsten Diamanten, Rubinen und Smaragden geschmückten Gitterfenster betrachtete, war er davon so überrascht, daß er eine Weile regungslos blieb. Endlich sagte er zum Großvezier, der neben ihm stand: »Ist's möglich, Vezier, daß in meinem Königreich und so nahe an meinem Palast ein so prächtiger Palast stehen soll, von dem ich bis jetzt nichts gewußt habe?« – »Mein Herr und König«, antwortete der Großvezier, »du wirst dich erinnern, daß du vorgestern Alaeddin, als du ihn zu deinem Schwiegersohn erklärtest, die Erlaubnis gegeben hast, einen Palast gegenüber dem deinigen aufzuführen. Damals stand bei Sonnenuntergang noch kein Palast an dieser Stelle, und gestern hatte ich die Ehre, dir zuerst zu melden, daß der Palast vollkommen ausgebaut sei.« – »Ich erinnere mich dessen wohl«, antwortete der Sultan; »aber ich hätte nie geglaubt, daß dieser Palast ein Wunder der Welt sein würde. Wo in aller Welt findet man Bauwerke, deren Schichten, statt aus Stein oder Marmor, von gediegenem Gold und Silber und die Fenstervergitterungen mit Diamanten, Rubinen und Smaragden verziert sind? Dergleichen ist auf Erden noch nie gesehen worden.«

Der Sultan besah und bewunderte nun die Schönheit der vierundzwanzig Gitterfenster. Doch als er sie zählte, fand er, daß bloß dreiundzwanzig so reich geschmückt waren, und wunderte sich sehr, daß man das vierundzwanzigste unvollendet gelassen hatte. »Vezier«, sprach er, denn es war Pflicht des Großveziers, nicht von seiner Seite zu weichen, »ich muß sehr staunen, daß ein so prachtvoller Saal an dieser Stelle unvollendet geblieben ist.« – »Herr«, antwortete der Großvezier, »Alaeddin war offenbar zu sehr gedrängt, und es fehlte ihm an Zeit, dieses Fenster den übrigen gleich machen zu lassen; doch läßt sich denken, daß er die erforderlichen Edelsteine dazu besitzt und sobald als möglich daran arbeiten lassen wird.«

Alaeddin, der den Sultan verlassen hatte, um einige Befehle zu geben, fand sich mittlerweile wieder ein. »Mein Sohn«, sprach der Sultan zu ihm, »dies ist der bewundernswürdigste Saal, der in der ganzen Welt zu sehen ist. Nur über etwas muß ich mich wundern, daß nämlich das Gitterfenster hier unvollendet geblieben ist. Ist dies aus Vergeßlichkeit geschehen oder aus Nachlässigkeit, oder haben vielleicht die Handwerksleute nicht Zeit genug gehabt, an dieses schöne Denkmal der Baukunst die letzte Hand anzulegen?« – »Herr«, antwortete Alaeddin, »das Gitterfenster ist aus einem ganz andern Grund so unvollendet geblieben. Es ist absichtlich geschehen; auf meinen Befehl haben die Handwerksleute es nicht angerührt. Ich wünschte nämlich, daß du selbst den Ruhm haben solltest, den Saal und Palast vollenden zu lassen, und nun ersuche ich dich, meine gute Absicht gnädig aufzunehmen, damit ich mich deiner Gunst und Gnade rühmen kann.« – »Wenn du es in dieser Absicht getan hast«, antwortete der Sultan, »weiß ich dir vielen Dank dafür und werde augenblicklich die nötigen Befehle geben.« Wirklich ließ er sogleich die am besten mit Edelsteinen versehenen Juweliere und die geschicktesten Goldschmiede seiner Hauptstadt rufen.

Der Sultan verließ indes den Saal, und Alaeddin führte ihn in jenen, wo er die Prinzessin Bedrulbudur am Hochzeitstag bewirtet hatte. Die Prinzessin erschien einen Augenblick später und empfing den Sultan, ihren Vater, mit einer Miene, aus der deutlich zu erkennen war, daß sie mit ihrer Ehe sehr wohl zufrieden sein mußte. Zwei Tafeln standen da, mit den köstlichsten Speisen besetzt, und das Tafelgeschirr war aus Gold. Der Sultan setzte sich an die erste und speiste mit der Prinzessin, seiner Tochter, mit Alaeddin und dem Großvezier. Die übrigen Großen des Hofes wurden an der zweiten bewirtet, die sehr lang war. Der Sultan fand die Speisen überaus schmackhaft und gestand, daß er noch nie herrlicher gespeist habe. Dasselbe sagte er von dem Wein, der in der Tat sehr köstlich war. Was er außerdem bewunderte, waren vier große Tafelaufsätze mit einer Menge Flaschen, Schalen und Bechern, alle aus gediegenem Gold und reich mit Edelsteinen geschmückt. Auch über die Musikchöre war er hocherfreut, die im Saal aufgestellt waren, während das Geschmetter der Trompeten, Pauken und Trommeln in angemessenen Pausen von außen her ertönte.

Als der Sultan vom Tisch aufgestanden war, meldete man ihm, die Juweliere und Goldschmiede, die er hatte rufen lassen, seien jetzt da. Er ging mit ihnen in den Saal mit den vierundzwanzig Fenstern und zeigte ihnen das Fenster, das noch unvollendet war. »Ich habe euch kommen lassen«, sagte er zu ihnen, »damit ihr mir dieses Fenster ausbaut und es ebenso schön macht wie die andern. Besichtigt die und verliert keine Zeit, an eure Arbeit zu gehen, es muß aber den übrigen vollkommen gleichen.«

Die Juweliere und Goldschmiede sahen sich die dreiundzwanzig Fenster sehr genau an, und nachdem sie sich miteinander beraten hatten und darüber eins geworden waren, welche Arbeit jeder einzelne zu liefern hatte, traten sie wieder vor den Sultan, und der Hofjuwelier nahm das Wort und sagte: »Herr, wir sind bereit, alle Mühe und Fleiß anzuwenden, um dir zu gehorchen; aber, aufrichtig gestanden, soviel wir hier sind, so haben wir doch alle miteinander weder so kostbare noch so viele Edelsteine, wie zu einer so bedeutenden Arbeit erforderlich sind.« – »Ich besitze welche«, sagte der Sultan, »und zwar weit mehr, als ihr brauchen werdet; kommt in meinen Palast, so will ich sie euch zeigen, damit ihr wählt.«

Als der Sultan in seinen Palast zurückgekehrt war, ließ er alle seine Edelsteine bringen, und die Goldschmiede nahmen sehr viele davon, besonders von denen, die Alaeddin ihm geschenkt hatte. Sie brachten sie an dem Fenster an, ohne daß man den Fortschritt ihrer Arbeit sonderlich gemerkt hätte, und kamen zu wiederholten Malen, um neue zu holen; aber in einem Monat hatten sie noch nicht die Hälfte des Werks vollendet. Endlich verwendeten sie alle Edelsteine des Sultans, der noch vom Großvezier dazu entlehnte, brachten aber höchstens die Hälfte des Fensters zustande.

Alaeddin, der wohl sah, daß der Sultan sich vergebens bemühte, dieses Fenster den übrigen gleichmachen zu lassen, und daß er nicht viel Ehre dabei einlegte, ließ die Goldschmiede kommen und sagte ihnen, sie sollten nicht nur ihre Arbeit einstellen, sondern auch das, was sie bisher zuwege gebracht hatten, wieder auseinandernehmen und dem Sultan und dem Großvezier ihre Edelsteine zurückgeben.

So wurde denn das Werk, wozu die Juweliere und Goldschmiede mehr als sechs Wochen verwendet hatten, binnen weniger Stunden zerstört. Sie entfernten sich dann, und Alaeddin blieb allein im Saal zurück. Er zog die Lampe heraus, die er bei sich hatte, rieb sie, und sogleich erschien der Geist. »Geist«, sprach Alaeddin zu ihm, »ich hatte dir befohlen, eines der vierundzwanzig Gitterfenster des Saales unvollendet zu lassen, und du hast diesen Befehl befolgt, jetzt habe ich dich kommen lassen, daß du es den übrigen gleichmachen sollst.« Der Geist verschwand, und Alaeddin ging aus dem Saal. Als er eine Weile später wieder hinaufkam, fand er das Gitterfenster in dem gewünschten Zustand und ganz wie die übrigen.

Inzwischen kamen die Juweliere und Goldschmiede in den Palast, wurden in das Audienzzimmer geführt und dem Sultan vorgestellt. Der erste Juwelier überreichte ihm die Edelsteine, die sie zurückbrachten, und sagte im Namen aller zu ihm: »Beherrscher des Erdkreises, du weißt, wie lange wir schon mit dem angestrengtesten Fleiß arbeiten, um das Werk zu vollenden, das du uns aufgetragen hast. Es war schon sehr weit gediehen, als Alaeddin uns nötigte, nicht nur die Arbeit einzustellen, sondern auch alles, was wir zuwege gebracht hatten, zu zerstören und dir deine und des Großveziers Edelsteine zurückzubringen.« Der Sultan fragte, ob Alaeddin ihnen keinen Grund angegeben habe, und als sie es verneinten, gab er sogleich Befehl, ihm ein Pferd vorzuführen. Dies geschah; er bestieg es und ritt ohne weiteres Gefolge, außer einigen seiner Leute, die ihn zu Fuß begleiteten, fort. Am Palast Alaeddins angelangt, stieg er unten an der Treppe ab, die zu dem Saal mit den vierundzwanzig Fenstern führte. Er ging hinein, ohne Alaeddin benachrichtigen zu lassen; doch der kam noch zu rechter Zeit, um den Sultan an der Tür des Saals zu empfangen.

Der Sultan ließ Alaeddin keine Zeit, sich darüber zu beschweren, daß er ihm seine Ankunft nicht voraus habe sagen lassen und ihn dadurch in die Notwendigkeit versetzt habe, seine Pflicht nur mangelhaft zu erfüllen, sondern sagte zu ihm: »Mein Sohn, ich komme selbst, um dich zu fragen, warum du denn einen so prächtigen und einzigen Saal wie den in deinem Palast unvollendet lassen willst?«

Alaeddin verhehlte den wahren Grund: daß nämlich der Sultan nicht reich genug an Edelsteinen wäre, um einen so großen Aufwand zu bestreiten. Um ihm übrigens zu zeigen, wie weit der Palast, so wie er gegenwärtig war, nicht bloß den seinigen, sondern auch jeden andern Palast auf der Welt übertraf, während er nicht einmal imstande war, den kleinsten Teil davon zu vollenden, antwortete er ihm: »Herr, es ist wahr, du hast den Saal unvollendet gesehen; aber ich bitte dich, sieh jetzt einmal, ob noch etwas daran fehlt!«

Der Sultan ging auf das Fenster zu, dessen Vergitterung er unvollendet gesehen hatte, und als er bemerkte, daß es den übrigen so gleich war wie ein Ei dem andern, glaubte er, er habe sich getäuscht. Er besichtigte sofort nicht bloß die zwei Fenster auf beiden Seiten daneben, sondern auch noch alle nacheinander, und nachdem er sich überzeugt hatte, daß das Gitterfenster, woran seine Goldschmiede so lange gearbeitet hatten, in so kurzer Zeit vollendet worden war, umarmte er Alaeddin und küßte ihn zwischen die Augen und auf die Stirne. »Mein Sohn«, sagte er hierauf voll Verwunderung zu ihm, »was für ein Mann bist du, daß du so erstaunliche Werke zuwege bringst, ehe man eine Hand umkehrt? Du hast auf der ganzen Welt nicht deinesgleichen, und je mehr ich dich kennenlerne, um so bewunderungswürdiger finde ich dich.«

Alaeddin nahm die Lobsprüche des Sultans mit Bescheidenheit auf und antwortete: »Herr, es ist ein großer Ruhm für mich, das Wohlwollen und den Beifall meines Königs zu verdienen; auch versichere ich dir, daß ich stets alles aufbieten werde, um mich dessen immer würdig zu erweisen.«

Der Sultan kehrte in seinen Palast zurück, wie er gekommen war, ohne Alaeddins Begleitung anzunehmen. Der Großvezier erwartete ihn dort. Noch voll Staunen über das Wunder, das er mit eigenen Augen gesehen hatte, erzählte ihm der Sultan alles in Ausdrücken, die den Minister nicht mehr an der Wahrheit der Sache zweifeln ließen, ihn aber in seinem ursprünglichen Glauben bestärkten, daß Alaeddins Palast ein Werk der Zauberei sei, was er auch gleich anfangs, als der Palast ans Tageslicht kam, gegen den Sultan geäußert hatte. Er wollte es nun abermals wiederholen, allein der Sultan unterbrach ihn mit den Worten: »Du hast mir dies schon einmal gesagt, aber ich sehe wohl, daß du die Vermählung meiner Tochter mit deinem Sohn immer noch nicht vergessen hast.« Der Großvezier sah ein, daß der Sultan eine vorgefaßte Meinung hatte und ließ ihn auch dabei, um nicht in

Streit mit ihm zu geraten. Der Sultan aber begab sich regelmäßig jeden Tag, sobald er aufgestanden war, in ein Zimmer, von wo aus er den Palast Alaeddins sehen konnte, und ging auch den Tag über mehrmals dahin, um ihn zu betrachten und zu bewundern.

Alaeddin verschloß sich indessen nicht in seinem Palast; er zeigte sich absichtlich mehrere Male wöchentlich in der Stadt, indem er bald in diese, bald in jene Moschee ging, um sein Gebet zu verrichten, oder von Zeit zu Zeit dem Großvezier einen Besuch abzustatten, der ihm an bestimmten Tagen seine Aufwartung machte; auch erwies er zuweilen einigen Vornehmen am Hof, die er öfters in seinem Palast bewirtete, die Ehre, sie zu Haus zu besuchen. Jedesmal wenn er ausritt, hatte er zahlreiches Gefolge von Sklaven um sich, und zwei von ihnen mußten auf den Straßen und Plätzen, durch die er kam und wo sich immer eine große Volksmenge einfand, ganze Hände voll Gold auswerfen. Kein Armer erschien an der Pforte seines Palastes, ohne sehr vergnügt über die Gaben, die auf seinen Befehl ausgeteilt wurden, zurückzukehren.

Da Alaeddin seine Zeit so eingeteilt hatte, daß er jede Woche wenigstens einmal auf die Jagd ging, bald in die nächsten Umgebungen der Stadt, bald auch in weitere Ferne, so zeigte er sich auf den Straßen und auf den Dörfern ebenso freigebig. Dieses großmütige Benehmen bewirkte, daß das ganze Volk ihn mit Segenswünschen überhäufte und zuletzt nicht höher schwor als bei seinem Haupte. Ja man kann, ohne den Sultan, dem er sehr regelmäßig den Hof machte, in Schatten zu stellen, wohl sagen, daß Alaeddin sich durch seine Leutseligkeit und Freigebigkeit die Zuneigung des ganzen Volkes erworben hatte und im allgemeinen mehr geliebt wurde als der Sultan selbst. Mit allen diesen schönen Eigenschaften verband er eine Tapferkeit und einen Eifer für das Wohl des Staates, den man nicht genug loben kann. Beweise davon gab er bei Gelegenheit eines Aufruhrs an den Grenzen des Reichs. Kaum hatte er erfahren, daß der Sultan ein Heer ausrüstete, um ihn zu dämpfen, so bat er ihn, ihm den Oberbefehl zu übergeben, und er erhielt ihn auch ohne Mühe. Sobald er nun an der Spitze des Heeres stand, führte er es so schnell und mit solchem Eifer ins Feld, daß der Sultan die Niederlage, Bestrafung und Zerstreuung der Aufrührer eher vernahm als seine Ankunft beim Heere. Diese Tat, die seinen Namen im ganzen Reich berühmt machte, verdarb jedoch nicht sein Herz; er kehrte zwar sieggekrönt zurück, blieb aber so mild und leutselig wie zuvor.

Alaeddin hatte bereits mehrere Jahre auf die Art gelebt, als der Zauberer, der ihn, ohne daran zu denken, in den Stand gesetzt hatte, sich so hoch aufzuschwingen, in Afrika, wohin er zurückgekehrt war, sich seiner erinnerte. Obwohl er bisher im festen Glauben gelebt hatte, Alaeddin müsse in dem unterirdischen Gewölbe zugrunde gegangen sein, so bekam er doch auf einmal Lust, genau zu erfahren, welches Ende er genommen habe. Als großer Meister in der Punktierkunst zog er aus seinem Schrank ein Viereck in Form einer verschlossenen Schachtel hervor, dessen er sich bei seinen Beobachtungen in der Punktierkunst zu bedienen pflegte. Er setzte sich auf sein Sofa, legte das Viereck vor sich, nahm den Deckel ab, und nachdem er den Sand zurechtgemacht und geebnet hatte, um zu erfahren, ob Alaeddin in der unterirdischen Höhle gestorben sei oder nicht, machte er seine Punkte, zog seine Linien und stellte ihm die Nativität. Als er die nun recht ins Auge faßte, um seinen Schluß daraus zu ziehen, entdeckte er, daß Alaeddin nicht nur nicht in dem unterirdischen Gewölbe gestorben sei, sondern inzwischen in großem Glanz und gewaltigem Reichtum, vermählt mit einer Prinzessin, hochgeehrt und geachtet lebe.

Kaum hatte der afrikanische Zauberer diese Entdeckung gemacht, da stieg ihm das Blut ins Gesicht. Voll Wut sagte er zu sich selbst: »Dieser elende Schneiderssohn hat also das Geheimnis und die Wunderkraft der Lampe entdeckt; ich hielt seinen Tod für gewiß, und nun genießt er die Frucht meiner Arbeiten und Nachtwachen! Aber eher will ich untergehen, als ihn länger in seinem Glück lassen.« Er hatte seinen Entschluß schnell gefaßt, bestieg gleich am andern Morgen einen Berberhengst, den er im Stall hatte und machte sich auf den Weg. So kam er von Stadt zu Stadt und von

Land zu Land, ohne sich unterwegs länger aufzuhalten, als sein Pferd zum Ausruhen Zeit brauchte, bis nach China und bald auch in die Hauptstadt des Sultans, dessen Tochter Alaeddin geheiratet hatte. Er stieg in einem Chan oder öffentlichen Wirtshaus ab und mietete sich ein Zimmer. Hier blieb er den noch übrigen Teil des Tages und die folgende Nacht, um sich von den Beschwerden der Reise zu erholen.

Am andern Morgen wünschte der afrikanische Zauberer vor allem zu erfahren, was man von Alaeddin spreche. Indem er nun durch die Stadt spazierte, trat er in ein sehr berühmtes und von vornehmen Leuten sehr stark besuchtes Haus, wo man zusammenkam, um ein gewisses warmes Getränk zu genießen, das er noch von seiner ersten Reise her kannte. Kaum hatte er Platz genommen, als man ihm eine Schale von diesem Getränk einschenkte und überreichte. Während er trank, horchte er rechts und links und hörte, daß man von Alaeddins Palast sprach. Als er ausgetrunken hatte, näherte er sich einem von denen, die sich darüber unterhielten, und nahm den Augenblick wahr, um ihn beiseite zu nehmen und ihn zu fragen, was denn das für ein Palast sei, von dem man so rühmend spreche: »Woher bist denn du, Freund?« erwiderte ihm der Angeredete. »Du mußt erst seit ganz kurzem hier sein, wenn du den Palast des Prinzen Alaeddin noch nicht gesehen oder wenigstens noch nicht einmal davon reden gehört hast.« Man nannte nämlich Alaeddin immer so, seitdem er die Prinzessin Bedrulbudur geheiratet hatte. »Ich sage nicht«, fuhr der Mann fort, »daß es eins von den Wunderwerken der Welt ist, sondern ich behaupte vielmehr, daß er das einzige Wunder auf der Welt ist; denn gewiß hat man noch nie etwas so Großes, so Kostbares, so Prachtvolles gesehen. Du mußt sehr weit herkommen, da du noch nichts davon gehört hast, denn nach meiner Meinung muß man auf der ganzen Welt davon sprechen, seit er erbaut ist. Sieh ihn einmal selbst an und urteile, ob ich dir nicht die Wahrheit berichtet habe.« – »Verzeih meine Unwissenheit«, antwortete der afrikanische Zauberer; »ich bin gestern hier angelangt und komme in der Tat so weit her, ich kann sagen: vom äußersten Ende Afrikas, daß sein Ruf noch nicht bis dahin gedrungen war, als ich abreiste. Da ich wegen des dringenden Geschäfts, das mich hierher führt, auf meiner Reise kein anderes Ziel vor Augen hatte, als möglichst bald anzukommen, ohne mich unterwegs aufzuhalten oder irgendeine Bekanntschaft anzuknüpfen, so erfuhr ich von der Sache nichts weiter, als was du mir eben gesagt hast. Indes will ich nicht unterlassen, ihn selbst zu sehen; ja meine Neugierde ist so groß, daß ich sie sogleich befriedigen wollte, wenn du nur die Güte hättest, mir den Weg zu zeigen.«

Derjenige, an den sich der afrikanische Zauberer gewandt hatte, machte sich ein Vergnügen daraus, ihm den Weg nach Alaeddins Palast zu beschreiben, und der afrikanische Zauberer stand nun sogleich auf und ging dahin. Als er angekommen war und den Palast von allen Seiten genau betrachtet hatte, zweifelte er nicht mehr daran, daß Alaeddin sich der Lampe bedient haben müsse, um ihn erbauen zu lassen. Ohne weiter auf die Machtlosigkeit Alaeddins als eines bloßen Schneidersohns Gewicht zu legen, wußte er recht gut, daß solche Wunderwerke nur von den Geistern der Lampe, deren Besitz ihm entgangen war, geschaffen werden konnten. Voll Ärger über das Glück und die Größe Alaeddins, der sich nicht viel von dem Sultan unterschied, kehrte er nach dem Chan zurück, wo er abgestiegen war.

Nun brauchte er nur noch zu erfahren, wo die Lampe war, ob Alaeddin sie bei sich trug oder irgendwo aufbewahrte, und um dies zu entdecken, mußte der Zauberer seine Punktierkunst zu Hilfe nehmen. Als er in sein Zimmer gekommen war, nahm er daher sein Viereck und den Sand wieder vor, was er auf allen seinen Reisen bei sich führte. Aus diesem Versuch erkannte er, daß die Lampe in Alaeddins Palast war, und war außer sich vor Freude über eine solch wichtige Entdeckung. »Ich muß sie bekommen, diese Lampe«, sagte er; »und Trotz sei Alaeddin geboten, ob er mich hindern kann, sie ihm zu entreißen und ihn in die Niedrigkeit wieder hinabzudrücken, aus der er so hoch emporgestiegen ist.«

Das Unglück wollte, daß Alaeddin gerade auf acht Tage auf die Jagd gegangen und erst seit drei Tagen fort war; der afrikanische Zauberer erfuhr es. Sobald er durch seine Punktierkunst diese frohe Entdeckung gemacht hatte, wo die Lampe sei, ging er zum Aufseher des Chans unter dem Vorwand, sich mit ihm unterhalten zu wollen. Er erzählte ihm, daß er Alaeddins Palast gesehen habe, und nachdem er in den übertriebensten Ausdrücken alles gepriesen hatte, was ihm daran am bewundernswürdigsten vorgekommen sei und was überhaupt jedermann am merkwürdigsten fand, setzte er hinzu: »Meine Neugierde erstreckt sich noch weiter, und ich werde mich nicht zufriedengeben, bevor ich den Herrn dieses wundervollen Gebäudes selbst gesehen habe.« – »Das wird dir nicht schwer werden«, antwortete der Aufseher des Chans, »denn solange er in der Stadt ist, gibt er fast jeden Tag Gelegenheit dazu; aber seit drei Tagen ist er auf eine große Jagd ausgezogen, die acht Tage dauern soll.«

Mehr verlangte der afrikanische Zauberer nicht zu wissen; er nahm Abschied von dem Mann und sagte bei sich selbst: »Der Augenblick ist günstig, ich darf ihn nicht auslassen.« Hierauf ging er in den Laden eines Mannes, der Lampen zum Verkauf machte und sagte zu dem: »Meister, ich sollte zwölf kupferne Lampen haben; kannst du sie mir liefern?« Der Lampenverkäufer antwortete, es fehlten ihm zwar noch einige, wenn er sich aber bis morgen gedulden wolle, so könne er ihm ein volles Dutzend zu jeder beliebigen Stunde liefern. Der Zauberer war zufrieden und sagte, sie müßten recht hübsch und blank sein; nachdem er ihm sofort noch eine gute Bezahlung versprochen hatte, ging er in sein Chan zurück.

Am andern Tag wurde das Dutzend Lampen dem afrikanischen Zauberer abgeliefert, der, ohne zu feilschen, den verlangten Preis dafür bezahlte. Er legte sie in einen Korb und ging mit dem am Arm nach Alaeddins Palast und fing, als er in der Nähe war, an zu rufen: »Wer will alte Lampen gegen neue austauschen?« Als die kleinen Kinder die auf dem Platz spielten, dies hörten, liefen sie herbei und sammelten sich mit lautem Hohngelächter um ihn, denn sie hielten ihn für einen Narren. Auch die Vorübergehenden lachten über seine Dummheit, wofür sie es hielten. »Bei diesem Mann«, sagten sie, »muß es im Kopfhäuschen nicht richtig sein, sonst könnte er nicht neue Lampen für alte anbieten.« Der afrikanische Zauberer ließ sich weder durch das Gehöhne der Kinder noch durch das, was die ältern Leute von ihm sagten, irre machen, sondern fuhr fort, seine Ware anzubieten und laut zu schreien: »Wer will alte Lampen gegen neue austauschen?« Er wiederholte dies so oft auf dem Platz vor dem Palast und in dessen Nähe, daß die Prinzessin Bedrulbudur, die gerade in dem Saal mit den vierundzwanzig Fenstern war, die Stimme des Mannes hörte; da sie aber wegen des Geschreis der Kinder, die ihm nachfolgten und deren Zahl sich mit jedem Augenblick vermehrte, nicht verstand, was er ausrief, so schickte sie eine ihrer Sklavinnen, die ihr am nächsten stand, hinab, um zu sehen, was der Lärm bedeuten solle.

Die Sklavin kam bald wieder mit lautem Lachen in den Saal. Sie lachte so herzlich, daß die Prinzessin bei ihrem Anblick ebenfalls lachen mußte. »Nun, du Närrin«, sagte sie endlich, »wirst du mir nicht sagen, warum du so lachst?« – »Herrin«, antwortete die Sklavin, immerfort lachend, »wie könnte man auch anders, wenn man einen Narren sieht, der einen Korb voll schöner, ganz neuer Lampen am Arm hat, aber sie nicht verkaufen, sondern nur gegen alte austauschen will! Der Lärm aber, den du hörst, kommt von den Kindern her, die ihn verhöhnen und in solcher Masse umgeben, daß er kaum von der Stelle kommen kann.«

Nach diesem Bericht nahm eine andere Sklavin das Wort und sagte: »Da von alten Lampen die Rede ist, so weiß ich nicht, ob die Prinzessin schon bemerkt hat, daß hier auf dem Kranzgesims eine steht. Der Eigentümer wird es wohl nicht übelnehmen, wenn er statt der alten eine neue findet. Wenn es der Prinzessin recht ist, so kann sie sich den Spaß machen, zu erproben, ob dieser Narr wirklich verrückt genug ist, eine neue Lampe für eine alte zu geben, ohne etwas herauszuverlangen.«

Die Lampe, von der die Sklavin sprach, war die Wunderlampe, die Alaeddin zu seiner Größe verholfen hatte, und er selbst hatte sie, bevor er auf die Jagd ging, auf das Kranzgesims gestellt, um sie nicht zu verlieren: eine Vorsichtsmaßregel, die er jedesmal anwendete, wenn er auszog. Aber weder die Sklavinnen noch die Verschnittenen noch die Prinzessin selbst hatten sie jemals während seiner Abwesenheit bemerkt. Außer der Zeit, wo er auf der Jagd war, trug er sie immer bei sich. Man wird nun sagen, diese Vorsicht Alaeddins sei recht gut gewesen, aber er hätte seine Lampe wenigstens einschließen sollen. Dies ist freilich wahr, doch solche Versehen sind zu jeder Zeit begangen worden, werden noch täglich begangen und noch in Zukunft begangen werden.

Die Prinzessin Bedrulbudur, die von dem hohen Wert der Lampe nichts wußte und sich nicht denken konnte, daß es für Alaeddin, der nie davon sprach, von so hoher Wichtigkeit sein könnte, sie unberührt zu lassen und aufzubewahren, ging auf den Scherz ein und befahl einem Verschnittenen, sie zu nehmen und umzutauschen. Der Verschnittene gehorchte, ging die Treppe hinab und war kaum aus dem Tor des Palastes, als er den afrikanischen Zauberer bemerkte. Er rief ihn, und als der zu ihm kam, zeigte er ihm die alte Lampe und sagte: »Gib mir eine neue Lampe für diese da.«

Der afrikanische Zauberer zweifelte nicht, daß dies die Lampe sei, die er suchte, denn da alles Geschirr in Alaeddins Palast von Gold und Silber war, so konnte es darin wohl nicht noch eine andere solche geben. Er nahm sie dem Verschnittenen schnell aus der Hand, schob sie in seinen Busen und überreichte ihm dann seinen Korb, damit er nach Belieben eine auswählen könnte. Der Verschnittene wählte eine aus, verließ den Zauberer und brachte die neue Lampe der Prinzessin Bedrulbudur. Kaum aber war der Tausch geschehen, als auch schon die Kinder auf dem Platz ein lautes Geschrei und Gelächter erhoben und sich über die Dummheit des Zauberers lustig machten.

Der afrikanische Zauberer ließ sie schreien, so lange sie wollten. Ohne sich länger in der Nähe von Alaeddins Palast aufzuhalten, machte er sich ganz unvermerkt und ohne weiteren Lärm aus dem Staub; er schrie nicht mehr, daß er alte Lampen gegen neue umtauschen wolle. Er wollte jetzt keine andere mehr als die, die er schon hatte, und da er schwieg, so gingen auch die Kinder auseinander und ließen ihn ziehen.

Sobald er von dem Platz zwischen den beiden Palästen weg war, entschlüpfte er durch eine weniger besuchte Straße, und da er jetzt weder die andern Lampen noch den Korb mehr brauchte, so stellte er den Korb mit den Lampen auf eine Straße, wo gerade niemand vorüberging. Hierauf schlug er eine andere Straße ein und lief hastig fort, bis er eins der Stadttore erreichte. Sodann ging er durch eine sehr lange Vorstadt, wo er einige Lebensmittel einkaufte. Als er im Freien war, lenkte er von der Hauptstraße ab nach einem abgelegenen Platz hin, wo er von niemand bemerkt werden konnte, und hier wartete er den günstigen Augenblick ab, um seinen Plan vollends auszuführen. Was lag ihm an seinem Berberhengst? Den ließ er in dem Chan, wo er abgestiegen war, zurück, denn er glaubte sich durch den Schatz, den er eben erworben hatte, reichlich entschädigt.

Der afrikanische Zauberer brachte den Rest des Tages hier zu, bis ein Uhr nachts, da die Finsternis am größten war. Jetzt zog er die Lampe aus seinem Busen und rieb sie. Auf diesen Ruf erschien der Geist sogleich. »Was willst du?« fragte er ihn, »ich bin bereit, dir zu gehorchen als dein Sklave und als Sklave aller, die die Lampe in der Hand haben; ich und auch die andern Sklaven der Lampe gehorchen dir.« – »Ich befehle dir«, antwortete der afrikanische Zauberer, »daß du augenblicklich den Palast, den du oder die andern Sklaven der Lampe in der Stadt gebaut haben, so wie er ist mit allen seinen lebenden Bewohnern, aufhebst und zugleich mit mir an den und den Ort nach Afrika versetzst.« Ohne etwas zu antworten, schaffte der Geist, mit Hilfe der übrigen Geister der Lampe, in sehr kurzer Zeit sowohl ihn selbst als den ganzen Palast an den bezeichneten Ort in Afrika.

Als der Sultan aufgestanden war, ging er wie gewöhnlich nach dem offenen Erker, um sich das Vergnügen zu machen, Alaeddins Palast zu betrachten und zu bewundern. Er richtete seinen Blick nach der Seite hin, wo er diesen Palast zu sehen gewöhnt war, erblickte aber nur einen leeren Platz, wie er vor dessen Erbauung gewesen war. Im Anfang glaubte er, er täusche sich, und rieb sich die Augen; allein, er sah so wenig wie das erstemal, obgleich das Wetter sehr heiter, der Himmel rein und die Morgenröte bereits aufgestiegen war, so daß man alles recht deutlich sehen konnte. Er blickte rechts und links durch die beiden Öffnungen und sah noch immer nichts. Sein Erstaunen war so groß, daß er lange wie angewurzelt auf derselben Stelle stehenblieb, die Augen starr nach der Seite hin geheftet, wo der Palast bisher gewesen, aber jetzt nicht mehr zu sehen war; denn es war ihm unmöglich, zu begreifen, wie ein so großer und ansehnlicher Palast wie der Alaeddins, den er seit jenem Tag, wo er die Erlaubnis zu seiner Erbauung gegeben, tagtäglich und erst gestern noch gesehen hatte, auf einmal ganz spurlos verschwunden sein solle. »Ich kann mich nicht täuschen«, sprach er bei sich selbst; »er stand auf dem Platz dort! Wäre er eingestürzt, so müßten sich doch noch Trümmer zeigen; und hätte die Erde ihn verschlungen, so müßte man wenigstens eine Spur sehen.« Es ging über seine Verstandeskräfte zu enträtseln, wie dies zugegangen sei, und so fest er auch überzeugt war, daß der Palast nicht mehr dastand, so wartete er doch noch einige Zeit, um sich zu überzeugen, ob er sich nicht täusche. Endlich entfernte er sich und ging, nachdem er noch einmal zurückgeblickt hatte, auf seine Zimmer zurück. Dann ließ er in aller Eile den Großvezier rufen und setzte sich nieder, während sein Geist von so verschiedenartigen Gedanken bestürmt wurde, daß er nicht wußte, was er tun sollte.

Der Großvezier ließ nicht lange auf sich warten. Er kam in solcher Eile, daß weder er noch seine Leute im Vorbeigehen bemerkten, daß Alaeddins Palast nicht mehr an seiner Stelle stand. Selbst die Pförtner hatten es nicht bemerkt, als sie die Tore des Palastes öffneten. Der Großvezier redete den Sultan so an: »Herr, die Eile, womit man mich berufen hat, läßt mich schließen, daß irgend etwas Außerordentliches vorgefallen sein muß; denn du weißt ja wohl, daß heute Ratssitzung ist und ich mich, meiner Pflicht gemäß, ohnehin in einigen Augenblicken eingestellt hätte.« – »Ja«, antwortete der Sultan, »es hat sich wirklich etwas sehr Außerordentliches zugetragen; du wirst es selbst gestehen müssen. Sprich, wo ist der Palast Alaeddins?« – »Der Palast Alaeddins?« erwiderte der Großvezier sehr erstaunt, »ich bin soeben daran vorbei, und ich meine, er stand an seinem alten Platz. So gewaltige Gebäude wie dieses ändern ihre Stelle nicht so leicht.« – »Sieh einmal zum Kabinett hinaus«, entgegnete der Sultan, »und sag mir dann, ob du ihn gesehen hast.«

Der Großvezier begab sich in den offenen Erker, und es ging ihm wie dem Sultan. Als er sich völlig versichert hatte, daß Alaeddins Palast nicht mehr dastand und auch nicht die mindeste Spur davon zu sehen war, trat er wieder vor den Sultan. »Nun, hast du Alaeddins Palast gesehen?« fragte ihn dieser. »Herr«, antwortete der Großvezier, »du erinnerst dich vielleicht, daß ich die Ehre hatte, dir zu sagen, der Palast, den du mit seinen unermeßlichen Reichtümern so sehr bewundertest, könne bloß ein Werk der Zauberei und eines Zauberers sein; jedoch du wolltest damals nichts davon wissen.«

Der Sultan, der dies nicht leugnen konnte, geriet in einen um so größeren Zorn, als sein früherer Unglauben offenbar war. »Wo ist er«, rief er, »dieser Betrüger, dieser Schurke? Ich lasse ihm den Kopf abschlagen.« – »Herr«, antwortete der Großvezier, »er hat sich vor einigen Tagen von dir verabschiedet. Man muß ihn fragen lassen, wo sein Palast hingekommen ist, denn er allein kann es wissen.« – »Das wäre zuviel Schonung für ihn«, entgegnete der Sultan; »geh und schicke dreißig von meinen Reitern ab, daß sie ihn in Ketten vor mich führen.« Der Großvezier überbrachte den Reitern den Befehl des Sultans und unterrichtete ihren Anführer, wie sie sich zu benehmen hätten, damit er ihnen nicht entwischen könne. Sie gingen ab und trafen Alaeddin fünf oder sechs Stunden von der Stadt auf dem Heimweg begriffen. Der Anführer ritt auf ihn zu und sagte ihm, der Sultan habe großes Verlangen, ihn wieder zu sehen, und deshalb habe er sie abgeschickt, um es ihm zu melden und ihn nach Hause zu begleiten.

Alaeddin hatte nicht die entfernteste Ahnung von dem währen Grund, warum diese Abteilung der Leibwache des Sultans zu ihm gekommen war, und ritt getrost weiter. Als er aber nur noch eine halbe Stunde von der Stadt entfernt war, umringte ihn die Reiterschar, und ihr Anführer nahm das Wort und sagte: »Prinz Alaeddin, mit großem Bedauern haben wir dir zu erklären, daß wir vom Sultan Befehl haben, dich zu verhaften und als Staatsverbrecher vor ihn zu führen; wir bitten dich, es nicht übel aufzunehmen, wenn wir jetzt unsere Pflicht erfüllen, und uns zu verzeihen.«

Alaeddin war äußerst überrascht durch diese Erklärung, denn er fühlte sich unschuldig. Er fragte den Anführer, ob er wisse, welches Verbrechens er angeklagt sei; der aber antwortete, weder er noch seine Leute wüßten davon.

Da Alaeddin sah, daß seine Leute viel schwächer waren als die Reiterschar und ihn sogar verließen, so stieg er vom Pferd ab und sagte: »Hier bin ich, vollzieht euern Befehl. Übrigens kann ich versichern, daß ich mir keines Verbrechens bewußt bin, weder gegen die Person des Sultans noch gegen den Staat.« Man warf ihm sogleich eine sehr dicke und lange Kette um den Hals und band ihn damit auch mitten um den Körper, so daß er die Arme nicht frei hatte. Der Anführer stellte sich nun wieder an die Spitze des Zugs, einer der Reiter aber faßte das Ende der Kette und führte so, hinter dem Anführer hinreitend, Alaeddin, der zu Fuß folgen mußte, mit fort. In diesem Zustand wurde er in die Stadt gebracht.

Als die Reiter in die Vorstadt kamen und man Alaeddin als Staatsverbrecher geführt sah, glaubte jedermann, es werde ihn den Kopf kosten. Da er aber allgemein beliebt war, so ergriffen die einen Säbel und andere Waffen, und die, die keine hatten, bewaffneten sich mit Steinen und folgten den Reitern nach. Einige von den hintersten schwenkten um und machten Miene sie auseinanderzusprengen; allein die Volksmasse wurde so groß, daß die Reiter es für geraten hielten, sich keinen Ärger anmerken zu lassen, und sich glücklich schätzten, wenn sie nur den Palast des Sultans erreichten, ohne daß Alaeddin ihnen entrissen wurde. Um dies zu bewerkstelligen, nahmen sie die ganze Breite der Straße ein, indem sie sich ausdehnten, bald näher aneinander schlossen, je nachdem sie weiter oder enger war. So gelangten sie endlich an den Platz vor dem Palast, wo sie sich alle in einer Linie aufstellten und gegen die bewaffnete Volksmasse Front machten, bis ihr Befehlshaber und der Reiter, der Alaeddin führte, in den Palast eingetreten waren und die Pförtner das Tor hinter ihm geschlossen hatten, um das Volk abzuhalten.

Alaeddin wurde sofort vor den Sultan geführt, der ihn mit dem Großvezier auf einem Balkon erwartete. Sobald er ihn sah, befahl er dem Scharfrichter, der ebenfalls hierher bestellt worden war, ihm den Kopf abzuhauen, ohne daß er ihn anhören oder irgendeinen Aufschluß von ihm haben wollte.

Der Scharfrichter bemächtigte sich Alaeddins, nahm ihm die Kette, die er um den Hals und Leib hatte, ab, breitete sofort ein Leder, das mit dem Blut von unzähligen Verbrechern befleckt war, auf den Boden, hieß ihn niederknien und verband ihm die Augen. Hierauf zog er sein Schwert, holte weit aus, ließ es dreimal in der Luft blitzen und schickte sich an, den Todesstreich zu führen, indem er nur noch auf ein Zeichen vom Sultan wartete, um Alaeddin den Kopf abzuschlagen.

In diesem Augenblick bemerkte der Großvezier, daß das Volk die Reiter überwältigt hatte und in den Schloßplatz gedrungen war, ja sogar, daß einige die Mauern des Palastes an mehreren Stellen mit Leitern überstiegen und bereits anfingen, sie niederzureißen, um eine Öffnung zu machen. Er sagte daher zum Sultan, ehe er das Zeichen gab: »Herr, ich bitte dich, daß du den Schritt, den du zu tun im Begriff bist, reiflich überlegen mögest. Du läufst Gefahr, deinen Palast erstürmt zu sehen, und wenn dies Unglück geschieht, so könnte es unheilbringende Folgen haben.« – »Mein Palast erstürmt!« versetzte der Sultan, »wer wagt das?« – »Herr«, antwortete der Großvezier, »wirf nur einen Blick auf die Mauern des Palastes und auf den Platz, so wirst du dich von der Wahrheit meiner Worte überzeugen.«

Als der Sultan die heftige Aufregung unter dem Volk sah, erschrak er dermaßen, daß er augenblicklich dem Scharfrichter den Befehl gab, sein Schwert wieder in die Scheide zu stecken, die Binde von Alaeddins Augen wegzunehmen und ihn freizulassen. Zugleich befahl er seinen Trabanten auszurufen, daß er Alaeddin Gnade schenke und daß jeder sich nun entfernen möge.

Als nun diejenigen, die bereits die Mauern erklettert hatten, sahen, was da vorging, da gaben sie ihr Vorhaben auf. Sie stiegen schnell herab; und hocherfreut, einem Manne, den sie wahrhaft liebten, das Leben gerettet zu haben, teilten sie diese Nachricht allen Umstehenden mit. Sie verbreitete sich von Mund zu Mund unter der ganzen Volksmasse, die sich auf dem Platz vor dem Palast gesammelt hatte, und die Trabanten bestätigten sie von oben herab. Als nun das Volk sah, daß der Sultan Alaeddin Gerechtigkeit widerfahren ließ und ihn begnadigte, da entwaffnete sich sein Zorn, der Aufruhr hörte auf, und es gingen alle nach Hause.

Als Alaeddin sich wieder in Freiheit sah, schaute er nach dem Balkon hinauf, und als er den Sultan bemerkte, rief er ihm in rührendem Ton zu: »Herr, ich bitte dich, mir zu der bereits erwiesenen Gnade noch eine neue zu schenken und mich wissen zu lassen, was mein Verbrechen ist!« – »Was es ist, du Schurke!« erwiderte der Sultan; »weißt du es denn nicht? Komm einmal hier herauf, so will ich dir es zeigen.«

Alaeddin ging hinauf und trat vor den Sultan. »Folge mir«, sagte der zu ihm und ging vor ihm her, ohne ihn anzusehen. Er führte ihn an den offenen Erker, und als er an der Türe war, sagte er zu ihm: »Gehe hinein, du mußt doch wissen, wo dein Palast stand; sieh dich jetzt hier nach allen Seiten um und sage, was daraus geworden ist!«

Alaeddin sah hin und erblickte nichts. Er bemerkte wohl den ganzen Platz, den sein Palast sonst eingenommen hatte; da er aber nicht begreifen konnte, wie er hätte verschwinden sollen, so machte ihn dieses seltsame und überraschende Ereignis so bestürzt und verdutzt, daß er dem Sultan kein einziges Wort erwidern konnte.

Der Sultan wiederholte voll Ungeduld die Frage: »Sage mir doch, wo der Palast und meine Tochter ist?« Endlich brach Alaeddin das Schweigen und sagte: »Herr, ich sehe wohl, daß der Palast, den ich erbauen ließ, nicht mehr auf seinem Platz steht; ich sehe, daß er verschwunden ist, kann dir aber nicht sagen, wo er sein mag. Nur soviel kann ich versichern: daß ich an diesem Ereignis nicht schuld bin.«

»Mir liegt nichts daran, was aus deinem Palast geworden ist«, antwortete der Sultan. »Meine Tochter ist mir millionenmal lieber. Du mußt sie mir zurückgeben, sonst lasse ich dir ohne alle weiteren Rücksichten den Kopf abschlagen.«

»Herr«, antwortete Alaeddin, »ich flehe dich an, daß du mir vierzig Tage Frist gibst, um meine Maßregeln zu treffen, und gelingt es mir in dieser Zeit nicht, so gebe ich dir mein Wort, daß ich selbst meinen Kopf zu den Füßen deines Throns niederlegen will, damit du nach Belieben darüber verfügst.« – »Ich bewillige dir diese Frist von vierzig Tagen«, erwiderte der Sultan; »aber glaube ja nicht, daß du meine Gnade mißbrauchen und meinem Zorn entfliehen könntest! In welchem Winkel der Erde du auch sein magst, ich werde dich schon zu finden wissen.«

Alaeddin entfernte sich in großer Demütigung und in einem wahrhaft mitleiderregenden Zustand aus dem Angesicht des Sultans. Er ging mit gesenktem Haupt über die Höfe des Palastes und war so beschämt, daß er es nicht wagte, die Augen aufzuschlagen. Die vornehmsten Hofbeamten, von denen er keinen einzigen beleidigt hatte und die vorher seine Freunde gewesen waren, waren jetzt weit entfernt, sich ihm zu nähern oder ihm eine Zufluchtsstätte anzubieten; nein, sie kehrten ihm den Rücken, damit sie ihn nicht sehen mußten und er sie nicht erkennen möchte. Aber wenn sie sich ihm auch genähert hätten, um ihm Trost zuzusprechen oder ihre Dienste anzutragen, so hätten sie Alaeddin kaum mehr erkannt: kannte er sich doch selbst nicht mehr und war seines Verstandes kaum mächtig. Dies bewies er auch, als er zum Palast hinausgetreten war; denn ohne zu bedenken, was er tat, fragte er von Türe zu Türe und alle Leute, die ihm begegneten, ob sie seinen Palast nicht gesehen hätten und ihm keine Nachricht davon geben könnten.

Solche Fragen brachten jedermann zu der Ansicht, Aladdin habe seinen Verstand verloren. Einige lachten bloß darüber; aber die Vernünftigen, und besonders diejenigen, die in freundschaftlicher Verbindung oder sonst in einem Verkehr mit ihm gestanden hatten, wurden von Mitleid ergriffen. Er blieb drei Tage in der Stadt, indem er sich bald nach dieser, bald nach jener Seite hin wendete und nichts aß, als was ihm mitleidige Menschen reichten, im übrigen aber keinen Entschluß faßte.

Endlich, da er in diesem elenden Zustand nicht länger in einer Stadt verweilen wollte, wo er früher den vornehmen Herrn gespielt hatte, entfernte er sich aus ihr und schlug den Weg nach dem Feld ein. Er vermied die großen Heerstraßen, und nachdem er in schrecklicher Ungewißheit mehrere Felder durchirrt hatte, kam er mit Anbruch der Nacht an das Ufer eines Flusses. Hier faßte er einen Gedanken der Verzweiflung. Wo soll ich jetzt meinen Palast suchen? sagte er bei sich selbst. In welcher Provinz, in welchem Land, in welchem Teil der Welt werde ich ihn und meine vielgeliebte Prinzessin wiederfinden, die der Sultan von mir fordert? Dies wird mir nie gelingen; deshalb ist es besser, ich befreie mich gewaltsam von all diesen Mühseligkeiten, die zu nichts führen würden, und dem bittern Kummer, der mein Herz zerfrißt. Schon hatte er den Entschluß gefaßt, sich in den Fluß zu werfen; doch glaubte er als guter und frommer Muselmann dies nicht eher tun zu dürfen, als bis er sein Gebet verrichtet hätte. Indem er sich nun dazu anschicken wollte, näherte er sich dem Rande des Wassers, um sich der Landessitte gemäß die Hände und das Gesicht zu waschen. Da aber die Stelle etwas abschüssig und naß war, so glitt er aus und wäre in den Fluß gefallen, wenn er sich nicht noch an einem kleinen Felsstück gehalten hätte, das etwa zwei Zoll hoch hervorragte. Glücklicherweise hatte er noch den Ring, den der afrikanische Zauberer ihm an den Finger gesteckt hatte, ehe er in das unterirdische Gewölbe hinabstieg, um die kostbare Lampe zu holen, die ihm jetzt wieder entrissen worden war. Diesen Ring rieb er ziemlich stark an dem Felsen, als er sich an ihm hielt, und augenblicklich stand derselbe Geist vor ihm, der ihm in dem unterirdischen Gewölbe erschienen war, wo der afrikanische Zauberer ihn eingesperrt hatte. »Was willst du?« sagte der Geist; »ich bin bereit, dir zu gehorchen als dein Sklave und als Sklave aller derer, die den Ring am Finger haben; sowohl ich gehorche dir als auch die andern Sklaven des Ringes.«

Alaeddin, der in seiner verzweiflungsvollen Lage durch diese Erscheinung angenehm überrascht war, antwortete: »Geist, rette mir zum zweitenmal das Leben und zeige mir, wo der Palast ist, den ich erbauen ließ, oder sorge, daß er unverzüglich wieder an seinen alten Platz zurückgetragen wird.« – »Was du hier verlangst«, antwortete der Geist, »liegt nicht in meinem Wirkungskreis; ich bin bloß Sklave des Rings; wende dich deshalb an den Sklaven der Lampe.« – »Wenn dem so ist«, versetzte Alaeddin, »so befehle ich dir kraft des Ringes: Versetze mich sogleich an den Ort, wo mein Palast ist, sei es auch, wo es wolle, und bringe mich unter die Fenster der Prinzessin Bedrulbudur.« Kaum hatte er diese Worte gesprochen, als der Geist ihn nahm und nach Afrika mitten auf eine große Wiese trug, auf der der Palast nicht weit von einer großen Stadt stand; er setzte ihn dicht unter den Fenstern der Prinzessin nieder und ließ ihn dann allein. Alles dies war das Werk eines Augenblicks.

Ungeachtet der Dunkelheit der Nacht erkannte Alaeddin recht gut seinen Palast und die Zimmer der Prinzessin Bedrulbudur. Da es indes schon weit in der Nacht und im Palast alles ruhig war, so ging er etwas abseits und setzte sich unter einen Baum. Hier gab er sich neuen Hoffnungen hin, und indem er Betrachtungen anstellte über sein Glück, das er einem bloßen Zufall verdankte, wurde sein Gemüt wieder weit ruhiger, als es seit dem Tage gewesen war, da er verhaftet, vor den Sultan geführt und aus der drohenden Todesgefahr befreit worden war. Er hing eine Weile diesen angenehmen Gedanken nach; aber da er seit fünf oder sechs Tagen kein Auge mehr geschlossen hatte, so überwältigte ihn zuletzt der Schlaf, und er schlummerte am Fuß des Berges ein.

Als am folgenden Tag die Morgenröte anbrach, wurde Alaeddin sehr angenehm geweckt durch den Gesang der Vögel, die teils auf dem Baum, unter dem er lag, teils auch auf den dichtbelaubten Bäumen im Garten seines Palastes die Nacht zugebracht hatten. Er warf sogleich seine Augen auf dieses bewundernswürdige Gebäude und fühlte eine unaussprechliche Freude, daß er jetzt Hoffnung habe, wieder dessen Herr zu werden und aufs neue seine teure Prinzessin Bedrulbudur zu besitzen. Er stand auf und näherte sich den Zimmern der Prinzessin, dann ging er unter ihren Fenstern eine Weile spazieren und wartete, bis sie erwachen würde und sich sehen ließe. Inzwischen dachte er bei sich selbst darüber nach, woher wohl die Ursache seines Unglücks gekommen sein möge, und nachdem er sich lange hin und her besonnen hatte, zweifelte er nicht mehr daran, sein ganzes Mißgeschick könne bloß davon herrühren, daß er seine Lampe aus den Augen verloren habe. Er machte sich nun Vorwürfe über seine Nachlässigkeit und daß er nicht Sorge getragen habe, sie keinen Augenblick aus der Hand zu lassen. Was ihn noch mehr in Verlegenheit setzte, war, daß er sich gar nicht vorstellen konnte, wer wohl auf sein Glück eifersüchtig sei. Dies wäre ihm zwar klar geworden, wenn er gewußt hätte, daß er und sein Palast sich in Afrika befänden; allein der dienstbare Geist des Ringes hatte es ihm nicht gesagt und er hatte ihn auch nicht danach gefragt. Sonst hätte ihn schon der Name Afrika sogleich an den afrikanischen Zauberer, seinen abgesagten Feind, erinnert.

Die Prinzessin Bedrulbudur stand diesmal früher als gewöhnlich auf seit ihrer Entführung nach Afrika durch die Tücke des afrikanischen Zauberers, dessen Anblick sie bisher täglich einmal hatte ertragen müssen, weil er der Herr des Palastes war; sie hatte ihn jedoch jedesmal so spröde behandelt, daß er es noch nicht gewagt hatte, in ihm seinen Wohnsitz zu nehmen. Als sie angekleidet war, sah eine ihrer Frauen zufällig durchs Gitterfenster, bemerkte Alaeddin und verkündete es sogleich ihrer Gebieterin. Die Prinzessin, die diese Nachricht nicht glauben konnte, lief schnell ans Fenster, bemerkte Alaeddin ebenfalls und öffnete das Gitter.

Bei dem Geräusch, das dadurch entstand, hob Alaeddin den Kopf in die Höhe, erkannte sie und begrüßte sie mit einer Miene, auf der sich überschwengliche Freude spiegelte. »Um keine Zeit zu verlieren«, sagte die Prinzessin zu ihm, »habe ich dir die geheime Türe öffnen lassen, geh durch sie hinein und komm herauf.« Nach diesen Worten schloß sie das Fenster wieder.

Die geheime Türe befand sich unter den Zimmern der Prinzessin. Alaeddin fand sie offen und ging rasch die Treppe hinauf. Es ist unmöglich, die Freude zu beschreiben, die die beiden Ehegatten empfanden, als sie sich nach einer Trennung, die sie für ewig gehalten hatten, endlich wiedersahen. Sie umarmten sich mehrere Male und gaben sich alle Beweise von Liebe und Zärtlichkeit, die man nach einer so traurigen und unerwarteten Trennung nur erdenken kann. Nach diesen Umarmungen, unter die sich Tränen der Freude mischten, setzten sie sich, und Alaeddin nahm das Wort und sprach: »Prinzessin, bevor wir von irgend etwas anderem sprechen, beschwöre ich dich im Namen Gottes, sowohl um deiner selbst als um deines verehrungswürdigen Vaters, des Sultans, und besonders auch um meiner willen: Sage mir, was ist aus meiner alten Lampe geworden, die ich, bevor ich auf die Jagd ging, in dem Saal mit den vierundzwanzig Fenstern auf das Kranzgesims gestellt hatte?«

»Ach, teurer Gemahl«, antwortete die Prinzessin, »ich habe mir's wohl gedacht, daß unser beiderseitiges Unglück von dieser Lampe herkommt, und was mich untröstlich macht, ist, daß ich selbst daran schuld bin.« – »Prinzessin«, erwiderte Alaeddin, »gib die Schuld nicht dir; sie ist bei mir, denn ich hätte die Lampe sorgfältiger aufbewahren sollen. Jetzt aber laß uns nur daran denken, den Schaden wieder gutzumachen, und deshalb tu mir den Gefallen, erzähle mir ausführlich, wie die Sache zugegangen und in welche Hände die Lampe geraten ist.«

Die Prinzessin Bedrulbudur erzählte hierauf Alaeddin alles; unter welchen Umständen sie die alte Lampe gegen die neue, die sie hierauf zur Ansicht herbeibringen ließ, ausgetauscht und wie sie in der folgenden Nacht die Versetzung des Palastes bemerkt und sich am andern Morgen in einem unbekannten Land gefunden habe, wo sie jetzt beide seien und das Afrika heiße. Letzteres hatte sie aus dem Mund des Schurken erfahren, der sie durch seine Zauberkunst hierher versetzt habe.

»Prinzessin«, unterbrach sie Alaeddin, »du hast mir den Schurken deutlich genug geschildert, indem du mir sagtest, daß ich gegenwärtig mit dir in Afrika bin. Er ist der abscheulichste aller Menschen; doch ist jetzt weder Zeit noch Ort, dir seine Schlechtigkeiten ausführlicher zu erzählen, und ich bitte dich bloß, mir zu sagen, was er mit der Lampe angefangen und wo er sie aufbewahrt hat.« – »Er trägt sie bei sich«, erwiderte die Prinzessin; »ich kann dies mit Bestimmtheit sagen, da er sie in meiner Gegenwart herausgezogen und enthüllt hat, um sich damit zu brüsten.«

»Geliebte meines Herzens«, sagte hierauf Alaeddin, »werde nicht unwillig, wenn ich dich durch vieles Fragen ermüde; es ist für dich und mich von gleicher Wichtigkeit. Aber um auf das zu kommen, was mich besonders nahe berührt, so beschwöre ich dich, mir zu sagen, wie dieser schlechte und treulose Mensch dich behandelt hat.« – »Seit ich hier bin«, antwortete die Prinzessin, »hat er sich mir nur einmal an jedem Tag gezeigt, und ich bin überzeugt, daß der schlechte Erfolg, den er von seinen Besuchen hat, es ihm verleiden wird, mich noch öfter zu belästigen. Alle seine Reden, die er zu führen pflegt, zielen dahin, daß ich mein Wort, das ich dir gegeben habe, brechen und ihn zum Gemahl nehmen solle. Dabei gibt er mir zu verstehen, daß ich nimmermehr hoffen dürfe, dich je wiederzusehen, denn du seist nicht mehr am Leben; der Sultan, mein Vater, habe dir den Kopf abschlagen lassen. Zu seiner Rechtfertigung fügte er hinzu, du seist ein Undankbarer, der sein ganzes Glück ihm zu verdanken habe und so noch tausend Sachen, auf die ich nicht einmal achtgebe. Da er nun von mir keine andere Antwort bekommt als Klagen, Seufzer und Tränen, so muß er sich jedesmal ebenso unbefriedigt entfernen, wie er gekommen ist. Gleichwohl zweifle ich nicht, daß er die Absicht hat, meinen lebhaftesten Schmerz erst vorübergehen zu lassen, in der Hoffnung, ich werde mich anders entschließen, und am Ende Gewalt zu brauchen, wenn ich bei meiner Ablehnung bleibe. Aber, teurer Gemahl, deine Gegenwart hat bereits alle meine Besorgnisse verscheucht.«

»Prinzessin«, unterbrach sie Alaeddin, »ich hege die Zuversicht, daß du mit Recht nichts mehr zu fürchten brauchst, und glaube, ein Mittel gefunden zu haben, uns beide von unserm Feind zu befreien. Zu diesem Zweck muß ich indes in die Stadt gehen. Ich werde gegen Mittag zurückkommen, um dir dann meinen Plan mitzuteilen und was du zu seinem Gelingen beizutragen hast. Doch sage ich dir im voraus: Wundere dich nicht, wenn du mich in einer andern Kleidung zurückkommen siehst, und gib Befehl, daß man mich an der geheimen Türe, wenn ich klopfe, nicht lange warten läßt.« Die Prinzessin versprach, man werde ihn an der Türe erwarten und schnell öffnen.

Als Alaeddin aus den Zimmern der Prinzessin hinweg- und wieder zum Palast hinausgegangen war, sah er sich nach allen Seiten um und bemerkte einen Bauern, der aufs Feld ging.

Da der Bauer vom Palast ziemlich weit weg war, so lief Alaeddin schnell, um ihn einzuholen, und machte ihm den Vorschlag, die Kleider mit ihm zu wechseln, worauf der Bauer endlich auch einging. Der Umtausch geschah hinter einem Gebüsch, und als sie sich getrennt hatten, schlug Alaeddin den Weg nach der Stadt ein. In ihr ging er auf der Straße, die vom Tore aus lief, fort und lenkte von da in die besuchtesten Straßen ein, bis er an den Platz kam, wo die Kaufleute und Handwerker jeder Art ihre besondere Gasse hatten. Er trat nun in die Gasse der Materialienhändler, ging in den größten und bestausgestatteten Laden und fragte den Kaufmann, ob er nicht ein gewisses Pulver habe, das er ihm nannte. Der Kaufmann, der aus Alaeddins Kleidern schloß, er müsse arm sein und werde nicht genug Geld haben, um ihn zu bezahlen, antwortete, er habe zwar dieses Pulver, doch sei es sehr teuer. Alaeddin erriet seine Gedanken, zog seinen Beutel aus der Tasche, ließ einige Goldstücke hervorblinken und verlangte dann eine halbe Drachme von dem

Pulver. Der Kaufmann wog soviel ab, wickelte es ein, übergab es Alaeddin und forderte ein Goldstück dafür. Alaeddin händigte es ihm ein, und ohne sich in der Stadt länger aufzuhalten, als nötig war, um Nahrung zu sich zu nehmen, kehrte er nach seinem Palast zurück. Er brauchte an der geheimen Türe nicht lange zu warten; sie wurde ihm sogleich geöffnet, und so ging er ins Gemach der Prinzessin Bedrulbudur hinauf. »Geliebte«, sprach er zu ihr, »da du so großen Widerwillen gegen deinen Entführer hast, so wird es dir vielleicht schwer werden, den Rat zu befolgen, den ich dir jetzt gebe. Bedenke aber, daß du dich unbedingt verstellen und dir einige Gewalt antun mußt, wenn du dich von seinen Nachstellungen befreien und dem Sultan, deinem Vater und meinem Herrn, die Freude machen willst, dich wiederzusehen. Befolge also meinen Rat«, fuhr Alaeddin fort, »schmücke dich sogleich mit deinen schönsten Kleidern, und wenn der afrikanische Zauberer kommt, so empfange ihn aufs freundlichste. Du darfst dir aber keinen Zwang und keine Befangenheit anmerken lassen, sondern mußt ihm ein heiteres Gesicht zeigen, so daß er daraus schließen muß, wenn je noch ein Wölkchen von Trübsinn zurückgeblieben sei, so werde auch das mit der Zeit schon verschwinden. Im Gespräch gib ihm sodann zu erkennen, daß du dir alle Mühe geben willst, mich zu vergessen; und um ihn vollkommen von deiner Aufrichtigkeit zu überzeugen, lade ihn zum Abendessen ein und drücke den Wunsch aus, den besten Wein seines Landes einmal zu kosten. Er wird dann sogleich weggehen, um dir welchen zu holen. Während du nun auf seine Rückkehr wartest und den Schenktisch in Bereitschaft setzen läßt, schütte in einen der Becher, der dem deinigen gleich ist, dies Pulver hier, stelle ihn sodann auf die Seite und befehl derjenigen von deinen Frauen, die das Schenkamt versieht, sie soll ihn dir auf ein verabredetes Zeichen voll Wein bringen und sich ja in acht nehmen, daß kein Irrtum passiert. Wenn dann der Zauberer zurückkommt und ihr beide bei Tische sitzt und nach Herzenslust gegessen und getrunken habt, so laß den Becher mit dem Pulver bringen und vertausche deinen Becher mit dem seinen. Er wird dies als eine so hohe Gunst ansehen, daß er es nicht ablehnen, sondern den Becher bis auf den Grund austrinken wird; kaum aber wird er ihn geleert haben, so wirst du ihn rücklings hinsinken sehen. Wenn es dich anekelt, aus seinem Becher zu trinken, so stelle dich wenigstens, als ob du tränkest; du hast dabei nichts zu befürchten; denn das Pulver wird seine Wirkung so schnell tun, daß er keine Zeit haben wird zu bemerken, ob du trinkst oder nicht.«

Darauf antwortete die Prinzessin: »Ich gestehe dir, daß es mich Überwindung kostet, dem Zauberer auf diese Art entgegenzukommen; doch ich sehe ein, daß es sein muß. Wessen ist man nicht fähig gegen einen so grausamen Feind! Ich werde es also tun, da sowohl meine als deine Ruhe davon abhängt.« Nach dieser Verabredung verabschiedete sich Alaeddin von der Prinzessin und brachte den übrigen Teil des Tages in den Umgebungen des Palastes zu in der Absicht, sich mit Anbruch der Nacht wieder bei der geheimen Türe einzufinden. Die Prinzessin Bedrulbudur, untröstlich darüber, sich nicht bloß von Alaeddin, ihrem geliebten Gatten, den sie gleich von Anfang an mehr aus Neigung als aus Gehorsam geliebt hatte und immer noch liebte, sondern auch von dem Sultan, ihrem Vater, dessen zärtliche Liebe sie mit gleicher Zärtlichkeit vergalt, getrennt zu sehen, hatte seit dem Augenblick jener schmerzlichen Trennung ihr Äußeres sehr vernachlässigt. Ja, sie hatte sogar die Reinlichkeit vernachlässigt, die ihrem Geschlecht so wohl ansteht, seit der afrikanische Zauberer sie zum erstenmal besucht und sie von ihren Frauen, die ihn wiedererkannten, erfahren hatte, daß er derjenige sei, der die alte Lampe gegen eine neue eingetauscht habe; denn durch diesen abscheulichen Betrug war er ihr ein Greuel geworden. Jetzt aber, da sich Gelegenheit zeigte, die verdiente Rache an ihm zu nehmen, und zwar früher, als sie zu hoffen gewagt hatte, entschloß sie sich, Alaeddins Wunsch zu erfüllen. Als er sich entfernt hatte, setzte sie sich daher an ihren Putztisch, ließ sich durch ihre Frauen aufs prächtigste schmücken und legte das reichste und zu ihrem Vorhaben passendste Kleid an. Ihr Gürtel war von Gold und mit den größten, auserlesensten Diamanten ausgelegt;

um den Hals legte sie eine Schnur aus nur dreizehn Perlen, von denen aber die sechs Seitenperlen zur mittleren, die die größte und kostbarste war, in einem Verhältnis standen, daß die größten Sultaninnen und Königinnen sich glücklich geschätzt haben würden, wenn sie nur eine vollständige Schnur von der Größe der zwei kleinsten Perlen in der Halsschnur besessen hätten. Die Armbänder, die mit Rubinen und Diamanten besetzt waren, entsprachen aufs trefflichste dem Reichtum des Gürtels und der Halsschnur.

Als die Prinzessin Bedrulbudur vollständig angekleidet war, zog sie ihren Spiegel zu Rate, befragte ihre Frauen über ihr Aussehen, und da sie sah, daß ihr keiner von den Reizen fehlte, die der törichten Leidenschaft des afrikanischen Zauberers schmeicheln konnten, so setzte sie sich auf ihr Sofa und erwartete seine Ankunft.

Der Zauberer vergaß nicht, sich zur gewöhnlichen Stunde einzustellen. Als die Prinzessin ihn in den Saal mit den vierundzwanzig Fenstern, wo sie ihn erwartete, eintreten sah, stand sie mit allem Glanz ihrer Schönheit und Reize auf, wies ihm mit der Hand den Ehrenplatz an, den er einnehmen sollte, und setzte sich dann zugleich mit ihm: eine ganz ausgezeichnete Artigkeit, die sie ihm bisher noch nie erwiesen hatte.

Den afrikanischen Zauberer blendete mehr der Glanz der schönen Augen der Prinzessin als die strahlenden Edelsteine, mit denen sie sich geschmückt hatte, so daß er ganz überrascht war. Ihre majestätische Haltung und die anmutsvolle Verbindlichkeit, mit der sie ihn empfing, während sie ihn bisher immer so rauh zurückgewiesen hatte, machten einen solchen Eindruck auf ihn, daß er kaum seiner Sinne mächtig war. Er wollte anfangs auf dem äußersten Rand des Sofas Platz nehmen; als er aber sah, daß die Prinzessin sich nicht eher an ihren Platz begeben wollte, als bis er sich da gesetzt hatte, wo sie wünschte, so gehorchte er. Als der afrikanische Zauberer sich gesetzt hatte, nahm die Prinzessin, um ihn aus seiner sichtlichen Verlegenheit zu ziehen, das Wort, und indem sie ihn auf eine Weise anblickte, aus der er schließen mußte, daß er ihr nicht mehr so verhaßt war wie bisher, sprach sie zu ihm: »Du wirst dich ohne Zweifel wundern, daß du mich heute ganz anders findest als bis jetzt; doch wirst du es erklären können, wenn ich dir sage, daß meine ganze Gemütsart aller Traurigkeit, Schwermut, Betrübnis und allen Sorgen zuwider ist, die ich immer sobald als möglich von mir abschüttle, sowie ich keine Ursache mehr für sie sehe. Ich habe mir das, was du mir von Alaeddins Schicksal sagtest, wohl überlegt, und da ich die Gemütsart meines Vaters recht gut kenne, so bin ich mit dir überzeugt, daß er der schrecklichen Wirkung seines Zornes unmöglich entgehen konnte. Wenn ich nun auch darauf beharren wollte, mein ganzes Leben lang um ihn zu weinen, so sehe ich doch, daß meine Tränen ihn nicht ins Leben zurückrufen würden. Deshalb glaube ich, nachdem ich ihm bis ans Grab alle Pflichten erwiesen habe, die die Liebe von mir forderte, daß ich nun alle Mittel hervorsuchen muß, um mich zu trösten. Dies sind die Gründe meiner Veränderung, die du an mir bemerkst. Um nun sogleich jeden Anlaß zur Traurigkeit zu entfernen, die ich ganz zu verscheuchen entschlossen bin, und in der Hoffnung, daß du die Gefälligkeit haben wirst, mir Gesellschaft zu leisten, habe ich eine Abendmahlzeit für uns bereiten lassen. Da ich aber bloß chinesischen Wein habe und mich doch in Afrika befinde, so hätte ich Lust, den hierzuland wachsenden zu kosten, und ich zweifle nicht, daß du den besten herausfinden wirst, wenn es überhaupt welchen hier gibt.«

Der afrikanische Zauberer, der das Glück, so schnell und so leicht die Gunst der Prinzessin Bedrulbudur zu gewinnen, für eine Unmöglichkeit gehalten hatte, sagte, er könne kaum Worte finden, um seinen Dank auszudrücken; und um dieses Gespräch, bei dem er sich immer mehr in Verlegenheit gebracht hätte, rasch abzubrechen, lenkte er schnell auf den afrikanischen Wein ein, an den sie gedacht hatte, und sagte, unter allen Vorzügen, deren sich Afrika rühmen könne, stehe sein trefflicher Wein obenan, und der allerbeste wachse in dem Teil des Landes, wo sie sich gegenwärtig befände; er habe ein Faß, das schon sieben Jahre gefüllt und noch nicht angestochen sei, und er glaube nicht zu viel zu sagen, wenn er behaupte, daß dieser Wein an Güte die vortrefflichsten Weine auf der ganzen Erde übertreffe. »Wenn meine Prinzessin es mir erlauben will«, setzte er hinzu, »so will ich zwei Flaschen davon holen; ich werde augenblicklich wieder hier sein.« – »Es sollte mir leid tun, wenn ich dir zuviel Mühe machte«, sagte die Prinzessin; »du könntest ja jemanden hinschicken.« – »Nein«, antwortete der afrikanische Zauberer, »ich muß unbedingt selbst hingehen; niemand außer mir weiß, wo der Schlüssel zu diesem Keller ist, auch weiß niemand das Geheimnis, ihn zu öffnen.« – »Wenn dem so ist«, sagte die Prinzessin, »so gehe und komm bald zurück. Je länger du ausbleibst, je größer wird meine Ungeduld sein, dich wiederzusehen; und sobald du zurückkommst, wollen wir uns zu Tisch setzen.«

Der afrikanische Zauberer, voller Hoffnung auf sein vermeintliches Glück, lief nicht, um seinen siebenjährigen Wein zu holen, sondern flog geradezu und kam sehr schnell zurück. Inzwischen hatte die Prinzessin, die nicht daran zweifelte, daß er sich sehr beeilen würde, das Pulver, das ihr Aladdin gebracht hatte, selbst in einen Becher geworfen, den sie dann beiseite stellte, und ließ nun endlich auftragen. Sie setzten sich einander gegenüber zu Tisch, so daß der Zauberer dem Schenktisch den Rücken kehrte. Die Prinzessin legte ihm vom Besten vor und sagte zu ihm: »Wenn du es verlangst, so will ich dir Musik machen und singen lassen; da wir aber beide ganz allein hier sind, so denke ich, es wird uns mehr Vergnügen machen, uns miteinander zu unterhalten.« Der Zauberer betrachtete diesen Vorschlag der Prinzessin als eine neue Gunst.

Nachdem sie einige Bissen gegessen hatten, verlangte die Prinzessin zu trinken. Sie trank auf die Gesundheit des Zauberers und sagte dann zu ihm: »Du hattest alles Recht, deinen Wein zu loben, ich habe nie einen so köstlichen getrunken.« – »Reizende Prinzessin«, antwortete er, indem er den Becher, der ihm überreicht wurde, in der Hand hielt, »mein Wein erhält durch deinen Beifall eine neue Güte.« – »Trink auf meine Gesundheit«, erwiderte die Prinzessin, »so wirst du selbst finden, daß ich mich darauf verstehe.« Er trank auf die Gesundheit der Prinzessin, sah dann den Becher an und sagte: »Prinzessin, ich schätze mich glücklich, daß ich dieses Faß für eine so gute Gelegenheit aufgespart habe; ich gestehe selbst, daß ich in meinem ganzen Leben noch keinen so vortrefflichen Wein getrunken habe.«

Als sie noch weiter gegessen und noch dreimal getrunken hatten, gab endlich die Prinzessin, die dem afrikanischen Zauberer durch ihre Höflichkeit und ihr verbindliches Wesen vollends den Kopf verrückt hatte, der Frau, die das Schenkamt versah, das verabredete Zeichen, und während man ihren Becher mit Wein brachte, sagte sie, man solle auch den des afrikanischen Zauberers vollschenken und ihm überreichen.

Als nun beide den Becher in der Hand hatten, sprach sie zu dem afrikanischen Zauberer: »Ich weiß nicht, wie es bei euch zulande unter Liebenden, die miteinander trinken, Sitte ist; bei uns in China wechseln die Geliebte und der Liebhaber ihre Becher aus und trinken so die Gesundheit voneinander.« Mit diesen Worten überreichte sie ihm den Becher, den sie in der Hand hielt, und streckte ihre andere Hand aus, um den seinigen in Empfang zu nehmen.

Der afrikanische Zauberer beeilte sich freudig, diesen Tausch vorzunehmen, da er ihn als das sicherste Zeichen betrachtete, daß er das Herz der Prinzessin nun völlig erobert habe, und er hielt sich für den glücklichsten aller Sterblichen. Ehe er trank, sagte er, mit dem Becher in der Hand: »Prinzessin, wir Afrikaner verstehen es längst nicht so, die Liebe mit allen möglichen Annehmlichkeiten zu würzen, wie die Chinesen, und indem ich hier etwas lerne, was ich noch nicht wußte, fühle ich zugleich, wie hoch ich diese Begünstigung zu schätzen habe. Nie werde ich es vergessen, liebenswürdige Prinzessin, daß ich aus deinem Becher getrunken und darin ein Leben gefunden habe, auf das ich nicht mehr zu hoffen gewagt hätte, wenn du noch länger bei deiner Grausamkeit geblieben wärst.«

Die Prinzessin Bedrulbudur, die sich bei diesem unnützen Geschwätz des afrikanischen Zauberers langweilte, fiel ihm in die Rede und sagte: »Laß uns jetzt trinken, du kannst ja nachher weitersprechen.« Zugleich führte sie den Becher an den Mund, berührte ihn aber nur mit den Lippen, indes der afrikanische Zauberer sich sehr bemühte, es ihr zuvorzutun und den seinigen ausleerte, ohne einen Tropfen in ihm zu lassen. Da er beim Austrinken seinen Kopf etwas rückwärts geneigt hatte, um seinen Eifer zu zeigen, blieb er noch eine Weile in dieser Stellung, bis die Prinzessin, die noch immer den Rand der Schale an ihre Lippen hielt, sah, daß seine Augen sich verdrehten und er rücklings bewußtlos zusammensank.

Die Prinzessin brauchte nicht lange zu befehlen, daß man Alaeddin die geheime Tür öffnen solle. Ihre Frauen, mit denen alles zuvor verabredet war, hatten sich in angemessenen Zwischenräumen vom Saal bis unten an die Treppe hinab aufgestellt, so daß die geheime Türe beinahe in demselben Augenblick geöffnet wurde, wo der afrikanische Zauberer zusammengesunken war.

Alaeddin kam herauf und trat in den Saal. Als er den afrikanischen Zauberer auf dem Sofa ausgestreckt liegen sah und die Prinzessin Bedrulbudur ihm voll Freude und mit offenen Armen entgegeneilte, hielt er sie zurück und sagte: »Hab noch Geduld, Prinzessin; tu mir den Gefallen, begib dich auf deine Zimmer und sorge dafür, daß man mich allein läßt, indes ich meine Vorbereitungen treffe, die dich ebenso schnell nach China wieder zurückbringen, wie du von da entfernt worden bist.«

Als die Prinzessin mit ihren Frauen und Verschnittenen aus dem Saal gegangen war, verschloß Alaeddin die Türe, näherte sich dem entseelten Leichnam des afrikanischen Zauberers, öffnete sein Kleid und zog die Lampe heraus, die noch so verhüllt war, wie die Prinzessin es ihm beschrieben hatte. Er enthüllte sie und rieb an ihr, und alsbald erschien auch der Geist mit seinem gewöhnlichen Gruß. »Geist«, sagte Alaeddin zu ihm, »ich habe dich gerufen, um dir im Namen der Lampe, deiner guten Gebieterin, die du hier siehst, zu befehlen, daß du diesen Palast wieder nach China zurücktragen läßt, und zwar an denselben Ort und dieselbe Stelle, von wo er weggenommen worden ist.« Der Geist gab durch ein Kopfnicken zu verstehen, daß er gehorchen werde, und verschwand. Die Versetzung ging wirklich vor sich, und man spürte sie nur an zwei sehr leichten Erschütterungen: die eine, als der Palast von seiner Stelle in Afrika emporgehoben, und die andere, als er in China gegenüber von dem Palast des Sultans niedergelassen wurde, was alles innerhalb weniger Augenblicke geschah.

Alaeddin ging nun ins Zimmer der Prinzessin hinab, umarmte sie und sagte zu ihr: »Prinzessin, ich kann dir versichern, daß deine und meine Freude morgen früh vollkommen sein wird.« Da die Prinzessin ihre Abendmahlzeit noch nicht vollendet hatte und Alaeddin zu essen verlangte, so ließ sie aus dem Saal mit den vierundzwanzig Fenstern die Speisen, die dort aufgetragen, aber kaum berührt worden waren, auf ihr Zimmer bringen. Die Prinzessin und Alaeddin speisten zusammen und tranken von dem guten alten Wein des afrikanischen Zauberers. Schließlich begaben sie sich miteinander in ihr Schlafgemach.

Seit der Entführung des Palastes und der Prinzessin Bedrulbudur war der Sultan, der Vater der Prinzessin, untröstlich, weil er sie für immer verloren glaubte. Er konnte weder bei Nacht noch bei Tag Ruhe finden, und statt alles zu vermeiden, was seinem Kummer neue Nahrung geben konnte, suchte er es im Gegenteil absichtlich. Während er zum Beispiel vorher nur morgens nach dem offenen Erker seines Palastes gegangen war, um seine Augen an dem angenehmen Anblick zu erfreuen, ging er jetzt mehrere Male des Tags hinauf, um seinen Tränen freien Lauf zu lassen und sich immer tiefer in seine Betrübnis zu versenken durch den Gedanken, daß er das, was ihm so wohlgefallen hatte, nie wiedersehen werde, und das Liebste, was er auf der Welt besessen, auf immer verloren habe. Auch an dem Morgen, wo Alaeddins Palast wieder an seinen alten Platz gebracht worden war, hatte sich die Morgenröte kaum am Himmel gezeigt, als der Sultan wieder in den Erker ging. Er war so in sich gekehrt und so durchdrungen von seinem Schmerz, daß er seine Augen traurig nach der Seite hinwendete, wo er nur den leeren Raum und keinen Palast mehr zu erblicken vermeinte. Als er nun auf einmal diese Leere ausgefüllt sah, hielt er es für Nebel. Endlich aber, nachdem er es aufmerksamer betrachtet hatte, erkannte er, daß es ganz unzweifelhaft Alaeddins Palast war. Freude und Fröhlichkeit bemächtigten sich jetzt seines Herzens nach langem Kummer und Gram. Er kehrte eilig auf sein Zimmer zurück und befahl, man solle ihm ein Pferd satteln und vorführen. Er schwang sich hinauf, ritt fort und es war ihm, als könne er nicht schnell genug bei Alaeddins Palast anlangen.

Alaeddin, der dies vorausgesehen hatte, war mit Tagesanbruch aufgestanden, hatte eines seiner prächtigsten Kleider angelegt und sich sodann in den Saal mit den vierundzwanzig Fenstern begeben, von wo aus er den Sultan kommen sah. Er eilte hinab und kam noch gerade zur rechten Zeit, um ihn unten an der Haupttreppe zu empfangen und ihm vom Pferd zu helfen. »Alaeddin«, sprach der Sultan zu ihm, »ich kann mit dir nicht sprechen, bevor ich meine Tochter gesehen und umarmt habe.«

Alaeddin führte den Sultan in das Zimmer der Prinzessin Bedrulbudur, die eben mit Ankleiden fertig geworden war; denn Alaeddin hatte sie beim Aufstehen erinnert, daß sie sich nicht mehr in Afrika, sondern in China, in der Hauptstadt des Sultans, ihres Vaters, und gegenüber von seinem Palast befinde. Der Sultan umarmte sie mehrere Male, während ihm Freudentränen über die Wangen liefen, und die Prinzessin ihrerseits bewies ihm auf alle mögliche Art, wie hocherfreut sie sei, ihn wiederzusehen.

Der Sultan war eine Zeitlang ganz sprachlos vor Rührung, da er seine geliebte Tochter, die er schon so lange als verloren beweint, wiedergefunden hatte; und auch die Prinzessin vergoß viele Tränen vor Freude, daß sie den Sultan, ihren Vater, wiedersah. Endlich nahm der Sultan das Wort und sprach: »Geliebte Tochter, ich will glauben, daß die Freude des Wiedersehens dich in meinen Augen so munter und so wenig verändert erscheinen läßt, wie wenn dir gar nichts Unangenehmes zugestoßen wäre, und doch bin ich überzeugt, daß du sehr viel ausgestanden hast. Man wird nicht so schnell mit einem ganzen Palast versetzt, ohne daß große Unruhe und schreckliche Angst damit verbunden wäre. Ich wünsche nun, daß du mir erzählst, wie die Sache zuging, und mir nichts verschweigst.«

Die Prinzessin machte sich ein Vergnügen daraus, den Wunsch des Sultans, ihres Vaters, zu erfüllen. »Herr«, sprach sie zu ihm, »wenn ich dir so unverändert vorkomme, so bitte ich dich zu berücksichtigen, daß ich bereits gestern früh wieder aufzuleben anfing, als ich meinen teuren Gemahl und Befreier erblickte, den ich schon für verloren gehalten und beweint hatte, und daß das Glück, dich zu umarmen, alle Spuren frühern Kummers von mir abgestreift hat.

Um es freiheraus zu sagen: Mein ganzes Unglück bestand darin, daß ich mich dir und meinem teuren Gemahl entrissen sah; auch war ich nicht bloß aus Verlangen nach meinem Gemahl in Angst, sondern besonders auch wegen der traurigen Folgen deines Zorns, denen er, so unschuldig er war, ohne Zweifel ausgesetzt sein mußte. Weniger habe ich durch die Unverschämtheit meines Räubers gelitten, der Reden gegen mich führte, die mir nicht gefielen. Ich wußte mir bald eine solche Überlegenheit über ihn zu verschaffen, daß ich ihn zum Schweigen brachte. Im übrigen wurde mir wenig Zwang angetan. Was meine Entführung betrifft, so hat Alaeddin nicht den mindesten Teil daran; ich selbst bin allein daran schuld, aber auf eine höchst unschuldige Weise.« Um nun den Sultan von der Wahrheit ihrer Worte zu überzeugen, erzählte sie ihm ausführlich, wie der afrikanische Zauberer sich in einen Lampenhändler verkleidet habe, der alte Lampen gegen neue eintauschte, und wie sie dann zur Kurzweil Alaeddins Lampe, deren geheime Kraft und Wichtigkeit sie nicht gekannt, gegen eine neue eingetauscht habe, worauf der Palast samt ihr und den übrigen Bewohnern in die Höhe gehoben und von dem afrikanischen Zauberer nach Afrika versetzt worden sei; den hätten zwei ihrer Frauen und der Verschnittene, der die Lampe eingetauscht hatte, sogleich wieder erkannt, als er die Kühnheit gehabt habe, sich ihr zum erstenmal nach dem glücklichen Erfolg seines frechen Unterfangens vorzustellen und ihr einen Heiratsantrag zu machen; ferner erzählte sie von den Anfechtungen, die sie bis zu Alaeddins Ankunft auszustehen gehabt hatte, und von den Maßregeln, die sie gemeinschaftlich ergriffen hätten, um ihm die Lampe, die er bei sich trug, zu entreißen; wie ihnen dies dadurch geglückt sei, daß sie selbst sich gegen ihn verstellt und ihn zum Abendessen auf ihr Zimmer geladen, wo sie ihm dann den vergifteten Becher überreicht habe. »Von dem übrigen«, setzte sie hinzu, »mag Alaeddin dir Rechenschaft geben.«

Alaeddin faßte seine Erzählung kurz. »Als man mir«, sagte er, »die geheime Türe geöffnet hatte, ging ich schnell in den Saal mit den vierundzwanzig Fenstern hinauf, und da ich den Verräter durch die Kraft des Pulvers tot auf dem Sofa liegen sah, so bat ich die Prinzessin, weil ein längeres Verweilen ihr nicht geziemt hätte, sie möchte sich mit ihren Frauen und Verschnittenen nach ihrem Zimmer begeben. Ich blieb nun allein zurück, zog die Lampe aus der Kleidung des Zauberers und bediente mich jener geheimen Kraft, deren er sich bedient hatte, um die Prinzessin samt ihrem Palast zu rauben. So habe ich denn bewirkt, daß der Palast wieder an seinem Platz steht, und war so glücklich, dir deinem Befehl gemäß die Prinzessin zurückzubringen. Alles, was ich da sage, ist die blanke Wahrheit, und wenn du dich in den Saal hinaufbemühen willst, so wirst du sehen, daß der Zauberer nach Gebühr bestraft worden ist.«

Um sich vollends zu überzeugen, ging der Sultan hinauf, und als er den afrikanischen Zauberer tot und im Gesicht ganz schwarzblau von dem Gift sah, umarmte er Alaeddin mit vieler Zärtlichkeit und sagte zu ihm: »Mein Sohn, trage mir mein Betragen nicht nach; bloß meine Vaterliebe hat mich dazu veranlaßt, und du mußt mir die Übereilung, zu der ich mich hinreißen ließ, verzeihen.« – »Herr«, erwiderte Alaeddin, »ich habe nicht die mindeste Ursache, mich über dich zu beklagen; du hast bloß getan, was du tun mußtest. Dieser schändliche Zauberer, dieser Auswurf der Menschheit, war die einzige Ursache, daß ich deine Gnade verlor. Wenn du einmal Zeit hast, so werde ich dir von einer andern Bosheit erzählen, die er mir angetan hat und die nicht minder schwarz ist als seine letzte, vor der mich Gottes große

Gnade behütet hat.« – »Ich werde mir diese Zeit nehmen«, antwortete der Sultan, »und zwar recht bald. Jetzt aber laß uns nur daran denken, fröhlich zu sein; auch sorge, daß dieser verhaßte Gegenstand fortgeschafft wird.«

Alaeddin ließ den Leichnam des afrikanischen Zauberers wegbringen und auf den Schindanger werfen, um dort den Vögeln und Tieren zur Nahrung zu dienen. Der Sultan aber gab Befehl, durch Trommeln, Pauken, Trompeten und andere Instrumente das Zeichen zur allgemeinen öffentlichen Freude zu geben, und ließ ein zehntägiges Freudenfest ankündigen, um die Rückkehr der Prinzessin Bedrulbudur und Alaeddins zu feiern.

So entging denn Alaeddin zum zweitenmal einer Todesgefahr, der er beinahe erliegen mußte; allein es war noch nicht die letzte, und er mußte noch eine dritte, gleich gefährliche Prüfung überstehen.

Der afrikanische Zauberer hatte noch einen jüngeren Bruder, der in der Zauberkunst nicht minder geschickt war als er; ja man kann sagen, daß er ihn an Bosheit und verderblichen Einfällen noch übertraf. Da sie nicht immer beisammen oder in derselben Stadt lebten und der eine sich manchmal im Osten befand, während der andere im Westen war, so unterließen sie es nicht, mit Hilfe der Punktierkunst alle Jahre einmal herauszubringen, in welchem Teil der Welt jeder von ihnen lebte, wie es ihm gehe und ob er nicht die Hilfe des andern bedürfe.

Kurze Zeit, nachdem der afrikanische Zauberer in der Unternehmung gegen Alaeddins Glück den Tod gefunden hatte, wollte sein jüngerer Bruder, der seit Jahr und Tag keine Nachrichten von ihm hatte und sich nicht in Afrika, sondern in einem sehr entlegenen Land aufhielt, erfahren, an welchem Ort der Erde er lebe, wie es ihm gehe und was er treibe. Wie sein Bruder hatte er überall, wo er ging und stand, sein Punktierviereck bei sich. Er nahm nun dieses Viereck, ordnete den Sand, machte die Punkte, zog die Figuren und Linien und stellte die Nativität. Indem er nun alle einzelnen Figuren durchlief, fand er in der einen, daß sein Bruder nicht mehr auf der Welt, in der andern, daß er vergiftet worden und plötzlich gestorben sei, in der dritten, daß dies in Afrika geschehen sei, und endlich, daß der, der ihn vergiftet hatte, ein Mann von niedriger Abkunft sei, der eine Prinzessin des Sultans geheiratet habe.

Als der Zauberer auf diese Art das traurige Ende seines Bruders erfahren hatte, verlor er keine Zeit mit nutzlosem Jammern, das seinen Bruder doch nicht ins Leben zurückgerufen hätte, sondern beschloß augenblicklich, seinen Tod zu rächen, stieg zu Pferd und begab sich auf den Weg nach China. Er mußte über Ebenen, Flüsse, Berge, Einöden reiten; und nach langer Reise kam er endlich, nachdem er sich unterwegs nirgends aufgehalten hatte, unter unglaublichen Beschwerden nach China und bald darauf in die Hauptstadt, die er durch seine Punktierkunst herausbekommen hatte. Da er wußte, daß er sich nicht getäuscht und dieses Königreich mit keinem andern verwechselt habe, so blieb er in dieser Hauptstadt und nahm dort seine Wohnung.

Den Tag nach seiner Ankunft ging der Zauberer aus und spazierte in der Stadt herum; nicht um ihre Schönheiten zu betrachten, die ihm höchst gleichgültig waren, sondern um sogleich Maßregeln zur Ausführung seines verderblichen Plans zu bedenken; er ging daher an die gesuchtesten Orte und lauschte begierig auf alles, was man sprach. An einem dieser Orte, wo man sich mit allerlei Arten von Spielen die Zeit vertrieb und wo, während die einen spielten, die andern sich mit den Neuigkeiten des Tages oder auch mit ihren eigenen Geschichten unterhielten, hörte er merkwürdige Dinge erzählen von der Tugend und Frömmigkeit, ja selbst von den Wundertaten einer von der Welt abgeschiedenen Frau namens Fatime. Da er nun glaubte, diese Frau könne ihm bei seinem Vorhaben vielleicht irgendwie behilflich sein, nahm er einen von der Gesellschaft beiseite und bat ihn um nähere Auskunft über die heilige Frau und über die Art von Wundern, die sie verrichte.

»Wie!« sagte der Angeredete zu ihm, »du hast diese Frau noch nie gesehen und auch nicht von ihr sprechen gehört? Sie ist durch ihr Fasten, ihre strenge Lebensweise und das Beispiel, das sie gibt, Gegenstand der allgemeinen Bewunderung in der ganzen Stadt. Außer montags und freitags geht sie nie aus ihrer kleinen Einsiedelei heraus, und an den Tagen, wo sie sich in der Stadt sehen läßt, tut sie unendlich viel Gutes; auch heilt sie jeden, der mit Kopfschmerzen behaftet ist, durch Auflegung ihrer Hände.« Der Zauberer verlangte über diesen Punkt nichts mehr zu wissen, sondern fragte bloß noch, in welchem Teil der Stadt die Einsiedelei der heiligen Frau wäre. Der Mann beschrieb ihm genau die Stelle; der Zauberer aber, nachdem er diese Erkundigung eingezogen und seinen ruchlosen Plan entworfen hatte, beobachtete, um seiner Sache noch sicherer zu sein, gleich am ersten Tag, wo sie ausging, alle ihre Schritte und verlor sie nicht aus dem Auge bis zum Abend, wo er sie in ihre Einsiedelei zurückkehren sah. Als er sich nun den Platz gut gemerkt hatte, begab er sich an einen jener Orte, wo man ein gewisses warmes Getränk zu sich nahm und auch die ganze Nacht zubringen konnte, besonders bei großer Hitze, wo man in diesen Ländern lieber auf Matten als in Betten schläft.

Gegen Mitternacht bezahlte der Zauberer dem Wirt seine kleine Zeche und ging nach der Einsiedelei Fatimes, der heiligen Frau; unter diesem Namen war sie in der ganzen Stadt bekannt. Er öffnete ohne Mühe die mit einer bloßen Klinke verschlossene Tür, trat hinein und machte die Tür ganz leise wieder zu; drinnen erblickte er bei hellem Mondschein Fatime, die an freier Luft auf einem mit einer schlechten Matte überdeckten Sofa schlief. Er näherte sich ihr, zog einen Dolch, den er an seiner Seite trug, und weckte sie.

Als die arme Fatime die Augen aufschlug, erschrak sie über die Maßen beim Anblick eines Mannes, der im Begriff war, sie zu erdolchen. Er setzte ihr den Dolch auf die Brust, machte Miene zuzustoßen und sagte zu ihr: »Wenn du schreist oder nur das mindeste Geräusch machst, so bist du des Todes; steh jetzt auf und tu, was ich dir sagen werde.«

Fatime, die sich in ihren Kleidern niedergelegt hatte, stand zitternd und bebend auf. »Fürchte dich nicht«, sagte der Zauberer zu ihr, »ich verlange bloß dein Kleid; gib es mir und nimm dafür das meinige.« Sie vertauschten ihre Kleider, und nachdem der Zauberer das Kleid Fatimes angezogen hatte, sagte er zu ihr: »Jetzt färbe mir das Gesicht so, daß ich dir ähnlich sehe und die Farbe sich nicht verwischt.« Da er sah, daß sie noch immer zitterte, sagte er, um sie zu beruhigen und damit sie mit um so größerer Zuversicht seinen Wunsch erfüllen möchte, abermals zu ihr: »Fürchte dich nicht; ich schwöre dir bei dem Namen Gottes, daß ich dir das Leben lasse.«

Fatime hieß ihn in ihre Zelle treten, zündete ihre Lampe an, nahm einen Pinsel und einen gewissen Saft, den sie in einem Gefäß stehen hatte, rieb ihm damit das Gesicht ein und versicherte ihm dann, die Farbe werde nicht ausgehen und sein Gesicht sei jetzt ganz wie das ihrige. Hierauf setzte sie ihm ihre eigene Kopfbekleidung aufs Haupt nebst ihrem Schleier und zeigte ihm, wie er sich auf seinem Gang durch die Stadt das Gesicht damit verhüllen müsse. Endlich, nachdem sie ihm noch einen großen Rosenkranz, der ihm vorne bis auf den Gürtel herabhing, um den Hals geschlungen hatte, gab sie ihm denselben Stab, den sie gewöhnlich trug, in die Hand, hielt ihm dann einen Spiegel vor und sagte zu ihm: »Da blick einmal hinein, und du wirst sehen, daß du mir gleichst wie ein Ei dem andern.« Der Zauberer fand alles nach Wunsch, hielt aber der guten Fatime den Schwur nicht, den er ihr so feierlich geleistet hatte. Damit man keine Blutspuren sehen möchte, wenn er sie erstäche, so erwürgte er sie, und als er sah, daß sie den Geist aufgegeben hatte, schleppte er ihren Leichnam an den Füßen zum Wasserbehälter der Einsiedelei und warf ihn da hinein.

Nach Ausführung dieser verruchten Mordtat brachte der als heilige Fatime verkleidete Zauberer den Rest der Nacht in der Einsiedelei zu. Am andern Morgen ging er, obgleich dies kein gewöhnlicher Ausgangstag für die heilige Frau war, dennoch aus, denn er glaubte, es würde ihn niemand deswegen fragen, und wenn man ihn fragte, so würde er schon zu antworten wissen. Da er sich bei seiner Ankunft vor allen Dingen nach Alaeddins Palast erkundigt hatte und da er dort seine Rolle spielen wollte, so nahm er sogleich seinen Weg dahin.

Jedermann hielt ihn für die heilige Frau, und so wurde er bald von einer großen Menschenmasse umringt. Einige empfahlen sich seinem Gebet, andere küßten ihm die Hand, andere, die noch ehrerbietiger waren, küßten bloß den Saum seines Kleides, und noch andere, die entweder wirklich Kopfweh hatten oder sich dagegen schützen wollten, neigten sich vor ihm, damit er ihnen die Hände auflegen möchte, was er auch tat, indem er einige gebetähnliche Worte murmelte; kurz, er ahmte die heilige Frau so gut nach, daß jedermann ihn dafür ansah. Nachdem er mehrere Male unterwegs stehengeblieben war, um solche Leute zu befriedigen, die von dieser Art Händeauflegung weder einen Nutzen noch einen Schaden hatten, kam er endlich auf den Platz vor Aladdins Palast, wo sich noch mehr Volk versammelt hatte, so daß es große Mühe kostete, sich ihm zu nähern. Die Stärksten und Eifrigsten drängten sich mit Gewalt durch das Gewühl, und darüber erhoben sich Klagen und ein solches Geschrei, daß man es in dem Saal mit den vierundzwanzig Fenstern, wo die Prinzessin Bedrulbudur war, hören konnte.

Die Prinzessin fragte, was der Lärm bedeuten sollte, und da es ihr niemand sagen konnte, befahl sie nachzusehen und ihr Bericht zu geben. Eine ihrer Frauen sah, ohne den Saal zu verlassen, durch ein Fenster und meldete ihr sodann, der Lärm komme von der Volksmenge her, die die heilige Frau umgebe, um sich durch ihr Handauflegen das Kopfweh vertreiben zu lassen.

Die Prinzessin, die schon lange Zeit viel Gutes von der heiligen Frau gehört, sie aber noch nicht gesehen hatte, wurde neugierig, ihre Bekanntschaft zu machen und mit ihr zu sprechen. Sobald sie etwas davon verlauten ließ, sagte der Obere der Verschnittenen, der zugegen war, zu ihr, wenn sie es wünsche, so wolle er sie heraufkommen lassen, sie dürfe nur befehlen. Die Prinzessin genehmigte es und gab sogleich vier Verschnittenen den Befehl, die angebliche heilige Frau heraufzubringen.

Als die Verschnittenen zum Tor von Alaeddins Palast herauskamen und auf den Punkt, wo der afrikanische Zauberer stand, zugingen, wich die Menge auseinander, und als der sich nun frei und die Verschnittenen auf sich zukommen sah, so ging er ihnen mit um so größerer Freude ein Stück Wegs entgegen, da seine Schandtat einen guten Anfang zu nehmen schien. Einer der Verschnittenen nahm das Wort und sagte: »Heilige Frau, die Prinzessin wünscht dich zu sprechen; komm und folge uns.« – »Die Prinzessin erzeigt mir die Ehre«, antwortete die angebliche Fatime; »ich bin bereit, ihr zu gehorchen.« Mit diesen Worten folgte er den Verschnittenen, die schon auf dem Rückweg nach dem Palast waren.

Als der Zauberer, der unter dem heiligen Kleid ein teuflisches Herz verbarg, in den Saal mit den vierundzwanzig Fenstern trat und die Prinzessin bemerkte, begann er mit einem Gebet, das eine lange Reihe von Wünschen für ihr Wohlbefinden, ihr Glück und die Erfüllung alles dessen, was sie nur begehren könnte, enthielt. Hierauf entfaltete er seine trügerische und heuchlerische Beredsamkeit, um sich unter dem Mantel großer Frömmigkeit ins Herz der Prinzessin einzuschleichen, was ihm auch um so leichter gelang, als die Prinzessin in ihrer natürlichen Gutherzigkeit die Überzeugung hatte, alle Leute müßten ebenso gut sein wie sie, besonders aber diejenigen Männer und Frauen, die es sich zur Pflicht machten, Gott in der Einsamkeit zu dienen.

Als die falsche Fatime ihre lange Anrede vollendet hatte, sagte die Prinzessin zu ihr: »Meine gute Mutter, ich danke dir für deine schönen Gebete; ich setze großes Vertrauen in sie und hoffe, daß Gott sie erhören wird. Komm näher und setz dich zu mir.« Die falsche Fatime setzte sich mit heuchlerischer Bescheidenheit. Hierauf nahm die Prinzessin wieder das Wort und sagte: »Meine gute Mutter, ich bitte dich um etwas, das du mir bewilligen mußt und nicht abschlagen darfst, nämlich darum, daß du bei mir bleibst, mir die Geschichte deines Lebens erzählst und mich durch deine guten Beispiele lehrst, wie ich Gott dienen soll.«

»Prinzessin«, sagte hierauf die angebliche Fatime, »ich bitte dich, verlange nichts von mir, worin ich nicht einwilligen kann, ohne von meinen Gebeten und frommen Übungen abzukommen.« – »Das darf dich nicht beunruhigen«, erwiderte die Prinzessin, »ich habe mehrere Zimmer, die nicht bewohnt sind; wähle dir eins, das dir am besten zusagt, dann kannst du deine Übungen ebenso ruhig verrichten wie in deiner Einsiedelei.«

Der Zauberer, der keinen andern Zweck hatte, als in Aladdins Palast zu gelangen, wo es ihm viel leichter sein mußte, seine Schandtat auszuführen, wenn er unter Begünstigung und dem Schutz der Prinzessin dort wohnte, als wenn er immer von der Einsiedelei in den Palast und von da wieder zurück hätte hin- und hergehen müssen, erhob keine großen Einwände mehr gegen das Anerbieten der Prinzessin und nahm es an. »Prinzessin«, sagte er zu ihr, »so fest auch der Entschluß einer armen und elenden Frau wie ich sein muß, der Welt und ihrer Pracht zu entsagen, so wage ich es doch nicht, dem Willen und Befehl einer so frommen und mildtätigen Prinzessin zu widerstreben.«

Auf diese Antwort des Zauberers stand die Prinzessin auf und sagte zu ihm: »Stehe auf und komm mit mir; ich will dir meine leeren Zimmer zeigen, damit du wählen kannst.« Er folgte der Prinzessin Bedrulbudur und wählte unter ihren Zimmern, die alle sehr schön und prächtig ausgestattet waren, dasjenige, das am wenigsten schön war, indem er mit heuchlerischem Ton sagte: Es sei noch viel zu gut für ihn, und er wähle es bloß der Prinzessin zu Gefallen.

Die Prinzessin wollte den Schurken in den Saal mit den vierundzwanzig Fenstern zurückführen, damit er bei ihr zu Mittag speisen sollte. Da er aber beim Essen sein bis jetzt immer noch verschleiertes Gesicht hätte enthüllen müssen und da er fürchtete, die Prinzessin könnte dann merken, daß er nicht die heilige Frau Fatime sei, für die sie ihn hielt, so bat er sie so inständig, ihm dies zu erlassen, da er bloß Brot und trockene Früchte esse, und ihm zu erlauben, seine kleine Mahlzeit auf seinem Zimmer zu sich zu nehmen, daß sie es ihm bewilligte. »Meine gute Mutter«, sagte sie zu ihm, »es steht ganz in deinem Belieben; du kannst tun, als ob du in deiner Einsiedelei wärst. Ich will dir zu essen bringen lassen; aber vergiß nicht, daß ich dich zurückerwarte, sobald du deine Mahlzeit eingenommen haben wirst.«

Die Prinzessin speiste zu Mittag, und die falsche Fatime unterließ nicht, sich wieder bei ihr zu melden, sobald sie ihr durch einen Verschnittenen hatte sagen lassen, daß sie von der Tafel aufgestanden sei. »Meine gute Mutter«, sagte die Prinzessin zu ihr, »ich bin erfreut, eine so heilige Frau hier zu haben, die diesem Palast Segen bringen wird. Wie gefällt dir denn der Palast? Ehe ich dir aber Zimmer für Zimmer zeige, sage vor allem, was hältst du von diesem Saal?«

Die falsche Fatime, die, um ihre Rolle besser spielen zu können, bisher immer mit gesenkten Augen dagestanden und ihren Kopf weder rechts noch links hingewendet hatte, hob ihn bei dieser Frage empor, musterte den Saal von einem Ende zum andern, und als sie ihn so betrachtet hatte, sagte sie: »Prinzessin, dieser Saal ist wahrhaft bewundernswürdig und ausgezeichnet schön! Indes scheint es mir, soviel eine Einsiedlerin, die sich auf das, was in der Welt für schön gilt, nicht versteht, beurteilen kann, daß eine einzige Sache daran fehlt.« – »Und was denn, meine gute Mutter?« fragte die Prinzessin Bedrulbudur; »ich beschwöre dich, sage es mir. Ich für meinen Teil habe immer geglaubt und auch sagen gehört, daß er in allem vollkommen sei. Wenn aber etwas daran fehlt, so will ich diesem Mangel abhelfen lassen.«

»Prinzessin«, erwiderte die falsche Fatime mit vieler Verstellung, »verzeih, daß ich mir so viel Freiheit herausnehme. Meine Meinung, wenn dir etwas daran liegen könnte, wäre nämlich, daß, wenn oben von der Mitte dieser Kuppel ein Rochei herabhänge, dieser Saal in allen vier Teilen der Welt seinesgleichen nicht hätte und ein Wunder der Welt sein würde.«

»Meine gute Mutter«, fragte die Prinzessin, »was für ein Vogel ist denn der Roch, und woher könnte man wohl ein Ei von ihm bekommen?« – »Prinzessin«, antwortete die falsche Fatime, »es ist dies ein Vogel von bewundernswürdiger Größe, der auf der höchsten Spitze des Berges Kaukasus wohnt; der Baumeister von diesem Palast wird dir schon ein solches Ei verschaffen.«

Die Prinzessin Bedrulbudur dankte der falschen Fatime für ihren, wie sie glaubte, guten Rat und unterhielt sich mit ihr noch über eine Menge anderer Gegenstände; doch vergaß sie das Rochei nicht und nahm sich vor, mit Alaeddin darüber zu sprechen, sobald er von der Jagd zurückgekehrt sein würde. Er war nämlich seit sechs Tagen fort, und der Zauberer, der dies recht gut wußte, hatte seine Abwesenheit benützen wollen. Alaeddin kam noch an demselben Tag abends zurück, als die falsche Fatime sich soeben von der Prinzessin verabschiedet und auf ihr Zimmer begeben hatte. Er ging sogleich ins Zimmer der Prinzessin, die soeben dahin zurückgekehrt war, begrüßte und umarmte sie; allein es schien ihm, als ob sie ihn etwas kalt empfinge. »Teure Prinzessin«, sagte er zu ihr, »ich finde dich nicht so heiter wie sonst. Ist in meiner Abwesenheit etwas geschehen, das dir mißfallen und Verdruß oder Mißvergnügen verursacht hat? Ich beschwöre dich bei Gott, verbirg es mir nicht, denn ich werde alles aufbieten, deinen Wunsch zu erfüllen, wenn es in meiner Macht steht.« – »Es ist bloß eine Kleinigkeit«, antwortete die Prinzessin, »und die Sache kümmert mich so wenig, daß es mir unbegreiflich ist, wie du auf meinem Gesicht etwas hast bemerken können. Da du jedoch wider mein Erwarten eine Veränderung auf ihm wahrgenommen hast, so will ich dir die Ursache davon mitteilen, obgleich sie nicht von Bedeutung ist.

Ich hatte«, fuhr die Prinzessin Bedrulbudur fort, »wie du auch, bisher immer geglaubt, unser Palast sei der herrlichste, prachtvollste und vollkommenste auf der ganzen Welt. Doch muß ich dir jetzt sagen, was mir bei genauer Besichtigung des Saals mit den vierundzwanzig Fenstern für ein Gedanke gekommen ist. Meinst du nicht auch, daß nichts zu wünschen übrigbleiben würde, wenn mitten im Kuppelgewölbe ein Rochei hinge?« – »Prinzessin«, antwortete Alaeddin, »sobald du findest, daß noch ein Rochei daran fehlt, so bin ich auch dieser Ansicht, und aus dem Eifer, womit ich diesem Mangel abhelfen werde, sollst du ersehen, daß es nichts gibt, was ich nicht dir zuliebe tun würde.«

Alaeddin verließ augenblicklich die Prinzessin Bedrulbudur, ging in den Saal mit den vierundzwanzig Fenstern, zog die Lampe, die er seit der Gefahr, in die ihn ihre Vernachlässigung gestürzt hatte, überall, wo er ging und stand, bei sich trug, hervor und rieb sie. Sogleich erschien auch der Geist. »Geist«, sprach Alaeddin zu ihm, »es fehlt dieser Kuppel noch ein Rochei, das mitten in ihrer Vertiefung hängen muß; ich befehle dir nun im Namen der Lampe, die ich in der Hand halte, daß du diesem Mangel abhilfst.«

Kaum hatte Alaeddin diese Worte ausgesprochen, als der Geist ein so lautes und entsetzliches Geschrei erhob, daß der Saal davon erbebte und auch Alaeddin taumelte, so daß er beinahe zu Boden stürzte. »Wie, Elender!« sagte der Geist in einem Ton zu ihm, der auch dem unerschrockensten Mann Furcht eingeflößt haben würde, »ist es dir nicht genug, daß meine Gefährten und ich dir zuliebe alles getan haben? Mußt du auch noch mit einer Undankbarkeit, die ihresgleichen nicht hat, befehlen, daß ich dir meinen Meister bringen und mitten in diesem Kuppelgewölbe aufhängen soll? Dieser Frevel verdiente, daß du samt deiner Frau und deinem Palast auf der Stelle in Staub und Asche verwandelt würdest. Zu deinem Glück bist du jedoch nicht selbst auf diesen Gedanken gekommen, und der Wunsch geht nicht unmittelbar von dir aus. Du mußt nämlich wissen, daß er von dem Bruder des afrikanischen Zauberers, deines Feindes, herkommt, den du vertilgt hast, wie er es verdiente. Er befindet sich in deinem Palast in der Kleidung der heiligen Frau Fatime, die er ermordet hat, und er hat deiner Frau das verderbliche Verlangen eingegeben, das du gegen mich geäußert hast. Seine Absicht ist, dich umzubringen; sei daher auf der Hut!« Mit diesen Worten verschwand er.

Alaeddin verlor keines von den letzten Worten des Geistes. Er hatte von der heiligen Frau Fatime sagen gehört und wußte recht gut, wie sie dem allgemeinen Glauben zufolge das Kopfweh heilte. Er ging nun aufs Zimmer der Prinzessin zurück, und ohne ein Wort von dem zu sprechen, was ihm soeben begegnet war, setzte er sich nieder, stützte seine Stirn auf die Hand und sagte, es habe ihn plötzlich ein heftiges Kopfweh befallen. Die Prinzessin befahl sogleich, die heilige

Frau zu rufen, und während sie geholt wurde, erzählte sie Alaeddin, wie sie in den Palast gekommen sei und wie sie ihr dann ein Zimmer eingeräumt habe.

Die falsche Fatime kam, und als sie da war, sagte Alaeddin zu ihr: »Komm her, meine gute Mutter, es freut mich, dich zu sehen, du bist gerade zu meinem Glück hierhergekommen. Ich bin soeben von einem abscheulichen Kopfweh überfallen worden, und im Vertrauen auf deine Gebete bitte ich dich um Hilfe, denn ich hoffe, daß du die Wohltat, die du schon so vielen mit dieser Krankheit Behafteten erwiesen hast, auch mir nicht abschlagen wirst.« Mit diesen Worten stand er auf und bückte den Kopf; die falsche Fatime näherte sich ihm, indem sie zugleich mit der Hand nach einem Dolch griff, den sie unter ihrem Kleid am Gürtel stecken hatte. Alaeddin aber, der sie genau beobachtete, fiel ihr in die Hand, noch ehe sie vom Leder gezogen hatte, und durchbohrte sie mit seinem Dolch, so daß sie tot auf dem Fußboden zusammenstürzte.

»Mein teurer Gemahl, was hast du getan?« rief die Prinzessin voll Angst; »du hast die heilige Frau getötet!« – »Nein, geliebte Prinzessin«, antwortete Alaeddin mit großer Ruhe; »ich habe nicht Fatime getötet, sondern einen Schurken, der mich ermordet hätte, wenn ich ihm nicht zuvorgekommen wäre. Dieser Bösewicht, den du hier siehst«, fuhr er fort, indem er ihn einhüllte, »hat die wahre Fatime erwürgt und sich in ihre Kleider gesteckt, um mich zu erdolchen; mit einem Wort: Er war der Bruder des afrikanischen Zauberers, deines Räubers.« Alaeddin erzählte ihr hierauf, auf welche Art er diese Umstände erfahren hatte, und ließ dann den Leichnam wegschaffen.

So wurde Alaeddin also von der Verfolgung der beiden verbrüderten Zauberer befreit. Wenige Jahre darauf starb der Sultan in hohem Alter. Da er keine männlichen Nachkommen hinterließ, so folgte ihm die Prinzessin Bedrulbudur als gesetzmäßige Erbin auf dem Thron nach und teilte ihre Herrschaft mit Alaeddin. Sie regierten miteinander viele Jahre und hinterließen eine berühmte Nachkommenschaft. –

»Herr«, sagte Schehersad, nachdem sie die Erzählung von den Abenteuern mit der Wunderlampe vollendet hatte, »du wirst ohne Zweifel bemerkt haben, daß in der Person des afrikanischen Zauberers ein Mensch dargestellt ist, den eine maßlose Begierde ergriffen hat, sich auf strafbare Weise Schätze zu erwerben, wodurch er sie auch entdeckt hat, aber doch nicht in ihren Besitz gekommen ist, weil er sich ihrer unwürdig zeigte. In Alaeddin dagegen erblickst du einen Mann, der sich von niederer Herkunft bis zur Königswürde erhebt, und zwar mit Hilfe derselben Schätze, die ihm, ohne daß er sie sucht, in die Hände fallen und die er bloß dann begehrt, wenn er sie zur Erreichung seines höchsten Zwecks bedarf. An dem Sultan selbst kannst du ersehen, wie leicht selbst ein guter, gerechter Monarch Gefahr läuft, seinen Thron zu verlieren, wenn er es wagte, durch eine Handlung schreiender Ungerechtigkeit und gegen alle Vorschriften der Billigkeit aus unverständlicher Übereilung einen Unschuldigen zu verdammen, ohne seine Rechtfertigung anhören zu wollen. Deinen höchsten Abscheu aber werden die beiden Schurken von Zauberer erregt haben, von denen der eine sein Leben opfert, um Schätze zu erwerben, der andere Leben und Religion zugleich, um einen Schurken, wie er selbst einer ist, zu rächen, beide aber den verdienten Lohn ihrer Bosheit empfangen [...]«

Geschichte des Ali Baba und der vierzig Räuber, die durch eine Sklavin ums Leben kamen

Mächtiger Sultan! erzählte Schehersad, in einer Stadt Persiens an den Grenzen deines Reichs lebten zwei Brüder, von denen der eine Casim, der andere Ali Baba hieß. Da ihr Vater ihnen nur wenig Vermögen hinterlassen und sie dieses Wenige gleichmäßig unter sich verteilt hatten, so sollte man denken, ihre äußeren Umstände müßten ziemlich gleich gewesen sein; allein der Zufall wollte es anders.

Casim heiratete eine Frau, die bald nach ihrer Hochzeit eine wohlausgestattete Bude, ein reich angefülltes Warenlager und eine Menge liegender Güter erbte, so daß er ein wohlhabender Mann und einer der reichsten Leute der Stadt wurde.

Ali Baba dagegen heiratete eine Frau, die ebenso arm war wie er selbst, wohnte sehr ärmlich und hatte keinen andern Erwerb, um sich und den Seinigen den Lebensunterhalt zu verschaffen, als daß er in einem nahen Wald Holz fällte, das er dann auf drei Eseln, seinem einzigen Besitztum, in die Stadt brachte und verkaufte.

Eines Tages, als Ali Baba wieder im Wald war und eben Holz genug gefällt hatte, um seine Esel damit zu beladen, sah er auf einmal in der Ferne eine gewaltige Staubwolke aufsteigen, die sich in gerader Richtung dem Ort näherte, wo er war. Er blickte sehr aufmerksam nach ihr hin und erkannte bald, daß es eine Reiterschar war, die rasch herankam.

Obgleich man in der Gegend nichts von Räubern erzählte, kam Ali Baba doch auf den Gedanken, diese Reiter könnten welche sein, und beschloß daher, seine Esel ihrem Schicksal zu überlassen und nur seine eigene Person zu retten. Er stieg also auf einen Baum, dessen Äste zwar nicht hoch, aber außerordentlich dicht belaubt waren, und nahm auf ihm mit um so größerer Zuversicht seinen Posten ein, als er von da aus alles sehen konnte, was unten vorging, ohne selbst gesehen zu werden. Der Baum stand am Fuß eines einsamen Felsens, der viel höher als der Baum und so steil war, daß man ihn nicht besteigen konnte.

Die Reiter, große und stattliche Leute und sowohl mit Waffen als Pferden sehr gut versehen, stiegen an dem Felsen ab, und Ali Baba, der vierzig zählte, konnte nach ihren Gesichtern und ihrem ganzen Anzuge nicht mehr zweifeln, daß es Räuber seien. Er täuschte sich auch nicht: es waren wirklich Räuber, die aber die Umgegend nicht im mindesten beunruhigten, sondern ihr Geschäft in weiter Ferne trieben und hier bloß ihren Sammelplatz hatten. Er wurde in seiner Meinung bestärkt, als er sie weiter beobachtete.

Jeder von den Reitern zäumte sein Pferd ab, band es an, warf ihm einen Sack voll Gerste, den er hinter sich gehabt hatte, über den Kopf und packte dann seine Reisetasche ab. Diese Taschen schienen Ali Baba so schwer, daß er schloß, sie müßten voll Gold und Silber sein.

Der stattlichste der Räuber, den Ali Baba für ihren Hauptmann hielt, näherte sich ebenfalls mit seiner Reisetasche auf der Schulter dem Felsen, der dicht an dem großen Baum war, wohin Ali Baba sich geflüchtet hatte, und nachdem er sich durch einige Sträucher den Weg gebahnt hatte, sprach er die Worte: »Sesam, öffne dich!« so laut und deutlich, daß Ali Baba sie hörte. Kaum hatte der Räuberhauptmann diese Worte ausgesprochen, so öffnete sich eine Türe, durch die er alle seine Leute vor sich her eintreten ließ; er selbst ging zuletzt hinein, und die Türe schloß sich wieder.

Die Räuber blieben lange in dem Felsen, und Ali Baba mußte geduldig auf dem Baum bleiben und warten; denn er fürchtete, es könnten einzelne oder auch alle zusammen in dem Augenblick, wo er seinen Posten verlassen und fliehen wollte, herauskommen. Gleichwohl geriet er in Versuchung, herabzusteigen, sich zweier Pferde zu bemächtigen, sich auf das eine zu setzen, das andere am Zügel nebenherzuführen und so, indem er seine drei Esel vor sich hertriebe, in die Stadt zu reiten; doch war dieses Unternehmen zu gewagt, und er beschloß daher, vorsichtiger zu sein.

Endlich öffnete sich die Türe wieder, die vierzig Räuber traten heraus, und der Hauptmann, der zuletzt hineingegangen war, war jetzt der erste, der herauskam und die übrigen alle an sich vorbeiziehen ließ. Ali Baba hörte, daß auf seine Worte: »Sesam, schließe dich!« die Türe sich wieder schloß. Jeder kehrte zu seinem Pferd zurück, zäumte es, band seine Tasche über den Sattel und schwang sich wieder hinauf. Als der Hauptmann endlich sah, daß sie alle zum Ritt gerüstet waren, stellte er sich an ihre Spitze und schlug wieder denselben Weg ein, auf dem sie gekommen waren.

Ali Baba stieg nicht sogleich vom Baum herab. Sie könnten, sprach er bei sich, etwas vergessen haben und mich dann ertappen. Er verfolgte sie mit den Augen, bis er sie aus dem Gesicht verloren hatte, und stieg aus Vorsicht erst lange nachher hinab. Da er die Worte, mit denen der Räuberhauptmann die Türe geöffnet und wieder geschlossen, in seinem Gedächtnis behalten hatte, so kam ihn die Lust an, einen Versuch zu machen, ob sie vielleicht dieselbe Wirkung haben würden, wenn er sie ausspräche. Er drängte sich daher durch das Gesträuch, fand die Türe, die von ihm verdeckt war, stellte sich vor sie hin, sprach die Worte: »Sesam, öffne dich!« und siehe da, sofort sprang die Türe angelweit auf.

Ali Baba hatte einen dunklen und finstern Ort erwartet, aber wie groß war sein Erstaunen, als er das Innere des Felsens sehr hell, weit und geräumig und von Menschenhänden zu einem hohen Gewölbe ausgehöhlt sah, das von oben herab durch eine künstlich angebrachte Öffnung sein Licht empfing. Er erblickte große Mundvorräte, Ballen von köstlichen Kaufmannswaren, Seidenstoffen und Brokat, besonders auch wertvolle Teppiche, haufenweise aufgetürmt; was ihn aber am meisten anzog, war eine Masse geprägtes Gold und Silber, das teils in Haufen aufgeschüttet, teils in ledernen Säcken oder Beuteln einer neben dem andern dalag. Bei diesem Anblick kam es ihm vor, als ob diese Felsenhöhle nicht erst seit einer Reihe von Jahren, sondern schon seit Jahrhunderten fortwährend Räubern als Zufluchtsort gedient haben müsse.

Ali Baba besann sich nicht lange, was er hier tun sollte; er trat in die Höhle, und als er darin war, schloß sich die Türe wieder; doch beunruhigte ihn das nicht, denn er wußte ja das

Geheimnis, sie zu öffnen. Mit dem Silbergeld gab er sich nicht lange ab, sondern machte sich nur an das gemünzte Gold und besonders an das, was in den Säcken war. Von dem nahm er zu wiederholten Malen so viel, als er tragen und seinen drei Eseln aufladen konnte. Als er die Esel wieder an dem Felsen zusammengetrieben hatte, bepackte er sie mit den Säcken, und um die zu verbergen, legte er Holz obendrauf, so daß niemand etwas davon merken konnte. Als er fertig war, stellte er sich vor die Türe, und kaum hatte er die Worte: »Sesam, schließe dich!« ausgesprochen, so schloß sie sich auch wieder; sie hatte sich natürlich jedesmal, wenn er hineingegangen war, von selbst geschlossen und war jedesmal, wenn er herauskam, offengeblieben.

Ali Baba zog nun den Weg nach der Stadt zurück, und als er vor seinem Haus anlangte, trieb er seine Esel in einen kleinen Hof, dessen Türe er sorgfältig hinter sich zuschloß. Hierauf lud er das wenige Holz, das seinen Schatz bedeckte, ab, trug die Säcke in sein Haus und legte sie vor seiner Frau, die auf dem Sofa saß, auf den Tisch.

Seine Frau nahm die Säcke in die Hand, und als sie merkte, daß sie voll Gold waren, meinte sie, ihr Mann habe sie gestohlen. Als er alle hereingebracht hatte, konnte sie nicht umhin, zu ihm zu sagen: »Ali Baba, solltest du so gottverlassen sein, um ...« Ali Baba unterbrach sie mit den Worten: »Sei ruhig, liebes Weib, und mach dir keine Sorge; ich bin kein Dieb, denn ich habe dies alles nur Dieben genommen. Du wirst deine schlechte Meinung von mir bald aufgeben, wenn ich dir mein Glück erzählt haben werde.« Er schüttete die Säcke aus, die einen großen Haufen Goldes enthielten, so daß seine Frau ganz geblendet wurde; hierauf erzählte er ihr die Geschichte von Anfang bis zum Ende und empfahl ihr dann vor allen Dingen, die Sache geheimzuhalten.

Als die Frau sich von ihrem Erstaunen und Schrecken wieder erholt hatte, freute sie sich mit ihrem Mann über das Glück, das ihnen widerfahren war, und wollte den ganzen Goldhaufen, der vor ihr lag, Stück für Stück zählen. »Liebe Frau«, sagte Ali Baba zu ihr, »du bist nicht gescheit. Was fällt dir da ein? Du würdest nie mit dem Zählen fertig werden. Ich will eine Grube machen und es vergraben, wir haben keine Zeit zu verlieren.« – »Es wäre doch gut«, antwortete die Frau, »wenn wir wenigstens ungefähr wüßten, wieviel es ist. Ich will in der Nachbarschaft ein kleines Maß borgen und es damit messen, während du die Grube machst.« – »Liebe Frau«, antwortete Ali Baba, »dies würde uns zu nichts nützen; ich rate dir, laß das sein. Du kannst übrigens tun, was du willst, aber vergiß nur nicht, die Sache verschwiegen zu halten.«

Um aber doch ihre Neugierde zu befriedigen, ging Ali Babas Frau zu ihrem Schwager Casim, der nicht weit von ihr wohnte. Casim war nicht zu Hause, und sie wandte sich daher an seine Frau mit der Bitte, ihr doch auf einige Augenblicke ein Maß zu leihen. Die Schwägerin fragte sie, ob sie ein großes oder ein kleines wolle, und Ali Babas Frau bat sich ein kleines aus. »Recht gerne«, antwortete die Schwägerin; »warte nur ein wenig, ich will es dir sogleich bringen.«

Die Schwägerin holte das Maß; da sie aber Ali Babas Armut kannte, so war sie neugierig zu erfahren, was für Getreide seine Frau damit messen wolle, und kam daher auf den Gedanken, unten an das Maß heimlich etwas Teig zu kleben. Darauf kam sie zurück, überreichte Ali Babas Frau das Maß und entschuldigte sich wegen ihres Ausbleibens damit, daß sie es lange habe suchen müssen.

Als Ali Babas Frau nach Hause zurückkam, stellte sie das Maß auf den Goldhaufen, füllte es und leerte es in einiger Entfernung davon auf dem Sofa. Als sie alles gemessen hatte, war sie sehr zufrieden mit der großen Zahl der Maße und teilte es ihrem Mann mit, der soeben die Grube vollendet hatte.

Während Ali Baba das Geld vergrub, trug seine Frau, um ihrer Schwägerin ihre Pünktlichkeit und Ordnungsliebe zu zeigen, das Maß zurück, hatte aber nicht bemerkt, daß ein Goldstück unten noch dranklebte. »Liebe Schwägerin«, sagte sie zu ihr, als sie es zurückgab, »du siehst, daß ich dein Maß nicht zu lange behalten habe; ich bin dir sehr verbunden dafür; hier hast du es wieder.«

Kaum hatte Ali Babas Frau ihr den Rücken gekehrt, als Casims Frau das Maß von unten besah, und man kann sich ihr Erstaunen denken, als sie das am Boden klebende Goldstück fand. Alsbald fuhr der Satan des Neides in ihr Herz. »Wie!« sagte sie, »Ali Baba hat das Gold maßweise; woher mag es wohl der Elende genommen haben?« Casim, ihr Mann, war, wie gesagt, nicht zu Hause, sondern in seiner Bude, von wo er erst abends zurückerwartet wurde. Die Zeit bis zu seiner Heimkehr schien ihr eine Ewigkeit, denn sie brannte vor Ungeduld, ihm die große Nachricht mitzuteilen, die für ihn ebenso überraschend sein mußte wie für sie.

Als Casim nach Hause kam, sagte seine Frau zu ihm: »Du glaubst ein reicher Mann zu sein, Casim, doch du täuschst dich: Ali Baba ist tausendmal reicher als du; er kann sein Gold nicht zählen, sondern muß es messen.« Casim verlangte eine Erklärung dieses Rätsels, und sie erzählte ihm, wie schlau sie auf die Entdeckung gekommen sei; zugleich zeigte sie ihm das Goldstück, das unten am Boden kleben geblieben war; es war so alt, daß der Name des Fürsten, der es hatte prägen lassen, ihnen unbekannt war.

Statt sich über das Glück des bisher so armen Bruders herzlich zu freuen, empfand Casim eine Eifersucht, die ihm keine Ruhe mehr ließ. Er konnte beinahe die ganze Nacht darüber nicht schlafen, und am andern Morgen ging er noch vor Sonnenaufgang zu ihm. Da er seit seiner Verheiratung mit der reichen Witwe ihn nicht mehr als seinen Bruder ansah und diesen Namen ganz vergessen hatte, so redete er ihn auch jetzt so an: »Ali Baba, du täuschst uns über deine wahren Verhältnisse. Du spielst den Armen, den Notleidenden, den Bettler und mißt das Gold in Maßen.«

»Lieber Bruder«, antwortete Ali Baba, »ich weiß nicht, was du da sagen willst; erkläre dich deutlicher.« – »Verstell dich nur nicht so«, antwortete Casim; und indem er ihm das Gold zeigte, das seine Frau ihm gegeben hatte, fügte er hinzu: »Wieviel solche Goldstücke hast du? Meine Frau hat dieses hier unten an dem Maß gefunden, das die deinige gestern von ihr borgte.«

Daraus entnahm Ali Baba, daß infolge des Eigensinns seiner Frau Casim und dessen Weib bereits die Sache wußten, deren Geheimhaltung ihm so wichtig war. Allein der Fehler war einmal gemacht, und man konnte das nicht ändern. Ohne sich seinen Verdruß anmerken zu lassen, gestand er daher seinem Bruder die ganze Sache und erzählte ihm, durch welchen Zufall und an welchem Ort er den Schlupfwinkel der Räuber entdeckt hatte; zugleich erbot er sich, den Schatz mit ihm zu teilen, wenn er nur das Geheimnis bewahren wolle.

»Ja, das verlange ich ohnehin«, versetzte Casim mit stolzem Ton; »aber«, fügte er hinzu, »ich will auch noch ganz genau wissen, wo der Schatz ist, an welchen näheren Merkmalen ich ihn erkennen und wie ich wohl selbst hineinkommen kann, wenn ich das Verlangen danach habe; sonst zeige ich dich bei Gericht an. Weigerst du dich, mir das zu sagen, so hast du nicht nur nichts mehr zu hoffen, sondern wirst auch das noch verlieren, was du schon hast; ich aber werde für diese Angabe meinen Anteil erhalten.«

Mehr aus Gutmütigkeit als durch die unverschämten Drohungen seines rohen Bruders eingeschüchtert, gab Ali Baba ihm Auskunft über alles, was er wünschte, und teilte ihm auch die Worte mit, die er sprechen mußte, um in die Höhle hinein- und wieder herauszugelangen.

Mehr wollte Casim nicht wissen. Er verließ seinen Bruder mit dem festen Vorsatz, ihm zuvorzukommen, und in der Hoffnung, sich des Schatzes allein zu bemächtigen. Am andern Morgen brach er schon vor Tagesanbruch mit zehn Maultieren auf, die er mit großen Kisten beladen hatte; die wollte er alle auffüllen und nahm sich vor, bei einer zweiten Fahrt nach dem Schatz noch weit mehr solcher Kisten mitzunehmen, falls er noch so viele Ladungen vorfände, daß dies möglich wäre. Er schlug den Weg ein, den Ali Baba ihm bezeichnet hatte, gelangte an den Felsen und erkannte die Merkmale sowie den Baum, auf dem Ali Baba sich versteckt hatte. Er suchte die Türe, fand sie und sprach die Worte: »Sesam, öffne dich!« Die Türe ging auf, er trat hinein, und sogleich schloß sie sich wieder. Bei Besichtigung der Höhle geriet er in große Verwunderung, da er dann weit mehr Reichtümer antraf, als er nach Ali Babas Erzählung vermutet hatte, und sein Erstaunen wurde immer größer, je mehr er alles einzeln betrachtete. Als ein geiziger Mann, dem Reichtümer über alles gingen, hätte er gern den ganzen Tag lang seine Augen an dem Anblick so vielen Goldes geweidet, wenn es ihm nicht eingefallen wäre, daß er eigentlich dazu gekommen sei, um das Geld zu holen und seine zehn Maulesel damit zu beladen. Er nahm daher eine Anzahl von Säcken, soviel er tragen konnte, ging damit auf die Türe zu, und da er an alles andere mehr dachte als an das, was jetzt für ihn am wichtigsten war, so geschah es, daß er sich des notwendigen Wortes nicht mehr erinnerte und, statt Sesam, sagte: »Gerste, öffne dich!« Aber wie groß war seine Bestürzung, als er sah, daß die Türe verschlossen blieb! Nun nannte er noch mehrere andere Namen von Getreidearten, aber nur den rechten nicht, und die Türe blieb immer verschlossen. Auf diesen Zufall war Casim nicht gefaßt. Schrecken und Angst bemächtigten sich seiner, als er sich nun in so großer Gefahr erblickte und je mehr er sich anstrengte, um das Wort Sesam in sein Gedächtnis zurückzurufen, um so verwirrter wurde er, und bald war dies Wort für ihn, als ob er es nie hätte nennen hören. Verzweiflungsvoll warf er jetzt die Säcke, womit er sich beladen hatte, zu Boden, ging mit großen Schritten in der Höhle auf und ab, und alle die Reichtümer, von denen er sich umgeben sah, hatten jetzt keinen Reiz mehr für ihn. (Doch lassen wir Casim sein Schicksal beweinen, er verdient unser Mitleid nicht.)

Die Räuber kehrten gegen Mittag zu ihrer Höhle zurück, und als sie in die Nähe kamen und die mit Kisten beladenen Maulesel Casims erblickten, so wurden sie darüber unruhig, sprengten mit verhängtem Zügel heran und jagten die zehn Maulesel, die Casim anzubinden vergessen hatte und die ruhig weideten, auseinander, so daß sie sich da und dorthin im Wald zerstreuten und ihnen bald aus dem Gesicht entschwanden. Die Räuber nahmen sich nicht die Mühe, den Mauleseln nachzureiten; es war ihnen weit wichtiger, ihren Besitzer aufzufinden. Während nun einige um den Felsen herum die Runde machten, um ihn zu suchen, stieg der

Hauptmann mit den übrigen ab, ging mit blankem Säbel gerade auf die Türe zu, sprach die Worte, und die Türe öffnete sich.

Casim, der mitten in der Höhle das Stampfen von Pferden hörte, zweifelte jetzt nicht mehr, daß die Räuber angekommen waren und er selbst verloren sei. Gleichwohl beschloß er, einen Versuch zu machen, um aus ihren Händen zu entrinnen und sich zu retten; daher stellte er sich dicht vor die Türe, um hinauszustürzen, sobald sie sich öffnen würde. Kaum hörte er das Wort Sesam, das seinem Gedächtnis entfallen war, aussprechen und sah die Türe aufgehen, so stürmte er so ungestüm hinaus, daß er den Hauptmann zu Boden warf. Allein den andern Räubern vermochte er nicht zu entgehen; die hielten ebenfalls den blanken Säbel in der Hand und nahmen ihm auf der Stelle das Leben. Jetzt war die erste Sorge der Räuber, in die Grotte hineinzukommen. Sie fanden nahe der Türe die Säcke, die Casim bis dahin gebracht hatte, um seine Maulesel damit zu bepacken, und legten sie wieder auf ihren Platz, bemerkten aber nicht, daß die, die Ali Baba fortgeschafft hatte, fehlten. Indem sie sich nun wegen dieser Begebenheit berieten, begriffen sie wohl, wie Casim nicht habe aus der Grotte herauskommen können; doch wie er hineingekommen sei, das konnten sie nicht verstehen. Sie kamen auf den Gedanken, er sei vielleicht von oben herabgestiegen; aber die Öffnung, durch die das Licht hereinfiel, war so hoch und der Gipfel des Felsens so unzugänglich, daß sie einstimmig erklärten, dieses Rätsel könnten sie nicht lösen. Daß er durch die Türe hereingekommen sei, konnten sie nicht annehmen, denn dazu mußte er doch das Geheimnis wissen, sie zu öffnen, und in dessen Besitz, glaubten sie, sei niemand außer ihnen selbst. Sie konnten nicht wissen, daß Ali Baba sie belauscht und es gehört hatte. Wie nun auch die Sache gekommen sein mochte, jetzt ging es darum, ihre gemeinschaftlichen Reichtümer in Sicherheit zu bringen, und so kamen sie dahin überein, den Leichnam Casims in vier Teile zu teilen und innerhalb der Grotte, nicht weit von der Türe, zwei zur Rechten und zwei zur Linken, aufzuhängen, zum abschreckenden Beispiel für jeden, der die Frechheit haben würde, etwas Ähnliches zu wagen; sie selbst aber beschlossen, erst nach Verlauf einiger Zeit, wenn der Leichengeruch sich verloren haben würde, in ihre Höhle zurückzukehren. Da sie nichts weiter zurückhielt, so verließen sie ihren Zufluchtsort, nachdem sie ihn verschlossen hatten, stiegen wieder zu Pferde und durchstreiften die Ebene in der Richtung hin, wo die Straßen am meisten von den Karawanen besucht waren, um wie gewöhnlich Jagd auf sie zu machen und sie auszuplündern.

Indes war Casims Frau in großer Unruhe, als die finstere Nacht anbrach und ihr Mann immer noch nicht zurückkam. Voll banger Unruhe ging sie zu Ali Baba und sagte zu ihm: »Lieber Schwager, du weißt gewiß, daß dein Bruder Casim in den Wald gegangen ist und wozu. Er ist immer noch nicht zurückgekommen, obwohl es bereits tiefe Nacht ist; ich fürchte, es möchte ihm irgendein Unglück zugestoßen sein.«

Ali Baba hatte nach der Unterredung mit seinem Bruder dessen Reise vermutet und war deshalb an diesem Tag nicht selbst in den Wald gegangen, um ihm keinen Anlaß zum Argwohn zu geben. Ohne ihr irgendeinen Vorwurf zu machen, der sie oder ihren Mann, wenn er noch am Leben gewesen wäre, hätte beleidigen können, sagte er, sie solle sich deswegen noch nicht bekümmern, denn ohne Zweifel habe Casim es für zweckmäßig gefunden, erst später in die Stadt zurückzukehren.

Casims Frau glaubte dies, da sie bedachte, wie sehr ihrem Mann daran liegen mußte, die Sache geheimzuhalten. Sie kehrte also nach Hause zurück und wartete geduldig bis Mitternacht. Nun aber verdoppelte sich ihr Herzeleid um so mehr, da sie sich nicht durch Schreien und Weinen Luft schaffen konnte, weil sie wohl einsah, daß dessen wahre Ursache vor der Nachbarschaft ein Geheimnis bleiben mußte. Jetzt, da ihr Fehler nicht wieder gutzumachen war, bereute sie ihre närrische Neugierde und ihr sträfliches Begehren, die häuslichen Angelegenheiten ihres Schwagers und ihrer Schwägerin durchschauen zu wollen. Sie weinte die ganze Nacht durch, und bei Tagesanbruch eilte sie wieder zu ihm, indem sie mehr durch Tränen als durch Worte zu verstehen gab, warum sie komme. Ali Baba wartete nicht, bis seine Schwägerin ihn bat, er möchte sich die Mühe nehmen und nachsehen, was aus Casim geworden sei. Er machte sich auf der Stelle mit seinen drei Eseln auf und ging in den Wald, nachdem er sie zu trösten versucht hatte. Als er sich dem Felsen näherte, ohne auf dem ganzen Weg weder seinen Bruder noch die Maulesel angetroffen zu haben, wunderte er sich sehr über das Blut, das er am Eingang der Höhle bemerkte, und dies erschien ihm als ein übles Vorzeichen. Er trat vor die Türe, sprach die Worte, sie öffnete sich, und das erste, was ihm in die Augen fiel, war der Leichnam seines gevierteilten Bruders. Bei diesem traurigen Anblick besann er sich nicht lange, was er tun solle, sondern beschloß, seinem Bruder die letzte Ehre zu erweisen; er dachte nicht mehr daran, wie wenig brüderliche Liebe dieser stets für ihn empfunden hatte. Er fand in der Höhle allerlei Zeug, um darin die vier Teile seines Bruders in verschiedene Ballen zu packen, womit er einen seiner Esel belud; oben drüber legte er Holz, damit niemand es merken möchte. Die beiden andern Esel bepackte er ohne Zögern mit vollen Goldsäcken, über die er ebenfalls, wie das erstemal, Holz legte, und nachdem er dies vollendet und der Türe befohlen hatte, sich wieder zu schließen, zog er nach der Stadt zurück. Er war jedoch vorsichtig genug, am Ausgang des Waldes so lange zu warten, daß er sie erst mit Anbruch der Nacht erreichte. Zu Hause angekommen, trieb er nur die zwei mit Gold beladenen Esel in den Hof, überließ seiner Frau das Geschäft, sie abzuladen; und nachdem er ihr mit wenigen Worten das Schicksal Casims mitgeteilt hatte, führte er den dritten Esel zu seiner Schwägerin. Ali Baba klopfte an die Türe, und sie wurde ihm von einer gewissen Morgiane geöffnet. Diese Morgiane war eine geschickte, kluge und erfinderische Sklavin, die die größten Schwierigkeiten zu überwinden wußte, und Ali Baba kannte sie als solche. Als er daher in den Hof getreten war und dem Esel das Holz und die zwei Pakete abgenommen hatte, zog er Morgiane beiseite und sagte zu ihr: »Morgiane, das erste, was ich von dir verlange, ist unbedingte Verschwiegenheit; du wirst bald sehen, wieviel deiner Gebieterin und mir daran liegen muß. Diese zwei Pakete enthalten den Leichnam deines Herrn; wir müssen jetzt daran denken, ihn so zu beerdigen, als ob er eines natürlichen Todes gestorben wäre. Führe mich zu deiner Gebieterin und achte auf das, was ich ihr sagen werde.« Morgiane meldete es ihrer Gebieterin, und Ali Baba, der ihr auf dem Fuße folgte, trat ins Zimmer. »Nun, mein Schwager«, rief ihm die Witwe mit großer Ungeduld entgegen, »was für Nachricht bringst du mir von meinem Mann? Dein Gesicht verkündet nichts Tröstliches.« – »Schwägerin«, antwortete Ali Baba, »ich kann dir nichts sagen, bevor du mir versprichst, daß du mich vom Anfang bis zum Ende anhören willst, ohne den Mund zu öffnen. Nach dem Vorfall, den ich dir zu erzählen habe, ist es für dein eigenes Wohl und deine Ruhe genauso wichtig wie für mich, daß die Sache verschwiegen bleibt.« – »Ach!« rief die Schwägerin halblaut aus, »diese Einleitung sagt mir, daß mein Mann nicht mehr am Leben ist; zugleich aber sehe ich ein, wie notwendig die Verschwiegenheit ist, die du von mir forderst. Ich muß mir freilich viel Gewalt antun; aber sprich nur.« Ali Baba erzählte hierauf seiner Schwägerin den Verlauf seiner Reise bis zu seiner Heimkehr mit Casims Leichnam. »Schwägerin«, fügte er hinzu, »du hast nun freilich Ursache, betrübt zu sein. Dieses Unglück läßt sich aber nicht mehr ändern; wenn irgend etwas imstande ist, dich zu trösten, so biete ich mich an, die wenigen Güter, die mir Gott beschert hat, mit den deinigen zu vereinigen und dich zu heiraten; zugleich gebe ich dir die Versicherung, daß meine Frau nicht eifersüchtig sein und ihr euch gewiß recht gut miteinander vertragen werdet. Gefällt dir mein Vorschlag, so müssen wir vor allem daran denken, die Sache so einzuleiten, daß jedermann glaubt, mein Bruder sei eines natürlichen Todes gestorben; und dabei denke ich, kannst du dich ganz auf Morgiane verlassen; auch ich werde meinerseits alles beitragen, was in meiner Macht steht.«

Was konnte Casims Witwe Besseres tun als Ali Babas Vorschlag annehmen? Neben dem Vermögen, das ihr durch den Tod ihres ersten Mannes zufiel, bekam sie einen zweiten Mann, der reicher war als sie selbst und durch die Entdeckung des Schatzes noch reicher werden konnte. Sie lehnte also den Antrag nicht ab, sondern betrachtete ihn im Gegenteil als einen triftigen Grund, sich zu trösten. Indem sie daher ihre Tränen trocknete und jenes durchdringende Klagegeschrei, das Frauen bei dem Verlust ihrer Männer zu erheben pflegen, unterließ, bewies sie Ali Baba bereits, daß sie sein Angebot annahm. In dieser Stimmung verließ Ali Baba die Witwe Casims, und nachdem er Morgiane anempfohlen hatte, ihre Rolle gut zu spielen, kehrte er mit seinem Esel nach Hause zurück. Morgiane tat, was man von ihr erwartete, sie ging im selben Augenblick wie Ali Baba aus dem Hause und zu einem Apotheker, der in der Nähe wohnte. Sie klopfte an seinen Laden, und als man ihr geöffnet hatte, verlangte sie eine gewisse Art von Arzneitäfelchen, die bei den gefährlichsten Krankheiten von sehr großem Nutzen sind. Der Apotheker gab ihr einige für das Geld, das sie auf den Tisch gelegt hatte, und fragte, wer denn im Hause ihres Herrn krank sei? »Ach!« erwiderte sie mit einem tiefen Seufzer, »Casim, mein guter Herr, ist es selbst! Man kann aus seiner Krankheit nicht klug werden, er spricht nichts und kann nichts essen.« Mit diesen Worten nahm sie die Arzneitäfelchen, von denen Casim keinen Gebrauch mehr machen konnte. Am andern Morgen kam Morgiane wieder zu dem Apotheker und verlangte mit Tränen in den Augen einen Saft, den man Kranken nur in der äußersten Gefahr einzugeben pflegt; wenn dieser Saft sie nicht gesundmachte, so gab man alle Hoffnung auf ihre Genesung auf. »Ach!« sagte sie mit großer Betrübnis, als sie ihn aus den Händen des Apothekers empfing, »ich fürchte sehr, dies Mittel wird ebensowenig anschlagen wie die Arzneitäfelchen! Ach, was war er für ein guter Herr, und jetzt soll ich ihn verlieren!« Da man nun auch von der andern Seite Ali Baba und seine Frau den ganzen Tag mit betrübtem Gesichte nach Casims Haus hin- und hergehen sah, so wunderte sich niemand über das Jammergeschrei, das Casims Frau und besonders Morgiane am Abend erhoben, um Casims Tod zu verkündigen.

Am andern Morgen ging Morgiane, die auf dem Marktplatz einen alten, ehrlichen Schuhflicker kannte, der seine

Bude immer zuerst und lange vor den andern öffnete, in aller Frühe aus, um ihn aufzusuchen. Sie begrüßte ihn mit dem gewöhnlichen Gruß und drückte ihm sogleich ein Goldstück in die Hand. Der Schuhflicker, der in der ganzen Stadt unter dem Namen Baba Mustapha bekannt und ein sehr lustiger Kamerad voll heiterer Einfälle war, besah das Stück genau, weil es noch nicht recht Tag war, und als er sich überzeugt hatte, daß er Gold bekommen habe, sagte er: »Ein schönes Handgeld! Was steht zu Befehl? Ich bin bereit, alles zu tun.« – »Baba Mustapha«, sagte Morgiane zu ihm, »nimm all dein Handwerkszeug, das zum Flicken nötig ist, und komm schnell mit mir; du mußt dir aber, wenn wir an dem und dem Orte angekommen sind, die Augen verbinden lassen.« Bei diesen Worten machte Baba Mustapha Schwierigkeiten. »Nein, nein«, antwortete er, »du verlangst gewiß etwas von mir, was gegen mein Gewissen oder gegen meine Ehre ist.« – »Gott behüte«, erwiderte Morgiane, indem sie ihm ein zweites Goldstück in die Hand drückte; »ich fordere nichts von dir, was du nicht in allen Ehren tun könntest. Komm nur und mach dir nicht unnötig Angst.« Baba Mustapha folgte, und Morgiane führte ihn, nachdem sie ihm an der bezeichneten Stelle ein Tuch vor die Augen gebunden hatte, in das Haus ihres verstorbenen Herrn und nahm ihm das Tuch erst in dem Zimmer ab, wohin sie den Leichnam gebracht und seine vier Teile gehörig zusammengesetzt hatte. »Baba Mustapha«, sagte sie jetzt zu ihm, »ich habe dich hierher gebracht, damit du diese vier Stücke da zusammennähen sollst. Verliere keine Zeit, und wenn du damit fertig bist, bekommst du noch ein Goldstück.« Als Baba Mustapha fertig war, verband ihm Morgiane in dem Zimmer wieder die Augen, und nachdem sie ihm das versprochene dritte Goldstück eingehändigt und Verschwiegenheit empfohlen hatte, führte sie ihn an den Ort zurück, wo sie ihm auf dem Herwege die Augen verbunden hatte. Hier nahm sie ihm das Tuch wieder ab und ließ ihn nach Hause gehen; sie verfolgte ihn mit den Blicken, so weit sie konnte, damit er keine Lust bekommen sollte, zurückzukehren und sie selbst zu beobachten.

Morgiane hatte heißes Wasser bereiten lassen, um Casims Leichnam zu waschen, und Ali Baba, der zugleich mit ihr ins Haus zurückgekehrt war, wusch ihn, beräucherte ihn mit Weihrauch und hüllte ihn mit den gewöhnlichen Feierlichkeiten und Gebräuchen ins Leichentuch. Bald brachte auch der Schreiner den Sarg, den Ali Baba bei ihm bestellt hatte. Damit nun der Schreiner nichts merken möchte, nahm Morgiane den Sarg an der Türe in Empfang, und nachdem sie ihn bezahlt und weggeschickt hatte, half sie Ali Baba die Leiche hineinlegen. Als der Deckel draufgenagelt war, ging sie nach der Moschee und meldete, daß alles zu der Beerdigung bereit sei. Die Leute der Moschee, deren Geschäft es ist, die Leiche zu waschen, boten ihre Dienste an, um ihre Verrichtung zu erfüllen, aber sie sagte ihnen, dies sei schon geschehen. Kaum war Morgiane wieder zu Hause, als der Imam mit den übrigen Dienern der Moschee ankam. Vier von Casims Nachbarn nahmen den Sarg auf die Schultern und trugen ihn hinter dem Imam her, der fortwährend Gebete sprach, auf den Begräbnisplatz. Morgiane, als die Sklavin des Verstorbenen, folgte unter Tränen und mit entblößtem Haupt, indem sie ein lautes Klagegeschrei erhob, sich heftig die Brust zerschlug und die Haare ausraufte. Hinter ihr ging Ali Baba, begleitet von den Nachbarn, die von Zeit zu Zeit und nach der Reihe die andern Nachbarn, die den Sarg trugen, ablösten, bis man allmählich den Begräbnisplatz erreicht hatte.

Casims Frau aber blieb zu Hause, um sich ihrer Betrübnis zu ergeben und ein lautes Klagegeschrei zu erheben mit ihren Nachbarinnen, die der bestehenden Sitte zufolge während der Begräbnisfeierlichkeit zu ihr gekommen waren, um ihre Wehklagen mit denen der Witwe zu vereinigen, und das ganze Stadtviertel mit Trauer erfüllten. Auf diese Art blieb Casims unglückseliger Tod ein Geheimnis zwischen Ali Baba, dessen Frau, Casims Witwe und Morgiane, und diese vier Personen bewahrten es so behutsam, daß kein Mensch in der Stadt etwas argwöhnte, geschweige denn erfuhr. Drei oder vier Tage nach Casims Beerdigung schaffte Ali Baba die wenigen Gerätschaften, die er besaß, samt dem aus der

Schatzhöhle der Räuber geholten Geld, bei Nacht in das Haus der Witwe seines Bruders, um fortan da zu wohnen. Dadurch brachte er zugleich seine Verheiratung mit seiner Schwägerin zur öffentlichen Kunde, und da Heiraten dieser Art bei unserer Religion durchaus nichts Ungewöhnliches sind, so wunderte sich niemand darüber. Casims Laden übergab Ali Baba einem Sohn, der seit einiger Zeit seine Lehrjahre bei einem bedeutenden Kaufmann vollendet und immer gute Zeugnisse erhalten hatte. Er übergab ihn ihm mit dem Versprechen, wenn er fortfahre, sich gut aufzuführen, so werde er ihn mit der Zeit seinem Stande gemäß vorteilhaft verheiraten.

Wir wollen nun Ali Baba sein neues Glück genießen lassen und uns wieder ein wenig nach den vierzig Räubern umsehen. Sie kehrten nach der bestimmten Frist in ihren Schlupfwinkel im Wald zurück und erstaunten über die Maßen, als sie Casims Leichnam nicht mehr vorfanden; noch höher aber stieg die Verwunderung, als sie an ihren Goldsäcken eine bedeutende Verminderung bemerkten. »Wir sind verraten und verloren«, sprach der Hauptmann, »wenn wir uns nicht sehr in acht nehmen und Gegenmaßnahmen ergreifen; sonst würden wir allmählich alle unsere Reichtümer einbüßen, die unsere Vorfahren und wir selbst mit so vieler Mühe und Beschwerde erworben haben. Aus dem Schaden, der uns angerichtet worden ist, geht so viel hervor, daß der Dieb, den wir ertappten, das Geheimnis wußte, die Türe zu öffnen, und wir zum guten Glück gerade in dem Augenblick dazu kamen, als er wieder hinausgehen wollte. Er war jedoch nicht allein; ein anderer muß ebenfalls davon wissen. Der Beweis dafür ist, daß seine Leiche fortgeschafft worden ist und unser Schatz bedeutend abgenommen hat. Da es nun nicht scheint, daß mehr als zwei Personen das Geheimnis kennen, so müssen wir, nachdem wir den ersten umgebracht haben, auch den zweiten aus dem Weg räumen. Was sagt ihr dazu, brave Leute; seid ihr nicht auch meiner Meinung?«

Der Vorschlag des Räuberhauptmanns leuchtete der ganzen Bande vollkommen ein; sie billigten ihn alle und einigten sich dahin, daß man zunächst jede andere Unternehmung lassen wollte und die vereinigten Kräfte dieser allein widmen solle; man solle nicht eher davon abgehen, bis der Zweck erreicht sei.

»Eben das«, fuhr der Hauptmann fort, »habe ich von eurem Mut und eurer Tapferkeit erwartet; vor allem aber muß ein kühner, gewandter Mann aus eurer Mitte ohne Waffen, in der Tracht eines fremden Reisenden, in die Stadt gehen und seine ganze Geschicklichkeit aufbieten, um zu erkunden, ob man da nicht von dem auffallenden Tod dessen spricht, den wir, wie er es verdiente, umgebracht haben, wer er war und in welchem Hause er wohnte. Dies ist jetzt das wichtigste, damit wir nichts tun, was wir bereuen müssen, und uns nicht in einem Lande verraten, wo wir so lange unbekannt waren und wo es wichtig für uns ist, auch ferner unbekannt zu bleiben. Um denjenigen, der sich zu dieser Sendung bereitfinden wird, anzufeuern, und damit er uns nicht einen falschen Bericht hinterbringe, der unser aller Verderben nach sich ziehen könnte, frage ich euch, ob ihr es nicht für angemessen haltet, daß er sich in diesem Falle der Todesstrafe unterwerfe?«

Ohne die Abstimmung der andern abzuwarten, sagte einer der Räuber: »Ich unterwerfe mich der Bedingung und mache mir eine Ehre daraus, bei diesem Unternehmen mein Leben zu wagen. Gelingt es mir nicht, so werdet ihr euch wenigstens erinnern, daß es mir weder an gutem Willen noch an Mut gefehlt hat, um das Wohl von euch allen zu fördern.«

Der Räuber wurde gelobt vom Hauptmann und seinen Kameraden und verkleidete sich dann so vollständig, daß niemand ihn für das halten konnte, was er wirklich war. Er ging nachts ab und traf seine Maßregeln so, daß er gerade um die Zeit, wo der Tag zu grauen anfing, in die Stadt kam. Auf dem Marktplatz angelangt, sah er nur einen einzigen Laden offen, nämlich den des Baba Mustapha.

Baba Mustapha saß mit dem Pfriemen in der Hand auf seinem Stuhl und wollte eben sein Geschäft beginnen. Der Räuber trat auf ihn zu, wünschte ihm guten Morgen, und da er sein hohes Alter bemerkte, sagte er zu ihm: »Guter Mann, du fängst sehr früh an zu arbeiten; du kannst bei deinen Jahren unmöglich jetzt schon gut sehen. Auch wenn es noch heller wäre, so zweifle ich doch, daß deine Augen noch scharf genug sind zum Flicken.« – »Wer du auch sein magst«, antwortete Baba Mustapha, »so scheinst du mich nicht zu kennen. Ich bin allerdings schon sehr alt, habe aber trotzdem gute Augen, und zum Beweis dafür will ich dir nur sagen, daß ich vor noch nicht langer Zeit einen Toten an einem Orte zusammengeflickt habe, wo es nicht viel heller war, als es jetzt hier ist.« Der Räuber war hocherfreut, sogleich einen Mann angetroffen zu haben, der ihm, wie er hoffte, von selbst ungefragt über das Auskunft geben würde, weswegen er hierhergekommen war. »Einen Toten?« fragte er ganz verwundert; und um ihn zum Sprechen zu bringen, fügte er hinzu: »Warum denn einen Toten zusammennähen? Du wolltest offenbar sagen, das Leichentuch, worin er eingehüllt war!« – »Nein, nein«, antwortete Baba Mustapha, »ich weiß recht gut, was ich sagen will. Du möchtest mich gerne zum Sprechen bringen; aber ich werde dir nichts mehr davon erzählen.«

Der Räuber brauchte keine weiteren Erklärungen, um überzeugt zu sein, daß er gefunden hatte, was zu suchen er gekommen war. Er zog ein Goldstück aus der Tasche, drückte es Baba Mustapha in die Hand und sagte zu ihm: »Ich habe durchaus nicht die Absicht, in dein Geheimnis eindringen zu wollen, obwohl ich dir versichern kann, daß ich es nicht verbreiten würde, wenn du mir es anvertrautest. Das einzige, um was ich dich bitte, ist, daß du so gefällig sein mögest, mir das Haus zu beschreiben oder zu zeigen, wo du den Leichnam zusammengenäht hast.« – »Wenn ich dies auch tun wollte«, antwortete Baba Mustapha, indem er Miene machte, ihm das Gold zurückzugeben, »so versichere ich dir doch, daß es mir unmöglich wäre, das kannst du mir auf mein Wort glauben. Man hat mich nämlich an einen gewissen Ort geführt, wo mir die Augen verbunden wurden, und von da zu einem Haus, von wo aus man mich nach Vollendung meines Geschäfts auf dieselbe Weise an denselben Ort zurückführte. Du siehst also ein, daß ich dir unmöglich deinen Wunsch erfüllen kann.« – »So wirst du dich doch«, fragte der Räuber weiter, »wenigstens einigermaßen noch des Wegs erinnern, den man dich mit verbundenen Augen geführt hat. Ich bitte dich, komme jetzt mit mir, ich will dir an derselben Stelle die Augen verbinden, und dann wollen wir miteinander dieselbe Straße und dieselben Kreuz- und Querwege gehen, die du dich erinnerst, damals gegangen zu sein. Da aber jeder Arbeiter seines Lohnes wert ist, so gebe ich dir hier ein zweites Goldstück. Komm und tu mir diesen Gefallen.«

Die beiden Goldstücke lockten Baba Mustapha. Er betrachtete sie eine Zeitlang in seiner Hand, ohne ein Wort zu sprechen, und ging mit sich zu Rate, was er tun solle. Endlich zog er seinen Geldbeutel, steckte sie hinein und sagte zum Räuber: »Ich kann zwar nicht versichern, daß ich mich des Wegs, den man mich damals führte, genau erinnere; da du es aber so haben willst, so komm; ich will mein möglichstes tun, um mich darauf zu besinnen.«

Baba Mustapha machte sich nun zur großen Freude des Räubers auf, und ohne seinen Laden zu verschließen, worin er nichts Bedeutendes zu verlieren hatte, führte er ihn an den Ort, wo Morgiane ihm die Augen verbunden hatte. Als sie dort angekommen waren, sagte Baba Mustapha: »Hier hat man mich verbunden, und ich sah gerade nach derselben Seite wie jetzt.« Der Räuber, der schon sein Schnupftuch in Bereitschaft hatte, verband ihm nun gleichfalls die Augen und ging neben ihm her, indem er ihn teils führte, teils sich von ihm führen ließ, bis er stehenblieb.

»Weiter«, sagte Baba Mustapha, »bin ich, so viel ich weiß, nicht gekommen«, und er befand sich wirklich vor Casims Haus, wo jetzt Ali Baba wohnte. Der Räuber machte, bevor er ihm das Tuch von den Augen nahm, schnell mit einem Stück Kreide ein Zeichen vor die Türe, und als er es ihm abgebunden hatte, fragte er ihn, ob er wisse, wem das Haus gehöre. Baba Mustapha antwortete, er wohne nicht in diesem Stadtviertel und könne ihm nichts darüber sagen.

Als der Räuber sah, daß er von Baba Mustapha nichts mehr erfahren konnte, dankte er ihm für seine Bemühung und ließ ihn nach seinem Laden zurückgehen; er selbst aber ging wieder in den Wald, in der festen Überzeugung, dort gute Aufnahme zu finden.

Bald nachdem der Räuber und Baba Mustapha sich getrennt hatten, ging Morgiane eines Geschäfts wegen aus dem Hause Ali Babas, und als sie zurückkam, bemerkte sie das Zeichen, das der Räuber an die Türe gemacht hatte. Sie blieb stehen und betrachtete es aufmerksam. »Was mag wohl dieses Zeichen bedeuten?« sagte sie bei sich selbst; »sollte jemand Böses gegen meinen Herrn im Schilde führen oder ist es bloß zum Scherz gemacht worden? Dem sei übrigens wie ihm wolle, es kann nichts schaden, wenn man sichergeht.« Sie nahm sofort ebenfalls Kreide, und da die zwei oder drei vorhergehenden und folgenden Türen fast ebenso aussahen wie ihre Haustüre, so bezeichnete sie die an derselben Stelle und ging dann in das Haus zurück, ohne weder ihrem Herrn noch dessen Frau etwas davon zu sagen.

Der Räuber setzte indes seinen Weg nach dem Wald fort und kam sehr bald zur übrigen Gesellschaft zurück. Er stattete sogleich Bericht vom Erfolg seiner Reise ab und pries über die Maßen sein Glück, daß er gleich anfangs einen Mann gefunden hatte, der ihm das, was ihn in die Stadt geführt, erzählt habe, denn er hätte es sonst von niemand erfahren können. Alle zeigten große Freude darüber; der Hauptmann aber nahm das Wort, und nachdem er den Eifer des Kundschafters gelobt hatte, sprach er zu der ganzen Gesellschaft: »Kameraden, wir haben keine Zeit mehr zu verlieren; laßt uns wohlbewaffnet, aber ohne daß man es uns ansieht, aufbrechen und, um keinen Verdacht zu erregen, einzeln, einer nach dem andern, in die Stadt gehen; dort kommt von verschiedenen Seiten her auf dem Marktplatz zusammen, während ich mit unserm Kameraden, der uns die gute Nachricht gebracht hat, das Haus auskundschaften werde, um dann die zweckmäßigsten Maßregeln treffen zu können.«

Die Rede des Räuberhauptmanns wurde mit großem Beifall aufgenommen, und sie waren bald reisefertig. Sie zogen nun zu zweit oder dritt von dannen, und da sie immer in angemessener Entfernung voneinander gingen, so gelangten sie, ohne Verdacht zu erregen, in die Stadt. Der Hauptmann und der Räuber, der morgens hier gewesen war, trafen dort zuletzt ein. Der führte den Hauptmann in die Straße, wo er Ali Babas Haus bezeichnet hatte, und als er an die erste, von Morgiane bezeichnete Haustüre kam, machte er ihn darauf aufmerksam und sagte, das sei die rechte. Als sie aber, um sich nicht verdächtig zu machen, weitergingen, bemerkte der Hauptmann, daß die folgende Türe ebenfalls dasselbe Zeichen an derselben Stelle hatte; er zeigte es daher seinem Führer und fragte ihn, ob es dies Haus sei oder das vorige. Der Räuber kam in Verlegenheit und wußte nichts zu antworten, besonders als er und der Hauptmann sahen, daß die vier oder fünf folgenden Türen ebenfalls dasselbe Zeichen hatten. Er versicherte dem Hauptmann mit einem Schwur, daß er bloß eine einzige bezeichnet habe, und fügte hinzu: »Es ist mir unbegreiflich, wer die übrigen so ähnlich bezeichnet haben mag; aber ich muß in dieser Verwirrung gestehen, daß ich dasjenige, was ich selbst bezeichnet habe, nicht mehr herausfinden kann.« Als nun der Hauptmann seinen Plan vereitelt sah, begab er sich nach dem Marktplatz und ließ seinen Leuten durch den ersten besten, der ihm begegnete, sagen, sie hätten sich diesmal vergebliche Mühe gemacht, und es bleibe nichts anderes übrig, als den Rückweg nach ihrem gemeinschaftlichen Zufluchtsort anzutreten. Er selbst ging voran, und sie folgten ihm alle in derselben Ordnung, wie sie gekommen waren.

Nachdem die Bande sich im Wald wieder versammelt hatte, erklärte ihr der Hauptmann, warum er sie habe wieder umkehren lassen. Sogleich wurde der Führer einstimmig zum Tode verurteilt; er gestand selbst ein, daß er es verdient habe, weil er bessere Vorsichtsmaßregeln hätte ergreifen sollen; und ohne Zittern bot er dem den Hals hin, der den Auftrag erhielt, ihm den Kopf abzuschlagen.

Da es für das Wohl der Bande sehr wichtig war, den Schaden, den man ihr zugefügt hatte, nicht ungerächt zu lassen, so trat ein anderer Räuber auf, versprach, es solle ihm besser gelingen als seinem Vorgänger, und bat sich die Übertragung dieses Geschäfts als eine Gunst aus. Es wurde ihm genehmigt; er ging nach der Stadt, bestach Baba Mustapha, wie sein Vorgänger es getan hatte, und Baba Mustapha führte ihn mit verbundenen Augen vor Ali Babas Haus. Der Räuber bezeichnete es an einer weniger bemerkbaren Stelle mit Rötel, in der Hoffnung, er werde es auf diese Art gewiß von den weißbezeichneten unterscheiden können.

Aber bald darauf ging Morgiane aus dem Haus wie am vorigen Tag, und als sie zurückkam, entging das rote Zeichen ihren scharfblickenden Augen nicht. Sie dachte sich dabei dasselbe wie bei dem weißen Zeichen und machte sogleich an die Türen der Nachbarhäuser an die gleiche Stelle dasselbe Zeichen mit Rötel.

Inzwischen kehrte der Räuber zu seiner Bande in den Wald zurück, erzählte, welche Maßregel er getroffen habe und sagte, es wäre ihm jetzt unmöglich, das bezeichnete Haus mit den andern zu verwechseln. Der Hauptmann und seine Leute glaubten ihm, die Sache müsse jetzt gelingen. Sie begaben sich daher in derselben Ordnung und mit derselben Vorsicht wie tags zuvor in die Stadt, um den Plan auszuführen, den sie ersonnen hatten. Der Hauptmann und der Räuber gingen sogleich in die Straße Ali Babas, fanden aber dieselbe Schwierigkeit wie das erstemal. Der Hauptmann wurde darüber erzürnt, und der Räuber geriet in dieselbe Bestürzung wie derjenige, der vor ihm diesen Auftrag gehabt hatte. So sah sich denn der Hauptmann genötigt, ebenso unbefriedigt wie das erstemal, noch an demselben Tag mit seinen Leuten den Rückweg anzutreten. Der Räuber, der an dem Mißlingen des Planes schuld war, erlitt ebenfalls die Strafe, der er sich freiwillig unterworfen hatte.

Da nun der Hauptmann seine Bande um zwei wackere Leute vermindert sah, fürchtete er, sie mochte noch mehr abnehmen, wenn er sich bei Erforschung von Ali Babas Haus auch fernerhin auf andere verlassen wollte. Ihr Beispiel zeigte ihm, daß sie mehr zu kühnen Waffentaten geeignet waren als zu Unternehmungen, wo man klug und listig zu Werke gehen mußte. Er übernahm daher die Sache selbst und ging nach der Stadt, wo ihm Baba Mustapha denselben Dienst leistete wie den beiden Abgesandten seiner Bande; er machte jedoch kein Merkzeichen an Ali Babas Haus, sondern ging mehrere Male vorüber und betrachtete es genau, daß er glaubte, es nicht mehr verfehlen zu können.

Nachdem er sich nun von allem, was er wünschte, unterrichtet hatte, ging der Räuberhauptmann, zufrieden mit seiner Reise, nach dem Wald zurück, und als er in die Felsenhöhle kam, wo die ganze Bande ihn erwartete, sagte er zu ihnen: »Kameraden, jetzt kann uns nichts mehr hindern, volle Rache für die Bosheit zu nehmen, die an uns verübt worden ist. Ich kenne das Haus des Schurken, den sie treffen soll, ganz genau und habe unterwegs Mittel überlegt, die Sache so schlau anzugreifen, daß niemand weder von unserer Höhle noch von unserm Schatz etwas ahnen soll; denn dies ist der Hauptzweck, den wir bei unserm Unternehmen vor Augen haben müssen, sonst würde es uns ins Verderben stürzen. Hört«, fuhr der Hauptmann fort, »was ich ausgedacht habe, um diesen Zweck zu erreichen. Wenn ich euch meinen Plan auseinandergesetzt haben werde und einer von euch ein besseres Mittel weiß, so mag er es uns sagen.« Sofort erklärte er ihnen, wie er die Sache anzugreifen gedenke, und als ihm alle ihren Beifall zu erkennen gaben, befahl er ihnen, sich in die umliegenden Dörfer und Flecken und auch in die Stadt zu zerstreuen und neunzehn Maulesel zu kaufen, sowie achtunddreißig große lederne Ölschläuche: den einen voll, die andern aber leer.

Binnen zwei bis drei Tagen hatten die Räuber alles beisammen. Da die leeren Schläuche an der Mündung für seinen Zweck etwas zu eng waren, so ließ der Hauptmann sie ein wenig erweitern, und nachdem er in jeden Schlauch einen seiner Leute mit den nötigen Waffen hatte hineinkriechen lassen, wobei jedoch eine aufgetrennte Ritze offenblieb, damit sie Atem schöpfen konnten, verschloß er die Schläuche so, daß man glauben mußte, es sei Öl darin; um aber die Täuschung zu vollenden, befeuchtete er sie von außen mit Öl, das er aus dem vollen Schlauch nahm.

Nachdem er diese Anordnung getroffen und die siebenunddreißig Räuber in den Schläuchen und den mit Öl gefüllten Schlauch auf die Maultiere geladen hatte, schlug der Hauptmann um die festgesetzte Stunde mit ihnen den Weg in die Stadt ein und kam in der Abenddämmerung, etwa eine Stunde nach Sonnenuntergang, vor ihr an. Er ging zum Tor hinein und geradewegs auf Ali Babas Haus zu, in der Absicht, bei ihm anzuklopfen und von der Gefälligkeit des Hausherrn für sich und seine Maultiere ein Nachtlager zu erbitten. Er brauchte nicht anzuklopfen, denn Ali Baba saß vor der Türe, um nach dem Abendessen frische Luft zu schöpfen. Er ließ daher seinen Maulesel haltmachen, wandte sich an Ali Baba und sagte zu ihm: »Herr, ich bringe das Öl, das du hier siehst, aus weiter Ferne her, um es morgen auf dem Markt zu verkaufen; aber da es schon so spät ist, so weiß ich nicht, wo ich ein Unterkommen finden soll. Wenn es dir nicht zu lästig wäre, so würde ich dich um die Gefälligkeit bitten, mich für diese Nacht in deinem Hause aufzunehmen; ich würde dir dafür sehr dankbar sein.« Obgleich Ali Baba den Mann, der jetzt mit ihm sprach, bereits im Wald gesehen und auch reden gehört hatte, so konnte er ihn doch in seinem Ölhändleraufzug unmöglich als den Hauptmann jener vierzig Räuber wiedererkennen. »Sei mir willkommen«, sagte er zu ihm, »und tritt herein!« Mit diesen Worten machte er ihm Platz, daß er samt seinen Maultieren hineingehen konnte.

Ali Baba rief nun seinen Sklaven und befahl ihm, sobald die Maultiere abgepackt sein würden, sie nicht bloß in den Stall zu führen, sondern ihnen auch Gerste und Heu zu bringen. Auch nahm er sich die Mühe, in die Küche zu gehen und Morgiane zu befehlen, sie solle für den neuangekommenen Gast schnell ein gutes Abendbrot bereiten und in einem Zimmer ein Bett für ihn herrichten.

Ali Baba tat noch mehr, um seinem Gast Ehre zu erweisen. Als er nämlich sah, daß der Räuberhauptmann seine Maulesel abgepackt hatte und diese, wie er befohlen, in den Stall gebracht worden waren, nahm er den Fremden, der die Nacht unter freiem Himmel zubringen wollte, bei der Hand und führte ihn in den Saal, wo er seine Besuche zu empfangen pflegte, mit der Erklärung, er werde es nicht zulassen, daß er im Hof übernachte. Der Räuberhauptmann verbat sich diese Ehre, indem er sagte, er wolle ihm durchaus nicht zur Last fallen; der wahre Grund aber war, daß er seinen Plan um so ungestörter ausführen wollte. Indes bat ihn Ali Baba so höflich und so dringend, daß er ihm nicht länger widerstehen konnte. Ali Baba leistete dem, der ihm nach dem Leben trachtete, nicht bloß so lange Gesellschaft, bis Morgiane das Abendbrot auftrug, sondern unterhielt sich mit ihm auch noch fortwährend über allerlei Dinge, von denen er glaubte, sie könnten ihm Vergnügen machen, und verließ ihn nicht eher, als bis er sein Mahl vollendet hatte. »Ich lasse dich jetzt allein«, sagte er dann zu ihm; »wenn du irgend etwas wünschst, so brauchst du es nur zu sagen; alles, was in meinem Hause ist, steht zu deinen Diensten.« Der Räuberhauptmann stand zugleich mit Ali Baba auf und begleitete ihn bis an die Türe. Während nun Ali Baba in die Küche ging, um mit Morgiane zu sprechen, begab der sich in den Hof unter dem Vorwand, er wolle im Stall nachsehen, ob es seinen Mauleseln an nichts fehle.

Nachdem Ali Baba Morgiane von neuem empfohlen hatte, für seinen Gast aufs beste zu sorgen und es ihm an nichts fehlen zu lassen, fügte er hinzu: »Morgiane, ich will dir jetzt nur noch sagen, daß ich morgen vor Tag ins Bad gehe; mache meine Badetücher zurecht und gib sie Abdallah« – so hieß sein Sklave –, »sodann besorge mir eine gute Fleischbrühe, bis ich nach Hause komme.« Nachdem er ihr diese Befehle gegeben hatte, ging er zu Bett.

Indes gab der Räuberhauptmann, als er aus dem Stall herauskam, seinen Leuten Befehl, was sie tun sollten. Vom ersten Schlauch an bis zum letzten sagte er zu jedem: »Wenn ich von meinem Schlafgemach kleine Steinchen herabwerfe, so schneide mit dem Messer, das du bei dir hast, den Schlauch von oben bis unten auf und krieche aus der Öffnung heraus; ich werde dann bald bei euch sein.« Das Messer, von dem er sprach, war für diesen Zweck eigens gespitzt und geschliffen worden. Nachdem dies geschehen war, kehrte er zurück, und sobald er sich an der Küchentüre zeigte, nahm Morgiane ein Licht, führte ihn nach dem für ihn eingerichteten Zimmer und ließ ihn dort allein, nachdem sie ihn zuvor gefragt hatte, ob er nichts weiter wünsche. Um keinen Argwohn zu erregen, löschte er bald darauf das Licht und legte sich angekleidet nieder, damit er gleich nach dem ersten Schlaf wieder aufstehen könnte.

Morgiane vergaß Ali Babas Befehl nicht. Sie legte seine Badetücher zurecht, übergab sie an Abdallah, der noch nicht schlafen gegangen war, und stellte den Topf zur Fleischbrühe ans Feuer. Während sie nun den Topf abschöpfte, löschte plötzlich die Lampe aus. Im ganzen Hause war kein Öl mehr und zufällig auch kein Licht vorrätig. Was sollte sie nun anfangen? Um ihren Topf abzuschöpfen, mußte sie etwas sehen. Sie gestand ihre Verlegenheit Abdallah, der ihr zur Antwort gab: »Da gibt es freilich keinen andern Rat, als daß du dir aus einem der Schläuche unten im Hof etwas Öl holst.« Morgiane dankte Abdallah für diesen Rat und während er neben Ali Babas Zimmer sich niederlegte, um ihn dann ins Bad zu begleiten, nahm sie den Ölkrug und ging in den Hof. Als sie sich dem ersten besten Schlauch näherte, fragte der Räuber, der darin steckte, ganz leise: »Ist es Zeit?« Obwohl nun der Räuber leise gesprochen hatte, wurde Morgiane doch über diese Stimme um so mehr stutzig, weil der Räuberhauptmann, nachdem er seine Maulesel abgeladen, nicht bloß diesen Schlauch, sondern auch alle übrigen geöffnet hatte, um seinen Leuten frische Luft zu verschaffen. Ihre Lage in den Schläuchen war ohnehin nicht gerade angenehm, obschon sie Atem holen konnten.

Jede andere Sklavin als Morgiane, obwohl sie freilich nicht wenig überrascht war, statt des gesuchten Öls einen Mann in dem Schlauch zu finden, hätte darüber wahrscheinlich Lärm gemacht und vielleicht großes Unglück angerichtet. Morgiane aber war weit verständiger als ihresgleichen. Sie begriff sogleich, wie wichtig es war, die Sache geheimzuhalten, in welch dringender Gefahr Ali Baba und seine Familie und sie selbst schwebte und daß sie jetzt so schnell wie möglich und ohne allen Lärm ihre Maßregeln ergreifen mußte. Gott der Herr hatte sie mit Verstand gesegnet, so daß sie die Mittel dazu bald erkannte. Sie faßte sich im Augenblick wieder, und ohne im mindesten Schrecken zu verraten, antwortete sie, als ob sie der Räuberhauptmann wäre: »Noch nicht, aber bald.« Darauf näherte sie sich dem folgenden Schlauch, wo sie dieselbe Frage hörte, und so fort, bis sie zum letzten kam, der voll Öl war; sie gab auf jede Frage immer dieselbe Antwort.

Morgiane erkannte daraus, daß ihr Herr Ali Baba nicht, wie er glaubte, einen Ölhändler, sondern siebenunddreißig Räuber nebst ihrem Hauptmann, den verkleideten Kaufmann, in seinem Haus beherbergte. Sie füllte daher in aller Eile ihren Krug mit Öl, das sie aus dem letzten Schlauch nahm, kehrte dann in die Küche zurück, und nachdem sie Öl in die Lampe gegossen und sie wieder angezündet hatte, nahm sie einen großen Kessel, ging wieder in den Hof und füllte ihn mit Öl aus dem Schlauche. Sodann ging sie wieder in die Küche und setzte ihn über ein gewaltiges Feuer, in das sie immer neues Holz schob, denn je eher das Öl zum Sieden kam, desto eher konnte sie auch den Plan ausführen, den sie zum gemeinsamen Wohl des Hauses entworfen hatte und der keinen Aufschub zuließ. Als endlich das Öl kochte, nahm sie den Kessel und goß in jeden Schlauch, vom ersten bis zum letzten, so viel siedendes Öl, als nötig war, um die Räuber zu ersticken und zu töten.

Nachdem Morgiane die Tat, die ihrem Mut alle Ehre machte, ebenso geräuschlos ausgeführt wie ausgedacht hatte, kehrte sie mit dem leeren Kessel in die Küche zurück und verschloß sie. Dann löschte sie das große Feuer, das sie angezündet hatte, aus und ließ bloß so viel übrig, als nötig war, um die Fleischbrühe für Ali Baba vollends zu kochen. Zuletzt blies sie auch die Lampe aus und verhielt sich ganz still, denn sie hatte beschlossen, nicht eher zu Bett zu gehen, als bis sie durch ein Küchenfenster, das nach dem Hof hinaussah, soweit die Dunkelheit der Nacht es gestattete, alles beobachtet hätte, was etwa vorging. Morgiane hatte noch keine Viertelstunde gewartet, als der Räuberhauptmann erwachte. Er stand auf, öffnete das Fenster, sah hinaus, und da er nirgends mehr Licht erblickte, sondern überall im Hause die tiefste Ruhe und Stille herrschen sah, so gab er das verabredete Zeichen, indem er kleine Steine hinabwarf. Mehrere davon fielen, wie er sich durch den Schall überzeugen konnte, auf die ledernen Schläuche. Er horchte begierig, hörte und merkte aber nichts, woraus er hätte schließen können, daß seine Leute sich in Bewegung setzten. Dies beunruhigte ihn, und er warf zum zweiten- und drittenmal kleine Steine hinab. Sie fielen auf die Schläuche, aber keiner von den Räubern gab das geringste Lebenszeichen von sich. Da er dies nicht begreifen konnte, ging er in der höchsten Bestürzung und so leise wie möglich in den Hof hinab und näherte sich dem ersten Schlauch; als er aber den darin befindlichen Räuber fragen wollte, ob er schlafe, stieg ihm ein Geruch von heißem Öl und von etwas Verbranntem aus dem Schlauch entgegen, und er erkannte daraus, daß sein Plan, Ali Baba zu ermorden, auszuplündern und das seiner Gesellschaft geraubte Geld wieder mitzunehmen, gänzlich fehlgeschlagen war. Er ging nun zum folgenden Schlauch und so fort bis zum letzten und fand, daß alle seine Leute auf dieselbe Weise umgekommen waren. Die Abnahme des Öls in dem vollen Ölschlauch zeigte ihm, welcher Mittel und Wege man sich bedient hatte, um seinen Plan zu vereiteln. Jetzt, da er alle seine Hoffnungen zertrümmert sah, brach er, Verzweiflung im Herzen, durch die Türe, die aus dem Hof in Ali Babas Garten führte, und flüchtete sich, indem er über eine Gartenmauer nach der andern sprang.

Als Morgiane kein Geräusch mehr hörte und nach geraumem Warten den Räuberhauptmann nicht zurückkommen sah, zweifelte sie nicht mehr daran, daß er durch den Garten geflohen sei; denn durch die Haustüre konnte er nicht zu entrinnen hoffen, da sie doppelt geschlossen war. Hocherfreut, daß es ihr so gut gelungen war, das ganze Haus zu retten, ging sie endlich zu Bett und schlief ein. Ali Baba indes stand vor Tag auf und ging, von einem Sklaven begleitet, ins Bad. Er hatte nicht die geringste Ahnung von der gräßlichen Begebenheit, die sich, während er schlief, in seinem Haus zugetragen hatte, denn Morgiane hatte es nicht für nötig gefunden, ihn aufzuwecken, weil sie im Augenblick der Gefahr keine Zeit zu verlieren hatte und nach ihrer Abwendung ihn nicht in seiner Ruhe stören wollte. Als Ali Baba aus dem Bad in sein Zimmer zurückkam und die Sonne schon hell am Himmel stand, wunderte er sich sehr, die Ölschläuche noch am alten Platz stehen zu sehen, und es war ihm unbegreiflich, daß der Kaufmann mit seinen Eseln nicht auf den Markt gegangen sein solle. Er fragte deshalb Morgiane, die ihm die Tür öffnete und alles so stehen- und liegengelassen hatte, damit er es selbst sehen möchte und sie ihm recht deutlich machen könnte, was sie zu seiner Rettung getan habe. »Mein guter Herr«, antwortete ihm Morgiane; »Gott und der heilige Prophet erhalte dich und dein Haus! Du wirst dich von dem, was du zu wissen verlangst, besser überzeugen, wenn deine eigenen Augen sehen werden, was ich ihnen zeigen will. Nimm dir einmal die Mühe, mit mir zu kommen.« Ali Baba folgte seiner Magd; sie verschloß die Tür, führte ihn zum ersten Schlauch und sagte dann: »Blicke einmal in diesen Schlauch hinein, du wirst noch nie solches Öl gesehen haben.«

Ali Baba blickte hinein, und als er in dem Schlauch einen Mann sah, erschrak er über die Maßen, schrie laut und sprang zurück, wie wenn er auf eine Schlange getreten wäre. »Fürchte nichts«, sagte Morgiane zu ihm; »der Mann, den du da siehst, wird dir nichts Böses tun. Er hat das Maß seiner Missetaten erfüllt, aber jetzt kann er niemandem mehr Schaden zufügen, denn er ist tot.« – »Morgiane«, rief Ali Baba, »beim erhabenen Propheten! Sage mir, was soll das heißen?« – »Ich will es dir erklären«, sagte Morgiane, »aber mäßige die Ausbrüche deiner Verwunderung und reize nicht die Neugierde der Nachbarn, auf daß sie nicht eine Sache erfahren, die geheimzuhalten von großer Wichtigkeit für dich ist. Sieh jedoch zuvor die übrigen Schläuche.« Ali Baba sah in die andern Schläuche der Reihe nach hinein, vom ersten bis zum letzten, in dem Öl war, das sichtlich abgenommen hatte. Als er nun alle gesehen hatte, blieb er wie angewurzelt stehen, indem er seine Augen bald auf die Schläuche, bald auf Morgiane heftete; und so groß war sein Erstaunen, daß er lange kein Wort sprechen konnte. Endlich erholte er sich wieder und fragte: »Aber was ist denn aus dem Kaufmann geworden?« – »Der Kaufmann«, antwortete Morgiane, »ist so wenig Kaufmann wie ich eine Kaufmännin bin. Ich will dir sagen, was er ist und wohin er sich geflüchtet hat. Doch wirst du diese Geschichte viel bequemer auf deinem Zimmer anhören, denn deine Gesundheit erfordert, daß du jetzt, nachdem du aus dem Bad gekommen bist, etwas Fleischbrühe genießt.«

Während Ali Baba sich auf sein Zimmer begab, holte Morgiane die Fleischbrühe aus der Küche und brachte sie ihm; Ali Baba sagte aber, ehe er sie zu sich nahm: »Fange an, meine Ungeduld zu befriedigen, und erzähle mir diese seltsame Geschichte in allen Einzelheiten.« Morgiane erfüllte den Willen ihres Herrn und sprach: »Herr, gestern abend, als du bereits zu Bett gegangen warst, legte ich, wie du mir befohlen hattest, deine Badetücher zurecht und übergab sie Abdallah. Dann stellte ich den Topf mit der Fleischbrühe ans Feuer, und während ich sie schäumte, erlosch auf einmal die Lampe, weil kein Öl mehr darin war. Im Krug war kein Tröpfchen mehr zu finden, und ebensowenig konnte ich ein Stümpchen Licht bekommen. Abdallah, der meine Verlegenheit bemerkte, erinnerte mich an die vollen Ölschläuche im Hof, denn er zweifelte ebensowenig wie ich und du selbst, daß es solche wären. Ich nahm also meinen Ölkrug und lief zu dem nächsten besten Schlauch. Als ich nahe daran war, kam eine Stimme aus ihm, die mich fragte: ›Ist es Zeit?‹ Ich erschrak nicht, sondern erkannte sogleich die Bosheit des falschen Kaufmanns und antwortete ohne Zögern: ›Noch nicht, aber bald.‹ Ich trat zum folgenden Schlauch, und eine andere Stimme richtete dieselbe Frage an mich, worauf ich dieselbe Antwort gab. So ging ich denn von einem Schlauch zum andern, immer dieselbe Frage und dieselbe Antwort, und erst im letzten Schlauch fand ich Öl, womit ich den Krug füllte. Als ich nun überlegte, daß sich mitten in deinem Hof siebenunddreißig Räuber befanden, die nur auf ein Zeichen oder den Befehl ihres Anführers, den du für einen Kaufmann hieltest und so gut aufgenommen hattest, warteten, um das ganze Haus auszuplündern, so glaubte ich, jetzt sei keine Zeit mehr zu verlieren. Ich trug daher den Krug zurück, zündete die Lampe an, nahm den größten Kessel in der ganzen Küche und füllte ihn mit Öl. Dann stellte ich ihn über das Feuer, und als das Öl kochte, goß ich in jeden Schlauch, worin ein Räuber steckte, so viel hinein, wie nötig war, um sie an der Ausführung des verderblichen Plans zu verhindern, der sie hierhergeführt hatte. Nachdem nun die Sache ein solches Ende genommen, wie ich es mir gedacht hatte, kehrte ich in die Küche zurück, löschte die Lampe aus, und bevor ich zu Bett ging, fing ich an, durchs Fenster ruhig zu beobachten, was der falsche Ölhändler wohl jetzt tun würde. Nach einer Weile hörte ich, daß er zum Zeichen für seine Leute kleine Steine aus dem Fenster und auf die Schläuche warf. Er wiederholte dies mehrere Male; als er aber nichts sich regen sah oder hörte, ging er hinab, und ich sah ihn von einem Schlauch zum andern gehen, bis ich ihn in der Dunkelheit der Nacht aus dem Auge verlor. Doch gab ich noch einige Zeit acht, und da ich ihn nicht zurückkommen sah, so zweifelte ich nicht, er werde in der Verzweiflung über seinen mißlungenen Plan durch den Garten entflohen sein. Nachdem ich mich nun überzeugt hatte, daß das Haus in Sicherheit sei, ging ich zu Bett. Dies ist nun«, schloß Morgiane, »die Geschichte, nach der du gefragt hast; und ich bin überzeugt, daß sie mit einer Bemerkung zusammenhängt, die ich vor einigen Tagen gemacht habe, aber Euch nicht mitteilen zu müssen glaubte. Als ich nämlich einmal sehr früh morgens von meinem Gang in die Stadt zurückkehrte, bemerkte ich, daß die Haustüre weiß bezeichnet war, und den Tag darauf bemerkte ich ein rotes Zeichen. Da ich nun aber nicht wußte, zu welchem Zweck dies geschehen war, so bezeichnete ich jedesmal zwei bis drei Nachbarhäuser sowohl vor als hinter uns in der Reihe ebenso und an derselben Stelle. Wenn du nun dies mit der Geschichte der letzten Nacht zusammenhältst, so wirst du finden, daß alles von den Räubern im Wald angezettelt worden ist, deren Bande sich indes, ich weiß nicht, warum, um zwei Köpfe verringert hat. Wie dem auch sein mag, es sind ihrer im höchsten Fall nur noch drei am Leben. Dies beweist, daß sie dir den Untergang geschworen haben und daß du sehr auf der Hut sein mußt, solange man weiß, daß noch einer von ihnen am Leben ist. Ich für meine Person werde nichts unterlassen, um meiner Pflicht gemäß für deine Erhaltung zu sorgen.«

Als Morgiane ausgesprochen hatte, erkannte Ali Baba wohl, welch wichtigen Dienst sie ihm geleistet hatte, und sprach voll Dankbarkeit zu ihr: »Ich will nicht sterben, bevor ich dich nach Verdienst belohnt habe. Dir habe ich mein Leben zu verdanken, und um dir gleich jetzt einen Beweis von Erkenntlichkeit zu geben, schenke ich dir von Stund an die Freiheit, werde aber noch weiter an dich denken. Auch ich bin überzeugt, daß die vierzig Räuber mir diese Falle gelegt haben. Gott, der Allmächtige und Allbarmherzige, hat mich durch deine Hand befreit; ich hoffe, daß er mich auch ferner vor ihrer Bosheit beschützen, daß er sie ganz von meinem Haupt abwenden und die Welt von den Verfolgungen dieser verfluchten Otternbrut befreien wird. Doch müssen wir jetzt vor allem die Leichen von diesem Auswurf des Menschengeschlechts beerdigen, aber in aller Stille, so daß niemand etwas von ihrem Schicksal ahnen kann; das will ich mit Abdallah jetzt besorgen.«

Ali Babas Garten war sehr lang und hinten von hohen Bäumen begrenzt. Ohne zu säumen, ging er mit seinem Sklaven unter diese Bäume, um eine lange und breite Grube zu machen, wie sie für die Leichname, die hineingelegt werden sollten, notwendig war. Der Boden war leicht aufzulockern, und sie brauchten nicht viel Zeit zu dieser Arbeit. Sie zogen nun die Leichname aus den Lederschläuchen heraus, legten die Waffen, womit die Räuber sich versehen hatten, beiseite, schleppten dann die Leichname an das Ende des Gartens, brachten sie der Reihe nach in die Grube hinein, schütteten die aufgegrabene Erde über sie und zerstreuten dann die übrige Erde in die Runde umher, so daß der Boden wieder so eben wurde wie zuvor. Die Ölschläuche und die Waffen ließ Ali Baba sorgfältig verstecken, die Maulesel aber, die er zu nichts brauchen konnte, schickte er zu verschiedenen Malen auf den Markt und ließ sie durch seinen Sklaven verkaufen.

Während nun Ali Baba alle diese Maßregeln ergriff, um die Art, wie er in so kurzer Zeit so reich geworden, der Kunde der Leute zu entziehen, war der Hauptmann der vierzig Räuber mit Schmerz in den Wald zurückgekehrt. Dieser unglückliche und seinen Hoffnungen so ganz zuwiderlaufende Ausgang der Sache kränkte ihn dermaßen und machte ihn so bestürzt, daß er unterwegs keinen Entschluß fassen konnte, was er gegen Ali Baba unternehmen sollte, sondern, ohne zu wissen, wie, in die Höhle zurückkam.

Gräßlich war es ihm, als er sich in dieser Düsternis nun allein sah. »Ihr wackren Leute alle«, rief er, »Gefährten meiner Nachtwachen, meiner Streifereien und meiner Anstrengungen, wo seid ihr? Was kann ich ohne euch tun? Also bloß darum habe ich euch zusammengebracht und auserlesen, um euch auf einmal durch ein so unseliges und eures Mutes so unwürdiges Schicksal umkommen zu sehen? Ich würde euch weniger beklagen, wenn ihr mit dem Säbel in der Faust als tapfere Männer gestorben wäret. Wann werde ich je wieder eine solche Schar von braven Leuten, wie ihr es wart, zusammenbringen können? Und wenn ich es auch wollte, könnte ich es wohl unternehmen, ohne all dieses Gold und Silber, alle diese Schätze demjenigen als Beute überlassen zu müssen, der sich bereits mit einem Teil von ihnen bereichert hat? Ich kann und darf nicht daran denken, bevor ich ihm das Leben genommen habe. Was ich mit eurem mächtigen Beistand nicht auszuführen vermochte, muß ich jetzt ganz allein tun, und wenn ich nun den Schatz vor Plünderung bewahrt haben werde, so will ich auch dafür sorgen, daß es ihm nach mir nicht an einem wackern Herrn fehle, auf daß er sich bis auf die spätesten Nachkommen erhalte und vermehre.« Nachdem er diesen Entschluß gefaßt hatte, war er über die Mittel, ihn auszuführen, nicht verlegen; sein Herz wurde wieder ruhig; er überließ sich aufs neue schönen Hoffnungen und versank in einen tiefen Schlaf.

Am andern Morgen wachte der Räuberhauptmann früh auf, legte, seinem Plan gemäß, ein stattliches Kleid an, ging in die Stadt und nahm eine Wohnung in einem Chan. Da er erwartete, das, was bei Ali Baba vorgegangen war, müßte Aufsehen erregt haben, so fragte er den Aufseher des Chans gelegentlich im Gespräch, ob es nichts Neues in der Stadt gebe, und der erzählte ihm verschiedene Sachen, aber nur nicht das, was er zu wissen wünschte. Er schloß daraus, Ali Baba werde bloß darum ein Geheimnis aus der Sache machen, weil er nicht bekanntwerden lassen wolle, daß er etwas von dem Schatz wisse und das Geheimnis, ihn zu öffnen, besitze, auch sei ihm wahrscheinlich nicht unbewußt, daß man ihm bloß deshalb nach dem Leben trachte. Dies bestärkte ihn in dem Vorsatz, alles zu tun, um ihn auf eine ebenso geheime Art aus dem Wege zu schaffen. Der Räuberhauptmann versah sich mit einem Pferd, mit dem er mehrere Reisen in den Wald machte, um verschiedene Arten reicher Seidenstoffe und feiner Schleiertücher in seine Wohnung zu bringen; dabei traf er die nötigen Maßregeln, um den Ort, wo er sie holte, geheimzuhalten. Als er nun so viele Waren, als er für nötig hielt, beisammen hatte, suchte er sich einen Laden, um sie zu verkaufen, und fand auch einen; er mietete ihn von seinem Eigentümer, stattete ihn aus und bezog ihn. Ihm gegenüber befand sich der Laden, der früher Casim gehört hatte, aber seit einiger Zeit von Ali Babas Sohn in Besitz genommen worden war.

Der Räuberhauptmann, der den Namen Chogia Husein angenommen hatte, versäumte nicht, als Neuankömmling der Sitte gemäß den Kaufleuten, die seine Nachbarn waren, seine Aufwartung zu machen. Da Ali Babas Sohn noch jung, wohlgebildet und sehr verständig war und er mit ihm öfter als mit andern Kaufleuten zu sprechen Gelegenheit hatte, so schloß er bald Freundschaft mit ihm. Er suchte seinen Umgang um so häufiger, als er drei bis vier Tage nach Errichtung seines Ladens Ali Baba wiedererkannte, der seinen Sohn besuchte, wie er es von Zeit zu Zeit zu tun pflegte, und sich längere Zeit mit ihm unterhielt. Als er vollends von dem Jüngling erfuhr, daß Ali Baba sein Vater sei, verdoppelte sich seine Gefälligkeit gegen ihn, er liebkoste ihn, machte ihm kleine Geschenke und lud ihn mehrere Male zu Tisch.

Ali Babas Sohn glaubte, Chogia Husein diese Höflichkeit erwidern zu müssen; da er aber sehr eng wohnte und nicht so bequem eingerichtet war, um ihn, wie er wünschte, bewirten zu können, so sprach er darüber mit seinem Vater Ali Baba und sagte ihm, es würde wohl nicht schicklich sein, wenn er die Höflichkeiten Chogia Huseins noch länger unerwidert ließe. Ali Baba nahm es mit Vergnügen auf sich, den Fremden zu bewirten. »Mein Sohn«, sagte er, »morgen ist Freitag, und da die großen Kaufleute, wie Chogia Husein und du, an diesem Tag ihre Läden geschlossen halten, so mache nachmittags einen Spaziergang mit ihm und richte es auf dem Rückweg so ein, daß du ihn an meinem Haus vorbeiführst und einzutreten nötigst. Es ist besser, die Sache macht sich so, als daß du ihn förmlich einlädst. Ich werde Morgiane Befehl geben, daß sie ein Abendessen in Bereitschaft hält.«

Am Freitagnachmittag fanden sich Ali Babas Sohn und Chogia Husein wirklich an dem Ort ein, wohin sie sich bestellt hatten, und machten ihren Spaziergang miteinander. Auf dem Rückweg führte Ali Babas Sohn seinen Freund absichtlich durch die Straße, wo sein Vater wohnte, und als sie vor der Haustüre waren, blieb er stehen, klopfte an und sagte zu ihm: »Hier ist das Haus meines Vaters; da ich ihm schon viel erzählt habe von der freundschaftlichen Art, wie du mir überall entgegenkommst, so hat er mich beauftragt, ihm die Ehre deiner Bekanntschaft zu verschaffen. Ich ersuche dich nun, die Zahl deiner Gefälligkeiten gegen mich durch diese noch zu vermehren.«

Obgleich nun Chogia Husein zu dem Ziel gelangt war, nach dem er strebte, nämlich Eintritt in Ali Babas Haus zu erhalten und ihn ohne eigene Gefahr und ohne großen Lärm zu töten, so brachte er dennoch allerhand Entschuldigungen vor und stellte sich, als wollte er von dem Sohn Abschied nehmen; da aber in diesem Augenblick Ali Babas Sklave öffnete, so nahm ihn der Sohn artig bei der Hand, ging voran und zwang ihn gewissermaßen, mit ihm hereinzukommen.

Ali Baba empfing Chogia Husein mit freundlichem Gesicht und so gut, als er es nur wünschen konnte. Er dankte ihm für die Güte, die er gegen seinen Sohn bewies, und sagte dann: »Wir beide sind dir dafür zu um so größerem Dank verpflichtet, weil er noch ein junger, in der Welt unerfahrener Mensch ist und du es nicht unter deiner Würde findest, zu seiner Bildung mitzuwirken.« Chogia Husein erwiderte Ali Babas Höflichkeiten durch andere und versicherte ihm zugleich, wenn seinem Sohn auch die Erfahrung von Greisen noch fehle, so habe er doch einen gesunden Verstand, der so viel wert sei wie die Erfahrung von tausend andern.

Nachdem sie sich eine Zeitlang über verschiedene gleichgültige Gegenstände unterhalten hatten, wollte Chogia Husein sich verabschieden; Ali Baba ließ es aber nicht zu. »Herr«, sagte er zu ihm, »wohin willst du gehen? Ich bitte dich, erweise mir die Ehre, ein Abendbrot mit mir einzunehmen. Das Mahl, das ich dir geben will, ist freilich bei weitem nicht so glänzend, wie du es verdientest; aber ich hoffe, du wirst es, so wie es ist, mit ebenso gutem Herzen annehmen, wie ich es dir biete.« – »Herr«, antwortete Chogia Husein, »ich bin von deiner guten Gesinnung vollkommen überzeugt, und wenn ich dich bitte, es mir nicht übelzunehmen, daß ich dein höfliches Anerbieten ausschlage, so bitte ich dich zugleich zu glauben, daß dies weder aus Verachtung noch aus Unhöflichkeit geschieht, sondern weil ich einen besondern Grund dazu habe, den du selbst billigen würdest, wenn er dir bekannt wäre.« – »Und was mag dies für ein Grund sein, Herr?« versetzte Ali Baba; »darf ich dich wohl darum fragen?« – »Ich kann es dir wohl sagen«, antwortete Chogia Husein; »ich esse nämlich weder Fleisch noch andere Gerichte, die gesalzen sind; du kannst hieraus selbst schließen, welche Rolle ich an deinem Tische spielen würde.« – »Wenn du sonst keinen Grund hast«, fuhr Ali Baba dringender fort, »so soll dieser mich gewiß nicht der Ehre berauben, dich heute abend an meinem Tisch zu haben, außer du hättest etwas anderes vor. Erstens ist in dem Brot, das man bei mir ißt, kein Salz, und was das Fleisch und die Brühen betrifft, so verspreche ich dir, daß in dem, was dir vorgesetzt werden wird, ebenfalls keins sein soll. Ich will sogleich die nötigen Befehle geben; erweise mir daher die Gefälligkeit, bei mir zu bleiben, ich komme im Augenblick wieder zurück.«

Ali Baba ging in die Küche und befahl Morgiane, das Fleisch, das sie heute auftragen würde, nicht zu salzen und außer den Gerichten, die er schon früher bei ihr bestellt hatte, schnell noch zwei bis drei andere zu bereiten, worin kein Salz ist. Morgiane, die soeben im Begriff war aufzutragen, konnte nicht umhin, ihre Unzufriedenheit über diesen neuen Befehl zu äußern. »Wer ist denn«, fragte sie, »dieser eigensinnige Mann, der kein Salz essen will? Deine Mahlzeit wird nicht mehr gut sein, wenn ich sie später auftrage.« – »Werde nur nicht böse, Morgiane«, antwortete Ali Baba; »es ist ein rechtschaffener Mann; deswegen tu, was ich dir sage.« Morgiane gehorchte, aber mit Widerwillen, und es ergriff sie große Neugierde, den Mann kennenzulernen, der kein Salz essen wollte. Als sie das Mahl bereitet und Abdallah den Tisch gedeckt hatte, half sie ihm die Speisen hineintragen. Als sie nun Chogia Husein ansah, erkannte sie ihn sogleich trotz seiner Verkleidung als den Räuberhauptmann, und bei längerer aufmerksamer Betrachtung bemerkte sie, daß er unter seinem Kleid einen Dolch versteckt trug. Jetzt wundere ich mich nicht mehr, sagte sie in ihrem Herzen, daß dieser Gottlose mit meinem Herrn kein Salz, dieses Sinnbild der Freundschaft und Treue essen will: Er ist sein hartnäckigster Feind und will ihn ermorden; ich aber will ihn schon daran hindern!

Als Morgiane mit Abdallah das Auftragen besorgt hatte, benutzte sie die Zeit, während die Herren aßen, um die nötigen Vorbereitungen zur Ausführung eines Plans zu treffen, der von mehr als gewöhnlichem Mut bewies, und sie war eben fertig damit, als Abdallah ihr meldete, es sei Zeit, die Früchte aufzutragen. Sie trug sie auf, sobald Abdallah den Tisch abgeräumt hatte. Hierauf stellte sie neben Ali Baba ein kleines Tischchen und auf das den Wein nebst drei Schalen; dann ging sie mit Abdallah hinaus, als wollte sie mit ihm zu Nacht speisen und um Ali Baba nicht zu stören, damit er sich mit seinem Gast angenehm unterhalten und ihm, nach seiner Gewohnheit, zusprechen könnte, sich den Wein schmecken zu lassen.

Jetzt glaubte der falsche Chogia Husein (oder vielmehr der Hauptmann der vierzig Räuber), der günstige Augenblick sei gekommen, um Ali Baba das Leben zu nehmen. Ich will, sprach er bei sich selbst, Vater und Sohn betrunken machen, und der Sohn, dem ich gerne das Leben schenke, soll mich nicht hindern, seinem Vater den Dolch ins Herz zu stoßen; sodann will ich mich, wie das erstemal, durch den Garten flüchten, während die Köchin und der Sklave noch mit ihrem Abendessen beschäftigt oder in der Küche eingeschlafen sind.

Morgiane aber hatte die Absicht des falschen Chogia Husein durchschaut und ließ ihm nicht Zeit, seinen boshaften Plan auszuführen. Statt ihr Abendbrot einzunehmen, zog sie ein sehr anmutiges Tanzkleid an, wählte einen passenden Kopfputz, legte sich einen Gürtel von vergoldetem Silber um und befestigte daran einen Dolch, dessen Scheide und Griff aus demselben Metall waren; vor ihr Gesicht hängte sie eine sehr schöne Maske. Nachdem sie sich nun so verkleidet hatte, sagte sie zu Abdallah: »Abdallah, nimm deine Schellentrommel und laß uns hineingehen, um vor dem Gast unsers Herrn, dem Freund seines Sohnes, die lustigen Spiele aufzuführen, die wir ihm manchmal abends zum besten geben.« Abdallah nahm die Schellentrommel, ging darauf spielend vor Morgiane her und trat so in den Saal. Hinter ihm kam Morgiane, die sich auf eine höchst ungezwungene und anmutsvolle Weise tief verneigte, als bäte sie um Erlaubnis, ihre Geschicklichkeit zu zeigen. Da Abdallah sah, daß Ali Baba sprechen wollte, hörte er auf zu trommeln. »Komm nur herbei, Morgiane«, sagte Ali Baba; »Chogia Husein mag urteilen, ob du etwas verstehst und uns dann seine Meinung darüber sagen.« Dann sagte er, zu Chogia Husein gewendet: »Du darfst nicht glauben, Herr, daß ich mich in große Unkosten versetzt habe, um dir dieses Vergnügen zu bereiten. Ich finde es in meinem eigenen Hause, und du siehst, daß es niemand als ein Sklave und meine Köchin sind, die mich auf diese Art belustigen. Ich hoffe, es wird dir nicht mißfallen.«

Chogia Husein war nicht darauf gefaßt, daß Ali Baba auf das Mahl noch diese Belustigung folgen lassen würde. Er fing an zu fürchten, er möchte die Gelegenheit, die er gefunden zu haben glaubte, nicht benutzen können. Doch tröstete er sich für diesen Fall mit der Hoffnung, bei fortgesetztem freundlichem Umgang mit Vater und Sohn werde sich bald eine neue zeigen. Obgleich es ihm nun weit angenehmer gewesen wäre, wenn Ali Baba ihn mit diesem Spiel verschont hätte, so stellte er sich dennoch, als dankte er ihm sehr dafür, und war zugleich höflich genug, zu erklären: Alles, was seinem verehrten Gastfreund Vergnügen mache, müsse notwendig auch ihm eine Quelle großer Freude sein.

Als nun Abdallah sah, daß Ali Baba und Chogia Husein aufgehört hatten zu sprechen, so fing er aufs neue an, seine Schellentrommel zu schlagen, und sang ein Tanzlied dazu. Morgiane aber, die den geübtesten Tänzern und Tänzerinnen vom Fach an Geschicklichkeit nicht nachstand, tanzte auf eine Weise, die bei jeder andern als der hier anwesenden Gesellschaft Bewunderung hätte erregen müssen; am wenigsten Aufmerksamkeit schenkte der falsche Chogia Husein ihrer Kunst.

Nachdem sie nun mit Kraft und Anmut mehrere Tänze aufgeführt hatte, zog sie endlich den Dolch, schwang ihn in der Hand und tanzte einen neuen Tanz, in dem sie sich selbst übertraf. Die Figuren, die sie bildete, ihre leichten Bewegungen, ihre kühnen Sprünge und die wunderbaren Wendungen und Stellungen, die sie dabei vornahm, indem sie den Dolch bald wie zum Stoß ausstreckte, bald sich stellte, als bohrte sie ihn in die eigene Brust, waren höchst anmutig anzuschauen. Endlich schien sie sich außer Atem getanzt zu haben; sie riß mit der linken Hand Abdallah die Schellentrommel aus den Händen, und indem sie mit der rechten den Dolch hielt, bot sie die Trommel von der hohlen Seite Ali Baba hin, wie Tänzer und Tänzerinnen, die ein Gewerbe aus ihrer Kunst machen, zu tun pflegen, um die Freigebigkeit ihrer Zuschauer anzusprechen.

Ali Baba warf Morgiane ein Goldstück auf die Trommel; hierauf wandte sie sich an Ali Babas Sohn, der dem Beispiel seines Vaters folgte. Chogia Husein, der sie auch zu sich kommen sah, hatte bereits seinen Geldbeutel gezogen, um ihr gleichfalls ein Geschenk zu machen, und griff eben hinein, als Morgiane mit einem Mut, der ihrer Entschlossenheit alle Ehre machte, ihm den Dolch mitten durchs Herz bohrte, so daß er leblos zurücksank. Ali Baba und sein Sohn waren entsetzt über diese Handlung und erhoben ein lautes Geschrei. »Unglückselige!« rief Ali Baba, »was hast du getan! Willst du durchaus mich und meine ganze Familie verderben?« – »Nein, mein Herr«, antwortete Morgiane, »ich habe es im Gegenteil zu deiner Rettung getan.« Hierauf öffnete sie Chogia Huseins Kleid, zeigte Ali Baba den Dolch, mit dem er bewaffnet war, und sagte zu ihm: »Da sieh, mit welchem kühnen Feind du zu tun hattest, und blicke ihm mit scharfem Auge ins Angesicht: du wirst gewiß den falschen Ölhändler und den Hauptmann der vierzig Räuber erkennen. Ist es dir denn nicht aufgefallen, daß er kein Salz mit dir essen wollte? Bedarf es wohl noch weiterer Zeugnisse für seinen verderblichen Plan? Noch ehe ich ihn sah, hatte ich Argwohn geschöpft, als du mir sagtest, daß du einen solchen Gast habest. Ich sah ihn darauf von Angesicht, und nun liegt der Beweis vor dir, daß mein Verdacht nicht unbegründet war.«

Ali Baba fühlte in seinem innersten Herzen, welchen Dank er Morgiane schuldig war, die ihm zum zweitenmal das Leben gerettet hatte. Er umarmte sie und sagte zu ihr: »Morgiane, ich habe dir die Freiheit geschenkt und dabei versprochen, daß ich es nicht dabei bewenden lassen werde und bald noch mehr für dich tun wolle. Diese Zeit ist gekommen: ich mache dich hiermit zu meiner Schwiegertochter.«

Hierauf wandte er sich an seinen Sohn und sagte: »Mein Sohn, du bist ein guter Sohn, und ich glaube, du wirst es nicht unbillig finden, daß ich dir Morgiane zur Frau gebe, ohne zuvor deine Stimme zu hören. Du bist ihr ebenso großen Dank schuldig wie ich selbst; denn es ist klar, daß Chogia Husein deine Freundschaft bloß gesucht hat, um mir desto leichter das Leben zu nehmen, und du darfst nicht zweifeln, daß er, wenn ihm dies gelungen wäre, auch dich seiner Rache geopfert haben würde. Bedenke überdies, daß du in

Morgiane, wenn du sie heiratest, die Stütze meiner Familie, so lange ich leben werde, und die Stütze der deinigen bis ans Ende deiner Tage besitzen wirst.«

Der Sohn gab nicht den geringsten Widerwillen zu erkennen, sondern erklärte im Gegenteil, er willige in diese Heirat nicht bloß aus Gehorsam gegen seinen Vater, sondern auch aus Neigung. Hierauf traf man in Ali Babas Haus Anstalten, den Leichnam des Hauptmanns neben die übrigen Räuber zu begraben, und dies geschah so geheim und in aller Stille, daß es erst nach langen Jahren bekannt wurde, als niemand mehr lebte, der bei dieser denkwürdigen Geschichte persönlich beteiligt war.

Wenige Tage nachher feierte Ali Baba die Hochzeit seines Sohnes und Morgianes mit großem Glanz und durch ein prachtvolles Festmahl, das mit Tänzen, Schauspielen und Lustbarkeiten gewürzt war. Auch hatte er das Vergnügen zu sehen, daß seine Freunde und Nachbarn, die er eingeladen hatte und die die wahren Beweggründe zu dieser Hochzeit nicht wissen konnten, aber sonst die schönen und guten Eigenschaften Morgianes kannten, ihn laut wegen seiner Großmut und seiner Herzensgüte lobten.

Ali Baba war nicht mehr in die Räuberhöhle zurückgekehrt, seit er die Leiche seines Bruders Casim dort angetroffen und auf einem seiner drei Esel nebst vielem Golde zurückgebracht hatte, denn er fürchtete, er möchte die Räuber dort antreffen oder von ihnen überrascht werden; aber auch nach dem Tod der achtunddreißig Räuber, den Hauptmann mit eingerechnet, hütete er sich lange Zeit, dort hinzugehen, weil er fürchtete, die zwei andern, deren Schicksal ihm nicht bekannt war, könnten noch am Leben sein. Endlich, nach Verlauf eines Jahres, als er sah, daß nichts mehr gegen ihn unternommen wurde, unternahm er eine Reise dorthin; doch ergriff er dabei die nötigen Vorsichtsmaßregeln zu seiner Sicherheit. Er stieg zu Pferde, und als er bei der Grotte anlangte, nahm er als ein gutes Vorzeichen, daß er weder Spuren von Menschen noch von Pferden bemerkte. Er stieg ab, band sein Pferd an, trat vor die Tür und sprach die Worte: »Sesam, öffne dich!«, die er noch nicht vergessen hatte.

Die Türe öffnete sich, er ging hinein, und aus dem Zustand, worin er alles in der Grotte fand, konnte er ersehen, daß ungefähr seit der Zeit, da der angebliche Chogia Husein einen Laden in der Stadt errichtet hatte, niemand darin gewesen war und die ganze Bande der vierzig Räuber ausgerottet sein mußte. Auch zweifelte er nicht mehr daran, daß er der einzige in der Welt sei, der um das Geheimnis, die Höhle zu öffnen, wisse, und daß der darin verschlossene Schatz nun allein zu seiner Verfügung stehe. Er hatte einen Quersack mitgenommen; den füllte er mit so viel Gold, als er glaubte, daß ein Pferd es tragen könne, und kehrte dann zur Stadt zurück.

Seit dieser Zeit lebten Ali Baba und sein Sohn, den er nach der Felsenhöhle führte und in das Geheimnis, sie zu öffnen, einweihte, wie auch ihre Nachkommen, auf die sie das Geheimnis vererbten und die ihr Glück mit weiser Mäßigung genossen, in hohem Glanz und ausgezeichnet mit den höchsten Ehrenstellen der Stadt.

Geschichte des edlen Gebers

Man erzählt: Einst verlor ein sehr reicher Juwelier sein ganzes Vermögen. Da sagte seine Frau zu ihm: »Geh zu einem deiner Freunde und suche Hilfe bei ihm.« Er ging zu einem Freund und klagte ihm seine Not. Der Freund lieh ihm fünfhundert Dinare, mit denen er wieder sein Geschäft betreiben sollte. Der Juwelier öffnete hierauf wieder seinen Laden und kaufte und verkaufte. Als er einst in seinem Laden saß, kamen drei Männer und fragten nach seinem Vater; der Juwelier antwortete: »Der ist schon längst tot.« Da fragten sie, ob er keine Nachkommen hinterlassen habe. »Ich bin dessen Sohn!« – »Kannst du dies beweisen?« – »Alle Kaufleute des Bazars können es bezeugen!« – »Bringe einige her, um uns zu überzeugen, daß der Mann, nach dem wir dich fragten, dein Vater war.« Der Juwelier rief einige Kaufleute zu sich, und nachdem sie bezeugt hatten, daß der Mann, nach dem die drei Fremden sich erkundigt hatten, sein Vater war, zogen sie einen Sack heraus, in dem etwa dreißigtausend Dinare Gold und Edelsteine waren, und sagten: »Das hat dein Vater uns aufzubewahren gegeben«, und gingen wieder ihres Weges. Bald darauf kam eine Frau und entlieh einen Edelstein, der fünfhundert Dinare wert war, und bald darauf kaufte sie ihn für dreitausend Dinare. Der Juwelier ging nun zu seinem Freund und wollte ihm die fünfhundert entlehnten Dinare zurückgeben; der nahm sie aber nicht und sagte: »Ich habe sie nach Gottes Willen hergegeben, behalte sie nur; nimm auch dieses Briefchen, öffne es aber nicht, ehe du zu Hause bist, und beherzige seinen Inhalt.« Der Juwelier nahm das Briefchen, ging nach Hause und fand folgende Zeilen darin: »Die Männer, die bei dir waren, sind mein Vater und meine beiden Oheime; die Frau, die bei dir einkaufte, war meine Mutter, und alles Geld und alle Edelsteine kamen von mir. Ich hatte dabei nicht die Absicht, dich zu beleidigen, sondern dir ein Erröten zu ersparen.«

Wunderbare Erfüllung eines Traums

Ein sehr begüterter Mann aus Bagdad hatte sein ganzes Vermögen eingebüßt. Eines Nachts, als er sich in trauriger Stimmung niederlegte, erschien ihm im Traum jemand, der sagte: »Du wirst deinen Lebensunterhalt in Kahirah finden, reise dahin.« Der Mann machte sich des Morgens nach Kahirah auf. Da er des Abends dort ankam, ging er in eine Moschee und schlief darin. In dieser Nacht drangen Diebe von der Moschee aus in ein an sie stoßendes Haus, um es zu bestehlen. Aber die Bewohner dieses Hauses erwachten und machten Lärm. Die Polizei kam herbei, und die Diebe entflohen wieder durch die Moschee. Als der Polizeioberste in die Moschee kam und den Mann aus Bagdad fand, den er für einen der Diebe hielt, ergriff er ihn, ließ ihn fast totprügeln und ins Gefängnis werfen. – Nach drei Tagen wurde er vor den Polizeiobersten geführt, der ihn fragte, woher er wäre und was er in Kahirah täte? Er antwortete: »Ich wohne in Bagdad und bin hierhergekommen, weil mir jemand im Traum gesagt, ich werde hier meinen Lebensunterhalt finden; nun fand ich aber nichts als die Prügel, die du mir zuteilen ließt.« Der Polizeioberste lachte so, daß er alle seine Zähne zeigte, und sagte: »Du dreifach unverständiger Mensch, mir ist jemand im Traum erschienen, der sagte: In dem Stadtviertel so und so in Bagdad ist ein Haus, das so und so aussieht; in dessen Hof ist ein Gärtchen mit einem Pistazienbaum; dort ist Geld vergraben, das von einem Verbrechen herrührt, geh hin und nimm es! Und doch bin ich hiergeblieben; und du törichter Mensch machst eine solche Reise wegen eines eitlen Traums!« Er gab ihm dann einige Drachmen und sagte: »Mach dich damit auf den Rückweg.« Der Mann nahm das Geld und kehrte damit nach Bagdad zurück, ging in sein Haus, das kein anderes war als das vom Polizeiobersten beschriebene, ließ unter dem Baum aufgraben und fand so viel Geld darunter, daß er reicher war als zuvor.

Tod eines Liebenden aus dem Stamme Uzra

Man erzählt ferner: Unter dem Stamm der Söhne Uzra war ein Mann, der keinen Tag ohne eine neue Liebe leben konnte. Einst liebte er ein schönes Mädchen aus seinem Stamm und warb um sie; sie aber verschmähte ihn und wies ihn immerfort ab. Der Mann wurde darüber krank und grämte sich so sehr, daß alle seine Kräfte schwanden und er so schwach und mager wurde, daß seine Liebe kein Geheimnis mehr blieb. Lange baten seine und ihre Verwandten seine Geliebte, sie möchte ihn doch besuchen; aber sie weigerte sich, bis er dem Tod nahe war. Erst als sie sein nahes Ende vernahm, bemitleidete sie ihn und entschloß sich, ihn zu besuchen. Als er sie erblickte, flossen seine Tränen über, und er sprach die Verse:

> »Wenn du meinen Leichenzug vorüberziehen siehst, wirst du ihm nicht folgen und
> den Verschiedenen grüßen, der dem Grab
> überlassen wird?«

Das Mädchen antwortete weinend: »Ich dachte nicht, daß es so weit mit dir kommen würde; aber, bei Gott, ich will dir alles gewähren, was du von mir forderst.« Da sprach er weinend den Vers:

> »Sie naht sich mir, wenn Todesschatten uns
> trennen, und will mir gehören, wenn ich
> sie nicht mehr besitzen kann.«

Dann atmete er tief und verschied. Das Mädchen weinte, küßte ihn und fiel in Ohnmacht, und nach drei Tagen starb auch es und wurde in sein Grab gelegt.

Sonderbares Gebet eines Pilgers

Zur Zeit der Pilgerfahrt rief einst ein Mann, an den Vorhängen der heiligen Kaaba sich festklammernd: »O Gott, laß sie doch wieder ihrem Mann zürnen, daß sie sich mir hingebe!« Als einige Pilger dieses sonderbare Gebet hörten, ergriffen sie ihn, prügelten ihn durch, führten ihn zum Emir der Pilger und sagten ihm, was sie von diesem Mann an einem so heiligen Ort vernommen hatten. Der Emir der Pilger gab den Befehl, ihn zu hängen; aber der Angeklagte beschwor ihn bei Muhammed, dem Abgesandten Gottes, er möchte doch zuerst seine Erzählung anhören und dann nach Belieben mit ihm verfahren. Der Emir gewährte ihm seine Bitte, und der Mann sprach: Wisse, o Emir, ich bin ein Mann aus der niedersten Volksklasse, der sich oft mit Haschisch berauscht; mein Geschäft war, dem Vieh die Haut abzuziehen und Blut und andern Schmutz auf den dazu bestimmten Ort zu bringen. Eines Tages ging ich mit meinem beladenen Esel über die Straße; da sah ich, wie alle Leute davonliefen, und einer sagte zu mir: »Flüchte dich schnell in dieses Gäßchen, sonst bringt man dich um.« Ich fragte, warum denn alle Leute so flöhen. Da antwortete mir der Diener eines vornehmen Herrn: »Es kommt ein Harem, und die ihm vorangehenden Diener schlagen alle Leute, um den Weg freizumachen.« Ich wollte, als ich dies hörte, mit meinem Esel in eine Nebenstraße einlenken, da kamen die Diener, mit großen Stöcken in den Händen, an der Spitze von ungefähr dreißig Frauen, worunter eine einen Wuchs wie die Zweige des Ban und Augen wie eine nach Wasser lechzende Gazelle hatte; diese ausgezeichnet schöne und liebliche Frau war die Gebieterin aller übrigen, die sie begleiteten. Ich blieb stehen und betrachtete sie von allen Seiten. Auf einmal rief sie einen ihrer Diener zu sich und sagte ihm etwas ins Ohr. Sogleich lief der Diener auf mich zu und nahm mich fest. Alle Leute liefen davon, nur ein alter Mann nahm meinen Esel und führte ihn weg, während die Eunuchen mich mit einem Strick banden und mit sich schleppten.

Ich wußte gar nicht, was dies zu bedeuten habe, und alle Leute hinter mir schrien: »Das ist nicht erlaubt von Gott, mit einem armen Bettler, einem elenden Haschischfresser, so umzugehen!« Manche sagten zu den Eunuchen: »Habt doch Mitleid mit ihm, Gott wird sich auch euer erbarmen, und laßt ihn doch los!« Ich dachte bei mir selbst: Gewiß hat die Dame den Schmutz und Unrat, mit dem mein Esel beladen war, gerochen und will dafür mich bestrafen lassen. Was kann ich tun? Es gibt keinen Schutz und keine Macht, als bei Gott, dem Erhabenen!

Ich wurde nun von den Eunuchen mitgeschleppt, bis wir an die Pforte eines großen Hauses kamen. Da traten sie hinein und führten mich in einen großen Saal von unbeschreiblicher Schönheit; er war ausgekehrt und frisch bespritzt und mit kostbaren Matten und Polstern bedeckt. Die Gebieterin und ihr Gefolge zogen an mir vorüber, und ich blieb allein mit den Eunuchen zurück und dachte: Man hat mich gewiß hereingebracht, um mich hier mit dem Tode zu bestrafen, ohne daß jemand davon erfahre. Aber statt dessen führten mich die Eunuchen in das Badezimmer, das an den Saal stieß, und drei Sklavinnen kamen, hießen mich sitzen, und die eine rieb mir die Füße, die andere wusch mir den Kopf, und die dritte trocknete mich ab. Als dies geschehen war, gaben sie mir ein Bündel Weißzeug und Kleider und hießen sie mich anziehen. Ich sagte: »Bei Gott! Ich weiß nicht, wie man solche Kleider anzieht.« Sie näherten sich mir lachend und kleideten mich an, bespritzten mich mit Rosenwasser und führten mich wieder in einen herrlich verzierten und mit Divanen belegten Saal. Hier saß eine Dame, von vielen Sklavinnen umgeben, die, als ich in den Saal trat, vor mir aufstand und mich hieß, neben ihr Platz zu nehmen. Kaum hatte ich mich gesetzt, als die Sklavinnen auf ihren Befehl die verschiedenartigsten, schmackhaftesten Speisen auftrugen, die ich in meinem Leben nie gekostet hatte und deren Namen ich nicht einmal kannte. Nachdem ich mich satt gegessen hatte, wurden die Schüsseln weggetragen, und man brachte mir Wasser, um meine Hände zu waschen. Die Dame ließ dann allerlei Nachtisch bringen und hieß mich davon essen. Als auch dies geschehen war, befahl sie einigen Sklavinnen, Wein und Trinkgefäße herbeizuschaffen sowie auch allerlei feines Räucherwerk. Ein Mädchen wie der Mond schenkte uns ein, und ich und die Dame tranken so lange beim Klang des Saitenspiels, bis wir berauscht waren. Dies alles geschah, o Emir, und ich glaubte immer nur zu träumen. Auf ihren Wink entfernten sich dann die Sklavinnen, sie umarmte mich und drückte mich an ihren Busen, und ich sog den feinsten Moschusduft aus ihren Lippen und glaubte nichts anders als: Entweder ich sei im Paradies, oder ich träume. Des Morgens fragte sie mich nach meiner Wohnung, gab mir ein goldgesticktes Taschentuch, in das etwas eingebunden war, und sagte: »Geh damit ins Bad.« Ich ging freudig fort und dachte: Ist Geld in diesem Tuch, so kann ich dafür zu Mittag essen; doch ging ich so ungern von ihr fort, als hätte ich das Paradies verlassen müssen, und begab mich in meine Wohnung, öffnete das Tuch, welches sie mir geschenkt hatte, und fand fünfzig Goldstücke darin, die ich sogleich begrub. Nach Mittag, als ich in Gedanken vertieft vor meiner Tür saß, kam auf einmal eine Sklavin zu mir und sagte: »Meine Gebieterin verlangt nach dir.«

Ich folgte der Sklavin bis zur Türe ihres Hauses, bat um Erlaubnis einzutreten und küßte die Erde vor der Dame. Sie hieß mich wieder sitzen, ließ Speisen und Wein bringen, und ich brachte diese Nacht wie die vorhergehende bei ihr zu. Des Morgens schenkte sie mir wieder ein Tuch, in das fünfzig Goldstücke eingebunden waren, mit denen ich wieder in meine Wohnung ging, wo ich sie begrub. So ging es acht Tage lang, ich wurde jeden Nachmittag geholt und blieb bis morgens bei meiner Dame. Aber am achten Tage, als ich bei ihr war, kam auf einmal eine Sklavin herbeigelaufen, die mich schnell in ein Nebenzimmer stieß. Dieses Zimmerchen hatte ein Fenster, das auf die Straße ging; ich hörte Geräusch von Dienern und Pferdetritten, und ich sah vom Fenster aus einen jungen Mann wie der Vollmond, von vielen Mamelucken begleitet, der vor der Haustüre abstieg, dann in den

Saal trat, vor der Dame sich verbeugte und ihre Hand küßte. Sie schwieg lange, und es kostete ihn viele Mühe und Demütigung, bis sie sich mit ihm versöhnte und einwilligte, die Nacht bei ihm zuzubringen. Des Morgens, als er wieder mit seinen Leuten ausgeritten war, kam die Dame zu mir und fragte mich: »Hast du gesehen?« Ich antwortete: »Jawohl.« Da sagte sie: »Dieser Mann ist mein Gatte; ich will dir erzählen, was zwischen uns vorgefallen ist. Eines Tages waren wir beisammen im Garten neben unserm Hause. Auf einmal stand er von meiner Seite auf und blieb sehr lange weg. Da folgte ich unbemerkt, um nach ihm zu sehen; als ich an der Küche vorbeikam, fragte ich eine meiner Sklavinnen nach ihm; sie zeigte mir ein kleines Kabinett; hier fand ich ihn in den Armen einer Sklavin. Als ich dies sah, schwur ich einen heiligen Eid, auch einen Mann von der niedersten Klasse zu umarmen. Ich durchzog daher drei Tage lang alle Straßen der Stadt, um einen solchen Mann zu finden; erst am vierten Tag begegnete ich dir und fand dich so erbärmlich und schmutzig, daß ich meinen Eunuchen befahl, dich mitzunehmen. Was nun zwischen uns geschehen ist, war Gottes Beschluß. Nun ist mein Eid gelöst, und ich werde dich nicht eher wieder rufen lassen, bis mein Mann sich wieder einer Sklavin nähert und mir untreu wird.« Hierauf entließ sie mich, nachdem ich vierhundert Goldstücke aus ihrem Hause fortgetragen hatte, von denen ich schon einen großen Teil ausgegeben habe. Darum kam ich hierher und betete zu Gott, der Mann möchte doch seine Sklavin wieder besuchen, damit ich seine Gattin wiedersehe. Als der Emir der Pilger diese Geschichte hörte, ließ er den Angeklagten frei und erklärte ihn für unschuldig in Gegenwart aller seiner Ankläger.

Geschichte des Arabers mit den Bohnen

Unter anderem wird auch erzählt: Als Harun Arraschid den Barmekiden Djafar hängen ließ, befahl er, daß, wer ihn betrauere und beweine, auch gehängt werden sollte, so daß es natürlich jeder unterließ. Eines Tages kam ein Araber aus entfernter Wüste, der jedes Jahr Djafar ein Gedicht überreicht hatte, für das er tausend Dinare erhielt, womit er und seine Familie das ganze Jahr lebten. Als er hörte, daß Djafar gehängt worden sei, ging er auf den Hinrichtungsplatz, ließ dort sein Kamel niederknien, seufzte und weinte laut und sprach sein Gedicht; dann schlief er ein und sah Djafar im Traum, der sagte: »Du hast meinetwillen diese mühsame Reise unternommen und findest mich nun, wie du siehst; doch geh nach Baßrah, frage nach dem Kaufmann Soundso und sage ihm, Djafar der Barmekide läßt ihn grüßen und bei den Bohnen beschwören, dir tausend Dinare zu geben.« Der Araber machte sich sogleich auf den Weg nach Baßrah, suchte den Kaufmann auf und trug ihm Djafars Bitte vor. Der Kaufmann weinte so heftig, daß er beinahe sein Leben aufgab, nahm den Araber mit Auszeichnung auf, bewirtete ihn drei Tage lang und gab ihm am vierten Tage fünfzehnhundert Dinare, indem er sagte: »Du erhältst tausend Dinare nach Djafars Befehl und fünfhundert als Geschenk von mir.« Auch hieß er ihn jedes Jahr wiederkehren, um tausend Dinare in Empfang zu nehmen. Der Araber beschwor den Kaufmann, er möchte ihm doch sagen, was Djafar mit den Bohnen meinte. Da sagte der Kaufmann: »Ich war früher ein armer Bohnenhändler. Einst ging ich an einem kalten Tag auf dem Markt mit Bohnen umher; meine Kleidung war so schlecht, daß sie mich weder gegen die Kälte noch gegen den Regen schützte. Ich zitterte vor Frost und fiel einige Male auf den nassen Boden. Dies bemerkte Djafar und bemitleidete mich, ließ mich zu sich rufen und sagte mir: »Verkaufe meinem Gefolge diese Bohnen.« Ich holte mein Maß herbei, und so wie ich die Bohnen hergab, füllte Djafar mein

Maß mit Gold, bis ich statt meiner Bohnen einen großen Bündel Gold hatte. Zuletzt fragte Djafar: »Hast du nichts mehr?« Ich suchte im Korb und fand nur noch eine Bohne. Djafar nahm sie, teilte sie in zwei Hälften, ging damit in seinen Harem und sagte: »Wer will diese halbe Bohne kaufen?« Eine seiner Frauen sagte: »Ich, für den Bündel Gold, den der Mann trägt.« – »Nun«, sagte Djafar, »ich behalte die andere Hälfte für den doppelten Preis.« Ich glaubte, es sei nur Scherz; aber ein Diener brachte das Gold herbei und legte es in meinen Korb. So hat mich Gott, gepriesen sei sein Name!, durch Djafar reich gemacht, und wenn ich dir jedes Jahr tausend Dinare gebe, so ist dies nur eine geringe Vergeltung für seine Wohltaten gegen mich.«

Der wunderbare Reisesack

Man erzählt ferner: Als der Kalif Harun Arraschid eines Nachts sehr übel gelaunt und mißmutig war, ließ er seinen Vezier Djafar rufen und sagte: »Ich bin sehr verstimmt und fühle meine Brust so beengt, suche doch auf irgendeine Weise mir Zerstreuung zu verschaffen.« Djafar sagte: »O Fürst der Gläubigen! Ich habe einen Freund, der Ali der Perser heißt; der weiß sehr viele Märchen und Geschichten«. – »So hole ihn gleich her«, sagte der Kalif. Djafar schickte sofort jemanden, um Ali zu rufen. Der kam bald und grüßte den Kalifen. Dieser ließ ihn sitzen und sagte: »Mein Brust ist diesen Abend so beklommen, daß ich dich rufen ließ, weil ich hörte, du weißt viele Märchen und Anekdoten; erzähle mir nun etwas, das meinen Gram und meine düsteren Gedanken verscheucht.«

Ali erwiderte: »Was wünschst du, o Fürst der Gläubigen, zu hören, um dich aufzuheitern? Soll ich etwas erzählen, was ich mit meinen eigenen Augen gesehen, oder etwas, das ich mit meinen Ohren gehört habe?« Der Kalif antwortete: »Erzähle mir etwas, was du selbst gesehen hast.« Da begann Ali:

Wisse, o Fürst der Gläubigen! Ich reiste einst mit einem Jungen von Bagdad, meiner Vaterstadt, weg und hatte einen sehr hübschen Reisesack bei mir. Während ich kaufte und verkaufte, kam ein wilder Kurde auf mich zu, nahm mir meinen Reisesack weg und sagte: »Dieser Sack mit allem, was darin ist, gehört mir.« Ich war ganz außer mir und rief alle umstehenden Leute um Hilfe. Die Leute sagten: »Geht miteinander zum Kadi.« Wir gingen zum Kadi und sagten: »Wir haben eine Streitsache.« – »Wer ist der Kläger?« fragte der Kadi. Der Kurde näherte sich ihm und sagte: »Gott stärke unsern Herrn, den Kadi! Ich habe diesen Sack mit allem, was darin ist, verloren und eben wieder in der Hand dieses Mannes gefunden.« – »Wann hast du ihn verloren?« fragte der Kadi. Der Kurde antwortete: »Erst gestern.« – »Wenn du den Sack kennst«, versetzte der Kadi, »so sage mir, was darin ist.« Der Kurde antwortete: »Im Sack sind zwei silberne Spiegelchen, Kohel für das Auge, ein Tuch für die Hände, zwei Leuchter, zwei Schüsseln und zwei Löffel, ein Kissen, zwei Matten, zwei Waschbecken mit Kannen, ein Topf, ein Kamm, zwei Hündchen, eine Kuh, zwei Kälber, zwei Schafe, eine Ziege, zwei Lämmer, zwei weiße Katzen, ein männliches und zwei weibliche Kamele, ein Büffelochs, zwei Stiere, eine Löwin, zwei Löwen, ein Wolf, zwei Füchse, zwei Divane und zwei Säle und eine Küche mit zwei Türen und viele Kurden, die bezeugen, daß dieser Sack mir gehört.« Als der Kurde geendet hatte, fragte mich der Kadi: »Was sagst du dazu, Ali?« Ich näherte mich ihm, erstaunt über die Rede des Kurden, und sagte: »Gott verherrliche unsern Kadi! In meinem Sack ist ein zerfallenes Häuschen mit einem Hundeställchen, ferner eine Schule für Knaben, dann viele Soldaten mit ihren Zelten, die Städte Kahirah und Bagdad und das Schloß Schadads, ein Fischernetz, ein Stock, mehrere Pfeiler und viele Mädchen und Knaben und tausend Meister, die bezeugen, daß dieser Sack mein Sack ist.« Als der Kurde dies hörte, sagte er weinend und schluchzend: »O mein Herr Kadi, der Sack gehört mir, ich weiß alles, was darin ist. Du findest darin Schlösser und Zitadellen, Städte und Dörfer, Bären und Löwen und allerlei wilde Tiere; ferner eine Stute und zwei junge Hengste, zwei lange Lanzen und zwei Hasen, eine alte Frau und zwei Freudenmädchen, zwei Obersten und zwei Gaukler und einen Blinden und einen Lahmen, einen Pfaffen und zwei Kirchendiener, und einen Patriarchen, einen Kadi und zwei Zeugen, die bezeugen, daß der Sack mir gehört.« Nun war ich außer mir vor Zorn und Ärger, ich ging auf den Kadi zu und sagte: »Gott stärke unsern Herrn, den Kadi! In meinem Sack ist ein Zeughaus mit allerlei Waffen und Kriegsmaterialien gefüllt, Weinberge, Gärten mit Feigen- und Apfelbäumen, allerlei Weingefäße mit Dienern und Fremden und Gesellschaften, Musiker mit allerlei Instrumenten und Sänger und Sängerinnen, Kinder mit ihren Ammen, zwei abessinische Sklavinnen, drei Indianerinnen, vier Medinenserinnen, fünf Griechinnen, sechs Türkinnen, sieben Perserinnen, acht Kurdinnen und neun Ägypterinnen; im Sack waren der Euphrat und der Tigris mit Fischen und Fischernetzen und Feuerzeug, tausend Pferde, mehrere Badehäuser, viele Städte und Länder mit allen ihren Beamten und Handwerkern, Kufa und Anbar, zwanzig Kisten voll Weißzeug und Kleider und einige Magazine mit allerlei Mundvorrat gefüllt, Gaza, Askalon, die ganze Strecke von Damiet bis Assuan, der Palast des Chosrocs, Vaters des Nuschirwan, das ganze Reich Salomos, Chorasan, Balch und Ispahan, alle Länder, die zwischen Indien und Nubien liegen.« Der Kadi, ganz betäubt von dem Aufzählen aller dieser Gegenstände, sagte: »Ihr seid gewiß zwei abtrünnige Ketzer, die mit einem frommen Kadi ihren Spaß haben wollen; hat man jemals gehört, daß ein Reisesack alles das enthalte, was ihr beschrieben habt? Das ist ein bodenloses Meer!« Der Kadi ließ dann den Sack öffnen, man fand darin ein wenig Brot, eine Zitrone, ein wenig Käse und ein paar Oliven; ich warf den Sack dem Kurden zu und ging fort.

Den Kalifen ergötzte diese Geschichte so sehr, daß er vor Lachen auf den Rücken fiel und den Perser Ali reichlich beschenkte. Gott ist allwissend!

Der freigebige Hund

Einst ward ein armer Mann so sehr von seinen Gläubigern bedrängt, daß er seine Familie und seine Heimat verlassen und in fremden Ländern bettelnd umherziehen mußte. Hungrig und müde, im zerknirschtesten Seelenzustand, erreichte er eine große, prachtvolle Stadt, von hohen Mauern umgeben. Auf einem großen Platz sah er einige vornehme Leute in ein Haus gehen, das einem königlichen Palast glich, und folgte ihnen in einen Saal, wo ein Mann von sehr ehrwürdigem Aussehen in dessen oberem Ende saß, der gleich einem Vezier von vielen Dienern und Sklaven umgeben war. Der Mann stand vor seinen Gästen auf und hieß sie willkommen. Der Arme aber trat erschrocken zurück, als er diese vielen Diener und die Pracht und Herrlichkeit sah, und setzte sich aus Furcht in einen Winkel, wo ihn niemand sehen konnte. Als er so dasaß, kam ein Diener mit vier Jagdhunden, die mit kostbarem Seidenstoff bedeckt waren und goldene Ketten mit silbernen Schellen am Hals hatten, und band jeden von ihnen in einer Ecke an. Dann ging er weg und kam nach einer Weile wieder mit goldenen Schüsseln, voll mit den herrlichsten Speisen, stellte jedem Hund eine solche Schüssel vor und entfernte sich wieder. Der Arme war so sehr von Hunger geplagt, daß er mit Lüsternheit nach den Speisen der Hunde sah, und gern hätte er mit einem von ihnen gegessen, wenn er sich nicht gefürchtet hätte. Einer dieser Hunde bemerkte dies durch eine göttliche Eingebung, entfernte sich von der Schüssel und winkte dem Armen zu, er möchte sich nähern. Der Arme trat herbei und aß, bis er satt war, dann wollte er wieder gehen; aber der Hund gab ihm durch Zeichen zu verstehen, er möge die Schüssel mit allem, was in ihr, nehmen, ja, er schob sie sogar mit der Tatze vor ihn hin. Der Arme nahm sie, ging damit fort, und niemand folgte ihm.

Der Arme reiste dann in eine andere Stadt, verkaufte die goldene Schüssel, kaufte Waren dafür und kehrte damit in seine Heimat zurück, verkaufte sie wieder, bezahlte seine Schulden und hatte nun so viel Glück, daß er sehr bald ein reicher Mann wurde. Da dachte er: Ich muß doch noch einmal in jene Stadt reisen, aus der ich die goldene Schüssel genommen habe, und ihrem Eigentümer ein schönes Geschenk machen für die Freigebigkeit, die einer seiner Hunde gegen mich ausgeübt hat, und ihm auch den Wert der Schüssel wieder ersetzen. Er machte sich bald auf die Reise nach jener Stadt; als er aber das Haus suchte, in dem er die Schüssel gefunden hatte, sah er an dessen Stelle einen Steinhaufen, auf dem Raben krächzten. Die Wohnungen waren verödet, und alles hatte ein Ansehen der Verwüstung. Er ließ sich betrübt nieder und dachte nach über den Wechsel der Zeit und des Geschicks. Als er umherblickte, sah er einen armen Mann in einem Grausen erregenden Zustand, der Felsen Erbarmen einflößte; er fragte ihn: »Wie ist das Schicksal gegen den Eigentümer dieses Hauses verfahren? Wo sind die Mädchen wie leuchtende Monde und Sterne? Wo ist das schöne Gebäude hingekommen, von dem nur noch einige Ruinen übrig sind?« Der Arme antwortete, aus betrübtem Herzen seufzend: »Jeder beherzige, was der Gesandte Gottes gesagt: Gott hat das Recht, jeden, den er erhoben hat, auch wieder zu erniedrigen. Frage nicht, warum und wieso; denn wer kann über die Launen des Schicksals sich wundern? Wisse, ich war der Eigentümer dieses Hauses, ich habe es erbauen lassen, und mir gehörte es mit allem, was darin war. Aber die Zeit hat sich geändert; ich habe mein ganzes Vermögen verloren und befinde mich nun, ohne selbst zu wissen, warum, in diesem erbärmlichen Zustand.« Auf die Frage des Verarmten, was ihn herführe, erzählte ihm der wieder reich Gewordene seine Geschichte mit dem Hund und sagte ihm, er sei gekommen, um ihm den Wert der goldenen Schüssel zurückzuerstatten, die ihm aus der Not geholfen habe, und um ihm ein ansehnliches Geschenk zu bringen. Aber der Arme schüttelte mit dem Kopf und sagte weinend und schluchzend: »Ich glaube, du hast den Verstand verloren; lieber will ich den größten Mangel dulden, als zurücknehmen, was einer meiner Hunde verschenkt hat. Nimmermehr! Reise wieder hin, wo du hergekommen bist; ich werde nicht den Wert eines Nagelabschnitts von dir annehmen.« Der Reiche küßte ihm Hände und Füße, dankte ihm, nahm Abschied und reiste in seine Heimat zurück.

Das Märchen von Maruf

In Kahirah lebte einst ein Schuhflicker mit Namen Maruf, der eine sehr böse und schlechte Frau hatte, die ihn auf alle mögliche Weise kränkte. Er ließ sich alles gefallen, um öffentliche Szenen zu vermeiden, wurde aber auch immer ärmer, weil er, um Frieden zu haben, alles, was er verdiente, für seine Frau ausgeben mußte. Eines Tages sagte zu ihm Fatma, so hieß diese böse Frau: »Heute muß ich einen Honigkuchen mit Bienenhonig haben.« Er antwortete: »Gott gebe mir die Mittel dazu, so will ich ihn dir verschaffen; im Augenblick besitze ich aber keinen Drachmen. Doch Gott wird mir helfen.« – »Ich lasse mich nicht auf solche Redensarten ein«, erwiderte Fatma; »bringst du mir diesen Abend keinen Honigkuchen, so erwartet dich eine bittere Nacht.« – »Gott ist gnädig«, sagte Maruf tief seufzend; dann betete er das Morgengebet, ging in seine Butike und flehte Gott um Arbeit an, daß es ihm möglich werde, seiner Frau Honigkuchen zu kaufen. Aber sein Gebet blieb unerhört; er saß bis mittags in seiner Butike, ohne daß ihm die geringste Arbeit gebracht wurde, so daß er nicht einmal Brot, viel weniger Kuchen kaufen konnte. Mit Tränen in den Augen schloß er seine Butike und machte sich auf den Weg nach Hause. Da winkte ihm ein Kuchenbäcker, den sein betrübtes Aussehen rührte, und fragte ihn, was ihm zugestoßen sei. »Ich fürchte mich vor meiner Frau«, antwortete Maruf, »denn ich soll ihr Honigkuchen bringen und habe nicht einmal Geld für Brot.« – »Beruhige dich«, sagte der Kuchenbäcker; »wieviel Pfund willst du?« – »Fünf Pfund«, antwortete Maruf. »Schon gut«, sagte der Bäcker; »mein Honig ist zwar nicht von Bienen, jedoch von Zuckerrohr, der besser als Bienenhonig ist; ich will dir einen Kuchen backen, der wert wäre, Königen vorgelegt zu werden. Willst du nicht auch etwas Brot und Käse? Nimm nur, was du brauchst; ich borge dir einige Tage, bis Gott dir hilft. Hier hast du auch noch etwas Geld, gehe dafür ins Bad und bringe dann einen vergnügten

Abend bei deiner Frau zu.« Maruf ging, dem Kuchenbäcker und Gott für diese Gnade dankend, mit Kuchen, Brot und Käse nach Hause und brachte alles seiner Frau. Als sie aber sah, daß der Kuchen nicht von Bienen-, sondern mit Zuckerrohrhonig gemacht war, fragte sie ihn: »Warum handelst du gegen meinen Willen? Habe ich nicht einen Kuchen von Bienenhonig begehrt?« Maruf entschuldigte sich damit, daß er ihn nicht für bares Geld kaufen und daher auch nicht lange wählen konnte. Aber Fatma kümmerte sich nicht um seine Worte, sondern geriet in heftigen Zorn, beschimpfte ihn und schlug ihm einige Zähne aus; als er hierauf seinen Zorn nicht länger zügeln konnte und ihr auch eine Ohrfeige gab, faßte sie ihn am Bart und schrie so laut, daß alle Nachbarn herbeieilten, um den Frieden wieder herzustellen. Als sie wieder allein waren, schwur sie, sie werde nichts vom Kuchen essen; Maruf aber, den sehr hungerte, aß davon. Da sagte sie: »Möchte der Kuchen doch zu Gift in deinem Leib werden!« Er ließ sie aber fluchen und erwiderte lachend: »Da du geschworen hast, den Kuchen nicht zu berühren, so muß ich ihn wohl allein essen; ein andermal bringe ich dir einen Kuchen von Bienenhonig, den magst du dann allein verzehren.«

Am folgenden Tage saß Maruf in seiner Butike, da kamen auf einmal zwei Gerichtsdiener auf ihn zu und luden ihn vor den Kadi. Hier fand er seine Frau mit verbundenem Arm und blutigem Schleier, weinend. Der Kadi sagte: »Fürchtest du Gott nicht, daß du deine Frau so mißhandelst?« Da erzählte ihm Maruf die Ursache ihres Streites und berief sich auf das Zeugnis seiner Nachbarn. Der Kadi, der ein sehr guter Mann war, schenkte ihm einen Vierteldinar und sagte ihm: »Kaufe dafür einen Kuchen mit Bienenhonig und lebe in Frieden mit ihr.« Maruf bat den Kadi, das Geld seiner Frau zu geben, und hoffte, nun wieder einige Ruhe vor ihr zu haben. Aber kaum war er in seine Butike zurückgekehrt, da kamen die Gerichtsdiener und forderten ihren Lohn für die Vorladung. Maruf sagte ihnen: »Der Kadi hat mir ja nicht einmal etwas abgenommen, ja, er hat meiner Frau sogar noch Geld geschenkt, wie soll ich euch etwas geben?« – »Der Kadi mag tun, was er will«, erwiderten die Gerichtsdiener, »wir müssen unsern Lohn haben, und wenn du ihn uns nicht gibst, so werden wir ihn schon nehmen.« Hierauf schleppten sie ihn auf die Straße und nötigten ihn, die Geräte seiner Butike zu verkaufen. Er saß jetzt trostlos in seiner Butike und dachte mit Schaudern daran, daß ihm nun keine Möglichkeit mehr blieb, etwas zu verdienen. Da kamen wieder Gerichtsdiener und forderten ihn vor Gericht wegen Mißhandlungen, die er sich gegen eine Frau zuschulden hatte kommen lassen. »Aber der Kadi hat ja den Frieden zwischen uns hergestellt und mich entlassen!« sagte Maruf. »Wir sind die Diener eines andern Kadi«, erwiderten sie, »bei dem dich deine Frau von neuem angeklagt hat; folge uns also.« Maruf ging mit ihnen und erzählte dem Kadi den ganzen Vorfall im Hause und vor dem ersten Kadi. Fatma behauptete aber, er habe sie nachher wieder geschlagen; Maruf wurde aber doch wieder entlassen. Aber auch diese Diener mußte er bezahlen, so daß ihm von dem Geld, das er für seine Gerätschaften erhalten hatte, nur noch einige Pfennige übrigblieben. Er ging dann wieder in seine Butike und saß ganz von Sinnen wie ein Betrunkener da, als einer seiner Bekannten ihm zurief: »Flüchte dich, so schnell du kannst, denn deine Frau hat bei der Hohen Pforte Klage gegen dich erhoben!« Maruf schloß schnell die Butike, kaufte für sein übriges Geld etwas Brot und Käse, lief vor das Siegestor und flüchtete sich in ein verfallenes Gebäude, das ihm auch gegen den wie aus Schläuchen herabstürzenden Regen einigen Schutz gewährte. Hier weinte er bitter und rief: »Wo finde ich Ruhe vor meiner verruchten Frau! O Gott, sende mir doch jemanden, der mich in ein fernes Land bringt, wohin sie keinen Weg findet!« Bei diesen Worten spaltete sich die Mauer, und ein sehr langer Genius trat heraus von schauderhaftem Aussehen und sagte: »Was störst du mich in meiner Ruhe? Ich wohne nun schon zweihundert Jahre hier und bin von keinem Menschen beunruhigt worden; doch sage mir, was du begehrst, denn du flößt mir Mitleid ein.« Maruf erzählte ihm, wie er von seiner Frau stets gepeinigt werde und daß er nichts sehnlicher wünsche, als irgendwohin gebracht zu werden, wo sie ihn nicht verfolgen könne. Der Genius nahm ihn auf seinen Rücken und flog mit ihm die ganze Nacht durch. Beim Anbruch der Morgenröte setzte er ihn auf den Gipfel eines Berges ab und sagte zu ihm: »Am Fuß dieses Berges findest du eine Stadt; gehe hinein, du bist in ihr sicher vor den Verfolgungen deiner Frau.« Maruf blieb, über seine Lage mit Erstaunen nachdenkend, auf dem Berg liegen, bis die Sonne aufging; dann stieg er den Berg hinab, um in die Stadt zu gehen. Er fand sie außerordentlich schön, von hohen Mauern umgeben und mit zahlreichen Palästen geschmückt, so daß ihr Anblick jedes Herz erfreuen mußte. Er erregte aber so großes Aufsehen in der Stadt, daß viele Leute sich um ihn versammelten, um seine Kleidung, die von der ihrigen ganz verschieden war, zu bewundern. »Ihr seid hier fremd«, sagte ihm einer von den Bewohnern der Stadt; »woher seid Ihr?« – »Ich bin aus Kahirah.« – »Und wann habt Ihr Eure Hauptstadt verlassen?« – »Gestern abend.« – »Ich glaube, Ihr seid verrückt! Ihr wollt gestern abend noch in Kahirah gewesen sein, während man von Kahirah bis hierher ein ganzes Jahr zu reisen hat?« – »Ihr seid verrückt, nicht ich; ich sage die Wahrheit; hier könnt ihr noch Brot sehen, das ich gestern in Kahirah gekauft habe.« Er zeigte ihnen hierauf das Brot, das er in der Tasche hatte; alle Leute drängten sich heran, um es zu sehen, denn es glich dem ihrigen gar nicht. Viele glaubten nun, was Maruf von seiner Reise erzählte; andere indessen hielten ihn für einen Lügner und verspotteten ihn. Während nun die Leute so miteinander über Maruf stritten, kam ein Kaufmann, von zwei Sklaven begleitet, auf einem Maulesel herbeigeritten, trieb die Leute auseinander und machte ihnen Vorwürfe, daß sie einen fremden Menschen so zum Gegenstand ihres Spottes machten. Er nahm dann Maruf mit nach Hause und ließ ihm sogleich schöne Kleider reichen, in denen er wie der Oberste der Kaufleute aussah; dann ließ er ihm die köstlichsten Speisen und Getränke vorstellen. Erst als sie gegessen und getrunken hatten, fragte der Kaufmann seinen Gast nach Namen, Stand und Heimat. Als Maruf über alles Auskunft gegeben hatte, fragte der Kaufmann: »Aus welchem

Quartier Kahirahs seid Ihr?« – »Seid Ihr denn in Kahirah bekannt?« – »Ich bin dort geboren!« – »Nun, ich bin aus dem roten Quartier.« – »Kennt Ihr den Drogisten Ahmed?« – »Allerdings; er ist mein Nachbar; sein Haus steht dicht neben dem meinigen.« – »Befindet er sich wohl?« – »O ja, es geht ihm recht gut.« – »Wieviel Kinder hat er, und was ist aus ihnen geworden?« – »Er hat drei Söhne: der eine heißt Mustafa, der andere Muhammed und der dritte Ali. Mustafa ist Professor geworden, Muhammed Drogist, und Ali, der als Knabe mit mir in den Kirchen herumlief, um die Bücher der Christen zu stehlen und zu verkaufen, ist vor zwanzig Jahren aus Kahirah entflohen, weil er einmal von den Christen ertappt wurde und sein Vater ihn deshalb gar zu arg prügelte. Seither hat kein Mensch mehr etwas von ihm gehört.«

Der Kaufmann erwiderte: »Nun, Maruf, ich bin dein Jugendfreund Ali, Sohn des Drogisten Ahmed; sei mir willkommen und erzähle mir, wie du so hierhergekommen bist!« Maruf erzählte ihm hierauf die ganze Geschichte seiner Frau bis zu seiner Flucht vor das Siegestor; dann, wie ein Genius seinen Wunsch, an einen Ort gebracht zu werden, wo Fatma ihn nicht finden könne, erfüllte und ihn auf den Gipfel des Berges vor der Stadt absetzte. Dann bat er Ali, ihm nun auch zu sagen, wie er hierhergekommen sei, wie diese Stadt heiße und wie er zu so großen Reichtümern gelangte. »Meine Reise hierher«, antwortete Ali, »ging nicht so schnell; ich trieb mich seit meinem siebenten Jahr in der Welt umher, bis ich hierherkam. Hier beschloß ich, mich anzusiedeln, weil ich bald sah, daß die Bewohner dieser Stadt, die Ichtian Alchuta heißt, sehr gute, rechtschaffene und mildtätige Leute sind; auch bemerkte ich, daß man hier gar nichts von einer Lüge weiß. Ich gab mich daher für einen fremden Kaufmann aus und bat einen der hiesigen Kaufleute, mir tausend Dinare zu leihen, bis meine Waren ankommen würden. Für dieses Geld kaufte ich Waren, mietete mir einen Laden und fing an zu handeln, bis ich reich wurde. Benutze auch du nun den Umstand, daß dich hier niemand kennt, und gib dich nicht für einen vor seiner Frau geflüchteten

Schuhflicker aus; sage auch nicht, daß du in einer Nacht von einem Genius hierhergetragen wurdest, denn man würde dich nur verspotten; und diejenigen, die es glauben, würden sich vor dir als einem verhexten Menschen fürchten und deine Nähe scheuen. Morgen will ich dir tausend Dinare geben und einen Maulesel mit einem meiner Diener leihen. Du reitest dann auf den Bazar, wo ich dich erwarten und mit vieler Auszeichnung aufnehmen will; ich werde dich nach allerlei Waren fragen, worauf du stets antwortest, du erwartest sie demnächst. Die Kaufleute werden mich dann fragen, wer du seist; da will ich ihnen dann viel Gutes und Schönes von dir erzählen und dir ein geräumiges Magazin für deine Waren verschaffen; stelle dich nur recht reich; wenn ein Bettler zu dir kommt, so gib ihm recht viel Almosen, damit man meinen Worten glaube. Ich werde dann dir zu Ehren eine große Mahlzeit geben, die angesehensten Kaufleute einladen und sie mit dir bekanntmachen. Du kannst nach Belieben handeln, denn du findest überall Kredit, und in kurzer Zeit kannst du ebenso reich sein wie ich.« Am folgenden Morgen benahm sich Maruf so, wie Ali es mit ihm verabredet hatte, und der nannte Maruf den ersten Kaufmann der Welt und sagte von ihm, er habe Handelshäuser in Ägypten, in Indien, in Arabien und China und besitze so viele Waren, daß kein Feuer sie verzehren könne. »Neben ihm«, sagte Ali, »bin ich ein ganz untergeordneter Krämer!« Als die Kaufleute Ali so sprechen hörten, faßten sie eine hohe Meinung von Maruf und boten ihm alle ihre Waren an; auch warteten sie ihm einer nach dem andern mit allerlei Kuchen und Sorbetten auf.

Während Maruf sich mit dem Obersten der Kaufleute unterhielt, kam ein Bettler vor Alis Laden und bat um ein Almosen. Die Kaufleute gaben ihm ein paar Pfennige, Maruf aber griff in die Tasche und reichte ihm eine ganze Handvoll Dinare hin, was den Kaufleuten noch eine höhere Meinung von seinen Reichtümern beibrachte. Bald kamen aber so viel Bettler, daß Maruf, der einem jeden eine Handvoll Geld schenkte, nichts mehr von den tausend Dinaren übrigblieb. Da schlug er die Hände zusammen und sagte: »Wie es scheint, gibt es hier viele Arme; hätte ich das gewußt, so hätte ich einen ganzen Sack voll Dinare mitgebracht; was soll ich nun tun, wenn ein Armer mich um etwas bittet, da ich kein Geld mehr bei mir habe?« – »Sage ihm: Gott stehe dir bei!« antwortete der Vorsteher der Kaufleute. »Das kann ich nicht«, versetzte Maruf; »willst du mir nicht für die Armen tausend Dinare leihen, bis meine Waren ankommen?« – »Recht gern!« antwortete der Vorsteher und schickte sogleich einen seiner Diener nach Hause, um das Geld zu holen. Maruf verteilte auch dieses Geld wieder unter die Armen, die vor der Moschee, wo er sein Mittagsgebet verrichtete, sich um ihn drängten. Er ließ sich dann von einem andern Kaufmann wieder tausend Dinare leihen, die er bei dem Nachmittagsgebet austeilte, dasselbe tat er beim Abend- und Nachtgebet, so daß er an diesem Tage fünftausend Dinare verschenkte. Ali sah ihm mit Verwunderung zu, durfte aber, ohne sich selbst zum Lügner zu machen, nichts sagen. Des Nachts war eine große Mahlzeit bei Ali, während der Maruf nicht aufhörte, von seinen vielen Waren und Edelsteinen zu reden. Am folgenden Tage wendete er sich wieder an andere Kaufleute und fuhr so fort, bis er sechzigtausend Dinare entliehen hatte. Als aber noch immer keine Waren ankamen, verloren die Kaufleute doch ihr Vertrauen zu ihm und fragten Ali, warum denn Marufs Waren so lange ausblieben. Ali wußte ihnen nichts zu sagen als: »Habt Geduld, sie werden bald ankommen.« Als er aber allein mit Maruf war, machte er ihm Vorwürfe darüber, daß er so viele Schulden mache, die er nie zu zahlen imstande sein würde, da er nichts besitze, noch etwas durch Handel zu erwerben suche. »Was sind sechzigtausend Dinare?« erwiderte Maruf; »wenn meine Waren kommen, so lasse ich meinen Gläubigern die Wahl, ob sie Geld oder Waren wollen.« Ali nannte ihn einen Lügner und drohte ihm, ihn vor allen Leuten zuschanden zu machen; indessen konnte er, ohne sich selbst zum Lügner zu stempeln, nichts gegen ihn sagen, denn das Sprichwort lautet: Wer jemanden lobt und dann schmäht, der lügt zweimal. Als daher die Kaufleute wieder zu ihm kamen, sagte er zu ihnen: »Ich wage es nicht, Maruf etwas zu sagen, weil er mir selbst auch tausend Dinare schuldig ist;

übrigens habe ich euch keineswegs geraten, ihm Geld zu leihen; wollt ihr also die Ankunft seiner Karawane nicht abwarten, so klagt ihn beim König an.« Die Kaufleute begaben sich hierauf in den Divan und trugen dem König ihre Klage vor. Als aber der König hörte, daß Maruf alles entlehnte Geld wieder an Arme verschenkt habe, dachte er: Dieser Mann ist kein Gauner; er ist gewiß ordentlich reich und erwartet die kostbarsten Waren, die es nur gibt; darum will ich mir ihn zum Freund machen, so daß seine Schätze mir und nicht diesen Kaufleuten, die schon reich genug sind, zufließen. Übrigens will ich einmal an einer Perle, die ich besitze, sehen, ob er solche wertvollen Gegenstände zu schätzen weiß. Der König ließ also Maruf zu sich rufen. Der bestätigte die Aussage der Kaufleute und erklärte, er würde bei Ankunft der Karawane einen jeden nach Wunsch mit Geld oder Waren befriedigen. Der König zeigte ihm hierauf eine Perle, so groß wie eine Haselnuß, die er für tausend Dinare gekauft hatte, und fragte ihn, wieviel sie wert sei. Maruf nahm sie zwischen seine Finger, zerdrückte sie und sagte lachend: »Das ist keine Perle: was nicht so groß wie eine Nuß ist, verdient den Namen Perle nicht; doch ihr seid arme Leute, darum schlagt ihr auch so eine Perle hoch an; bei uns aber gibt es Perlen, die siebzigtausend Dinare wert sind.« Des Königs Habsucht wurde dadurch noch mehr gereizt, und er fragte Maruf, ob er solche Perlen erwarte und ob sie ihm feil sein würden? – »Ich erwarte eine große Anzahl«, erwiderte Maruf, »und werde dir mit Vergnügen einige davon zum Geschenk machen.« Der König entließ dann die Kaufleute mit dem Befehl, die Ankunft der Karawane abzuwarten, und beauftragte den Vezier, Maruf die Prinzessin anzutragen; denn auf diese Weise, dachte er, gelange ich am sichersten in den Besitz aller seiner Kostbarkeiten. Der Vezier versuchte vergebens Maruf als Gauner darzustellen. Der König hörte ihn nicht an, weil er glaubte, er möchte lieber die Prinzessin seinem eigenen Sohn zur Frau geben. So mußte denn der Vezier zu Maruf gehen und ihm die Tochter des Königs als Gattin antragen. Maruf nahm die Heiratsvorschläge an, sagte jedoch, er wolle mit der Hochzeit bis zur Ankunft der Karawane warten, denn er brauche fünftausend Beutel zur Morgengabe, tausend Beutel für die Armen in der Hochzeitsnacht, ebensoviel für die Frauen der Prinzessin; auch müsse er hundert Perlen für die Königin haben und ebensoviel für die Sklavinnen der Prinzessin; auch wolle er wenigstens tausend Arme kleiden, und das alles könne er erst nach Ankunft der Karawane. Als der Vezier mit dieser Antwort zum König zurückkehrte, bat er ihn nochmals vorsichtig zu sein und solche Windbeuteleien nicht zu glauben; der König wurde aber immer begieriger nach Marufs Reichtümern, drohte dem Vezier mit dem Tod, wenn er noch etwas gegen Maruf verlauten lasse, und befahl ihm, ihn zu holen. Der König sagte zu Maruf: »Deine Gründe, die Hochzeit mit der Prinzessin zu verschieben, sind nicht triftig genug; hier hast du den Schlüssel zu meiner gefüllten Schatzkammer, nimm daraus so viel Geld, wie du brauchst; wenn die Karawane ankommt, kannst du mir ja alles ersetzen.«

Der König ließ dann den Großmufti holen und den Ehekontrakt schreiben; die Festlichkeiten begannen, die Stadt war geschmückt, die öffentlichen Schauspiele, denen Maruf auf einem hohen Thron beiwohnte, belustigten die ganze Stadt. Maruf warf Hände voll Geld unter die Ringer, Taschenspieler und Musiker und verschenkte so viel an Arme, daß der Schatzmeister zum großen Ärger des Veziers gar nicht Geld genug herbeischaffen konnte. Diese Festlichkeiten dauerten vierzig Tage lang; am einundvierzigsten Tage wurde erst die Hochzeit mit erstaunlicher Pracht gefeiert. Als Maruf des Nachts allein bei der Prinzessin war, schlug er die Hände übereinander und rief: »Es gibt keinen Schutz und keine Macht, außer bei Gott, dem Erhabenen!« – »Was hast du?« rief die Prinzessin; »warum seufzest du so?« – »Dein Vater«, antwortete Maruf, »hat unsere Hochzeit so übereilt; ich wollte warten, bis die Karawane ankommt; da wäre ich auch imstande gewesen, dir deiner würdige Geschenke zu machen, aber so schäme ich mich vor dir und deinen Sklavinnen, denen ich auch, um dich dadurch zu ehren, von meinen Perlen schenken wollte.« – »Gräme dich nicht darüber«, erwiderte die Prinzessin, »du bist niemandem etwas schuldig, und was du geben willst, wird später ebenso angenehm sein; laß uns deshalb die Freuden der Hochzeitsnacht nicht vergessen.«

Maruf setzte noch zwanzig Tage lang sein bisheriges Leben fort und verschenkte, was die Schatzkammer an Geld und Ehrenkleidern enthielt. Am einundzwanzigsten Tage, als der König allein mit seinem Vezier war, trat der Schatzmeister zu ihm herein und meldete ihm, daß die Schatzkammer bald leer sei. Der Vezier benutzte diesen Anlaß wieder, um Maruf als einen Abenteurer darzustellen, so daß der König, wegen des allzulangen Ausbleibens der Karawane selbst argwöhnisch, zum Vezier sagte: »Wie fangen wir es an, um endlich einmal Gewißheit über den wahren Zustand Marufs zu erhalten?« – »Das beste ist«, antwortete der Vezier, »du bittest deine Tochter, in Maruf zu dringen, daß er dir die Wahrheit über seinen früheren Stand gestehe, denn selten kann ein Mann lange seiner Frau ein Geheimnis vorenthalten.« – »Das soll geschehen«, versetzte der König, »und ist er ein Lügner, so soll er den schlimmsten Tod sterben.« Er ließ sogleich seine Tochter rufen, und der Vezier, den nur ein Vorhang von ihr trennte, belehrte sie, wie sie es anzufangen habe, um hinter die Wahrheit zu kommen. Die Prinzessin, die selbst der vielen Prahlereien und Versprechungen ihres Gatten müde war, erbot sich, alles aufzubieten, um ihm sein Geheimnis zu entreißen. Als er des Abends nach Hause kam, trat sie ihm mit vielen Liebkosungen entgegen und sagte ihm Worte wie Honig. »Geliebter«, redete sie ihn an, »Freude meiner Augen, Frucht meines Herzens, möge das Schicksal uns nie trennen, denn mein Herz ist so voll von Liebe zu dir erfüllt, daß ich ohne dich nicht mehr leben könnte. Aber ich bitte dich, fahre nicht länger fort, meinen Vater über deine Reichtümer zu täuschen; er wird einmal die Wahrheit erfahren und dann im Zorn Maßregeln gegen dich ergreifen, die wir nicht mehr verhindern können; gestehe mir lieber alles, ich werde dann schon Mittel finden, dich aus aller Verlegenheit zu bringen.«

»Nun«, sagte Maruf zu seiner Gattin, »wenn du die Wahrheit hören willst, so wisse, daß ich kein reicher Kaufmann, sondern ein armer Schuhflicker aus Kahirah bin.« Und hierauf erzählte er ihr seine ganze Geschichte. »Du bist ein gewandter Lügner«, sagte die Prinzessin, »und hast es ziemlich weit mit deinen Lügen gebracht; indessen hielt dich der Vezier schon immer für einen Abenteurer, und auf seinen Rat hat mein Vater mich ersucht, alles aufzubieten, um dir dein Geheimnis zu entlocken. Ich werde mich aber wohl hüten, es ihm mitzuteilen; er würde dich mit dem Tode bestrafen, ich gälte in der Welt als die Witwe eines Schuhflickers und würde gezwungen werden, ein zweites Mal zu heiraten. Darum folge meinem Rat; hier sind fünfzigtausend Dinare, kleide dich als Mameluck, nimm ein gutes Pferd aus dem königlichen Stall, reite in ein Land, das nicht mehr meinem Vater untertan ist, und lasse dich dort als Kaufmann nieder; gib mir dann Nachricht von dir, damit ich dir schicke, was ich für dich auftreiben kann. Dort bleibst du, bis mein Vater stirbt; dann lasse ich dich sogleich wieder hierherrufen; stirbt aber einer von uns zuerst: nun, so wird der Tag der Auferstehung uns vereinen.« Maruf nahm zärtlich Abschied von seiner Gattin und machte sich vor Tagesanbruch auf den Weg. Einige Stunden darauf ließ der König seine Tochter kommen, um zu hören, was sie von Maruf entlocken konnte. »Gott schwärze das Angesicht deines Veziers«, sagte die Prinzessin. »Als gestern nacht mein Gatte bei mir war, trat mein Eunuche mit einem Brief herein und sagte: Zehn Mamelucken, die vor dem Schloß stehen, haben ihn gebracht. Ich öffnete den Brief, und siehe da, er war von den fünfhundert Mamelucken, die meines Gatten Karawane begleiteten; sie meldeten ihm, daß sie von Arabern angegriffen worden und in einem langen Kampfe zweihundert Lasttiere verloren haben; sie seien darum so lange ausgeblieben, weil sie, um ihre Ladungen wieder zu erlangen, mehrere Angriffe auf die Räuber gemacht hätten. Mein Gatte rief dann: Gott verdamme meine Mamelucken! War es wohl der Mühe wert, wegen zweihundert Ladungen mich so lange in Verlegenheit zu lassen? Das macht ja höchstens siebentausend Dinare. Aber ich will mich schnell aufmachen und ihnen entgegengehen, damit sie sogleich kommen. Hierauf verließ er mich, ohne im mindesten über den erlittenen Verlust betrübt zu sein, und ritt mit zehn Mamelucken davon, die schöner waren als der Mond und von denen jeder ein Kleid anhatte, das wenigstens zweitausend Dinare wert war. Ich dankte Gott, ihm noch keinen Zweifel über seine Reichtümer gemacht zu haben, er würde sonst mich und dich verspotten.« So wurde der Vezier abermals zum Schweigen gebracht und vom König mit Vorwürfen überhäuft.

Maruf ritt indessen, von herbem Schmerz gefoltert, immer vorwärts. Gegen Mittag fand er in der Nähe eines kleinen Dorfes einen Bauern an seinem Pflug; er grüßte ihn und bat ihn, ihm etwas zu essen zu verschaffen. Der Bauer, der ihn für einen Mamelucken des Königs hielt, lud ihn ein, abzusteigen und sein Gast zu sein. »Du hast ja selbst nichts«, sagte Maruf. »Steige nur ab«, erwiderte der Bauer; »ich eile ins Dorf und hole dir zu essen.« – »Aber ich kann ja selbst ins Dorf gehen«, versetzte Maruf, »und mir etwas zu essen auf dem Markt kaufen.« Darauf antwortete der Bauer: »Das Dorf ist so klein, daß es in ihm keinen Markt gibt; darum warte lieber hier, ich gehe schnell und hole dir etwas.« Während nun der Bauer ins Dorf lief, dachte Maruf: Ich will einstweilen weiterpflügen, damit der arme Mann keine Zeit verliere. Als er aber die Ochsen antrieb, stieß der Pflug an etwas Hartes, und das Vieh konnte ihn nicht vom Platz bringen. Als er sehen wollte, was den Pflug anhalte, fand er einen goldenen Ring an einer marmornen Tafel befestigt. Er räumte die Erde weg, hob die Platte auf und entdeckte eine Treppe, die in ein unterirdisches Gemach, so groß wie ein Badesalon, führte, das ganz mit Gold, Smaragden, Perlen, Rubinen und andern Edelsteinen gefüllt war. Er sah unter anderm auf einem kristallenen Koffer, der mit Perlen von der Größe einer Nuß gefüllt war, ein kleines goldenes Kästchen, dessen feine Arbeit seine Aufmerksamkeit ganz besonders auf sich zog; er öffnete es und fand einen goldenen Siegelring darin mit allerlei Talismanen beschrieben, so klein wie Ameisenfüße. Als er an dem Ring ein bißchen rieb, ließ sich eine Stimme hören: »Was beliebt? Was beliebt? Mein Herr, fordere nur, es wird dir alles gewährt! Soll ich ein Land blühend machen? Soll ich eine Stadt verwüsten? Einen König töten oder einen Sturm aus der Erde hervorrufen? Der Schöpfer des Tages und der Nacht erlaubt mir, alle eure Befehle zu vollziehen.« – »Wer bist du denn?« fragte Maruf. »Ich bin der Diener dieses Rings«, antwortete der Geist, »und gehorche dem, der ihn besitzt. Mir ist alles möglich, denn ich gebiete über alle Genienhäupter, und meine Armee besteht aus unzählbaren Geistern jeder Gattung; reibe nur den Ring, sooft du mir etwas zu befehlen hast, und fordere von mir, was dir Freude macht. Reibe aber den Ring nie zweimal nacheinander, sonst bin ich des Todes.« – »Wie heißt du denn?« fragte Maruf. »Ich heiße Abu Saadat (Glücksvater), war der dienstbare Geist des Königs Schadad, der Sohn Ads, und du befindest dich in seiner Schatzkammer, wo er mich aufbewahrte.« – »Kannst du«, fragte Maruf, »diese Schätze auf die Oberfläche der Erde bringen?« – »Nichts leichter als dies«, antwortete Abu Saadat. Auf seinen Wink spaltete sich die Erde, und nach einer kleinen Weile erschienen hübsche junge Burschen – es waren die Söhne Abu Saadats – mit goldenen Tragkörben und trugen alles, was in der Schatzkammer war, auf die Oberfläche der Erde.

Nachdem die Söhne Abu Saadats diese Arbeit verrichtet hatten, fragte der seinen Herrn, was er nun weiter befehle. »Jetzt«, sagte Maruf, »bringe mir Kisten und Maulesel, lege alle diese Schätze in Kisten und lade sie den Mauleseln auf.« Abu Saadat stieß einen Schrei aus, und sogleich erschienen seine achthundert Söhne, von denen die einen die Gestalt von Mauleseln und die andern die von Treibern und Knechten annahmen. Letztere brachten dann Kisten herbei, und die Schätze waren so zahlreich, daß sie dreihundert Maulesel damit beluden. Maruf forderte dann noch hundert Ladungen von den feinsten Stoffen Ägyptens, Syriens, Griechenlands, Persiens und Indiens. Abu Saadat versprach, bis zum folgenden Morgen alles zu liefern, und sandte sogleich Genien nach allen diesen Ländern aus, um die gewünschten Waren zu holen. Maruf erbat sich hierauf ein Zelt, um die Nacht darunter zuzubringen. Abu Saadats Söhne schlugen ein schönes Zelt auf und brachten ihm auch einen Tisch, mit

Speisen beladen. In diesem Augenblick kam der Bauer mit einer Schüssel voll Linsen aus dem Dorfe zurück und wollte sie Maruf anbieten; als er ihn aber in einem königlichen Zelt von Mamelucken umgeben sah, hielt er ihn für den Sultan und dachte: Hätte ich doch ein paar Hühner geschlachtet und gebacken; er wollte schon wieder umkehren, um dies zu tun, da rief ihn Maruf zu sich und fragte ihn, was er in der Hand habe. »Ich habe nur Linsen«, antwortete der Bauer verlegen, »und ein bißchen Gerste für dein Pferd; ich glaubte nicht, daß der Sultan hierherkommen würde, sonst hätte ich Hühner geschlachtet.« – »Gib sie her«, versetzte Maruf; »da du, ohne mich zu kennen, mich bewirten wolltest, so will ich auch dein Gericht nicht verschmähen. Indessen bin ich nicht der Sultan, sondern sein Schwiegersohn, ich habe ihn nach einem Wortwechsel plötzlich verlassen, nun schickte er mir aber seine Mamelucken nach, um sich wieder mit mir zu versöhnen, ich reise daher wieder zur Hauptstadt zurück.« Er aß dann die Linsen, füllte die Schüssel, in der sie waren, mit Gold und lud den Bauer ein, ihn in der Stadt zu besuchen.

Der Bauer kehrte glückselig mit seinem Gespann in sein Dorf zurück, und Maruf brachte die Nacht in fröhlicher Gesellschaft von Genientöchtern zu. Am folgenden Morgen rückten die Genien mit den fremden Stoffen an; Abu Saadat ritt als Karawanenführer voraus und meldete Maruf, daß alles zum Aufbruch bereit sei. Maruf schrieb dem König einen Brief, in dem er ihm seine Ankunft an der Spitze der Karawane meldete und ihn bat, ihm mit einigen Truppen entgegenzukommen. Diesen Brief befahl er Abu Saadat durch einen Genius in Gestalt eines Boten voraus zum König der Stadt Ichtian zu schicken. Der König war eben im Gespräch mit dem Vezier, der behauptete, Maruf sei entflohen, um nicht zuschanden zu werden, als Marufs Brief anlangte.

Der König machte dem Vezier neue Vorwürfe, als er den Brief gelesen hatte, gab Befehle, die Stadt festlich zu schmücken, und ging zu seiner Tochter, um ihr die erhaltene Nachricht mitzuteilen. Die Prinzessin war außer sich vor Freude und dachte bei sich selbst: Gewiß hat Maruf mich nur prüfen wollen; gottlob, daß ich so gegen ihn verfuhr. Nicht minder als die Prinzessin war Ali erstaunt, als er die Vorbereitungen zur Ausschmückung der Stadt sah und hörte, sie gelte der Rückkehr Marufs mit einer großen Karawane. Dieser bestieg, als der Bote zurück war, eine Sänfte und ließ nicht anhalten, bis er dem König mit seinen Truppen begegnete; dann zogen sie zusammen mit großem Pomp in die Stadt, wo alle Kaufleute kamen, um ihn zu begrüßen. Auch Ali stellte sich ein, und da er glaubte, das Ganze sei nur eine List der Prinzessin, sagte er: »Willkommen, Abenteurer, du hast deine Sache gut gemacht.« Maruf lachte. Als er in den Palast kam, ließ er die Maultiere abladen, die Lasten Gold in die Schatzkammer seines Schwiegervaters tragen, die kostbarsten Stoffe, Perlen und Edelsteine aber vor sich bringen. Er ließ dann die Kisten öffnen und nahm die schönsten Stoffe und Edelsteine heraus für die Frauen und Diener des Königs; mit den übrigen bezahlte er die Kaufleute und beschenkte alle Armen der Stadt. Dann griff er zu den Smaragden, Rubinen und andern Edelsteinen und verteilte sie unter die Truppen. Vergebens rief ihm der König zu: »Es ist genug, mein Sohn! Es bleiben ja nur wenige Lasten für dich übrig.« Maruf verschenkte aber immerfort und sagte: »Ich habe noch viel«, und in der Tat brachte ihm sein Diener, soviel er wollte.

Niemand wagte es mehr, nach dem soeben Vorgefallenen an Marufs Worten zu zweifeln und das noch weniger, als gerade der Schatzmeister hereintrat und dem König sagte, die Schatzkammer sei voll, und noch bleibe viel Gold übrig; er möchte ihm doch einen andern Platz dafür anweisen. Maruf begab sich dann zu seiner Frau, die ihm lachend entgegenkam, und er erbat sich von Abu Saadat für sie ein prächtiges Kleid und eine Halskette von vierzig Solitärperlen sowie äußerst wertvolle Armbänder, Ohrringe und Gürtel. Sie wurde fast närrisch vor Freude, als sie dies alles sah, und sagte zu Maruf: »Ich will dieses Kleid und diesen Schmuck für Festtage aufbewahren.« – »Das ist nicht notwendig«, versetzte Maruf; »denn ich habe noch viele solche.« Als er wieder allein war, bestellte er bei Abu Saadat hundert Kleider mit

Schmuck für die Sklavinnen seiner Gattin. Sie zogen sie an und leuchteten wie die Sterne um die Prinzessin, die dem Mond glich. Der König wußte nicht mehr, was er von allen diesen Schätzen denken sollte; und als er den Vezier um seine Ansicht darüber fragte, sagte der: »König der Zeit, ein Kaufmann ist weder so freigebig noch so reich wie dein Schwiegersohn; selbst Könige sind selten beides in einem so hohen Maße; hier liegt gewiß irgendein Geheimnis verborgen; folge daher meinem Rat und lade Maruf mit mir zu einem Spaziergang in deine Gärten ein; dort stellst du uns Wein vor, und wir geben ihm so viel zu trinken, daß er die Besinnung verliert und sein Geheimnis verrät, wir ergreifen dann die nötigen Maßregeln für deine Sicherheit, denn ein so reicher Mann könnte dir gefährlich werden.«

Der König fand diesen Rat gut und beschloß, ihn am folgenden Tag auszuführen; sein Entschluß war noch fester, als am folgenden Morgen seine Diener ihm das Verschwinden der Maulesel und der Mamelucken, die mit Maruf gekommen waren, meldete und der dazu lachte, als wäre ein Verlust von tausend Mauleseln und fünfhundert Mamelucken gar nicht der Rede wert. Maruf wurde daher zum verabredeten Spaziergang eingeladen, und im Pavillon des Gartens wurde er so lange zum Trinken beredet, bis er nicht mehr wußte, was er sagte. Jetzt bat ihn der König, er möchte ihn doch mit den näheren Umständen seines Lebens bekannt machen, denn weder seine Schätze noch seine Freigebigkeit seien die eines Kaufmanns. »Gewiß«, sagte der König, »bist du irgendein Sultan oder ein Prinz.« – »Ich bin keins von beiden«, erwiderte Maruf und erzählte hierauf seine ganze Geschichte von Anfang bis zu Ende. Da sagte der Vezier: »Zeige mir doch einmal diesen Ring.« Maruf gab ihn dem Vezier. Der rieb sogleich daran, und als Abu Saadat erschien, sagte er ihm: »Trage diesen Mann in eine öde Wüste, wo er weder Trank noch Nahrung findet und keinem Menschen begegnet.« Abu Saadat nahm ihn auf den Rücken, erhob sich mit ihm, trug ihn in das unbewohnte Viertel der Welt und sagte zu ihm: »Du verdienst noch Schlimmeres, weil du einen solchen Talisman so leichtsinnig hergabst.« – »Siehst du«, sagte der Vezier zum König, »daß ich doch recht hatte, als ich Maruf für einen Gauner hielt.« – »Du hast recht, Vezier«, antwortete der König. »Gott erhalte dich! Zeige mir auch einmal den Ring.« – »Blödsinniger Mensch«, versetzte der Vezier ganz zornig; »jetzt bin ich Herr; glaubst du wohl, ich werde dir den Ring geben, um wieder dein Diener zu werden?« Er rieb hierauf wieder an dem Ring und befahl dem Diener des Rings, den König zu seinem Schwiegersohn zu tragen.

Der Vezier versammelte dann die Häupter seiner Truppen, erzählte ihnen alles, was zwischen ihm, dem König und Maruf vorgefallen war, und sagte: »Wollt ihr mich nun als König anerkennen, gut; wenn nicht, so befehle ich dem Diener des Rings, euch alle in die Wüste zu bringen, wo ihr vor Hunger und Durst sterben müßt.« – »Tut uns nichts zuleid«, riefen alle; »wir wollen dir gerne huldigen und allen deinen Befehlen gehorchen.« Er schickte dann zur Prinzessin und ließ ihr sagen, sie möchte sich abends zu seinem Besuch vorbereiten. Sie ließ ihn bitten, doch wenigstens die gesetzlich bestimmte Frist für eine Frau, die ihren Mann verloren hat, ablaufen zu lassen. Er antwortete aber, er wisse nichts von gesetzlicher Frist noch Ehekontrakten; sie müsse ihn diesen Abend empfangen. Die listige Prinzessin zog des Abends ihre schönsten Kleider an, empfing den Vezier mit heiterm Gesicht und war so freundlich und zuvorkommend zu ihm, daß er, vor Liebe und Leidenschaft ganz außer sich, sie umarmen wollte. Da sagte sie: »Siehst du nicht den Mann, der uns beobachtet? Ich beschwöre dich bei Gott, entferne ihn!« – »Wo ist ein Mann, der uns zusieht?« fragte der Vezier erstaunt. »Er streckt seinen Kopf aus dem Stein des Siegelrings hervor«, antwortete die Prinzessin; »lege ihn doch ab, denn ich fürchte mich vor Genien.« Der Vezier, der glaubte, sie sehe wirklich den Diener des Rings, legte ihn auf das Kissen und näherte sich ihr wieder. Sie stieß ihn aber zurück, daß er ohnmächtig hinfiel, rief ihre Diener herbei und ließ ihn festnehmen; unterdessen rieb sie an dem Ring und befahl Abu Saadat, den Vezier in das schwärzeste Gefängnis zu sperren und ihren Vater und den Gatten zu ihr zu bringen. Sie setzte ersteren wieder zum König ein und ließ Maruf zum Großvezier ernennen; den Ring gab sie aber nicht mehr aus der Hand. Am folgenden Tage war diese neue Wendung der Dinge den Häuptern der Truppen und Staatsräten mitgeteilt, die sich außerordentlich freuten, von einem gottlosen Mann wie dem Vezier befreit zu sein und ihn zum Tode verurteilt zu wissen.

Nach fünf Jahren starb der König; da folgte ihm Maruf auf den Thron, den Ring aber gab ihm seine Gattin erst nach weiteren fünf Jahren, als sie auf dem Sterbebett lag, und empfahl ihn ihm so angelegentlichst wie ihren Sohn, der damals fünf Jahre alt war. Eines Nachts, als Maruf nach dem Tod seiner Gattin sich allein niederlegte, fühlte er, schon halb schlafend, jemanden neben sich liegen; er schlug erschrocken die Augen auf und rief Gottes Schutz gegen die Teufel an; und siehe da: seine Frau Fatma lag neben ihm, noch viel häßlicher als früher. »Wie bist du hierhergekommen?« fragte Maruf erstaunt. »Wisse«, hob sie an, »daß ich bald nach deinem Verschwinden es sehr bereute, dir so viel Verdruß gemacht zu haben; auch sah ich ein, was ich an dir besessen hatte; denn seit deiner Abreise mußte ich jedes Stückchen Brot erbetteln. Gestern ging ich nun auch lange auf den Straßen bettelnd umher, und niemand gab mir etwas; manche beschimpften mich sogar, so daß ich hungrig nach Hause ging und weinte. Da erschien mir ein Geist und fragte mich: ›Warum weinst du so?‹ Ich antwortete: ›Weil ich nicht weiß, wo mein Gatte hingekommen ist, der, solange er bei mir war, mich mit allem Nötigen versorgte.‹ – ›Dein Gatte‹, sagte der Geist, ›ist jetzt Sultan der Stadt Ichtian; wenn du willst, so trage ich dich zu ihm.‹ Ich bat ihn, es zu tun, und er nahm mich auf seinen Rücken, flog mit mir eine Weile in der Luft zwischen Erde und Himmel, dann setzte er mich in diesem Schlosse ab, bezeichnete mir dein Schlafzimmer und sagte: ›Hier liegt dein Gatte.‹ So ging ich denn herein, in der Hoffnung, du werdest mich nicht verstoßen.« Sie bat dann so lange um Erlaubnis, bei ihm zu bleiben, bis er ihren Wunsch erfüllte, jedoch drohte er ihr mit dem Tode, wenn sie wieder eine Bosheit gegen ihn ausüben würde.

»Hier«, sagte er, »fürchte ich deine Klagen nicht; denn ich besitze einen Ring, so daß ich nur Gott zu fürchten habe; sobald ich an ihm reibe, erscheint mir ein Geist, der alle meine Befehle vollzieht. Ich lasse dir die Wahl, ob du nach Hause zurückkehren willst; dann sollst du so viel Geld erhalten, daß du bis zum Tod im Überflusse leben kannst; oder ob du bei mir zu bleiben wünschst, dann räume ich dir eine herrlich möblierte Wohnung im Schloß ein, schenke dir zwanzig Sklavinnen zu deiner Bedienung und verschaffe dir die schönsten Kleider und die schmackhaftesten Speisen und Getränke.« Fatma wünschte, bei ihm bleiben zu dürfen, und lebte einige Zeit wie eine Königin.

Bald fand sie aber großes Mißfallen an Marufs Sohn und empfand noch größeren Ärger über Maruf selbst, der, bei aller Fürsorge, nicht mehr als Gatte mit ihr lebte, denn sie war alt und hatte ihn zu tief gekränkt. Sie ließ sich daher vom Teufel die Idee eingeben, sich des Rings zu bemächtigen, ihn zu töten und selbst den Thron zu besteigen. So schlich sie eines Nachts aus ihrem Gemach in das Marufs, im Augenblick, wo er herausging und sie wußte, daß sein Ring auf dem Kissen lag. Aber Marufs Sohn hatte sie gesehen, und es war ihm aufgefallen, daß seine Stiefmutter zu einer ganz ungewöhnlichen Stunde in seines Vaters Schlafzimmer ging; er folgte ihr daher leise, mit einem Schwert umgürtet, das er schon als Kind trug, und als er sah, daß sie den Ring nahm, sich an ihm freute und schon daran reiben wollte, zog er sein Schwert und schlug ihr den Hals ab. Maruf umarmte seinen Sohn und verspottete ihn nicht mehr wegen seines Schwertes. Am folgenden Tag ließ er Fatma beerdigen, und bald darauf heiratete er die Tochter des Bauern, der ihn auf seiner Flucht bewirtet hatte, und ernannte seinen Schwiegervater zu seinem Großvezier. So lebte er nun viele glückliche Jahre, bis der alle Freuden endende Tod ihn heimsuchte. Gepriesen sei der Ewigdauernde!

Ausgang

Als Schehersad, die während der tausendundeine Nächte dem König drei Söhne geboren, diese Erzählung beendet hatte, warf sie sich vor dem Sultan nieder und sprach: »König der Zeit, Herr deines Jahrhunderts, darf ich nun als Lohn für meine Erzählung mir eine Gnade ausbitten?« – »Wünsche, was du willst, Schehersad; es werde dir gewährt!« antwortete der Sultan. Da rief sie die Ammen und befahl ihnen, ihre Kinder herbeizubringen. Die Ammen brachten drei Knaben, von denen der eine schon laufen konnte, der andere kroch und der dritte noch am Busen seiner Amme lag. »König der Zeit«, sagte Schehersad, »hier sind deine Kinder; ich bitte dich, um ihretwillen mir das Leben zu schenken, damit die armen Kinder nicht mutterlos werden.« Der König, zu Tränen gerührt, umarmte seine Kinder und sagte: »Bei Gott! Schehersad, ich habe dir schon längst verziehen, denn du bist tugendhaft und rein; Gott segne dich und die Deinigen!« Schehersad küßte dem König die Hand und wünschte ihm noch ein langes, glorreiches Leben. Die Freude verbreitete sich sogleich im ganzen Palast und bald darauf in der ganzen Stadt. Es war eine äußerst freudige Nacht, lichter als der hellste Tag. Am folgenden Morgen schenkte der König in Anwesenheit aller Truppen seinem Schwiegervater, dem Vezier, ein prachtvolles Ehrenkleid und dankte ihm dafür, daß er ihm seine Tochter zur Frau gegeben hatte, die ihn von weiteren Mordtaten abhielt. Er beschenkte dann auch die übrigen Veziere, Emire und Großen des Reichs und ließ die Stadt auf seine Kosten beleuchten, öffentliche Spiele und Belustigungen veranstalten und den Armen Almosen aus seiner Schatzkammer austeilen. Er herrschte noch viele Jahre in Glück und Freude, bis ihn der Tod überraschte, mit dem alles Irdische endet. Gepriesen sei der, an dem die Zeit nichts ändert; und Friede sei mit seinem Gesandten Muhammed, der Zierde aller Sterblichen!

Nachwort

Die Erzählungen aus *1001 Nacht* (arab.: *Alf Laila wa-Laila*) regen Geist, Phantasie und Sinne gleichermaßen an. In Inhalt, Länge und Form unterscheiden sie sich erheblich von europäischen Märchen, was ihnen einen besonderen Reiz verleiht. Sie sind eine bedeutende Quelle für die Vermittlung ›märchenhafter‹ Themen und Stoffe vom späten Mittelalter bis in die Neuzeit nach Europa – eben ein Werk der Weltliteratur. Die mehr als 300 Erzählungen umfassende Sammlung unterschiedlicher Gattungen – Märchen, Legenden, Novellen, Fabeln, Parabeln, humorvolle und didaktische Liebesgeschichten – ist nun nicht etwa ein geschlossenes Ganzes, sondern im Laufe der jahrhundertelangen Überlieferung immer wieder in Teilen geändert, gekürzt und ergänzt worden. Zusammengehalten werden die Texte durch eine Rahmenerzählung, wie sie alle großen novellistischen und märchenhaften asiatischen und europäischen Sammlungen auszeichnet, etwa das indische *Pañcatantra* oder den *Decamerone* des italienischen Novellisten Boccaccio. Die Rahmenerzählung in *Tausendundeiner Nacht* stellt Scheherban, den König von Samarkand, und die kluge Vezierstochter Schehersad in den Mittelpunkt. Erzählt wird, daß der König bei einer überraschenden Rückkehr ins Schloß seine Frau »in vertrautem Umgang mit einem schwarzen Sklaven« vorfindet und beide tötet. Jeden Abend heiratet er eine andere Frau, die er am Morgen nach der Hochzeitsnacht umbringen läßt, um auf diese Weise am ganzen Frauengeschlecht Rache zu nehmen. Erst Schehersad, der klugen Tochter des Veziers, gelingt es, die Aufmerksamkeit des Königs mit ihren über 1001 Nacht fortgeführten Erzählungen in einem solchen Maße zu fesseln, daß er von einer Tötung absieht und ihr das Leben schenkt.

Die Spuren von *Tausendundeiner Nacht* im arabischen Raum (im Irak) lassen sich bis ins 8. Jahrhundert zurückverfolgen, aber erst arabische Handschriften, deren früheste aus dem 15. Jahrhundert stammt, haben uns eine genauere Kenntnis über das Werk vermittelt: Dies ist heute allgemein anerkannter Forschungsstand.

Es war der Franzose Antoine Galland (1646-1715), der die erste umfassende Sammlung von Geschichten aus *Tausendundeiner Nacht* Anfang des 18. Jahrhunderts (1704-17) in Europa bekannt machte, indem er nach der Einschätzung Heinz Grotzfelds (1987) nicht wortwörtlich »übersetzt, sondern mit Blick auf das rezipierende Publikum seiner Zeit unter getreuer Wahrung des Inhalts neu erzählt«. Dies war der Beginn einer neuen Phase der Rezeption orientalischer Literatur und Märchenstoffe durch Europa. Bereits kurz nach Erscheinen der Gallandschen Edition kamen Übersetzungen ins Deutsche, Englische, später ins Italienische, Dänische, Niederländische und Russische heraus. Offensichtlich hatte der französische Orientalist den Geschmack seiner Zeit getroffen. Die Sammlung erlaubte es zum einen, fremde Völker und Kulturen wahrzunehmen, deren Handelsprodukte und Waren, etwa Tee, Kaffee, Gewürze, Seide, Porzellan, aus dem Fernen und Nahen Osten verstärkt nach Europa gelangten. Zum anderen konnten die Texte als Ausdruck einer Sehnsucht nach geographisch und kulturell Fremdem in Verbindung mit kolonialistischen Bestrebungen Europas dienen. Die frühe Nachwirkung der Gallandschen Ausgaben ergibt sich schon allein daraus, daß die Orient-Märchen rasch in bedeutenden Märchensammlungen des 18. Jahrhunderts einen integrativen Bestandteil ausmachen. Exemplarisch ist hier an die berühmte *Bibliothèque bleue* des 18./19. Jahrhunderts mit rund 1200 Titeln aus unterschiedlichen Gattungen zu erinnern oder an das *Cabinet des fées*, die großen Sammlungen französischer Feenmärchen, die aber eben auch orientalische und orientalisierende Märchen enthielten. Auf die letzte *Ausgabe des Cabinet des fées* mit 41 Bänden (1785-89) stützte sich z. B. teilweise der Schriftsteller und Verleger Friedrich Johann Justin Bertuch bei seiner mehrbändigen *Blauen Bibliothek aller Nationen* (1790-97), die den französischen Märchenschatz, allerdings in anderer Anordnung, darbot.

Die weitere Nachwirkung orientalischen Erzählguts in Europa begünstigte der Umstand, daß es ein historisches Interesse an Volksliteratur gab, die seit Herder als authentischer Ausdruck unterschiedlicher Völker angesehen und in der Wertschätzung gleichberechtigt neben literarische Zeugnisse (Volkspoesie) gestellt wurde. Parallel erfolgte eine andere Bewertung des Begriffs Märchen. Statt der bisher üblichen und abwertenden Bedeutung von Unglaubwürdigem und Unbedeutendem (Ammenmärchen) gab es einen Trend zu Allgemeingültigem: Die Beschäftigung mit Märchen, Sagen, Volksbüchern und verwandten Genres erfuhr eine Aufwertung, die vor allem für die in jener Zeit neu sich ausbildende Kinder- und Jugendliteratur wichtig war. So erschienen neben Ausgaben für Erwachsene auch besondere Sammlungen ›für die Jugend‹, die auszugsweise Märchen aus *Tausendundeiner Nacht* enthielten. Auch Einzelausgaben kamen heraus, die später dann oft wie die Auswahlausgaben illustriert waren, wobei die Künstler und Künstlerinnen sich jeweils in einer exotischeren Ausgestaltung der dargestellten Geschehnisse zu überbieten suchten.

Wer kennt nicht die Erzählung von Alaeddin und seiner Wunderlampe, die Zauberformel ›Sesam öffne dich‹ aus dem Märchen von Ali Baba und den 40 Räubern oder die spannende Geschichte vom dienstbaren Dämon, der als ›Geist im Glas‹ dem armen Fischer zu Reichtum verhilft? Diese und andere Geschichten, zu denen auch der phantastische Abenteuerzyklus um Sindbad den Seefahrer und die fabelhafte Geschichte des Hasan aus Basra und der Prinzessin von den Inseln Wak-Wak gehören, fanden seit dem 19. Jahrhundert ein großes internationales Publikum, zumal mit einer verbesserten Drucktechnik preiswerte ›Volksausgaben‹ herauskommen konnten. Bis heute haben die Geschichten nichts von ihrer Beliebtheit eingebüßt, Fortsetzungen angeregt, aber auch überaus erfolgreiche Nachahmungen – z. B. Wilhelm Hauffs Geschichtenzyklus *Die Karawane* mit den Geschichten von Kalif Storch und dem kleinen Muck – oder weitere Übersetzungen ähnlicher Geschichten.

Einzelne Märchen und Motive haben Eingang in deutsche Märchensammlungen gefunden, stellen aber durch Umformung und Anpassung an regionale Gegebenheiten gewissermaßen Neubearbeitungen dar, die mehr oder weniger deutlich eine Ähnlichkeit zu Erzählungen aus *Tausendundeiner Nacht* erkennen lassen: Hans Christian Andersens Märchen *Das Feuerzeug* etwa, das Motive des dienstbaren, zunächst unsichtbaren Geistes aufnimmt, der Alaeddin wie auch dem armen Fischer hilft, oder beispielsweise einige Erzählungen aus den *Kinder- und Hausmärchen* der Brüder Grimm, denen trotz europäischen Kolorits eine stoffliche Ähnlichkeit zu entsprechenden Geschichten aus *Tausendundeiner Nacht* nicht abgesprochen werden kann. Zu denken ist an das Märchen *Von dem Fischer un syner Fru* (Nr. 19), aber auch an *Der* Geist im Glas (Nr. 99) und das verwandte Stück *Der Geist im blauen Licht* (Nr. 116) sowie *De drei Vügelkens* (Nr. 96).

Unsere Auswahl von Märchen vereinigt die berühmtesten Stücke aus der Sammlung *Tausendundeine Nacht* und folgt im wesentlichen der Übertragung Gustav Weils (1808-89), unter Beibehaltung der alten Schreibweisen von Namen und Örtlichkeiten. Innerhalb der ins Deutsche erfolgten Übersetzungen hat sich Weil nach dem kritischen Urteil der Orientalistin Wiebke Walther (1987) »weit mehr am Originaltext orientiert als vor ihm französische Übersetzer«. Ein kleines Verzeichnis mit Wort- und Sacherklärungen bietet Hilfen zum Verständnis des Textes.

Wort- und Sacherläuterungen

Aloe: Gattung der Liliengewächse, wächst in den heißen, trockenen Gebieten der Alten Welt

Ambra (Amber): Duftstoff (Ausscheidung des Pottwals)

Asaf (Assaf): Minister Salomos, Symbol der Weisheit

Baßrah (Balsora, Basra): bedeutende Hafenstadt am Schatt-el Arab

Ban: Baumart, Symbol für besonders schönen Wuchs

Barmekiden: iran. Geschlecht in bedeutenden staatlichen Ämtern der Abbasiden-Kalifen, u. a. Harrun Arraschid

Bastonade: Prügelstrafe (Stock- oder Riemenschläge auf die Fußsohlen)

Bedindjan: Gemüseart (gurkenförmig)

Bendj: zur Herstellung eines Schlaftrunks benötigte (kretische) Pflanze

Buhle, Buhlerin: nahe(r) Verwandte(r), hier in der Bedeutung Geliebte(r), Liebhaber(in)

Butike: kleiner Laden

Divan: Rat, auch Gericht und allg. Versammlung

Djinn (Dschinn): Geistwesen

Eunuch: durch Kastration zeugungsunfähig gemachter Mann, Haremswächter

Genius, Genien: Geistwesen

Großvezier s. Vezier

Hadschi: Mekkapilger

Harun Arraschid (Harun al-Raschid): 5. Kalif der abbasid. Dynastie (170/786–193/809), Kristallisationsfigur für das Bild des gerechten und tugendhaften Herrschers

Huri: Paradiesjungfrauen

Irem: im Koran erwähnter Name für einen Garten

Kadi: (arab./pers.) Richter in islamischen Ländern

Kaf: Name eines Berges, nach alter Vorstellung das ›Ende der Welt‹

Kalif: Nachfolger, Stellvertreter, Titel islam. Herrscher seit Mohammeds Tod

Malikite: Angehöriger einer der vier orthodoxen Schulen im Islam, genannt nach dem Gründer

Multer: altes Getreide- und Kartoffelmaß

Mamelucken (Mameluken; arab.-ital.): freigelassene Sklaven türk. oder tscherkess. Herkunft, ägypt. Herrschergeschlecht vom 13. bis 16. Jh.

Muhme: ursprünglich Schwester der Mutter, allg. für Tante, auch Schwägerin, Base

Salomo: Der sagenumwobene Herrscher war nach Ansicht der Mohammedaner auch das Oberhaupt aller Geister

Sassaniden (Sasaniden): iran. Herrscherhaus (3.–7. Jh.)

Schehersad (Scheherazade): Name der Geschichtenerzählerin aus der Rahmenhandlung von »Tausendundeiner Nacht«

Scheich: (arab.) Ältester, Stammesführer, geistlicher Würdenträger, auch Ehrentitel aller Persönlichkeiten von Rang

Sultan: Titel islam. Herrscher

Sure: Kapitel des Korans

Vezier (Wesir): Titel von Staatsministern und hohen Würdenträgern in islam. Ländern

Vogel Roch (Roc): Fabelwesen, ungeheurer Riesenvogel bes. in arab. und pers. Erzählungen